सत्य के प्रयोग अथवा आत्मकथा

मोहनदास करमचंद गांधी

अनुवादः काशिनाथ त्रिवेदी

नवजीवन प्रकाशन मंदिर
अमदावाद

अस्सी रूपये

पहली आवृत्ति, १९५७
पुनर्मुद्रण, प्रति ५,०००, अक्तूबर २०१६
कुल प्रतियाँ : ६,३५,०००

नवजीवन ट्रस्ट द्वारा यह पुस्तक
रिआयत दर से प्रकाशित हुई है।

ISBN 978-81-7229-050-4

मुद्रक और प्रकाशक
विवेक जितेन्द्र देसाई
नवजीवन मुद्रणालय, अहमदाबाद-३८० ०१४

फोनः ०७९-२७५४०६३५, २७५४२६३४
E-mail: sales@navajivantrust.org
Website: www.navajivantrust.org

प्रकाशक का निवेदन

३० जनवरी के पुण्यपर्व पर राष्ट्रपिता महात्मा गांधी के उदात्त जीवन और कार्य-पद्धति पर गहरा प्रकाश डालनेवाले ग्रंथ 'सत्य के प्रयोग अथवा आत्मकथा' का हिन्दी संस्करण देश की जनता के सामने रखते हुए हमें बड़ा आनन्द होता है। सत्य और अहिंसा के आधार पर चलाये गये शांतिपूर्ण आन्दोलनों द्वारा भारत को आजादी दिलानेवाले महापुरूष के जीवन का, उनके सिद्धान्तों और आदर्शों का परिचय पाना भारतीय प्रजा की वर्तमान पीढ़ी और भावी पीढ़ियों के लिए कितना आवश्यक है, यह बताने की ज़रूरत नहीं होनी चाहिए।

राष्ट्रीय महत्त्व रखनेवाले इस ग्रंथ का सस्ता हिन्दी संस्करण हमने प्रचार की दृष्टि से ही निकाला है। इसके पहले हम मूल गुजराती और अंग्रेजी 'आत्मकथा' का भी सस्ता संस्करण प्रकाशित कर चुके हैं। इसी तरह इसका मराठी संस्करण भी तैयार करवा कर कुछ समय में निकालने का हमारा इरादा है।[१]

मूल गुजराती 'आत्मकथा' का हिन्दी अनुवाद श्री काशिनाथ त्रिवेदी ने किया है, जिन्हें साबरमती आश्रम में कुछ समय तक गांधीजी की छाया में रहने का मौका मिला था और जो गांधीजी के जीवन-काल में वर्षों तक 'हिन्दी नवजीवन' तथा 'हरिजनसेवक' के हिन्दी सम्पादन का कार्य कर चुके हैं। अनुवाद को अधिक से अधिक प्रामाणिक बनाने का तथा उसकी भाषा को भरसक, सरल और सुबोध रखने का ध्यान रखा गया है।

आशा है, भारत की जनता अधिक से अधिक संख्या में इस ग्रंथ का लाभ उठायेगी और इससे प्रेरणा पाकर स्वतंत्र भारत की सेवा के मार्ग पर आगे बढ़ेगी।

३०-१२-'५७

---

१. 'आत्मकथा' का मराठी संस्करण १९६५ में प्रकाशित हुआ है।

प्रस्तावना

चार या पाँच वर्ष पहले निकट के साथियों के आग्रह से मैंने आत्मकथा लिखना स्वीकार किया था और उसे आरम्भ भी कर दिया था। किन्तु फुलस्केप का एक पृष्ठ भी पूरा नहीं कर पाया था कि इतने में बम्बई की ज्वाला प्रकट हुई और मेरा शुरू किया हुआ काम अधूरा रह गया। उसके बाद तो मैं एक के बाद एक ऐसे व्यवसायों में फँसा कि अन्त में मुझे यरवडा का अपना स्थान मिला। भाई जयरामदास भी वहाँ थे। उन्होंने मेरे सामने अपनी यह माँग रखी कि दूसरे सब काम छोड़कर मुझे पहले आत्मकथा ही लिख डालनी चाहिए। मैंने उन्हें जवाब दिया कि मेरा अभ्यास-क्रम बन चुका है और उसके समाप्त होने तक मैं आत्मकथा का आरम्भ नहीं कर सकूँगा। अगर मुझे अपना पूरा समय यरवडा में बिताने का सौभाग्य प्राप्त हुआ होता, तो मैं ज़रूर आत्मकथा वहीं लिख सकता था। परन्तु अभी अभ्यास-क्रम की समाप्ति में भी एक वर्ष बाकी था कि मैं रिहा कर दिया गया। उससे पहले मैं किसी तरह आत्मकथा का आरम्भ भी नहीं कर सकता था। इसलिए वह लिखी नहीं जा सकी। अब स्वामी आनन्द ने फिर वही माँग की है। मैं दक्षिण अफ्रीका के सत्याग्रह का इतिहास लिख चुका हूँ, इसलिए आत्मकथा लिखने को ललचाया हूँ। स्वामी की माँग तो यह थी कि मैं पूरी कथा लिख डालूँ और फिर वह पुस्तक के रूप में छपे। मेरे पास इकट्ठा इतना समय नहीं है। अगर लिखूँ तो 'नवजीवन' के लिए ही मैं लिख सकता हूँ। मुझे 'नवजीवन' के लिए कुछ तो लिखना ही होता है। तो आत्मकथा ही क्यों न लिखूँ? स्वामी ने मेरा यह निर्णय स्वीकार किया और अब आत्मकथा लिखने का अवसर मुझे मिला।

किन्तु यह निर्णय करने पर एक निर्मल साथी ने, सोमवार के दिन जब मैं मौन में था, धीमे से मुझे यों कहा:

"आप आत्मकथा क्यों लिखना चाहते हैं? यह तो पश्चिम की प्रथा है। पूर्व में तो किसीने लिखी जानी नहीं। और लिखेंगे क्या? आज जिस वस्तु को आप सिद्धान्त के रूप में मानते हैं, उसे कल मानना छोड़ दें तो? अथवा सिद्धान्त का अनुसरण करके जो भी कार्य आज आप करते हैं, उन कार्यों में बाद में हेरफेर करें तो? बहुत से लोग आपके लेखों को प्रमाणभूत समझकर उनके अनुसार

अपना आचरण गढ़ते हैं। वे गलत रास्ते चले जाएँ तो? इसलिए सावधान रहकर फिलहाल आत्मकथा जैसी कोई चीज न लिखें, तो क्या ठीक न होगा?"

इस दलील का मेरे मन पर थोड़ा-बहुत असर हुआ। लेकिन मुझे आत्मकथा कहाँ लिखनी है? मुझे तो आत्मकथा के बहाने सत्य के जो अनेक प्रयोग मैंने किये हैं, उनकी कथा लिखनी है। यह सच है कि उनमें मेरा जीवन ओतप्रोत होने के कारण कथा एक जीवन-वृत्तांत जैसी बन जाएगी। लेकिन अगर उसके हर पन्ने पर मेरे प्रयोग ही प्रकट हों, तो मैं स्वयं उस कथा को निर्दोष मानूँगा। मैं ऐसा मानता हूँ कि मेरे सब प्रयोगों का पूरा लेखा जनता के सामने रहे, तो वह लाभदायक सिद्ध होगा—अथवा यों समझिये कि यह मेरा मोह है। राजनीति के क्षेत्र में हुए मेरे प्रयोगों को तो अब हिन्दुस्तान जानता है; यही नहीं बल्कि थोड़ी-बहुत मात्रा में सभ्य कही जानेवाली दुनिया भी उन्हें जानती है। मेरे मन इसकी कीमत कम से कम है, और इसलिए इन प्रयोगों के द्वारा मुझे 'महात्मा' का जो पद मिला है, उसकी कीमत भी कम ही है। कई बार तो इस विशेषण ने मुझे बहुत अधिक दुःख भी दिया है। मुझे ऐसा एक भी क्षण याद नहीं है, जब इस विशेषण के कारण मैं फूल गया होऊँ। लेकिन अपने आध्यात्मिक प्रयोगों का, जिन्हें मैं ही जान सकता हूँ और जिनके कारण राजनीति के क्षेत्र में मेरी शक्ति भी जन्मी है, वर्णन करना मुझे अवश्य ही अच्छा लगेगा। अगर ये प्रयोग सचमुच आध्यात्मिक हैं, तो इनमें गर्व करने की गुंजाइश ही नहीं। इनसे तो केवल नम्रता की ही वृद्धि होगी। ज्यों-ज्यों मैं विचार करता जाता हूँ, भूतकाल के अपने जीवन पर दृष्टि डालता जाता हूँ, त्यों-त्यों अपनी अल्पता मैं स्पष्ट ही देख सकता हूँ। मुझे जो करना है, तीस वर्षों से मैं जिसकी आतुर भाव से रट लगाये हुए हूँ, वह तो आत्म-दर्शन है, ईश्वर का साक्षात्कार है, मोक्ष है। मेरे सारे काम इसी दृष्टि से होते हैं। मेरा सब लेखन भी इसी दृष्टि से होता है; और राजनीति के क्षेत्र में मेरा पड़ना भी इसी वस्तु के अधीन है।

लेकिन ठेठ से ही मेरा यह मत रहा है कि जो एक के लिए शक्य है, वह सबके लिए भी शक्य है। इस कारण मेरे प्रयोग खानगी नहीं हुए, नहीं रहे। उन्हें सब देख सकें तो मुझे नहीं लगता कि उससे उनकी आध्यात्मिकता कम होगी। अवश्य ही कुछ चीजें ऐसी हैं, जिन्हें आत्मा ही जानती है, जो आत्मा में ही समा जाती हैं। परन्तु ऐसी वस्तु देना मेरी शक्ति से परे की बात है। मेरे प्रयोगों में

तो आध्यात्मिक का मतलब है नैतिक; धर्म का अर्थ है नीति; आत्मा की दृष्टि से पाली गयी नीति धर्म है। इसलिए जिन वस्तुओं का निर्णय बालक, नौजवान और बूढ़े करते हैं और कर सकते हैं, इस कथा में उन्हीं वस्तुओं का समावेश होगा। अगर ऐसी कथा मैं तटस्थ भाव से, निरभिमान रहकर लिख सकूँ, तो उसमें से दूसरे प्रयोग करनेवालों को कुछ सामग्री मिलेगी।

इन प्रयोगों के बारेमें मैं किसी भी प्रकार की सम्पूर्णता का दावा नहीं करता। जिस तरह वैज्ञानिक अपने प्रयोग अतिशय नियम-पूर्वक, विचार-पूर्वक और बारीकी से करता है, फिर भी उनसे उत्पन्न परिणामों को वह अन्तिम नहीं कहता, अथवा वे परिणाम सच्चे ही हैं इस बारेमें भी वह साशंक नहीं तो तटस्थ अवश्य रहता है, अपने प्रयोगों के विषय में मेरा भी वैसा ही दावा है। मैंने खूब आत्म-निरीक्षण किया है, एक-एक भाव की जाँच की है, उसका पृथक्करण किया है। किन्तु उसमें से निकले हुए परिणाम सबके लिए अन्तिम ही हैं, वे सच हैं अथवा वे ही सच हैं, ऐसा दावा मैं कभी करना नहीं चाहता। हाँ, यह दावा मैं अवश्य करता हूँ कि मेरी दृष्टि से ये सच हैं और इस समय तो अन्तिम जैसे ही मालूम होते हैं। अगर न मालूम हों तो मुझे उनके सहारे कोई भी कार्य खड़ा नहीं करना चाहिए। लेकिन मैं तो पग-पग पर जिन-जिन वस्तुओं को देखता हूँ, उनके त्याज्य और ग्राह्य ऐसे दो भाग कर लेता हूँ, और जिन्हें ग्राह्य समझता हूँ उनके अनुसार अपना आचरण बना लेता हूँ। और जब तक इस तरह बना हुआ आचरण मुझे अर्थात् मेरी बुद्धि को और आत्मा को संतोष देता है, तब तक मुझे उसके शुभ परिणामों के बारेमें अविचलित विश्वास रखना ही चाहिए।

यदि मुझे केवल सिद्धान्तों का अर्थात् तत्त्वों का ही वर्णन करना हो, तब तो यह आत्मकथा मुझे लिखनी ही नहीं चाहिए। लेकिन मुझे तो उन पर रचे गये कार्यों का इतिहास देना है, और इसीलिए मैंने इन प्रयत्नों को 'सत्य के प्रयोग' जैसा पहला नाम दिया है। इसमें सत्य से भिन्न माने जानेवाले अहिंसा, ब्रह्मचर्य इत्यादि नियमों के प्रयोग भी आ जाएँगे। लेकिन मेरे मन सत्य ही सर्वोपरि है और उसमें अगणित वस्तुओं का समावेश हो जाता है। यह सत्य स्थूल—वाचिक—सत्य नहीं है। यह तो वाणी की तरह विचार का भी है। यह सत्य केवल हमारा कल्पित सत्य ही नहीं है, बल्कि स्वतंत्र चिरस्थायी सत्य है; अर्थात् परमेश्वर ही है।

परमेश्वर की व्याख्याएँ अनगिनत हैं, क्योंकि उसकी विभूतियाँ भी अनगिनत हैं। ये विभूतियाँ मुझे आश्चर्यचकित करती हैं। क्षरभर के लिए ये मुझे मुग्ध भी करती हैं। किन्तु मैं पुजारी तो सत्यरूपी परमेश्वर का ही हूँ। वह एक ही सत्य है, और दूसरा सब मिथ्या है। यह सत्य मुझे मिला नहीं है, लेकिन मैं इसका शोधक हूँ। इस शोध के लिए मैं अपनी प्रिय से प्रिय वस्तु का त्याग करने को तैयार हूँ, और मुझे यह विश्वास है कि इस शोधरूपी यज्ञ में इस शरीर को भी होमने की मेरी तैयारी है और शक्ति है। लेकिन जब तक मैं इस सत्य का साक्षात्कार न कर लूँ, तब तक मेरी अन्तरात्मा जिसे सत्य समझती है उस काल्पनिक सत्य को अपना आधार मानकर, अपना दीपस्तम्भ समझकर, उसके सहारे मैं अपना जीवन व्यतीत करता हूँ।

यद्यपि यह मार्ग तलवार की धार पर चलने जैसा है, तो भी मुझे यह सरल से सरल लगा है। इस मार्ग पर चलते हुए अपनी भयंकर भूलें भी मुझे नगण्य-सी लगी हैं, क्योंकि वैसी भूलें करने पर भी मैं बच गया हूँ और अपनी समझ के अनुसार आगे बढ़ा हूँ। दूर-दूर से विशुद्ध सत्य की—ईश्वर की—झाँकी भी मैं कर रहा हूँ। मेरा यह विश्वास दिन-प्रतिदिन बढ़ता जाता है कि एक सत्य ही है, उसके अलावा दूसरा कुछ भी इस जगत में नहीं है। यह विश्वास किस प्रकार बढ़ता गया है, इसे मेरा जगत अर्थात् 'नवजीवन' इत्यादि के पाठक जानकर मेरे प्रयोगों के साझेदार बनना चाहें और उस सत्य की झाँकी भी मेरे साथ करना चाहें तो भले करें। साथ ही, मैं यह भी अधिकाधिक मानने लगा हूँ कि जितना कुछ मेरे लिए सम्भव है, उतना एक बालक के लिए भी सम्भव है, और इसके लिए मेरे पास सबल कारण हैं। सत्य की शोध के साधन जितने कठिन हैं उतने ही सरल भी हैं। वे अभिमानी को असम्भव मालूम होंगे और एक निर्दोष बालक को बिलकुल सम्भव लगेंगे। सत्य के शोधक को रजकण से भी नीचे रहना पड़ता है। सारा संसार रजकणों को कुचलता है, पर सत्य का पुजारी तो जब तक इतना अल्प नहीं बनता कि रजकण भी उसे कुचल सके, तब तक उसके लिए स्वतंत्र सत्य की झाँकी भी दुर्लभ है। यह चीज वशिष्ठ-विश्वामित्र के आख्यान में स्वतंत्र रीति से बतायी गयी है। ईसाई धर्म और इस्लाम भी इसी वस्तु को सिद्ध करते हैं।

मैं जो प्रकरण लिखनेवाला हूँ उनमें यदि पाठकों को अभिमान का भास हो, तो उन्हें अवश्य ही समझ लेना चाहिए कि मेरी शोध में खामी है और मेरी झाँकियाँ मृगजल के समान हैं। मेरे समान अनेकों का क्षय चाहे हो, पर सत्य की जय हो। अल्पात्मा को मापने के लिए हम सत्य का गज कभी छोटा न करें।

मैं चाहता हूँ कि मेरे लेखों को कोई प्रमाणभूत न समझें। यही मेरी बिनती है। मैं तो सिर्फ यह चाहता हूँ कि उनमें बताये गये प्रयोगों को दृष्टान्तरूप मानकर सब अपने-अपने प्रयोग यथाशक्ति और यथामति करें। मुझे विश्वास है कि इस संकुचित क्षेत्र में आत्मकथा के मेरे लेखों से बहुत कुछ मिल सकेगा, क्योंकि कहने योग्य एक भी बात मैं छिपाऊँगा नहीं। मुझे आशा है कि मैं अपने दोषों का खयाल पाठकों को पूरी तरह दे सकूँगा। मुझे सत्य के शास्त्रीय प्रयोगों का वर्णन करना है, मैं कितना भला हूँ इसका वर्णन करने की मेरी तनिक भी इच्छा नहीं है। जिस गज से स्वयं मैं अपने को मापना चाहता हूँ और जिसका उपयोग हम सबको अपने-अपने विषय में करना चाहिए, उसके अनुसार तो मैं अवश्य कहूँगा कि :

मो सम कौन कुटिल खल कामी?
जिन तनु दियो ताहि बिसरायो
ऐसो निमकहरामी।

क्योंकि जिसे मैं सम्पूर्ण विश्वास के साथ अपने श्वासोच्छ्वास का स्वामी समझता हूँ, जिसे मैं अपने नमक का देनेवाला मानता हूँ, उससे मैं अभी तक दूर हूँ, यह चीज मुझे प्रतिक्षण खटकती है। इसके कारणरूप अपने विकारों को मैं देख सकता हूँ, पर उन्हें अभी तक निकाल नहीं पा रहा हूँ।

परन्तु इसे यहीं समाप्त करता हूँ। प्रस्तावना में से मैं प्रयोग की कथा में नहीं उतर सकता। वह तो कथा-प्रकरणों में ही मिलेगी।

आश्रम, साबरमती
मार्गशीर्ष शुक्ल ११, १९८२

मोहनदास करमचंद गांधी

अनुक्रमणिका

आत्मकथा: पहला भाग

आत्मकथा: दूसरा भाग

आत्मकथाः तीसरा भाग

आत्मकथाः चौथा भाग

आत्मकथा: पाँचवाँ भाग

*

आत्मकथा: पहला भाग

१. जन्म

जान पड़ता है कि गांधी-कुटुम्ब पहले तो पंसारी का धंधा करनेवाला था। लेकिन मेरे दादा से लेकर पिछली तीन पीढ़ियों से वह दीवानगीरी करता रहा है। ऐसा मालूम होता है कि उत्तमचंद गांधी अथवा ओता गांधी टेकवाले थे। राजनीतिक खटपट के कारण उन्हें पोरबन्दर छोड़ना पड़ा था, और उन्होंने जूनागढ़ राज्य में आश्रय लिया था। उन्होंने नवाब साहब को बायें हाथ से सलाम किया। किसीने इस प्रकट अविनय का कारण पूछा, तो जवाब मिला: "दाहिना हाथ तो पोरबन्दर को अर्पित हो चुका है।"

ओता गांधी के एक के बाद दूसरा यों दो विवाह हुए थे। पहले विवाह से उनके चार लड़के थे और दूसरे से दो। अपने बचपन को याद करता हूँ, तो मुझे खयाल नहीं आता कि ये भाई सौतेले थे। इनमें पाँचवें करमचन्द अथवा कबा गांधी और आखिरी तुलसीदास गांधी थे। दोनों भाइयों ने बारी-बारी से पोरबन्दर में दीवान का काम किया। कबा गांधी मेरे पिताजी थे। पोरबन्दर की दीवानगीरी छोड़ने के बाद वे राजस्थानिक कोर्ट के सदस्य थे। बाद में राजकोट में और कुछ समय के लिए वांकानेर में दीवान थे। मृत्यु के समय वे राजकोट दरबार के पेंशनर थे।

कबा गांधी के भी एक के बाद एक यों चार विवाह हुए थे। पहले दो से दो कन्याएँ थीं; अन्तिम पत्नी पुतलीबाई से एक कन्या और तीन पुत्र थे। उनमें अन्तिम मैं हूँ।

पिता कुटुम्ब-प्रेमी, सत्य-प्रिय, शूर, उदार किन्तु क्रोधी थे। थोड़े विषयासक्त भी रहे होंगे। उनका आखिरी ब्याह चालीसवें साल के बाद हुआ था। हमारे परिवार में और बाहर भी उनके विषय में यह धारणा थी कि वे रिश्वतखोरी से दूर भागते हैं और इसलिए शुद्ध न्याय करते हैं। राज्य के प्रति वे बहुत वफादार थे। एक वार प्रान्त के किसी साहब ने राजकोट के ठाकुरसाहब का अपमान किया था। पिताजी ने उसका विरोध किया। साहब नाराज हुए, कबा गांधी से माफी माँगने के लिए कहा। उन्होंने माफी माँगने से इनकार किया। फलस्वरूप

कुछ घंटों के लिए उन्हें हवालात में भी रहना पड़ा। इस पर भी जब वे डिगे नहीं तो अंत में साहब ने उन्हें छोड़ देने का हुक्म दिया।

पिताजी ने धन बटोरने का लोभ कभी नहीं किया। इस कारण हम भाइयों के लिए वे बहुत थोड़ी सम्पत्ति छोड़ गये थे।

पिताजी की शिक्षा केवल अनुभव की थी। आजकल जिसे हम गुजराती की पाँचवीं किताब का ज्ञान कहते हैं, उतनी शिक्षा उन्हें मिली होगी। इतिहास-भूगोल का ज्ञान तो बिलकुल ही न था। फिर भी उनका व्यावहारिक ज्ञान इतने ऊँचे दर्जे का था कि बारीक से बारीक सवालों को सुलझाने में अथवा हजार आदमियों से काम लेने में भी उन्हें कोई कठिनाई नहीं होती थी। धार्मिक शिक्षा नहीं के बराबर थी, पर मन्दिरों में जाने से और कथा वगैरा सुनने से जो धर्मज्ञान असंख्य हिन्दुओं को सहज भाव से मिलता रहता है वह उनमें था। आखिर के साल में एक विद्वान ब्राह्मण की सलाह से, जो परिवार के मित्र थे, उन्होंने गीता-पाठ शुरू किया था और रोज पूजा के समय वे थोड़े-बहुत श्लोक ऊँचे स्वर से पाठ किया करते थे।

मेरे मन पर यह छाप रही है कि माता साध्वी स्त्री थीं। वे बहुत श्रद्धालु थीं। बिना पूजा-पाठ के कभी भोजन न करतीं। हमेशा हवेली (वैष्णव-मन्दिर) जातीं। जब से मैंने होश संभाला तब से मुझे याद नहीं पड़ता कि उन्होंने कभी चातुर्मास का व्रत तोड़ा हो। वे कठिन-से-कठिन व्रत शुरू करतीं और उन्हें निर्विघ्न पूरा करतीं। लिए हुए व्रतों को बीमार होने पर भी कभी न छोड़तीं। ऐसे एक समय की मुझे याद है कि जब उन्होंने चान्द्रायण का व्रत लिया था। व्रत के दिनों में वे बीमार पड़ीं, पर व्रत नहीं छोड़ा। चातुर्मास में एक बार खाना तो उनके लिए सामान्य बात थी। इतने से संतोष न करके एक चौमासे में उन्होंने तीसरे दिन भोजन करने का व्रत लिया था। लगातार दो-तीन उपवास तो उनके लिए मामूली बात थी। एक चातुर्मास में उन्होंने यह व्रत लिया था कि सूर्यनारायण के दर्शन करके ही भोजन करेंगी। उस चौमासे में हम बालक बादलों के सामने देखा करते कि कब सूरज के दर्शन हों और कब माँ भोजन करें। यह तो सब जानते हैं कि चौमासे में अकसर सूर्य के दर्शन दुर्लभ हो जाते हैं। मुझे ऐसे दिन याद हैं कि जब हम सूरज को देखते और कहते, "माँ-माँ, सूरज दीखा;" और माँ उतावली होकर आतीं इतने में सूरज छिप जाता और माँ यह कहती हुई लौट जातीं कि "कोई बात नहीं, आज भाग्य में भोजन नहीं है; और अपने काम में डूब जातीं।

माता व्यवहार-कुशल थीं। राज-दरबार की सब बातें वे जानती थीं। रनिवास में उनकी बुद्धि की अच्छी कदर होती थी। मैं बालक था। कभी-कभी माताजी मुझे भी अपने साथ दरबार गढ़ ले जाती थीं। 'बा-माँसाहब' के साथ होनेवाली बातों में से कुछ मुझे अभी तक याद हैं।

इन माता-पिता के घर में संवत् १९२५ की भादों वदी बारस के दिन, अर्थात् २ अक्तूबर, १८६९ को पोरबन्दर अथवा सुदामापुरी में मेरा जन्म हुआ।

बचपन मेरा पोरबन्दर में ही बीता। याद पड़ता है कि मुझे किसी पाठशाला में भरती किया गया था। मुश्किल से थोड़े पहाड़े मैं सीखा था। मुझे सिर्फ इतना याद है कि मैं उस समय दूसरे लड़कों के साथ अपने शिक्षक को गाली देना सीखा था। और कुछ याद नहीं पड़ता। इस पर से मैं अंदाज लगाता हूँ कि मेरी बुद्धि मंद रही होगी; और स्मरण-शक्ति उन पंक्तियों के कच्चे पापड़-जैसी होगी, जिन्हें हम बालक गाया करते थे। वे पंक्तियाँ मुझे यहाँ देनी ही चाहिए:

एकडे एक, पापड शेक;
पापड कच्चो, — मारो —

पहली खाली जगह में मास्टर का नाम होता था। उसे मैं अमर करना नहीं चाहता। दूसरी खाली जगह में छोड़ी हुई गाली रहती थी, जिसे भरने की आवश्यकता नहीं।

२. बचपन

पोरबन्दर से पिताजी राजस्थानिक कोर्ट के सदस्य बनकर राजकोट गये। उस समय मेरी उमर लगभग सात साल की होगी। मुझे राजकोट की ग्रामशाला में भरती किया गया। इस शाला के दिन मुझे अच्छी तरह याद हैं। शिक्षकों के नाम-धाम भी याद हैं। पोरबन्दर की तरह यहाँ की पढ़ाई के बारेमें भी जानने लायक कोई खास बात नहीं है। मैं मुश्किल से साधारण श्रेणी का विद्यार्थी रहा होऊँगा। ग्रामशाला से उपनगर की शाला में और वहाँ से हाईस्कूल में। यहाँ तक पहुँचने में मेरे बारहवाँ वर्ष बीत गया। मुझे याद नहीं पड़ता कि इस बीच मैंने किसी भी समय शिक्षकों को धोखा दिया हो। न तब तक किसीको मित्र बनाने का स्मरण है। मैं बहुत ही शरमीला लड़का था। पाठशाला में अपने काम से ही काम रखता था। घंटी बजने के समय पहुँचता और पाठशाला के बन्द होते ही

घर भागता। 'भागना' शब्द मैं जान-बूझकर लिख रहा हूँ, क्योंकि किसीसे बातें करना मुझे अच्छा न लगता था। साथ ही यह डर भी रहता था कि कोई मेरा मजाक उड़ायेगा तो ?

हाईस्कूल के पहले ही वर्ष की, परीक्षा के समय की, एक घटना उल्लेखनीय है। शिक्षा-विभाग के इन्स्पेक्टर जाइल्स विद्यालय का निरीक्षण करने आये थे। उन्होंने पहली कक्षा के विद्यार्थियों को अंग्रेजी के पाँच शब्द लिखाये। उनमें एक शब्द 'केटल' (kettle) था। मैंने उसके हिज्जे गलत लिखे थे। शिक्षक ने अपने बूट की नोक मारकर मुझे सावधान किया। लेकिन मैं क्यों सावधान होने लगा ? मुझे यह खयाल ही नहीं हो सका कि शिक्षक मुझे पास वाले लड़के की पट्टी देखकर हिज्जे सुधार लेने को कहते हैं। मैंने यह माना था कि शिक्षक तो यह देख रहे हैं कि हम एक-दूसरे की पट्टी में देखकर चोरी न करें। सब लड़कों के पाँचों शब्द सही निकले और अकेला मैं वेवकूफ ठहरा! शिक्षक ने मुझे मेरी बेवकूफी बाद में समझायी; लेकिन मेरे मन पर उनके समझाने का कोई असर न हुआ। मैं दूसरे लड़कों की पट्टीमें देखकर चोरी करना कभी सीख न सका।

इतने पर भी शिक्षक के प्रति मेरा विनय कभी कम न हुआ। वड़ों के दोष न देखने का गुण मुझमें स्वभाव से ही था। बाद में इन शिक्षक के दूसरे दोष भी मुझे मालूम हुए थेः फिर भी उनके प्रीति मेरा आदर तो बना ही रहा। मैं यह जानता था कि बड़ों की आज्ञा का पालन करना चाहिए। वे जो कहें सो करना; करें उसके काजी न बनना।

इसी समय के दो और प्रसंग मुझे हमेशा याद रहे हैं। साधारणतः पाठशाला की पुस्तकों को छोड़कर और कुछ पढ़ने का मुझे शौक नहीं था। सबक याद करना चाहिए, उलाहना सहा नहीं जाता, शिक्षक को धोखा देना ठीक नहीं, इसलिए मैं पाठ याद करता था। लेकिन मन अलसा जाता, इससे अक्सर सबक कच्चा रह जाता। ऐसी हालत में दूसरी कोई चीज पढ़ने की इच्छा क्यों कर होती ? किन्तु पिताजी की खरीदी हुई एक पुस्तक पर मेरी दृष्टि पड़ी। नाम था 'श्रवण-पितृभक्ति नाटक'। मेरी इच्छा उसे पढ़ने की हुई और मैं उसे बड़े चाव के साथ पढ़ गया उन्हीं दिनों शीशे में चित्र देखाने वाले भी घर-घर आते थे। उनके पास मैंने श्रवण का वह दृश्य भी देखा, जिसमें वह अपने माता-पिता को काँवर में बैठाकर यात्रा पर ले जाता है । दोनों चीजों का मुझ पर गहरा प्रभाव

पड़ा। मन में इच्छा होती कि मुझे भी श्रवण के समान बनना चाहिए। श्रवण की मृत्यु पर उसके माता-पिता का विलाप मुझे आज भी याद है। उस ललित छन्द को मैंने बाजे पर बजाना सीख लिया था। मुझे वाजा सीखने का शौक था और पिताजी ने एक बाजा दिला भी दिया था।

इन्हीं दिनों कोई नाटक-कंपनी आयी थी और उसका नाटक देखने की इजाजत मुझे मिली थी। हरिश्चन्द्र का आख्यान था। उस नाटक को देखते हुए मैं थकता न था। उसे बार-बार देखने की इच्छा होती थी। लेकिन यों बार-बार जाने कौन देता? पर अपने मन में मैंने उस नाटक को सैकड़ों बार खेला होगा। मुझे हरिश्चन्द्र के सपने आते। 'हरिश्चन्द्र की तरह सत्यवादी सब क्यों नहीं होते?' यह धुन बनी रहती। हरिश्चन्द्र पर जैसी विपत्तियाँ पड़ीं वैसी विपत्तियों को भोगना और सत्य का पालन करना ही वास्तविक सत्य है। मैंने यह मान लिया था कि नाटक में जैसी लिखी हैं, वैसी ही विपत्तियाँ हरिश्चन्द्र पर पड़ी होंगी। हरिश्चन्द्र के दुःख देखकर, उनका स्मरण करके मैं खूब रोया हूँ। आज मेरी बुद्धि समझती है कि हरिश्चन्द्र कोई ऐतिहासिक व्यक्ति नहीं था। फिर भी मेरे विचार में हरिश्चन्द्र और श्रवण आज भी जीवित हैं। मैं मानता हूँ कि आज भी उन नाटकों को पढ़ूँ, तो मेरी आँखों से आँसू बह निकलेंगे।

३. बाल-विवाह

मैं चाहता हूँ कि मुझे यह प्रकरण न लिखना पड़ता। लेकिन इस कथा में मुझको ऐसे कितने ही कड़वे घूँट पीने पड़ेंगे। सत्य का पुजारी होने का दावा करके मैं और कुछ कर ही नहीं सकता। यह लिखते हुए मन अकुलाता है कि तेरह साल की उमर में मेरा विवाह हुआ था। आज मेरी आँखों के सामने बारह-तेरह वर्ष के बालक मौजूद हैं। उन्हें देखता हूँ और अपने विवाह का स्मरण करता हूँ, तो मुझे अपने ऊपर दया आती है और इन बालकों को मेरी स्थिति में से बचने के लिए बधाई देने की इच्छा होती है। तेरहवें वर्ष में हुए अपने विवाह के समर्थन में मुझे एक भी नैतिक दलील सूझ नहीं सकती।

पाठक यह न समझें कि मैं सगाई की बात लिख रहा हूँ। काठियावाड़ में विवाह का अर्थ लग्न है, सगाई नहीं। दो बालकों को ब्याहने के लिए माँ-बाप के बीच होना वाला करार सगाई है। सगाई टूट सकती है। सगाई के रहते वर

हि.आ.-२

यदि मर जाए, तो कन्या विधवा नहीं होती। सगाई में वर-कन्या के बीच कोई सम्बन्ध नहीं रहता। दोनों को पता भी नहीं होता। मेरी एक-एक करके तीन बार सगाई हुई थी। ये तीन सगाइयाँ कब हुईं, इसका मुझे कुछ पता नहीं। मुझे बताया गया था कि दो कन्याएँ एक के बाद एक मर गयीं। इसीलिए मैं जानता हूँ कि मेरी तीन सगाइयाँ हुई थीं। कुछ ऐसा याद पड़ता है कि तीसरी सगाई कोई सात साल की उमर में हुई होगी। लेकिन मैं नहीं जानता कि सगाई के समय मुझसे कुछ कहा गया था। विवाह में वर-कन्या की आवश्यकता पड़ती है, उसकी एक विधि होती है; और मैं जो लिख रहा हूँ, सो विवाह के विषय में ही है। विवाह का मुझे पूरा-पूरा स्मरण है।

पाठक जान चुके हैं कि हम तीन भाई थे। उनमें सबसे बड़े का ब्याह हो चुका था। मझले भाई मुझसे दो या तीन साल बड़े थे। घर के बड़ों ने एक साथ तीन विवाह करने का निश्चय किया। मझले भाई का, मेरे काकाजी के छोटे लड़के का, जिसकी उमर मुझसे एकाध साल शायद अधिक रही होगी, और मेरा। इसमें हमारे कल्याण की बात नहीं थी। हमारी इच्छा की तो थी ही नहीं। बात सिर्फ बड़ों की सुविधा और खर्च की थी।

हिन्दू-संसार में विवाह कोई ऐसी-वैसी चीज नहीं। वर-कन्या के माता-पिता विवाह के पीछे बरबाद होते हैं; धन लुटाते हैं और समय लुटाते हैं। महीनों पहले से तैयारियाँ होती हैं। कपड़े बनते हैं, गहने बनते हैं, जातिभोज के खर्च के हिसाब बनते हैं, पकवानों के प्रकारों की होड़ बदी जाती है। औरतें, गला हो चाहे न हो, तो भी गाने गा-गाकर अपनी आवाज बैठा लेती हैं; बीमार भी पड़ती हैं, पड़ोसियों की शांति में खलल पहुँचाती हैं। बेचारे पड़ोसी भी अपने यहाँ प्रसंग आने पर यही सब करते होते हैं, इसलिए शोरगुल, जूठन, दूसरी गन्दगियाँ, सब कुछ उदासीन भाव से सह लेते हैं।

ऐसा झमेला तीन बार करने के बदले एक ही बार कर लिया जाए, तो कितना अच्छा हो? खर्च कम होने पर भी ब्याह ठाठ से हो सकता है, क्योंकि तीन ब्याह एकसाथ करने पर पैसा खुले हाथों खर्चा जा सकता है। पिताजी और काकाजी बुढ़े थे। हम उनके आखिरी लड़के ठहरे। इसलिए उनके मन में हमारे विवाह रचाने का आनन्द लूटने की वृत्ति भी रही होगी। इन और ऐसे दूसरे विचारों से ये तीनों विवाह एकसाथ करने का निश्चय किया गया, और

इसके लिए तैयारियाँ और सामग्री जुटाने का काम तो, जैसा कि मैं कह चुका हूँ, महीनों पहले से शुरू हो चुका था।

हम भाइयों को तो सिर्फ तैयारियों से ही पता चला कि ब्याह होने वाले हैं। उस समय मेरे मन में अच्छे-अच्छे कपड़े पहन ने, बाजे बज ने, वर-यात्रा के समय घोड़े पर चढ़ने, बढ़िया भोजन मिलने, एक नई बालिका के साथ विनोद करने आदि की अभिलाषा के सिवा दूसरी कोई खास बात रही हो, इसका मुझे स्मरण नहीं है। विषय-भोग की वृत्ति तो बाद में आयी। वह कैसे आयी, इसका वर्णन मैं कर सकता हूँ, पर पाठक ऐसी जिज्ञासा न रखें। मैं अपनी शरम पर परदा डालना चाहता हूँ। जो कुछ बतला ने लायक है, वह इसके आगे आयेगा। किन्तु इस चीज के ब्यौरे का उस केन्द्रबिन्दु से बहुत ही थोड़ा सम्बन्ध है, जिसे मैंने अपनी निगाह के सामने रखा है।

हम दो भाइयों को राजकोट से पोरबन्दर ले जाया गया। वहाँ हल्दी चढ़ाने आदि की जो विधि हुई, वह मनोरंजक होते हुए भी उसकी चर्चा छोड़ देने लायक है।

पिताजी दीवान थे, फिर भी थे तो नौकर ही; तिस पर राज-प्रिय थे, इसलिए अधिक पराधीन रहे। ठाकुरसाहब ने आखिरी घड़ी तक उन्हें छोड़ा नहीं। अन्त में जब छोड़ा तो ब्याह के दो दिन पहले ही रवाना किया। उन्हें पहुँचाने के लिए खास डाक बैठायी गयी। पर—! पर विधाता ने कुछ और ही सोचा था। राजकोट से पोरबन्दर साठ कोस है। बैलगाड़ी से पाँच दिन का रास्ता था। पिताजी तीन दिन में पहुँचे। आखिरी मंजिल में ताँगा उलट गया। पिताजी को कड़ी चोट आयी। हाथ पर पट्टी, पीठ पर पट्टी। विवाह-विषयक उनका और हमारा आधा आनन्द चला गया। फिर भी ब्याह तो हुए ही। लिखे मुहूर्त कहीं टल सकते हैं? मैं तो विवाह के बालउल्लास में पिताजी का दुःख भूल गया।

मैं पितृभक्त तो था ही, पर विषय-भक्त भी तो वैसा ही था न? यहाँ विषय का मतलब एक इन्द्रिय का विषय नहीं है, बल्कि भोग-मात्र है। माता-पिता की भक्ति के लिए सब सुखों का त्याग करना चाहिए, यह ज्ञान तो आगे चलकर मिलने वाला था। तिस पर भी मानो मुझे इस भोगेच्छा का दण्ड ही भुगतना हो, इस तरह मेरे जीवन में एक विपरीत घटना घटी, जो मुझे आज तक अखरती है। जब-जब निष्कुलानन्द का

त्याग न टके रे वैराग विना,
करीए कोटि उपाय जी.

गाता हूँ या सुनता हूँ, तब-तब वह विपरीत और कड़वी घटना मुझे याद आती है और शरमाती है।

पिताजी ने शरीर से पीड़ा भोगते हुए भी बाहर से प्रसन्न दीखने का प्रयत्न किया और विवाह में पूरी तरह योग दिया। पिताजी किस-किस प्रसंग पर कहाँ-कहाँ बैठे थे, इसकी याद मुझे आज भी जैसी की वैसी बनी है। बाल-विवाह की चर्चा करते हुए पिताजी के कार्य की जो टीका मैंने आज की है, वह मेरे मन ने उस समय थोड़े ही की थी? तब तो सब कुछ योग्य और मनपसन्द ही लगा था। ब्याह ने का शौक था और पिताजी जो कर रहे हैं ठीक ही कर रहे हैं, ऐसा लगता था। इसलिए उस समय के स्मरण ताजे हैं।

मण्डप में बैठे, फेरे फिरे, कंसार खाया-खिलाया, और तभी से वर-वधू साथ में रहने लगे। वह पहली रात! दो निर्दोष बालक अनजाने संसारसागर में कूद पड़े। भाभी ने सिखलाया कि मुझे पहली रात में कैसा बरताव करना चाहिए। धर्मपत्नी को किसने सिखलाया, सो पूछने की बात मुझे याद नहीं। अब भी पूछा जा सकता है, पर पूछने की इच्छा तक नहीं होती। पाठक यह जान लें कि हम दोनों एक-दूसरे से डरते थे, ऐसा भास मुझे है। एक-दूसरे से शरमाते तो थे ही। बातें कैसे करना, क्या करना, सो मैं क्या जानूँ? प्राप्त सिखावन भी क्या मदद करती? लेकिन क्या इस सम्बन्ध में कुछ सिखाना ज़रूरी होता है? जहाँ संस्कार बलवान हैं, वहाँ सिखावन सब गैर-ज़रूरी बन जाती है, धीरे-धीरे हम एक-दूसरे को पहचानने लगे, बोलने लगे। हम दोनों बराबरी की उमर के थे। पर मैंने तो पति की सत्ता चलाना शुरू कर दिया।

४. पतित्व

जिन दिनों मेरा विवाह हुआ, उन दिनों निबन्धों की छोट-छोटी पुस्तिकायें—पैसे-पैसे की या पाई-पाई की, सो तो कुछ याद नहीं—निकलती थीं। उनमें दम्पती-प्रेम, कमखर्ची, बाल-विवाह आदि विषयों की चर्चा रहती थी। उनमें से कुछ निबन्ध मेरे हाथ में पड़ते और मैं उन्हें पढ़ जाता। मेरी यह आदत तो थी ही कि पढ़े हुए में से जो पसन्द न आये उसे भूल जाना और पसन्द आये उस पर अमल करना। मैंने पढ़ा था कि एकपत्नी-व्रत पालना पति का धर्म है। बात हृदय में रम गयी। सत्य का शौक तो था ही, इसलिए पत्नी को धोखा तो दे ही नहीं सकता

था। इसीसे यह भी समझ में आया कि दूसरी स्त्री के साथ सम्बन्ध नहीं रहना चाहिए। छोटी उमर में एकपत्नी-व्रत के भंग की सम्भावना बहुत कम ही रहती है।

पर इन सद्विचारों का एक बुरा परिणाम निकला। अगर मुझे एकपत्नी-व्रत पालना है, तो पत्नी को एकपति-व्रत पालना चाहिए। इस विचार के कारण मैं ईर्ष्यालु पति बन गया। 'पालना चाहिए' में से मैं 'पलवाना चाहिए' के विचार पर पहुँचा। और अगर पलवाना है तो मुझे पत्नी की निगरानी रखनी चाहिए। मेरे लिए पत्नी की पवित्रता में शंका करने का कोई कारण नहीं था। पर ईर्ष्या कारण क्यों देखने लगी? मुझे हमेशा यह जानना चाहिए कि मेरी स्त्री कहाँ जाती है। इसलिए मेरी अनुमति के बिना वह कहीं जा ही नहीं सकती। यह चीज हमारे बीच दुःखद झगड़े की जड़ बन गयी। बिना अनुमति के कहीं भी न जा सकना तो एक तरह की कैद ही हुई। पर कस्तूरबाई ऐसी कैद सहन करनेवाली थी ही नहीं। जहाँ इच्छा होती वहाँ मुझसे बिना पूछे ज़रूर जाती। मैं ज्यों-ज्यों दबाव डालता, त्यों-त्यों वह अधिक स्वतंत्रता से काम लेती, और त्यों-त्यों मैं अधिक चिढ़ता। इससे हम बालकों के बीच बोलचाल का बन्द होना एक मामूली चीज बन गयी। कस्तूरबाई ने जो स्वतंत्रता बरती, उसे मैं निर्दोष मानता हूँ। जिस बालिका के मन में पाप नहीं है, वह देव-दर्शन के लिए जाने पर या किसीसे मिलने जाने पर दबाव क्यों सहन करे? अगर मैं उस पर दबाव डालता हूँ, तो वह मुझ पर क्यों न डाले?—यह तो अब समझ में आ रहा है। उस समय तो मुझे अपना पतित्व सिद्ध करना था।

लेकिन पाठक यह न माने कि हमारे इस गृह-जीवन में कहीं भी मिठास नहीं थी। मेरी वक्रता की जड़ प्रेम में थी। मैं अपनी पत्नी को आदर्श बनाना चाहता था। मेरी यह भावना थी कि वह स्वच्छ बने, स्वच्छ रहे, मैं सीखूँ सो सीखे, मैं पढ़ूँ सो पढ़े, और हम दोनों एक-दूसरे में ओतप्रोत रहें।

कस्तूरबाई में यह भावना थी या नहीं, इसका मुझे पता नहीं। वह निरक्षर थी। स्वभाव से सीधी, स्वतंत्र, मेहनती और मेरे साथ तो कम बोलने वाली थी। उसे अपने अज्ञान का असन्तोष न था। अपने बचपन में मैंने कभी उसकी यह इच्छा नहीं जानी कि मेरी तरह वह भी पढ़ सके तो अच्छा हो। इससे मैं मानता हूँ कि मेरी भावना एकपक्षी थी। मेरा विषय-सुख एक स्त्री पर ही निर्भर था और मैं उस सुख का प्रतिघोष चाहता था। जहाँ प्रेम एक पक्ष की ओर से भी होता

है, वहाँ सर्वांश में दुःख तो नहीं ही होता। मुझे कहना चाहिए कि मैं अपनी स्त्री के प्रति विषयासक्त था। शाला में भी उसके विचार आते रहते। कब रात पड़े और कब हम मिलें, यह विचार बना ही रहता। वियोग असह्य था। अपनी कुछ निकम्मी बकवासों से मैं कस्तूरबाई को जगाये ही रहता। मेरा खयाल है कि इस आसक्ति के साथ ही मुझमें कर्तव्य-परायणता न होती, तो मैं व्याधिग्रस्त होकर मौत के मुँह में चला जाता, अथवा इस संसार में बोझरूप बनकर जिन्दा रहता। 'सवेरा होते ही नित्यकर्म में तो लग ही जाना चाहिए, किसीको धोखा तो दिया ही नहीं जा सकता'—अपने इन विचारों के कारण मैं बहुत से संकटों से बचा हूँ।

मैं लिख चुका हूँ कि कस्तूरबाई निरक्षर थी। उसे पढ़ाने की मेरी बड़ी इच्छा थी। पर मेरी विषय-वासना मुझे पढ़ाने कैसे देती? एक तो मुझे जबरदस्ती पढ़ाना था। वह भी रात के एकान्त में ही हो सकता था। बड़ों के सामने तो स्त्री की तरफ देखा भी नहीं जा सकता था। फिर बातचीत कैसे होती? उन दिनों काठियावाड़ में घूँघट निकालने का निकम्मा और जंगली रिवाज था; आज भी बड़ी हद तक मौजूद है। इस कारण मेरे लिए पढ़ाने की परिस्थितियाँ भी प्रतिकूल थीं। अतएव मुझे यह स्वीकार करना चाहिए कि जवानी में पढ़ाने के जितने प्रयत्न मैंने किये, वे सब लगभग निष्फल हुए। जब मैं विषय की नींद में से जागा, तब तो सार्वजनिक जीवन में कूद चुका था। इसलिए अधिक समय देने की मेरी स्थिति नहीं रही थी। शिक्षक के द्वारा पढ़ाने के मेरे प्रयत्न भी व्यर्थ सिद्ध हुए। यही कारण है कि आज कस्तूरबाई की स्थिति मुश्किल से पत्र लिख सकने और साधारण गुजराती समझ सकने की है। मैं मानता हूँ कि अगर मेरा प्रेम विषय से दूषित न होता, तो आज वह एक विदुषी स्त्री होती। मैं उसके पढ़ने के आलस्य को जीत सकता था, क्योंकि मैं जानता हूँ कि शुद्ध प्रेम के लिए कुछ भी असम्भव नहीं है।

यों अपनी पत्नी के प्रति विषयासक्त होते हुए भी मैं किसी कदर कैसे बच सका, इसका एक कारण बता चुका हूँ। एक और भी बताने लायक है। सैकड़ों अनुभवों के सहारे मैं इस परिणाम पर पहुँच सका हूँ कि जिसकी निष्ठा सच्ची है, उसकी रक्षा स्वयं भगवान ही कर लेते हैं। हिन्दू समाज में यदि बाल-विवाह का घातक रिवाज है, तो साथ ही उसमें से थोड़ी मुक्ति दिलाने वाला रिवाज भी है। माता-पिता बालक-वर-वधू को लंबे समय तक एकसाथ रहने नहीं देते। बाल-पत्नी

का आधे से अधिक समय पीहर में बीतता है। यही बात हमारे संबंध में भी हुई; मतलब यह कि तेरह से उन्नीस साल की उमर तक हम छुटपुट मिलाकर कुल तीन साल से अधिक समय तक साथ नहीं रहे होंगे। छह-आठ महीने साथ रहते, इतने में माँ-बाप के घर का बुलावा आ ही जाता। उस समय तो वह बुलावा बहुत बुरा लगता था, पर उसीके कारण हम दोनों बच गये। फिर तो अठारह साल की उमर में मैं विलायत गया, जिससे लम्बे समय का सुन्दर वियोग रहा। विलायत से लौटने पर भी हम करीब छह महीने ही साथ में रहे होंगे, क्योंकि मैं राजकोट और बम्बई के बीच जाता-आता रहता था। इतने में दक्षिण अफ्रिका का बुलावा आ गया। इस बीच तो मैं अच्छी तरह जाग्रत हो चुका था।

५. हाईस्कूल में

मैं ऊपर लिख चुका हूँ कि ब्याह के समय मैं हाईस्कूल में पढ़ता था। उस समय हम तीनों भाई एक ही स्कूल में पढ़ते थे। जेठे भाई ऊपर के दर्जे में थे और जिन भाई के ब्याह के साथ मेरा ब्याह हुआ था, वे मुझसे एक दर्जा आगे थे। ब्याह का परिणाम यह हुआ कि हम दो भाइयों का एक वर्ष बेकार गया। मेरे भाई के लिए तो परिणाम इससे भी बुरा रहा। ब्याह के बाद वे स्कूल में पढ़ ही न सके। कितने नौजवानों को ऐसे अनिष्ट परिणाम का सामना करना पड़ता होगा, भगवान ही जाने! विद्याभ्यास और विवाह दोनों एकसाथ तो हिन्दू-समाज में ही चल सकते हैं।

मेरी पढ़ाई चलती रही। हाईस्कूल में मेरी गिनती मन्दबुद्धि विद्यार्थियों में नहीं थी। शिक्षकों का प्रेम मैं हमेशा ही पा सका था। हर साल माता-पिता के नाम स्कूल से विद्यार्थी की पढ़ाई और उसके आचरण के संबंध में प्रमाणपत्र भेजे जाते थे। उनमें मेरे आचरण या अभ्यास के खराब होने की टीका कभी नहीं हुई। दूसरी कक्षा के बाद मुझे इनाम भी मिले और पाँचवीं तथा छठी कक्षा में क्रमशः प्रतिमास चार और दस रूपयों की छात्रवृत्ति भी मिली थी। इसमें मेरी होशियारी की अपेक्षा भाग्य का अंश अधिक था। ये छात्रवृत्तियाँ सब विद्यार्थियों के लिए नहीं थीं, बल्कि सोरठवासियों में से सर्वप्रथम आनेवालों के लिए थीं। चालीस-पचास विद्यार्थियों की कक्षा में उस समय सोरठ प्रदेश के विद्यार्थी कितने हो सकते थे?

मेरा अपना खयाल है कि मुझे अपनी होशियारी का कोई गर्व नहीं था।

पुरस्कार या छात्रवृत्ति मिलने पर मुझे आश्चर्य होता था। पर अपने आचरण के विषय में मैं बहुत सजग था। आचरण में दोष आने पर मुझे रूलाई आ ही जाती थी। मेरे हाथों कोई भी ऐसा काम बने, जिससे शिक्षकों को मुझे डाँटना पड़े अथवा शिक्षकों का वैसा खयाल बने, तो वह मेरे लिए असह्य हो जाता था। मुझे याद है कि एक बार मुझे मार खानी पड़ी थी। मार का दुःख नहीं था, पर मैं दण्ड का पात्र माना गया, इसका मुझे बड़ा दुःख रहा। मैं खूब रोया। यह प्रसंग पहली या दूसरी कक्षा का है। दूसरा एक प्रसंग सातवीं कक्षा का है। उस समय दोराबजी एदलजी गीमी हेडमास्टर थे। वे विद्यार्थी-प्रेमी थे, क्योंकि वे नियमों का पालन करवाते, व्यवस्थित रीति से काम करते और लेते और अच्छी तरह पढ़ाते थे। उन्होंने उच्च कक्षा के विद्यार्थियों के लिए कसरत-क्रिकेट अनिवार्य कर दिये थे। मुझे इनसे अरूचि थी। इनके अनिवार्य बनने से पहले मैं कभी कसरत, क्रिकेट या फुटबॉलमें गया ही न था। न जाने में मेरा शरमीला स्वभाव ही एकमात्र कारण था। अब मैं देखता हूँ कि वह अरूचि मेरी भूल थी। उस समय मेरा यह गलत खयाल बना हुआ था कि शिक्षा के साथ कसरत का कोई सम्बन्ध नहीं है। बाद में मैं समझा कि विद्याभ्यास में व्यायाम का, अर्थात् शारीरिक शिक्षा का, मानसिक शिक्षा के समान ही स्थान होना चाहिए।

फिर भी मुझे कहना चाहिए कि कसरत में न जाने से मुझे नुकसान नहीं हुआ। उसका कारण यह रहा कि मैंने पुस्तकों में खुली हवा में घूमने जाने की सलाह पढ़ी थी और वह मुझे रूची थी। इसके कारण हाईस्कूल की उच्च कक्षा से ही मुझे हवाखोरी की आदत पड़ गयी थी। वह अन्त तक बनी रही। टहलना भी व्यायाम तो है ही, इससे मेरा शरीर अपेक्षाकृत सुगठित बना।

अरूचि का दूसरा कारण था, पिताजी की सेवा करने की तीव्र इच्छा। स्कूल की छुट्टी होते ही मैं सीधा घर पहुँचता और सेवा में लग जाता। जब कसरत अनिवार्य हुई, तो इस सेवा में बाधा पड़ी। मैंने बिनती की कि पिताजी की सेवा के लिए मुझे कसरत से छुट्टी दी जाए। पर गीमी साहब छुट्टी क्यों देने लगे? एक शनिवार के दिन सुबह का स्कूल था। शाम को चार बजे कसरत के लिए जाना था। मेरे पास घड़ी नहीं थी। आसमान बादलों से घिरा था, इसलिए समय का कोई अन्दाज नहीं रहा। मैं बादलों से धोखा खा गया। जब कसरत के लिए पहुँचा, तो सब जा चुके थे। दूसरे दिन गीमी साहब ने हाजिरी देखी, तो मैं गैर-हाजिर

पाया गया। मुझसे कारण पूछा गया। मैंने सही-सही कारण बता दिया। उन्होंने उसे सच नहीं माना और मुझ पर एक या दो आने (ठीक रकम का स्मरण नहीं है) का जुर्माना किया। मैं झूठा ठहरा! मुझे बहुत दुःख हुआ। कैसे सिद्ध करूँ कि मैं झूठा नहीं हूँ? कोई उपाय न रहा। मन मसोसकर रह गया। रोया। समझा कि सच बोलने वाले और सच्चा काम करने वाले को गाफिल भी नहीं रहना चाहिए। अपनी पढ़ाई के समय में इस तरह की मेरी यह पहली और आखिरी गफलत थी। मुझे धुँधली-सी याद है कि आखिर मैं वह जुर्माना माफ करा सका था।

मैंने कसरत से तो मुक्ति प्राप्त कर ही ली। पिताजी ने हेडमास्टर को पत्र लिखा कि स्कूल के समय के बाद वे मेरी उपस्थिति का उपयोग अपनी सेवा के लिए करना चाहते हैं। इस कारण मुझे मुक्ति मिल गयी।

व्यायाम के बदले मैंने टहलने का सिलसिला रखा, इसलिए शरीर को व्यायाम न देने की गलती के लिए तो शायद मुझे सजा नहीं भोगनी पड़ी, पर दूसरी एक गलती की सजा मैं आज तक भोग रहा हूँ। मैं यही जानता कि पढ़ाई में सुन्दर लेखन आवश्यक नहीं है, यह गलत खयाल मुझे कैसे हो गया था। पर ठेठ विलायत जाने तक यह बना रहा। बाद में, और खास करके दक्षिण अफ्रीका में, जब मैंने वकीलों के तथा दक्षिण अफ्रीका में जन्मे और पढ़े-लिखे नवयुवकों के मोती के दानों-जैसे अक्षर देखे, तो मैं शरमाया और पछताया। मैंने अनुभव किया कि खराब अक्षर अधूरी शिक्षा की निशानी मानी जानी चाहिए। बाद में मैंने अक्षर सुधारने का प्रयत्न किया, पर पके घड़े पर कहीं गला जुड़ता है? जवानी में मैंने जिसकी उपेक्षा की, उसे मैं आज तक नहीं कर सका। हरएक नवयुवक और नवयुवती मेरे उदाहरण से सबक ले और समझे कि अच्छे अक्षर विद्या का आवश्यक अंग हैं। अच्छे अक्षर सीखने के लिए चित्रकला आवश्यक है। मेरी तो यह राय बनी है कि बालकों को चित्रकला पहले सिखानी चाहिए। जिस तरह पक्षियों, वस्तुओं आदि को देखकर बालक उन्हें याद रखता है और आसानी से उन्हें पहचानता है, उसी तरह अक्षर पहचानना सीखे और जब चित्रकला सीखकर चित्र आदि बनाने लगे तभी अक्षर लिखना सीखे, तो उसके अक्षर छपे अक्षरों के समान सुन्दर होंगे।

इस समय के विद्याभ्यास के दूसरे दो संस्मरण उल्लेखनीय हैं। ब्याह के कारण जो एक साल नष्ट हुआ था, उसे बचा लेने की बात दूसरी कक्षा के शिक्षक ने

मेरे सामने रखी थी। उन दिनों परिश्रमी विद्यार्थी को इसके लिए अनुमति मिलती थी। इस कारण तीसरी कक्षा में मैं छह महीने रहा और गरमी की छुट्टियों से पहले होनेवाली परीक्षा के बाद मुझे चौथी कक्षा में बैठाया गया। इस कक्षा से थोड़ी पढ़ाई अंग्रेजी माध्यम से होने लगती थी। मेरी समझ में कुछ न आता था। भूमिति भी चौथी कक्षा से शुरू होती थी। मैं उसमें पिछड़ा हुआ था ही, तिस पर मैं उसे बिलकुल समझ नहीं पाता था। भूमिति-शिक्षक अच्छी तरह समझाकर पढ़ाते थे, पर मैं कुछ समझ ही न सकता था। मैं अकसर निराश हो जाता। कभी-कभी यह भी सोचता कि एक साल में दो कक्षाएँ करने का विचार छोड़कर मैं तीसरी कक्षा में लौट जाऊँ। पर ऐसा करने में मेरी लाज जाती, और जिन शिक्षक ने मेरी लगन पर भरोसा करके मुझे चढ़ाने की सिफ़ारिश की थी उनकी भी लाज जाती। इस भय से नीचे जाने का विचार तो छोड़ ही दिया। जब प्रयत्न करते-करते मैं युक्लिड के तेरहवें प्रमेय तक पहुँचा, तो अचानक मुझे बोध हुआ कि भूमिति तो सरल से सरल विषय है। जिसमें केवल बुद्धि का सीधा और सरल प्रयोग ही करना है, उसमें कठिनाई क्या है? उसके बाद तो भूमिति मेरे लिए सदा ही एक सरल और सरस विषय बना रहा।

भूमिति की अपेक्षा संस्कृत ने मुझे अधिक परेशान किया। भूमिति में रटने की कोई बात थी ही नहीं, जब कि मेरी दृष्टि से संस्कृत में तो सब रटना ही होता था। यह विषय भी चौथी कक्षा में शुरू हुआ था। छठी कक्षा में मैं हारा। संस्कृत-शिक्षक बहुत कड़े मिजाज के थे। विद्यार्थियों को अधिक सिखाने का लोभ रखते थे। संस्कृत वर्ग और फारसी वर्ग के बीच एक प्रकार की होड़ रहती थी। फारसी सिखाने वाले मौलवी नरम मिजाज के थे। विद्यार्थी आपस में बात करते कि फारसी तो बहुत आसान है और फारसी-शिक्षक बहुत भले हैं। विद्यार्थी जितना काम करते हैं, उतने से वे संतोष कर लेते हैं। मैं भी आसान होने की बात सुनकर ललचाया और एक दिन फारसी के वर्ग में जाकर बैठा। संस्कृत-शिक्षक को दुःख हुआ। उन्होंने मुझे बुलाया और कहा: "यह तो समझ कि तू किन का लड़का है। क्या तू अपने धर्म की भाषा नहीं सीखेगा? तुझे जो कठिनाई हो, सो मुझे बता। मैं तो सब विद्यार्थियों को बढ़िया संस्कृत सिखाना चाहता हूँ। आगे चलकर उसमें रस के घूँट पीने को मिलेंगे। तुझे यों हारना नहीं चाहिए। तू फिर से मेरे वर्ग में बैठ।" मैं शरमाया। शिक्षक के प्रेम की अवगणना

न कर सका। आज मेरी आत्मा कृष्णशंकर मास्टर का उपकार मानती है। क्योंकि जितनी संस्कृत मैं उस समय सीखा उतनी भी न सीखा होता, तो आज संस्कृत शास्त्रों में मैं जितना रस ले सकता हूँ उतना न ले पाता। मुझे तो इस बात का पश्चात्ताप होता है कि मैं संस्कृत अधिक न सीख सका। क्योंकि बाद में मैं समझा कि किसी भी हिन्दू बालक को संस्कृत का अच्छा अभ्यास किये बिना रहना ही न चाहिए।

अब तो मैं यह मानता हूँ कि भारत वर्ष की उच्च शिक्षा के पाठ्यक्रम में मातृभाषा के अतिरिक्त राष्ट्रभाषा हिन्दी, संस्कृत, फारसी, अरबी और अंग्रेजी का स्थान होना चाहिए। भाषाओं की इस संख्या से किसीको डरना नहीं चाहिए। भाषा पद्धतिपूर्वक सिखाई जाए और सब विषयों को अंग्रेजी के माध्यम से सीखने-सोचने का बोझ हम पर न हो, तो ऊपर की भाषाएँ सीखना सिर्फ बोझरूप न होगा, बल्कि उसमें बहुत ही आनन्द आयेगा। और जो व्यक्ति एक भाषा को शास्त्रीय पद्धति से सीख लेता है, उसके लिए दूसरी का ज्ञान सुलभ हो जाता है। असल में तो हिन्दी, गुजराती, संस्कृत एक भाषा मानी जा सकती हैं। इसी तरह फारसी और अरबी एक मानी जाएँ। यद्यपि फारसी संस्कृत से मिलती-जुलती है और अरबी का हिब्रू से मेल है, फिर भी दोनों का विकास इस्लाम के प्रकट होने के बाद हुआ है, इसलिए दोनों के बीच निकट का सम्बन्ध है। उर्दू को मैंने अलग भाषा नहीं माना है, क्योंकि उसके व्याकरण का समावेश हिन्दी में हो जाता है। उसके शब्द तो फारसी और अरबी ही हैं। ऊँचे दर्जे की उर्दू जानने वाले के लिए अरबी और फारसी का ज्ञान ज़रूरी है, जैसे उच्च प्रकार की गुजराती, हिन्दी, बंगला, मराठी जानने वाले के लिए संस्कृत जानना आवश्यक है।

६. दुःखद प्रसंग—१

मैं कह चुका हूँ कि हाईस्कूल में मेरे थोड़े ही विश्वासपात्र मित्र थे। कहा जा सकता है कि ऐसी मित्रता रखने वाले दो मित्र अलग-अलग समय में रहे। एक का सम्बन्ध लम्बे समय तक नहीं टिका, यद्यपि मैंने उस मित्र को छोड़ा नहीं था। मैंने दूसरे की सोहबत की, इसलिए पहले ने मुझे छोड़ दिया। दूसरी सोहबत मेरे जीवन का एक दुःखद प्रकरण है। यह सोहबत बहुत वर्षों तक रही। इस सोहबत

को निभाने में मेरी दृष्टि सुधारक की थी। इन भाई की पहली मित्रता मेरे मझले भाई के साथ थी। वे मेरे भाई की कक्षा में थे। मैं देख सका था कि उनमें कई दोष हैं। पर मैंने उन्हें वफादार मान लिया था। मेरी माताजी, मेरे जेठेभाई और मेरी धर्मपत्नी तीनों को यह सोहबत कड़वी लगती थी। पत्नी की चेतावनी को तो मैं अभिमानी पति क्यों मानने लगा? माता की आज्ञा का उल्लंघन मैं करता ही न था। बड़े भाई की बात मैं हमेशा सुनता था। पर उन्हें मैंने यह कहकर शान्त किया: "उसके जो दोष आप बताते हैं, उन्हें मैं जानता हूँ। उसके गुण तो आप जानते ही नहीं। वह मुझे गलत रास्ते नहीं ले जाएगा, क्योंकि उसके साथ मेरा सम्बन्ध उसे सुधारने के लिए ही है। मुझे यह विश्वास है कि अगर वह सुधर जाएँ, तो बहुत अच्छा आदमी निकलेगा। मैं चाहता हूँ कि आप मेरे विषय में निर्भय रहें।" मैं नहीं मानता कि मेरी इस बात से उन्हें संतोष हुआ, पर उन्होंने मुझ पर विश्वास किया और मुझे मेरे रास्ते जाने दिया।

बाद में मैं देख सका कि मेरा अनुमान ठीक नहीं था। सुधार करने के लिए भी मनुष्य को गहरे पानी में नहीं पैठना चाहिए। जिसे सुधारना है उसके साथ मित्रता नहीं हो सकती। मित्रता में अद्वैत-भाव होता है। संसार में ऐसी मित्रता क्वचित् ही पायी जाती है। मित्रता समान गुण वालों के बीच शोभती और निभती है। मित्र एक-दूसरे को प्रभावित किये बिना रह ही नहीं सकते। अतएव मित्रता में सुधार के लिए बहुत कम अवकाश रहता है। मेरी राय है कि घनिष्ठ मित्रता अनिष्ट है, क्योंकि मनुष्य दोषों को जल्दी ग्रहण करता है। गुण ग्रहण करने के लिए प्रयास की आवश्यकता है। जो आत्मा की, ईश्वर की मित्रता चाहता है, उसे एका की रहना चाहिए, अथवा समूचे संसार के साथ मित्रता रखनी चाहिए। ऊपर का विचार योग्य हो अथवा अयोग्य, घनिष्ठ मित्रता बढ़ाने का मेरा प्रयोग निष्फल रहा।

जिन दिनों मैं इन मित्र के संपर्क में आया, उन दिनों राजकोट में 'सुधारपंथ' का जोर था। मुझे इन मित्रने बताया कि कई हिन्दू शिक्षक छिपेछिपे माँसाहार और मद्यपान करते हैं। उन्होंने राजकोट के दूसरे प्रसिद्ध गृहस्थों के नाम भी दिये। मेरे सामने हाईस्कूल में कुछ विद्यार्थियों के नाम भी आये। मुझे तो आश्चर्य भी हुआ और दुःख भी। कारण पूछने पर यह दलील दी गयी: "हम माँसाहार नहीं करते, इसलिए प्रजा के रूप में हम निर्वीर्य हैं। अंग्रेज हम

पर इसीलिए राज्य करते हैं कि वे माँसाहारी हैं। मैं कितना मजबूत हूँ और कितना दौड़ सकता हूँ, सो तो तुम जानते ही हो। इसका कारण भी माँसाहार ही है। माँसाहारी को फोड़े नहीं होते, होने पर झट अच्छे हो जाते हैं। हमारे शिक्षक माँस खाते हैं, इतने प्रसिद्ध व्यक्ति खाते हैं, सो क्या बिना समझे खाते हैं? तुम्हें भी खाना चाहिए। खाकर देखो तो मालूम होगा कि तुम में कितनी ताकत आ जाती है।"

ये सब दलीलें किसी एक दिन नहीं दी गयी थीं। अनेक उदाहरणों से सजाकर इस तरह की दलीलें कई बार दी गयीं। मेरे मझले भाई तो भ्रष्ट हो चुके थे। उन्होंने इन दलीलों की पुष्टि की। अपने भाई की और इन मित्र की तुलना में मैं तो बहुत दुबला था। उनके शरीर अधिक गठीले थे। उन का शरीर-बल मुझसे कहीं ज्यादा था। वे हिम्मतवर थे। इन मित्र के पराक्रम मुझे मुग्ध कर देते थे। वे मनचाहा दौड़ सकते थे। उनकी गति बहुत अच्छी थी। वे खूब लम्बा और ऊँचा कूद सकते थे। मार सहन करने की शक्ति भी उनमें खूब थी। अपनी इस शक्ति का प्रदर्शन भी वे मेरे सामने समय-समय पर करते थे। जो शक्ति अपने में नहीं होती, उसे दूसरे में देखकर मनुष्य को आश्चर्य होता ही है। वैसा मुझे भी हुआ। आश्चर्य में से मोह पैदा हुआ। मुझमें दौड़ने-कूदने की शक्ति नहीं के बराबर थी। मैं सोचा करता कि मैं भी इन मित्र की तरह बलवान बन जाऊँ, तो कितना अच्छा हो!

इसके अलावा मैं बहुत डरपोक था। चोर, भूत, साँप आदि के डर से घिरा रहता था। ये डर मुझे खूब हैरान भी करते थे। रात कहीं अकेले जाने की हिम्मत नहीं थी। अँधेरे में तो कहीं जाता ही न था। दीये के बिना सोना लगभग असंभव था। कहीं इधर से भूत न आ जाए, उधर से चोर न आ जाए और तीसरी जगह से साँप न निकल आये! इसलिए बत्ती की ज़रूरत तो रहती ही थी। पास में सोयी हुई और अब कुछ सयानी बनी हुई पत्नी से भी अपने इस डर की बात मैं कैसे करता? मैं यह समझ चुका था कि वह मुझसे ज्यादा हिम्मत वाली है और इसलिए मैं शरमाता था। साँप आदि से डरना तो वह जानती ही न थी। अँधेरे में वह अकेली चली जाती थी। मेरे ये मित्र मेरी इन कमजोरियों को जानते थे। मुझसे कहा करते थे कि वे तो जिन्दा साँपों को भी हाथ से पकड़ लेते हैं। चोर से कभी नहीं डरते। भूत को तो मानते ही नहीं। उन्होंने मुझे जँचाया कि यह

सारा प्रताप माँसाहार का है।

इन्हीं दिनों नर्मद[1] का नीचे लिखा पद स्कूलों में गाया जाता थाः

अंग्रेजो राज्य करे, देशी रहे दबाई,
देशी रहे दबाई, जोने बेनां शरीर भाई
पेलो पाँच हाथ पूरो, पूरो पाँचसेंने.[2]

इन सब बातों का मेरे मन पर पूरा-पूरा असर हुआ। मैं पिधला। मैं यह मानने लगा कि माँसाहार अच्छी चीज है। उससे मैं बलवान और साहसी बनूँगा। समूचा देश माँसाहार करे, तो अंग्रेजों को हराया जा सकता है।

माँसाहार शुरू करने का दिन निश्चित हुआ।

इस निश्चय—इस आरम्भ—का अर्थ सब पाठक समझ नहीं सकेंगे। गांधी-परिवार वैष्णव सम्प्रदाय का है। माता-पिता बहुत कट्टर वैष्णव माने जाते थे। हवेली में (वैष्णव-मन्दिर में) हमेशा जाते थे। कुछ मन्दिर तो परिवार के ही माने जाते थे। फिर गुजरात में जैन सम्प्रदाय का बड़ा जोर है। उसका प्रभाव हर जगह, हर काम में पाया जाता है। इसलिए माँसाहार का जैसा विरोध और तिरस्कार गुजरात में और श्रावकों तथा वैष्णवों में पाया जाता है, वैसा हिन्दुस्तान में या सारी दुनिया में और कहीं नहीं पाया जाता। ये मेरे संस्कार थे।

मैं माता-पिता का परम भक्त था। मैं मानता था कि वे मेरे माँसाहार की बात जानेंगे, तो बिना मौत के उनकी तत्काल मृत्यु हो जाएगी। जाने-अनजाने मैं सत्य का सेवक तो था ही। मैं ऐसा नहीं कह सकता कि उस समय मुझे यह ज्ञान न था कि माँसाहार करने में माता-पिता को धोखा देना होगा।

ऐसी हालत में माँसाहार करने का मेरा निश्चय मेरे लिए बहुत गम्भीर और भयंकर बात थी।

लेकिन मुझे तो सुधार करना था। माँसाहार का शौक नहीं था। यह सोचकर कि उसमें स्वाद है, मैं माँसाहार शुरू नहीं कर रहा था। मुझे तो बलवान और साहसी बनना था, दूसरों को वैसा बनने के लिए न्योतना था और फिर अंग्रेजों

---

१. गुजराती के प्रसिद्ध कवि नर्मद (१८३३–८६)। अर्वाचीन गद्य के निर्माता। गुजराती की नवीन काव्यधारा के एक प्रधान कवि।

२. अंग्रेज राज्य करते हैं और हिन्दुस्तानी दबे रहते हैं। दोनों के शरीर तो देखो। वे पूरे पाँच हाथ के हैं। एक-एक पाँच सौ के लिए काफी है।

को हराकर हिन्दुस्तान को स्वतंत्र करना था। 'स्वराज्य' शब्द उस समय तक मैंने सुना नहीं था। सुधार के इस जोश में मैं होश भूल गया।

७. दुःखद प्रसंग—२

निश्चित दिन आया। अपनी स्थिति का सम्पूर्ण वर्णन करना मेरे लिए कठिन है। एक तरफ सुधार का उत्साह था, जीवन में महत्त्व का परिवर्तन करने का कुतूहल था, और दूसरी तरफ चोर की तरह छिपकर काम करने की शरम थी। मुझे याद नहीं पड़ता कि इसमें मुख्य वस्तु क्या थी। हम नदी की तरफ एकान्त की खोज में चले। दूर जाकर ऐसा कोना खोजा, जहाँ कोई देख न सके, और वहाँ मैंने कभी न देखी हुई वस्तु—माँस—देखी! साथ में भटियारखाने की डबल-रोटी थी। दोनों में से एक भी चीज मुझे भाती नहीं थी। माँस चमड़े-जैसा लगता था। खाना असम्भव हो गया। मुझे कै होने लगी। खाना छोड़ देना पड़ा।

मेरी वह रात बहुत बुरी बीती। नींद नहीं आई। सपने में ऐसा भास होता था, मानो शरीर के अन्दर बकरा जिन्दा हो और रो रहा हो। मैं चौंक उठता, पछताता और फिर सोचता कि मुझे तो माँसाहार करना ही है, हिम्मत नहीं हारनी है! मित्र भी हार खाने वाले नहीं थे। उन्होंने अब माँस को अलग-अलग ढंग से पकाने, सजाने और ढँकने का प्रबन्ध किया। नदीकिनारे ले जाने के बदले किसी बावरची के साथ बातचीत करके छिपेछिपे एक सरकारी डाक-बंगले पर ले जाने की व्यवस्था की और वहाँ कुर्सी, मेज वगैरा सामान के प्रलोभन में मुझे डाला। इसका असर हुआ। डबल-रोटी की नफरत कुछ कम पड़ी, बकरे की दया छूटी और माँस का तो कह नहीं सकता, पर माँस वाले पदार्थों में स्वाद आने लगा। इस तरह एक साल बीता होगा और इस बीच पाँच-छह बार माँस खाने को मिला होगा, क्योंकि डाक-बंगला सदा सुलभ न रहता था और माँस के स्वादिष्ट माने जाने वाले बढ़िया पदार्थ भी सदा तैयार नहीं हो सकते थे। फिर ऐसे भोजनों पर पैसा भी खर्च होता था। मेरे पास तो फूटी कौड़ी भी नहीं थी, इसलिए मैं कुछ दे नहीं सकता था। इस खर्च की व्यवस्था उन मित्र को ही करनी होती थी। उन्होंने कहाँ से, कैसे व्यवस्था की, इसका मुझे आज तक पता नहीं है। उनका इरादा तो मुझे माँस की आदत लगा देने का—भ्रष्ट करने का—था, इसलिए पैसा वे अपने पास से खर्च करते थे। पर उनके पास भी कोई अखूट खजाना नहीं था,

इसलिए ऐसी दावतें कभी-कभी ही हो सकती थीं।

जब-जब ऐसा भोजन मिलता, तब-तब घर पर तो भोजन हो ही नहीं सकता था। जब माताजी भोजन के लिए बुलातीं, तब 'आज भूख नहीं है, खाना हजम नहीं हुआ है' ऐसे बहाने बनाने पड़ते थे। ऐसा कहते समय हर बार मुझे भारी आघात पहुँचता था। यह झूठ, सो भी माँ के सामने! और अगर माता-पिता को पता चले कि लड़के माँसाहारी हो गये हैं, तब तो उन पर बिजली ही टूट पड़ेगी। ये विचार मेरे दिल को कुरेदते रहते थे, इसलिए मैंने निश्चय किया: 'माँस खाना आवश्यक है; उसका प्रचार करके हम हिन्दुस्तान को सुधारेंगे; पर माता-पिता को धोखा देना और झूठ बोलना तो माँस न खाने से भी बुरा है। इसलिए माता-पिता के जीते-जी माँस नहीं खाना चाहिए। उनकी मृत्यु के बाद, स्वतंत्र होने पर खुले तौर से माँस खाना चाहिए और जब तक वह समय न आवे, तब तक माँसाहार का त्याग करना चाहिए।' अपना यह निश्चय मैंने मित्र को जता दिया और तबसे माँसाहार जो छूटा, सो सदा के लिए छूट गया। माता-पिता कभी यह जान ही न पाये कि उनके दो पुत्र माँसाहार कर चुके हैं।

माता-पिता को धोखा न देने के शुभ विचार से मैंने माँसाहार छोड़ा, पर वह मित्रता नहीं छोड़ी। मैं मित्र को सुधारने चला था, पर खुद ही गिरा, और गिरावट का मुझे होश तक न रहा।

इसी सोहबत के कारण मैं व्यभिचार में भी फँस जाता। एक बार मेरे ये मित्र मुझे वेश्याओं की बस्ती में ले गये। वहाँ मुझे योग्य सूचनाएँ देकर एक स्त्री के मकान में भेजा। मुझे पैसे वगैरा कुछ देना नहीं था। हिसाब हो चुका था। मुझे तो सिर्फ दिल-बहलाव की बातें करनी थीं। मैं घर में घुस तो गया, पर जिसे ईश्वर बचाना चाहता है, वह गिरने की इच्छा रखते हुए भी पवित्र रह सकता है। उस कोठरी में मैं तो बिलकुल अंधा बन गया। मुझे बोलने का भी होश न रहा। मारे शरम के सन्नाटे में आकर उस औरत के पास खटिया पर बैठा, पर मुँह से बोल न निकल सका। औरत ने गुस्से में आकर मुझे दो-चार खरी-खोटी सुनायी और दरवाजे की राह दिखायी।

उस समय तो मुझे जान पड़ा कि मेरी मर्दानगी को बट्टा लगा; और मैंने चाहा कि धरती जगह दे, तो मैं उसमें समा जाऊँ। पर इस तरह बचने के लिए मैंने सदा ही भगवान का आभार माना है। मेरे जीवन में ऐसे ही दूसरे चार प्रसंग

और आये हैं। कहना होगा कि उनमें से अनेकों में, अपने प्रयत्न के बिना, केवल परिस्थिति के कारण मैं बचा हूँ। विशुद्ध दृष्टि से तो इन प्रसंगों में मेरा पतन ही माना जाएगा। चूँकि मैंने विषय की इच्छा की, इसलिए मैं उसे भोग ही चुका। फिर भी लौकिक दृष्टि से, इच्छा करने पर भी जो प्रत्यक्ष कर्म से बचता है, उसे हम बचा हुआ मानते हैं; और इन प्रसंगों में मैं इसी तरह, इतनी ही हद तक, बचा हुआ माना जाऊँगा। फिर कुछ काम ऐसे हैं, जिन्हें करने से बचना व्यक्ति के लिए और उसके संपर्क में आनेवालों के लिए बहुत लाभदायक होता है, और जब विचार-शुद्धि हो जाती है तब उस कार्य में से बच जाने के लिए वह ईश्वर का अनुगृहीत होता है। जिस तरह हम यह अनुभव करते हैं कि पतन से बचने का प्रयत्न करते हुए भी मनुष्य पतित बनता है, उसी तरह यह भी एक अनुभव-सिद्ध बात है कि गिरना चाहते हुए भी अनेक संयोगों के कारण मनुष्य गिरने से बच जाता है। इसमें पुरूषार्थ कहाँ है, दैव कहाँ है, अथवा किन नियमों के वश होकर मनुष्य आखिर गिरता या बचता है, ये सारे गूढ़ प्रश्न हैं। इनका हल आज तक हुआ नहीं, और कहना कठिन है कि अन्तिम निर्णय कभी हो सकेगा या नहीं।

पर हम आगे बढ़ें। मुझे अभी तक इस बात का होश नहीं हुआ था कि इन मित्र की मित्रता अनिष्ट है। वैसा होने से पहले मुझे अभी कुछ और कड़वे अनुभव प्राप्त करने थे। इसका बोध तो मुझे तभी हुआ जब मैंने उनके अकल्पित दोषों का प्रत्यक्ष दर्शन किया। लेकिन मैं यथासंभव समय के क्रम के अनुसार अपने अनुभव लिख रहा हूँ, इसलिए दूसरे अनुभव आगे आवेंगे।

इस समय की एक बात यहीं कहनी होगी। हम दम्पती के बीच जो कुछ मतभेद पैदा होता या कलह होता, उसका एक कारण यह मित्रता भी थी। मैं ऊपर बता चुका हूँ कि मैं जैसा प्रेमी वैसा ही वहमी पति था। मेरे वहम को बढ़ाने वाली यह मित्रता थी, क्योंकि मित्र की सच्चाई के बारेमें मुझे कोई सन्देह था ही नहीं। इन मित्र की बातों में आकर मैंने अपनी धर्मपत्नी को कितने ही कष्ट पहुँचाये हैं। इस हिंसा के लिए मैंने अपने को कभी माफ नहीं किया है। ऐसे दुःख हिन्दू स्त्री ही सहन करती है, और इस कारण मैंने स्त्री को सदा सहनशीलता की मूर्ति के रूप में देखा है। नौकर पर झूठा शक किया जाए तो वह नौकरी छोड़ देता है, पुत्र पर ऐसा शक हो तो वह पिता का घर छोड़ देता है, मित्रों के बीच

शक पैदा हो तो मित्रता टूट जाती है, स्त्री को पति पर शक हो तो वह मन मसोस कर बैठी रहती है, पर अगर पति पत्नी पर शक करे, तो पत्नी बेचारी का तो भाग्य ही फूट जाता है। वह कहाँ जाए? उच्च माने जाने वाले वर्ण की हिन्दू स्त्री अदालत में जाकर बँधी हुई गाँठ को कटवा भी नहीं सकती, ऐसा इकतरफा न्याय उसके लिए रखा गया है। इस तरह का न्याय मैंने दिया, इसके दुःख को मैं कभी नहीं भूल सकता। इस सन्देह की जड़ तो तभी कटी जब मुझे अहिंसा का सूक्ष्म ज्ञान हुआ, यानी जब मैं ब्रह्मचर्य की महिमा को समझा और यह समझा कि पत्नी पति की दासी नहीं, पर उसकी सहचारिणी है, सहधर्मिणी है, दोनों एक-दूसरे के सुख-दुःख के समान साझेदार हैं, और भला-बुरा करने की जितनी स्वतंत्रता पति को है उतनी ही पत्नी को है। सन्देह के उस काल को जब मैं याद करता हूँ, तो मुझे अपनी मूर्खता और विषयान्ध निर्दयता पर क्रोध आता है और मित्रता-विषयक अपनी मूर्च्छा पर दया आती है।

८. चोरी और प्रायश्चित्त

मांसाहार के समय के और उससे पहले के कुछ दोषों का वर्णन अभी रह गया है। ये दोष विवाह से पहले के अथवा उसके तुरन्त बाद के हैं।

अपने एक रिश्तेदार के साथ मुझे बीड़ी पीने का शौक लगा। हमारे पास पैसे नहीं थे। हम दोनों में से किसीका यह खयाल तो नहीं था कि बीड़ी पीने में कोई फायदा है, अथवा उसकी गन्ध में आनन्द है। पर हमें लगा कि सिर्फ धुआँ उड़ाने में ही कुछ मजा है। मेरे काकाजी को बीड़ी पीने की आदत थी। उन्हें और दूसरों को धुआँ उड़ाते देखकर हमें भी बीड़ी फूँकने की इच्छा हुई। गाँठ में पैसे तो थे नहीं, इसलिए काकाजी पीने के बाद बीड़ी के जो 'ठूँठ' फेंक देते, हमने उन्हें चुराना शुरू किया।

पर बीड़ी के ये ठूँठ हर समय मिल नहीं सकते थे, और उनमें से बहुत धुआँ भी नहीं निकलता था। इसलिए नौकर की जेब में पड़े दो-चार पैसों में से हमने एकाध पैसा चुराने की आदत डाली, और हम बीड़ी खरीदने लगे। पर सवाल यह पैदा हुआ कि उसे संभाल कर रखें कहाँ। हम जानते थे कि बड़ों के देखते तो बीड़ी पी ही नहीं सकते। जैसे-तैसे दो-चार पैसे चुराकर कुछ हफ्ते काम चलाया। इस बीच सुना कि एक प्रकार का पौधा होता है (उसका नाम तो मैं

भूल गया हूँ), जिसके डंठल बीड़ी की तरह जलते हैं और फूँके जा सकते हैं। हमने उन्हें प्राप्त किया और फूँकने लगे!

पर हमें संतोष नहीं हुआ। अपनी पराधीनता हमें अखरने लगी। हमें दुःख इस बात का था कि बड़ों की आज्ञा के बिना हम कुछ भी नहीं कर सकते थे। हम ऊब गये और हमने आत्महत्या करने का निश्चय कर लिया!

पर आत्महत्या कैसे करें? जहर कौन दे? हमने सुना कि धतूरे के बीज खाने से मृत्यु होती है। हम जंगल में जाकर बीज ले आये। शाम का समय तय किया। केदारनाथजी के मन्दिर की दीपमाला में घी चढाया, दर्शन किये और एकान्त खोज लिया। पर जहर खाने की हिम्मत न हुई। अगर तुरन्त ही मृत्यु न हुई तो क्या होगा? मरने से लाभ क्या? क्यों न पराधीनता ही सह ली जाए? फिर भी दो-चार बीज खाये। अधिक खाने की हिम्मत ही न पड़ी। दोनों मौत से डरे और यह निश्चय किया कि रामजी के मन्दिर में जाकर दर्शन करके शान्त हो जाएँ और आत्महत्या की बात भूल जाए।

मेरी समझ में आया कि आत्महत्या का विचार करना सरल है, आत्महत्या करना सरल नहीं। इसलिए कोई आत्महत्या करने की धमकी देता है, तो मुझ पर उसका बहुत कम असर होता है, अथवा यह कहना ठीक होगा कि कोई असर होता ही नहीं।

आत्महत्या के इस विचार का परिणाम यह हुआ कि हम दोनों जूठी बीड़ी चुराकर पीने की और नौकरके पैसे चुराकर बीड़ी खरीदने और फूँकने की आदत भूल गये। फिर बड़ेपन में बीड़ी पीने की कभी इच्छा नहीं हुई। मैंने हमेशा यह माना है कि यह आदत जंगली, गन्दी और हानिकारक है। दुनिया में बीड़ी का इतना जबरदस्त शौक क्यों है, इसे मैं कभी समझ नहीं सका हूँ। रेलगाड़ी के जिस डिब्बे में बहुत बीड़ी पी जाती है, वहाँ बैठना मेरे लिए मुश्किल हो जाता है, और उसके धुएँ से मेरा दम घुटने लगता है।

बीड़ी के ठूँठ चुराने और इसी सिलसिले में नौकरके पैसे चुराने के दोष की तुलना में मुझसे चोरी का दूसरा जो दोष हुआ, उसे मैं अधिक गम्भीर मानता हूँ। बीड़ी के दोष के समय मेरी उमर बारह-तेरह साल की रही होगी; शायद इससे कम भी हो। दूसरी चोरी के समय मेरी उमर पन्द्रह साल की रही होगी। यह चोरी मेरे माँसाहारी भाई के सोने के कड़े के टुकड़े की थी। उन पर मामूली-सा,

लगभग पच्चीस रूपये का, कर्ज हो गया था। उसकी अदायगी के बारेमें हम दोनों भाई सोच रहे थे। मेरे भाई के हाथ में सोने का ठोस कड़ा था। उसमें से एक तोला सोना काट लेना मुश्किल न था।

कड़ा कटा। कर्ज अदा हुआ। पर मेरे लिए यह बात असह्य हो गयी। मैंने निश्चय किया कि आगे कभी चोरी करूँगा ही नहीं। मुझे लगा कि पिताजी के सम्मुख अपना दोष स्वीकार भी कर लेना चाहिए। पर जीभ न खुली। पिताजी स्वयं मुझे पीटेंगे, इसका डर तो था ही नहीं। मुझे याद नहीं पड़ता कि उन्होंने कभी हममें से किसी भाई को पीटा हो। पर खुद दुःखी होंगे, शायद सिर फोड़ लें। मैंने सोचा कि यह जोखिम उठाकर भी दोष कबूल कर ही लेना चाहिए, उसके बिना शुद्धि नहीं होगी।

आखिर मैंने तय किया कि चिट्ठी लिखकर दोष स्वीकार किया जाए और क्षमा माँग ली जाए। मैंने चिट्ठी लिखकर हाथोंहाथ दी। चिट्ठी में सारा दोष स्वीकार किया और सजा चाही। आग्रहपूर्वक बिनती की कि वे अपने को दुःख में न डालें, और भविष्य में फिर ऐसा अपराध न करने की प्रतिज्ञा की।

मैंने काँपते हाथों चिट्ठी पिताजी के हाथ में दी। मैं उनके तख्त के सामने बैठ गया। उन दिनों वे भगन्दर की बीमारी से पीड़ित थे, इस कारण बिस्तर पर ही पड़े रहते थे। खटिया के बदले लकड़ी का तख्त काम में लाते थे।

उन्होंने चिट्ठी पढ़ी। आँखों से मोती की बूंदें टपकीं। चिट्ठी भीग गयी। उन्होंने क्षण भर के लिए आँखें मूँदीं, चिट्ठी फाड़ डाली और स्वयं पढ़ने के लिए उठ बैठे थे, सो वापस लेट गये।

मैं भी रोया। पिताजी का दुःख समझ सका। अगर मैं चित्रकार होता, तो वह चित्र आज सम्पूर्णता से खींच सकता। आज भी वह मेरी आँखों के सामने इतना स्पष्ट है।

मोती की बूँदों के उस प्रेमबाण ने मुझे बेध डाला। मैं शुद्ध बना! इस प्रेम को तो अनुभवी ही जान सकता है।

रामबाण वाग्यां रे होय ते जाणे.[१]

मेरे लिए यह अहिंसा का पदार्थपाठ था। उस समय तो मैंने इसमें पिता के प्रेम के सिवा और कुछ नहीं देखा, पर आज मैं इसे शुद्ध अहिंसा के नाम से पहचान

१. राम की भक्ति का बाण जिसे लगा हो वही जान सकता है।

सकता हूँ। ऐसी अहिंसा के व्यापक रूप धारण कर लेने पर उसके स्पर्श से कौन बच सकता है? ऐसी व्यापक अहिंसा की शक्ति की थाह लेना असम्भव है।

इस प्रकार की शान्त क्षमा पिताजी के स्वभाव के विरूद्ध थी। मैंने सोचा था कि वे क्रोध करेंगे, कटु वचन कहेंगे, शायद अपना सिर पीट लेंगे। पर उन्होंने इतनी अपार शान्ति जो धारण की, मेरे विचार में उसका कारण अपराध की सरल स्वीकृति थी। जो मनुष्य अधिकारी के सम्मुख स्वेच्छा से और निष्कपट भाव से अपना अपराध स्वीकार कर लेता है और फिर कभी वैसा अपराध न करने की प्रतिज्ञा करता है, वह शुद्धतम प्रायश्चित्त करता है।

मैं जानता हूँ कि मेरी इस स्वीकृति से पिताजी मेरे विषय में निर्भय बने और उनका महान प्रेम और भी बढ़ गया।

९. पिताजी की मृत्यु और मेरी दोहरी शरम

उस समय मैं सोलह वर्ष का था। हम ऊपर देख चुके हैं कि पिताजी भगन्दर की बीमारी के कारण बिलकुल शय्यावश थे। उनकी सेवा में अधिकतर माताजी, घर का एक पुराना नौकर और मैं रहते थे। मेरे जिम्मे 'नर्स' का काम था। उनका घाव धोना, उसमें दवा डालना, मरहम लगाने के समय मरहम लगाना, उन्हें दवा पिलाना और जब घर पर दवा तैयार करनी हो तो तैयार करना, यह मेरा खास काम था। रात हमेशा उनके पैर दबाना और इजाजत देने पर अथवा उनके सो जाने पर सोना यह मेरा नियम था। मुझे यह सेवा बहुत प्रिय थी। मुझे स्मरण नहीं है कि इसमें किसी भी दिन चूका होऊँ। ये दिन हाईस्कूल के तो थे ही। इसलिए खाने-पीने के बाद का मेरा समय स्कूल में अथवा पिताजी की सेवा में ही बीतता था। जिस दिन उनकी आज्ञा मिलती और उनकी तबीयत ठीक रहती, उस दिन शाम को टहलने जाता था।

इसी साल पत्नी गर्भवती हुई। मैं आज देख सकता हूँ कि इसमें दोहरी शरम थी। पहली शरम तो इस बात की कि विद्याध्ययन का समय होते हुए भी मैं संयम से न रह सका और दूसरी यह कि यद्यपि स्कूल की पढ़ाई को मैं अपना धर्म समझता था, और उससे भी अधिक माता-पिता की भक्ति को धर्म समझता था-और सो भी इस हद तक कि इस विषय में बचपन से ही श्रवण को मैंने अपना आदर्श माना था-फिर भी विषय-वासना मुझ पर सवारी कर सकी थी।

मतलब यह कि यद्यपि रोज रात को मैं पिताजी के पैर तो दबाता था, लेकिन उस समय मेरा मन शयन-गृह की ओर भटकता रहता था, और सो भी ऐसे समय जब स्त्री का संग धर्मशास्त्र, वैद्यक-शास्त्र और व्यवहार-शास्त्र के अनुसार त्याज्य था। जब मुझे सेवा के काम से छुट्टी मिलती, तो मैं खुश होता और पिताजी के पैर छूकर सीधा शयन-गृह में पहुँच जाता।

पिताजी की बीमारी बढ़ती जाती थी। वैद्यों ने अपने लेप आजमाये, हकीमों ने मरहम-पट्टियाँ आजमायीं, साधारण हज्जाम वगैरा की घरेलू दवायें भी कीं; अंग्रेज डॉक्टर ने भी अपनी अक्ल आजमा कर देखी। अंग्रेज डॉक्टर ने सुझाया कि शस्त्र-क्रिया ही रोग का एकमात्र उपाय है। परिवार के एक मित्र वैद्य बीच में पड़े और उन्होंने पिताजी की उत्तरावस्था में ऐसी शस्त्र-किया को नापसन्द किया। तरह-तरह की दवाओं की जो बोतलें खरीदी थीं वे व्यर्थ गईं और शस्त्र-क्रिया नहीं हुई। वैद्यराज प्रवीण और प्रसिद्ध थे। मेरा खयाल है कि अगर वे शस्त्र-क्रिया होने देते, तो घाव के भरने में दिक्कत न होती। शस्त्र-क्रिया उस समय के बम्बई के प्रसिद्ध सर्जन के द्वारा होने को थी। पर अन्तकाल समीप था, इसलिए उचित उपाय कैसे हो पाता? पिताजी शस्त्र-क्रिया कराये बिना ही बम्बई से वापस आये। साथ में इस निमित्त से खरीदा हुआ सामान भी लेते आये। वे अधिक जीने की आशा छोड़ चुके थे। कमजोरी बढ़ती गयी और ऐसी स्थिति आ पहुँची कि प्रत्येक क्रिया बिस्तर पर ही करना ज़रूरी हो गया। लेकिन उन्होंने आखिरी घड़ी तक इसका विरोध ही किया और परिश्रम सहने का आग्रह रखा। वैष्णव धर्म का यह कठोर शासन है। बाह्य शुद्धि अत्यन्त आवश्यक है। पर पाश्चात्य वैद्यक-शास्त्र ने हमें सिखाया है कि मल-मूत्र विसर्जन की और स्नानादि की सब क्रियायें बिस्तर पर लेटे-लेटे संपूर्ण स्वच्छता के साथ की जा सकती हैं और रोगी को कष्ट उठाने की ज़रूरत नहीं पड़ती; जब देखो तब उसका बिछौना स्वच्छ ही रहता है। इस तरह साधी गयी स्वच्छता को मैं तो वैष्णव धर्म का ही नाम दूँगा। पर उस समय स्नानादि के लिए बिछौना छोड़ने का पिताजी का आग्रह देखकर मैं आश्चर्यचकित ही होता था और मन में उनकी स्तुति किया करता था।

अवसान की घोर रात्रि समीप आई। उन दिनों मेरे चाचाजी राजकोट में थे। मेरा कुछ ऐसा खयाल है कि पिताजी की बढ़ती हुई बीमारी के समाचार पाकर ही वे आये थे। दोनों भाइयों के बीच अटूट प्रेम था। चाचाजी दिन भर पिताजी

के बिस्तर के पास ही बैठे रहते, और हम सबको सोने की इजाजत देकर खुद पिताजी के बिस्तर के पास सोते। किसीको यह खयाल तो था ही नहीं कि यह रात आखिरी सिद्ध होगी। वैसे डर तो बराबर बना ही रहता था। रात के साढ़े दस या ग्यारह बजे होंगे। मैं पैर दबा रहा था। चाचाजी ने मुझसे कहाः "जा, अब मैं बैठूँगा।" मैं खुश हुआ और सीधा शयन-गृह में पहुँचा। पत्नी तो बेचारी गहरी नींद में थी। पर मैं सोने कैसे देता? मैंने उसे जगाया। पाँच-सात मिनट बीते होंगे, इतने में जिस नौकर की मैं ऊपर चर्चा कर चुका हूँ, उसने आकर किवाड़ खटखटाया। मुझे धक्का-सा लगा। मैं चौंका। नौकरने कहा, "उठो, बापू बहुत बीमार हैं।" मैं जानता था कि वे बहुत बीमार तो थे ही, इसलिए यहाँ 'बहुत बीमार' का विशेष अर्थ समझ गया। एकदम बिस्तर से कूद पड़ा।

"कह तो सही, बात क्या है?"

जवाब मिला, "बापू गुजर गये!"

मेरा पछताना किस काम आता? मैं बहुत शरमाया। बहुत दुःखी हुआ। दौड़कर पिताजी के कमरे में पहुँचा। बात मेरी समझ में आयी कि अगर मैं विषयान्ध न होता, तो इस अन्तिम घड़ी में यह वियोग मुझे नसीब न होता और मैं अन्त समय तक पिताजी के पैर दबाता रहता। अब तो मुझे चाचाजी के मुँह से ही सुनना पड़ाः "बापू हमें छोड़कर चले गये!" अपने बड़े भाई के परम भक्त चाचाजी अंतिम सेवा का गौरव पा गये। पिताजी को अपने अवसान का अन्दाज हो चुका था। उन्होंने इशारा करके लिखने का सामान मँगाया और कागज पर लिखाः "तैयारी करो!" इतना लिखकर उन्होंने अपने हाथ पर बँधा तावीज तोड़कर फेंक दिया, सोने की कण्ठी भी तोड़कर फेंक दी और एक क्षण में आत्मा उड़ गयी।

पिछले अध्याय में मैंने अपनी जिस शरम का जिक्र किया है, वह यही शरम है—सेवा के समय भी विषय की इच्छा! इस काले दाग को मैं आज तक मिटा नहीं सका, भूल नहीं सका। और मैंने हमेशा माना है कि यद्यपि माता-पिता के प्रति मेरी अपार भक्ति थी, उसके लिए मैं सब कुछ छोड़ सकता था, तथापि सेवा के समय भी मेरा मन विषय को छोड़ नहीं सकता था। यह उस सेवा में रही हुई अक्षम्य त्रुटि थी। इसीसे मैंने अपने को एकपत्नी-व्रत का पालन करनेवाला मानते हुए भी विषयान्ध माना है। इससे मुक्त होने में मुझे बहुत समय लगा और

मुक्त होने से पहले कई धर्म-संकट सहने पड़े।

अपनी इस दोहरी शरम की चर्चा समाप्त करने से पहले मैं यह भी कह दूँ कि पत्नी के जो बालक जन्मा वह दो या चार दिन जीकर चला गया। कोई दूसरा परिणाम हो भी क्या सकता था? जिन माँ-बापों को अथवा जिन बाल-दम्पती को चेतना हो, वे इस दृष्टान्त से चेतें।

१०. धर्म की झाँकी

छह या सात साल से लेकर सोलह साल की उमर तक मैंने पढ़ाई की, पर स्कूल में कहीं भी धर्म की शिक्षा नहीं मिली। यों कह सकते हैं कि शिक्षकों से जो आसानी से मिलना चाहिए था वह नहीं मिला। फिर भी वातावरण से कुछ-न-कुछ तो मिलता ही रहा। यहाँ धर्म का उदार अर्थ करना चाहिए। धर्म अर्थात् आत्मबोध, आत्मज्ञान। मैं वैष्णव सम्प्रदाय में जन्मा था, इसलिए हवेली में जाने के प्रसंग बार-बार आते थे। पर उसके प्रति श्रद्धा उत्पन्न नहीं हुई। हवेली का वैभव मुझे अच्छा नहीं लगा। हवेली में चलने वाली अनीति की बातें सुनकर मन उसके प्रति उदासीन बन गया। वहाँ से मुझे कुछ भी न मिला।

पर जो हवेली से न मिला, वह मुझे अपनी धाय रम्भा से मिला। रम्भा हमारे परिवार की पुरानी नौकरानी थी। उसका प्रेम मुझे आज भी याद है। मैं ऊपर कह चुका हूँ कि मुझे भूत-प्रेत आदि का डर लगता था। रम्भा ने मुझे समझाया कि इसकी दवा रामनाम है। मुझे तो रामनाम से भी अधिक श्रद्धा रम्भा पर थी, इसलिए बचपन में भूत-प्रेतादि के भय से बचने के लिए मैंने रामनाम जपना शुरू किया। यह जप बहुत समय तक नहीं चला। पर बचपन में जो बीज बोया गया, वह नष्ट नहीं हुआ। आज रामनाम मेरे लिए अमोघ शक्ति है। मैं मानता हूँ कि उसके मूल में रम्भाबाई का बोया हुआ बीज है।

इसी अरसे में मेरे चाचाजी के एक लड़के ने, जो रामायण के भक्त थे, हम दो भाइयों को राम-रक्षा का पाठ सिखाने की व्यवस्था की। हमने उसे कण्ठाग्र कर लिया और स्नान के बाद उसके नित्यपाठ का नियम बनाया। जब तक पोरबन्दर रहे, यह नियम चला। राजकोट के वातावरण में यह टिक न सका। इस क्रिया के प्रति भी खास श्रद्धा नहीं थी। अपने बड़े भाई के लिए मन में जो आदर था उसके कारण और कुछ शुद्ध उच्चारणों के साथ राम-रक्षा का पाठ

कर पाते हैं इस अभियान के कारण पाठ चलता रहा।

पर जिस चीज का मेरे मन पर गहरा असर पड़ा, वह था रामायण का पारायण। पिताजी की बीमारी का थोड़ा समय पोरबन्दर में बीता था। वहाँ वे रामजी के मन्दिर में रोज रात के समय रामायण सुनते थे। सुनाने वाले बीलेश्वर के लाधा महाराज नामक एक पंडित थे। वे रामचन्द्रजी के परम भक्त थे। उनके बारेमें यह कहा जाता था कि उन्हें कोढ़ की बीमारी हुई, तो उसका इलाज करने के बदले उन्होंने बीलेश्वर महादेव पर चढ़े हुए बेलपत्र लेकर कोढ़ वाले अंग पर बाँधे और केवल रामनाम का जप शुरू किया। अन्त में उनका कोढ़ जड़मूल से नष्ट हो गया। यह बात सच हो या न हो, हम सुननेवालों ने तो सच ही मानी। यह भी सच है कि जब लाधा महाराज ने कथा शुरू की, तब उनका शरीर बिलकुल नीरोग था। लाधा महाराज का कण्ठ मीठा था। वे दोहा-चौपाई गाते और अर्थ समझाते थे। उस समय मेरी उमर तेरह साल की रही होगी, पर याद पड़ता है कि उनके पाठ में मुझे खूब रस आता था। यह रामायण-श्रवण रामायण के प्रति मेरे अत्यधिक प्रेम की बुनियाद है। आज मैं तुलसीदास की रामायण को भक्तिमार्ग का सर्वोत्तम ग्रंथ मानता हूँ।

कुछ महीनों के बाद हम राजकोट आये। वहाँ रामायण का पाठ नहीं होता था। एकादशी के दिन भागवत ज़रूर पढ़ी जाती थी। मैं कभी-कभी उसे सुनने बैठता था। पर भट्टजी रस उत्पन्न नहीं कर सके। आज मैं यह देख सकता हूँ कि भागवत एक ऐसा ग्रन्थ है, जिसके पाठ से धर्म-रस उत्पन्न किया जा सकता है। मैंने तो उसे गुजराती में बड़े चाव से पढ़ा है। लेकिन इक्कीस दिन के अपने उपवास-काल में भारत-भूषण पंडित मदनमोहन मालवीयजी के शुभ मुख से मूल संस्कृत के कुछ अंश जब सुने, तो खयाल हुआ कि बचपन में उनके समान भगवद्-भक्त के मुँह से भागवत सुनी होती, तो उस पर उसी उमर में मेरा गाढ़ प्रेम हो जाता। बचपन में पड़े हुए शुभ-अशुभ संस्कार बहुत गहरी जड़ें जमाते हैं, इसे मैं खूब अनुभव करता हूँ; और इस कारण उस उमर में मुझे कई उत्तम ग्रन्थ सुनने का लाभ नहीं मिला. सो अब अखरता है।

राजकोट में मुझे अनायास ही सब सम्प्रदायों के प्रति समान भाव रखने की शिक्षा मिली। मैंने हिन्दू धर्म के प्रत्येक सम्प्रदाय का आदर करना सीखा, क्योंकि माता-पिता वैष्णव-मन्दिर में, शिवालय में और राम-मन्दिर में भी जाते और भाइयों

को भी साथ ले जाते या भेजते थे।

फिर पिताजी के पास जैन धर्माचार्यों में से भी कोई ने कोई हमेशा आते रहते थे। पिताजी उन्हें भिक्षा भी देते थे। वे पिताजी के साथ धर्म और व्यवहार की बातें किया करते थे। इसके सिवा, पिताजी के मुसलमान और पारसी मित्र भी थे। वे अपने-अपने धर्म की चर्चा करते और पिताजी उनकी बातें सम्मानपूर्वक और अकसर रसपूर्वक सुना करते थे। 'नर्स' होने के कारण ऐसी चर्चा के समय मैं अकसर हाजिर रहता था। इस सारे वातावरण का प्रभाव मुझ पर यह पड़ा कि मुझमें सब धर्मों के लिए समान भाव पैदा हो गया।

एक ईसाई धर्म अपवादरूप था। उसके प्रति कुछ अरूचि थी। उन दिनों कुछ ईसाई हाईस्कूल के कोने पर खड़े होकर व्याख्यान दिया करते थे। वे हिन्दू देवताओं की और हिन्दू धर्म को मानने वालों की बुराई करते थे। मुझे वह असह्य मालूम हुआ। मैं एकाध बार ही व्याख्यान सुनने के लिए खड़ा रहा होऊँगा। दूसरी बार फिर वहाँ खड़े रहने की इच्छा ही न हुई। उन्हीं दिनों एक प्रसिद्ध हिन्दू के ईसाई बनने की बात सुनी। गाँव में चर्चा थी कि उन्हें ईसाई धर्म की दीक्षा देते समय गोमाँस खिलाया गया और शराब पिलायी गयी। उनकी पोशाक भी बदल दी गयी और ईसाई बनने के बाद वे भाई कोट-पतलून और अंग्रेजी टोपी पहनने लगे। इन बातों से मुझे पीड़ा पहुँची। जिस धर्म के कारण गोमाँस खाना पड़े, शराब पीनी पड़े और अपनी पोशाक बदलनी पड़े, उसे धर्म कैसे कहा जाए? मेरे मन ने यह दलील की। फिर यह भी सुनने में आया कि जो भाई ईसाई बने थे, उन्होंने अपने पूर्वजों के धर्म की, रीति-रिवाजों की और देश की निन्दा करना शुरू किया था। इन सब बातों से मेरे मन में ईसाई धर्म के प्रति अरूचि उत्पन्न हो गयी।

इस तरह यद्यपि दूसरे धर्मों के प्रति समभाव जागा, फिर भी यह नहीं कहा जा सकता कि मुझमें ईश्वर के प्रति आस्था थी। इन्हीं दिनों पिताजी के पुस्तक-संग्रह में से मनुस्मृति का भाषांतर मेरे हाथ में आया। उसमें संसार की उत्पत्ति आदि की बातें पढ़ीं। उन पर श्रद्धा नहीं जमी, उलटे थोड़ी नास्तिकता ही पैदा हुई। मेरे दूसरे चाचाजी के लड़के की, जो अभी जीवित हैं, बुद्धि पर मुझे विश्वास था। मैंने अपनी शंकायें उनके सामने रखीं, पर वे मेरा समाधान न कर सके। उन्होंने मुझे उत्तर दिया: "सयाने होने पर ऐसे प्रश्नों के उत्तर तुम

खुद दे सकोगे। बालकों को ऐसे प्रश्न नहीं पूछने चाहिए।" मैं चुप रहा। मन को शान्ति नहीं मिली। मनुस्मृति के खाद्याखाद्य-विषयक प्रकरण में और दूसरे प्रकरणों में भी मैंने वर्तमान प्रथा का विरोध पाया। इस शंका का उत्तर भी मुझे लगभग ऊपर के जैसा ही मिला। मैंने यह सोचकर अपने मन को समझा लिया कि 'किसी दिन बुद्धि खुलेगी, अधिक पढ़ूँगा और समझूँगा।' उस समय मनुस्मृति को पढ़कर मैं अहिंसा तो सीख ही न सका। माँसाहार की चर्चा हो चुकी है। उसे मनुस्मृति का समर्थन मिला। यह भी खयाल हुआ कि सर्पादि और खटमल आदि को मारना नीति है। मुझे याद है कि उस समय मैंने धर्म समझकर खटमल आदि का नाश किया था।

पर एक चीज ने मन में जड़ जमा ली—यह संसार नीति पर टिका हुआ है। नीतिमात्र का समावेश सत्य में है। सत्य को तो खोजना ही होगा। दिन-पर-दिन सत्य की महिमा मेरे निकट बढ़ती गयी। सत्य की व्याख्या विस्तृत होती गयी, और अभी भी हो रही है।

फिर, नीति का एक छप्पय दिल में बस गया। अपकार का बदला अपकार नहीं, उपकार ही हो सकता है, यह एक जीवन-सूत्र ही बन गया। उसने मुझ पर साम्राज्य चलाना शुरू किया। अपकारी का भला चाहना और करना, इसका मैं अनुरागी बन गया। इसके अनगिनत प्रयोग किये। वह चमत्कारी छप्पय यह है।

पाणी आपने पाय, भलुं भोजन तो दीजे;
आवी नमावे शीश, दंडवत कोडे कीजे.
आपण घा से दाम, काम महोरोनुं करीए;
आप उगारे प्राण, ते तणा दुःखमां मरीए.
गुण केडे तो गुण दश गणो, मन, वाचा, कर्मे करी;
अवगुण केडे जो गुण करे, ते जगमां जीत्यो सही.[1]

---

१. जो हमें पानी पिलाये, उसे हम अच्छा भोजन करायें। जो आकर हमारे सामने सिर नवाये, उसे हम उमंग से दण्डवत् प्रणाम करें। जो हमारे लिए एक पैसा खर्च करे, उसका हम मुहरों की कीमत का काम कर दें। जो हमारे प्राण बचावे, उसका दुःख दूर करने के लिए हम अपने प्राण तक निछावर कर दें। जो हमारा उपकार करे, उसका तो हमें मन, बचन और कर्म से दस गुना उपकार करना ही चाहिए। लेकिन जग में सच्चा और सार्थक जीना उसीका है, जो अपकार करने वाले के प्रति भी उपकार करता है।

११. विलायत की तैयारी

सन् १८८७ में मैंने मैट्रिक की परीक्षा पासकी। देश की और गांधी-कुटुम्ब की गरीबी ऐसी थी कि अहमदाबाद और बम्बई-जैसे परीक्षा के दो केन्द्र हों, तो वैसी स्थिति वाले काठियावाड़-निवासी नजदीक के और सस्ते अहमदाबाद को पसन्द करते थे। वही मैंने किया। मैंने पहले-पहल राजकोट से अहमदाबाद की यात्रा अकेले की।

बड़ों की इच्छा थी कि पास हो जाने पर मुझे आगे कॉलेज की पढ़ाई करनी चाहिए। कॉलेज बम्बई में भी था और भावनगर में भी। भावनगर का खर्च कम था, इसलिए भावनगर के शामलदास कॉलेज में भरती होने का निश्चय हुआ। कॉलेज में मुझे कुछ आता न था। सब कुछ मुश्किल मालूम होता था। अध्यापकों के व्याख्यानों में न रस आता और न मैं उन्हें समझ पाता। इसमें दोष अध्यापकों का नहीं, मेरी कमजोरी का ही था। उस समय के शामलदास कॉलेज के अध्यापक तो प्रथम पंक्ति के माने जाते थे। पहला सत्र पूरा करके मैं घर आया।

कुटुम्ब के पुराने मित्र और सलाहकार एक विद्वान, व्यवहार-कुशल ब्राह्मण मावजी दवे थे। पिताजी के स्वर्गवास के बाद भी उन्होंने कुटुम्ब के साथ सम्बन्ध बनाये रखा था। वे छुट्टी के इन दिनों में घर आये। माताजी और बड़े भाई के साथ बातचीत करते हुए उन्होंने मेरी पढ़ाई के बारेमें पूछताछ की। जब सुना कि मैं शामलदास कॉलेज में हूँ, तो बोले: "जमाना बदल गया है। तुम भाइयों में से कोई कबा गांधी की गद्दी संभालना चाहे तो बिना पढ़ाई के वह नहीं होगा। यह लड़का अभी पढ़ रहा है, इसलिए गद्दी संभालने का बोझ इससे उठवाना चाहिए। इसे चार-पाँच साल तो अभी बी० ए० होने में लग जाएँगे, और इतना समय देने पर भी इसे ५०-६० रूपये की नौकरी मिलेगी, दीवानगीरी नहीं। और अगर उसके बाद इसे मेरे लड़के की तरह वकील बनायें, तो थोड़े वर्ष और लग जाएँगे। और तब तक तो दीवानगीरी के लिए वकील भी बहुत से तैयार हो चुकेंगे। आपको इसे विलायत भेजना चाहिए। केवलराम (मावजी दवे के लड़के का नाम) कहता है कि वहाँ की पढ़ाई सरल है। तीन साल में पढ़कर लौट आयेगा। खर्च भी चार-पाँच हजार से अधिक नहीं होगा। नये आये हुए बारिस्टरों को देखो, वे कैसे ठाठ से रहते हैं! वे चाहें तो उन्हें दीवानगीरी आज

मिल सकती है। मेरी तो सलाह है कि आप मोहनदास को इसी साल विलायत भेज दीजिए। विलायत में मेरे केवलराम के कई दोस्त हैं; वह उनके नाम सिफ़ारिशी पत्र दे देगा, तो इसे वहाँ कोई कठिनाई नहीं होगी।"

जोशीजी ने (मावजी दवे को हम इसी नाम से पुकारते थे) मेरी तरफ देखकर मुझसे ऐसे लहजे में पूछा, मानो उनकी सलाह के स्वीकृत होने में उन्हें कोई शंका ही न होः

"क्यों, तुझे विलायत जाना अच्छा लगेगा या यहीं पढ़ते रहना?" मुझे जो भाता था वही वैद्यने बता दिया। मैं कॉलेज की कठिनाइयों से डर तो गया ही था। मैंने कहा, "मुझे विलायत भेजें, तो बहुत ही अच्छा है। मुझे नहीं लगता कि मैं कॉलिज में जल्दी-जल्दी पास हो सकूँगा। पर क्या मुझे डॉक्टरी सीखने के लिए नहीं भेजा जा सकता?"

मेरे भाई बीच में बोलेः "पिताजी को यह पसन्द न था। तेरी चर्चा निकलने पर वे यही कहते थे कि हम वैष्णव होकर हाड़-माँस की चीर-फाड़ का काम न करें। पिताजी तो तुझे वकील ही बनाना चाहते थे!"

जोशीजी ने समर्थन कियाः

"मुझे गांधीजी की तरह डॉक्टरी के पेशे से अरूचि नहीं है। हमारे शास्त्र इस धंधे की निन्दा नहीं करते। पर डॉक्टर बनकर तू दीवान नहीं बन सकेगा। मैं तो तेरे लिए दीवान-पद अथवा उससे भी अधिक चाहता हूँ। तभी तुम्हारे बड़े परिवार का निर्वाह हो सकेगा। जमाना दिन-पर-दिन बदलता जा रहा है और मुश्किल होता जाता है। इसलिए बारिस्टर बनने में ही बुद्धिमानी है।"

माताजी की ओर मुड़कर उन्होंने कहाः "आज तो मैं जाता हूँ। मेरी बात पर विचार करके देखिये। जब मैं लौटूँगा तो तैयारी के समाचार सुनने की आशा रखूँगा। कोई कठिनाई हो तो मुझसे कहिये।"

जोशीजी गये और मैं हवाई किले बनाने लगा।

बड़े भाई सोच में पड़ गये। पैसा कहाँ से आयेगा? और मेरे जैसे नौजवान को इतनी दूर कैसे भेजा जाएँ!

माताजी को कुछ सूझ न पड़ा। वियोग की बात उन्हें जँची ही नहीं। पर पहले तो उन्होंने यही कहाः "हमारे परिवार में अब बुजुर्ग तो चाचाजी ही रहे हैं। इसलिए पहले उनकी सलाह लेनी चाहिए। वे आज्ञा दें तो फिर हमें सोचना होगा।"

बड़े भाई को दूसरा विचार सूझाः "पोरबन्दर राज्य पर हमारा हक है। लेली साहब एडमिनिस्ट्रेटर हैं। हमारे परिवार के बारेमें उनका अच्छा खयाल है। चाचाजी पर उनकी खास मेहरबानी है। सम्भव है, वे राज्य की तरफ से तुझे थोड़ी-बहुत मदद कर दें।

मुझे यह सब अच्छा लगा। मैं पोरबन्दर जाने के लिए तैयार हुआ। उन दिनों रेल नहीं थी। बैलगाड़ी का रास्ता था। पाँच दिन में पहुँचा जाता था। मैं कह चुका हूँ कि मैं खुद डरपोक था। पर इस बार मेरा डर भाग गया। विलायत जाने की इच्छा ने मुझे प्रभावित किया। मैंने धोराजी तक की बैलगाड़ी की। धोराजी से आगे, एक दिन पहले पहुँचने के विचार से, ऊँट किराये पर लिया। ऊँट की सवारी का भी मेरा यह पहला अनुभव था।

मैं पोरबन्दर पहुँचा। चाचाजी को साष्टांग प्रणाम किया। सारी बात सुनायी। उन्होंने सोचकर जवाब दियाः

"मैं नहीं जानता कि विलायत जाने पर हम धर्म की रक्षा कर सकते हैं या नहीं। जो बातें सुनता हूँ, उनसे तो शक पैदा होता है। मैं जब बड़े बारिस्टरों से मिलता हूँ, तो उनकी रहन-सहन में और साहबों की रहन-सहन में कोई भेद नहीं पाता। खाने-पीने का कोई बंधन उन्हें होता ही नहीं। सिगरेट तो कभी उनके मुँह से छूटती ही नहीं। पोशाक देखो तो वह भी नंगी। यह सब हमारे कुटुम्ब को शोभा न देगा। पर मैं तेरे साहस में बाधा नहीं डालना चाहता। मैं तो कुछ दिनों बाद यात्रा पर जाने वाला हूँ। अब मुझे कुछ ही साल जीना है। मृत्यु के किनारे बैठा हुआ मैं तुझे विलायत जाने की—समुद्र पार करने की—इजाजत कैसे दूँ? लेकिन मैं बाधक नहीं बनूँगा। सच्ची इजाजत तो तेरी माँ की है। अगर वह तुझे इजाजत दे दे, तो तू खुशी-खुशी जाना। इतना कहना कि मैं तुझे रोकूँगा नहीं। मेरे आशीर्वाद तो तुझे हैं ही।"

मैंने कहाः "इस से अधिक की आशा तो मैं आपसे रख नहीं सकता। अब मुझे अपनी माँ को राजी करना होगा। पर लेली साहब के नाम आप मुझे सिफ़ारिशी पत्र तो देंगे न?"

चाचाजी ने कहाः "सो मैं कैसे दे सकता हूँ? लेकिन साहब सज्जन हैं, तू पत्र लिख। कुटुम्ब का परिचय देना। वे ज़रूर तुझे मिलने का समय देंगे, और उन्हें रूचेगा तो मदद भी करेंगे।"

मैं नहीं जानता कि चाचाजी ने साहब के नाम सिफ़ारिश का पत्र क्यों नहीं दिया। मुझे धुँधली-सी याद है कि विलायत जाने के धर्म-विरूद्ध कार्य में इस तरह सीधी मदद करने में उन्हें संकोच हुआ।

मैंने लेली साहब को पत्र लिखा। उन्होंने अपने रहने के बंगले पर मुझे मिलने बुलाया। उस बंगले की सीढ़ियों पर चढ़ते-चढ़ते वे मुझसे मिले, और मुझे यह कहकर ऊपर चले गये: "तू बी॰ए॰ कर ले, फिर मुझसे मिलना। अभी कोई मदद नहीं दी जा सकेगी।" मैं बहुत तैयारी करके, कई वाक्य रटकर गया था। नीचे झुककर दोनों हाथों से मैंने सलाम किया था। पर मेरी सारी मेहनत बेकार हुई!

मेरी दृष्टि पत्नी के गहनों पर गयी। बड़े भाई के प्रति मेरी अपार श्रद्धा थी। उनकी उदारता की सीमा न थी। उनका प्रेम पिता के समान था।

मैं पोरबन्दर से बिदा हुआ। राजकोट आकर सारी बातें उन्हें सुनाईं। जोशीजी के साथ सलाह की। उन्होंने कर्ज करके भी मुझे भेजने की सिफ़ारिश की। मैंने अपनी पत्नी के हिस्से के गहने बेच डालने का सुझाव रखा। उनसे २-३ हजार रूपये से अधिक नहीं मिल सकते थे। भाई ने, जैसे भी बने, रूपयों का प्रबंध करने का बीड़ा उठाया।

माताजी कैसे समझतीं? उन्होंने सब तरह की पूछताछ शुरू कर दी थी। कोई कहता, नौजवान लोग विलायत जाकर बिगड़ जाते हैं; कोई कहता, वे माँसाहार करने लगते हैं; कोई कहता, वहाँ शराब के बिना तो चलता ही नहीं। माताजी ने मुझे ये सारी बातें सुनायीं। मैंने कहा, "पर तू मेरा विश्वास नहीं करेगी? मैं तुझे धोखा नहीं दूँगा। शपथपूर्वक कहता हूँ कि मैं इन तीनों चीजों से बचूँगा। अगर ऐसा खतरा होता, तो जोशीजी क्यों जाने देते?"

माताजी बोलीं, "मुझे तेरा विश्वास है। पर दूर देश में क्या होगा? मेरी तो अक्ल काम नहीं करती। मैं बेचरजी स्वामी से पूछूँगी।"

बेचरजी स्वामी मोढ़ बनियों में से बने हुए एक जैन साधु थे। जोशीजी की तरह वे भी हमारे सलाहकार थे। उन्होंने मदद की। वे बोले: "मैं इस लड़के से इन तीनों चीजों के व्रत लिवाऊँगा।। फिर इसे जाने देने में कोई हानि नहीं होगी।" उन्होंने प्रतिज्ञा लिवायी और मैंने माँस, मदिरा तथा स्त्री-संग से दूर रहने की प्रतिज्ञा की। माताजी ने आज्ञा दी।

हाईस्कूल में सभा हुई। राजकोट का एक युवक विलायत जा रहा है, यह

आश्चर्य का विषय बना। मैं जवाब के लिए कुछ लिखकर ले गया था। जवाब देते समय उसे मुश्किल से पढ़ पाया। मुझे इतना याद है कि मेरा सिर घूम रहा था और शरीर काँप रहा था।

बड़ों के आशीर्वाद लेकर मैं बम्बई के लिए रवाना हुआ। बम्बई की यह मेरी पहली यात्रा थी। बड़े भाई साथ आये।

पर अच्छे काम में सौ विघ्न आते हैं। बम्बई का बन्दरगाह जल्दी छूट न सका।

१२. जाति से बाहर

माताजी की आज्ञा और आशीर्वाद लेकर और पत्नी की गोद में कुछ महीनों का बालक छोड़कर मैं उमंगों के साथ बम्बई पहुँचा। पहुँच तो गया, पर वहाँ मित्रों ने भाई को बताया कि जून-जुलाई में हिन्द महासागर में तूफान आते हैं और मेरी यह पहली ही समुद्री यात्रा है, इसलिए मुझे दीवाली के बाद यानी नवम्बर में रवाना करना चाहिए। और किसीने तूफान में किसी अगनबोट के डूब जाने की बात भी कही। इससे बड़े भाई घबराये। उन्होंने ऐसा खतरा उठाकर मुझे तुरन्त रवाना करने से इनकार किया और मुझको बम्बई में अपने मित्र के घर छोड़कर खुद वापस नौकरी पर हाजिर होने के लिए राजकोट चले गये। वे एक बहनोई के पास पैसे छोड़ गये और कुछ मित्रों से मेरी मदद करने की सिफ़ारिश करते गये।

बम्बई में मेरे लिए दिन काटना मुश्किल हो गया। मुझे विलायत के ही सपने आते रहते थे।

इस बीच जाति में खलबली मची। जाति की सभा बुलायी गयी। अभी तक कोई मोढ़ बनिया विलायत नहीं गया था। और मैं जा रहा हूँ, इसलिए मुझसे जवाब तलब किया जाना चाहिए। मुझे पंचायत में हाजिर रहने का हुक्म मिला। मैं गया। मैं नहीं जानता कि मुझमें अचानक हिम्मत कहाँ से आ गयी। हाजिर रहने में मुझे न तो संकोच हुआ, न डर लगा॥ जाति के सरपंच के साथ दूर का कुछ रिश्ता भी था। पिताजी के साथ उनका संबंध अच्छा था। उन्होंने मुझसे कहाः

"जाति का खयाल है कि तूने विलायत जाने का जो विचार किया है वह ठीक नहीं है। हमारे धर्म में समुद्र पार करने की मनाही है, तिस पर यह भी सुना जाता है कि वहाँ धर्म की रक्षा नहीं हो पाती। वहाँ साहब लोगों के साथ

खाना-पीना पड़ता है।"

मैंने जवाब दिया, "मुझे तो लगता है कि विलायत जाने में लेशमात्र भी अधर्म नहीं है। मुझे तो वहाँ जाकर विद्याध्ययन ही करना है। फिर जिन बातों का आपको डर है, उनसे दूर रहने की प्रतिज्ञा मैंने अपनी माताजी के सम्मुख ली है, इसलिए मैं उनसे दूर रह सकूँगा।"

सरपंच बोलेः "पर हम तुझसे कहते हैं कि वहाँ धर्म की रक्षा हो ही नहीं सकती। तू जानता है कि तेरे पिताजी के साथ मेरा कैसा सम्बन्ध था। तुझे मेरी बात माननी चाहिए।"

मैंने जवाब में कहाः "आपके साथ के सम्बन्ध को मैं जानता हूँ। आप पिता के समान हैं। पर इस बारेमें मैं लाचार हूँ। विलायत जाने का अपना निश्चय मैं बदल नहीं सकता। जो विद्वान ब्राह्मण मेरे पिताजी के मित्र और सलाहकार हैं, वे मानते हैं कि मेरे विलायत जाने में कोई दोष नहीं है। मुझे अपनी माताजी और अपने भाई की अनुमति भी मिल चुकी है।"

"पर तू जाति का हुक्म नहीं मानेगा?"

"मैं लाचार हूँ। मेरा खयाल है कि इसमें जाति को दखल नहीं देना चाहिए।"

इस जवाब से सरपंच गुस्सा हुए। मुझे दो-चार बातें सुनायीं। मैं स्वस्थ बैठा रहा। सरपंच ने आदेश दियाः

"यह लड़का आज से जातिच्युत माना जाएगा। जो कोई इसकी मदद करेगा अथवा इसे बिदा करने जाएगा, पंच उससे जवाब तलब करेंगे और उससे सवा रूपया दण्ड का लिया जाएगा।"

मुझ पर इस निश्चय का कोई असर नहीं हुआ। मैंने सरपंच से बिदा ली। अब सोचना यह था कि इस निश्चय का मेरे भाई पर क्या असर होगा। कहीं वे डर गये तो? सौभाग्य से वे दृढ़ रहे और मुझे लिख भेजा कि जाति के निश्चय के बावजूद वे मुझे विलायत जाने से नहीं रोकेंगे।

इस घटना के बाद मैं अधिक बेचैन हो गया। भाई पर दबाव पड़ा तो क्या होगा? दूसरा कोई विघ्न आ गया तो? इस चिन्ता में मैं अपने दिन बिता रहा था कि इतने में खबर मिली कि ४ सितम्बर को रवाना होनेवाले जहाज में जूनागढ़ के एक वकील बारिस्टरी के लिए विलायत जानेवाले हैं। बड़े भाई ने जिन मित्रों से मेरे बारेमें कह रखा था, उनसे मैं मिला। उन्होंने भी यह साथ न छोड़ने

की सलाह दी। समय बहुत कम था। मैंने भाई को तार किया और जाने की इजाजत माँगी। उन्होंने इजाजत दे दी। मैंने बहनोई से पैसे माँगे। उन्होंने जाति के हुक्म की चर्चा की। जातिच्युत होना उन्हें पुसाता न था। मैं अपने कुटुम्ब के एक मित्र के पास पहुँचा और उनसे बिनती की कि वे मुझे किराये वगैरा के लिए आवश्यक रकम दे दें और बाद में भाई से ले लें। उन मित्र ने ऐसा करना कबूल किया, इतना ही नहीं, बल्कि मुझे हिम्मत भी बँधायी। मैंने उनका आभार माना, पैसे लिये और टिकट खरीदा।

विलायत की यात्रा का सारा सामान तैयार करना था। दूसरे एक अनुभवी मित्र ने सामान तैयार करा दिया। मुझे सब अजीब-सा लगा। कुछ रूचा, कुछ बिलकुल नहीं रूचा। जिस नेकटाई को मैं बाद में शौक से लगाने लगा था, वह तो बिलकुल नहीं रूची। वास्कट नंगी पोशाक मालूम हुई। पर विलायत जाने के शौक की तुलना में यह अरूचि कोई चीज न थी। रास्ते में खाने का सामान भी पर्याप्त ले लिया था।

मित्रों ने मेरे लिए जगह भी त्र्यम्बकराय मजमुदार (जूनागढ़ के वकील का नाम) की कोठरी में ही रखी थी। उनसे मेरे विषय में कह भी दिया था। वे तो प्रौढ़ उमर के अनुभवी सज्जन थे। मैं दुनिया के अनुभव से शून्य अठारह साल का नौजवान था। मजमुदारने मित्रों से कहा, "आप इसकी फिक्र न करें।"

इस तरह १८८८ के सितम्बर महीने की ४ तारीख को मैंने बम्बई का बन्दरगाह छोड़ा।

१३. आखिर विलायत पहुँचा

जहाज में मुझे समुद्र का तो जरा भी कष्ट नहीं हुआ। पर जैसे-जैसे दिन बीतते जाते, वैसे-वैसे मैं अधिक परेशान होता जाता था। 'स्टुअर्ड' के साथ बातचीत करने में भी शरमाता था। अंग्रेजी में बातें करने की मुझे आदत ही न थी। मजमुदार को छोड़कर दूसरे सब मुसाफिर अंग्रेज थे। मैं उनके साथ बोल न पाता था। वे मुझसे बोलने का प्रयत्न करते, तो मैं समझ न पाता; और समझ लेता, तो जवाब क्या देना सो सूझता न था। बोलने से पहले हरएक वाक्य को जमाना पड़ता था। काँटे-चम्मच से खाना आता न था, और किस पदार्थ में माँस नहीं है, यह पूछने की हिम्मत नहीं होती थी। इसलिए मैं खाने की मेज पर तो

कभी गया ही नहीं। अपनी कोठरी में ही खाता था। अपने साथ खास करके जो मिठाई वगैरा लाया था, उन्हीं से मैंने काम चलाया। मजमुदार को तो कोई संकोच नहीं था। वे सबके साथ घुलमिल गये थे। डेक पर भी आजादी से जाते थे। मैं सारे दिन कोठरी में बैठा रहता था। कभी-कदास, जब डेक पर थोड़े लोग होते, तो कुछ देर वहाँ जाकर बैठ लेता था। मजमुदार मुझे समझाते कि सबके साथ घुलो-मिलो, आजादी से बात-चीत करो; वे मुझसे यह भी कहते कि वकील की जीभ खूब चलनी चाहिए। वकील के नाते वे अपने अनुभव सुनाते और कहते कि अंग्रेजी हमारी भाषा नहीं है, उसमें गलतियाँ तो होंगी ही, फिर भी खुलकर बोलते रहना चाहिए। पर मैं अपनी भीरूता छोड़ न पाता था।

मुझ पर दया करके एक भले अंग्रेज ने मुझसे बातचीत शुरू की। वे उमर में बड़े थे। मैं क्या खाता हूँ, कौन हूँ, कहाँ जा रहा हूँ, किसीसे बात-चीत क्यों नहीं करता, आदि प्रश्न वे पूछते रहते। उन्होंने मुझे खाने की मेज पर जाने की सलाह दी। माँस न खाने के मेरे आग्रह की बात सुनकर वे हँसे और मुझ पर तरस खाकर बोले, “यहाँ तो (पोर्टसईद पहुँच ने से पहले तक) ठीक है, पर बिस्के की खाड़ी में पहुँचने पर तुम अपने विचार बदल लोगे। इंग्लैंड में तो इतनी ठंड पडती है कि माँस खाये बिना चलता ही नहीं।

मैंने कहा, “मैंने सुना है कि वहाँ लोग माँसाहार के बिना रह सकते हैं।”

वे बोले, “इसे गलत समझो। अपने परिचितों में मैं ऐसे किसी आदमी को नहीं जानता, जो माँस न खाता हो। सुनो, मैं शराब पीता हूँ, पर तुम्हें पीने के लिए नहीं कहता। लेकिन मैं समझता हूँ कि तुम्हें माँस तो खाना ही चाहिए।”

मैंने कहा, “इस सलाह के लिए मैं आपका आभार मानता हूँ, पर माँस न खाने के लिए मैं अपनी माताजी से वचन-बद्ध हूँ। इस कारण मैं माँस नहीं खा सकता। अगर उसके बिना काम ही न चला, तो मैं वापस हिन्दुस्तान चला जाऊँगा, पर माँस तो कभी न खाऊँगा।”

बिस्के की खाड़ी आयी। वहाँ भी मुझे न तो माँस की ज़रूरत मालूम हुई और न मदिरा की। मुझसे कहा गया था कि मैं माँस न खाने के प्रमाणपत्र इकट्ठा कर लूँ। इसलिए इन अंग्रेज मित्र से मैंने प्रमाण-पत्र माँगा। उन्होंने खुशी-खुशी दिया। कुछ समय तक मैं उसे धन की तरह संभाले रहा। बाद में मुझे पता चला कि प्रमाण-पत्र तो माँस खाते हुए भी प्राप्त किये जा सकते हैं। इसलिए उनके

बारेमें मेरा मोह नष्ट हो गया। अगर मेरी बात पर भरोसा नहीं है, तो ऐसे मामले में प्रमाण-पत्र दिखाकर मुझे क्या लाभ हो सकता है?

दुःख-सुख सहते हुए यात्रा समाप्त करके हम साउदेम्प्टन बन्दरगाह पर पहुँचे। मुझे याद है कि उस दिन शनिवार था। जहाज पर मैं काली पोशाक पहनता था। मित्रों ने मेरे लिए सफेद फलालैन के कोट-पतलून भी बनवा दिये थे। उन्हें मैंने विलायत में उतरते समय पहनने का विचार कर रखा था, यह समझकर कि सफेद कपड़े अधिक अच्छे लगेंगे! मैं फलालैन का सूट पहनकर उतरा। सितम्बर के आखिरी दिन थे। मैंने वहाँ इस पोशाक में एक अपने को ही देखा। मेरी पेटियाँ और उनकी चाबियाँ तो ग्रिण्डले कम्पनी के एजेण्ट ले गये थे। सबकी तरह मुझे भी करना चाहिए, यह समझकर मैंने तो अपनी चाबियाँ भी दे दी थीं!

मेरे पास चार सिफ़ारिशी पत्र था: डॉक्टर प्राणजीवन मेहता के नाम, दलपतराम शुक्ल के नाम, प्रिन्स रणजीतसिंहजी के नाम और दादाभाई नौरोजी के नाम। मैंने साउदेम्प्टन से डॉक्टर मेहता को एक तार भेजा था। जहाज में किसीने सलाह दी थी कि विक्टोरिया होटल में ठहरना चाहिए। इस कारण मजमुदार और मैं उस होटल में पहुँचे। मैं तो अपनी सफेद पोशाक की शरम से ही गड़ा जा रहा था। तिस पर होटल में पहुँचने पर पता चला कि अगले दिन रविवार होने से ग्रिण्डले के यहाँ से सामान सोमवार तक नहीं आयेगा। इससे मैं परेशान हुआ।

सात-आठ बजे डॉक्टर मेहता आये। उन्होंने प्रेमभरा विनोद किया। मैंने अनजाने रेशमी रोओंवाली उनकी टोपी देखने के खयाल से उठायी और उस पर उलटा हाथ फेरा। इससे टोपी के रोएँ खड़े हो गये। डॉक्टर मेहता ने देखा, मुझे तुरन्त ही रोका। पर अपराध तो हो चुका था। उनके रोकने का नतीजा तो यही निकल सकता था कि दुबारा वैसा अपराध न हो।

समझिये कि यहीं से यूरोप के रीति-रिवाजों के सम्बन्ध में मेरी शिक्षा का श्रीगणेश हुआ। डॉक्टर मेहता हँसते-हँसते बहुत-सी बातें समझाते जाते थे। किसीकी चीज छूनी नहीं चाहिए; किसीसे जान-पहचान होने पर जो प्रश्न हिन्दुस्तान में यों ही पूछे जा सकते हैं, वे यहाँ नहीं पूछे जा सकते; बातें करते समय ऊँची आवाज से नहीं बोल सकते; हिन्दुस्तान में अंग्रेजों से बात करते समय 'सर' कहने का जो रिवाज है, वह यहाँ अनावश्यक है; 'सर' तो नौकर अपने मालिक से अथवा अपने बड़े अफसर से कहता है। फिर उन्होंने होटल

में रहने के खर्च की भी चर्चा की और सुझाया कि किसी निजी कुटुम्ब में रहने की ज़रूरत पड़ेगी। इस विषय में अधिक विचार सोमवार पर छोड़ा गया। कई सलाहें देकर डॉक्टर मेहता बिदा हुए।

होटल में तो हम दोनों को यही लगा कि यहाँ कहाँ आ फँसे। होटल महँगा भी था। माल्टा से एक सिन्धी यात्री जहाज पर सवार हुए थे। मजमुदार उनसे अच्छे घुलमिल गये थे। ये सिन्धी यात्री लंदन के अच्छे जानकार थे। उन्होंने हमारे लिए दो कमरे किराये पर लेने की जिम्मेदारी उठायी। हम सहमत हुए और सोमवार को जैसे ही सामान मिला, बिल चुकाकर उक्त सिन्धी सज्जन द्वारा ठीक किये कमरों में हमने प्रवेश किया।

मुझे याद है कि मेरे हिस्से का होटल का बिल लगभग तीन पौंड का हुआ था। मैं तो उसे देखकर चकित ही रह गया। तीन पौंड देने पर भी भूखा रहा। होटल की कोई चीज मुझे रूचती नहीं थी।। एक चीज ली और वह नहीं रूची; दूसरी ली; पर दाम तो दोनों के ही चुकाने चाहिए। यह कहना ठीक होगा कि अभी तो मेरा काम बम्बई से लाये हुए पाथेय से ही चल रहा था।

इस कमरे में भी मैं बहुत परेशान रहा। देश की याद खूब आती थी। माता का प्रेम मूर्तिमान होता था। रात पड़ती और मैं रोना शुरू करता। घर की अनेक स्मृतियों की चढ़ाई के कारण नींद तो आ ही कैसे सकती थी? इस दुःख की चर्चा किसीसे की भी नहीं जा सकती थी; करने से लाभ भी क्या था? मैं स्वयं नहीं जानता था कि किस उपाय से मुझे आश्वासन मिलेगा। यहाँ के लोग विचित्र, रहन-सहन विचित्र, घर भी विचित्र, घरों में रहने का ढंग भी विचित्र! क्या कहने और क्या करने से यहाँ शिष्टाचार के नियमों का उल्लंघन होगा, इसकी जानकारी भी मुझे बहुत कम थी। तिस पर खाने-पीने का परहेज; और खाने योग्य आहार सूखा तथा नीरस लगता था। इस कारण मेरी दशा सरौते के बीच सुपारी जैसी हो गयी। विलायत में रहना मुझे अच्छा नहीं लगता था और देश को लौटा नहीं जा सकता था। विलायत पहुँच जाने पर तो तीन साल वहाँ पूरे करने का ही मेरा आग्रह था।

१४. मेरी पसन्द

डॉक्टर मेहता सोमवार को मुझसे मिलने विक्टोरिया होटल पहुँचे। वहाँ उन्हें हमारा नया पता मिला; इससे वे नयी जगह आकर मिले। मेरी मूर्खता के कारण जहाज में मुझे दाद हो गयी थी। जहाज में खारे पानी से नहाना होता था। उसमें साबुन घुलता न था। लेकिन मैंने तो साबुन का उपयोग करने में सभ्यता समझी। इससे शरीर साफ होने के बदले चीकट हो गया। उससे दाद हो गयी। डॉक्टर को दिखायी। उन्होंने मुझे जलाने वाली दवा—एसेटिक एसिड—दी। इस दवाने मुझे रूलाया था। डॉक्टर मेहता ने हमारे कमरे वगैरा देखे और सिर हिलायाः "यह जगह काम की नहीं। इस देश में आकर पढ़ने की अपेक्षा यहाँ के जीवन और रीति-रिवाज का अनुभव प्राप्त करना ही अधिक महत्त्व का है। इसके लिए किसी परिवार में रहना ज़रूरी है। पर अभी तो मैंने सोचा है कि तुम्हें कुछ तालीम मिल सके, इसके लिए— के घर रहो। मैं तुम्हें वहाँ ले जाऊँगा।"

मैंने आभारपूर्वक उनका सुझाव मान लिया। मैं मित्र के घर पहुँचा। उनके स्वागत-सत्कार में कोई कमी नहीं थी। उन्होंने मुझे अपने सगे भाई की तरह रखा, अंग्रेजी रीति-रिवाज सिखाये; यह कह सकता हूँ कि अंग्रेजी में थोड़ी बातचीत करने की आदत उन्होंने डलवाई।

मेरे भोजन का प्रश्न बहुत विकट हो गया। बिना नमक और मसालों वाली साग-सब्जी रूचती नहीं थी। घर की मालकिन मेरे लिए कुछ बनावे तो क्या बनावे? सवेरे तो ओटमील[१] की लपसी बनती। उससे पेट कुछ भर जाता। पर दोपहर और शाम को मैं हमेशा भूखा रहता। मित्र मुझे रोज माँस खाने के लिए समझाते। मैं प्रतिज्ञा की आड़ लेकर चुप हो जाता। उनकी दलीलों का जवाब देना मेरे बस का न था। दोपहर को सिर्फ रोटी, पत्तों वाली एक भाजी और मुरब्बे पर गुजर करता था। यही खुराक शाम के लिए भी थी। मैं देखता कि रोटी के तो दो-तीन टुकड़े ही लेने की रीत है। इससे अधिक माँगते शरम लगती थी। मुझे डटकर खाने की आदत थी। भूख तेज थी और खूब खुराक चाहती थी। दोपहर या शाम को दूध नहीं मिलता था। मेरी यह हालत देखकर एक दिन मित्र चिढ़ गये और बोलेः "अगर तुम मेरे सगे भाई होते, तो मैं तुम्हें निश्चय ही

१. जई का आटा।

वापस भेज देता। यहाँ की हालत जाने बिना निरक्षर माता के सामने की गयी प्रतिज्ञा का मूल्य ही क्या? वह तो प्रतिज्ञा ही नहीं कही जा सकती। मैं तुमसे कहता हूँ कि कानून इसे प्रतिज्ञा नहीं मानेगा। ऐसी प्रतिज्ञा से चिपटे रहना तो निरा अंधविश्वास कहा जाएगा। और ऐसे अंधविश्वास में फँसे रहकर तुम इस देश से अपने देश में कुछ भी न ले जा सकोगे। तुम तो कहते हो कि तुमने माँस खाया है। तुम्हें वह अच्छा भी लगा है। जहाँ खाने की ज़रूरत नहीं थी वहाँ खाया, और जहाँ खाने की खास ज़रूरत है वहाँ छोड़ा। यह कैसा आश्चर्य है!"

मैं टस से मस नहीं हुआ।

ऐसी बहस रोज हुआ करती। मेरे पास छत्तीस रोगों को मिटाने वाला एक नन्ना ही था। मित्र मुझे जितना समझाते, मेरी दृढता उतनी ही बढ़ती जाती। मैं रोज भगवान से रक्षा की याचना करता और मुझे रक्षा मिलती। मैं नहीं जानता था कि ईश्वर कौन है। पर रम्भा की दी हुई श्रद्धा अपना काम कर रही थी।

एक दिन मित्र ने मेरे साम ने बेन्थम का ग्रंथ पढ़ना शुरू किया। उपयोगितावाद वाला अध्याय पढ़ा। मैं घबराया। भाषा ऊँची थी। मैं मुश्किल से समझ पाता। उन्होंने उसका विवेचन किया। मैंने उत्तर दियाः

"मैं आपसे माफी चाहता हूँ। मैं ऐसी सूक्ष्म बातें समझ नहीं पाता। मैं स्वीकार करता हूँ कि माँस खाना चाहिए, पर मैं अपनी प्रतिज्ञा का बन्धन तोड़ नहीं सकता। उसके लिए मैं कोई दलील नहीं दे सकता। मुझे विश्वास है कि दलील में मैं आपको कभी जीत नहीं सकता। पर मूर्ख समझकर अथवा हठी समझकर इस मामले में मुझे छोड़ दीजिए। मैं आपके प्रेम को समझता हूँ। आपका आशय समझता हूँ। आपको मैं अपना परम हितैषी मानता हूँ। मैं यह भी देख रहा हूँ कि आपको दुःख होता है, इसीसे आप इतना आग्रह करते हैं। पर मैं लाचार हूँ। मेरी प्रतिज्ञा नहीं टूट सकती।"

मित्र देखते रहे। उन्होंने पुस्तक बन्द कर दी। "बस, अब मैं बहस नहीं करूँगा," कहकर वे चुप हो गये। मैं खुश हुआ। इसके बाद उन्होंने बहस करना छोड़ दिया।

पर मेरे बारेमें उनकी चिन्ता दूर न हुई। वे बीड़ी पीते थे, शराब पीते थे। लेकिन मुझसे कभी नहीं कहा कि इनमें से एक का भी मैं सेवन करूँ। उलटे, वे मना ही करते रहे। उन्हें चिन्ता यह थी कि माँसाहार के अभाव में मैं कमजोर हो जाऊँगा और इंग्लैंड में निश्चिन्ततापूर्वक रह न सकूँगा।

इस तरह एक महीने तक मैंने नौसिखुए के रूप में उम्मीदवारी की। मित्र का घर रिचमन्ड में था, इसलिए मैं हफ्ते में एक या दो बार ही लन्दन जा पाता था। डॉक्टर मेहता और भाई दलपतराम शुक्ल ने सोचा कि अब मुझे किसी कुटुम्ब में रहना चाहिए। भाई शुक्ल ने वेस्ट केन्सिंग्टन में एक एँग्लो-इण्डियनना घर खोज निकाला और मुझे वहाँ रखा। घर की मालकिन एक विधवा थी। उससे मैंने माँस-त्याग की बात कही। बुढ़िया ने मेरी सार-संभाल की जिम्मेदारी ली। मैं वहाँ रहने लगा।

वहाँ भी मुझे रोज भूखा रहना पड़ता था। मैंने घर से मिठाई वगैरा खाने की चीजें मँगाई थीं, पर वे अभी आयी नहीं थीं। सब कुछ फीका लगता था। बुढ़िया हमेशा पूछती; पर वह करे क्या? तिस पर मैं अभी तक शरमाता था। बुढ़िया के दो लड़कियाँ थीं। वे आग्रह करके थोड़ी अधिक रोटी देतीं। पर वे बेचारी क्या जानें कि उनकी समूची रोटी खाने पर ही मेरा पेट भर सकता था?

लेकिन अब मैं होशियारी पकड़ने लगा था। अभी पढ़ाई शुरू नहीं हुई थी। मुश्किल से समाचारपत्र पढ़ने लगा था। यह भाई शुक्ल का प्रताप था। हिन्दुस्तान में मैंने समाचारपत्र कभी पढ़े नहीं थे। पर बराबर पढ़ते रहने के अभ्यास से उन्हें पढ़ने का शौक मैं पैदा कर सका था। 'डेली न्यूज़', 'डेली टेलिग्राफ' और 'पेलमेल गजेट'—इन पत्रों को सरसरी निगाह से देख जाता था। पर शुरू-शुरू में तो इसमें मुश्किल से एक घंटा खर्च होता होगा।

मैंने घूमना शुरू किया। मुझे निरामिष अर्थात् अन्नाहार देने वाले भोजनगृह की खोज करनी थी। घर की मालकिन ने भी कहा था कि खास लन्दन में ऐसे गृह मौजूद हैं। मैं रोज दस-बारह मील चलता था। किसी मामूली से भोजन-गृह में जाकर पेट भर रोटी खा लेता था। पर उससे संतोष न होता था। इस तरह भटकता हुआ एक दिन मैं फैरिंग्डन स्ट्रीट पहुँचा और वहाँ 'वेजिटेरियन रेस्टरां' (अन्नाहारी भोजनालय) का नाम पढ़ा। मुझे वह आनन्द हुआ, जो बालक को मनचाही चीज मिलने से होता है। हर्ष-विभोर होकर अन्दर घुसने से पहले मैंने दरवाजे के पासकी शीशेवाली खिड़की में बिक्री की पुस्तकें देखीं। उनमें मुझे सॉल्ट की 'अन्नाहार की हिमायत' नामक पुस्तक दीखी। एक शिलिंग में मैंने वह खरीद ली और फिर भोजन करने बैठा। विलायत आने के बाद यहाँ पहली बार भरपेट भोजन मिला। ईश्वर ने मेरी भूख मिटायी।

सॉल्ट की पुस्तक पढ़ी। मुझ पर उसकी अच्छी छाप पड़ी। इस पुस्तक को पढ़ने के दिन से मैं स्वेच्छापूर्वक, अर्थात् विचार-पूर्वक, अन्नाहार में विश्वास करने लगा। माता के निकट की गयी प्रतिज्ञा अब मुझे विशेष आनन्द देने लगी। और जिस तरह अब तक मैं यह मानता था कि सब माँसाहारी बनें तो अच्छा हो, और पहले केवल सत्य की रक्षा के लिए तथा बाद में प्रतिज्ञा-पालन के लिए ही मैं माँस-त्याग करता था और भविष्य में किसी दिन स्वयं आजादी से, प्रकट रूप में, माँस खाकर दूसरों को खाने वालों के दल में सम्मिलित करने की उमंग रखता था, उसी तरह अब स्वयं अन्नाहारी रहकर दूसरों को वैसा बनाने का लोभ मुझमें जागा।

१५. 'सभ्य' पोशाक में

अन्नाहार पर मेरी श्रद्धा दिन पर दिन बढ़ती गयी। सॉल्ट की पुस्तक ने आहार के विषय में अधिक पुस्तकें पढ़ने की मेरी जिज्ञासा को तीव्र बना दिया। जितनी पुस्तकें मुझे मिलीं, मैंने खरीद लीं और पढ़ डालीं। उनमें हावर्ड विलियम्स की 'आहार-नीति' नामक पुस्तक में अलग-अलग युगों के ज्ञानियों, अवतारों और पैगम्बरों के आहार का और आहार-विषयक उनके विचारों का वर्णन किया गया है। पाइथागोरस, ईसामसीह इत्यादि को उसने केवल अन्नाहारी सिद्ध करने का प्रयत्न किया है। डॉक्टर मिसेज एना किंग्सफर्ड की 'उत्तम आहार की रीति' नामक पुस्तक भी आकर्षक थी। साथ ही, डॉ० एलिन्सन के आरोग्यविषयक लेखोंने भी इसमें अच्छी मदद की। वे दवा के बदले केवल आहार के हेरफेर से ही रोगी को नीरोग करने की पद्धति का समर्थन करते थे। डॉ० एलिन्सन स्वयं अन्नाहारी थे और बीमारों को केवल अन्नाहार की ही सलाह देते थे। इन सब पुस्तकों के अध्ययन का परिणाम यह हुआ कि मेरे जीवन में आहारविषयक प्रयोगों ने महत्त्व का स्थान प्राप्त कर लिया। आरम्भ में इन प्रयोगों में आरोग्य की दृष्टि मुख्य थी। बाद में धार्मिक दृष्टि सर्वोपरि बनी।

इस बीच मेरे उन मित्र को तो मेरी चिन्ता बनी ही रही। उन्होंने प्रेमवश यह माना कि अगर मैं माँस नहीं खाऊँगा, तो कमजोर हो जाऊँगा। यही नहीं, बल्कि मैं बेवकूफ बना रहूँगा, क्योंकि अंग्रेजों के समाज में घुलमिल ही न सकूँगा। वे जानते थे कि मैं अन्नाहार विषयक पुस्तकें पढ़ता रहता हूँ। उन्हें डर लगा

कि इन पुस्तकों के पढ़ने से मैं भ्रमित-चित्त बन जाऊँगा, प्रयोगों में मेरा जीवन व्यर्थ चला जाएगा, मुझे जो करना है उसे मैं भूल जाऊँगा और 'पोथी-पंडित' बन बैठूँगा। इस विचार से उन्होंने मुझे सुधारने का एक आखिरी प्रयत्न किया। उन्होंने मुझे नाटक दिखाने के लिए न्योता। वहाँ जाने से पहले मुझे उनके साथ हॉबर्न भोजन-गृह में भोजन करना था। मेरी दृष्टि में यह गृह एक महल था। विक्टोरिया होटल छोड़ने के बाद ऐसे गृह में जाने का मेरा यह पहला अनुभव था। विक्टोरिया होटल का अनुभव तो निकम्मा था; क्योंकि ऐसा मानना होगा कि वहाँ मैं बेहोशी की हालत में था। सैकड़ों के बीच हम दो मित्र एक मेज के सामने बैठे। मित्र ने पहली 'प्लेट' मँगाई। वह 'सूप' की थी। मैं परेशान हुआ। मित्र से क्या पूछता? मैंने तो परोसने वाले को अपने पास बुलाया।

मित्र समझ गये। चिढ़कर मुझसे पूछा:

"क्या है?"

मैंने धीरे से संकोचपूर्वक कहा:

"मैं जानना चाहता हूँ कि इसमें माँस है या नहीं?"

"ऐसे गृह में यह जंगलीपन नहीं चल सकता। अगर तुम्हें अब भी यही किच-किच करनी हो तो तुम बाहर जाकर किसी छोटे से भोजन-गृह में खा लो और बाहर ही मेरी राह देखो।"

मैं इस प्रस्ताव से खुश होकर उठा और दूसरे भोजनालय की खोज में निकला। पास ही एक अन्नाहार वाला भोजन-गृह था। पर वह तो बन्द हो चुका था। मुझे समझ न पड़ा कि अब क्या करना चाहिए। मैं भूखा रहा। हम नाटक देखने गये। मित्रने उक्त घटना के बारेमें एक भी शब्द मुँह से न निकाला। मेरे पास तो कहने को था ही क्या?

लेकिन यह हमारे बीच का अन्तिम मित्र-युद्ध था। न हमारा सम्बन्ध टूटा, न उसमें कटुता आयी। उनके सारे प्रयत्नों के मूल में रहे हुए प्रेम को मैं पहचान सका था। इस कारण विचार और आचार की भिन्नता के रहते हुए भी उनके प्रति मेरा आदर बढ़ गया।

पर मैंने सोचा कि मुझे उनका डर दूर करना चाहिए। मैंने निश्चय किया कि मैं जंगली नहीं रहूँगा। सभ्य के लक्षण ग्रहण करूँगा और दूसरे प्रकार से समाज में समरस होने योग्य बनकर अन्नाहार की अपनी विचित्रता को छिपा लूँगा।

मैंने 'सभ्यता' सीखने के लिए अपनी सामर्थ्य से परेका और छिछला रास्ता पकड़ा।

विलायती होने पर भी बम्बई के कटे-सिले कपड़े अच्छे अंग्रेज समाज में शोभा नहीं देंगे, इस विचार से मैंने 'आर्मी और नेवी' स्टोर में कपड़े सिलवाये। उन्नीस शिलिंग की (उस जमाने के लिहाज से तो यह कीमत बहुत ही कही जाएगी) 'चिमनी' टोपी सिर पर पहनी। इतने से संतोष न हुआ तो बॉण्ड स्ट्रीट में, जहाँ शौकीन लोगों के कपड़े सिलते थे, दस पौण्ड पर बत्ती रखकर शाम की पोशाक सिलवायी। भोले और बादशाही दिल वाले बड़े भाई से मैंने दोनों जेबों में लटका ने लायक सोने की एक बढ़िया चेन मँगवायी और वह मिल भी गयी। बँधी-बँधायी टाई पहनना शिष्टाचार में शुमार न था, इसलिए टाई बाँधने की कला हस्तगत की। देश में आईना हजामत के दिन ही देखने को मिलता था, पर यहाँ तो बड़े आईने के सामने खड़े रहकर ठीक से टाई बाँधने में और बालों में पट्टी डालकर सीधी माँग निकालने में रोज लगभग दस मिनिट तो बरबाद होते ही थे। बाल मुलायम नहीं थे, इसलिए उन्हें अच्छी तरह मुड़े हुए रखने के लिए ब्रश (झाड़ू ही समझिए!) के साथ रोज लड़ाई चलती थी। और टोपी पहनते तथा निकालते समय हाथ तो मानो माँग को सहेजने के लिए सिर पर पहुँच ही जाता था और बीच-बीच में, समाज में बैठे-बैठे, माँग पर हाथ फिराकर बालों को व्यवस्थित रखने की एक और सभ्य क्रिया बराबर चलती ही रहती थी।

पर इतनी टीमटाम ही काफी न थी। अकेली सभ्य पोशाक से सभ्य थोड़े ही बना जा सकता था? मैंने सभ्यता के दूसरे कई बाहरी गुण भी जान लिये थे और मैं उन्हें सीखना चाहता था। सभ्य पुरूष को नाचना जानना चाहिए। उसे फ्रेंच अच्छी तरह जान लेनी चाहिए; क्योंकि फ्रेंच इंग्लैण्ड के पड़ोसी फ्रांस की भाषा थी, और सारे यूरोप की राष्ट्रभाषा भी थी। और, मुझे यूरोप में घूमने की इच्छा थी। इसके अलावा, सभ्य पुरूष को लच्छेदार भाषण करना भी आना चाहिए। मैंने नृत्य सीखने का निश्चय किया। एक कक्षा में भरती हुआ। एक सत्र के क़रीब तीन पौण्ड जमा किये। कोई तीन हफ्तों में करीब छह सबक सीखे होंगे। पैर ठीक से तालबद्ध पड़ते न थे। पियानो बजता था, पर वह क्या कह रहा है, कुछ समझमें न आता था। 'एक, दो, तीन' चलता, पर उसके बीच का अन्तर तो वह बाजा ही बताता था, जो मेरे लिए अगम्य था। तो अब क्या

किया जाए? अब तो बाबाजी की बिल्लीवाला किस्सा हुआ। चूहों को भगाने के लिए बिल्ली, बिल्ली के लिए गाय, यों बाबाजी का परिवार बढ़ा; उसी तरह मेरे लोभ का परिवार भी बढ़ा। वायोलिन बजाना सीख लूँ, तो सुर और ताल का खयाल हो जाए। तीन पौण्ड वायोलिन खरीदने में गँवाये और कुछ उसकी शिक्षा के लिए भी दिये। भाषण करना सीखने के लिए एक तीसरे शिक्षक का घर खोजा। उन्हें भी एक गिन्नी तो भेंट की ही। बेल की 'स्टैण्डर्ड एलोक्युशनिस्ट' पुस्तक खरीदी। पिट का एक भाषण शुरू किया।

इन बेल साहब ने मेरे कान में घंटी (बेल) बजायी। मैं जागा।

मुझे कौन इंग्लैण्ड में जीवन बिताना है? लच्छेदार भाषण करना सीखकर मैं क्या करूँगा? नाच-नाचकर मैं सभ्य कैसे बनूँगा? वायोलिन तो देश में भी सीखा जा सकता है। मैं तो विद्यार्थी हूँ। मुझे विद्या-धन बढ़ाना चाहिए। मुझे अपने पेशे से सम्बन्ध रखने वाली तैयारी करनी चाहिए। मैं अपने सदाचार से सभ्य समझा जाऊँ तो ठीक है, नहीं तो मुझे यह लोभ छोड़ना चाहिए।

इन विचारों की धुन में मैंने उपर्युक्त आशय के उद्‌गारों वाला पत्र भाषण-शिक्षक को भेज दिया। उनसे मैंने दो या तीन पाठ पढ़े थे। नृत्य-शिक्षिका को भी ऐसा ही पत्र लिखा। वायोलिन शिक्षिका के घर वायोलिन लेकर पहुँचा। उन्हें जिस दाम भी वह बिके, बेच डालने की इजाजत दे दी। उनके साथ कुछ मित्रता का-सा सम्बन्ध हो गया था। इस कारण मैंने उनसे अपने मोह की चर्चा की। नाच आदि के जंजाल में से निकल जाने की मेरी बात उन्होंने पसन्द की।

सभ्य बनने की मेरी यह सनक लगभग तीन महीने तक चली होगी। पोशाक की टीमटाम तो बरसों चली। पर अब मैं विद्यार्थी बना।

१६. फेरफार

कोई यह न माने कि नाच आदि के मेरे प्रयोग उस समय की मेरी स्वच्छन्दता के सूचक हैं। पाठकों ने देखा होगा कि उनमें कुछ समझदारी थी। मोह के इस समय में भी मैं एक हद तक सावधान था। पाई-पाई का हिसाब रखता था। खर्च का अंदाज रखता था। मैंने हर महीने पन्द्रह पौण्ड से अधिक खर्च न करने का निश्चय किया था। मोटर में आने-जाने का अथवा डाक का खर्च भी हमेशा लिखता था, और सोने से पहले हमेशा अपनी रोकड़ मिला लेता था। यह आदत

अन्त तक बनी रही। और मैं जानता हूँ कि इससे सार्वजनिक जीवन में मेरे हाथों लाखों रूपयों का जो उलट-फेर हुआ है, उसमें मैं उचित किफायतशारी से काम ले सका हूँ। और आगे मेरी देखरेख में जितने आन्दोलन चले, उनमें मैंने कभी कर्ज नहीं किया, बल्कि हरएक में कुछ न कुछ बचत ही रही। यदि हरएक नवयुवक उसे मिलनेवाले थोड़े रूपयों का भी हिसाब खबरदारी के साथ रखेगा, तो उसका लाभ वह भी उसी तरह अनुभव करेगा, जिस तरह भविष्य में मैंने और जनताने किया।

अपनी रहन-सहन पर मेरा कुछ अंकुश था, इस कारण मैं देख सका कि मुझे कितना खर्च करना चाहिए। अब मैंने खर्च आधा कर डालने का निश्चय किया। हिसाब जाँचने से पता चला कि गाड़ी-भाड़े का मेरा खर्च काफी होता था। फिर कुटुम्ब में रहने से हर हफ्ते कुछ खर्च तो होता ही था। किसी दिन कुटुम्ब के लोगों को बाहर भोजन के लिए ले जाने का शिष्टाचार बरतना ज़रूरी था। कभी उनके साथ दावत में जाना पड़ता, तो गाड़ी-भाड़े का खर्च लग ही जाता था। कोई लड़की साथ हो, तो उसका खर्च चुकाना ज़रूरी हो जाता था। जब बाहर जाता, तो खाने के लिए घर न पहुँच पाता। वहाँ तो पैसे पहले से ही चुकाये रहते और बाहर खाने के पैसे और चुकाने पड़ते। मैंने देखा कि इस तरह के खर्चों से बचा जा सकता है। महज शरम की वजह से होने वाले खर्चों से बचने की बात भी समझमें आयी।

अब तक मैं कुटुम्बों में रहता था, उसके बदले अपना ही कमरा लेकर रहने का मैंने निश्चय किया, और यह भी तय किया कि काम के अनुसार और अनुभव प्राप्त करने के लिए अलग-अलग मुहल्लों में घर बदलता रहूँगा। घर मैंने ऐसी जगह पसन्द किये कि जहाँ से काम की जगह पर आधे घंटे में पैदल पहुँचा जा सके और गाड़ी-भाड़ा बचे। इससे पहले जहाँ जाना होता वहाँ का गाड़ी-भाड़ा हमेशा चुकाना पड़ता और घूमने के लिए अलग से समय निकालना पड़ता था। अब काम पर जाते हुए ही घूमने की व्यवस्था जम गयी, और इस व्यवस्था के कारण मैं रोज आठ-दस मील तक आसानी से घूम लेता था। खासकर इस एक आदत के कारण मैं विलायत में शायद ही कभी बीमार पड़ा होऊँगा। मेरा शरीर काफी कस गया। कुटुम्ब में रहना छोड़कर मैंने दो कमरे किराये पर लिये। एक सोने के लिए और दूसरा बैठक के रूपमें। यह फेरफार की दूसरी मंजिल कही

जा सकती है। तीसरा फेरफार अभी होना शेष था।

इस तरह आधा खर्च बचा। लेकिन समय का क्या हो? मैं जानता था कि बारिस्टरी की परीक्षा के लिए बहुत पढ़ना ज़रूरी नहीं है; इसलिए मुझे बेफिकरी थी। पर मेरी कच्ची अंग्रेजी मुझे दुःख देती थी। लेली साहब के शब्द—'तुम बी॰ए॰ हो जाओ, फिर आना'—मुझे चुभते थे। मैंने सोचा मुझे बारिस्टर बनने के अलावा कुछ और भी पढ़ना चाहिए। ऑक्सफर्ड केम्ब्रिज की पढ़ाई का पता लगाया। कई मित्रों से मिला। मैंने देखा कि वहाँ जाने से खर्च बहुत बढ़ जाएगा और पढ़ाई लम्बी चलेगी। मैं तीन साल से अधिक रह नहीं सकता था। किसी मित्र ने कहा, "अगर तुम्हें कोई कठिन परीक्षा ही देनी हो, तो तुम लन्दन की मैट्रिक्युलेशन पास कर लो। उसमें मेहनत काफी करनी पड़ेगी और साधारण ज्ञान बढ़ेगा। खर्च बिलकुल नहीं बढ़ेगा।" मुझे यह सुझाव अच्छा लगा। पर परीक्षा के विषय देखकर मैं चौंका। लेटिन और दूसरी एक भाषा अनिवार्य थी। लेटिन कैसे सीखी जाय? पर मित्रने सुझाया: "वकील के लिए लेटिन बहुत उपयोगी है। लेटिन जानने वाले के लिए कानूनी किताबें समझना आसान हो जाता है, और 'रोमन लॉ' की परीक्षा में एक प्रश्नपत्र तो केवल लेटिन भाषा में ही होता है। इसके सिवाय, लेटिन जानने से अंग्रेजी भाषा पर प्रभुत्व बढ़ता है।" इन सब दलीलों का मुझ पर असर हुआ। मैंने सोचा, मुश्किल हो चाहे न हो, पर लेटिन तो सीख ही लेनी है। फ्रेंच की शुरू की हुई पढ़ाई को पूरा करना है। इसलिए निश्चय किया कि दूसरी भाषा फ्रेंच हो। मैट्रिक्युलेशन का एक प्राइव्हेट वर्ग चलता था। उसमें भरती हो गया। हर छठे महीने परीक्षा होती थी। मेरे पास मुश्किल से पाँच महीने का समय था। यह काम मेरे बूते के बाहर था। परिणाम यह हुआ कि सभ्य बनने की जगह मैं अत्यन्त उद्यमी विद्यार्थी बन गया। समय-पत्रक बनाया। एक-एक मिनट का उपयोग किया। पर मेरी बुद्धि या स्मरण-शक्ति ऐसी नहीं थी कि दूसरे विषयों के अतिरिक्त लेटिन और फ्रेंच की तैयारी कर सकूँ। परीक्षा में बैठा। लेटिन में फेल हो गया। दुःख तो हुआ, पर हिम्मत नहीं हारा। लेटिन में रूचि पैदा हो गयी थी। मैंने सोचा कि दूसरी बार परीक्षा में बैठने से फ्रेंच अधिक अच्छी हो जाएगी और विज्ञान में नया विषय ले लूँगा। प्रयोगों के अभाव में रसायनशास्त्र मुझे रूचता ही न था। यद्यपि अब देखता हूँ कि उसमें खूब रस आना चाहिए था। देश में तो यह विषय सीखा ही था, इसलिए लन्दन

की मैट्रिक के लिए भी पहली बार इसी को पसन्द किया था। इस बार प्रकाश और उष्णता (Light और Heat) का विषय लिया। यह विषय आसान माना जाता था। मुझे भी आसान प्रतीत हुआ।

पुनः परीक्षा देने की तैयारी के साथ ही रहन-सहन में अधिक सादगी लाने का प्रयत्न शुरू किया। मैंने अनुभव किया कि अभी मेरे कुटुम्ब की गरीबी के अनुरूप मेरा जीवन सादा नहीं बना है। भाई की तंगी के और उनकी उदारता के विचारों ने मुझे व्याकुल बना दिया। जो लोग हर महीने १५ पौण्ड या ८ पौण्ड खर्च करते थे, उन्हें तो छात्रवृत्तियाँ मिलती थीं। मैं देखता था कि मुझसे भी अधिक सादगी से रहने वाले लोग हैं। मैं ऐसे गरीब विद्यार्थियों के संपर्क में ठीक-ठीक आया था। एक विद्यार्थी लन्दन की गरीब बस्ती में हफ्ते के दो शिलिंग देकर एक कोठरी में रहता था, और लोकार्ट की कोको की सस्ती दुकान में दो पेनी का कोको और रोटी खाकर अपना गुजारा करता था। उससे स्पर्धा करने की तो मेरी शक्ति नहीं थी, पर मैंने अनुभव किया कि मैं अवश्य ही दो के बदले एक कमरे में रह सकता हूँ और आधी रसोई अपने हाथ से भी बना सकता हूँ। इस प्रकार मैं हर महीने चार या पाँच पौण्ड में अपना निर्वाह कर सकता हूँ। सादी रहन-सहन पर पुस्तकें भी पढ़ चुका था। दो कमरे छोड़ दिये और हफ्ते के आठ शिलिंग पर एक कमरा किराये से लिया। एक अंगीठी खरीदी और सुबह का भोजन हाथ से बनाना शुरू किया। इसमें मुश्किल से बीस मिनट खर्च होते थे। ओटमील की लपसी बनाने और कोको के लिए पानी उबालने में कितना समय लगता? दोपहर का भोजन बाहर कर लेता और शाम को फिर कोको बनाकर रोटी के साथ खा लेता। इस तरह मैं एक से सवा शिलिंग के अन्दर रोज के अपने भोजन की व्यवस्था करना सीख गया। यह मेरा अधिक से अधिक पढ़ाई का समय था। जीवन सादा बन जाने से समय अधिक बचा। दूसरी बार परीक्षा में बैठा और पास हुआ।

पर पाठक यह न मानें कि सादगी से मेरा जीवन नीरस बना होगा। उलटे, इन फेरफारों के कारण मेरी आन्तरिक और बाह्य स्थिति के बीच एकता पैदा हुई, कौटुम्बिक स्थिति के साथ मेरी रहन-सहन का मेल बैठा, जीवन अधिक सारमय बना और मेरे आत्मानन्द का पार न रहा।

१७. खुराक के प्रयोग

जैसे-जैसे मैं जीवन की गहराई में उतरता गया, वैसे-वैसे मुझे बाहर और भीतर के आचरण में फेरफार करने की ज़रूरत मालूम होती गयी। जिस गति से रहन-सहन और खर्च में फेरफार हुए, उसी गति से अथवा उससे भी अधिक वेग से मैंने खुराक में फेरफार करना शुरू किया। मैंने देखा कि अन्नाहार विषयक अंग्रेजी पुस्तकों में लेखकों ने बहुत सूक्ष्मता से विचार किया था। उन्होंने धार्मिक, वैज्ञानिक, व्यावहारिक और वैद्यक दृष्टि से अन्नाहार की छानबीन की थी। नैतिक दृष्टि से उन्होंने यह सोचा था कि मनुष्य को पशु-पक्षियों पर जो प्रभुत्व प्राप्त हुआ है, वह उन्हें मारकर खाने के लिए नहीं, बल्कि उनकी रक्षा के लिए है; अथवा जिस प्रकार मनुष्य एक-दूसरे का उपयोग करते हैं, पर एक-दूसरे को खाते नहीं, उसी प्रकार पशु-पक्षी भी उपयोग के लिए हैं, खाने के लिए नहीं। और, उन्होंने देखा कि खाना भोग के लिए नहीं, बल्कि जीने के लिए ही है। इस कारण कइयोंने आहार में माँस का ही नहीं बल्कि अंडों और दूध का भी त्याग सुझाया और किया। विज्ञान की दृष्टि से और मनुष्य की शरीर-रचना को देखकर कई लोग इस परिणाम पर पहुँचे कि मनुष्य को भोजन पकाने की आवश्यकता ही नहीं है; वह वनपक्व[१] फल ही खाने के लिए पैदा किया गया है। दूध उसे केवल माता का ही पीना चाहिए। दाँत निकलने के बाद उसको चबा सकने योग्य खुराक ही लेनी चाहिए। वैद्यक दृष्टि से उन्होंने मिर्च-मसालों का त्याग सुझाया और व्यावहारिक अथवा आर्थिक दृष्टि से उन्होंने बताया कि कम से कम खर्चवाली खुराक अन्नाहार ही हो सकती है। मुझ पर इन चारों दृष्टियों का प्रभाव पड़ा, और अन्नाहार देनेवाले भोजन-गृह में मैं चारों दृष्टि वाले व्यक्तियों से मिलने लगा। विलायत में इनका एक मण्डल था और एक साप्ताहिक भी निकलता था। मैं साप्ताहिक का ग्राहक बना और मण्डल का सदस्य। कुछ ही समय में मुझे उसकी कमेटी में ले लिया गया। यहाँ मेरा परिचय ऐसे लोगों से हुआ, जो अन्नाहारियों में स्तम्भरूप माने जाते थे। मैं प्रयोगों में व्यस्त हो गया।

घर से मिठाई-मसाले वगैरा जो मँगाये थे, सो लेने बन्द कर दिये, और मन ने दूसरा मोड़ पकड़ा। इस कारण मसालों का प्रेम कम पड़ गया, और जो सब्जी

१. झाड़ पर कुदरती तौर पर पके हुए फल।

रिचमंड में मसाले के अभाव में बेस्वाद मालूम होती थी, वह अब सिर्फ उबाली हुई स्वादिष्ट लगने लगी। ऐसे अनेक अनुभवों से मैंने यह सीखा कि स्वाद का सच्चा स्थान जीभ नहीं, पर मन है।

आर्थिक दृष्टि तो मेरे सामने थी ही। उन दिनों एक पंथ ऐसा था, जो चाय-कॉफी को हानिकारक मानता था और कोको का समर्थन करता था। मैं यह समझ चुका था कि केवल उन्हीं वस्तुओं का सेवन करना योग्य है, जो शरीर-व्यापार के लिए आवश्यक हैं। इस कारण मुख्यतः मैंने चाय और कॉफी का त्याग किया और कोको को अपनाया।

भोजन-गृह के दो विभाग थे। एक में जितने पदार्थ खाओ उतने पैसे देने होते थे। इसमें एक बार में शिलिंग-दो शिलिंग का भी खर्च हो जाता था। इस विभाग में अच्छी स्थिति के लोग जाते थे। दूसरे विभाग में छह पेनी में तीन पदार्थ और डबल-रोटी का एक टुकड़ा मिलता था। जिन दिनों मैंने खूब किफायतशारी शुरू की थी, उन दिनों मैं अकसर छह पेनीवाले विभाग में जाता था।

ऊपर के प्रयोगों के साथ उप-प्रयोग तो बहुत हुए। कभी स्टार्चवाला आहार छोड़ा, कभी सिर्फ डबल-रोटी और फल पर ही रहा, और कभी पनीर, दूध और अण्डों का ही सेवन किया।

यह आखिरी प्रयोग उल्लेखनीय है। यह पन्द्रह दिन भी नहीं चला। स्टार्च-रहित आहार का समर्थन करने वालों ने अण्डों की खूब स्तुति की थी और यह सिद्ध किया था कि अण्डे माँस नहीं हैं। यह तो स्पष्ट ही है कि अण्डे खाने में किसी जीवित प्राणी को दुःख नहीं पहुँचता। इस दलील के भुलावे में आकर मैंने माताजी के सम्मुख की हुई प्रतिज्ञा के रहते भी अण्डे खाये, पर मेरा वह मोह क्षणिक था। प्रतिज्ञा का नया अर्थ करने का मुझे अधिकार न था। अर्थ तो प्रतिज्ञा कराने वाले का ही माना जा सकता था। माँस न खाने की प्रतिज्ञा कराने वाली माता को अण्डों का तो खयाल ही नहीं हो सकता था, इसे मैं जानता था। इस कारण प्रतिज्ञा के रहस्य का बोध होते ही मैंने अण्डे छोड़े और प्रयोग भी छोड़ा।

यह एक सूक्ष्म रहस्य है और ध्यान में रखने योग्य है। विलायत में मैंने माँस की तीन व्याख्यायें पढ़ी थीं। एक के अनुसार माँस का अर्थ पशुपक्षी का माँस था। अतएव ये व्याख्याकार उसका त्याग करते थे, पर मछली खाते थे; अण्डे तो खाते ही थे। दूसरी व्याख्या के अनुसार साधारण मनुष्य जिसे जीव के रूप में

जानता है, उसका त्याग किया जाता था। इसके अनुसार मछली त्याज्य थी, पर अण्डे ग्राह्य थे। तीसरी व्याख्या में साधारणतया जितने भी जीव माने जाते हैं, उनके और उनसे उत्पन्न होने वाले पदार्थों के त्याग की बात थी। इस व्याख्या के अनुसार अण्डों का और दूध का भी त्याग बन्धनकारक था। यदि मैं इनमें से पहली व्याख्या को मानता, तो मछली भी खा सकता था। पर मैं समझ गया था कि मेरे लिए तो माताजी की व्याख्या ही बन्धनकारक है। अतएव यदि मुझे उनके सम्मुख ली गयी प्रतिज्ञा का पालन करना हो, तो अण्डे खाने ही न चाहिए। इस कारण मैंने अण्डों का त्याग किया। पर मेरे लिए यह बहुत कठिन हो गया, क्योंकि बारीकी से पूछताछ करने पर पता चला कि अन्नाहार वाले भोजन-गृह में भी अण्डों वाली बहुत चीजें बनती थीं। तात्पर्य यह कि वहाँ भी भाग्यवश मुझे तब तक परोस ने वालों से पूछताछ करनी पड़ी थी, जब तक कि मैं अच्छा जानकार न हो गया; क्योंकि कई तरह के 'पुडिंग' में और कई तरह की 'केक' में तो अण्डे होते ही थे। इस कारण एक तरह से तो मैं जंजाल से छूटा, क्योंकि थोड़ी और बिलकुल सादी चीजें ही ले सकता था। दूसरी तरफ थोड़ा आघात भी लगा, क्योंकि जीभ से लगी हुई कई चीजों का मुझे त्याग करना पड़ा था। पर वह आघात क्षणिक था। प्रतिज्ञा-पालन का स्वच्छ, सूक्ष्म और स्थायी स्वाद उस क्षणिक स्वाद की तुलना में मुझे अधिक प्रिय लगा।

पर सच्ची परीक्षा तो आगे होने वाली थी, और वह एक दूसरे व्रत के निमित्त से। जिसे राम रखे, उसे कौन चखे?

इस अध्याय को समाप्त करने से पहले प्रतिज्ञा के अर्थ के विषय में कुछ कहना ज़रूरी है। मेरी प्रतिज्ञा माता के सम्मुख किया हुआ एक करार था। दुनिया में बहुत से झगड़े केवल करार के अर्थ के कारण उत्पन्न होते हैं। इकरारनामा कितनी ही स्पष्ट भाषा में क्यों न लिखा जाए, तो भी भाषाशास्त्री 'राई का पर्वत' कर देंगे। इसमें सभ्य-असभ्य का भेद नहीं रहता। स्वार्थ सबको अन्धा बना देता है। राजा से लेकर रंक तक सभी लोग करारों के खुद को अच्छे लगने वाले अर्थ करके दुनिया को, खुद को और भगवान को धोखा देते हैं। इस प्रकार पक्षकार लोग जिस शब्द अथवा वाक्य का अपने अनुकूल पड़ने वाला अर्थ करते हैं, न्यायशास्त्र में उसे द्वि-अर्थी मध्यमपद कहा गया है। सुवर्ण न्याय तो यह है कि विपक्ष ने हमारी बात का जो अर्थ माना हो, वही सच माना जाए; हमारे मन

में जो हो वह खोटा अथवा अधूरा है। और ऐसा ही दूसरा सुवर्ण न्याय यह है कि जहाँ दो अर्थ हो सकते हों वहाँ दुर्बल पक्ष जो अर्थ करे, वही सच माना जाना चाहिए। इन दो सुवर्ण मार्गों का त्याग होने से ही अकसर झगड़े होते हैं और अधर्म चलता है। और इस अन्याय की जड़ असत्य है। जिसे सत्य के ही मार्ग पर जाना है, उसे सुवर्ण मार्ग सहज भाव से मिल जाता है। उसे शास्त्र नहीं खोजने पड़ते। माता ने 'माँस' शब्द का जो अर्थ माना और जिसे मैं उस समय समझा, वही मेरे लिए सच्चा था। वह अर्थ नहीं जिसे मैं अपने अधिक अनुभव से या अपनी विद्वत्ता के मद में सीखा-समझा था।

इस समय तक के मेरे प्रयोग आर्थिक और आरोग्य की दृष्टि से होते थे। विलायत में उन्होंने धार्मिक स्वरूप ग्रहण नहीं किया था। धार्मिक दृष्टि से मेरे कठिन प्रयोग दक्षिण अफ्रीका में हुए, जिन की छान-बीन आगे करनी होगी। पर कहा जा सकता है कि उनका बीज विलायत में बोया गया था।

जो आदमी नया धर्म स्वीकार करता है, उसमें उस धर्म के प्रचार का जोश उस धर्म में जन्मे हुए लोगों की अपेक्षा अधिक पाया जाता है। विलायत में तो अन्नाहार एक नया धर्म ही था और मेरे लिए भी वह वैसा ही माना जाएगा, क्योंकि बुद्धि से तो मैं माँसाहार का हिमायती बनने के बाद ही विलायत गया था। अन्नाहार की नीति को ज्ञानपूर्वक तो मैंने विलायत में ही अपनाया था। अतएव मेरी स्थिति नये धर्म में प्रवेश करने-जैसी बन गयी थी, और मुझमें नवधर्मी का जोश आ गया था। इस कारण उस समय मैं जिस बस्ती में रहता था, उसमें मैंने अन्नाहारी मण्डल की स्थापना करने का निश्चय किया। इस बस्ती का नाम बेजवॉटर था। इसमें सर एडविन आर्नल्ड रहते थे। मैंने उन्हें उपसभापति बनने को निमंत्रित किया। वे बने। डॉ॰ ओल्डफील्ड सभापति बने। मैं मंत्री बना। यह संस्था कुछ समय तक तो अच्छी चली; पर कुछ महीनों के बाद इसका अन्त हो गया, क्योंकि मैंने अमुक मुद्दत के बाद अपने रिवाज के अनुसार वह बस्ती छोड़ दी। पर इस छोटे और अल्प अवधि के अनुभव से मुझे संस्थाओं का निर्माण करने और उन्हें चलाने का कुछ अनुभव प्राप्त हुआ।

१८. लज्जाशीलता—मेरी ढाल

अन्नाहारी मण्डल की कार्यकारिणी में मुझे चुन तो लिया गया था और उसमें मैं हर बार हाजिर भी रहता था, पर बोलने के लिए जीभ खुलती ही न थी। डॉ० ओल्डफील्ड मुझसे कहते, "मेरे साथ तो तुम काफी बात कर लेते हो, पर समिति की बैठक में कभी जीभ ही नहीं खोलते। तुम्हें नर-मक्खी की उपमा दी जानी चाहिए।" मैं इस विनोद को समझ गया। मक्खियाँ निरन्तर उद्यमी रहती हैं, पर नर-मक्खी बराबर खाती-पीती रहती है और काम बिलकुल नहीं करती। यह बड़ी अजीब बात थी कि जब दूसरे सब समिति में अपनी-अपनी सम्मति प्रकट करते, तब मैं गूँगा बनकर ही बैठा रहता था। मुझे बोलने की इच्छा न होती हो सो बात नहीं, पर बोलता क्या? मुझे सब सदस्य अपने से अधिक जानकार मालूम होते थे। फिर किसी विषय में बोलने की ज़रूरत मालूम होती और मैं कुछ कहने की हिम्मत करने जाता, इतने में दूसरा विषय छिड़ जाता।

यह चीज बहुत समय तक चली। इस बीच समिति में एक गंभीर विषय उपस्थित हुआ। उसमें भाग न लेना मुझे अन्याय होने देने जैसा लगा। गूँगे की तरह मत देकर शान्त रहने में नामर्दगी मालूम हुई। 'टेम्स आयर्न वर्क्स' के मालिक मि० हिल्स मण्डल के सभापति थे। वे नीति के कट्टर हिमायती थे। कहा जा सकता है कि मण्डल उनके पैसे से चल रहा था। समिति के कई सदस्य तो उनके ही आसरे निभ रहे थे। इस समिति में डॉ० एलिन्सन भी थे। उन दिनों सन्तानोत्पत्ति पर कृत्रिम उपायों के अंकुश रखने का आन्दोलन चल रहा था। डॉ० एलिन्सन उन उपायों के समर्थक थे और मजदूरों में उनका प्रचार करते थे। मि० हिल्स को ये उपाय नीति-नाशक प्रतीत हुए। उनके विचार में अन्नाहारी मण्डल केवल आहार के ही सुधार के लिए नहीं था, बल्कि वह एक नीति-वर्धक मण्डल भी था। इसलिए उनकी राय थी कि डॉ० एलिन्सन के समान समाज-घातक विचार रखने वाले लोग उस मण्डल में नहीं रहने चाहिए। इसलिए डॉ० एलिन्सन को समिति से हटाने का एक प्रस्ताव आया। मैं इस चर्चा में दिलचस्पी रखता था। डॉ० एलिन्सन के कृत्रिम उपायों-सम्बन्धी विचार मुझे भयंकर मालूम हुए थे। उनके खिलाफ मि० हिल्स के विरोध को मैं शुद्ध नीति मानता था। मेरे मन में उनके प्रति बड़ा आदर था। उनकी उदारता के प्रति भी आदरभाव था। पर

एक अन्नाहार-संवर्धक मण्डल में से शुद्ध नीति के नियमों को न मानने वाले का, उसकी अश्रद्धा के कारण, बहिष्कार किया जाए, इसमें मुझे साफ अन्याय दिखायी दिया। मेरा खयाल था कि अन्नाहारी मण्डल के स्त्री-पुरूष-सम्बन्ध-विषयक मि० हिल्स के विचार उनके अपने विचार थे। मण्डल के सिद्धान्त के साथ उनका कोई सम्बन्ध न था। मण्डल का उद्देश्य केवल अन्नाहार का प्रचार करना था; दूसरी नीति का नहीं। इसलिए मेरी यह राय थी कि दूसरी अनेक नीतियों का अनादर करने वाले के लिए भी अन्नाहारी मण्डल में स्थान हो सकता है।

समिति में मेरे विचार के दूसरे सदस्य भी थे। पर मुझे अपने विचार व्यक्त करने का जोश चढ़ा था। उन्हें कैसे व्यक्त किया जाए, यह एक महान प्रश्न बन गया। मुझमें बोलने की हिम्मत नहीं थी, इसलिए मैंने अपने विचार लिखकर सभापति के सम्मुख रखने का निश्चय किया। मैं अपना लेख ले गया। जैसा कि मुझे याद है, मैं उसे पढ़ जाने की हिम्मत भी नहीं कर सका। सभापतिजी ने उसे दूसरे सदस्य से पढ़वाया। डॉ० एलिन्सन का पक्ष हार गया। अतएव इस प्रकार के अपने इस पहले युद्ध में मैं पराजित पक्ष में रहा। पर चूँकि मैं उस पक्ष को सच्चा मानता था, इसलिए मुझे सम्पूर्ण संतोष रहा। मेरा कुछ ऐसा खयाल है कि उसके बाद मैंने समिति से इस्तीफा दे दिया था।

मेरी लज्जाशीलता विलायत में अन्त तक बनी रही। किसीसे मिलने जाने पर भी, जहाँ पाँच-सात मनुष्यों की मण्डली इकट्ठा होती वहाँ मैं गूँगा बन जाता था।

एक बार मैं बेंटनर गया था। वहाँ मजमुदार भी थे। वहाँ के एक अन्नाहारी घर में हम दोनों रहते थे। 'एथिक्स ऑफ डायेट' के लेखक इसी बन्दरगाह में रहते थे। हम उनसे मिले। वहाँ अन्नाहार को प्रोत्साहन देने के लिए एक सभा की गयी। उसमें हम दोनों को बोलने का निमंत्रण मिला। दोनों ने उसे स्वीकार किया। मैंने जान लिया था कि लिखा हुआ भाषण पढ़ने में कोई दोष नहीं माना जाता। मैं देखता था कि अपने विचारों को सिलसिले से और संक्षेप में प्रकट करने के लिए बहुत से लोग लिखा हुआ पढ़ते थे। मैंने अपना भाषण लिख लिया। बोलने की हिम्मत नहीं थी। जब मैं पढ़ने खड़ा हुआ, तो पढ़ न सका। आँखों के सामने अंधेरा छा गया और हाथ-पैर काँपने लगे। मेरा भाषण मुश्किल से फुलस्केप का एक पृष्ठ रहा होगा। मजमुदार ने उसे पढ़कर सुनाया। मजमुदार का भाषण तो अच्छा हुआ। श्रोतागण उनकी बातों का स्वागत तालियों की गड़गड़ाहट से

करते थे। मैं शरमाया और बोलने की अपनी असमर्थता के लिए दुःखी हुआ।

विलायत में सार्वजनिक रूप से बोलने का अंतिम प्रयत्न मुझे विलायत छोड़ते समय करना पड़ा था। विलायत छोड़ ने से पहले मैंने अन्नाहारी मित्रों को हॉबर्न-भोजन-गृह में भोज के लिए निमंत्रित किया था। मैंने सोचा कि अन्नाहारी भोजन-गृहों में तो अन्नाहार मिलता ही है, पर जिस भोजन-गृह में माँसाहार बनता हो वहाँ अन्नाहार का प्रवेश हो तो अच्छा। यह विचार करके मैंने इस गृह के व्यवस्थापक के साथ विशेष प्रबन्ध करके वहाँ भोज दिया। यह नया प्रयोग अन्नाहारियों में प्रसिद्धि पा गया। पर मेरी तो फजीहत ही हुई। भोजमात्र भोग के लिए ही होते हैं। पर पश्चिम में इनका विकास एक कला के रूप में किया गया है। भोज के समय विशेष सजावट और विशेष आडम्बर की व्यवस्था रहती है। बाजे बजते हैं, भाषण किये जाते हैं। इस छोटे से भोज में भी यह सारा आडम्बर था ही। मेरे भाषण का समय आया। मैं खड़ा हुआ। खूब सोचकर बोलने की तैयारी की थी। मैंने कुछ ही वाक्यों की रचना की थी, पर पहले वाक्य से आगे न बढ़ सका। एडीसन के विषय में पढ़ते हुए मैंने उसके लज्जाशील स्वभाव के बारेमें पढ़ा था। लोकसभा(हाउस ऑफ कॉमन्स) के उसके पहले भाषण के बारेमें यह कहा जाता है कि उसने "मेरी धारणा है", 'मेरी धारणा है", "मेरी धारणा है", यों तीन बार कहा, पर बाद में वह आगे न बढ़ सका। जिस अंग्रेजी शब्द का अर्थ 'धारणा' है, उसका अर्थ 'गर्भ धारण करना' भी है। इसलिए जब एडीसन आगे न बढ़ सका, तो लोकसभा का एक मसखरा सदस्य कह बैठा कि "इन सज्जन ने तीन बार गर्भ धारण किया, पर ये कुछ पैदा तो कर ही न सके!" मैंने यह कहानी सोच रखी थी और एक छोटा-सा विनोदपूर्ण भाषण करने का मेरा इरादा था। इसलिए मैंने अपने भाषण का आरंभ इस कहानी से किया, पर गाड़ी वहीं अटक गयी। सोचा हुआ सब भूल गया और विनोदपूर्ण तथा गूढ़ार्थभरा भाषण करने की कोशिश में मैं स्वयं विनोद का पात्र बन गया। अन्त में "सज्जनो, आपने मेरा निमंत्रण स्वीकार किया, इसके लिए मैं आपका आभार मानता हूँ," इतना कहकर मुझे बैठ जाना पड़ा!

मैं कह सकता हूँ कि मेरा यह शरमीला स्वभाव दक्षिण अफ्रीका पहुँचने पर ही दूर हुआ। बिलकुल दूर हो गया, ऐसा तो आज भी नहीं कहा जा सकता। बोलते समय सोचना तो पड़ता ही है। नये समाज के सामने बोलते हुए मैं

सकुचाता हूँ। बोलने से बचा जा सके, तो ज़रूर बच जाता हूँ। और यह स्थिति तो आज भी नहीं है कि मित्र-मण्डली के बीच बैठा होने पर कोई खास बात कर ही सकूँ अथवा बात करने की इच्छा होती हो। अपने इस शरमीले स्वभाव के कारण मेरी फजीहत तो हुई, पर मेरा कोई नुकसान नहीं हुआ; बल्कि अब तो मैं देख सकता हूँ कि मुझे फायदा हुआ है। पहले बोलने का यह संकोच मेरे लिए दुःखकर था, अब वह सुखकर हो गया है। एक बड़ा फायदा तो यह हुआ कि मैं शब्दों का मितव्यय करना सीखा। मुझे अपने विचारों पर काबू रखने की आदत सहज ही पड़ गयी। मैं अपने-आपको यह प्रमाण-पत्र दे सकता हूँ कि मेरी जबान या कलम से बिना सोचे-विचारे या बिना तौले शायद ही कोई शब्द कभी निकलता है। याद नहीं पड़ता कि अपने भाषण या लेख के किसी अंश के लिए मुझे कभी शरमाना या पछताना पड़ा हो। मैं अनेक संकटों से बच गया हूँ और मुझे अपना बहुत-सा समय बचा लेने का लाभ मिला है।

अनुभव ने मुझे यह भी सिखाया है कि सत्य के प्रत्येक पुजारी के लिए मौन का सेवन इष्ट है। मनुष्य जाने-अनजाने भी प्रायः अतिशयोक्ति करता है, अथवा जो कहने योग्य है उसे छिपाता है, या दूसरे ढंग से कहता है। ऐसे संकटों से बचने के लिए भी मितभाषी होना आवश्यक है। कम बोलने वाला बिना बिचारे नहीं बोलेगा; वह अपने प्रत्येक शब्द को तौलेगा। अकसर मनुष्य बोलने के लिए अधीर हो जाता है। 'मैं भी बोलना चाहता हूँ', इस आशय की चिट्ठी किस सभापति को नहीं मिलती होगी? फिर उसे जो समय दिया जाता है, वह उसके लिए पर्याप्त नहीं होता। वह अधिक बोलने देने की माँग करता है और अन्त में बिना अनुमति के भी बोलता रहता है। इन सब लोगों के बोलने से दुनिया को लाभ होता हो, ऐसा क्वचित् ही पाया जाता है। पर उतने समय की बरबादी तो स्पष्ट ही देखी जा सकती है। इसलिए यद्यपि आरम्भ में मुझे अपनी लज्जाशीलता दुःख देती थी, लेकिन आज उसके स्मरण से मुझे आनन्द होता है। यह लज्जाशीलता मेरी ढाल थी। उससे मुझे परिपक्व बनने का लाभ मिला। सत्य की अपनी पूजा में मुझे उससे सहायता मिली।

१९. असत्यरूपी विष

चालीस साल पहले विलायत जाने वाले हिन्दुस्तानी विद्यार्थी आज की तुलना में कम थे। स्वयं विवाहित होने पर भी अपने को कुँआरा बताने का उनमें रिवाज-सा पड़ गया था। उस देश में स्कूल या कॉलेज में पढ़ने वाले कोई विद्यार्थी विवाहित नहीं होते। विवाहित के लिए विद्यार्थी-जीवन नहीं होता। हमारे यहाँ तो प्राचीन काल में विद्यार्थी ब्रह्मचारी ही कहलाता था। बाल-विवाह की प्रथा तो इस जमाने में ही पड़ी है। कह सकते हैं कि विलायत में बाल-विवाह जैसी कोई चीज है ही नहीं। इसलिए भारत के युवकों को यह स्वीकार करते हुए शरम मालूम होती है कि वे विवाहित हैं। विवाह की बात छिपाने का दूसरा एक कारण यह है कि अगर विवाह प्रकट हो जाए, तो जिस कुटुम्ब में रहते हैं उसकी जवान लड़कियों के साथ घूमने-फिरने और हँसी-मजाक करने का मौका नहीं मिलता। यह हँसी-मजाक अधिकतर निर्दोष होता है। माता-पिता इस तरह की मित्रता पसन्द भी करते हैं। वहाँ युवक और युवतियों के बीच ऐसे सहवास की आवश्यकता भी मानी जाती है, क्योंकि वहाँ तो प्रत्येक युवक को अपनी सहधर्मचारिणी स्वयं खोज लेनी होती है। अतएव विलायत में जो सम्बन्ध स्वाभाविक माना जाता है, उसे हिन्दुस्तान का नवयुवक विलायत पहुँचते ही जोड़ना शुरू कर दे, तो परिणाम भयंकर ही होगा। कई बार ऐसे परिणाम प्रकट भी हुए हैं। फिर भी हमारे नवयुवक इस मोहिनी माया में फँसे पड़े थे। हमारे नवयुवकों ने उस सोहबत के लिए असत्याचरण पसन्द किया, जो अंग्रेजों की दृष्टि से कितनी ही निर्दोष होते हुए भी हमारे लिए त्याज्य है। इस फँदे में मैं भी फँस गया। पाँच-छह साल से विवाहित और एक लड़के का बाप होते हुए भी मैंने अपने को कुँआरा बताने में संकोच नहीं किया! पर इसका स्वाद मैंने थोड़ा ही चखा। मेरे शरमीले स्वभाव ने, मेरे मौन ने, मुझे बहुत कुछ बचा लिया। जब मैं बोल ही न पाता था, तो कौन लड़की ठाली बैठी थी जो मुझसे बात करती? मेरे साथ घूमने के लिए भी शायद ही कोई लड़की निकलती।

मैं जितना शरमीला था उतना ही डरपोक भी था। बेंटनर में जिस परिवार में मैं रहता था, वैसे परिवार में घर की बेटी हो तो वह, सभ्यता के विचार से ही सही, मेरे समान विदेशी को घूमने ले जाती। सभ्यता के इस विचार से

प्रेरित होकर इस घर की मालकिन की लड़की मुझे बेंटनर के आस-पास की सुन्दर पहाड़ियों पर ले गयी। वैसे मेरी चाल कुछ धीमी नहीं थी, पर उसकी चाल मुझसे भी तेज थी। इसलिए मुझे उसके पीछे-पीछे घसिटना पड़ा। वह तो रास्तेभर बातों के फव्वारे उड़ाती चली, जब कि मेरे मुँह से कभी 'हाँ' या कभी 'ना' की आवाज भर निकलती थी। बहुत हुआ तो 'कितना सुन्दर है!' कह देता। इससे ज्यादा बोल न पाता। वह तो हवा में उड़ती जाती और मैं यह सोचता रहता कि वापस घर कब पहुँचूँगा। फिर भी यह कहने की हिम्मत न पड़ती कि 'चलो, अब लौट चलें।' इतने में हम एक पहाड़ी की चोटी पर जा खड़े हुए। पर अब उतरा कैसे जाए? अपने ऊँची एड़ीवाले बूटों के बावजूद बीस-पचीस साल की वह रमणी बिजली की तरह ऊपर से नीचे उतर गयी, जब कि मैं शरमिंदा होकर अभी यही सोच रहा था कि ढाल कैसे उतरा जाए! वह नीचे खड़ी हँसती है; मुझे हिम्मत बँधाती है; ऊपर आकर हाथ का सहारा देकर नीचे ले जाने को कहती है! मैं इतना पस्तहिम्मत तो कैसे बनता? मुश्किल से पैर जमाता हुआ, कहीं कुछ बैठता हुआ, मैं नीचे उतरा। उसने मजाक में 'शा ... ब्बा ... श!' कहकर मुझ शरमाये हुए को और अधिक शरमिंदा किया। इस तरह के मजाक से मुझे शरमिंदा करने का उसे हक था।

लेकिन हर जगह मैं इस तरह कैसे बच पाता? ईश्वर मेरे अन्दर से असत्य का विष निकालना चाहता था। बेंटनर की तरह ही ब्राइटन भी समुद्र-किनारे हवाखोरी का मुकाम है। एक बार मैं वहाँ गया था। जिस होटल में मैं ठहरा था, उसमें साधारण खुशहाल स्थिति की एक विधवा बुढ़िया भी हवाखोरी के लिए आकर टिकी थी। यह मेरा पहले वर्ष का समय था—बेंटनर के पहले का। यहाँ सूची में खाने की सभी चीजों के नाम फ्रेंच भाषा में लिखे थे। मैं उन्हें समझता न था। मैं बुढ़ियावाली मेज पर ही बैठा था। बुढ़ियाने देखा कि मैं अजनबी हूँ और कुछ परेशानी में भी हूँ। उसने बातचीत शुरू की।

"तुम अजनबी-से मालूम होते हो। किसी परेशानी में भी हो। अभी तक कुछ खाने को भी नहीं मँगाया है!'

मैं भोजन के पदार्थों की सूची पढ़ रहा था और परोसने वाले से पूछने की तैयारी कर रहा था। इसलिए मैंने उस भद्र महिला को धन्यवाद दिया और कहा,

"यह सूची मेरी समझ में नहीं आ रही है। मैं अन्नाहारी हूँ। इसलिए यह जानना ज़रूरी है कि इनमें से कौनसी चीजें निर्दोष हैं।"

उस महिलाने कहा, "तो लो, मैं तुम्हारी मदद करती हूँ और सूची समझा देती हूँ। तुम्हारे खाने लायक चीजें मैं तुम्हें बता सकूँगी।"

मैंने धन्यवादपूर्वक उसकी सहायता स्वीकार की। यहाँ से हमारा जो सम्बन्ध जुड़ा, सो मेरे विलायत में रहने तक और उसके बाद भी बरसों तक बना रहा। उसने मुझे लन्दन का अपना पता दिया और हर रविवार को अपने घर भोजन के लिए आने को न्योता। वह दूसरे अवसरों पर भी मुझे अपने यहाँ बुलाती थी, प्रयत्न करके मेरा शरमीलापन छुड़ाती थी, जवान स्त्रियों से जान-पहचान कराती थी और उनसे बातचीत करने को ललचाती थी। उसके घर रहने वाली एक स्त्री के साथ बहुत बातें करवाती थी। कभी-कभी हमें अकेला भी छोड़ देती थी।

आरम्भ में मुझे यह सब बहुत कठिन लगा। बात करना सूझता न था। विनोद भी क्या किया जाए! पर वह बुढ़िया मुझे प्रवीण बनाती रही। मैं तालीम पाने लगा। हर रविवार की राह देखने लगा। उस स्त्री के साथ बातें करना भी मुझे अच्छा लगने लगा।

बुढ़िया भी मुझे लुभाती जाती। उसे इस संग में रस आने लगा। उसने तो हम दोनों का हित ही चाहा होगा।

अब मैं क्या करूँ? मैंने सोचा: 'क्या ही अच्छा होता, अगर मैं इस भद्र महिला से अपने विवाह की बात कह देता? उस दशा में क्या वह चाहती कि किसीके साथ मेरा ब्याह हो? अब भी देर नहीं हुई है। मैं सच-सच कह दूँ, तो अधिक संकट से बच जाऊँगा।' यह सोचकर मैंने उसे एक पत्र लिखा। अपनी स्मृति के आधार पर नीचे उसका सार देता हूँ:

"जब से हम ब्राइटन में मिले, आप मुझ पर प्रेम रखती रही हैं। माँ जिस तरह अपने बेटे की चिन्ता रखती है, उसी तरह आप मेरी चिन्ता रखती हैं। आप तो यह भी मानती हैं कि मुझे ब्याह करना चाहिए, और इसी खयाल से आप मेरा परिचय युवतियों से कराती हैं। ऐसे सम्बन्ध के अधिक आगे बढ़ने से पहले ही मुझे आपसे यह कहना चाहिए कि मैं आपके प्रेम के योग्य नहीं हूँ। मैं आपके घर आने लगा तभी मुझे आपसे यह कह देना चाहिए था कि मैं विवाहित हूँ। मैं जानता हूँ कि हिन्दुस्तान के जो विद्यार्थी विवाहित होते हैं, वे इस देश में अपने

ब्याह की बात प्रकट नहीं करते। इससे मैंने भी उस रिवाज का अनुकरण किया। पर अब मैं देखता हूँ कि मुझे अपने विवाह की बात बिलकुल छिपानी नहीं चाहिए थी। मुझे साथ में यह भी कह देना चाहिए कि मेरा ब्याह बचपन में हुआ है और मेरे एक लड़का भी है। आपसे इस बात को छिपाने का अब मुझे बहुत दुःख होता है; पर अब भगवान ने सच कह देने की हिम्मत दी है, इससे मुझे आनन्द होता है। क्या आप मुझे माफ करेंगी? जिस बहन के साथ आपने मेरा परिचय कराया है, उसके साथ मैंने कोई अनुचित छूट नहीं ली, इसका विश्वास मैं आपको दिलाता हूँ। मुझे इस बात का पूरा-पूरा खयाल है कि मुझे ऐसी छूट नहीं लेनी चाहिए। पर आप तो स्वाभाविक रूप से यह चाहती हैं कि किसीके साथ मेरा सम्बन्ध जुड़ जाए। आपके मन में यह बात आगे न बढ़े, इसके लिए भी मुझे आपके सामने सत्य प्रकट कर देना चाहिए।

"यदि इस पत्र के मिलने पर आप मुझे अपने यहाँ आने के लिए अयोग्य समझेंगी, तो मुझे उससे जरा भी बुरा नहीं लगेगा। आपकी ममता के लिए तो मैं आपका चिरऋणी बन चुका हूँ। मुझे स्वीकार करना चाहिए कि अगर आप मेरा त्याग न करेंगी, तो मुझे खुशी होगी। यदि अब भी आप मुझे अपने घर आने योग्य मानेंगी, तो उसे मैं आपके प्रेम की एक नयी निशानी समझूँगा और उस प्रेम के योग्य बनने का सदा प्रयत्न करता रहूँगा।"

पाठक समझ लें कि यह पत्र मैंने क्षणभर में नहीं लिख डाला था। न जाने कितने मसविदे तैयार किये होंगे। पर यह पत्र भेजकर मैंने अपने सर का एक बड़ा बोझ उतार डाला।

लगभग लोटती डाक से मुझे उस विधवा बहन का उत्तर मिला। उसने लिखा था :

"खुले दिल से लिखा तुम्हारा पत्र मिला। हम दोनों खुश हुईं और खूब हसीं। तुमने जिस असत्य से काम लिया, वह तो क्षमा के योग्य ही है। पर तुमने अपनी सही स्थिति प्रकट कर दी यह अच्छा ही हुआ। मेरा न्योता कायम है। अगले रविवार को हम अवश्य तुम्हारी राह देखेंगी, तुम्हारे बाल-विवाह की बातें सुनेंगी और तुम्हारा मजाक उड़ाने का आनन्द भी लूटेंगी। विश्वास रखो कि हमारी मित्रता तो जैसी थी वैसी ही रहेगी।"

इस प्रकार मैंने अपने अन्दर घुसे हुए असत्य के विष को बाहर निकाल दिया, और फिर तो अपने विवाह आदि की बात करने में मुझे कहीं घबराहट नहीं हुई।

२०. धर्मों का परिचय

विलायत में रहते मुझे कोई एक साल हुआ होगा। इस बीच दो थियोसॉफिस्ट मित्रों से मेरी पहचान हुई। दोनों सगे भाई थे और अविवाहित थे। उन्होंने मुझसे गीताजी की चर्चा की। वे एडविन आर्नल्ड का गीताजी का अनुवाद पढ़ रहे थे। पर उन्होंने मुझे अपने साथ संस्कृत में गीता पढ़ने के लिए न्योता। मैं शरमाया, क्योंकि मैंने गीता संस्कृत में या मातृभाषा में पढ़ी ही नहीं थी। मुझे उनसे कहना पड़ा कि मैंने गीता पढ़ी ही नहीं है, पर मैं उसे आपके साथ पढ़ने को तैयार हूँ। संस्कृत का मेरा अभ्यास भी नहीं के बराबर ही है। मैं उसे इतना ही समझ पाऊँगा कि अनुवाद में कोई गलत अर्थ होगा. तो उसे सुधार सकूँगा। इस प्रकार मैंने उन भाइयों के साथ गीता पढ़ना शुरू किया। दूसरे अध्याय के अंतिम श्लोकों में से

ध्यायतो विषयान्पुंसः संगस्तेषूपजायते॥
संगात्संजायते कामः कामात्क्रोधोऽभिजायते॥
क्रोधाद् भवति सम्मोहः सम्मोहात्स्मृतिविभ्रमः॥
स्मृतिभ्रंशाद् बुद्धिनाशो बुद्धिनाशात्प्रणश्यति॥[१]

इन श्लोकों का मेरे मन पर गहरा असर पड़ा। उनकी भनक मेरे कान में गूँजती ही रही। उस समय मुझे लगा कि भगवद्गीता अमूल्य ग्रंथ है। यह मान्यता धीरे-धीरे बढ़ती गयी, और आज तत्त्वज्ञान के लिए मैं उसे सर्वोत्तम ग्रन्थ मानता हूँ। निराशा के समय में इस ग्रन्थ ने मेरी अमूल्य सहायता की है। मैं इसके लगभग सभी अंग्रेजी अनुवाद पढ़ गया हूँ। पर एडविन आर्नल्ड का अनुभव मुझे श्रेष्ठ प्रतीत होता है। उसमें मूल ग्रन्थ के भाव की रक्षा की गयी है, फिर भी वह ग्रन्थ अनुवाद-जैसा नहीं लगता। इस बार मैंने भगवद्गीता का अध्ययन किया, ऐसा तो मैं कह ही नहीं सकता। मेरे नित्यपाठ का ग्रन्थ तो वह कई वर्षों के बाद बना।

इन्हीं भाइयों ने मुझे सुझाया कि मैं आर्नल्ड का 'बुद्ध-चरित' पढ़ूँ। उस समय तक तो मुझे सर एडविन आर्नल्ड के गीता के अनुवाद का ही पता था। मैंने

१. विषयों का चिन्तन करने वाले पुरूष को उन विषयों में आसक्ति पैदा होती है। फिर आसक्ति से कामना पैदा होती है और कामना से क्रोध पैदा होता है। क्रोध से मूढ़ता पैदा होती है, मूढ़ता से स्मृति-लोप होता है और स्मृति-लोप से बुद्धि नष्ट होती है। और जिसकी बुद्धि नष्ट हो जाती है, उसका खुद का नाश हो जाता है।

बुद्ध-चरित भगवद्‌गीता से भी अधिक रस-पूर्वक पढ़ा। पुस्तक हाथ में लेने के बाद उसे समाप्त करके ही छोड़ सका।

एक बार ये भाई मुझे ब्लैवट्स्की लॉज में भी ले गये। वहाँ मैडम ब्लैवट्स्की के और मिसेज एनी बेसेंट के दर्शन कराये। मिसेज बेसेंट हाल ही थियॉसॉफिकल सोसायटी में दाखिल हुई थीं। इससे समाचारपत्रों में इस सम्बन्ध की जो चर्चा चलती थी, उसे मैं दिलचस्पी के साथ पढ़ा करता था। इन भाइयों ने मुझे सोसायटी में दाखिल होने का भी सुझाव दिया। मैंने नम्रतापूर्वक इनकार किया और कहा, "मेरा धर्मज्ञान नहीं के बराबर है, इसलिए मैं किसी भी पंथ में सम्मिलित होना नहीं चाहता।" मेरा कुछ ऐसा खयाल है कि इन्हीं भाइयों के कहने से मैंने ब्लैवट्स्की की पुस्तक 'की टु थियॉसॉफी' (थियॉसॉफी की कुंजी) पढ़ी थी। उससे हिन्दू धर्म की पुस्तकें पढ़ने की इच्छा पैदा हुई और पादरियों के मुँह से सुना हुआ यह खयाल दिल से निकल गया कि हिन्दू धर्म अन्धविश्वासों से ही भरा हुआ है।

इन्हीं दिनों एक अन्नाहारी छात्रावास में मुझे मैंचेस्टर के एक ईसाई सज्जन मिले। उन्होंने मुझसे धर्म की चर्चा की। मैंने उन्हें राजकोट का अपना संस्मरण सुनाया। वे सुनकर दुःखी हुए। उन्होंने कहा, "मैं स्वयं अन्नाहारी हूँ। मद्यपान भी नहीं करता। यह सच है कि बहुत से ईसाई माँस खाते हैं और शराब पीते है; पर इस धर्म में दो में से एक भी वस्तु का सेवन करना कर्तव्य-रूप नहीं है। मेरी सलाह है कि आप बाइबल पढ़ें।" मैंने उनकी यह सलाह मान ली। उन्होंने बाइबल खरीद कर मुझे दी। मेरा कुछ ऐसा खयाल है कि वे भाई खुद ही बाइबल बेचते थे। उन्होंने नकशों और विषय-सूची आदि से युक्त बाइबल मुझे बेची। मैंने उसे पढ़ना शुरू किया, पर मैं 'पुराना इकरार' (ओल्ड टेस्टामेण्ट) तो पढ़ ही न सका। 'जेनेसिस'—सृष्टि-रचना— के प्रकरण के बाद तो पढ़ते समय मुझे नींद ही आ जाती। मुझे याद है कि 'मैंने बाइबल पढ़ी है' यह कह सकने के लिए मैंने बिना रस के और बिना समझे दूसरे प्रकरण बहुत कष्ट-पूर्वक पढ़े थे। 'नम्बर्स' नामक प्रकरण पढ़ते-पढ़ते मेरा जी उचट गया था।

पर जब 'नये इकरार' (न्यू टेस्टामेण्ट) पर आया, तो कुछ और ही असर हुआ। ईसा के 'गिरि-प्रवचन' का मुझ पर बहुत अच्छा प्रभाव पड़ा। उसे मैंने हृदय में बसा लिया। बुद्धि ने गीताजी के साथ उसकी तुलना की। 'जो तुझसे कुर्ता माँगे उसे अंगरखा भी दे दे', 'जो तेरे दाहिने गाल पर तमाचा मारे, बायाँ गाल भी उसके

सामने कर दे'—यह पढ़कर मुझे अपार आनन्द हुआ। शामळ भट्ट[1] के छप्पय की याद आ गयी। मेरे बालमन ने गीता, आर्नल्ड-कृत बुद्ध-चरित और ईसा के वचनों का एकीकरण किया। मन को यह बात जँच गयी कि त्याग में धर्म है।

इस वाचन से दूसरे धर्माचार्यों की जीवनियाँ पढ़ने की इच्छा हुई। किसी मित्र ने कार्लाइल की 'विभूतियाँ और विभूति-पूजा' (हीरोज़ एण्ड हीरोवर्शिप) पढ़ने की सलाह दी। उसमें से मैंने पैगम्बर (हजरत मुहम्मद) का प्रकरण पढ़ा, और मुझे उनकी महानता, वीरता और तपश्चर्या का पता चला।

मैं धर्म के इस परिचय से आगे न बढ़ सका। अपनी परीक्षा की पुस्तकों के अलावा दूसरा कुछ पढ़ने की फुरसत मैं नहीं निकाल सका। पर मेरे मनने यह निश्चय किया कि मुझे धर्म-पुस्तकें पढ़नी चाहिए और सब मुख्य धर्मों का परिचय प्राप्त कर लेना चाहिए।

नास्तिकता के बारेमें भी कुछ जाने बिना काम कैसे चलता? ब्रेडला का नाम तो सब हिन्दुस्तानी जानते ही थे। ब्रेडला नास्तिक माने जाते थे। इसलिए उनके सम्बन्ध की एक पुस्तक पढ़ी। नाम मुझे याद नहीं रहा। मुझ पर उसका कुछ भी प्रभाव नहीं पड़ा। मैं नास्तिकता-रूपी सहारे के रेगिस्तान को पार कर गया। मिसेज बेसेंट की ख्याति तो उस समय भी खूब थी। वे नास्तिक से आस्तिक बनी हैं, इस चीज ने भी मुझे नास्तिकवाद के प्रति उदासीन बना दिया। मैंने मिसेज बेसेंट की 'मैं थियॉसॉफिस्ट कैसे बनी?' पुस्तिका पढ़ ली थी। उन्हीं दिनों ब्रेडला का देहान्त हुआ था। वोकिंग में उनका अंतिम संस्कार किया गया था। मैं भी वहाँ पहुँच गया था। मेरा खयाल है कि वहाँ रहने वाले हिंदुस्तानियों में से तो एक भी बाकी नहीं बचा होगा। कई पादरी भी उनके प्रति अपना सम्मान प्रकट करने के लिए आये थे। वापस लौटते हुए हम सब एक जगह रेलगाड़ी की राह देखते खड़े थे। वहाँ उस दल में से किसी पहलवान नास्तिक ने इन पादरियों में से एक के साथ जिरह शुरू की:

"क्यों साहब, आप कहते हैं न कि ईश्वर है?"

उन भद्र पुरूष ने धीमी आवाज में उत्तर दिया: "हाँ, मैं कहता तो हूँ।"

---

१. यह छप्पय प्रकरण १० के अन्त में दिया गया है। शामळ भट्ट १८वीं सदी में गुजराती के एक प्रसिद्ध कवि हो गये हैं। छप्पय पर उनका जो प्रभुत्व था, उसके कारण गुजरात में यह कहावत प्रचलित हो गयी है कि 'छप्पय तो शामळ के'।

वह हँसा और मानो पादरी को मात दे रहा हो इस ढंग से बोला: "अच्छा, आप यह तो स्वीकार करते हैं न कि पृथ्वी की परिधि २८,००० मील है?"

"अवश्य।"

"तो कहिए, ईश्वर का कद कितना होगा और वह कहाँ रहता होगा?"

"अगर हम समझें तो वह हम दोनों के हृदय में वास करता है।"

"बच्चों को फुसलाइए, बच्चों को", कहकर उस योद्धा ने अपने आस-पास खड़े हुए हम लोगों की तरफ विजयी की दृष्टि से देखा। पादरी नम्रतापूर्वक मौन रहे। इस संवाद के कारण नास्तिकवाद के प्रति मेरी अरूचि और बढ़ गयी।

२१. 'निर्बल के बल राम'

धर्मशास्त्र का और दुनिया के धर्मों का कुछ भान तो मुझे हुआ, पर उतना ज्ञान मनुष्य को बचाने के लिए काफी नहीं होता। संकट के समय जो चीज मनुष्य को बचाती है, उसका उसे उस समय न तो भान होता है, न ज्ञान। जब नास्तिक बचता है तो वह कहता है कि मैं संयोग से बच गया। ऐसे समय आस्तिक कहेगा कि मुझे ईश्वर ने बचाया। परिणाम के बाद वह यह अनुमान कर लेता है कि धर्मों के अभ्यास से, संयम से ईश्वर उसके हृदय में प्रकट होता है। उसे ऐसा अनुमान करने का अधिकार है। पर बचते समय वह नहीं जानता कि उसे उसका संयम बचाता है या कौन बचाता है। जो अपनी संयम-शक्ति का अभिमान रखता है, उसके संयम को धूल में मिलते किसने नहीं जाना है? ऐसे समय शास्त्रज्ञान तो छूछे-जैसा प्रतीत होता है।

बौद्धिक धर्मज्ञान के इस मिथ्यापन का अनुभव मुझे विलायत में हुआ। पहले भी मैं ऐसे संकटों में से बच गया था, पर उनका पृथक्करण नहीं किया जा सकता। कहना होगा कि उस समय मेरी उमर बहुत छोटी थी।

पर अब तो मेरी उमर २० साल की थी। मैं गृहस्थाश्रम का ठीक-ठीक अनुभव ले चुका था।

बहुत करके मेरे विलायत-निवास के आखिरी साल में, यानी १८९० के साल में पोर्टस्मथ में अन्नाहारियों का एक संमेलन हुआ था। उसमें मुझे और एक हिंदुस्तानी मित्र को निमंत्रित किया गया था। हम दोनों वहाँ पहुँचे। हमें एक महिला के घर ठहराया गया था।

पोर्टस्मथ खलासियों का बन्दरगाह कहलाता है। वहाँ बहुतेरे घर दुराचारिणी स्त्रियों के होते हैं।वे स्त्रियाँ वेश्या नहीं होतीं, न निर्दोष ही होती हैं। ऐसे ही एक घर में हम लोग टिके थे। इसका यह मतलब नहीं कि स्वागत-समिति ने जान-बूझकर ऐसे घर ठीक किये थे। पर पोर्टस्मथ-जैसे बन्दरगाह में जब यात्रियों को ठहराने के लिए डेरों की तलाश होती है, तो यह कहना मुश्किल ही हो जाता है कि कौन से घर अच्छे हैं और कौन से बुरे।

रात पड़ी। हम सभा से घर लौटे। भोजन के बाद ताश खेलने बैठे। विलायत में अच्छे भले घरों में भी इस तरह गृहिणी मेहमानों के साथ ताश खेलने बैठती है। ताश खेलते हुए निर्दोष विनोद तो सब कोई करते हैं। लेकिन यहाँ तो बीभत्स विनोद शुरू हुआ। मैं नहीं जानता था कि मेरे साथी इसमें निपुण हैं। मुझे इस विनोद में रस आने लगा। मैं भी इसमें शरीक हो गया। वाणी में से क्रिया में उतरने की तैयारी थी। ताश एक तरफ धरे ही जा रहे थे। लेकिन मेरे भले साथी के मन में राम बसे। उन्होंने कहा, “अरे, तुम में यह कलियुग कैसा! तुम्हारा यह काम नहीं है। तुम यहाँ से भागो।”

मैं शरमाया। सावधान हुआ। हृदय में उन मित्र का उपकार माना। माता के सम्मुख की हुई प्रतिज्ञा याद आयी। मैं भागा। काँपता-काँपता अपनी कोठरी में पहुँचा। छाती धड़क रही थी। कातिल के हाथ से बचकर निकले हुए शिकार की जैसी दशा होती है वैसी ही मेरी हुई।

मुझे खयाल है कि पर-स्त्री को देखकर विकारवश होने और उसके साथ रंगरेलियाँ करने की इच्छा पैदा होने का मेरे जीवन में यह पहला प्रसंग था। उस रात मैं सो नहीं सका। अनेक प्रकार के विचारों ने मुझ पर हमला किया। घर छोड़ दूँ? भाग जाऊँ? मैं कहाँ हूँ? अगर मैं सावधान न रहूँ, तो मेरी क्या गत हो? मैंने खूब चौकन्ना रहकर बरतने का निश्चय किया। यह सोच लिया कि घर तो नहीं छोड़ना है, पर जैसे भी बने पोर्टस्मथ जल्दी छोड़ देना है। संमेलन दो दिन से अधिक चलने वाला न था। इसलिए, जैसा कि मुझे याद है, मैंने दूसरे ही दिन पोर्टस्मथ छोड़ दिया। मेरे साथी पोर्टस्मथ में कुछ दिन के लिए रूके।

उन दिनों मैं यह बिलकुल नहीं जानता था कि धर्म क्या है, ईश्वर क्या है, और वह हममें किस प्रकार का काम करता है। उस समय तो लौकिक दृष्टि से मैं यह समझा कि ईश्वर ने मुझे बचा लिया है। पर मुझे विविध क्षेत्रों में ऐसे अनुभव

हुए हैं। मैं जानता हूँ कि 'ईश्वर ने बचाया' वाक्य का अर्थ आज मैं अच्छी तरह समझने लगा हूँ। पर साथ ही मैं यह भी जानता हूँ कि इस वाक्य की पूरी कीमत अभी तक मैं आँक नहीं सका हूँ। वह तो अनुभव से ही आँकी जा सकती है। पर मैं कह सकता हूँ कि आध्यात्मिक प्रसंगों में, वकालत के प्रसंगों में, संस्थाएँ चलाने में, राजनीति में 'ईश्वर ने मुझे बचाया है।' मैंने यह अनुभव किया है कि जब हम सारी आशा छोड़कर बैठ जाते हैं, हमारे दोनों हाथ टिक जाते हैं, तब कहीं-न-कहीं से मदद आ पहुँचती है। स्तुति, उपासना, प्रार्थना वहम नहीं है, बल्कि हमारा खाना-पीना, चलना-बैठना जितना सच है, उससे भी अधिक सच यह चीज है। यह कहने में अतिशयोक्ति नहीं कि यही सच है, और सब झूठ हैं।

ऐसी उपासना, ऐसी प्रार्थना, निरा वाणी-विलास नहीं होती। उसका मूल कण्ठ नहीं, हृदय है। अतएव यदि हम हृदय की निर्मलता को पा लें, उसके तारों को सुसंगठित रखें, तो उनमें से जो सुर निकलते हैं, वे गगनगामी होते हैं। मुझे इस विषय में कोई शंका ही नहीं है कि विकार रूपी मलों की शुद्धि के लिए हार्दिक उपासना एक रामबाण औषधि है। पर इस प्रसादी के लिए हममें संपूर्ण नम्रता होनी चाहिए।

२२. नारायण हेमचन्द्र

इन्हीं दिनों स्व. नारायण हेमचन्द्र विलायत आये थे। लेखक के रूप में मैंने उनका नाम सुन रखा था। मैं उनसे नेशनल इण्डियन एसोसियेशन की मिस मैनिग के घर मिला। मिस मैनिंग जानती थीं कि मैं सबके साथ हिलमिल नहीं पाता। जब मैं उनके घर जाता, तो मुँह बन्द करके बैठा रहता। कोई बुलवाता तभी बोलता।

उन्होंने नारायण हेमचन्द्र से मेरी पहचान करायी।

नारायण हेमचन्द्र अंग्रेजी नहीं जानते थे। उनकी पोशाक अजीब थी। बेडौल पतलून पहने हुए थे। ऊपर सिकुड़नोंवाला, गले पर मैला, बादामी रंग का कोट था। नेकटाई या कॉलर नहीं थे। कोट पारसी तर्ज का, पर बेढंगा था। सिर पर उनकी गूँथी हुई झब्बेदार टोपी थी। उन्होंने लंबी दाढ़ी बढ़ा रखी थी।

कद इकहरा और ठिंगना कहा जा सकता था। मुँह पर चेचक के दाग थे। चेहरा गोल। नाक न नुकीली, न चपटी। दाढ़ी पर उनका हाथ फिरता रहता। सारे सजे-धजे लोगों के बीच नारायण हेमचन्द्र विचित्र लगते थे और सबसे

अलग पड़ जाते थे।

"मैंने आपका नाम बहुत सुना है। आपके कुछ लेख भी पढ़े हैं। क्या आप मेरे घर पधारेंगे?"

नारायण हेमचन्द की आवाज कुछ मोटी थी। उन्होंने मुस्कराते हुए जवाब दियाः

"आप कहाँ रहते हैं?"

"स्टोर स्ट्रीट में।"

"तब तो हम पड़ोसी हैं। मुझे अंग्रेजी सीखनी है। आप मुझे सिखायेंगे?"

मैंने उत्तर दिया, "अगर मैं आपकी कुछ मदद कर सकूँ, तो मुझे खुशी होगी। मैं अपनी शक्तिभर प्रयत्न अवश्य करूँगा। आप कहें तो आपके स्थान पर आ जाया करूँ।"

"नहीं, नहीं, मैं ही आपके घर आऊँगा। मेरे पास पाठमाला है। उसे लेता आऊँगा।"

हमने समय निश्चित किया। हमारे बीच मजबूत स्नेह-गाँठ बँध गयी।

नारायण हेमचन्द्र को व्याकरण बिलकुल नहीं आता था। वे 'घोड़ा' को क्रियापद बना देते और 'दौड़ना' को संज्ञा। ऐसे मनोरंजक उदाहरण तो मुझे कई याद हैं। पर नारायण हेमचन्द्र तो मुझे घोटकर पी जानेवालों में थे। व्याकरण के मेरे साधारण ज्ञान से वे मुग्ध होने वाले नहीं थे। व्याकरण न जानने की उन्हें कोई शरम ही नहीं थी।

"तुम्हारी तरह मैं किसी स्कूल में नहीं पढ़ा हूँ। अपने विचार प्रकट करने में मुझे व्याकरण की आवश्यकता मालूम नहीं हुई। बोलो, तुम बंगला जानते हो? मैं तो बंगला जानता हूँ। मैं बंगाल में घूमा हूँ। महर्षि देवेन्द्रनाथ ठाकुर की पुस्तकों के अनुवाद गुजराती जनता को मैंने ही दिये हैं। मैं गुजराती जनता को कई भाषाओं के अनुवाद देना चाहता हूँ। अनुवाद करते समय मैं शब्दार्थ से नहीं चिपकता, भावार्थ दे कर संतोष मान लेता हूँ। मेरे बाद दूसरे भले ही अधिक देते रहें। मैं बिना व्याकरण के भी मराठी जानता हूँ, हिन्दी जानता हूँ, और अब अंग्रेजी भी जानने लगा हूँ। मुझे तो शब्द-भण्डार चाहिए। तुम यह न समझो कि अकेली अंग्रेजी से मुझे संतोष हो जाएगा। मुझे फ्रांस जाना है। और फ्रेंच भी सीख लेनी है। मैं जानता हूँ कि फ्रेंच-साहित्य विशाल है। संभव हुआ तो मैं जर्मनी भी जाऊँगा और जर्मन भाषा सीख लूँगा"

नारायण हेमचन्द्र की वाग्धारा इस प्रकार चलती ही रही। भाषाएँ सीखने और यात्रा करने के उनके लोभ की कोई सीमा न थी।

"तब आप अमरिका तो ज़रूर ही जाएँगे?"

"ज़रूर। उस नयी दुनिया को देखे बिना मैं वापस कैसे लौट सकता हूँ?"

"पर आपके पास इतने पैसे कहाँ हैं?"

"मुझे पैसों से क्या मतलब? मुझे कौन तुम्हारी तरह टीमटाम से रहना है? मेरा खाना कितना है और पहनना कितना है? अपनी पुस्तकों से मुझे जो थोड़ा मिलता है और मित्र जो थोड़ा दे देते हैं, वह काफी हो जाता है। मैं तो सब कहीं तीसरे दर्जे में ही जाता हूँ। अमेरिका डेक में जाऊँगा।"

नारायण हेमचन्द्र की सादगी तो उनकी अपनी ही चीज थी। उनकी निखालिसता भी वैसी ही थी। अभिमान उन्हें छू तक नहीं गया था। लेकिन लेखक के रूप में अपनी शक्ति पर उन्हें आवश्यकता से अधिक विश्वास था।

हम रोज मिला करते थे। हममें विचार और आचार की पर्याप्त समानता थी। दोनों अन्नाहारी थे। दुपहर का भोजन अकसर साथ ही करते थे। यह मेरा वह समय था, जब मैं हफ्ते के सत्रह शिलिंग में अपना निर्वाह करता और हाथ से भोजन बनाता था। कभी मैं उनके मुकाम पर जाता, तो किसी दिन वे मेरे घर आते थे। मैं अंग्रेजी ढंग की रसोई बनाता था। उन्हें देशी ढंग के बिना संतोष ही न होता था। दाल तो होनी ही चाहिए। मैं गाजर वगैरा का झोल (सूप) बनाता, तो इसके लिए वे मुझ पर तरस खाते। वे कहीं से मूँग खोजकर ले आये थे। एक दिन मेरे लिए मूँग पकाकर लाये और मैंने उन्हें बड़े चाव से खाया। फिर तो लेने-देने का हमारा यह व्यवहार बढ़ा। मैं अपने बनाये पदार्थ उन्हें चखाता और वे अपनी चीजें मुझे चखाते।

उन दिनों कार्डिनल मैनिंग का नाम सब की जबान पर था। डक के मजदूरों की हड़ताल थी। जॉन बर्न्स और कार्डिनल मैनिंग के प्रयत्न से हड़ताल जल्दी ही खुल गयी। कार्डिनल मैनिंग का सादगी के बारेमें डिज़रायेली ने जो लिखा था, सो मैंने नारायण हेमचन्द्र को सुनाया।

"तब तो मुझे इन साधु पुरूष से मिलना चाहिए।"

"वे बहुत बड़े आदमी हैं। आप कैसे मिलेंगे?"

"जैसे मैं बतलाता हूँ। तुम मेरे नाम से उन्हें पत्र लिखो। परिचय दो कि मैं

लेखक हूँ और उनके परोपकार के कार्य का अभिनन्दन करने के लिए स्वयं उनसे मिलना चाहता हूँ। यह भी लिखो की मुझे अंग्रेजी बोलना नहीं आता, इसलिए मुझे तुम को दुभाषिये के रूप में ले जाना होगा।"

मैंने इस तरह का पत्र लिखा। दो-तीन दिन में कार्डिनल मैनिंग का जवाब एक कार्ड में आया। उन्होंने मिलने का समय दिया था।

हम दोनों गये। मैंने प्रथा के अनुसार मुलाकाती पोशाक पहन ली थी। पर नारायण हेमचन्द्र तो जैसे रहते थे वैसे ही रहे। वही कोट और वही पतलून। मैंने मजाक किया। मेरी बात को उन्होंने हँसकर उड़ा दिया और बोलेः

"तुम 'सभ्य' लोग सब डरपोक हो। महापुरूष किसी की पोशाक नहीं देखते। वे तो उसका दिल परखते हैं।"

हमने कार्डिनल के महल में प्रवेश किया। घर महल ही था। हमारे बैठते ही एक बहुत दुबले-पतले, बूढ़े, ऊँचे पुरूष ने प्रवेश किया। हम दोनों के साथ हाथ मिलाये। नारायण हेमचन्द्र का स्वागत किया।

"मैं आपका समय नहीं लूँगा। मैंने आपके बारेमें सुना था। हड़ताल में आपने जो काम किया, उसके लिए आपका उपकार मानना चाहता हूँ। संसार के साधु पुरूषों के दर्शन करने का मेरा नियम है, इस कारण मैंने आपको इतना कष्ट दिया।" नारायण हेमचन्द्र ने मुझसे कहा कि मैं इन वाक्यों का उल्था कर दूँ।

आपके आने से मुझे खुशी हुई है। आशा है यहाँ आप सुखपूर्वक रहेंगे और यहाँ के लोगों का परिचय प्राप्त करेंगे। ईश्वर आपका कल्याण करे।" यह कहकर कार्डिनल खड़े हो गये।

एक बार नारायण हेमचन्द्र मेरे यहाँ धोती-कुरता पहनकर आये। भली घर-मालकिन ने दरवाजा खोला और उन्हें देखकर डर गयी। मेरे पास आकर (पाठकों को याद होगा कि मैं अपने घर तो बदलता ही रहता था। इसलिए यह मालकिन नारायण हेमचन्द्र को नहीं जानती थी।) बोलीः "कोई पागल-सा आदमी तुमसे मिलना चाहता है" मैं दरवाजे पर गया, तो नारायण हेमचन्द्र को खड़ा पाया। मैं दंग रह गया। पर उनके मुँह पर तो सदा की हँसी के सिवा और कुछ न था।

"क्या लड़कों ने आपको तंग नहीं किया?"

जवाब में वे बोलेः "मेरे पीछे दौड़ते रहे। मैंने कुछ ध्यान नहीं दिया, इसलिए वे चुप हो गये।"

नारायण हेमचन्द्र कुछ महिने विलायत रहकर पेरिस गये। वहाँ फ्रेंच का अध्ययन शुरू किया और फ्रेंच पुस्तकों का अनुवाद करने लगे। उनके अनुवाद को जाँचने लायक फ्रेंच मैं जानता था, इसलिए उन्होंने उसे देख जाने को कहा। मैंने देखा कि वह अनुवाद नहीं था, केवल भावार्थ था।

आखिर उन्होंने अमेरिका जाने का अपना निश्चय पूरा किया। बड़ी मुश्किल से डेक का या तीसरे दर्जे का टिकट पा सके थे। अमेरिका में धोती-कुरता पहनकर निकलने के कारण 'असभ्य पोशाक पहनने' के अपराध में वे पकड़ लिये गये थे। मुझे याद पड़ता है कि बाद में वे छूट गये थे।

२३. महाप्रदर्शनी

सन् १८९० में पेरिस में एक बड़ी प्रदर्शनी हुई थी। उसकी तैयारियों के बारेमें मैं पढ़ता रहता था। पेरिस देखने की तीव्र इच्छा तो थी ही। मैंने सोचा कि यह प्रदर्शनी देखने जाऊँ, तो दोहरा लाभ होगा। प्रदर्शनी में एफिल टॉवर देखने का आकर्षण बहुत था। यह टॉवर सिर्फ लोहे का बना है। एक हजार फुट ऊँचा है। इसके बनने से पहले लोगों की यह कल्पना थी कि एक हजार फुट ऊँचा मकान खड़ा ही नहीं रह सकता। प्रदर्शनी में और भी बहुत कुछ देखने जैसा था।

मैंने पढ़ा था कि पेरिस में एक अन्नाहारवाला भोजन-गृह है। उसमें एक कमरा मैंने ठीक किया। गरीबी से यात्रा करके पेरिस पहुँचा। सात दिन रहा। देखने योग्य सब चीजें अधिकतर पैदल घूमकर ही देखीं। साथ में पेरिस की और उस प्रदर्शनी की 'गाइड' तथा नकशा ले लिया था। उसके सहारे रास्तों का पता लगाकर मुख्य-मुख्य चीजें देख लीं।

प्रदर्शनी की विशालता और विविधता के सिवा उसकी और कोई बात मुझे याद नहीं है। एफिल टॉवर पर तो दो-तीन बार चढ़ा था, इसलिए उसकी मुझे अच्छी तरह याद है। पहली मंजिल पर खाने-पीने का प्रबंध था। यह कह सकने के लिए कि इतनी ऊँची जगह पर भोजन किया था, मैंने साढ़े सात शिलिंग फूँककर वहाँ खाना खाया।

पेरिस के प्राचीन गिरजाघरों की याद बनी हुई है। उनकी भव्यता और उनके अन्दर मिलनेवाली शांति भुलायी नहीं जा सकती। नोत्रदाम की कारीगरी और अन्दर की चित्रकारी को मैं आज भी भूला नहीं हूँ। उस समय मन में यह खयाल

आया था कि जिन्होंने लाखों रूपये खर्च करके ऐसे स्वर्गीय मन्दिर बनवाये हैं, उनके दिल की गहराई में ईश्वर-प्रेम तो रहा ही होगा।

पेरिस की फैशन, पेरिस के स्वेच्छाचार और उसके भोग-विलास के विषय में मैंने काफी पढ़ा था। उसके प्रमाण गली-गली में देखने को मिलते थे। पर ये गिरजाघर उन भोग-विलासों से बिलकुल अलग दिखायी पड़ते थे। गिरजों में घुसते ही बाहर की अशान्ति भूल जाती है। लोगों का व्यवहार बदल जाता है। लोग अदब से पेश आते हैं। वहाँ कोलाहल नहीं होता। कुमारी मरियम की मूर्ति के सम्मुख कोई-न-कोई प्रार्थना करता ही रहता है। यह सब वहम नहीं हैं, बल्कि हृदय की भावना है, ऐसा प्रभाव उस समय मुझ पर पड़ा था और वह बढ़ता ही गया है। कुमारिका की मूर्ति के सम्मुख घुटनों के बल बैठकर प्रार्थना करनेवाले उपासक संगमरमर के पथ्थर को नहीं पूजते थे, बल्कि उसमें मानी हुई अपनी कल्पित शक्ति को पूजते थे। ऐसा करके वे ईश्वर की महिमा को घटाते नहीं बल्कि बढ़ाते थे, यह प्रभाव मेरे मन पर उस समय पड़ा था, जिसकी धुँधली याद मुझे आज भी है।

एफिल टॉवर के बारेमें दो शब्द कहना आवश्यक है। मैं नहीं जानता कि आज एफिल टॉवर का क्या उपयोग हो रहा है। प्रदर्शनी में जाने के बाद प्रदर्शनी संबंधी बातें तो पढ़ने में आती ही थीं। उसमें उसकी स्तुति भी पढ़ी और निन्दा भी। मुझे याद है कि निन्दा करनेवालों में टॉल्स्टॉय मुख्य थे। उन्होंने लिखा था कि एफिल टॉवर मनुष्य की मूर्खता का चिह्न है, उसके ज्ञान का परिणाम नहीं। अपने लेख में उन्होंने बताया था कि दुनिया में प्रचलित कई तरह के नशों में तम्बाकू का व्यसन एक प्रकार से सबसे ज्यादा खराब है। कुकर्म करने की जो हिम्मत मनुष्य में शराब पीने से नहीं आती, वह बीड़ी पीने से आती है। शराब पीने वाला पागल हो जाता है, जब कि बीड़ी पीने वाले की अक्ल पर धुँआ छा जाता है, और इस कारण वह हवाई किले बनाने लगता है। टॉल्स्टॉय ने अपनी सम्मति प्रकट की थी कि एफिल टॉवर ऐसे ही व्यसन का परिणाम है।

एफिल टॉवर में सौन्दर्य तो कुछ है ही नहीं। ऐसा नहीं कह सकते कि उसके कारण प्रदर्शनी की शोभा में कोई वृद्धि हुई। एक नई चीज है, बड़ी चीज है, इसलिए हजारों लोग उसे देखने के लिए उस पर चढ़े। यह टॉवर प्रदर्शनी का एक खिलौना था। और जब तक हम मोहवश हैं तब तक हम भी बालक

हैं. यह चीज इस टॉवर द्वारा भलीभाँति सिद्ध होती है। मानना चाहें तो इतनी उपयोगिता उसकी मानी जा सकती है।

२४. बारिस्टर तो बने—लेकिन आगे क्या?

मैं जिस काम के लिए—बारिस्टर बनने—विलायत गया था, उसका मैंने क्या किया, इसकी चर्चा मैंने अब तक छोड़ रखी थी। अब उसके बारेमें कुछ लिखने का समय आ गया है।

बारिस्टर बनने के लिए दो बातों की ज़रूरत थीं। एक थी, 'टर्म पूरी करना' अर्थात् सत्र में उपस्थित रहना। वर्ष में चार सत्र होते थे। ऐसे बारह सत्रों में हाजिर रहना था। दूसरी चीज थी, कानून की परीक्षा देना। सत्रों में उपस्थिति का मतलब था, 'दावतें खाना'; यानी हरएक सत्र में लगभग चोवीस दावतें होती थीं, उनमें छह में सम्मिलित होना। दावतों में भोजन करना ही चाहिए, ऐसा कोई नियम नहीं था; परन्तु निश्चित समय पर उपस्थित रहकर भोज की समाप्ति तक वहाँ बैठे रहना ज़रूरी था। आम तौर पर तो सब खाते-पीते ही थे। खाने में अच्छी-अच्छी चीजें होती थीं और पीने के लिए बढ़िया मानी जानेवाली शराब। अलबत्ता, उसके दाम चुकाने होते थे। यह रकम ढाई से साढ़े तीन शिलिंग तक होती थी; अर्थात् दो-तीन रूपये का खर्च हुआ। वहाँ यह कीमत बहुत कम मानी जाती थी, क्योंकि बाहर के होटल में ऐसा भोजन करनेवालों को लगभग इतने पैसे तो शराब के ही लग जाते थे। खाने के खर्च की अपेक्षा शराब पीने वाले को पीने का खर्च अधिक होता है। हिन्दुस्तान में हमको—यदि हम 'सभ्य' न हुए तो—इस पर आश्चर्य हो सकता है। मुझे तो विलायत जाने पर यह सब जानकर बहुत आघात पहुँचा था। और मेरी समझ में नहीं आता था कि शराब पीने के पीछे इतना पैसा बरबाद करने की हिम्मत लोग कैसे करते हैं। बाद में समझना सीखा! इन दावतों में शुरू के दिनों में कुछ भी न खाता था, क्योंकि मेरे काम की चीजों में वहाँ सिर्फ रोटी, उबले आलू और गोभी ही होती थी। शुरू में तो ये रूचे नहीं, इससे खाये नहीं। बाद में जब उनमें स्वाद अनुभव किया, तब तो दूसरी चीजें भी प्राप्त करने की शक्ति मुझमें आ गयी थी।

विद्यार्थियों के लिए एक प्रकार के भोजन की और बेंचरो' (विद्या-मंदिर के बड़ों) के लिए अलग से अमीरी भोजन की व्यवस्था रहती थी। मेरे साथ एक

पारसी विद्यार्थी थे। वे भी अन्नाहारी बन गये थे। हम दोनों ने अन्नाहार के प्रचार के लिए 'बेंचरों' के भोजन में से अन्नाहारी के खाने लायक चीजों की माँग की। माँग कबूल हुई। इससे हमें 'बेचरों' की मेज पर से फल वगैरा और दूसरी शाक-सब्जियाँ मिलने लगीं।

शराब तो मेरे काम की नहीं थी। चार आदमियों के बीच शराब की दो बोतलें मिलती थीं। इसलिए अनेक चौकड़ियों में मेरी माँग रहती थी। मैं पीता नहीं था, इसलिए बाकी तीन को दो बोतलें जो 'उड़ाने' को मिल जाती थीं। इसके अलावा, इन सत्रों में 'महारात्रि' (ग्रैण्ड नाइट) होती थी। उस दिन 'पोर्ट' और 'शेरी' के अलावा 'शेम्पेन' शराब भी मिलती थी। 'शेम्पेन' की लज्जत कुछ और ही मानी जाती है। इसलिए इस 'महारात्रि' के दिन मेरी कीमत बढ़ जाती और उस रात हाजिर रहने का न्योता भी मुझे मिलता।

इस खान-पान से बारिस्टरी में क्या वृद्धि हो सकती है, इसे मैं न तब समझ सका, न बादमें। एक समय ऐसा अवश्य था कि जब इन भोजों में थोड़े ही विद्यार्थी सम्मिलित होते थे और उनके तथा बेचरों के बीच वार्तालाप होता तथा भाषण भी होते थे। इससे उन्हें व्यवहार-ज्ञान प्राप्त हो सकता था। वे अच्छी हो चाहे बुरी, पर एक प्रकार की सभ्यता सीखते थे और भाषण करने की शक्ति बढ़ाते थे। मेरे समय में तो यह सब असंभव ही था। बेंचर तो दूर, एक तरफ, अस्पृश्य बनकर बैठे रहते थे। इस पुरानी प्रथा का बाद में कोई मतलब नहीं रह गया। फिर भी प्राचीनता के प्रेमी—धीमे—इंग्लैण्ड में वह बनी रही।

कानून की पढ़ाई सरल थी। बारिस्टर मजाक में 'डिनर (भोज के) बारिस्टर' ही कहलाते थे। सब जानते थे कि परीक्षा का मूल्य नहीं के बराबर है। मेरे समय में दो परीक्षायें होती थीं: रोमन लॉ की और इंग्लैण्ड के कानून की। दो भागों में दी जानेवाली इस परीक्षा की पुस्तकें निर्धारित थीं। पर उन्हें शायद ही कोई पढ़ता था। रोमन लॉ पर लिखे संक्षिप्त 'नोट' मिलते थे। उन्हें पन्द्रह दिन में पढ़कर पास होने वालों को मैंने देखा था। यही चीज इंग्लैण्ड के कानून के बारेमें भी थी। उस पर लिखे नोटों को दो-तीन महीनों में पढ़कर तैयार होने वाले विद्यार्थी भी मैंने देखे थे। परीक्षा के प्रश्न सरल, परीक्षक उदार। रोमन लॉ में पंचानवे से निन्यानवे प्रतिशत तक लोग उत्तीर्ण होते थे, और अंतिम परीक्षा में पचहत्तर प्रतिशत या उससे भी अधिक। इस कारण अनुत्तीर्ण होने का डर

बहुत कम रहता था। फिर परीक्षा वर्ष में एक बार नहीं, चार बार होती थी। ऐसी सुविधा वाली परीक्षा किसीके लिए बोझरूप हो ही नहीं सकती थी।

पर मैंने उसे बोझ बना लिया। मुझे लगा कि मुझे मूल पुस्तकें पढ़ ही जानी चाहिए। न पढ़ने में मुझे धोखेबाजी लगी। इसलिए मैंने मूल पुस्तकें खरीदने पर काफी खर्च किया। मैंने रोमन लॉ को लेटिन में पढ़ डालने का निश्चय किया। विलायत की मैट्रिक्युलेशन परीक्षा में मैंने लेटिन सीखी थी, वह यहाँ उपयोगी सिद्ध हुई। यह पढ़ाई व्यर्थ नहीं गयी। दक्षिण अफ्रीका में रोमन-डच-लॉ (कानून) प्रमाणभूत माना जाता है। उसे समझने में जस्टिनियन का अध्ययन मेरे लिए बहुत उपयोगी सिद्ध हुआ।

इंग्लैण्ड के कानून का अध्ययन मैं नौ महीनों में काफी मेहनत के बाद समाप्त कर सका, क्योंकि ब्रूम के 'कॉमन लॉ' नामक बड़े परन्तु दिलचस्प ग्रंथ का अध्ययन करने में ही काफी समय लग गया। स्नेल की 'इक्विटी' को रसपूर्वक पढ़ा, पर उसे समझने में मेरा दम निकल गया। व्हाइट और टयूडर के प्रमुख मुकदमों में से जो पढ़ने योग्य थे, उन्हें पढ़ने में मुझे मजा आया और ज्ञान भी प्राप्त हुआ। विलियम्स और एडवर्ईज़ की स्थावर सम्पत्ति-विषयक पुस्तक और गुडीव की जंगम सम्पत्ति पर लिखी पुस्तक मैं रसपूर्वक पढ़ सका था। विलियम्स की पुस्तक तो मुझे उपन्यास-सी लगी। उसे पढ़ते समय जी जरा भी नहीं ऊबा। कानून की पुस्तकों में इतनी ही रूचि के साथ हिन्दुस्तान आने के बाद मैंने मेइन का 'हिन्दु लॉ' पढ़ा था। पर हिन्दुस्तान के कानून की बात यहाँ नहीं करूँगा।

परीक्षायें पास करके मैं १० जून, १८९१ के दिन बारिस्टर कहलाया। ११ जून को ढाई शिलिंग देकर इंग्लैण्ड के हाईकोर्ट में अपना नाम दर्ज कराया और १२ जून को हिन्दुस्तान के लिए रवाना हुआ।

पर मेरी निराशा और मेरे भय की कोई सीमा न थी। मैंने अनुभव किया कि कानून तो मैं निश्चय ही पढ़ चुका हूँ, पर ऐसी कोई भी चीज मैंने सीखी नहीं है, जिससे मैं वकालत कर सकूँ।

मेरी इस व्यथा के वर्णन के लिए स्वतंत्र प्रकरण आवश्यक है।

२५. मेरी परेशानी

बारिस्टर कहलाना आसान मालूम हुआ, पर बारिस्टरी करना मुश्किल लगा। कानून पढ़े, पर वकालत करना न सीखा। कानून में मैंने कई धर्मसिद्धांत पढ़े, जो अच्छे लगे। पर यह समझ में न आया कि इस पेशे में उनका उपयोग कैसे किया जा सकेगा। 'अपनी सम्पत्ति का उपयोग तुम इस तरह करो कि जिससे दूसरे की सम्पत्ति को हानि न पहुँचे'—यह एक धर्म-वचन है। पर मैं यह न समझ सका कि वकालत का पेशा करते हुए मुवक्किल के मामले में इसका उपयोग कैसे किया जा सकता होगा। जिन मुकदमों में इस सिद्धान्त का उपयोग हुआ था, उन्हें मैं पढ़ गया। पर उससे मुझे इस सिद्धान्त का उपयोग करने की युक्ति मालूम न हुई।

इसके अलावा, पढ़े हुए कानूनों में हिन्दुस्तान के कानून का तो नाम तक न था। मैं यह जान ही न पाया कि हिन्दू शास्त्र और इस्लामी कानून कैसे हैं। न मैंने अर्जी-दावा तैयार करना सीखा। मैं बहुत परेशान हुआ। फीरोजशाह मेहता का नाम मैंने सुना था। वे अदालतों में सिंह की तरह गर्जना करते थे। विलायत में उन्होंने यह कला कैसे सीखी होगी? उनके जितनी होशियारी तो इस जीवन में आ ही नहीं सकती। पर एक वकील के नाते आजीविका प्राप्त करने की शक्ति पाने के विषय में भी मेरे मन में बड़ी शंका उत्पन्न हो गयी।

यह उलझन उसी समय से चल रही थी, जब मैं कानून का अध्ययन करने में लगा था। मैंने अपनी कठिनाइयाँ एक-दो मित्रों के सामने रखीं। उन्होंने सुझाया कि मैं दादाभाई नौरोजी की सलाह लूँ। यह तो मैं पहले ही लिख चुका हूँ कि दादाभाई के नाम एक पत्र मेरे पास था। उस पत्र का उपयोग मैंने देर में किया। ऐसे महान पुरूष से मिलने जाने का मुझे क्या अधिकार था? कहीं उनका भाषण होता, तो मैं सुनने जाता और एक कोने में बैठकर आँख और कान को तृप्त करके लौट आता। विद्यार्थियों से सम्पर्क रखने के लिए उन्होंने एक मण्डल की भी स्थापना की थी। मैं उसमें जाता रहता था। विद्यार्थियों के प्रति दादाभाई की चिन्ता देखकर और उनके प्रति विद्यार्थियों का आदर देखकर मुझे आनन्द होता था। आखिर मैंने उन्हें अपने पास का सिफ़ारिशी पत्र देने की हिम्मत की। मैं उनसे मिला। उन्होंने मुझसे कहा था: "तुम मुझसे मिलना चाहो और कोई सलाह

लेना चाहो तो ज़रूर मिलना।" पर मैंने उन्हें कभी कोई कष्ट नहीं दिया। किसी भारी कठिनाई के सिवा उनका समय लेना मुझे पाप जान पड़ा। इसलिए उक्त मित्र की सलाह मानकर दादाभाई के सम्मुख अपनी कठिनाइयाँ रखने की मेरी हिम्मत न पड़ी।

उन्हीं मित्र ने या किसी और ने मुझे सुझाया कि मैं मि० फ्रेडरिक पिंकट से मिलूँ। मि. पिंकट कंजर्वेटिव (अनुदार) दल के थे। पर हिन्दुस्तानियों के प्रति उनका प्रेम निर्मल और निःस्वार्थ था। कई विद्यार्थी उनसे सलाह लेते थे। अतएव उन्हें पत्र लिखकर मैंने मिलने का समय माँगा। उन्होंने समय दिया। मैं उनसे मिला। इस मुलाकात को मैं कभी भूल नहीं सका। वे मुझसे मित्र की तरह मिले। मेरी निराशा को तो उन्होंने हँसकर ही उड़ा दिया। "क्या तुम यह मानते हो कि सबके लिए फीरोजशाह मेहता बनना ज़रूरी है? फीरोजशाह मेहता या बदरूद्दीन तैयबजी तो एक-दो ही होते हैं। तुम निश्चय समझो कि साधारण वकील बनने के लिए बहुत अधिक होशियारी की ज़रूरत नहीं होती। साधारण प्रामाणिकता और लगन से मनुष्य वकालत का पेशा आराम से चला सकता है। सब मुकदमे उलझनों वाले नहीं होते। अच्छा, यह तो बताओ कि तुम्हारा साधारण वाचन क्या है?"

जब मैंने अपनी पढ़ी हुई पुस्तकों की बात की, तो मैंने देखा कि वे थोड़े निराश हुए। पर वह निराशा क्षणिक थी। तुरन्त ही उनके चेहरे पर हँसी छा गयी और वे बोलेः

"अब मैं तुम्हारी मुश्किल को समझ गया हूँ। साधारण विषयों की तुम्हारी पढ़ाई बहुत कम है। तुम्हें दुनिया का ज्ञान नहीं है। इसके बिना वकील का काम नहीं चल सकता। तुमने तो हिन्दुस्तान का इतिहास भी नहीं पढ़ा है। वकील को मनुष्य-स्वभाव का ज्ञान होना चाहिए। उसे चेहरा देखकर मनुष्य को परखना आना चाहिए। साथ ही, हरएक हिन्दुस्तानी को हिन्दुस्तान के इतिहास का भी ज्ञान होना चाहिए। वकालत के साथ इसका कोई सम्बन्ध नहीं है, पर तुम्हें इसकी जानकारी होनी चाहिए। मैं देख रहा हूँ कि तुमने के और मेलेसन की १८५७ के गदर की किताब भी नहीं पढ़ी है। उसे तो तुम फौरन पढ़ डालो और जिन दो पुस्तकों के नाम देता हूँ, उन्हें मनुष्य की परख के खयाल से पढ जाना।" यों कहकर उन्होंने लेवेटर और शेमलपेनिक की मुख-सामुद्रिक-विद्या (फिज़ियोग्नोमी) विषयक पुस्तकों के नाम लिख दिये।

मैंने उन वयोवृद्ध मित्र का बहुत आभार माना। उनकी उपस्थिति में तो मेरा भय क्षणभर के लिए दूर हो गया। पर बाहर निकलने के बाद तुरन्त ही मेरी घबराहट फिर शुरू हो गयी। चेहरा देखकर आदमी को परखने की बात को रटता हुआ और उन दो पुस्तकों का विचार करता हुआ मैं घर पहुँचा। दूसरे दिन लेवेटर की पुस्तक खरीदी। शेमलपेनिक की पुस्तक उस दुकान पर नहीं मिली। लेवेटर की पुस्तक पढ़ी, पर वह तो स्नेल से भी अधिक कठिन जान पड़ी। रस भी नहीं के बराबर ही मिला। शेक्सपियर के चेहरे का अध्ययन किया। पर लंदन की सड़कों पर चलने वाले शेक्सपियरों को पहचानने की शक्ति तो मिली ही नहीं।

लेवेटर की पुस्तक से मुझे कोई ज्ञान नहीं मिला। मि. पिंकट की सलाह का सीधा लाभ मुझे कम ही मिला, पर उनके स्नेह का बड़ा लाभ मिला। उनके हँसमुख और उदार चेहरे की याद बनी रही। मैंने उनके इन वचनों पर श्रद्धा रखी कि वकालत करने के लिए फीरोजशाह मेहता की होशियारी और याददाश्त वगैरा की ज़रूरत नहीं है; प्रामाणिकता और लगन से काम चल सकेगा। इन दो गुणों की पूँजी तो मेरे पास काफी मात्रा में थी। इसलिए दिल में कुछ आशा जागी।

के० और मेलेसन की पुस्तक मैं विलायत में पढ़ नहीं पाया। पर मौका मिलते ही उसे पढ़ डालने का निश्चय कर लिया था। यह इच्छा दक्षिण अफ्रीका में पूरी हुई।

इस प्रकार निराशा में तनिक-सी आशा का पुट लेकर मैं काँपते पैरों 'आसाम' जहाज से बम्बई के बन्दरगाह पर उतरा। उस समय बन्दरगाह में समुद्र क्षुब्ध था, इस कारण लान्च (बड़ी नाव) में बैठकर किनारे पर आना पड़ा।

१. रायचन्दभाई

पिछले प्रकरण में मैंने लिखा था कि बम्बई के बन्दर में समुद्र तूफानी था। जून-जुलाई में हिन्द महासागर के लिए वह आश्चर्य की बात नहीं मानी जा सकती अदन से ही समुद्र का यह हाल था। सब लोग बीमार थे, अकेला मैं मौज में था। तूफान देखने के लिए डेक पर खड़ा रहता। भीग भी जाता। सुबह के नाश्ते के समय मुसाफिरों में हम एक या दो ही मौजूद रहते। जई की लपसी हमें रकाबी को गोद में रखकर खानी पड़ती थी, वरना हालत ऐसी थी कि लपसी ही गोद में फैल जाती!

मेरे विचार में बाहर का यह तूफान मेरे अन्दर के तूफान के चिह्नरूप था। पर जिस तरह बाहरी तूफान के रहते मैं शान्त रह सका, मुझे लगता है कि अन्दर के तूफान के लिए भी वही बात कही जा सकती है। जाति का प्रश्न तो था ही। धंधे की चिन्ता के विषय में भी मैं लिख चुका हूँ। इसके अलावा, सुधारक होने के कारण मैंने मन में कई सुधारों की कल्पना कर रखी थी। उनकी भी चिन्ता थी। कुछ दूसरी चिन्तायें अनसोची उत्पन्न हो गयीं।

मैं माँ के दर्शनों के लिए अधीर हो रहा था। जब हम घाट पर पहुँचे, मेरे बड़े भाई वहाँ मौजूद ही थे। उन्होंने डॉ० मेहता से और उनके बड़े भाई से पहचान कर ली थी। डॉ. मेहता का आग्रह था कि मैं उनके घर ही ठहरूँ, इसलिए मुझे वहीं ले गये। इस प्रकार जो सम्बन्ध विलायत में जुड़ा था वह देश में कायम रहा और अधिक दृढ़ बनकर दोनों कुटुम्बों में फैल गया।

माता के स्वर्गवास का मुझे कुछ पता न था। घर पहुँचने पर इसकी खबर मुझे दी गयी और स्नान कराया गया। मुझे यह खबर विलायत में ही मिल सकती थी, पर आघात को हलका करने के विचार से बम्बई पहुँचने तक मुझे इसकी कोई खबर न देने का निश्चय बड़े भाई ने कर रखा था। मैं अपने दुःख पर पर्दा डालना चाहता हूँ। पिता की मृत्यु से मुझे जो आघात पहुँचा था, उसकी तुलना में माता की मृत्यु की खबर से मुझे बहुत अधिक आघात पहुँचा। मेरे बहुतेरे मनोरथ मिट्टी में मिल गये। पर मुझे याद है कि इस मृत्यु के समाचार सुनकर

मैं फूट-फूटकर रोया न था। मैं अपने आँसुओं को भी रोक सका था, और मैंने अपना रोज का कामकाज इस तरह शुरू कर दिया था, मानो माता की मृत्यु हुई ही न हो।

डॉ. मेहता ने अपने घर जिन लोगों से मेरा परिचय कराया, उनमें से एक का उल्लेख किये बिना काम चल ही नहीं सकता। उनके भाई रेवाशंकर जगजीवन तो मेरे आजन्म मित्र बन गये। पर मैं जिनकी चर्चा करना चाहता हूँ, वे हैं कवि रायचन्द अथवा राजचन्द्र। वे डॉक्टर के बड़े भाई के जामाता थे और रेवाशंकर जगजीवन की पेढ़ी के साझी तथा कर्ता-धर्ता थे। उस समय उनकी उमर पचीस साल से अधिक नहीं थी। फिर भी अपनी पहली ही मुलाकात में मैंने यह अनुभव किया था कि वे चरित्रवान और ज्ञानी पुरूष हैं। वे शतावधानी माने जाते थे। डॉ. मेहता ने मुझे शतावधान का नमूना देखने को कहा। मैंने भाषा-ज्ञान का अपना भण्डार खाली कर दिया और कविने मेरे कहे हुए शब्दों को उसी क्रम से सुना दिया, जिस क्रम में वे कहे गये थे! उनकी इस शक्ति पर मुझे ईर्ष्या हुई, लेकिन मैं उस पर मुग्ध न हुआ। मुझे मुग्ध करनेवाली वस्तु का परिचय तो बाद में हुआ। वह था उनका व्यापक शास्त्रज्ञान, उनका शुद्ध चारित्र्य और आत्मदर्शन करने का उनका उत्कट उत्साह। बाद में मुझे पता चला कि वे आत्मदर्शन के लिए ही अपना जीवन बिता रहे थेः

हसतां रमतां प्रगट हरि देखुं रे,
मारूं जीव्युं सफल तव लेखुं रे;
मुक्तानन्दनो नाथ विहारी रे,
ओधा जीवनदोरी हमारी रे.[1]

मुक्तानन्द का यह वचन उनकी जीभ पर तो था ही, पर वह उनके हृदय में भी अंकित था।

वे स्वयं हजारों का व्यापार करते, हीरे-मोती की परख करते, व्यापार की समस्याएँ सुलझाते, पर यह सब उनका विषय न था। उनका विषय—उनका पुरूषार्थ तो था आत्म-परिचय—हरिदर्शन। उनकी गद्दी पर दूसरी कोई चीज हो चाहे न हो, पर कोई-न-कोई धर्मपुस्तक और डायरी तो अवश्य रहती थी। व्यापार

---

१. जब हँसते-खेलते हर काम में मुझे हरि के दर्शन हों तभी मैं अपने जीवन को सफल मानूँगा। मुक्तानन्द कहते हैं, मेरे स्वामी तो भगवान हैं, और वे ही मेरे जीवन की डोर हैं।

की बात समाप्त होते ही धर्मपुस्तक खुलती अथवा उनकी डायरी खुलती थी। उनके लेखों का जो संग्रह प्रकाशित हुआ है, उसका अधिकांश इस डायरी से लिया गया है। जो मनुष्य लाखों के लेन-देन की बात करके तुरन्त ही आत्म-ज्ञान की गूढ़ बातें लिखने बैठ जाए, उसकी जाति व्यापारी की नहीं, बल्कि शुद्ध ज्ञानी की है। उनका ऐसा अनुभव मुझे एक बार नहीं, कई बार हुआ था। मैंने कभी उन्हें मूर्च्छा की स्थिति में नहीं पाया। मेरे साथ उनका कोई स्वार्थ नहीं था। मैं उनके बहुत निकट सम्पर्क में रहा हूँ। उस समय मैं एक भिखारी बारिस्टर था। पर जब भी मैं उनकी दुकान पर पहुँचता, वे मेरे साथ धर्म-चर्चा के सिवा दूसरी कोई बात ही न करते थे। यद्यपि उस समय मैं अपनी दिशा स्पष्ट नहीं कर पाया था; यह भी नहीं कह सकता कि साधारणतः मुझे धर्म-चर्चा में रस था; फिर भी रायचन्दभाई की धर्म-चर्चा मैं रूचिपूर्वक सुनता था। उसके बाद मैं अनेक धर्माचार्यों के सम्पर्क में आया हूँ। मैंने हरएक धर्म के आचार्यों से मिलने का प्रयत्न किया है। पर मुझ पर जो छाप रायचन्दभाई ने डाली, वैसी दूसरा कोई न डाल सका। उनके बहुतेरे वचन मेरे हृदय में सीधे उतर जाते थे। मैं उनकी बुद्धि का सम्मान करता था। उनकी प्रामाणिकता के लिए भी मेरे मन में उतना ही आदर था। इसलिए मैं जानता था कि वे मुझे जान-बूझकर गलत रास्ते नहीं ले जाएँगे और जो उनके मन में होगा वही कहेंगे। इस कारण अपने आध्यात्मिक संकट के समय मैं उनका आश्रय लिया करता था।

रायचन्दभाई के प्रति इतना आदर रखते हुए भी मैं उन्हें धर्मगुरू के रूप में अपने हृदय में स्थान न दे सका। मेरी वह खोज तो आज भी चल रही है।

हिन्दू धर्म में गुरूपद को जो महत्त्व प्राप्त है, उसमें मैं विश्वास रखता हूँ। 'गुरू बिन ज्ञान न होय', इस वचन में बहुत-कुछ सच्चाई है। अक्षरज्ञान देनेवाले अपूर्ण शिक्षक से काम चलाया जा सकता है, पर आत्म-दर्शन करानेवाले अपूर्ण शिक्षक से तो चलाया ही नहीं जा सकता। गुरूपद सम्पूर्ण ज्ञानी को ही दिया जा सकता है। गुरू की खोज में ही सफलता निहित है, क्योंकि शिष्य की योग्यता के अनुसार ही गुरू मिलता है। इसका अर्थ यह है कि योग्यता-प्राप्ति के लिए प्रत्येक साधक को सम्पूर्ण प्रयत्न करने का अधिकार है, और इस प्रयत्न का फल ईश्वराधीन है।

तात्पर्य यह कि यद्यपि मैं रायचन्दभाई को अपने हृदय का स्वामी नहीं बना

सका, तो भी मुझे समय-समय पर उनका सहारा किस प्रकार मिला है, इसे अब हम आगे देखेंगे। यहाँ तो इतना कहना काफी होगा कि मेरे जीवन पर गहरा प्रभाव डालनेवाले आधुनिक पुरूष तीन हैंः रायचन्दभाई ने अपने सजीव सम्पर्क से, टॉल्स्टॉय ने 'वैकुण्ठ तेरे हृदय में है' नामक अपनी पुस्तक से और रस्किन ने 'अन्टु धिस लास्ट'—सर्वोदय—नामक पुस्तक से मुझे चक्ति कर दिया। पर इन प्रसंगों की चर्चा आगे यथास्थान होगी।

२. संसार-प्रवेश

बड़े भाई ने मुझ पर बड़ी-बड़ी आशायें बाँध रखी थीं। उनको पैसे का, कीर्ति का और पद का लोभ बहुत था। उनका दिल बादशाही था। उदारता उन्हें फिजूलखर्ची की हद तक ले जाती थी। इस कारण और अपने भोले स्वभाव के कारण उन्हें मित्रता करने में देर न लगती थी। इस मित्र-मण्डली की मदद से वे मेरे लिए मुकदमे लानेवाले थे। उन्होंने यह भी मान लिया था कि मैं खूब कमाऊँगा, इसलिए घरखर्च बढ़ा रखा था। मेरे लिए वकालत का क्षेत्र तैयार करने में भी उन्होंने कोई कसर नहीं रखी थी।

जाति का झगड़ा मौजूद ही था। उसमें दो तड़ें पड़ गयी थीं। एक पक्षने मुझे तुरन्त जाति में ले लिया। दूसरा पक्ष न लेने पर डटा रहा। जाति में लेनेवाले पक्ष को संतुष्ट करने के लिए राजकोट ले जाने से पहले भाई मुझे नासिक ले गये। वहाँ गंगा-स्नान कराया और राजकोट पहुँचने पर जातिभोज दिया।

मुझे इस काम में कोई रूचि न थी। बड़े भाई के मन में मेरे लिए अगाध प्रेम था। मैं मानता हूँ कि उनके प्रति मेरी भक्ति भी वैसी ही थी। इसलिए उनकी इच्छा को आदेश मानकर मैं यंत्र की भाँति बिना समझे उनकी इच्छा का अनुसरण करता रहा। जाति का प्रश्न इससे हल हो गया।

जाति की जिस तड़ से मैं बहिष्कृत रहा, उसमें प्रवेश करने का प्रयत्न मैंने कभी नहीं किया, न मैंने जाति के किसी मुखिया के प्रति मन में कोई रोष रखा। उनमें मुझे तिरस्कार से देखनेवाले लोग भी थे। उनके साथ मैं नम्रता का बरताव करता था। जाति के बहिष्कार-सम्बन्धी कानून का मैं सम्पूर्ण आदर करता था। अपने सास-ससुर के घर अथवा अपनी बहन के घर मैं पानी तक न पीता था। वे छिपे तौर पर पिलाने को तैयार भी होते, पर जो काम खुले तीर से न किया

जा सके, उसे छिपकर करने के लिए मेरा मन ही तैयार न होता था।

मेरे इस व्यवहार का परिणाम यह हुआ कि जाति की ओर से मुझे कभी कोई कष्ट नहीं दिया गया। यही नहीं, बल्कि आज तक मैं जाति के एक विभाग में विधिवत् बहिष्कृत माना जाता हूँ, फिर भी उनकी ओर से मैंने सम्मान और उदारता का ही अनुभव किया है। उन्होंने मेरे कार्य में मुझे मदद भी दी है, और मुझसे यह आशा तक नहीं रखी कि जाति के लिए मैं कुछ-न-कुछ करूँ। मैं ऐसा मानता हूँ कि यह मधुर फल मेरे अप्रतिकार का ही परिणाम है। यदि मैंने जाति में सम्मिलित होने की खटपट की होती, अधिक तड़ें पैदा करने का प्रयत्न किया होता, जातिवालों को छेड़ा-चिढ़ाया होता, तो वे अवश्य मेरा विरोध करते और मैं विलायत से लौटते ही उदासीन और अलिप्त रहने के स्थान पर खटपट के फन्दे में फँस जाता और केवल मिथ्यात्व का पोषण करनेवाला बन जाता।

पत्नी के साथ मेरा सम्बन्ध अब भी जैसा मैं चाहता था वैसा बना नहीं था। विलायत जाकर भी मैं अपने ईर्ष्यालु स्वभाव को छोड़ नहीं पाया था। हर बात में मेरा छिद्रान्वेषण और मेरा संशय वैसा ही बना रहा। इससे मैं अपनी मनोकामनाएँ पूरी न कर सका। पत्नी को अक्षर-ज्ञान तो होना ही चाहिए। मैंने सोचा था कि यह काम मैं स्वयं करूँगा, पर मेरी विषयासक्ति ने मुझे यह काम करने ही न दिया और अपनी इस कमजोरी का गुस्सा मैंने पत्नी पर उतारा। एक समय तो ऐसा भी आया जब मैंने उसे उसके मायके ही भेज दिया और अतिशय कष्ट देने के बाद ही फिर से अपने साथ रखना स्वीकार किया। बाद में मैंने अनुभव किया कि इसमें मेरी नादानी के सिवा और कुछ नहीं था।

बच्चों की शिक्षा के विषय में भी मैं सुधार करना चाहता था। बड़े भाई के बालक थे और मैं भी एक लड़का छोड़ गया था, जो अब चार साल का हो रहा था। मैंने सोचा था कि इन बालकों से कसरत कराऊँगा, इन्हें मजबूत बनाऊँगा और इन्हें अपने सहवास में रखूँगा। इसमें भाई की सहानुभूति थी। इसमें मैं थोड़ी-बहुत सफलता प्राप्त कर सका था। बच्चों का साथ मुझे बहुत रूचा और उनसे हँसी-मजाक करने की मेरी आदत अब तक बनी हुई है। तभी से मेरा यह विचार बना है कि मैं बच्चों के शिक्षक का काम अच्छी तरह कर सकता हूँ।

खाने-पीने में भी सुधार करने की आवश्यकता स्पष्ट थी। घर में चाय-कॉफी को जगह मिल चुकी थी। बड़े भाई ने सोचा कि मेरे विलायत से घर लौटने के

पहले घर में विलायत की कुछ हवा तो दाखिल हो ही जानी चाहिए। इसलिए चीनी मिट्टी के बरतन, चाय आदि जो चीजें पहले घर में केवल दवा के रूप में और 'सभ्य' मेहमानों के लिए काम आती थीं, वे अब सबके लिए बरती जाने लगीं। ऐसे वातावरण में मैं अपने 'सुधार' लेकर पहुँचा। ओटमील पॉरिज (जई की लपसी) को घर में जगह मिली, चाय-कॉफी के बदले कोको शुरू हुआ। पर यह परिवर्तन तो नाममात्र को ही था, चाय-कॉफी के साथ कोको और बढ़ गया। बूट-मोजे घर में घुस ही चुके थे। मैंने कोट-पतलून से घर को पुनीत किया!

इस तरह खर्च बढ़ा। नवीनतायें बढ़ीं। घर पर सफेद हाथी बँध गया। पर यह खर्च लाया कहाँ से जाय? राजकोट में तुरन्त धन्धा शुरू करता हूँ, तो हँसी होती है। मेरे पास ज्ञान तो इतना भी न था कि राजकोट में पास हुए वकील के मुकाबले में खड़ा हो सकूँ, तिस पर फीस उससे दस गुनी लेने का दावा! कौन मूर्ख मुवक्किल मुझे काम देता? अथवा कोई ऐसा मूर्ख मिल भी जाए, तो क्या मैं अपने अज्ञान में धृष्टता और विश्वासघात की वृद्धि करके अपने ऊपर संसार का ऋण और बढ़ा लूँ?

मित्रों की सलाह यह रही कि मुझे कुछ समय के लिए बम्बई जाकर हाईकोर्ट की वकालत का अनुभव प्राप्त करना और हिन्दुस्तान के कानून का अध्ययन करना चाहिए और कोई मुकदमा मिल सके तो उसके लिए कोशिश करनी चाहिए। मैं बम्बई के लिए रवाना हुआ।

वहाँ घर बसाया। रसोइया रखा। रसोइया मेरे जैसा ही था। ब्राह्मण था। मैंने उसे नौकर की तरह कभी रखा ही नहीं। यह ब्राह्मण नहाता था, पर धोता नहीं था। उसकी धोती मैली, जनेऊ मैला। शास्त्र के अभ्यास से उसे कोई सरोकार नहीं। लेकिन अधिक अच्छा रसोइया कहाँ से लाता?

"क्यों रविशंकर (उसका नाम रविशंकर था), तुम रसोई बनाना तो जानते नहीं, पर सन्ध्या आदि का क्या हाल है?"

"क्या बताऊँ भाईसाहब, हल मेरा सन्ध्या-तर्पण है और कुदाल खटकरम है। अपने राम तो ऐसे ही बाम्हन हैं। कोई आप जैसा निबाह ले तो निभ जाएँ, नहीं तो आखिर खेती तो अपनी है ही।"

मैं समझ गया। मुझे रविशंकर का शिक्षक बनना होगा। समय मेरे पास बहुत था। आधी रसोई रविशंकर बनाता और आधी मैं। मैंने विलायत की अन्नाहारवाली

खुराक के प्रयोग यहाँ शुरू किये। एक स्टोव खरीदा। मैं स्वयं तो पंक्ति-भेद को मानता ही न था। रविशंकर को भी उसका आग्रह न था। इसलिए हमारी पटरी ठीक जम गयी। शर्त या मुसीबत, जो कहो सो यह थी कि रविशंकरने मैल से नाता तोड़ने और रसोई साफ रखने की सौगन्ध ले रखी थी!

लेकिन मैं चार-पाँच महीने से अधिक बम्बई में रह ही न सकता था, क्योंकि खर्च बढ़ता जाता था और आमदनी कुछ भी न थी।

इस तरह मैंने संसार में प्रवेश किया। बारिस्टरी मुझे अखरने लगी। आडम्बर अधिक, कुशलता कम। जवाबदारी का खयाल मुझे दबोच रहा था।

३. पहला मुकदमा

बम्बई में एक ओर मेरी कानून की पढ़ाई शुरू हुई, दूसरी ओर मेरे आहार के प्रयोग चले और उनमें वीरचन्द गांधी मेरे साथ हो गये। तीसरी तरफ भाई ने मेरे लिए मुकदमे खोजने की कोशिश शुरू की।

कानून की पढ़ाई का काम धीमी चाल से चला। जाब्ता दीवानी (सिविल प्रोसीजर कोड) किसी भी तरह गले न उतरता था। एविडेन्स एक्ट (कानून शहादत) की पढ़ाई ठीक चली। वीरचंद गांधी सॉलिसिटर बनने की तैयारी कर रहे थे। इसलिए वे वकीलों के बारेमें बहुत-कुछ कहते रहते थे। "फीरोज़शाह मेहता की होशियारी का कारण उनका अगाध कानूनी ज्ञान है। 'एविडेन्स एक्ट' (कानून शहादत) तो उनको जबानी याद है। धारा ३२ के हरएक मुकदमे की उन्हें जानकारी है। बदरूद्दीन तैयबजी की होशियारी ऐसी है कि न्यायाधीश भी उनके सामने चौंधिया जाते हैं। बहस करने की उनकी शक्ति अद्भुत है।"

इधर मैं इन महारथियों की बातें सुनता और उधर मेरी घबराहट बढ़ जाती।

वे कहते, "पाँच-सात साल तक बारिस्टर का अदालत में जूतियाँ तोड़ते रहना आश्चर्यजनक नहीं माना जाता। इसीलिए मैंने सॉलिसिटर बनने का निश्चय किया है। कोई तीन साल के बाद भी तुम अपना खर्च चलाने लायक कमा लो, तो कहना होगा कि तुमने खूब प्रगति कर ली।"

हर महीने खर्च बढ़ता जाता था। बाहर बारिस्टर की तख्ती लटकाये रहना और घर में बारिस्टरी करने की तैयारी करना! मेरा मन इन दो के बीच कोई मेल नहीं बैठा पाता था। इसलिए कानून की मेरी पढ़ाई व्यग्र चित

से होती थी। शहादत के कानून में कुछ रूचि पैदा होने की बात ऊपर कह चुका हूँ। मेइन का 'हिन्दू लॉ' मैंने बहुत रूचिपूर्वक पढ़ा, पर मुकदमा लड़ने की हिम्मत न आयी। अपना दुःख किसे सुनाऊँ? मेरी दशा ससुराल गयी हुई नई बहूकी-सी हो गयी!

इतने में मुझे ममीबाई का मुकदमा मिला। स्मॉल कॉज कोर्ट (छोटी अदालत) में जाना था। मुझसे कहा गया, "दलाल को कमीशन देना पड़ेगा!" मैंने साफ इनकार कर दिया।

"पर फौजदारी अदालत के सुप्रसिद्ध वकील श्री..., जो हर महीने तीन-चार हजार कमाते हैं, भी कमीशन तो देते हैं।"

"मुझे कौन उनकी बराबरी करनी है? मुझको तो हर महीने ३०० रूपये मिल जाएँ तो काफी है। पिताजी को कौन इससे अधिक मिलते थे?"

"पर वह जमाना बदल गया। बम्बई का खर्च बड़ा है। तुम्हें व्यवहार की दृष्टि से भी सोचना चाहिए।"

मैं टस-से-मस न हुआ। कमीशन मैंने नहीं ही दिया। फिर भी ममीबाई का मुकदमा तो मुझे मिला। मुकदमा आसान था। मुझे ब्रीफ के (मेहनताने के) रू ३० मिले। मुकदमा एक दिन से ज्यादा चलनेवाला न था।

मैंने पहली बार स्मॉल कॉज कोर्ट में प्रवेश किया। मैं प्रतिवादी की तरफ से था, इसलिए मुझे जिरह करनी थी। मैं खड़ा तो हुआ, पर पैर काँपने लगे। सिर चकराने लगा। मुझे ऐसा लगा, मानों अदालत घूम रही है। सवाल कुछ सूझते ही न थे। जज हँसा होगा। वकीलों को तो मज़ा आया ही होगा। पर मेरी आँखों के सामने तो अंधेरा था—मैं देखता क्या?

मैं बैठ गया। दलाल से कहा, "मुझसे यह मुकदमा नहीं चल सकेगा। आप पटेल को सौंपिये। मुझे दी हुई फीस वापस ले लीजिए।"

पटेल को उसी दिन के ५१ रूपये देकर वकील किया गया। उनके लिए तो वह एक बच्चों का खेल था।

मैं भागा। मुझे याद नहीं कि मुवक्किल जीता या हारा। मैं शरमाया। मैंने निश्चय किया कि जब तक पूरी हिम्मत न आ जाय, कोई मुकदमा न लूँगा; और फिर दक्षिण अफ्रीका जाने तक कभी अदालत में गया ही नहीं। इस निश्चय में कोई शक्ति न थी। ऐसा कौन बेकार बैठा था, जो हारने के लिए अपना मुकदमा

मुझे देता? इसलिए मैं निश्चय न करता तो भी कोई मुझे अदालत में जाने की तकलीफ देनेवाला न था!

पर बम्बई में मुझे अभी एक और मुकदमा मिलनेवाला था। इस मुकदमे में अर्जी-दावा तैयार करना था। एक गरीब मुसलमान की जमीन पोरबन्दर में जब्त हुई थी। मेरे पिताजी का नाम जानकर वह उनके बारिस्टर लड़के के पास आया था। मुझे उसका मामला लचर लगा। पर मैंने अर्जी-दावा तैयार कर देना कबूल कर लिया। छपाई का खर्च मुवक्किल को देना था। मैंने अर्जी-दावा तैयार कर लिया। मित्रों को दिखाया। उन्होंने पास कर दिया और मुझे कुछ-कुछ विश्वास हुआ कि मैं अर्जी-दावे लिखने लायक तो ज़रूर बन सकूँगा—असल में मैं इस लायक था भी।

मेरा काम बढ़ता गया। मुफ्त में अर्जियाँ लिखने का धंधा करता तो अर्जियाँ लिखने का काम तो मिलता, पर उससे दाल-रोटी की व्यवस्था कैसे होती?

मैंने सोचा कि मैं शिक्षक का काम तो अवश्य ही कर सकता हूँ। मैंने अंग्रेजी का अभ्यास काफी किया था। अतएव मैंने सोचा कि यदि किसी हाईस्कूल में मैट्रिक की कक्षा में अंग्रेजी सिखाने का काम मिल जाए तो कर लूँ। खर्च का गड्ढा कुछ तो भरे!

मैंने अखबारों में विज्ञापन पढ़ा: "आवश्यकता है, अंग्रेजी शिक्षक की; प्रतिदिन एक घंटे के लिए। वेतन रू० ७५।" यह एक प्रसिद्ध हाईस्कूल का विज्ञापन था। मैंने प्रार्थना-पत्र भेजा। मुझे प्रत्यक्ष मिलने की आज्ञा हुई। मैं बड़ी उमंगों के साथ मिलने गया। पर जब आचार्य को पता चला कि मैं बी०ए० नहीं हूँ, तो उन्होंने मुझे खेदपूर्वक बिदा कर दिया।

"पर मैंने लन्दन की मैट्रिक्युलेशन परीक्षा पास की है। लेटिन मेरी दूसरी भाषा थी।" मैंने कहा।

"सो ठीक है, पर हमें तो ग्रेज्युएट की ही आवश्यकता है।"

मैं लाचार हो गया। मेरी हिम्मत छूट गयी। बड़े भाई भी चिन्तित हुए। हम दोनों ने सोचा कि बम्बई में अधिक समय बिताना निरर्थक है। मुझे राजकोट में ही जमना चाहिए। भाई स्वयं छोटे वकील थे। मुझे अर्जी-दावे लिखने का कुछ-न-कुछ काम तो दे ही सकते थे। फिर राजकोट में तो घर का खर्च चलता ही था। इसलिए बम्बई का खर्च कम कर डालने से बड़ी बचत हो जाती। मुझे यह

सुझाव जँचा। यों कुल लगभग छह महीने रहकर बम्बई का घर मैंने समेट लिया।

जब तक बम्बई में रहा, मैं रोज हाईकोर्ट जाता था। पर मैं यह नहीं कह सकता कि वहाँ मैंने कुछ सीखा सीखने लायक समझ ही मुझमें न थी। कभी-कभी तो मुकदमा समझ में न आता और उसकी कार्रवाई में रूचि न रहती, तो बैठा-बैठा झपकियाँ भी लेता रहता। यों झपकियाँ लेनेवाले दूसरे साथी भी मिल जाते थे। इससे मेरी शरम का बोझ हलका हो जाता था। आखिर में यह समझने लगा कि हाईकोर्ट में बैठकर ऊँघना फैशन के खिलाफ नहीं है। फिर तो शरम की कोई वजह ही न रह गयी।

यदि इस युग में भी मेरे समान कोई बेकार बारिस्टर बम्बई में हों, तो उनके लिए अपना एक छोटा-सा अनुभव यहाँ मैं लिख देता हूँ।

घर गिरगाँव में होते हुए भी मैं शायद ही कभी गाड़ीभाड़े का खर्च करता था। ट्राम में भी क्वचित् ही बैठता था। अकसर गिरगाँव से हाईकोर्ट तक प्रतिदिन पैदल ही जाता था। इसमें पूरे ४५ मिनट लगते थे और वापसी में तो बिना चूके पैदल ही घर आता था। दिन में धूप लगती थी, पर मैंने उसे सहन करने की आदत डाल ली थी। इस तरह मैंने काफी पैसे बचाये। बम्बई में मेरे साथी बीमार पड़ते थे, पर मुझे याद नहीं है कि मैं एक दिन भी बीमार पड़ा होऊँ। जब मैं कमाने लगा तब भी इस तरह पैदल ही दफ्तर जाने की आदत मैंने आखिर तक कायम रखी। इसका लाभ मैं आज तक उठा रहा हूँ।

४. पहला आघात

बम्बई से निराश होकर मैं राजकोट पहुँचा। वहाँ अलग दफ्तर खोला। गाड़ी कुछ चली। अर्जियाँ लिखने का काम मिलने लगा और हर महीने औसत रू० ३०० की आमदानी होने लगी। अर्जी-दावे लिखने का यह काम मुझे मेरी होशियारी के कारण नहीं मिलने लगा था, कारण था वसीला। बड़े भाई के साथ काम करनेवाले वकील की वकालत जमी हुई थी। उनके पास जो बहुत महत्त्व के अर्जी-दावे आते अथवा जिन्हें वे महत्त्व का मानते, उनका काम तो बड़े बारिस्टर के पास ही जाता था। उनके गरीब मुवक्किलों के अर्जी-दावे लिखने का काम मुझे मिलता था।

बम्बई में कमीशन नहीं देने की मेरी जो टेक थी, मानना होगा कि वह यहाँ

कायम न रही। मुझे दोनों स्थितियों का भेद समझाया गया था। वह यों थाः बम्बई में सिर्फ दलाल को पैसे देने की बात थी; यहाँ वकील को देने हैं। मुझसे कहा गया था कि बम्बई की तरह यहाँ भी सब बारिस्टर बिना अपवाद के अमुक प्रतिशत कमीशन देते हैं। अपने भाई की इस दलील का कोई जवाब मेरे पास न थाः "तुम देखते हो कि मैं दूसरे वकील का साझेदार हूँ। हमारे पास आनेवाले मुकदमों में से जो तुम्हें देने लायक होते हैं, वे तुम्हें देने की मेरी वृत्ति तो रहती ही है। पर यदि तुम मेरे मेहनताने का हिस्सा मेरे साझी को न दो, तो मेरी स्थिति कितनी विषम हो जाय? हम साथ रहते हैं, इसलिए तुम्हारे मेहनताने का लाभ मुझे तो मिल ही जाता है। पर मेरे साझी का क्या हो? अगर वही मुकदमा वे किसी दूसरे को दें, तो उसके मेहनताने में उन्हें ज़रूर हिस्सा मिलेगा।" मैं इस दलील के भुलावे में आ गया और मैंने अनुभव किया कि अगर मुझे बारिस्टरी करनी है, तो ऐसे मामलों में कमीशन न देने का आग्रह मुझे नहीं रखना चाहिए। मैं ढीला पड़ा। मैंने अपने मन को मना लिया, अथवा स्पष्ट शब्दों में कहूँ तो धोखा दिया। पर इसके सिवा दूसरे किसी भी मामले में कमीशन देने की बात मुझे याद नहीं है।

यद्यपि मेरा आर्थिक व्यवहार चल निकला, पर इन्हीं दिनों मुझे अपने जीवन का पहला आघात पहुँचा। अंग्रेज अधिकारी कैसे होते हैं, इसे मैं कानों से तो सुनता था, पर आँखों से देखने का मौका मुझे अब मिला।

पोरबन्दर के भूतपूर्व राणा साहब को गद्दी मिलने से पहले मेरे भाई उनके मंत्री और सलाहकार थे। उन पर इस आशय का आरोप लगाया गया था कि उन दिनों उन्होंने राणा साहब को गलत सलाह दी थी। उस समय के पोलिटिकल एजेण्ट के पास यह शिकायत पहुँची थी और मेरे भाई के बारेमें उनका खयाल खराब हो गया था। इस अधिकारी से मैं विलायत में मिला था। कह सकता हूँ कि वहाँ उन्होंने मुझसे अच्छी दोस्ती कर ली थी। भाई ने सोचा कि इस परिचय का लाभ उठाकर मुझे पोलिटिकल एजेण्ट से दो शब्द कहने चाहिए और उन पर जो खराब असर पड़ा है, उसे मिटाने की कोशिश करनी चाहिए। मुझे बात बिलकुल अच्छी न लगी। मैंने सोचाः मुझको विलायत के न-कुछ- से परिचय का लाभ नहीं उठाना चाहिए। अगर मेरे भाई ने कोई बुरा काम किया है, तो सिफ़ारिश से क्या होगा? अगर नहीं किया है, तो वे विधिवत् प्रार्थना-पत्र भेजें

अथवा अपनी निर्दोषता पर विश्वास रखकर निर्भय रहें। यह दलील भाई के गले न उतरी। उन्होंने कहा, "तुम काठियावाड़ को नहीं जानते। दुनियादारी अभी तुम्हें सीखनी है। यहाँ तो वसीले से सारे काम चलते हैं। तुम्हारे समान भाई अपने परिचित अधिकारी से सिफ़ारिश के दो शब्द कहने का मौका आने पर दूर हट जाए, तो यह उचित नहीं कहा जाएगा।"

मैं भाई की इच्छा को टाल नहीं सका। अपनी मर्जी के खिलाफ मैं गया। अफसर के पास जाने का मुझे कोई अधिकार न था। मुझे इसका खयाल था कि जाने में मेरा स्वाभिमान नष्ट होगा। फिर भी मैंने उससे मिलने का समय माँगा। मुझे समय मिला और मैं मिलने गया। पुराने परिचय का स्मरण कराया, पर मैंने तुरन्त ही देखा कि विलायत और काठियावाड़ में फर्क है। अपनी कुर्सी पर बैठे हुए अफसर और छुट्टी पर गये हुए अफसर में भी फर्क होता है। अधिकारीने परिचय की बात मान ली, पर इसके साथ ही वह अधिक अकड़ गया। मैंने उसकी अकड़ में देखा और आँखों में पढ़ा, मानो वे कह रही हों कि 'उस परिचय का लाभ उठाने के लिए तो तुम नहीं आये हो न?' यह समझते हुए भी मैंने अपनी बात शुरू की। साहब अधीर हो गये। बोले, "तुम्हारे भाई प्रपंची हैं। मैं तुमसे ज्यादा बातें सुनना नहीं चाहता। मुझे समय नहीं है। तुम्हारे भाई को कुछ कहना हो तो वे विधिवत् प्रार्थना-पत्र दें।" यह उत्तर पर्याप्त था, यथार्थ था। पर गरज तो बावली होती है न? मैं अपनी बात कहे जा रहा था। साहब उठे, "अब तुम्हें जाना चाहिए।"

मैंने कहा, "पर मेरी बात तो पूरी सुन लीजिए!"

साहब खूब चिढ़ गये। "चपरासी, इसे दरवाजा दिखाओ!"

'हजूर' कहता हुआ चपरासी दौड़ा आया। मैं तो अब भी कुछ बड़बड़ा ही रहा था। चपरासी ने मुझे हाथ से धक्का देकर दरवाजे के बाहर कर दिया।

साहब गये। चपरासी गया। मैं चला, अकुलाया, खीझा। मैंने तुरन्त एक पत्र घसीटा: "आपने मेरा अपमान किया है। चपरासी के जरिये मुझ पर हमला किया है। आप माफी नहीं माँगेंगे, तो मैं आप पर मानहानि का विधिवत् दावा करूँगा।" मैंने यह चिट्ठी भेजी। थोड़ी ही देर में साहब का सवार जवाब दे गया। उसका सार यह था:

"तुमने मेरे साथ असभ्यता का व्यवहार किया। जाने के लिए कहने पर भी

तुम नहीं गये, इससे मैंने ज़रूर अपने चपरासी को तुम्हें दरवाजा दिखाने के लिए कहा। चपरासी के कहने पर भी तुम दफ्तर से बाहर नहीं गये, तब उसने तुम्हें दफ्तर से बाहर कर देने के लिए आवश्यक बलका उपयोग किया। तुम्हें जो करना हो सो करने के लिए तुम स्वतन्त्र हो।"

यह जबाब जेब में डालकर मैं मुँह लटकाये घर लौटा। भाई को सारा हाल सुनाया। वे दुःखी हुए। पर वे मुझे क्या तसल्ली देते? मैंने वकील मित्रों से चर्चा की। मैं कौन दावा दायर करना जानता था? उन दिनों सर फीरोजशाह मेहता अपने किसी मुकदमे के सिलसिले में राजकोट आये हुए थे। मेरे जैसा नया बारिस्टर उनसे कैसे मिल सकता था? पर उन्हें बुलानेवाले वकील के द्वारा पत्र भेजकर मैंने उनकी सलाह पुछवायी। उनका उत्तर था: "गांधी से कहिये, ऐसे अनुभव तो सब वकील-बारिस्टरों को हुए होंगे। तुम अभी नये ही हो। विलायत की खुमारी अभी तुम पर सवार है। तुम अंग्रेज अधिकारियों को पहचानते नहीं हो। अगर तुम्हें सुख से रहना हो और दो पैसे कमाने हों, तो मिली हुई चिट्ठी फाड़ डालो और जो अपमान हुआ है उसे पी जाओ। मामला चलाने से तुम्हें एक पाई का भी लाभ न होगा। उलटे, तुम बरबाद हो जाओगे। तुम्हें अभी जीवन का अनुभव प्राप्त करना है।"

मुझे यह सिखावन जहर की तरह कड़वी लगी, पर उस कड़वी घूँट को पी जाने के सिवा और कोई उपाय न था। मैं अपमान को भूल तो न सका, पर मैंने उसका सदुपयोग किया। मैंने नियम बना लिया: "मैं फिर कभी अपने को ऐसी स्थिति में नहीं पड़ने दूँगा, इस तरह किसीकी सिफ़ारिश न करूँगा।" इस नियम का मैंने कभी उल्लंघन नहीं किया। इस आघातने मेरे जीवन की दिशा बदल दी।

५. दक्षिण अफ्रीका की तैयारी

मेरा उक्त अधिकारी के यहाँ जाना अवश्य दोषयुक्त था। पर अधिकारी की अधीरता, उसके रोष और उद्धतता के सामने मेरा दोष छोटा हो गया। दोष का दण्ड चपरासी का धक्का न था। मैं उसके पास पाँच मिनट भी न बैठा होऊँगा। उसे तो मेरा बोलना ही असह्य मालूम हुआ। वह मुझसे शिष्टतापूर्वक जाने को कह सकता था, पर उसके अधिकार के मद की कोई सीमा न थी। बाद में मुझे

पता चला कि इस अधिकारी के पास धीरज नाम की कोई चीज थी ही नहीं। अपने यहाँ आनेवाले का अपमान करना उसके लिए साधारण बात थी। मर्जी के खिलाफ कोई बात मुँह से निकलते ही साहब का मिजाज़ बिगड़ जाता था।

मेरा ज्यादातर काम तो उसी की अदालत में रहता था। खुशामद मैं कर ही नहीं सकता था। मैं इस अधिकारी को अनुचित रीत से रिझाना नहीं चाहता था। उसे नालिश की धमकी देकर मैं नालिश न करूँ और उसे कुछ भी न लिखूँ, यह भी मुझे अच्छा न लगा।

इस बीच मुझे काठियावाड़ के रियासती षड्यंत्रों का भी कुछ अनुभव हुआ। काठियावाड़ अनेक छोटे-छोटे राज्यों का प्रदेश है। यहाँ मुत्सद्दियों का बड़ा समाज होना स्वाभाविक ही था। राज्यों के बीच सूक्ष्म षडयंत्र चलते, पदों की प्राप्ति के लिए साजिशें होतीं, राजा कच्चे कान का और परवश रहता। साहबों के अर्दलियों तक की खुशामद की जाती। सरिश्तेदार तो साहब से भी सवाया होता; क्योंकि वही तो साहब की आँख, कान और दुभाषिये का काम करता था। सरिश्तेदार की इच्छा ही कानून थी। सरिश्तेदार की आमदनी साहब की आमदनी से ज्यादा मानी जाती थी। संभव है, इसमें अतिशयोक्ति हो, पर सरिश्तेदार के अल्प वेतन की तुलना में उसका खर्च अवश्य ही अधिक होता था।

यह वातावरण मुझे विष-सा प्रतीत हुआ। मैं अपनी स्वतंत्रता की रक्षा कैसे कर सकूँगा, इसकी चिन्ता बराबर बनी रहती। मैं उदासीन हो गया। भाई ने मेरी उदासीनता देखी। एक विचार यह आया कि कहीं नौकरी कर लूँ, तो मैं इन खटपटों से मुक्त रह सकता हूँ। पर बिना खटपट के दीवान का या न्यायाधीश का पद कैसे मिल सकता था?

वकालत करने में साहब के साथ का झगड़ा बाधक बनता था।

पोरबन्दर में एडमिनिस्ट्रेशन—नाबालिगी शासन—था। वहाँ राणा साहब के लिए कुछ सत्ता प्राप्त करने का प्रयत्न करना था। मेर लोगों से लगान उचित से अधिक वसूल किया जाता था। इसके सिलसिले में भी मुझे वहाँ एडमिनिस्ट्रेटर से मिलना था। मैंने देखा कि एडमिनिस्ट्रेटर यद्यपि हिन्दुस्तानी हैं, तथापि उनका रोब-दाब तो साहब से भी अधिक है। वे होशियार थे, पर उनकी होशियारी का लाभ जनता को अधिक मिला हो, यह मैं देख न सका। राणा साहब को थोड़ी सत्ता मिली। कहना होगा कि मेर लोगों को तो कुछ भी न मिला। उनके मामले

की पूरी जाँच हुई हो, ऐसा भी मैंने अनुभव नहीं किया।

इसलिए यहाँ भी मैं थोड़ा निराश ही हुआ। मैंने अनुभव किया कि न्याय नहीं मिला। न्याय पाने के लिए मेरे पास कोई साधन न था। बहुत करें तो बड़े साहब के सामने अपील की जा सकती है। वे राय देंगे, "हम इस मामले में दखल नहीं दे सकते।" ऐसे फैसलों के पीछे कोई कानून-कायदा हो, तब तो कुछ आशा भी की जा सके। पर यहाँ तो साहब की मर्जी ही कानून है!

मैं अकुलाया।

इसी बीच भाई के पास पोरबन्दर की एक मेमन फर्म का संदेशा आयाः "दक्षिण अफ्रीका में हमारा व्यापार है। हमारी फर्म बड़ी है। वहाँ हमारा एक बड़ा मुकदमा चल रहा है। चालीस हजार पौंड का दावा है। मामला बहुत लम्बे समय से चल रहा है। हमारे पास अच्छे-से-अच्छे वकील-बारिस्टर हैं। अगर आप अपने भाई को भेजें, तो वे हमारी मदद करें और उन्हें भी कुछ मदद मिल जाए। वे हमारा मामला हमारे वकील को अच्छी तरह समझा सकेंगे। इसके सिवा वे नया देश देखेंगे और कई नये लोगों से उनकी जान-पहचान होगी।"

भाई ने मुझसे चर्चा की। मैं इस सबका अर्थ समझ न सका। मैं यह जान न सका कि मुझे सिर्फ वकील को समझाने का ही काम करना पड़ेगा या अदालत में भी जाना होगा। फिर भी मैं ललचाया।

दादा अब्दुल्ला के साझी मरहूम सेठ अब्दुल करीम झवेरी से भाई ने मेरी मुलाकात करायी। सेठने कहा, "आपको ज्यादा मेहनत नहीं करनी होगी। बड़े-बड़े साहबों से हमारी दोस्ती है। उनसे आपकी जान-पहचान होगी। आप हमारी दुकान में भी मदद कर सकेंगे। हमारे यहाँ अंग्रेजी पत्र-व्यवहार बहुत होता है। आप उसमें भी मदद कर सकेंगे। आप हमारे बंगले में ही रहेंगे। इससे आप पर खर्च का बिलकुल बोझ नहीं पड़ेगा।"

मैंने पूछा, "आप मेरी सेवायें कितने समय के लिए चाहते हैं? आप मुझे वेतन क्या देंगे?"

"हमें एक साल से अधिक आपकी ज़रूरत नहीं रहेगी। आपको पहले दर्जे का मार्गव्यय देंगे और निवास तथा भोजन-खर्च के अलावा १०५ पौंड देंगे।"

इसे वकालत नहीं कह सकते। यह नौकरी थी। पर मुझे तो जैसे भी बने हिन्दुस्तान छोड़ना था। नया देश देखने को मिलेगा और अनुभव प्राप्त होगा

सो अलग। भाई को १०५ पौंड भेजूँगा तो घर का खर्च चलाने में कुछ मदद होगी। यह सोचकर मैंने वेतन के बारेमें बिना कुछ झिक-झिक किये ही सेठ अब्दुल करीम का प्रस्ताव स्वीकार कर लिया और मैं दक्षिण अफ्रीका जाने के लिए तैयार हो गया।

६. नेटाल पहुँचा

विलायत जाते समय वियोग के विचार से जो दुःख हुआ था, वह दक्षिण अफ्रीका जाते समय न हुआ। माता तो चल ही बसी थीं। मैंने दुनिया का और यात्रा का अनुभव प्राप्त किया था। राजकोट और बम्बई के बीच तो आना-जाना बना ही रहता था। इसलिए इस बार वियोग केवल पत्नी का ही दुःखदायी था। विलायत से आने के बाद एक और बालक की प्राप्ति हुई थी। हमारे बीच के प्रेम में अभी विषय-भोग का प्रभाव तो था ही, फिर भी उसमें निर्मलता आने लगी थी। मेरे विलायत से लौटने के बाद हम दोनों बहुत कम साथ रह पाये थे। और, शिक्षक की तरह मेरी योग्यता जो भी रही हो, परन्तु मैं पत्नी का शिक्षक बना था इसलिए और पत्नी में जो कई सुधार मैंने कराये थे उन्हें निबाहने के लिए भी हम दोनों साथ रहने की आवश्यकता अनुभव करते थे। पर अफ्रीका मुझे अपनी तरफ खींच रहा था। उसने वियोग को सह्य बना दिया। “एक साल के बाद तो हम फिर मिलेंगे ही न?” पत्नी को यह कहकर और सान्त्वना देकर मैंने राजकोट छोड़ा और मैं बम्बई पहुँचा।

मुझे दादा अब्दुल्ला के बम्बईवाले एजेण्ट के जरिये टिकट खरीदना था। पर स्टीमर में कोई केबिन खाली न थी। हालत यह थी कि अगर इस मौके को चूक जाता तो मुझे एक महीने तक बम्बई की हवा खानी पड़ती। एजेण्ट ने कहा, “हमने कोशिश तो बहुत की, पर हमें टिकट नहीं मिल सका। आप डेक में जाएँ तो जा सकते हैं। भोजन की व्यवस्था सलून में हो सकेगी।” वह जमाना मेरे लिए पहले दर्जे की यात्रा का था। क्या बारिस्टर डेक का यात्री बन कर जाय? मैंने डेक में जाने से इनकार कर दिया। मुझे एजेण्ट पर शक हुआ। मैं यह मान न सका कि पहले दर्जे का टिकट मिल ही नहीं सकता। एजेण्ट की अनुमति लेकर मैंने ही टिकट प्राप्त करने का प्रयत्न किया। मैं स्टीमर पर पहुँचा। बड़े अधिकारी से मिला। पूछताछ करने पर उसने सरल भाव से उत्तर दियाः “हमारे

यहाँ इतनी भीड़ शायद ही कभी होती है। पर इस स्टीमर से मोजाम्बिक के गवर्नर-जनरल जा रहे हैं, इससे सारी जगहें भर गयी हैं।"

"तो आप मेरे लिए किसी तरह जगह निकाल ही नहीं सकते?"

अफसर ने मेरी तरफ देखा। फिर वह हँसा और बोला: "एक उपाय है। मेरे केबिन में एक बर्थ खाली रहती है। उसमें हम यात्री को नहीं लेते, पर आपको मैं वह जगह देने के लिए तैयार हूँ।" मैं खुश हुआ। अफसर का आभार माना। सेठ से बात करके टिकट कटाया, और १८९३ के अप्रैल महीने में उमंगों से भरा मैं दक्षिण अफ्रीका में अपना भाग्य आजमाने के लिए रवाना हो गया।

पहला बन्दर लामू पड़ता था। वहाँ पहुँचने में करीब तेरह दिन लगे। रास्ते में कप्तान से अच्छी मित्रता हो गयी कप्तान को शतरंज खेलने का शोक था, पर वह अभी नौसिखुआ ही था। उसे अपने से कमजोर खेलनेवाले साथी की ज़रूरत थी। इसलिए उसने मुझे खेलने के लिए न्योता। मैंने शतरंज का खेल कभी देखा न था। उसके विषय में सुना काफी था। खेलनेवाले कहते थे कि इस खेल में बुद्धि का खासा उपयोग होता है। कप्तान ने कहा कि वह खुद मुझे सिखायेगा। मैं उसे अच्छा शिष्य मिला, क्योंकि मुझमें धैर्य था। मैं हारता ही रहता था। इससे कप्तान का सिखाने का उत्साह बढ़ता जाता था। मुझे शतरंज का खेल पसन्द पड़ा, पर मेरा यह शौक कभी जहाज के नीचे न उतरा। उसमें मेरी गति राजा-रानी आदि की चाल जान लेने से अधिक न बढ़ सकी।

लामू बन्दर आया। स्टीमर वहाँ तीन-चार घण्टे ठहरनेवाला था। मैं बन्दर देखने नीचे उतरा। कप्तान भी गया था। उसने मुझसे कहा, "यहाँ का बन्दर दगाबाज है। तुम जल्दी लौट आना।"

गाँव तो बिलकुल छोटा-सा था। वहाँ के डाकखाने में गया, तो हिन्दुस्तानी नौकर दिखायी दिये। इससे मुझे खुशी हुई। मैंने उनसे बातचीत की। हब्शियों से मिला। उनकी रहन-सहन में रूचि पैदा हुई। इसमें थोड़ा समय चला गया। डेक के दूसरे भी कई यात्री थे। मैंने उनसे जान-पहचान कर ली थी। वे रसोई बनाने और आराम से भोजन करने के लिए नीचे उतरे थे। मैं उनकी नाव में बैठा। बन्दर में ज्वार काफी था। हमारी नाव में बोझ ज्यादा था। प्रवाह का जोर इतना अधिक था कि नाव की रस्सी स्टीमर की सीढ़ी के साथ किसी तरह बँध ही नहीं पाती थी। नाव सीढ़ी के पास पहुँचती और हट जाती। स्टीमर खुलने की पहली

सीटी बजी। मैं घबराया। कप्तान ऊपर से देख रहा था। उसने स्टीमर को पाँच मिनट के लिए रूकवाया। स्टीमर के पास ही एक छोटीसी नाव थी। एक मित्रने उसे दस रूपये देकर मेरे लिए ठीक किया, और इस छोटी नावने मुझे उस नाव में से उठा लिया। स्टीमर की सीढ़ी उठ चुकी थी। मुझे रस्सीसे ऊपर खींच लिया गया और स्टीमर चल दिया! दूसरे यात्री रह गये। कप्तान की दी हुई चेतावनी का अर्थ अब मेरी समझ में आया।

लामू से मुम्बासा और वहाँ से जंजीबार पहुँचा। जंजीबार में तो काफी ठहरना था—आठ या दस दिन। वहाँ नये स्टीमर पर सवार होना था।

मुझ पर कप्तान के प्रेम का पार न था। इस प्रेमने मेरे लिए उलटा रूप धारण किया। उसने मुझे अपने साथ सैर के लिए न्योता। एक अंग्रेज मित्र को भी न्योता था। हम तीनों कप्तान की नाव पर सवार हुए। मैं इस सैर का मर्म बिलकुल नहीं समझ पाया था। कप्तान को क्या पता कि मैं ऐसे मामलों में निपट अजान हूँ। हम लोग हब्शी औरतों की बस्ती में पहुँचे। एक दलाल हमें वहाँ ले गया। हममें से हरएक एक-एक कोठरी में घुस गया। पर मैं तो शरम का मारा वहाँ गुमसुम ही बैठा रहा। बेचारी उस स्त्री के मन में क्या विचार उठे होंगे, सो तो वही जाने। कप्तान ने आवाज दी। मैं जैसा अन्दर घुसा था वैसा ही बाहर निकला। कप्तान मेरे भोलेपन को समझ गया। पहले तो मैं बहुत ही शरमिंदा हुआ। पर मैं यह काम किसी भी दशा में पसन्द नहीं कर सकता था, इसलिए मेरी शरमिन्दगी तुरन्त ही दूर हो गयी, और मैंने इसके लिए ईश्वर का उपकार माना कि उस बहन को देखकर मेरे मन में तनिक भी विकार उत्पन्न नहीं हुआ। मुझे अपनी इस दुर्बलता पर घृणा हुई कि मैं कोठरी में घुसने से ही इनकार करने का साहस न दिखा सका।

मेरे जीवन की ऐसी यह तीसरी परीक्षा थी। कितने ही नवयुवक शुरू में निर्दोष होते हुए भी झूठी शरम के कारण बुराई में फँस जाते होंगे। मैं अपने पुरूषार्थ के कारण नहीं बचा था। अगर मैंने कोठरी में घुसने से साफ इनकार किया होता, तो वह मेरा पुरूषार्थ माना जाता। मुझे तो अपनी रक्षा के लिए केवल ईश्वर का ही उपकार मानना चाहिए। पर इस घटना के कारण ईश्वर में मेरी श्रद्धा बढ़ी और झूठी शरम छोड़ने की कुछ हिम्मत भी मुझमें आयी।

जंजीबार में एक हफ्ता बिताना था, इसलिए एक घर किराये से लेकर

मैं शहर में रहा। शहर को खूब घूम-घूमकर देखा। जंजीबार की हरियाली की कल्पना मलाबार को देखकर ही हो सकती है। वहाँ के विशाल वृक्ष और वहाँ के बड़े-बड़े फल वगैरा देखकर मैं तो दंग ही रह गया।

जंजीबार से मैं मोजाम्बिक और वहाँ से लगभग मई के अन्त में नेटाल पहुँचा।

७. अनुभवों की बानगी

नेटाल के बन्दरगाह को डरबन कहते हैं और वह नेटाल बन्दर के नाम से भी पहचाना जाता है। मुझे लेने के लिए अब्दुल्ला सेठ आये थे। स्टीमर के घाट (डक) पर पहुँचने पर जब नेटाल के लोग अपने मित्रों को लेने स्टीमर पर आये, तभी मैं समझ गया कि यहाँ हिन्दुस्तानियों की अधिक इज्जत नहीं है। अब्दुल्ला सेठ को पहचाननेवाले उनके साथ जैसा बरताव करते थे, उसमें भी मुझे एक प्रकार की असभ्यता दिखायी पड़ी थी, जो मुझे व्यथित करती थी। अब्दुल्ला सेठ इस असभ्यता को सह लेते थे। वे उसके आदी बन गये थे। मुझे जो देखते वे कुछ कुतूहल की दृष्टि से देखते थे। अपनी पोशाक के कारण मैं दूसरे हिन्दुस्तानियों से कुछ अलग पड़ जाता था। मैंने उस समय 'फ्रॉक कोट' वगैरा पहने थे और सिर पर बंगाली ढंग की पगड़ी पहनी थी।

अब्दुल्ला सेठ मुझे घर ले गये। उनके कमरे की बगल में एक कमरा था, वह उन्होंने मुझे दिया। न वे मुझे समझते, और न मैं उन्हें समझता। उन्होंने अपने भाई के दिये हुए पत्र पढ़े और वे ज्यादा घबराये। उन्हें जान पड़ा कि भाई ने तो उनके घर एक सफेद हाथी ही बाँध दिया है। मेरी साहबी रहन-सहन उन्हें खर्चीली मालूम हुई। उस समय मेरे लिए कोई खास काम न था। उनका मुकदमा तो ट्रान्सवाल में चल रहा था। मुझे तुरन्त वहाँ भेजकर क्या करते? इसके अलावा, मेरी होशियारी या ईमानदारी का विश्वास भी किस हद तक किया जाए? प्रिटोरिया में वे मेरे साथ रह नहीं सकते थे। प्रतिवादी प्रिटोरिया में रहता था। मुझ पर उसका अनुचित प्रभाव पड़ जाए तो क्या हो? यदि वे मुझे इस मुक्दमे का काम न सौंपे, तो दूसरे काम तो उनके कारकुन मुझसे बहुत अच्छा कर सकते थे। कारकुनों से गलती हो तो उन्हें उलाहना दिया जा सकता था, पर मैं गलती करूँ तो? काम या तो मुकदमे का था या फिर मुहर्रिर का था। इनके अलावा तीसरा कोई काम न था। अतएव यदि मुकदमे का काम न सौंपा

जाता, तो मुझे घर बैठे खिलाने की नौबत आती।

अब्दुल्ला सेठ बहुत कम पढ़े-लिखे थे, पर उनके पास अनुभव का ज्ञान बहुत था। उनकी बुद्धि तीव्र थी और स्वयं उन्हें इसका भान था। रोज के अभ्यास से उन्होंने सिर्फ बातचीत करने लायक अंग्रेजी का ज्ञान प्राप्त कर लिया था। पर अपनी इस अंग्रेजी के द्वारा वे अपना सब काम निकाल लेते थे। वे बैंक के मैनेजरों से बातचीत करते थे, यूरोपियन व्यापारियों के साथ सौदे कर लेते थे और वकीलों को अपने मामले समझा सकते थे। हिन्दुस्तानी उनकी बहुत इज्जत करते थे। उन दिनों उनकी फर्म हिन्दुस्तानियों की फर्मों में सबसे बड़ी, अथवा बड़ी फर्मों में एक तो थी ही। अब्दुल्ला सेठ का स्वभाव वहमी था।

उन्हें इस्लाम का अभिमान था। वे तत्त्वज्ञान की चर्चा के शौकीन थे। अरबी नहीं जानते थे, फिर भी कहना होगा कि उन्हें कुरान शरीफ की और आम तौर पर इस्लाम के धार्मिक साहित्य की अच्छी जानकारी थी। दृष्टान्त तो उन्हें कण्ठाग्र ही थे। उनके सहवास से मुझे इस्लाम का काफी-व्यावहारिक ज्ञान हो गया। हम एक-दूसरे को पहचानने लगे। उसके बाद तो वे मेरे साथ खूब धर्म-चर्चा करते थे।

वे दूसरे या तीसरे दिन मुझे डरबन की अदालत दिखाने ले गये। वहाँ कुछ जान-पहचान करायी। अदालत में मुझे अपने वकील के पास बैठाया। मजिस्ट्रेट मुझे बार-बार देखता रहा। उसने मुझे पगड़ी उतारने के लिए कहा। मैंने इनकार किया और अदालत छोड़ दी।

मेरे भाग्य में यहाँ भी लड़ाई ही बदी थी।

अब्दुल्ला सेठने मुझे पगड़ी उतारने का रहस्य समझाया: मुसलमानी पोशाक पहना हुआ आदमी अपनी मुसलमानी पगड़ी पहन सकता है। पर दूसरे हिन्दुस्तानियों को अदालत में पैर रखते ही अपनी पगड़ी उतार लेनी चाहिए।

इस सूक्ष्म भेद को समझाने के लिए मुझे कुछ तथ्यों की जानकारी देनी होगी।

इन दो-तीन दिनों में ही मैंने देख लिया था कि हिन्दुस्तानी अफ्रीका में अपने-अपने गुट बनाकर बैठ गये थे। एक भाग मुसलमान व्यापारियों का था—वे अपने को 'अरब' कहते थे। दूसरा भाग हिन्दू या पारसी कारकुनों, मुनीमों या गुमाश्तों का था। हिन्दू कारकुन अधर में लटकते थे। कोई 'अरब' में मिल जाते थे। पारसी अपना परिचय परसियन के नाम से देते थे। व्यापार के अलावा भी इन तीनों का आपस में थोड़ा-बहुत सम्बन्ध अवश्य था। एक चौथा और बड़ा

समुदाय तामिल, तेलुगु और उत्तर हिन्दुस्तान के गिरमिटिया तथा गिरमिट-मुक्त हिन्दुस्तानियों का था। गिरमिट का अर्थ है वह इकरार—यानी 'एग्रिमेण्ट', जिसके अनुसार उन दिनों गरीब हिन्दुस्तानी पाँच साल तक मजदूरी करने के लिए नेटाल जाते थे। गिरमिट 'एग्रिमेण्ट' का ही अपभ्रंश है और उसीसे गिरमिटिया शब्द बना है। इस वर्ग के साथ दूसरों का व्यवहार केवल काम की दृष्टि से ही रहता था। अंग्रेज इन गिरमिटवालों को 'कुली' के नाम से पहचानते थे; और चूँकि वे संख्या में अधिक थे, इसलिए दूसरे हिन्दुस्तानियों को भी 'कुली' कहते थे। कुली के बदले 'सामी' भी कहते। 'सामी' ज्यादातर तामिल नामों के अन्त में लगनेवाला प्रत्यय है। 'सामी' अर्थात् स्वामी। स्वामी का मतलब तो मालिक हुआ। इसलिए जब कोई हिन्दुस्तानी सामी शब्द से चिढ़ता और उसमें कुछ हिम्मत होती, तो वह अपने को 'सामी' कहनेवाले अंग्रेज से कहता: "तुम मुझे 'सामी' कहते हो, पर जानते हो कि 'सामी' का मतलब मालिक होता है? मैं तुम्हारा मालिक तो हूँ नहीं।" यह सुनकर कोई अंग्रेज शरमा जाता, कोई चिढ़ कर ज्यादा गालियाँ देता और कोई-कोई मारता भी सही; क्योंकि उसकी दृष्टि से तो 'सामी' शब्द निन्दासूचक ही हो सकता था। उसका अर्थ मालिक करना तो उसे अपमानित करने के बराबर ही हो सकता था।

इसलिए मैं 'कुली बारिस्टर' कहलाया। व्यापारी 'कुली व्यापारी' कहलाते थे। कुली का मूल अर्थ मजदूर तो भुला दिया गया। मुसलमान व्यापारी यह शब्द सुनकर गुस्सा होता और कहता: "मैं कुली नहीं हूँ। मैं तो अरब हूँ।" कोई थोड़ा विनयशील अंग्रेज होता तो यह सुनकर माफी भी माँग लेता।

ऐसी दशा में पगड़ी पहनने का प्रश्न एक महत्त्व का प्रश्न बन गया। पगड़ी उतारने का मतलब था अपमान सहन करना। मैंने तो सोचा कि मैं हिन्दुस्तानी पगड़ी को बिदा कर दूँ और अंग्रेजी टोपी पहन लूँ, ताकि उसे उतारने में अपमान न जान पड़े और मैं झगड़े से बच जाऊँ।

पर अब्दुल्ला सेठ को यह सुझाव अच्छा न लगा। उन्होंने कहा: "अगर आप इस वक्त यह फेरफार करेंगे, तो उससे अनर्थ होगा। जो दूसरे लोग देश की ही पगड़ी पहनना चाहेंगे, उनकी स्थिति नाजुक बन जाएगी। इसके अलावा, आपको तो देशी पगड़ी ही शोभा देगी। आप अंग्रेजी टोपी पहनेंगे तो आपकी गिनती 'वेटरों' में होगी।"

इन वाक्यों में दुनियावी समझदारी थी, देशाभिमान था और थोड़ी संकुचितता भी थी। दुनियावी समझदारी तो स्पष्ट ही है। देशाभिमान के बिना पगड़ी का आग्रह नहीं हो सकता; और संकुचितता के बिना 'वेटर' की टीका संभव नहीं। गिरमिटिया हिन्दुस्तानी हिन्दू, मुसलमान और ईसाई इन तीन भागों में बँटे हुए थे। जो गिरमिटिया हिन्दुस्तानी ईसाई बन गये, उनकी संतान ईसाई कहलायी। सन् १८९३ में भी ये बड़ी संख्या में थे। वे सब अंग्रेजी पोशाक ही पहनते थे। उनका एक खासा हिस्सा होटलों में नौकरी करके अपनी आजीवि का चलाता था। अब्दुल्ला सेठ के वाक्यों में अंग्रेजी टोपी की जो टीका थी, वह इन्हीं लोगों को लक्ष्य में रखकर की गयी थी। इसके मूल में मान्यता यह थी कि होटल में 'वेटर' का काम करना बुरा है। आज भी यह भेद बहुतों के मन में बसा हुआ है।

कुल मिलाकर अब्दुल्ला सेठ की दलील मुझे अच्छी लगी। मैंने पगड़ी के किस्से को लेकर अपने और पगड़ी के बचाव में समाचारपत्रों के नाम एक पत्र लिखा। अखबारों में मेरी पगड़ी की खूब चर्चा हुई। 'अनवेलकम विज़िटर'—अवांछित अतिथि—शीर्षक से अखबारों में मेरी चर्चा हुई, और तीन-चार दिन के अंदर ही मैं अनायास दक्षिण अफ्रीका में प्रसिद्धि पा गया। किसीने मेरा पक्ष लिया और किसीने मेरी धृष्टता की खूब निन्दा की।

मेरी पगड़ी तो लगभग अन्त तक बनी रही। कब गई सो हम अन्तिम भाग में देखेंगे।

८. प्रिटोरिया जाते हुए

मैं डरबन में रहनेवाले ईसाई हिन्दुस्तानियों के सम्पर्क में भी तुरन्त आ गया। वहाँ की अदालत के दुभाषिया मि॰ पॉल रोमन कैथोलिक थे। उनसे परिचय किया और प्रोटेस्टेण्ट मिशन के शिक्षक स्व॰ मि॰ सुभान गॉडफ्रे से भी परिचित हुआ। इन्हीं के पुत्र जेम्स गॉडफ्रे यहाँ दक्षिण अफ्रीका के भारतीय प्रतिनिधि-मण्डल में पिछले साल आये थे। इन्हीं दिनों स्व॰ पारसी रूस्तमजी से परिचय हुआ, और तभी स्व॰ आदमजी मियाँखान के साथ जान-पहचान हुई। ये सब भाई अभी तक काम के सिवा एक-दूसरे से मिलते न थे, लेकिन जैसा कि हम आगे चलकर देखेंगे, बाद में ये एक-दूसरे के काफी नजदीक आये।

मैं इस प्रकार जान-पहचान कर रहा था कि इतने में फर्म के वकील की तरफ

से पत्र मिला कि मुकदमे की तैयारी की जानी चाहिए और खुद अब्दुल्ला सेठ को प्रिटोरिया जाना चाहिए अथवा किसीको वहाँ भेजना चाहिए।

अब्दुल्ला सेठने वह पत्र मुझे पढ़ने को दिया और पूछा, "आप प्रिटोरिया जाएँगे?" मैंने कहा, "मुझे मामला समझाइये, तभी कुछ कह सकूँगा। अभी तो मैं नहीं जानता कि मुझे वहाँ क्या करना होगा।" उन्होंने अपने मुनीमों से कहा कि वे मुझे मामला समझा दें।

मैंने देखा कि मुझे ककहरे से शुरू करना होगा। जब मैं जंजीबार में उतरा था तो वहाँ की अदालत का काम देखने गया था। एक पारसी वकील किसी गवाह के बयान ले रहे थे और जमा-नामे के सवाल पूछ रहे थे। मैं तो जमा-नामे में कुछ समझता ही न था। बही-खाता न तो मैंने हाईस्कूल में सीखा था और न विलायत में।

मैंने देखा कि इस मामले का दार-मदार बहियों पर है। जिसे बही-खाते की जानकारी हो वही इस मामले को समझ और समझा सकता है। जब मुनीम नामे की बात करता, तो मैं परेशान होता। मैं पी॰ नोट का मतलब नहीं जानता था। कोश में यह शब्द मिलता न था। जब मैंने मुनीम के सामने अपना अज्ञान प्रकट किया तब उससे पता चला कि पी॰ नोट का मतलब प्रामिसरी नोट है। मैंने बही-खाते की पुस्तक खरीदी और पढ़ डाली। कुछ आत्म-विश्वास उत्पन्न हुआ। मामला समझ में आया। मैंने देखा कि अब्दुल्ला सेठ बही-खाता लिखना नहीं जानते थे। पर उन्होंने व्यावहारिक ज्ञान इतना अधिक प्राप्त कर लिया था कि वे बही-खाते की गुत्थियाँ फौरन सुलझा सकते थे। मैंने उनसे कहा, "मैं प्रिटोरिया जाने को तैयार हूँ।" सेठने पूछा, "आप कहाँ उतरेंगे?"

मैंने जवाब दिया, "जहाँ आप कहें।"

"तो मैं अपने वकील को लिखूँगा। वे आपके लिए ठहरने का प्रबंध करेंगे। प्रिटोरिया में मेरे मेमन दोस्त हैं। उन्हें मैं अवश्य लिखूँगा, पर उनके यहाँ आपका ठहरना ठीक न होगा। वहाँ हमारे प्रतिपक्षी की अच्छी रसाई है। आपके नाम मेरे निजी कागज-पत्र पहुँचें और उनमें से कोई उन्हें पढ़ ले, तो हमारे मुकदमे को नुकसान पहुँच सकता है। उनके साथ जितना कम सम्बन्ध रहे उतना ही अच्छा है।"

मैंने कहा, "आपके वकील जहाँ रखेंगे वहीं मैं रहूँगा, अथवा मैं कोई अलग घर खोज लूँगा। आप निश्चिन्त रहिये, आपकी एक भी व्यक्तिगत बात बाहर

न जाएगी। पर मैं मिलता-जुलता तो सभी से रहूँगा। मुझे तो प्रतिपक्षी से मित्रता कर लेनी है। मुझसे बन पड़ा तो मैं इस मुकदमे को आपस में निबटाने की भी कोशिश करूँगा। आखिर तैयब सेठ आपके रिश्तेदार ही तो हैं न?"

प्रतिपक्षी स्व० तैयब हाजी खानमहम्मद अब्दुल्ला सेठ के निकट सम्बन्धी थे।

मैंने देखा कि मेरी इस बात पर अब्दुल्ला सेठ कुछ चौंके। पर उस समय तक मुझे डरबन पहुँचे छह-सात दिन हो चुके थे। हम एक-दूसरे को जानने और समझने लग गये थे। मैं अब 'सफेद हाथी' लगभग नहीं रहा था। वे बोलेः

"हाँ...आ...आ, यदि समझौता हो जाए, तो उसके जैसी भली बात तो कोई है ही नहीं। पर हम रिश्तेदार हैं, इसलिए एक-दूसरे को अच्छी तरह पहचानते हैं। तैयब सेठ जल्दी माननेवाले नहीं हैं। हम भोलापन दिखायें, तो वे हमारे पेट की बात निकलवा लें और फिर हम को फँसा लें। इसलिए आप जो कुछ करें सो होशियार रहकर कीजिए।"

मैंने कहा, "आप तनिक भी चिन्ता न करें। मुझे मुकदमे की बात तैयब सेठ से या किसी और से करने की आवश्यकता ही नहीं है। मैं तो इतना ही कहूँगा कि आप दोनों आपस में झगड़ा निबटा लें, तो वकीलों के घर न भरने पड़ें।"

मैं सातवें या आठवें दिन डरबन से रवाना हुआ। मेरे लिए पहले दर्जे का टिकट कटाया गया। वहाँ रेल में सोने की सुविधा के लिए पाँच शिलिंग का अलग टिकट कटाना होता था। अब्दुल्ला सेठने उसे कटाने का आग्रह किया, पर मैंने हठवश, अभिमानवश और पाँच शिलिंग बचाने के विचार से बिस्तर का टिकट कटाने से इनकार कर दिया।

अब्दुल्ला सेठने मुझे चेताया, "देखिये, यह देश दूसरा है, हिन्दुस्तान नहीं है। खुदा की मेहरबानी है। आप पैसे की कंजूसी न कीजिए। आवश्यक सुविधा प्राप्त कर लीजिए।"

मैंने उन्हें धन्यवाद दिया और निश्चिन्त रहने को कहा।

ट्रेन लगभग नौ बजे नेटाल की राजधानी मेरित्सबर्ग पहुँची। यहाँ बिस्तर दिया जाता था। रेलवे के किसी नौकर ने आकर पूछा, "आपको बिस्तर की ज़रूरत है?"

मैंने कहा, "मेरे पास अपना बिस्तर है।"

वह चला गया। इस बीच एक यात्री आया। उसने मेरी तरफ देखा। मुझे

भिन्न वर्ण का पाकर वह परेशान हुआ, बाहर निकला और एक-दो अफसरों को लेकर आया। किसीने मुझे कुछ न कहा। आखिर एक अफसर आया। उसने कहा, "इधर आओ। तुम्हें आखिरी डिब्बे में जाना है।"

मैंने कहा, "मेरे पास पहले दर्जे का टिकट है।"

उसने जवाब दिया, "इसकी कोई बात नहीं। मैं तुमसे कहता हूँ कि तुम्हें आखिरी डिब्बे में जाना है।"

"मैं कहता हूँ कि मुझे इस डिब्बे में डरबन से बैठाया गया है और मैं इसी में जाने का इरादा रखता हूँ।"

अफसर ने कहा, "यह नहीं हो सकता। तुम्हें उतरना पड़ेगा, और न उतरे तो सिपाही उतारेगा।"

मैंने कहा, "तो फिर सिपाही भले उतारे, मैं खुद तो नहीं उतरूँगा।"

सिपाही आया। उसने मेरा हाथ पकड़ा और मुझे धक्का देकर नीचे उतारा। मेरा सामान उतार लिया। मैंने दूसरे डिब्बे में जाने से इनकार कर दिया। ट्रेन चल दी। मैं वेटिंग रूम में बैठ गया। अपना "हैण्ड-बैग' साथ में रखा। बाकी सामान को हाथ न लगाया। रेलवेवालों ने उसे कहीं रख दिया। सरदी का मौसम था। दक्षिण अफ्रीका की सरदी ऊँचाईवाले प्रदेशों में बहुत तेज होती है। मेरित्सबर्ग इसी प्रदेश में था। इससे ठण्ड खूब लगी। मेरा ओवर-कोट मेरे सामान में था। पर सामान माँगने की हिम्मत न हुई। फिर अपमान हो तो? ठण्ड से मैं काँपता रहा। कमरे में दीया न था। आधी रात के करीब एक यात्री आया। जान पड़ा कि वह कुछ बात करना चाहता है, पर मैं बात करने की मनःस्थिति में न था।

मैंने अपने धर्म का विचार किया: 'या तो मुझे अपने अधिकारों के लिए लड़ना चाहिए या लौट जाना चाहिए, नहीं तो जो अपमान हों उन्हें सहकर प्रिटोरिया पहुँचना चाहिए और मुकदमा खतम करके देश लौट जाना चाहिए। मुकदमा अधूरा छोड़कर भागना तो नामर्दी होगी। मुझे जो कष्ट सहना पड़ा है, सो तो ऊपरी कष्ट है। वह गहराई तक पैठे हुए महारोग का लक्षण है। यह महारोग है रंग-द्वेष। यदि मुझमें इस गहरे रोग को मिटाने की शक्ति हो, तो उस शक्ति का उपयोग मुझे करना चाहिए। ऐसा करते हुए स्वयं जो कष्ट सहने पड़ें सो सब सहने चाहिए और उनका विरोध रंग-द्वेष को मिटाने की दृष्टि से ही करना चाहिए।'

यह निश्चय करके मैंने दूसरी ट्रेनमें, जैसे भी हो, आगे ही जाने का फैसला किया।

सबेरे ही सबेरे मैंने जनरल मैनेजर को शिकायत का लम्बा तार भेजा। दादा अब्दुल्ला को भी खबर भेजी। अब्दुल्ला सेठ तुरन्त जनरल मैनेजर से मिले। जनरल मैनेजरने अपने आदमियों के व्यवहार का बचाव किया, पर बतलाया कि मुझे बिना किसी रूकावट के मेरे स्थान तक पहुँचाने के लिए स्टेशन-मास्टर को कह दिया गया है। अब्दुल्ला सेठने मेरित्सबर्ग के हिन्दू व्यापारियों को भी मुझसे मिलने और मेरी सुख-सुविधा का खयाल रखने का तार भेजा और दूसरे स्टेशनों पर भी इसी आशय के तार रवाना किये। इससे व्यापारी मुझे मिलने स्टेशन पर आये। उन्होंने अपने ऊपर पड़नेवाले कष्टों की कहानी मुझे सुनायी और मुझसे कहा कि आप पर जो बीती है, उसमें आश्चर्य की कोई बात नहीं है। जब हिन्दुस्तानी लोग पहले या दूसरे दर्जे में सफर करते हैं, तो अधिकारियों और यात्रियों की तरफ से रूकावट खड़ी होती ही है। दिन ऐसी ही बातें सुनने में बीता। रात पड़ी। ट्रेन आयी। मेरे लिए जगह तैयार ही थी। बिस्तर का जो टिकट मैंने डरबन में कटाने से इनकार किया था, वह मेरित्सबर्ग में कटाया। ट्रेन मुझे चार्ल्सटाउन की ओर ले चली।

९. अधिक परेशानी

ट्रेन सुबह चार्ल्सटाउन पहुँचती थी। उन दिनों चार्ल्सटाउन से जोहानिस्बर्ग पहुँचने के लिए ट्रेन नहीं थी, घोड़ों की सिकरम थी और बीच में एक रात स्टैण्डरटन में रूकना पड़ता था। मेरे पास सिकरम का टिकट था। मेरे एक दिन देर से पहुँचने के कारण वह टिकट रद नहीं होता था। इसके सिवा, अब्दुल्ला सेठ ने सिकरमवाले के नाम चार्ल्सटाउन के पते पर तार भी कर दिया था। पर उसे तो बहाना ही खोजना था, इसलिए मुझे निरा अजनबी समझकर उसने कहा, “आपका टिकट तो रद हो चुका है।” मैंने उचित उत्तर दिया। पर टिकट रद होने की बात तो मुझे दूसरे ही कारण से कही गयी थी। यात्री सब सिकरम के अन्दर ही बैठते थे। लेकिन मैं तो ‘कुली’ की गिनती में था। अजनबी दिखाई पड़ता था। इसलिए सिकरमवाले की नीयत यह थी कि मुझे गोरे यात्रियों के पास न बैठाना पड़े तो अच्छा हो। सिकरम के बाहर, अर्थात् कोचवान की बगल में दायें-बायें, दो

बैठकें थीं। उनमें से एक पर सिकरम-कम्पनी का एक गोरा मुखिया बैठता था। वह अन्दर बैठा और मुझे कोचवान की बगल में बैठाया। मैं समझ गया कि यह निरा अन्याय है—अपमान है। पर मैंने इस अपमान को पी जाना उचित समझा। मैं जोर-जबरदस्ती से अन्दर बैठ सकूँ, ऐसी स्थिति थी ही नहीं। अगर तकरार में पड़ूँ तो सिकरम चली जाए और मेरा एक दिन और टूट जाए; और फिर दूसरे दिन क्या हो, सो तो दैव ही जाने! इसलिए मैं समझदारी से काम लेकर बाहर बैठ गया। पर मन में तो बहुत झुँझलाया।

लगभग तीन बजे सिकरम पारडीकोप पहुँची। अब उस गोरे मुखियाने चाहा कि जहाँ मैं बैठा था वहाँ वह बैठे। उसे सिगरेट पीनी थी। थोड़ी हवा भी खानी होगी। इसलिए उसने एक मैला-सा बोरा, जो वहीं कोचवान के पास पड़ा था, उठा लिया और पैर रखने के पटिये पर बिछाकर मुझसे कहा, "सामी, तू यहाँ बैठ। मुझे कोचवान के पास बैठना है।" मैं इस अपमान को सहने में असमर्थ था। इसलिए मैंने डरते-डरते उससे कहा, "तुमने मुझे यहाँ बैठाया और मैंने वह अपमान सह लिया। मेरी जगह तो अन्दर थी, पर तुम अन्दर बैठ गये और मुझे यहाँ बैठाया। अब तुम्हें बाहर बैठने की इच्छा हुई है और सिगरेट पीनी है, इसलिए तुम मुझे अपने पैरों के पास बैठाना चाहते हो। मैं अन्दर जाने को तैयार हूँ, पर तुम्हारे पैरों के पास बैठने को तैयार नहीं।"

मैं मुश्किल से इतना कह पाया था कि मुझ पर तमाचों की वर्षा होने लगी, और वह गोरा मेरी बाँह पकड़कर मुझे नीचे खींचने लगा। बैठक के पास ही पीतल के सीखचे थे। मैंने भूत की तरह उन्हें पकड़ लिया और निश्चय किया कि कलाई चाहे उखड़ जाएँ, पर सीखचे न छोड़ूँगा। मुझ पर जो बीत रही थी उसे अन्दर बैठे हुए यात्री देख रहे थे। वह गोरा मुझे गालियाँ दे रहा था, खींच रहा था, मार भी रहा था। पर मैं चुप था। वह बलवान था और मैं बलहीन। यात्रियों में से कइयों को दया आयी और उनमें से कुछ बोल उठे: "अरे भाई, उस बेचारे को वहाँ बैठा रहने दो। उसे नाहक मारो मत। उसकी बात सच है। वहाँ नहीं तो उसे हमारे पास अन्दर बैठने दो।" गोरेने कहा: "हरगिज नहीं।" पर थोड़ा शरमिन्दा वह ज़रूर हुआ। अतएव उसने मुझे मारना बन्द कर दिया और मेरी बाँह छोड़ दी। दो-चार गालियाँ तो ज्यादा दीं, पर एक होटेण्टाट नौकर दूसरी तरफ बैठा था, उसे अपने पैरों के सामने बैठाकर खुद बाहर बैठा। यात्री

अन्दर बैठ गये। सीटी बजी। सिकरम चली। मेरी छाती तो धड़क ही रही थी। मुझे शक हो रहा था कि मैं जिन्दा मुकाम पर पहुँच सकूँगा या नहीं। वह गोरा मेरी ओर बराबर घूरता ही रहा। अँगुली दिखाकर बड़बड़ाता रहाः "याद रख, स्टैण्डरटन पहुँचने दे, फिर तुझे मजा चखाऊँगा।" मैं तो गूँगा ही बैठा रहा और भगवान से अपनी रक्षा के लिए प्रार्थना करता रहा।

रात हुई। स्टैण्डरटन पहुँचे। कई हिन्दुस्तानी चेहरे दिखाई दिये। मुझे कुछ तसल्ली हुई। नीचे उतरते ही हिन्दुस्तानी भाइयों ने कहाः "हम आपको ईसा सेठ की दुकान पर ले जाने के लिए ही खड़े हैं। हमें दादा अब्दुल्ला का तार मिला है।" मैं बहुत खुश हुआ। उनके साथ सेठ ईसा हाजी सुमार की दुकान पर पहुँचा। सेठ और उनके मुनीम-गुमाश्तों ने मुझे चारों ओर से घेर लिया। मैंने अपनी बीती उन्हें सुनायी। वे बहुत दुःखी हुए और अपने कड़वे अनुभवों का वर्णन करके उन्होंने मुझे आश्वस्त किया। मैं सिकरम-कम्पनी के एजेण्ट को अपने साथ हुए व्यवहार की जानकारी देना चाहता था। मैंने एजेण्ट के नाम चिट्ठी लिखी। उस गोरेने जो धमकी दी थी उसकी चर्चा की और यह आश्वासन चाहा कि सुबह आगे की यात्रा शुरू होने पर मुझे दूसरे यात्रियों के पास अन्दर ही जगह दी जाए। चिट्ठी एजेण्ट को भेज दी। एजेण्ट ने मुझे संदेशा भेजाः "स्टैण्डरटन से बड़ी सिकरम जाती है और कोचवान वगैरा बदल जाते हैं। जिस आदमी के खिलाफ आपने शिकायत की है, वह कल नहीं रहेगा। आपको दूसरे यात्रियों के पास ही जगह मिलेगी।" इस संदेशे से मुझे थोड़ी बेफिकरी हुई। मुझे मारनेवाले उस गोरे पर किसी तरह का कोई मुकदमा चलाने का तो मैंने विचार ही नहीं किया था। इसलिए मार का यह प्रकरण यहीं समाप्त हो गया। सबेरे ईसा सेठ के लोग मुझे सिकरम पर ले गये। मुझे मुनासिब जगह मिली और बिना किसी हैरानी के मैं उस रात जोहानिस्बर्ग पहुँच गया।

स्टैण्डरटन छोटा-सा गाँव है। जोहानिस्बर्ग विशाल नगर है। अब्दुल्ला सेठ ने तार तो वहाँ भी दे ही दिया था। मुझे मुहम्मद कासिम कमरूद्दीन की दुकान का नाम-पता भी दिया था। उनका आदमी सिकरम के पड़ाव पर पहुँचा था, पर न मैंने उसे देखा और न वह मुझे पहचान सका। मैंने होटल में जानेका विचार किया। दो-चार होटलों के नाम जान लिये थे। गाड़ी की। गाड़ीवाले से कहा कि ग्राण्ड नैशनल होटल में ले चलो। वहाँ पहुँचने पर मैनेजर के पास गया। जगह माँगी।

मैनेजरने क्षणभर मुझे निहारा, फिर शिष्टाचार की भाषा में कहा, "मुझे खेद है, सब कमरे भरे पड़े हैं।" और मुझे बिदा किया। इसलिए मैंने गाड़ीवाले से मुहम्मद कासिम कमरूद्दीन की दुकान पर ले चलने को कहा। वहाँ अब्दुलगनी सेठ मेरी राह देख रहे थे। उन्होंने मेरा स्वागत किया। मैंने होटल की अपनी बीती उन्हें सुनायी। वे खिलखिलाकर हँस पड़े। बोले, "वे हमें होटल में कैसे उतरने देंगे?"

मैंने पूछाः "क्यों नहीं?"

"सो तो आप कुछ दिन रहने के बाद जान जाएँगे। इस देश में तो हमीं रह सकते हैं, क्योंकि हमें पैसे कमाने हैं। इसीलिए नाना प्रकार के अपमान सहन करते हैं और पड़े हुए हैं।" यों कहकर उन्होंने ट्रान्सवाल में हिन्दुस्तानियों पर गुजरनेवाले कष्टों का इतिहास कह सुनाया।

इन अब्दुलगनी सेठ का परिचय हमें आगे और भी करना होगा। उन्होंने कहा, "यह देश आपके समान लोगों के लिए नहीं है। देखिये, कल आपको प्रिटोरिया जाना है। वहाँ आपको तीसरे दर्जे में ही जगह मिलेगी। ट्रान्सवाल में नेटाल से अधिक कष्ट हैं। यहाँ हमारे लोगों को पहले या दूसरे दर्जे का टिकट दिया ही नहीं जाता।"

मैंने कहा, "आपने इसके लिए पूरी कोशिश नहीं की होगी।"

अब्दुलगनी सेठ बोले, "हमने पत्र-व्यवहार तो किया है, पर हमारे अधिकतर लोग पहले-दूसरे दर्जे में बैठना भी कहाँ चाहते है?"

मैंने रेलवे के नियम माँगे। उन्हें पढ़ा। उनमें इस बात की गुंजाइश थी। ट्रान्सवाल के मूल कानून सूक्ष्मतापूर्वक नहीं बनाये जाते थे। रेलवे के नियमों का तो पूछना ही क्या था? मैंने सेठ से कहा, "मैं तो फर्स्ट क्लास में ही जाऊँगा। और वैसै न जा सका तो प्रिटोरिया यहाँ से ३७ मील ही तो है। मैं वहाँ घोड़ागाड़ी करके चला जाऊँगा।"

अब्दुलगनी सेठने उससे लगनेवाले खर्च और समय की तरफ मेरा ध्यान खींचा। पर मेरे विचार से वे सहमत हुए। मैंने स्टेशन-मास्टर को पत्र भेजा। उसमें मैंने अपने बारिस्टर होने की बात लिखी; यह भी सूचित किया कि मैं हमेशा पहले दर्जे में ही सफर करता हूँ; प्रिटोरिया तुरन्त पहुँचने की आवश्यकता की तरफ भी उनका ध्यान खींचा, और उन्हें लिखा कि उनके उत्तर की प्रतीक्षा करने जितना समय मेरे पास नहीं रहेगा, अतएव पत्र का जवाब पाने के लिए मैं

खुद ही स्टेशन पर पहुँचूँगा और पहले दर्जे का टिकट पाने की आशा रखूँगा।

इसमें मेरे मन में थोड़ा पेच था। मेरा यह खयाल था कि स्टेशन-मास्टर लिखित उत्तर तो 'ना' का ही देगा। फिर, कुली बारिस्टर कैसे रहते होंगे, इसकी भी वह कोई कल्पना न कर सकेगा। इसलिए अगर मैं पूरे साहबी ठाठ में उसके सामने जाकर खड़ा रहूँगा और उससे बात करूँगा, तो वह समझ जाएगा और शायद मुझे टिकट दे देगा। अतएव मैं फ्रॉक कोट, नेकटाई वगैरा डाटकर स्टेशन पहुँचा। स्टेशन-मास्टर के सामने मैंने गिन्नी निकालकर रखी और पहले दर्जे का टिकट माँगा।

उसने कहा, "आपने ही मुझे चिट्ठी लिखी है?"

मैंने कहा, "जी हाँ। यदि आप मुझे टिकट देंगे, तो मैं आपका एहसान मानूँगा। मुझे आज प्रिटोरिया पहुँचना ही चाहिए।"

स्टेशन-मास्टर हँसा। उसे दया आयी। वह बोला, "मैं ट्रान्सवालर नहीं हूँ। मैं हॉलैन्डर हूँ। आपकी भावना को मैं समझ सकता हूँ। आपके प्रति मेरी सहानुभूति है। मैं आपको टिकट देना चाहता हूँ। पर एक शर्त है—अगर रास्ते में गार्ड आपको उतार दे और तीसरे दर्जे में बैठाये तो आप मुझे फाँसिये नहीं; यानी आप रेलवे कंपनी पर दावा न कीजिए। मैं चाहता हूँ कि आपकी यात्रा निर्विघ्न पूरी हो। आप सज्जन हैं, यह तो मैं देख ही सकता हूँ।" यों कहकर उसने टिकट काट दिया। मैंने उसका उपकार माना और उसे निश्चिंत किया। अब्दुलगनी सेठ मुझे बिदा करने आये थे। यह कौतुक देखकर वे प्रसन्न हुए, उन्हें आश्चर्य हुआ। पर मुझे चेताया: "आप भलीभाँति प्रिटोरिया पहुँच जाएँ, तो समझूँगा कि बेड़ा पार हुआ। मुझे डर है कि गार्ड आपको पहले दर्जे में आराम से बैठने नहीं देगा; और गार्डने बैठने भी दिया, तो यात्री नहीं बैठने देंगे।"

मैं तो पहले दर्जे के डिब्बे में बैठा। ट्रेन चली। जर्मिस्टन पहुँचने पर गार्ड टिकट जाँचने आया। मुझे देखते ही खीझ उठा। अंगुली से इशारा करके मुझसे कहा, "तीसरे दर्जे में जाओ।" मैंने पहले दर्जे का अपना टिकट दिखाया। उसने कहा, "कोई बात नहीं; जाओ, तीसरे दर्जे में।"

इस डिब्बे में एक ही अंग्रेज यात्री था। उसने गार्ड को आड़े हाथों लिया: "तुम इन भले आदमी को क्यों परेशान करते हो? देखते नहीं हो, इनके पास पहले दर्जे का टिकट है? मुझे इनके बैठने से तनिक भी कष्ट नहीं है।"

यों कहकर उसने मेरी तरफ देखा और कहाः "आप इतमीनान से बैठे रहिये।"

गार्ड बड़बड़ायाः "आपको कुली के साथ बैठना है, तो मेरा क्या बिगड़ता है?" और चल दिया।

रात करीब आठ बजे ट्रेन प्रिटोरिया पहुँची।

१०. प्रिटोरिया में पहला दिन

मुझे आशा थी कि प्रिटोरिया पर दादा अब्दुल्ला के वकील की ओर से कोई आदमी मुझे मिलेगा। मैं जानता था कि कोई हिन्दुस्तानी तो मुझे लेने आया ही न होगा, और किसी भी हिन्दुस्तानी के घर न रहने के वचन से मैं बँधा हुआ था। वकील ने किसी आदमी को स्टेशन पर भेजा न था। बाद में मुझे पता चला कि मेरे पहुँचने के दिन रविवार था, इसलिए थोड़ी असुविधा उठाये बिना वे किसीको भेज नहीं सकते थे। मैं परेशान हुआ। सोचने लगा कहाँ जाऊँ? डर था कि कोई होटल मुझे जगह न देगा। सन् १८९३ का प्रिटोरिया स्टेशन १९१४ के प्रिटोरिया स्टेशन से बिलकुल भिन्न था। धीमी रोशनीवाली बत्तियाँ जल रही थीं। यात्री भी अधिक नहीं थे। मैंने सब यात्रियों को जाने दिया और सोचा कि टिकट कलेक्टर को थोड़ी फुरसत होने पर अपना टिकट दूँगा और यदि वह मुझे किसी छोटे- से होटल का या ऐसे मकान का पता देगा तो वहाँ चला जाऊँगा, या फिर रात स्टेशन पर ही पड़ा रहूँगा। इतना पूछने के लिए भी मन बढ़ता न था, क्योंकि अपमान होने का डर था।

स्टेशन खाली हुआ। मैंने टिकट-कलेक्टर को टिकट देकर पूछताछ शुरू की। उसने सभ्यता से उत्तर दिये, पर मैंने देखा कि वह मेरी अधिक मदद नहीं कर सकता था। उसकी बगल में एक अमेरिकन हब्शी सज्जन खड़े थे। उन्होंने मुझसे बातचीत शुरू कीः

"मैं देख रहा हूँ कि आप बिलकुल अजनबी हैं और यहाँ आपका कोई मित्र नहीं है। अगर आप मेरे साथ चलें, तो मैं आपको एक छोटे- से होटल में ले चलूँगा। उसका मालिक अमेरिकन है और मैं उसे अच्छी तरह जानता हूँ। मेरा खयाल है कि वह आपको टिका लेगा।"

मुझे थोड़ा शक तो हुआ, पर मैंने इन सज्जन का उपकार माना और उनके साथ जाना स्वीकार किया। वे मुझे जॉन्स्टन के फेमिली होटल में ले गये। पहले

उन्होंने मि. जॉन्स्टन को एक ओर ले जाकर थोड़ी बात की। मि. जॉन्स्टन ने मुझे एक रात के लिए टिकाना कबूल किया, और वह भी इस शर्त पर कि भोजन मेरे कमरे में पहुँचा देंगे।

मि. जॉन्स्टन ने कहा, "मैं आपको विश्वास दिलाता हूँ कि मेरे मन में तो काले-गोरे का कोई भेद नहीं है, पर मेरे ग्राहक सब गोरे ही हैं। यदि मैं आपको भोजन-गृह में भोजन कराऊँ, तो मेरे ग्राहक बुरा मानेंगे और शायद वे चले जाएँगे।"

मैंने जवाब दिया, "आप मुझे एक रात के लिए रहने दे रहे हैं, इसे भी मैं आपका उपकार मानता हूँ। इस देश की स्थिति से मैं कुछ-कुछ परिचित हो चुका हूँ। मैं आपकी कठिनाई को समझ सकता हूँ। मुझे आप खुशी से मेरे कमरे में खाना दीजिए। कल तक मैं दूसरा प्रबंध कर लेने की आशा रखता हूँ।

मुझे कमरा दिया गया। मैंने उसमें प्रवेश किया। एकान्त मिलने पर भोजन की राह देखता हुआ मैं विचारों में डूब गया। इस होटल में अधिक यात्री नहीं रहते थे। कुछ देर बाद भोजन के साथ वेटर को आता देखने के बदले मैंने मि. जॉन्स्टन को देखा। उन्होंने कहा, "मैंने आपको कमरे में खाना देने की बात कही थी। पर मैंने उसमें शरम महसूस की, इसलिए अपने ग्राहकों से आपके विषय में बातचीत करके उनकी राय जानी। आप भोजनगृह में बैठकर भोजन करें, तो उन्हें कोई आपत्ति नहीं है। इसके अलावा, आप यहाँ जितने दिन भी रहना चाहें रहें, उनकी ओर से कोई रूकावट नहीं होगी। इसलिए अब आप चाहें तो भोजन-गृह में आइये और जब तक जी चाहे यहाँ रहिये।"

मैंने फिर उनका उपकार माना और मैं भोजन-गृह में गया। निश्चिन्त होकर भोजन किया।

दूसरे दिन सबेरे में वकील के घर गया। उनका नाम था, ए० डब्ल्यू० बेकर। उनसे मिला। अब्दुल्ला सेठने मुझे उनके बारेमें कुछ बता दिया था। इसलिए हमारी पहली मुलाकात से मुझे कोई आश्चर्य न हुआ। वे मुझसे प्रेमपूर्वक मिले और मेरे बारेमें कुछ बातें पूछीं, जो मैंने उन्हें बतला दीं। उन्होंने कहा, "बारिस्टर के नाते तो आपका यहाँ कोई उपयोग हो ही न सकेगा। इस मुकदमे के लिए हमने अच्छे-से-अच्छे बारिस्टर कर रखे हैं। मुकदमा लम्बा है और गुत्थियों से भरा हुआ है। इसलिए आपसे मैं आवश्यक तथ्य आदि प्राप्त करने का ही काम ले सकूँगा। पर इतना फायदा अवश्य होगा कि अपने मुवक्किल के साथ पत्र-

व्यवहार करने में मुझे अब आसानी हो जाएगी, और तथ्यादि की जो जानकारी मुझे प्राप्त करनी होगी, वह मैं आपके द्वारा मँगवा सकूँगा। आपके लिए अभी तक मैंने कोई मकान तो तलाश नहीं किया है। सोचा था कि आपको देखने के बाद खोज लूँगा। यहाँ रंगभेद बहुत है इसलिए घर मिलना आसान नहीं है। पर मैं एक बहन को जानता हूँ। वह गरीब है, भटियारे की स्त्री है। मेरा खयाल है कि वह आपको टिका लेगी। उसे भी कुछ मदद हो जाएगी। चलिये, हम उसके यहाँ चलें।"

यों कहकर वे मुझे वहाँ ले गये। मि॰ बेकर ने उस बहन को एक ओर ले जाकर उससे कुछ बातें कीं, और उसने मुझे टिकाना स्वीकार किया। हफ्ते के पैंतीस शिलिंग देने का निश्चय हुआ।

मि॰ बेकर वकील थे और कट्टर पादरी भी थे। वे अभी जीवित हैं, और आजकल केवल पादरी का ही काम करते हैं। वकालत उन्होंने छोड़ दी है। रूपये-पैसे से सुखी हैं। उन्होंने मेरे साथ अब तक पत्र-व्यवहार जारी रखा है। पत्रों का विषय एक ही होता है। वे अपने पत्रों में अलग-अलग ढंग से ईसाई धर्म की उत्तमता की चर्चा करते हैं, और इस बात का प्रतिपादन करते हैं कि ईसा को ईश्वर का एकमात्र पुत्र और तारनहार माने बिना परम शांति नहीं मिल सकती।

हमारी पहली ही मुलाकात में मि॰ बेकर ने धर्म-संबंधी मेरी मनःस्थिति जान ली। मैंने उन्हें बता दियाः "मैं जन्म से हिन्दू हूँ। इस धर्म का भी मुझे अधिक ज्ञान नहीं है। दूसरे धर्मों का ज्ञान भी कम ही है। मैं कहाँ हूँ, क्या मानता हूँ, मुझे क्या मानना चाहिए, यह सब मैं नहीं जानता। अपने धर्म का अध्ययन मैं गंभीरता से करना चाहता हूँ। दूसरे धर्मों का अध्ययन भी यथाशक्ति करने का मेरा इरादा है।

यह सब सुनकर मि॰ बेकर खुश हुए और बोले, "मैं स्वयं 'साउथ अफ्रीका जनरल मिशन' का एक डायरेक्टर हूँ। मैंने अपने खर्च से एक गिरजाघर बनवाया है। उसमें समय-समय पर धर्म-संबंधी व्याख्यान दिया करता हूँ। मैं रंगभेद को नहीं मानता। मेरे साथ काम करनेवाले कुछ साथी भी हैं। हम प्रतिदिन एक बजे कुछ मिनट के लिए मिलते हैं और आत्मा की शांति तथा प्रकाश (ज्ञान के उदय) के लिए प्रार्थना करते हैं। उसमें आप आएँगे, तो मुझे खुशी होगी। वहाँ मैं अपने साथियों से भी आपकी पहचान करा दूँगा। वे सब आपसे मिलकर प्रसन्न होंगे और मुझे विश्वास है कि उनका समागम आपको भी अच्छा लगेगा। मैं आपको

कुछ धार्मिक पुस्तकें भी पढ़ने के लिए दूँगा, पर सच्ची पुस्तक तो बाइबल ही है। मेरी सलाह है कि आप उसे अवश्य पढ़िये।"

मैंने मि॰ बेकर को धन्यवाद दिया और अपने बसभर रोज एक बजे उनके मंडल में प्रार्थना के लिए पहुँचना स्वीकार किया।

"तो कल एक ही बजे यहीं आइयेगा। हम साथ ही प्रार्थना-मन्दिर चलेंगे।"

हम जुदा हुए। अधिक विचार करने की अभी मुझे फुरसत नहीं थी। मैं मि॰ जॉन्स्टन के पास गया। बिल चुकाया। नये घर में पहुँचा। वहाँ भोजन किया। घर-मालकिन भली स्त्री थी। उसने मेरे लिए अन्नाहार तैयार किया था। इस कुटुम्ब से घुलमिल जाने में मुझे देर न लगी। भोजन से निबटकर मैं उन मित्र से मिलने गया, जिन के नाम दादा अब्दुल्ला ने मुझे पत्र दिया था। उनसे जान-पहचान हुई। हिन्दुस्तानियों की दुर्दशा की विशेष बातें उनसे जानने को मिलीं। उन्होंने मुझसे अपने घर रहने का आग्रह किया। मैंने उन्हें धन्यवाद दिया और मेरे लिए जो व्यवस्था हो चुकी थी उसकी बात कही। उन्होंने मुझसे आग्रहपूर्वक कहा कि जिस चीज की आवश्यकता हो, मैं उनसे माँग लूँ।

शाम हुई। ब्यालू की और मैं तो अपने कमरे में जाकर विचारों के चक्कर में पड़ गया। मैंने अपने लिए तुरंत कोई काम नहीं देखा। अब्दुल्ला सेठ को इसकी सूचना भेज दी। मि॰ बेकर की मित्रता का क्या अर्थ हो सकता है? उनके धर्मबन्धुओं से मुझे क्या मिल सकेगा? ईसाई धर्म का अध्ययन मुझे किस हद तक करना चाहिए? हिन्दू धर्म का साहित्य कहाँ से प्राप्त किया जाए? मैं एक ही निर्णय कर सकाः मुझे जो भी पढ़ने को मिले, उसे मैं निष्पक्ष भाव से पढ़ूँ और मि॰ बेकरके समुदाय को, भगवान जिस समय जो सुझा दे, सो जवाब दूँ। जब तक मैं अपने धर्म को पूरी तरह समझ न लूँ, तब तक मुझे दूसरे धर्मों को अपनाने का विचार नहीं करना चाहिए। इस तरह सोचता हुआ मैं निद्रावश हो गया।

११. ईसाइयों से संपर्क

दूसरे दिन एक बजे मैं मि॰ बेकरके प्रार्थना-समाज में गया। वहाँ मिस हेरिस, मिस गेब, मि॰ कोट्स आदि से परिचय हुआ। सबने घुटनों के बल बैठकर प्रार्थना की। मैंने भी उनका अनुकरण किया। प्रार्थना में जिसकी जो इच्छा होती, सो ईश्वर से माँगता। दिन शांति से बीते, ईश्वर हमारे हृदय के द्वार खोले, इत्यादि

बातें तो होती ही थीं। मेरे लिए भी प्रार्थना की गईः "हे प्रभु, हमारे बीच जो नये भाई आये हैं उन्हें तू मार्ग दिखा। जो शांति तूने हमें दी है, वह उन्हें भी दे। जिस ईसा ने हमें मुक्त किया है, वह उन्हें भी मुक्त करे। यह सब हम ईसा के नाम पर माँगते हैं।" इस प्रार्थना में भजन-कीर्तन नहीं था। वे लोग ईश्वर से कोई भी एक चीज माँगते और विखर जाते। यह समय सबके दोपहर के भोजन का होता था, इसलिए प्रार्थना करके सब अपने-अपने भोजन के लिए चले जाते थे। प्रार्थना में पाँच मिनट से अधिक नहीं लगते थे।

मिस हेरिस और मिस गेब दोनों प्रौढ़ अवस्था की कुमारिकायें थीं। मि० कोट्स क्वेकर थे। ये दोनों कुमारिकायें साथ रहती थीं। उन्होंने मुझे हर रविवार को चार बजे की चाय के लिए अपने घर आनेका निमंत्रण दिया। मि० कोट्स जब मिलते तो मुझे हर रविवार को उन्हें हफ्तेभर की अपनी धार्मिक डायरी सुनानी पड़ती। कौन-कौन सी पुस्तकें मैंने पढ़ीं, मेरे मन पर उनका क्या प्रभाव पड़ा, इसकी चर्चा होती। वे दोनों बहनें अपने मीठे अनुभव सुनातीं और अपने को प्राप्त हुई परम शांति की बातें करतीं।

मि० कोट्स एक साफ दिलवाले चुस्त नवजवान क्वेकर थे। उनके साथ मेरा गाढ संबंध हो गया था। हम बहुत बार एकसाथ घूमने भी जाया करते थे। वे मुझे दूसरे इसाइयों के घर भी ले जाते थे।

मि० कोट्स ने मुझे पुस्तकों से लाद दिया। जैसे-जैसे वे मुझे पहचानते जाते, वैसे-वैसे उन्हें अच्छी लगनेवाली पुस्तकें वे मुझे पढ़ने को देते रहते। मैंने भी केवल श्रद्धावश ही उन पुस्तकों को पढ़ना स्वीकार किया। इन पुस्तकों की हम आपस में चर्चा भी किया करते थे।

सन् १८९३ के वर्ष में मैंने ऐसी पुस्तकें बहुत पढ़ीं। उन सबके नाम तो मुझे याद नहीं हैं, लेकिन उनमें सिटी टेम्पलवाले डॉ० पारकर की टीका, पियर्सन की 'मेनी इनफॉलिबल प्रूफ्स', बटलर की 'एनॉलोजी' इत्यादि पुस्तकें थीं। इनमें का कुछ भाग तो समझ में न आता, कुछ रूचता, कुछ न रूचता। मैं मि० कोट्स को ये सारी बातें सुनाता रहता। 'मेनी इनफॉलिबल प्रूफ्स' का अर्थ है, कई अचूक प्रमाण—अर्थात् लेखक की राय में बाइबल में जिस धर्म का वर्णन है, उसके समर्थन के प्रमाण। मुझ पर इस पुस्तक का कोई प्रभाव नहीं पड़ा। पारकर की टीका नीतिवर्धक मानी जा सकती है, पर ईसाई धर्म की प्रचलित मान्यताओं के

विषय में शंका रखनेवाले को उससे कोई मदद नहीं मिल सकती थी। बटलर की 'एनॉलोजी' बहुत गंभीर और कठिन पुस्तक प्रतीत हुई। उसे अच्छी तरह समझने के लिए पाँच-सात बार पढ़ना चाहिए। वह नास्तिक को आस्तिक बनाने की पुस्तक जान पड़ी। उसमें ईश्वर के अस्तित्व के बारेमें दी गयी दलीलें मेरे किसी काम की न थीं, क्योंकि वह समय मेरी नास्तिकता का नहीं था। पर ईसा के अद्वितीय अवतार के बारेमें और उनके मनुष्य तथा ईश्वर के बीच सन्धि करनेवाला होने के बारेमें जो दलीलें दी गयी थीं, उनकी मुझ पर कोई छाप नही पड़ी।

पर मि० कोट्स हारनेवाले आदमी नहीं थे। उनके प्रेम का पार न था। उन्होंने मेरे गले में वैष्णवी कण्ठी देखी। उन्हें यह वहम जान पड़ा और वे दुःखी हुए। बोले, "यह वहम तुम जैसों को शोभा नहीं देता। लाओ, इसे तोड़ दूँ।"

"यह कण्ठी नहीं टूट सकती; माताजी की प्रसादी है।"

"पर क्या तुम इसमें विश्वास करते हो?"

"मैं इसका गूढ़ार्थ नहीं जानता। इसे न पहनने से मेरा अकल्याण होगा, ऐसा मुझे प्रतीत नहीं होता। पर माताजी ने जो माला मुझे प्रेमपूर्वक पहनायी है, जिसे पहनाने में उन्होंने मेरा कल्याण माना है, उसका त्याग मैं बिना कारण नहीं करूँगा। समय पाकर यह जीर्ण हो जाएगी और टूट जाएगी, तो दूसरी प्राप्त करके पहनने का लोभ मुझे नहीं रहेगा। पर यह कण्ठी टूट नहीं सकती।"

मि० कोट्स मेरी इस दलील की कद्र नहीं कर सके, क्योंकि उन्हें तो मेरे धर्म के प्रति ही अनास्था थी। वे मुझे अज्ञान-कूप में से उबार लेने की आशा रखते थे। वे मुझे यह बताना चाहते थे कि दूसरे धर्मों में भले ही कुछ सत्य हो, पर पूर्ण सत्यरूप ईसाई धर्म को स्वीकार किये बिना मोक्ष मिल ही नहीं सकता; ईसा की मध्यस्थता के बिना पाप धुल ही नहीं सकते और सारे पुण्यकर्म निरर्थक हो जाते हैं। मि० कोट्स ने जिस प्रकार मुझे पुस्तकों का परिचय कराया, उसी प्रकार जिन्हें वे धर्मप्राण ईसाई मानते थे उनसे भी मेरा परिचय कराया।

इन परिचयों में एक परिचय 'प्लीमथ ब्रदरन' से सम्बन्धित एक कुटुम्ब का था। प्लीमथ ब्रदरन नाम का एक ईसाई सम्प्रदाय है। कोट्स के कराये हुए बहुत से परिचय मुझे अच्छे लगे। वे लोग मुझे ईश्वर से डरनेवाले जान पड़े। पर इस कुटुम्ब में एक भाई ने मुझसे यह दलील कीः "आप हमारे धर्म की खूबी नहीं समझ सकते। आपकी बातों से हम देखते हैं कि आपको क्षण-क्षण में अपनी भूलों

का विचार करना होता है। उन्हें सदा सुधारना होता है। न सुधारने पर आपको पश्चात्ताप करना पड़ता है, प्रायश्चित्त करना होता है। इस क्रियाकाण्ड से आपको मुक्ति कब मिल सकती है? शांति तो आपको मिल ही नहीं सकती। आप यह तो स्वीकार करते ही हैं कि हम पापी हैं। अब हमारे विश्वास की परिपूर्णता देखिये। हमारा प्रयत्न व्यर्थ है। फिर भी मुक्ति की आवश्यकता तो है ही। पाप का बोझ कैसे उठे? हम उसे ईसा पर डाल दें। वह ईश्वर का एकमात्र निष्पाप पुत्र है। उसका वरदान है कि जो ईश्वर को मानते हैं उनके पाप धो देता है। ईश्वर की यह अगाध उदारता है। ईसा की इस मुक्ति-योजना को हमने स्वीकार किया है, इसलिए हमारे पाप हमसे चिपटते नहीं। पाप तो मनुष्य से होते ही हैं। इस दुनिया में निष्पाप कैसे रहा जा सकता है? इसीसे ईसा ने सारे संसार के पापों का प्रायश्चित्त एक ही बार में कर डाला। जो उनके महा बलिदान का स्वीकार करना चाहते हैं, वे वैसा करके शांति प्राप्त कर सकते हैं। कहाँ आपकी अशांति और कहाँ हमारी शांति?"

यह दलील मेरे गले बिलकुल न उतरी। मैंने नम्रतापूर्वक उत्तर दिया: "यदि सर्वमान्य ईसाई धर्म यही है, तो वह मेरे काम का नहीं है। मैं पाप के परिणाम से मुक्ति नहीं चाहता, मैं तो पाप-वृत्ति से, पाप-कर्म से मुक्ति चाहता हूँ। जब तक वह मुक्ति नहीं मिलती, तब तक अपनी यह अशांति मुझे प्रिय रहेगी।"

प्लीमथ ब्रदर ने उत्तर दिया: "मैं आपको विश्वास दिलाता हूँ कि आपका प्रयत्न व्यर्थ है। मेरी बात पर आप फिर सोचियेगा"

और, इन भाई ने जैसा कहा वैसा अपने व्यवहार द्वारा करके भी दिखा दिया—जान-बूझकर अनीति कर दिखायी।

पर सब ईसाइयों की ऐसी मान्यता नहीं होती, यह तो मैं इन परिचयों से पहले ही जान चुका था। मि० कोट्स स्वयं ही पाप से डरकर चलनेवाले थे। उनका हृदय निर्मल था। वे हृदय-शुद्धि की शक्यता में विश्वास रखते थे। उक्त बहनें भी वैसी ही थीं। मेरे हाथ पड़नेवाली पुस्तकों में से कई भक्तिपूर्ण थीं। और उन्हें विश्वास दिलाया कि एक प्लीमथ ब्रदर की अनुचित धारणा के कारण मैं ईसाई धर्म के बारेमें गलत राय नहीं बना सकता। मेरी कठिनाइयाँ तो बाइबल के बारेमें और उसके रूढ़ अर्थ के बारेमें थीं।

१२. हिन्दुस्तानियों से परिचय

ईसाई-सम्बन्धों के बारेमें अधिक लिखने से पहले उसी समय के दूसरे अनुभवों का उल्लेख करना आवश्यक है।

नेटाल में जो स्थान दादा अब्दुल्ला का था, प्रिटोरिया में वही स्थान सेठ तैयब हाजी खानमहम्मद का था। उनके बिना एक भी सार्वजनिक काम चल नहीं सकता था। उनसे मैंने पहले ही हफ्ते में जान-पहचान कर ली। मैंने उन्हें बताया कि मैं प्रिटोरिया के प्रत्येक हिन्दुस्तानी के सम्पर्क में आना चाहता हूँ। मैंने हिन्दुस्तानियों की स्थिति का अध्ययन करने की अपनी इच्छा प्रकट की और इन सारे कामों में उनकी मदद चाही। उन्होंने खुशी से मदद देना कबूल किया।

मेरा पहला कदम तो सब हिन्दुस्तानियों की एक सभा करके उनके सामने सारी स्थिति का चित्र खड़ा कर देना था। सेठ हाजी महम्मद हाजी जूसबके यहाँ यह सभा हुई, जिन के नाम मेरे पास एक सिफ़ारिशी पत्र था। इस सभा में मेमन व्यापारी विशेष रूप से आये थे। कुछ हिन्दू भी थे। प्रिटोरिया में हिन्दुओं की आबादी बहुत कम थी।

यह मेरे जीवन का पहला भाषण माना जा सकता है। मैंने काफी तैयारी की थी। मुझे सत्य पर बोलना था। मैं व्यापारियों के मुँह से यह सुनता आ रहा था कि व्यापार में सत्य नहीं चल सकता। इस बात को मैं तब भी नहीं मानता था, आज भी नहीं मानता। यह कहनेवाले व्यापारी मित्र आज भी मौजूद हैं कि व्यापार के साथ सत्य का मेल नहीं बैठ सकता। वे व्यापार को व्यवहार कहते हैं, सत्य को धर्म कहते हैं और दलील यह देते हैं कि व्यवहार एक चीज है, धर्म दूसरी। उनका यह विश्वास है कि व्यवहार में शुद्ध सत्य चल ही नहीं सकता; उसमें तो सत्य यथाशक्ति ही बोला-बरता जा सकता है। अपने भाषण में मैंने इस स्थिति का डटकर विरोध किया और व्यापारियों को उनके दोहरे कर्तव्य का स्मरण कराया। परदेश में आने से उनकी जिम्मेदारी देश की अपेक्षा अधिक हो गयी है, क्योंकि मुट्ठीभर हिन्दुस्तानियों की रहन-सहन से हिन्दुस्तान के करोड़ों लोगों को नापा-तोला जाता है।

अंग्रेज़ों की रहन-सहन की तुलना में हमारी रहन-सहन गन्दी है, इसे मैं देख चुका था। मैंने इसकी ओर भी उनका ध्यान खींचा। हिन्दू, मुसलमान, पारसी,

ईसाई अथवा गुजराती, मद्रासी, पंजाबी, सिन्धी, कच्छी, सूरती आदि भेदों को भुला देने पर जोर दिया।

अन्त में मैंने यह सुझाया कि एक मण्डल की स्थापना करके हिन्दुस्तानियों के कष्टों और कठिनाइयों का इलाज अधिकारियों से मिलकर और अर्जियाँ भेजकर करना चाहिए, और यह सूचित किया कि मुझे जितना समय मिलेगा उतना इस काम के लिए मैं बिना वेतन के दूँगा।

मैंने देखा कि सभा पर मेरी बातों का अच्छा प्रभाव पड़ा।

मेरे भाषण के बाद चर्चा हुई। कइयोंने मुझे तथ्यों की जानकारी देने को कहा। मेरी हिम्मत बढ़ी। मैंने देखा कि इस सभा में अंग्रेजी जाननेवाले कुछ ही लोग थे। मुझे लगा कि ऐसे परदेश में अंग्रेजी का ज्ञान हो तो अच्छा है। इसलिए मैंने सलाह दी कि जिन्हें फुरसत हो वे अंग्रेजी सीख लें। मैंने यह भी कहा कि अधिक उमर हो जाने पर भी पढ़ा जा सकता है, और इस तरह पढ़नेवालों के उदाहरण भी दिये। और कोई क्लास खुले तो उसे अथवा छुट-पुट पढ़नेवाले मिलें तो उन्हें पढ़ाने की जिम्मेदारी मैंने खुद अपने सिर ली। क्लास तो नहीं खुला, पर तीन आदमी अपनी सुविधा से और उनके घर जाकर पढ़ाने की शर्त पर पढ़ने के लिए तैयार हुए। इनमें दो मुसलमान थे। दो में से एक हज्जाम था। और एक कारकुन था। एक हिन्दु छोटा दुकानदार था। मैंने सबकी बात मान ली। पढ़ाने की अपनी शक्ति के विषय में तो मुझे कोई अविश्वास था ही नहीं। मेरे शिष्यों को थका मानें तो वे थके कहे जा सकते हैं, पर मैं नहीं थका। कभी ऐसा भी होता कि मैं उनके घर जाता और उन्हें फुरसत न होती। पर मैंने धीरज न छोड़ा। इनमें से किसीको अंग्रेजी का गहरा अध्ययन तो करना ही न था। पर दो ने करीब आठ महीनों में अच्छी प्रगति कर ली, ऐसा कहा जा सकता है। दो ने हिसाब-किताब रखना और साधारण पत्र-व्यवहार करना सीख लिया। हज्जाम को तो अपने ग्राहकों के साथ बातजीत कर सकने लायक ही अंग्रेजी सीखनी थी। दो व्यक्तियों ने अपनी इस पढ़ाई के कारण ठीक-ठीक कमाने की शक्ति भी प्राप्त कर ली थी।

सभा के परिणाम से मुझे संतोष हुआ। निश्चय हुआ कि ऐसी सभा हर महीने या हर हफ्ते की जाय। यह सभा न्यूनाधिक नियमित रूप से होती थी, और उसमें विचारों का आदान-प्रदान होता रहता था। नतीजा यह हुआ कि

प्रिटोरिया में शायद ही कोई ऐसा हिन्दुस्तानी रहा होगा, जिसे मैं पहचानने न लगा होऊँ अथवा जिसकी स्थिति से मैं परिचित न हो गया होऊँ। हिन्दुस्तानियों की स्थिति का ऐसा ज्ञान प्राप्त करने का परिणाम यह आया कि मुझे प्रिटोरिया में रहनेवाले ब्रिटिश एजेण्ट से परिचय करने की इच्छा हुई। मैं मि॰ जेकोब्स डि-वेट से मिला। उनकी सहानुभूति हिन्दुस्तानियों के साथ थी। उनका प्रभाव कम था, पर उन्होंने यथासम्भव मदद करने और मिलना हो तब आकर मिल जाने के लिए कहा। रेलवे के अधिकारियों से मैंने पत्र-व्यवहार शुरू किया और बतलाया कि उन्हींके कायदों के अनुसार हिन्दुस्तानियों को ऊँचे दर्जे में यात्रा करने से रोका नहीं जा सकता। इसके परिणाम-स्वरूप यह पत्र मिला कि अच्छे कपड़े पहने हुए हिन्दुस्तानियों को ऊँचे दर्जे के टिकट दिये जाएँगे। इससे पूरी सुविधा नहीं मिली, क्योंकि अच्छे कपड़े किसने पहने हैं, इसका निर्णय तो स्टेशन-मास्टर को ही करना था न?

ब्रिटिश एजेण्ट ने मुझे हिन्दुस्तानियों के बारेमें हुए पत्र-व्यवहार-सम्बन्धी कई कागज पढ़ने को दिये। तैयब सेठ ने भी दिये थे। उनसे मुझे पता चला कि ऑरेञ्ज फ्री स्टेट से हिन्दुस्तानियों को किस निर्दयता के साथ निकाल बाहर किया गया था। सारांश यह कि ट्रान्सवाल और ऑरेन्ज फ्री स्टेट के हिन्दुस्तानियों की आर्थिक, सामाजिक और राजनीतिक स्थिति का गहरा अध्ययन मैं प्रिटोरिया में कर सका। इस अध्ययन का आगे चलकर मेरे लिए पूरा उपयोग होनेवाला है, इसकी मुझे जरा भी कल्पना नहीं थी। मुझे तो एक साल के अन्त में अथवा मुकदमा पहले समाप्त हो जाए तो उससे पहले ही स्वदेश लौट जाना था।

पर ईश्वर ने कुछ और ही सोच रखा था।

१३. कुलीपन का अनुभव

ट्रान्सवाल और ऑरेन्ज फ्री स्टेट के हिन्दुस्तानियों की स्थिति का पूरा चित्र देने का यह स्थान नहीं है। उसकी जानकारी चाहनेवाले को 'दक्षिण अफ्रीका के सत्याग्रह का इतिहास' पढना चाहिए। पर यहाँ उसकी रूपरेखा देना आवश्यक है।

ऑरेन्ज फ्री स्टेट में तो एक कानून बनाकर सन् १८८८ में या उससे पहले हिन्दुस्तानियों के सब हक छीन लिये गये थे। वहाँ हिन्दुस्तानियों के लिए सिर्फ होटल के वेटर के रूप में काम करने या ऐसी कोई दूसरी मजदूरी करने की ही

गुंजाइश रह गयी थी। जो व्यापारी हिन्दुस्तानी थे, उन्हें नाममात्र का मुआवजा देकर निकाल दिया गया था। हिन्दस्तानी व्यापारियों ने अर्जियाँ वगैरा भेजीं, पर वहाँ उनकी तूती की आवाज कौन सुनता?

ट्रान्सवाल में सन् १८८५ में एक कड़ा कानून बना। १८८६ में उसमें कुछ सुधार हुआ। उसके फलस्वरूप यह तय हुआ कि हरएक हिन्दुस्तानी को प्रवेश-फीस के रूप में तीन पौंड जमा कराने चाहिए। उनके लिए अलग छोड़ी गयी जगह में ही वे जमीन-मालिक हो सकते थे। पर वहाँ भी उन्हें व्यवहार में जमीन का स्वामित्व नहीं मिला। उन्हें मताधिकार भी नहीं दिया गया था। ये तो खास एशियावासियों के लिए बने कानून थे। इसके अलावा, जो कानून काले रंग के लोगों को लागू होते थे, वे भी एशियावासियों पर लागू होते थे। उनके अनुसार हिन्दुस्तानी लोग पटरी (फूटपाथ) पर अधिकार-पूर्वक चल नहीं सकते थे और रात नौ बजे के बाद परवाने के बिना बाहर नहीं निकल सकते थे। इस अंतिम कानून का अमल हिन्दुस्तानियों पर न्यूनाधिक प्रमाण में होता था। जिनकी गिनती अरबों मे होती थी, वे बतौर मेहरबानी के इस नियम से मुक्त समझे जाते थे। मतलब यह कि इस तरह की राहत देना पुलिस की मर्जी पर रहता था।

इन दोनों नियमों का प्रभाव स्वयं मुझ पर क्या पड़ेगा, इसकी जाँच मुझे करानी पड़ी थी। मैं अकसर मि० कोट्स के साथ रात को घूमने जाया करता था। कभी-कभी घर पहुँचने में दस भी बज जाते थे। अतएव पुलिस मुझे पकड़े तो? यह डर जितना स्वयं मुझे था उससे अधिक मि० कोट्स को था। अपने हब्शियों को तो वे ही परवाने देते थे। लेकिन मुझे परवाना कैसे दे सकते थे? मालिक अपने नौकर को ही परवाना देने का अधिकारी था। मैं लेना चाहूँ और मि० कोट्स देने को तैयार हो जाएँ, तो भी वह नहीं दिया जा सकता था, क्योंकि वैसा करना विश्वासघात माना जाता।

इसलिए मि० कोट्स या उनके कोई मित्र मुझे वहाँ के सरकारी वकील डॉ० क्राउज़े के पास ले गये। हम दोनों एक ही 'इन' के बारिस्टर निकले। उन्हें यह बात असह्य जान पड़ी कि रात नौ बजे के बाद बाहर निकलने के लिए मुझे परवाना लेना चाहिए। उन्होंने मेरे प्रति सहानुभूति प्रकट की। मुझे परवाना देने के बदले उन्होंने अपनी तरफ से एक पत्र दिया। उसका आशय यह था कि मैं चाहे जिस समय चाहे जहाँ जाऊँ, पुलिस को उसमें दखल नहीं देना चाहिए। मैं

इस पत्र को हमेशा अपने साथ रखकर घूमने निकलता था। कभी उसका उपयोग नहीं करना पड़ा। लेकिन इसे तो केवल संयोग ही समझना चाहिए।

डॉ० क्राउज़े ने मुझे अपने घर आनेका निमंत्रण दिया। मैं यह कह सकता हूँ कि हमारे बीच मित्रता हो गयी थी। मैं कभी-कभी उनके यहाँ जाने लगा। उनके द्वारा उनके अधिक प्रसिद्ध भाई के साथ मेरी पहचान हुई। वे जोहानिस्बर्ग में पब्लिक प्रोसिक्यूटर नियुक्त हुए थे। उन पर बोअरयुद्ध के समय अंग्रेज अधिकारी का खून कराने का षड्यंत्र रचने के लिए मुकदमा भी चला था और उन्हें सात साल के कारावास की सजा मिली थी। बेंचरों ने उनकी सनद भी छीन ली थी। लड़ाई समाप्त होने पर डॉ० क्राउज़े जेल से छूटे, सम्मानपूर्वक ट्रान्सवाल की अदालत में फिर से प्रविष्ट हुए और अपने धन्धे से लगे। बाद में ये सम्बन्ध मेरे लिए सार्वजनिक कार्यों में उपयोगी सिद्ध हुए थे और मेरे कई सार्वजनिक काम इनके कारण आसान हो गये थे।

पटरी पर चलने का प्रश्न मेरे लिए कुछ गंभीर परिणामवाला सिद्ध हुआ। मैं हमेशा प्रेसिडेण्ड स्ट्रीट के रास्ते एक खुले मैदान में घूमने जाया करता था। इस मुहल्ले में प्रेसिडेण्ट क्रूगर का घर था। यह घर सब तरह के आडंबरों से रहित था। इसके चारों ओर कोई अहाता भी नहीं था। आस-पास के दूसरे घरों में और इसमें कोई फरक नहीं मालूम होता था। प्रिटोरिया में कई लखपतियों के घर इसकी तुलना में बहुत बड़े, शानदार और अहातेवाले थे। प्रेसिडेण्ट की सादगी प्रसिद्ध थी। घर के सामने पहरा देनेवाले संतरी को देखकर ही पता चलता था कि यह किसी अधिकारी का घर है। मैं प्रायः हमेशा ही इस सिपाही के बिलकुल पास से होकर निकलता था, पर वह मुझे कुछ नहीं कहता था। सिपाही समय-समय पर बदला करते थे। एक बार एक सिपाहीने बिना चेताये, बिना पटरी पर से उतर जाने को कहे, मुझे धक्का मारा, लात मारी और नीचे उतार दिया। मैं तो गहरे सोच में पड़ गया। लात मारने का कारण पूछने से पहले ही मि० कोट्स ने, जो उसी समय घोड़े पर सवार होकर उधर से गुजर रहे थे, मुझे पुकारा और कहाः

"गांधी, मैंने सब देखा है। आप मुकदमा चलाना चाहें तो मैं गवाही दूँगा। मुझे इस बात का बहुत खेद है कि आप पर इस तरह हमला किया गया।"

मैंने कहाः "इसमें खेद का कोई कारण नहीं। सिपाही बेचारा क्या जाने? उसके लिए तो काले-काले सब एक से ही हैं। वह हब्शियों को इसी तरह पटरी

पर से उतारता होगा। इसलिए उसने मुझे भी धक्का मारा। मैंने तो नियम ही बना लिया है कि मुझ पर जो बीतेगी, उसके लिए मैं कभी अदालत में नहीं जाऊँगा। इसलिए मुझे मुकदमा नहीं चलाना है।"

"यह तो आपने अपने स्वभाव के अनुरूप ही बात कही है। पर आप इस पर फिर से सोचिये। ऐसे आदमी को कुछ सबक तो देना ही चाहिए।"

इतना कहकर उन्होंने उस सिपाही से बात की और उसे उलाहना दिया। मैं सारी बात तो समझ नहीं सका। सिपाही डच था और उसके साथ उनकी बातें डच भाषा में हुईं। सिपाही ने मुझसे माफी माँगी। मैं तो उसे पहले ही माफ कर चुका था।

लेकिन उस दिन से मैंने वह रास्ता छोड़ दिया। दूसरे सिपाहियों को इस घटना का क्या पता होगा? मैं खुद होकर फिर लात किसलिए खाऊँ? इसलिए मैंने घूमने जाने के लिए दूसरा रास्ता पसन्द कर लिया।

इस घटना ने प्रवासी भारतीयों के प्रति मेरी भावना को अधिक तीव्र बना दिया। इन कायदों के बारेमें ब्रिटिश एजेण्ट से चर्चा करके प्रसंग आने पर इसके लिए एक 'टेस्ट' केस चलाने की बात मैंने हिन्दुस्तानियों से की।

इस तरह मैंने हिन्दुस्तानियों की दुर्दशा का ज्ञान पढ़कर, सुनकर और अनुभव करके प्राप्त किया। मैंने देखा कि स्वाभिमान की रक्षा चाहनेवाले हिन्दुस्तानियों के लिए दक्षिण अफ्रीका उपयुक्त देश नहीं है। यह स्थिति किस तरह बदली जा सकती है, इसके विचार में मेरा मन अधिकाधिक व्यस्त रहने लगा। किन्तु अभी मेरा मुख्य धर्म तो दादा अब्दुल्ला के मुकदमे को ही सम्भालने का था।

१४. मुकदमे की तैयारी

प्रिटोरिया में मुझे जो एक वर्ष मिला, वह मेरे जीवन का अमूल्य वर्ष था। सार्वजनिक काम करने की अपनी शक्ति का कुछ अंदाज मुझे यहाँ हुआ। उसे सीखने का अवसर यहीं मिला। मेरी धार्मिक भावना अपने-आप तीव्र होने लगी। और कहना होगा कि सच्ची वकालत भी मैं यहीं सीखा। नया बारिस्टर पुराने बारिस्टर के दफ्तर में रहकर जो बातें सीखता है, सो मैं यहीं सीख सका। यहाँ मुझमें यह विश्वास पैदा हुआ कि वकील के नाते मैं बिलकुल नालायक नहीं रहूँगा। वकील बनने की कुंजी भी यहीं मेरे हाथ लगी।

दादा अब्दुल्ला का मुकदमा छोटा न था। चालीस हजार पौण्ड का यानी छह लाख रूपयों का दावा था। दावा व्यापार के सिलसिले में था, इसलिए उसमें बही-खाते की गुत्थियाँ बहुत थीं। दावे का आधार कुछ तो प्रामिसरी नोट पर और कुछ प्रामिसरी नोट लिख देने का वचन पलवाने पर था। बचाव यह था कि प्रामिसरी नोट धोखा देकर लिखवाये गये थे और उनका पूरा मुआवजा नहीं मिला था। इसमें तथ्य और कानून की गलियाँ काफी थीं। बही-खाते की उलझनें भी बहुत थीं।

दोनों पक्षोंने अच्छे-से-अच्छे सॉलिसिटर और बारिस्टर किये थे, इसलिए मुझे उन दोनों के काम का अनुभव प्राप्त करने का सुन्दर अवसर मिला। सॉलिसिटर के लिए वादी का मुकदमा तैयार करने और तथ्य संग्रह करने का सारा बोझ मुझ पर था। उसमें से सॉलिसिटर कितना रखता है और सॉलिसिटर द्वारा तैयार की गयी सामग्री में से बारिस्टर कितनी सामग्री का उपयोग करता है, सो मुझे देखने को मिलता था। मैं समझ गया कि इस केस को तैयार करने में मुझे अपनी ग्रहण-शक्ति का और व्यवस्था-शक्ति का ठीक अंदाज हो जाएगा।

मैंने केस में पूरी दिलचस्पी ली। मैं उसमें तन्मय हो गया। आगे-पीछे के सब कागज-पत्र पढ़ गया। मुवक्किल के विश्वास की और उसकी होशियारी की सीमा न थी। इससे मेरा काम बहुत आसान हो गया। मैंने बारीकी से बही-खाते का अध्ययन कर लिया। बहुत से पत्र गुजराती में थे। उनका अनुवाद भी मुझे ही करना पड़ता था। इससे मेरी अनुवाद करने की शक्ति बढ़ी।

मैंने कड़ा परिश्रम किया। जैसा कि मैं ऊपर लिख चुका हूँ, धार्मिक चर्चा आदि में और सार्वजनिक काम में मुझे खूब दिलचस्पी थी और मैं उसमें समय भी देता था, तो भी वह चीज मेरे निकट गौण थी। मुकदमे की तैयारी को मैं प्रधानता देता था। इसके लिए कानून का या दूसरी पुस्तकों का अध्ययन आवश्यक होता, तो मैं उसे हमेशा पहले कर लिया करता था। परिणाम यह हुआ कि मुकदमे के तथ्यों पर मुझे इतना प्रभुत्व प्राप्त हो गया जितना कदाचित् वादी-प्रतिवादी को भी नहीं था, क्योंकि मेरे पास तो दोनों के ही कागज-पत्र रहते थे।

मुझे स्व॰ मि॰ पिंकट के शब्द याद आये। उनका अधिक समर्थन बाद में दक्षिण अफ्रीका के सुप्रसिद्ध बारिस्टर स्व॰ मि॰ लेनर्ड ने एक अवसर पर किया था। मि॰ पिंकट का कथन था, "तथ्य तीन-चौथाई कानून हैं।" एक मुकदमे में मैं जानता

था कि न्याय तो मुवक्किल की ओर ही है, पर कानून विरूद्ध जाता दीखा। मैं निराश हो गया और मि० लेनर्ड की मदद लेने दौड़ा। तथ्य की दृष्टि से केस उन्हें भी मजबूत मालूम हुआ। उन्होंने कहा, "गांधी, मैं एक बात सीखा हूँ, और वह यह कि यदि हम तथ्यों पर ठीक-ठीक अधिकार कर लें, तो कानून अपने-आप हमारे साथ हो जाएगा। इस मुकदमे के तथ्य हम समझ लें।" यों कहकर उन्होंने मुझे एक बार फिर तथ्यों को पढ़-समझ लेने और बाद में मिलने की सलाह दी। उन्हीं तथ्यों को फिर जाँचने पर, उनका मनन करने पर, मैंने उन्हें भिन्न रूप में समझा और उनसे सम्बन्ध रखनेवाले एक पुराने मुकदमे का भी पता चला, जो दक्षिण अफ्रीका में चला था। मैं हर्ष-विभोर होकर मि० लेनर्ड के यहाँ पहुँचा। वे खुश हुए और बोले: "अच्छा, यह मुकदमा हम ज़रूर जीतेंगे। जरा इसका ध्यान रखना होगा कि मामला किस जज के सामने चलेगा।"

दादा अब्दुल्ला के केसकी तैयारी करते समय मैं तथ्य की महिमा को इस हद तक नहीं पहचान सका था। तथ्य का अर्थ है, सच्ची बात। सचाई पर डटे रहने से कानून अपने-आप हमारी मदद पर आ जाते हैं।

अन्त में मैंने दादा अब्दुल्ला के केस में यह देख लिया कि उनका पक्ष मजबूत है। कानून को उनकी मदद करनी ही चाहिए।

पर मैंने देखा कि मुकदमा लड़ने में दोनों पक्ष, जो आपस में रिश्तेदार हैं और एक ही नगर के निवासी हैं, बरबाद हो जाएँगे। कोई कह नहीं सकता था कि मुकदमे का अन्त कब होगा। अदालत में चलता रहे, तो उसे जितना चाहो उतना लम्बा किया जा सकता था। मुकदमे को लम्बा करने में दो में से किसी एक पक्ष का भी लाभ न होता। इसलिए संभव हो तो दोनों पक्ष मुकदमे का शीघ्र अन्त चाहते थे।

मैंने तैयब सेठ से बिनती की। झगड़े को आपस में ही निबटा लेने की सलाह दी। उन्हें अपने वकील से मिलने को कहा। यदि दोनों पक्ष अपने विश्वास के किसी व्यक्ति को पंच चुन लें, तो मामला झटपट निबट जाए। वकीलों का खर्च इतना अधिक बढ़ता जा रहा था कि उसमें उनके जैसे बड़े व्यापारी भी बरबाद हो जाते। दोनों इतनी चिन्ता के साथ मुकदमा लड़ रहे थे कि एक भी निश्चिन्त होकर दूसरा कोई काम नहीं कर सकता था। इस बीच आपस में बैर भी बढ़ता ही जा रहा था। मुझे वकील के धंधे से घृणा हो गयी। वकील के नाते तो दोनों

के वकीलों को अपने-अपने मुवक्किल को जीतने के लिए कानून की गलियाँ ही खोज कर देनी थीं। इस मुकदमे में पहले-पहल मैंने यह जाना कि जीतनेवाले को पूरा खर्च कभी मिल ही नहीं सकता। दूसरे पक्ष से कितना खर्च वसूल किया जा सकता है, इसकी एक मर्यादा होती है, जब कि मुवक्किल का खर्च उससे कहीं अधिक होता है। मुझे यह सब असह्य मालूम हुआ। मैंने तो अनुभव किया कि मेरा धर्म दोनों की मित्रता साधना और दोनों रिश्तेदारों में मेल करा देना है। मैंने समझौते के लिए जी-तोड़ मेहनत की। तैयब सेठ मान गये। आखिर पंच नियुक्त हुए। उनके सामने मुदकमा चला। मुकदमे में दादा अब्दुल्ला जीते।

पर इतने से मुझे संतोष नहीं हुआ। यदि पंच के फैसले पर अमल होता, तो तैयब हाजी खानमहम्मद इतना रूपया एकसाथ दे ही नहीं सकते थे। दक्षिण अफ्रिका में बसे हुए पोरबन्दर के मेमनों में आपस का ऐसा एक अलिखित नियम था कि खुद चाहे मर जाएँ, पर दिवाला न निकालें। तैयब सेठ सैंतीस हजार पौण्ड और मुकदमे का खर्च एक मुश्त दे ही नहीं सकते थे। उन्हें न तो एक दमड़ी कम देनी थी और न दिवाला ही निकालना था। रास्ता एक ही था कि दादा अब्दुल्ला उन्हें काफी लम्बी मोहलत दें। दादा अब्दुल्लाने उदारता से काम लिया और खूब लम्बी मोहलत दे दी। पंच नियुक्त कराने में मुझे जितनी मेहनत पड़ी, उससे अधिक मेहनत यह लम्बी अवधि निश्चित कराने में पड़ी। दोनों पक्षों को प्रसन्नता हुई। दोनों की प्रतिष्ठा बढ़ी। मेरे संतोष की सीमा न रही। मैं सच्ची वकालत सीखा, मनुष्य के अच्छे पहलू को खोजना सीखा और मनुष्य-हृदय में प्रवेश करना सीखा। मैंने देखा कि वकील का कर्तव्य दोनों पक्षों के बीच खुदी हुई खाई को पाटना है। इस शिक्षा ने मेरे मन में ऐसी जड़ जमायी कि बीस साल की अपनी वकालत का मेरा अधिकांश समय अपने दफ्तर में बैठकर सैकड़ों मामलों को आपस में सुलझाने में ही बीता। उसमें मैंने कुछ खोया नहीं। यह भी नहीं कहा जा सकता कि मैंने पैसा खोया। आत्मा तो खोयी ही नहीं।

१५. धार्मिक मन्थन

अब फिर ईसाई मित्रों के साथ अपने सम्पर्क पर विचार करने का समय आया है।

मेरे भविष्य के बारेमें मि० बेकर की चिन्ता बढ़ती जा रही थी। वे मुझे वेलिंग्टन कन्वेन्शन में ले गये। प्रोटेस्टेण्ट ईसाइयों में कुछ वर्षों के अन्तर से

धर्म-जागृति अर्थात् आत्मशुद्धि के लिए विशेष प्रयत्न किये जाते हैं। इसे धर्म की पुनःप्रतिष्ठा अथवा धर्म के पुनरूद्धार का नाम दे सकते हैं। ऐसा एक सम्मेलन वेलिंग्टन में था। उसके सभापति वहाँ के प्रसिद्ध धर्मनिष्ठ पादरी रेवरेण्ड एण्ड्रू मरे थे। मि॰ बेकर को यह आशा थी कि इस सम्मेलन में होनेवाली जागृति, वहाँ आनेवाले लोगों के धार्मिक उत्साह और उनकी शुद्धता की मेरे हृदय पर ऐसी गहरी छाप पड़ेगी कि मैं ईसाई बने बिना न रह सकूँगा।

फिर मि॰ बेकर का अन्तिम आधार था प्रार्थना की शक्ति। प्रार्थना में उन्हें खूब श्रद्धा थी। उनका विश्वास था कि अन्तःकरण पूर्वक की गयी प्रार्थना को ईश्वर सुनता ही है। प्रार्थना से ही मूलर (एक प्रसिद्ध श्रद्धालु ईसाई) जैसे व्यक्ति अपना व्यवहार चलाते हैं, इसके दृष्टान्त भी वे मुझे सुनाते रहते थे। प्रार्थना की महिमा के विषय में मैंने उनकी सारी बातें तटस्थ भाव से सुनीं। मैंने उनसे कहा कि यदि ईसाई बनने का अन्तर्नाद मेरे भीतर उठा, तो उसे स्वीकार करने में कोई भी वस्तु मेरे लिए बाधक न हो सकेगी। अन्तर्नाद के वश होना तो मैं इसके कई वर्ष पहले सीख चुका था। उसके वश होने में मुझे आनन्द आता था। उसके विरूद्ध जाना मेरे लिए कठिन और दुःखद था।

हम वेलिंग्टन गये। मुझ 'साँवले साथी' को साथ में रखना मि॰ बेकरके लिए भारी पड़ गया। मेरे कारण उन्हें कई बार अड़चनें उठानी पड़ती थीं। रास्ते में हमें पड़ाव करना था, क्योंकि मि॰ बेकर का संघ रविवार को यात्रा न करता था और बीच में रविवार पड़ता था। मार्ग में और स्टेशन पर पहले तो मुझे प्रवेश देने से ही इनकार किया गया, और झक-झक के बाद जब प्रवेश मिला तो होटल के मालिक ने भोजन-गृह में भोजन कराने से इनकार कर दिया। पर मि॰ बेकर यों आसानी से झुकनेवाले नहीं थे। वे होटल में ठहरनेवाले के हक पर डटे रहे। लेकिन मैं उनकी कठिनाइयों को समझ सका था। वेलिंग्टन में भी मैं उनके साथ ही ठहरा था। वहाँ भी उन्हें छोटी-छोटी अड़चनों का सामना करना पड़ता था। अपने सद्भाव में वे उन्हें छिपाने का प्रयत्न करते थे, फिर भी मैं उन्हें देख ही लेता था।

सम्मेलन में श्रद्धालु ईसाइयों का मिलाप हुआ। उनकी श्रद्धा को देखकर मैं प्रसन्न हुआ। मैं मि॰ मरे से मिला। मैंने देखा कि कई लोग मेरे लिए प्रार्थना कर रहे हैं। उनके कई भजन मुझे बहुत मीठे मालूम हुए।

सम्मेलन तीन दिन चला। मैं सम्मेलन में आनेवालों की धार्मिकता को समझ सका, उसकी सराहना कर सका। पर मुझे अपने विश्वासमे—अपने धर्ममें—परिवर्तन करने का कारण न मिला। मुझे यह प्रतीति न हुई कि ईसाई बनकर ही मैं स्वर्ग जा सकता हूँ अथवा मोक्ष पा सकता हूँ। जब यह बात मैंने अपने भले ईसाई मित्रों से कही तो उनको चोट तो पहुँची, पर मैं लाचार था।

मेरी कठिनाइयाँ गहरी थीं। "एक ईसामसीह ही ईश्वर के पुत्र हैं। उन्हें जो मानता है वह तर जाता है"—यह बात मेरे गले उतरती न थी। यदि ईश्वर के पुत्र हो सकते हैं, तो हम सब उसके पुत्र हैं। यदि ईसा ईश्वर-तुल्य हैं, ईश्वर ही हैं, तो मनुष्य-मात्र ईश्वर के समान है; ईश्वर बन सकता है। ईसा की मृत्यु से और उनके रक्त से संसार के पाप धुलते हैं, इसे अक्षरशः सच मानने के लिए बुद्धि तैयार नहीं होती थी। रूपक के रूप में उसमें सत्य चाहे हो। इसके अतिरिक्त, ईसाइयों का यह विश्वास है कि मनुष्य के ही आत्मा है, दूसरे जीवों के नहीं, और देह के नाश के साथ उनका संपूर्ण नाश हो जाता है, जब कि मेरा विश्वास इसके विरूद्ध था। मैं ईसा को एक त्यागी, महात्मा, दैवी शिक्षक के रूप में स्वीकार कर सकता था, पर उन्हें अद्वितीय पुरूष के रूप में स्वीकार करना मेरे लिए शक्य न था। ईसा की मृत्यु से संसार को एक महान उदाहरण प्राप्त हुआ। पर उनकी मृत्यु में कोई गूढ़ चमत्कारपूर्ण प्रभाव था, इसे मेरा हृदय स्वीकार नहीं कर सकता था। ईसाइयों के पवित्र जीवन में मुझे ऐसी कोई चीज नहीं मिली, जो अन्य धर्मावलम्बियों के जीवन में न मिली हो। उनमें होनेवाले परिवर्तनों जैसे ही परिवर्तन मैंने दूसरों के जीवन में भी होते देखे थे। सिद्धान्त की दृष्टि से ईसाई सिद्धान्तों में मुझे कोई अलौकिकता नहीं दिखाई पड़ी। त्याग की दृष्टि से हिन्दू धर्मावलम्बियों का त्याग मुझे ऊँचा मालूम हुआ। मैं ईसाई धर्म को सम्पूर्ण अथवा सर्वोपरि धर्म के रूप में स्वीकार न कर सका।

अपना यह हृदय०मंथन मैंने अवसर आने पर ईसाई मित्रों के सामने रखा। उसका कोई संतोषजनक उत्तर वे मुझे नहीं दे सके।

पर जिस तरह मैं ईसाई धर्म को स्वीकार न कर सका, उसी तरह हिन्दू धर्म की सम्पूर्णता के विषय में अथवा उसकी सर्वोपरिता के विषय में भी मैं उस समय निश्चय न कर सका। हिन्दू धर्म की त्रुटियाँ मेरी आँखों के सामने तैरा करती थीं। यदि अस्पृश्यता हिन्दू धर्म का अंग है, तो वह सड़ा हुआ और बाद

में जुड़ा हुआ अंग जान पड़ा। अनेक सम्प्रदायों की, अनेक जात-पाँतों की हस्ती को मैं समझ न सका। अकेले वेदों के ईश्वर-प्रणीत होने का अर्थ क्या हैं? यदि वेद ईश्वर-प्रणीत हैं, तो बाइबल और कुरान क्यों नहीं?

जिस तरह ईसाई मित्र मुझे प्रभावित करने के लिए प्रयत्नशील थे, उसी तरह मुसलमान मित्र भी प्रयत्न करते रहते थे। अब्दुल्ला सेठ मुझे इस्लाम का अध्ययन करने के लिए ललचा रहे थे। उसकी खूबियों की चर्चा तो वे करते ही रहते थे।

मैंने अपनी कठिनाइयाँ रायचंदभाई के सामने रखीं। हिन्दुस्तान के दूसरे धर्मशास्त्रियों के साथ भी पत्र-व्यवहार शुरू किया। उनकी ओर से उत्तर भी मिले। रायचन्दभाई के पत्र से मुझे बड़ी शांति मिली। उन्होंने मुझे धीरज रखने और हिन्दू धर्म का गहरा अध्ययन करने की सलाह दी। उनके एक वाक्य का भावार्थ यह था: "निष्पक्ष भाव से विचार करते हुए मुझे यह प्रतीति हुई है कि हिन्दू धर्म में जो सूक्ष्म और गूढ़ विचार हैं, आत्मा का निरीक्षण है, दया है, वह दूसरे धर्मों में नहीं है।"

मैंने सेल का कुरान खरीदा और पढ़ना शुरू किया। कुछ दूसरी इस्लामी पुस्तकें भी प्राप्त कीं। विलायत में ईसाई मित्रों से पत्र-व्यवहार शुरू किया। उनमें से एक ने एडवर्ड मेटलैण्ड से मेरा परिचय कराया। उनके साथ मेरा पत्र-व्यवहार चलता रहा। उन्होंने एना किंग्सफर्ड के साथ मिलकर 'परफेक्ट वे' (उत्तम मार्ग) नामक पुस्तक लिखी थी। वह मुझे पढ़ने के लिए भेजी। उसमें प्रचलित ईसाई धर्म का खण्डन था। उन्होंने मेरे नाम 'बाइबल का नया अर्थ' नामक पुस्तक भी भेजी। ये पुस्तकें मुझे पसन्द आयीं। इनसे हिन्दू मत की पुष्टि हुई। टॉल्स्टॉय की 'वैकुण्ठ तेरे हृदय में है' नामक पुस्तकने मुझे अभिभूत कर लिया। मुझ पर उसकी बहुत गहरी छाप पड़ी। इस पुस्तक की स्वतंत्र विचार-शैली, इसकी प्रौढ़ नीति और इसके सत्य के सम्मुख मि० कोट्स द्वारा दी गयी सब पुस्तकें मुझे शुष्क प्रतीत हुई।

इस प्रकार मेरा अध्ययन मुझे ऐसी दिशा में ले गया, जो ईसाई मित्रों की इच्छा के विपरीत थी। एडवर्ड मेटलैण्ड के साथ मेरा पत्र-व्यवहार काफी लम्बे समय तक चला। कवि (रायचन्दभाई) के साथ तो अन्त तक बना रहा। उन्होंने कई पुस्तकें मेरे लिए भेजीं। मैं उन्हें भी पढ़ गया। उनमें 'पंचीकरण', 'मणिरत्नमाला', योगवासिष्ठ का 'मुमुक्षु प्रकरण', हरिभद्रसूरि का 'षड्दर्शन-सम्मुचय' इत्यादि पुस्तकें थीं।

इस प्रकार यद्यपि मैंने ईसाई मित्रों की धारणा से भिन्न मार्ग पकड़ लिया था, फिर भी उनके समागम ने मुझमें जो धर्म-जिज्ञासा जाग्रत की, उसके लिए तो मैं उनका सदा के लिए ऋणी बन गया। अपना यह सम्बन्ध मुझे हमेशा याद रहेगा। ऐसे मधुर और पवित्र सम्बन्ध भविष्य में बढ़ते ही गये, घटे नहीं।

१६. को जाने कल की?

"खबर नहीं इस जुग में पल की
समझ मन! को जाने कल की?"

मुकदमे के खतम होने पर मेरे लिए प्रिटोरिया में रहने का कोई कारण न रहा। मैं डरबन गया। वहाँ पहुँचकर मैंने हिन्दुस्तान लौटने की तैयारी की। अब्दुल्ला सेठ मुझे बिना मान-सम्मान के जाने दें, यह संभव न था। उन्होंने मेरे निमित्त से सिडनहैम में एक सामूहिक भोज का आयोजन किया। पूरा दिन वहीं बिताना था।

मेरे पास कुछ अखबार पड़े थे। मैं उन्हें पढ़ रहा था। एक अखबार के एक कोने में मैंने एक छोटा-सा संवाद देखा। उसका शीर्षक था: 'इण्डियन फ्रेंचाइज़' यानी हिन्दुस्तानी मताधिकार। इस संवाद का आशय यह था कि हिन्दुस्तानियों को नेटाल की धारासभा के लिए सदस्य चुनने का जो अधिकार है वह छीन लिया जाए। धारासभा में इससे सम्बन्ध रखनेवाले कानून पर बहस चल रही थी। मैं इस कानून से अपरिचित था। भोज में सम्मिलित सदस्यों में से किसीको भी हिन्दुस्तानियों का अधिकार छीननेवाले इस बिल की कोई खबर न थी।

मैंने अब्दुल्ला सेठ से पूछा। उन्होंने कहा, "इन बातों को हम क्या जानें? व्यापार पर कोई संकट आवे तो हमें उसका पता चलता है। देखिये न, ऑरेन्ज फ्री स्टेट में हमारे व्यापार की जड़ उखड़ गयी। उसके लिए हमने मेहनत की, पर हम तो अपंग ठहरे। अखबार पढ़ते हैं, तो उसमें भी सिर्फ भाव-ताल की बातें ही समझ पाते हैं। कानूनी बातों का हमें क्या पता चले? हमारे आँख-कान तो हमारे गोरे वकील हैं।"

मैंने पूछा, "पर यहाँ पैदा हुए और अंग्रेजी जाननेवाले इतने सारे नौजवान हिन्दुस्तानी यहाँ हैं, वे क्या करते हैं?"

अब्दुल्ला सेठने माथे पर हाथ रखकर कहा, "अरे भाई, उनसे हमें क्या मिल सकता है? वे बेचारे इसमें क्या समझें? वे तो हमारे पास भी नहीं फटकते, और

सच पूछो तो हम भी उन्हें नहीं पहचानते। वे ईसाई हैं इसलिए पादरियों के पंजे में हैं। और पादरी सब गोरे हैं, जो सरकार के आधीन हैं!"

मेरी आँखें खुल गयीं। इस समाज को अपनाना चाहिए। क्या ईसाई धर्म का यही अर्थ है? वे ईसाई हैं, इससे क्या हिन्दुस्तानी नहीं रहे? और परदेशी बन गये?

किन्तु मुझे तो वापस स्वदेश जाना था, इसलिए मैंने उपर्युक्त विचारों को प्रकट नहीं किया। मैंने अब्दुल्ला सेठ से कहा, "लेकिन अगर यह कानून इसी तरह पास हो गया, तो आप सबको बड़ी मुश्किल में डाल देगा। यह तो हिन्दुस्तानियों की आबादी को मिटाने का पहला कदम है। इसमें हमारे स्वाभिमान की हानि है।"

"हो सकती है। परंतु मैं आपको 'फरेंचाइझ' (इस तरह अंग्रेजी भाषा के कई शब्द अपना रूप बदलकर देशवासियों में रूढ़ हो गये थे। 'मताधिकार' कहो तो कोई समझता ही नहीं था।) का इतिहास सुनाऊँ। हम तो इसमें कुछ भी नहीं समझते। पर आप यह तो जानते ही हैं कि हमारे बड़े वकील मि० एस्कम्ब हैं। वे जबरदस्त लड़वैया हैं। उनके और यहाँ के जेटी-इंजीनियर के बीच खासी लड़ाई चलती है। मि० एस्कम्ब के धारासभा में जाने में यह लड़ाई बाधक होती थी। उन्होंने हमें अपनी स्थिति का भान कराया। उनके कहने से हमने अपने नाम मतदाता-सूचि में लिखवाये और अपने सब मत मि० एस्कम्ब को दिये। अब आप देखेंगे कि हमने अपने इन मतों का मूल्य आपकी तरह क्यों नहीं आँका। लेकिन अब हम आपकी बात समझ सकते हैं। अच्छा तो कहिये, आप हमें क्या सलाह देते हैं?"

दूसरे मेहमान इस चर्चा को ध्यानपूर्वक सुन रहे थे। उनमें से एक ने कहा, "मैं आपसे सच बात कहूँ? अगर आप इस स्टीमर से न जाएँ और एकाध महीना रूक जाएँ, तो आप जिस तरह कहेंगे, हम लड़ेंगे।

दूसरे सब एकसाथ बोल उठेः

"यह बात सच है। अब्दुल्ला सेठ, आप गांधीभाई को रोक लीजिए।"

अब्दुल्ला सेठ उस्ताद ठहरे। उन्होंने कहा, "अब उन्हें रोकने का मुझे कोई अधिकार नहीं, अथवा जितना मुझे है उतना ही आपको भी है। पर आप जो कहते हैं सो ठीक है। हम सब उन्हें रोक लें। पर ये तो बारिस्टर हैं। इनकी फीस का क्या होगा?"

मैं दुःखी हुआ और बात काटकर बोलाः

"अब्दुल्ला सेठ, इसमें मेरी फीसकी बात ही नहीं उठती। सार्वजनिक सेवा की फीस कैसी? मैं ठहरूँ तो एक सेवक के रूप में ही ठहर सकता हूँ। मैं इन सब भाइयों को ठीक से पहचानता नहीं। पर आपको भरोसा हो कि ये सब मेहनत करेंगे, तो मैं एक महीना रूक जाने के लिए तैयार हूँ। यह सच है कि आपको मुझे कुछ भी नहीं देना होगा, फिर भी ऐसे काम बिलकुल बिना पैसे के तो हो ही नहीं सकते। हमें तार करने होंगे, कुछ साहित्य छपाना पड़ेगा, जहाँ-तहाँ जाना होगा उसका गाड़ी-किराया लगेगा। सम्भव है, हमें स्थानीय वकीलों की भी सलाह लेनी पड़े। मैं यहाँ के कानूनों से परिचित नहीं हूँ। मुझे कानून की पुस्तकें देखनी होंगी। इसके सिवा, ऐसे काम एक हाथ से नहीं होते, बहुतों को उनमें जुटना चाहिए।"

बहुत-सी आवाजें एकसाथ सुनायी पड़ीं: "खुदा की मेहरबानी है। पैसे इकट्ठा हो जाएँगे, लोग भी बहुत हैं। आप रहना कबूल कर लें तो बस है।"

सभा सभा न रही। उसने कार्यकारिणी समिति का रूप ले लिया। मैंने सलाह दी कि भोजन से जल्दी निबटकर घर पहुँचना चाहिए। मैंने मन में लड़ाई की रूपरेखा तैयार कर ली। मताधिकार कितनों को प्राप्त है, सो जान लिया। और मैंने एक महीना रूक जाने का निश्चय किया।

इस प्रकार ईश्वर ने दक्षिण अफ्रीका में मेरे स्थायी निवास की नींव डाली और स्वाभिमान की लड़ाई का बीज रोपा गया।

१७. नेटाल में बस गया

सन् १८९३ में सेठ हाजी मुहम्मद हाजी दादा नेटाल के हिन्दुस्तानी समाज के अग्रगण्य नेता माने जाते थे। साम्पत्तिक स्थिति में सेठ अब्दुल्ला हाजी आदम मुख्य थे, पर वे और दूसरे लोग भी सार्वजनिक कामों में सेठ हाजी मुहम्मद को ही पहला स्थान देते थे। अतएव उनके सभापतित्व में अब्दुल्ला सेठ के घर एक सभा हुई। उसमें फ्रेंचाइज़ बिल का विरोध करने का निश्चय किया गया। स्वयंसेवकों के नाम लिखे गये। इस सभा में नेटाल में पैदा हुए हिन्दुस्तानियों को, अर्थात् ईसाई नौजवानों को इकट्ठा किया गया था। मि. पॉल डरबन की अदालत के दुभाषिया थे। मि. सुभान गॉडफ्रे मिशन स्कूल के हेडमास्टर थे। वे

भी सभा में उपस्थित रहे थे और उनके प्रभाव से उस समाज के नौजवान अच्छी संख्या में आये थे। ये सब स्वयंसेवक बन गये। व्यापारी तो अधिकतर थे ही। उनमें से जानने योग्य नाम ये हैं: सेठ दाऊद मुहम्मद, मुहम्मद कासिम कमरूद्दीन, सेठ आदमजी मियाँखान, ए० कोलन्दावेल्लू पिल्लै, सी० लच्छीराम, रंगस्वामी पड़ियाची, आमद जीवा आदि। पारसी रूस्तमजी तो थे ही। कारकुन-समाज में से पारसी माणेकजी, जोशी, नरसीराम वगैरा दादा अब्दुल्ला इत्यादि की बड़ी फर्मों के नौकर थे। इन सबको सार्वजनिक काम में सम्मिलित होने का आश्चर्य हुआ। इस प्रकार सार्वजनिक काम के लिए न्योते जाने और उसमें हाथ बँटाने का उनका यह पहला अनुभव था। उपस्थित संकट के सामने नीच-ऊँच, छोटे-बड़े, मालिक-नौकर, हिन्दू-मुसलमान, पारसी, ईसाई, गुजराती, मद्रासी, सिन्धी आदि भेद समाप्त हो चुके थे। सब भारत की सन्तान और सेवक थे।

बिल का दूसरा वाचन हो चुका या होनेवाला था। उस समय धारासभा में किये गये भाषणों में यह टीका थी कि इतने कठोर कानून का भी हिन्दुस्तानियों की ओर से कोई विरोध नहीं हो रहा है, यह हिन्दुस्तानी समाज की लापरवाही का और मताधिकार का उपभोग करने की उनकी अयोग्यता का प्रमाण है।

मैंने सभा को वस्तुस्थिति समझायी। पहला काम तो यह सोचा गया कि धारासभा के अध्यक्ष को ऐसा तार भेजा जाए कि वे बिल पर अधिक विचार करना मुलतवी कर दें। इसी आशय का तार मुख्यमंत्री सर जॉन रॉबिन्सन को भी भेजा और दूसरा दादा अब्दुल्ला के मित्र के नाते मि० एस्कम्ब को भेजा गया। इस तार के जवाब में अध्यक्ष का तार मिला कि बिल की चर्चा दो दिन तक मुलतवी रहेगी। सब खुश हुए।

प्रार्थना-पत्र तैयार किया गया। उसकी तीन प्रतियाँ भेजनी थीं। प्रेस के लिए भी प्रतियाँ तैयार करनी थीं। प्रार्थना-पत्र पर जितनी मिल सकें उतनी सहियाँ लेनी थीं यह सारा काम अेक रात में पूरा करना था। शिक्षित स्वयंसेवक और दूसरे लोग लगभग सारी रात जागे। उनमें अच्छे अक्षर लिखनेवाले मि० आर्थर नाम के एक वृद्ध सज्जन थे। उन्होंने सुन्दर अक्षरों में प्रार्थना-पत्र की प्रति तैयार की। दूसरों ने उसकी दूसरी प्रतियाँ तैयार कीं। एक बोलता जाता और पाँच लिखते जाते थे। यों एकसाथ पांच प्रतियाँ लिखी गयीं। व्यापारी स्वयंसेवक अपनी-अपनी गाड़ियाँ लेकर अथवा अपने खर्च से गाड़ियाँ किराये पर लेकर

सहियाँ लेने के लिए निकल पड़े।

प्रार्थना-पत्र गया। अखबारों में छपा। उस पर अनुकूल टीकायें हुईं। धारासभा पर भी असर हुआ। उसकी चर्चा भी खूब हुई। प्रार्थना-पत्र में दी गयी दलीलों का खण्डन करनेवाले उत्तर दिये गये। पर वे देनेवालों को भी लचर जान पड़े। बिल तो पास हो गया।

सब जानते थे कि यही नतीजा निकलेगा, पर कौम में नवजीवन का संचार हुआ। सब कोई यह समझे कि हम एक कौम हैं, केवल व्यापार सम्बन्धी अधिकारों के लिए ही नहीं, बल्कि कौम के अधिकारों के लिए भी लड़ना हम सबका धर्म है।

उन दिनों लॉर्ड रिपन उपनिवेश-मंत्री थे। उन्हें एक बहुत बड़ी अर्जी भेजने का निश्चय किया गया। इस अर्जी पर यथासम्भव अधिक से अधिक लोगों की सहियाँ लेनी थीं। यह काम एक दिन में तो हो ही नहीं सकता था। स्वयंसेवक नियुक्त हुए और सबने काम निबटाने का जिम्मा लिया।

अर्जी लिखने में मैंने बहुत मेहनत की। जो साहित्य मुझे मिला, सो सब मैं पढ़ गया। हिन्दुस्तान में हम एक प्रकार के मताधिकार का उपभोग करते हैं, सिद्धांत की इस दलील को और हिन्दुस्तानियों की आबादी कम है इस व्यावहारिक दलील को मैंने केन्द्र-बिन्दु बनाया।

अर्जी पर दस हजार सहियाँ हुईं। एक पखवाड़े में अर्जी भेजने लायक सहियाँ प्राप्त हो गयीं। इतने समय में नेटाल में दस हजार सहियाँ प्राप्त की गयीं, इसे पाठक छोटी-मोटी बात न समझें। सहियाँ समूचे नेटाल से प्राप्त करनी थीं। लोग ऐसे काम से अपरिचित थे। निश्चय यह था कि सही करनेवाला किस बात पर सही कर रहा है, इसे जब तक वह समझ न ले तब तक सही न ली जाए। इसलिए खास तौर पर स्वयंसेवकों को भेजकर ही सहियाँ प्राप्त की जा सकती थीं। गाँव दूर-दूर थे, इसलिए अधिकतर काम करनेवाले लगन से काम करें तभी ऐसा काम शीघ्रता-पूर्वक हो सकता था। ऐसा ही हुआ। इसमें सबने उत्साह-पूर्वक काम किया। काम करनेवालों में से सेठ दाऊद मुहम्मद, पारसी रूस्तमजी, आदमजी मियाँखान और आमद जीवा की मूर्तियाँ इस समय भी मेरी आँखों के सामने खड़ी हैं। ये खूब सहियाँ लाये थे। दाऊद सेठ अपनी गाड़ी लेकर दिनभर घूमा करते थे। किसीने जेब-खर्च तक नहीं माँगा।

दादा अब्दुल्ला का घर धर्मशाला अथवा सार्वजनिक दफ्तर-सा बन गया था।

पढ़े-लिखे भाई तो मेरे पास ही बने रहते थे। उनका और अन्य काम करनेवालों का भोजन दादा अब्दुल्ला के घर ही होता था। इस प्रकार सब बहुत खर्च में उतर गये।

अर्जी गयी। उसकी एक हजार प्रतियाँ छपवायी थीं। उस अर्जी के कारण हिन्दुस्तान के आम लोगों को नेटाल का पहली बार परिचय हुआ। मैं जितने अखबारों और सार्वजनिक नेताओं के नाम जानता था उतनों को अर्जी की प्रतियाँ भेजीं।

'टाइम्स ऑफ इंडिया'ने उस पर अग्रलेख लिखा और हिन्दुस्तानियों की माँग का अच्छा समर्थन किया। विलायत में भी अर्जी की प्रतियाँ सब पक्षों के नेताओं को भेजी गयी थीं। वहाँ लन्दन के 'टाइम्स' का समर्थन प्राप्त हुआ। इससे आशा बंधी कि बिल मंजूर न हो सकेगा।

अब मैं नेटाल छोड़ सकूँ ऐसी मेरी स्थिति नहीं रहा। लोगों ने मुझे चारों तरफ से घेर लिया और नेटाल में ही स्थायी रूप से रहने का अत्यन्त आग्रह किया। मैंने अपनी कठिनाइयाँ बतायीं। मैंने अपने मन में निश्चय कर लिया था कि मुझे सार्वजनिक खर्च पर नहीं रहना चाहिए। मुझे अलग घर बसाने की आवश्यकता जान पड़ी। उस समय मैंने यह माना था कि घर भी अच्छा और अच्छी बस्ती में लेना चाहिए।

मैंने सोचा कि दूसरे बारिस्टरों की तरह मेरे रहने से हिन्दुस्तानी समाज की इज्जत बढ़ेगी। मुझे लगा कि ऐसा घर मैं साल में ३०० पौंड के खर्च के बिना चला ही नहीं सकूँगा। मैंने निश्चय किया कि इतनी रकम की वकालत की गारण्टी मिलने पर ही मैं रह सकता हूँ, और वहाँवालों को इसकी सूचना दे दी।

साथियोंने दलील देते हुए कहा, "पर इतनी रकम आप सार्वजनिक काम के लिए लें, यह हमें पुसा सकता है, और इसे इकट्ठा करना हमारे लिए आसान है। वकालत करते हुए आपको जो मिलें, सो आपका।"

मैंने जवाब दिया, "मैं इस तरह पैसे नहीं ले सकता। अपने सार्वजनिक काम की मैं इतनी कीमत नहीं समझता। मुझे उसमें कोई वकालत तो करनी नहीं है। मुझे तो लोगों से काम लेना होगा। उसके पैसे मैं कैसे ले सकता हूँ? फिर, मुझे सार्वजनिक काम के लिए आपसे पैसे निकलवाने होंगे। अगर मैं अपने लिए पैसे लूँ तो आपके पास से बड़ी रकमें निकलवाने में मुझे संकोच होगा और आखिर

हमारी नाव अटक जाएगी। समाज से तो मैं हर साल ३०० पौण्ड से अधिक ही खर्च कराऊँगा।"

"पर हम आपको पहचानने लगे हैं। आप कौन अपने लिए पैसे माँगते हैं? आपके रहने का खर्च तो हमें देना ही चाहिए न?"

"यह तो आपका स्नेह और तात्कालिक उत्साह बुलवा रहा है। यही उत्साह और यही स्नेह सदा बना रहेगा, यह हम कैसे मान लें? मौका आने पर मुझे तो कभी-कभी आपको कड़वी बातें भी कहनी पड़ेंगी। उस दशा में भी मैं आपके स्नेह की रक्षा कर सकूँगा या नहीं, सो तो दैव जाने। पर असल बात यह है कि सार्वजनिक सेवा के लिए मुझे पैसे लेने ही न चाहिए। आप सब वकालत-सम्बन्धी अपना काम मुझे देने के लिए वचन-बद्ध हो जाएँ, तो उतना मेरे लिए बस है। शायद यह भी आपके लिए भारी पड़ेगा। मैं कोई गोरा बारिस्टर नहीं हूँ। कोर्ट मुझे दाद दे या न दे, मैं क्या जानूँ? मैं तो यह भी नहीं जानता कि मुझसे कैसी वकालत हो सकेगी। इसलिए मुझे पहले से वकालत का मेहनताना देने में भी आपको जोखिम उठानी है। इतने पर भी अगर आप मुझे वकालत का मेहनताना देंगे, तो वह मेरी सार्वजनिक सेवा के कारण ही माना जाएगा न?"

इस चर्चा का परिणाम यह निकला कि कोई बीस व्यापारियों ने मेरे लिए एक वर्ष का वर्षासन बाँध दिया। इसके उपरान्त, दादा अब्दुल्ला बिदाई के समय मुझे जो भेंट देनेवाले थे उसके बदले उन्होंने मेरे लिए आवश्यक फर्नीचर खरीद दिया और मैं नेटाल में बस गया।

१८. रंग-भेद

न्यायालय का चिह्न तराजू है। एक निष्पक्ष, अन्धी परन्तु चतुर बुढ़िया उसे थामे हुए है। विधाता ने उसे अंधी बनाया है, जिससे वह मुँह देखकर तिलक न करे, बल्कि जो व्यक्ति गुण में योग्य हो उसीको टीका लगाये। इसके विपरीत, नेटाल के न्यायालय से वहाँ की वकील-सभा मुँह देखकर तिलक करवाने के लिए तैयार हो गयी थी। परन्तु अदालत ने इस अवसर पर अपने चिह्न की प्रतिष्ठा रख ली।

मुझे वकालत की सनद लेनी थी। मेरे पास बम्बई के हाईकोर्ट का प्रमाणपत्र था। विलायत का प्रमाण-पत्र बम्बई के हाईकोर्ट के कार्यालय में था। प्रवेश के

प्रार्थना-पत्र के साथ सदाचरण के दो प्रमाण-पत्रों की आवश्यकता मानी जाती थी। मैंने सोचा कि ये प्रमाण-पत्र गोरों के होंगे तो ठीक रहेगा। इसलिए अब्दुल्ला सेठ के द्वारा मेरे संपर्क में आये हुए दो प्रसिद्ध गोरे व्यापारियों के प्रमाण-पत्र मैंने प्राप्त कर लिये थे। प्रार्थना-पत्र किसी वकील के द्वारा भेजा जाना चाहिए था और साधारण नियम यह था कि ऐसा प्रार्थना-पत्र एटर्नी जनरल बिना पारिश्रमिक के प्रस्तुत करे। मि० एस्कम्ब एटर्नी जनरल थे। हम यह जानते हैं कि वे अब्दुल्ला सेठ के वकील थे। मैं उनसे मिला और उन्होंने खुशी से मेरा प्रार्थना-पत्र प्रस्तुत करना स्वीकार किया।

इतने में अचानक वकील-सभा की ओर से मुझे नोटिस मिली। नोटिस में न्यायालय में मेरे प्रवेश का विरोध किया गया था। उसमें एक कारण यह दिया गया था कि वकालत के लिए दिये गये प्रार्थना-पत्र के साथ मैंने मूल प्रमाण-पत्र नत्थी नहीं किया था। पर विरोध का मुख्य मुद्दा यह था कि अदालत में वकीलों की भरती करने के नियम बनाते समय यह सम्भव न माना गया होगा कि कोई काला या पीला आदमी कभी प्रवेश के लिए प्रार्थना-पत्र देगा। नेटाल गोरों के साहस से बना था, इसलिए उसमें गोरों की ही प्रधानता होनी चाहिए। यदि काले वकील प्रवेश पाने लगेंगे, तो धीरे-धीरे गोरों की प्रधानता जाती रहेगी और उनकी रक्षा की दीवार नष्ट हो जाएगी।

इस विरोध के समर्थन के लिए वकील-सभाने एक प्रसिद्ध वकील को नियुक्त किया था। इन वकील का भी दादा अब्दुल्ला के साथ सम्बन्ध था। उन्होंने मुझे उनके मारफत बुलवाया। मेरे साथ शुद्ध भाव से चर्चा की। मेरा इतिहास पूछा। मैंने यह बताया । इस पर वे बोले: "मुझे तो आपके विरूद्ध कुछ नहीं कहना है। मुझे डर इस बात का था कि कहीं आप यहीं जन्मे हुए कोई धूर्त तो नहीं हैं! दूसरे, आपके पास असल प्रमाण-पत्र नहीं है, इससे मेरे सन्देह को बल मिला। ऐसे भी लोग मौजूद हैं, जो दूसरों के प्रमाण-पत्रों का उपयोग करते हैं। आपने गोरों के जो प्रमाणपत्र पेश किये हैं, उनका मुझ पर कोई प्रभाव नहीं पड़ा। वे आपको क्या जानें? आपके साथ उनकी पहचान ही कितनी?"

मैं बीच में बोला: "लेकिन यहाँ तो मेरे लिए सभी नये हैं। अब्दुल्ला सेठने भी मुझे यहीं पहचाना है।"

"ठीक है। लेकिन आप तो कहते हैं कि वे आपके गाँव के हैं और आपके

पिता वहाँ के दीवान थे। इसलिए आपके परिवार को तो वे पहचानते ही होंगे न? आप उनका शपथ-पत्र अगर पेश कर दें, तो फिर मुझे कोई आपत्ति न रह जाएगी। मैं वकील-सभा को लिख दूँगा कि मुझसे आपका विरोध नहीं हो सकेगा।"

मुझे गुस्सा आया, पर मैंने उसे रोक लिया। मैंने सोचा, "यदि मैंने अब्दुल्ला सेठ का ही प्रमाण-पत्र प्रस्तुत किया होता, तो उसकी अवगणना की जाती और गोरे का परिचय-पत्र माँगा जाता। इसके सिवा, मेरे जन्म के साथ वकालत की मेरी योग्यता का क्या सम्बन्ध हो सकता है? यदि मैं दुष्ट अथवा कंगाल माता-पिता का लड़का होऊँ, तो मेरी योग्यता की जाँच करते समय मेरे विरूद्ध उसका उपयोग क्यों किया जाय?" पर इन सब विचारों को अंकुश में रखकर मैंने जवाब दिया: "यद्यपि मैं यह नहीं स्वीकार करता कि ये सब तथ्य माँगने का वकील-सभा को अधिकार है, फिर भी आप जैसा चाहते हैं वैसा शपथ-पत्र प्राप्त करने के लिए मैं तैयार हूँ।"

अब्दुल्ला सेठ का शपथ-पत्र तैयार किया और उसे वकील को दिया। उन्होंने संतोष प्रकट किया। पर वकील-सभा को संतोष न हुआ। उसने मेरे प्रवेश के विरूद्ध अपना विरोध न्यायालय के सामने प्रस्तुत किया। न्यायालय ने मि० एस्कम्ब का जवाब सुने बिना ही वकील-सभा का विरोध रद कर दिया। मुख्य न्यायाधीशने कहा:

"प्रार्थी के असल प्रमाण-पत्र प्रस्तुत न करने की दलील में कोई सार नहीं है। यदि उसने झूठी शपथ ली होगी, तो उसके लिए उस पर झूठी शपथ का फौजदारी मुकदमा चल सकेगा और उसका नाम वकीलों की सूची में से निकाल दिया जाएगा। न्यायालय के नियमों में काले-गोरे का भेद नहीं है। हमें मि० गांधी को वकालत करने से रोकने का अधिकार नहीं है। उनका प्रार्थना-पत्र स्वीकार किया जाता है। मि० गांधी, आप शपथ ले सकते हैं।"

मैं उठा। रजिस्ट्रार के सम्मुख मैंने शपथ ली। शपथ लेते ही मुख्य नयायाधीश ने कहा: "अब आपको अपनी पगड़ी उतार देनी चाहिए। एक वकील के नाते वकीलों से सम्बन्ध रखनेवाले न्यायालय के पोशाक-विषयक नियम का पालन आपके लिए भी आवश्यक है!"

मैं अपनी मर्यादा समझ गया। डरबन के मजिस्ट्रेट की कचहरी में जिस पगड़ी को पहने रहने का मैंने आग्रह रखा था, उसे मैंने यहाँ उतार दिया। उतारने के

विरूद्ध दलील तो थी ही। पर मुझे बड़ी लड़ाइयाँ लड़नी थीं। पगड़ी पहने रहने का हठ करने में मुझे लड़ने की अपनी कला समाप्त नहीं करनी थी। इससे तो शायद उसे बट्टा ही लगता।

अब्दुल्ला सेठ को और दूसरे मित्रों को मेरी यह नरमी (या निर्बलता?) अच्छी न लगी। उनका खयाल था कि मुझे वकील के नाते भी पगड़ी पहने रहने का आग्रह रखना चाहिए था। मैंने उन्हें समझाने का प्रयत्न किया। 'जैसा देश वैसा भेष' इस कहावत का रहस्य समझाया और कहा, 'हिन्दुस्तान में गोरे अफसर या जज पगड़ी उतारने के लिए विवश करें, तो उसका विरोध किया जा सकता है। नेटाल-जैसे देश में और यहाँ के न्यायालय के एक अधिकारी के नाते न्यायालय की रीति-नीति का ऐसा विरोध करना मुझे शोभा नहीं देता।'

इस और ऐसी दूसरी दलीलों से मैंने मित्रों को कुछ शान्त तो किया, पर मैं नहीं मानता कि एक ही वस्तु को भिन्न परिस्थिति में भिन्न रीति से देखने का औचित्य मैं इस अवसर पर उन्हें संतोषजनक रीति से समझा सका था। पर मेरे जीवन में आग्रह और अनाग्रह हमेशा साथ-साथ ही चलते रहे हैं। सत्याग्रह में यह अनिवार्य है, इसका अनुभव मैंने बाद में कई बार किया है। इस समझौता-वृत्ति के कारण मुझे कितनी ही बार अपने प्राणों को संकट में डालना पड़ा है और मित्रों का असंतोष सहना पड़ा है। पर सत्य वज्र के समान कठिन है और कमल के समान कोमल है।

वकील-सभा के विरोध ने दक्षिण अफ्रीका में मेरे लिए दूसरे विज्ञापन का काम किया। ज्यादातर अखबारों ने मेरे प्रवेश के विरोध की निन्दा की और वकीलों पर ईर्ष्या का दोष लगाया। इस विज्ञापन से मेरा काम किसी हद तक सरल हो गया।

१९. नेटाल इन्डियन कॉंग्रेस

वकालत का धंधा मेरे लिए गौण वस्तु थी और सदा गौण ही रही। नेटाल में अपने निवास को सार्थक करने के लिए तो मुझे सार्वजनिक काम में तन्मय हो जाना था। भारतीय मताधिकार प्रतिबंधक कानून के विरूद्ध केवल प्रार्थना-पत्र भेजकर ही बैठा नहीं जा सकता था। उसके बारेमें आन्दोलन चलते रहने से ही उपनिवेश-मंत्री पर उसका असर पड़ सकता था। इसके लिए एक संस्था की स्थापना करना आवश्यक मालूम हुआ। इस सम्बन्ध में मैंने अब्दुल्ला सेठ

से सलाह की, दूसरे साथियों से मिला, और हमने एक सार्वजनिक संस्था खड़ी करने का निश्चय किया।

उसके नामकरण में थोड़ा धर्म-संकट था। इस संस्था को किसी पक्ष के साथ पक्षपात नहीं करना था। मैं यह जानता था कि काँग्रेस का नाम कंजर्वेटिव (पुराणपंथी) पक्ष में अप्रिय था। पर काँग्रेस हिन्दुस्तान का प्राण थी। उसकी शक्ति तो बढ़नी ही चाहिए। उस नाम को छिपाने में अथवा अपनाते हुए संकोच करने में नामर्दी की गंध आती थी। अतएव मैंने अपनी दलीलें पेश करके संस्था का नाम 'काँग्रेस' ही रखने का सुझाव दिया, और सन १८९४ के मई महीने की २२ तारीख को नेटाल इण्डियन काँग्रेस का जन्म हुआ।

दादा अब्दुल्ला का ऊपरवाला बड़ा कमरा भर गया था। लोगों ने इस संस्था का उत्साह-पूर्वक स्वागत किया। उसका विधान सादा रखा था। चन्दा भारी था। हर महीने कम-से-कम पाँच शिलिंग देनेवाला ही उसका सदस्य बन सकता था। धनी व्यापारियों को रिझाकर उनसे अधिक से-अधिक जितना लिया जा सके, लेने का निश्चय हुआ। अब्दुल्ला सेठ से महीने के दो पौण्ड लिखवाये। दूसरे भी दो सज्जनों से इतने ही लिखवाये। मैंने सोचा कि मुझे तो संकोच करना ही नहीं चाहिए, इसलिए मैंने महीने का एक पौण्ड लिखाया। मेरे लिए यह कुछ बड़ी रकम थी। पर मैंने सोचा कि अगर मेरा खर्च चलने ही वाला हो, तो मेरे लिए हर महीने एक पौण्ड देना अधिक नहीं होगा। ईश्वर ने मेरी गाड़ी चला दी। एक पौण्ड देनेवालों की संख्या काफी रही। दस शिलिंगवाले उनसे भी अधिक। इसके अलावा, सदस्य बने बिना कोई अपनी इच्छा से भेंट के रूप में जो कुछ दे सो स्वीकार करना था।

अनुभव से पता चला कि बिना तकाजे के कोई चन्दा नहीं देता। डरबन से बाहर रहनेवालों के यहाँ बार-बार जाना असम्भव था। आरम्भ-शूरता का दोष तुरन्त प्रकट हुआ। डरबन में भी कई चक्कर लगाने पर पैसे मिलते थे। मैं मंत्री था। पैसे उगाहने का बोझ मेरे सिर था। मेरे लिए अपने मुहर्रिर का लगभग सारा दिन उगाही के काम में ही लगाये रखना ज़रूरी हो गया। मुहर्रिर भी दिक आ गया। मैंने अनुभव किया कि चन्दा मासिक नहीं, वार्षिक होना चाहिए और वह सबको पेशगी ही दे देना चाहिए। सभा की गयी। सबने मेरी सूचना का स्वागत किया और कम से कम तीन पौण्ड वार्षिक चन्दा लेने का निश्चय हुआ। इससे

वसूली का काम आसान बना।

मैंने आरम्भ में ही यह सीख लिया था कि सार्वजनिक काम कभी कर्ज लेकर नहीं करना चाहिए। दूसरे कामों के बारेमें लोगों का विश्वास चाहे किया जाय, पर पैसे के वादे का विश्वास नहीं किया जा सकता। मैंने देख लिया था कि लिखायी हुई रकम चुकाने का धर्म लोग कहीं भी नियमित रूप से नहीं पालते। इसमें नेटाल के भारतीय अपवादरूप नहीं थे। अतएव नेटाल इण्डियन कॉंग्रेस ने कभी कर्ज लेकर काम किया ही नहीं।

सदस्य बनाने में साथियों ने असीम उत्साह का परिचय दिया था। इसमें उन्हें आनंद आता था। अनमोल अनुभव प्राप्त होते थे। बहुतेरे लोग खुश होकर नाम लिखाते और तुरन्त पैसे दे देते थे। दूर-दूर के गाँवों में थोड़ी कठिनाई होती थी। लोग सार्वजनिक काम का अर्थ नहीं समझते थे। वहुत-सी जगहों में तो लोग अपने यहाँ आने का न्योता भेजते और प्रमुख व्यापारी के यहाँ ठहराने की व्यवस्था करते। पर इन यात्राओं में एक जगह शुरू में ही हमें मुश्किल का सामना करना पड़ा। वहाँ एक व्यापारी से छह पौण्ड मिलने चाहिए थे, पर वह तीन से आगे बढ़ता ही न था। अगर इतनी रकम हम ले लेते, तो फिर दूसरों से अधिक न मिलती। पड़ाव उन्हींके घर था। हम सब भूखे थे। पर जब तक चंदा न मिले, भोजन कैसे करें? उन भाई को खूब समझाया-मनाया। पर वे टस-से-मस न होते थे। गाँव के दूसरे व्यापारियों ने भी उन्हें समझाया। सारी रात झक-झक में बीत गयी। गुस्सा तो कई साथियों को आया, पर किसीने विनय का त्याग न किया। ठेठ सबेरे वे भाई पिघले और उन्होंने छह पौण्ड दिये। हमें भोजन कराया। यह घटना टोंगाट में घटी थी। इसका प्रभाव उत्तरी किनारे पर ठेठ स्टेंगर तक और अन्दर की ओर ठेठ चार्ल्सटाउन तक पड़ा। इससे चन्दा-वसूली का हमारा काम आसान हो गया।

पर हमारा हेतु केवल पैसे इकट्ठे करने का ही न था। आवश्यकता से अधिक पैसा न रखने का तत्त्व भी मैं समझ चुका था।

सभा हर हफ्ते या हर महीने आवश्यकता के अनुसार होती थी। उसमें पिछली सभा का विवरण पढ़ा जाता और अनेक प्रकार की चर्चायें होतीं। चर्चा करने की और थोड़े में मुद्दे की बात कहने की आदत तो लोगों को थी ही नहीं। लोग खड़े होकर बोलने में झिझकते थे। सभा के नियम समझाये गये और लोगोंने

उनकी कदर की। इससे होनेवाले अपने लाभ को वे देख सके और जिन्हें पहले कभी सार्वजनिक रूप से बोलने की आदत नहीं थी, वे सार्वजनिक कामों के विषय में बोलने और विचारने लग गये।

मैं यह भी जानता था कि सार्वजनिक काम करने में छोटे-छोटे खर्च बहुत पैसा खा जाते हैं। शुरू में तो मैंने निश्चय कर लिया था कि रसीद बुक तक न छपायी जाय। मेरे दफ्तर में साइक्लोस्टाइल मशीन थी। उस पर रसीदें छपा लीं। रिपोर्ट भी मैं इसी तरह छपा लेता था। जब तिजोरी में काफी पैसा जमा हो गया, सदस्य बढ़े, काम बढ़ा, तभी रसीद आदि छपाना शुरू किया। ऐसी किफायत हरएक संस्था के लिए आवश्यक है। फिर भी मैं जानता हूँ कि हमेशा यह मर्यादा रह नहीं पाती। इसीलिए इस छोटी-सी उगती हुई संस्था के आरम्भिक निर्माण-काल का विवरण देना मैंने उचित समझा है। लोग रसीद की परवाह नहीं करते थे। फिर भी उन्हें आग्रह-पूर्वक रसीद दी जाती थी। इसके कारण आरम्भ से ही पाई-पाई का हिसाब साफ रहा, और मैं मानता हूँ कि आज भी नेटाल काँग्रेस के दफ्तर में सन् १८९४ के पूरे-पूरे ब्योरेवाले बही-खाते मिलने चाहिए। किसी भी संस्था का बारीकी से रखा गया हिसाब उसकी नाक है। इसके अभाव में वह संस्था आखिर गन्दी और प्रतिष्ठा-रहित हो जाती है। शुद्ध हिसाब के बिना शुद्ध सत्य की रक्षा असम्भव है।

काँग्रेस का दूसरा अंग उपनिवेशों में जन्मे हुए पढ़े-लिखे हिन्दुस्तानियों की सेवा करना था। इसके लिए 'कॉलोनियल बॉर्न इण्डियन एज्युकेशनल एसोसियेशन[१]' की स्थापना की गयी। नवयुवक ही मुख्यतः उसके सदस्य थे। उन्हें बहुत थोड़ा चन्दा देना होता था। इस संस्था के द्वारा उनकी आवश्यकताओं का पता चलता था और उनकी विचार-शक्ति बढ़ती थी। हिन्दुस्तानी व्यापारियों के साथ उन का सम्बन्ध कायम होता था और स्वयं उन्हें भी समाज की सेवा करने के अवसर प्राप्त होते थे। यह संस्था वाद-विवाद मण्डल-जैसी थी। इसकी नियमित सभाएँ होती थीं। उनमें वे लोग भिन्न-भिन्न विषयों पर अपने भाषण करते और निबन्ध पढ़ते थे। इसी निमित्त से एक छोटे से पुस्तकालय की भी स्थापना हुई थी।

काँग्रेस का तीसरा अंग था बाहरी कार्य। इसमें दक्षिण अफ्रीका के अंग्रेजों में और बाहर इंग्लैण्ड तथा हिन्दुस्तान में नेटाल की सच्ची स्थिति पर प्रकाश

१. उपनिवेशों में जन्मे हुए भारतीयों का शिक्षा-मण्डल।

डालने का काम होता था। इस उद्देश्य से मैंने दो पुस्तिकायें लिखीं। पहली पुस्तिका का नाम था 'दक्षिण अफ्रीका में रहनेवाले प्रत्येक अंग्रेज से बिनती'। उसमें नेटाल निवासी भारतीयों की स्थिति का साधारण दिग्दर्शन प्रमाणों-सहित कराया गया था। दूसरी पुस्तिका का नाम था 'भारतीय मताधिकार—एक बिनती'। उसमें भारतीय मताधिकार का इतिहास आँकड़ों और प्रमाणों-सहित दिया गया था। ये दोनों पुस्तिकायें काफी अध्ययन और परिश्रम के बाद लिखी गयी थीं। इनका फल भी वैसा ही मिला। इनका व्यापक प्रचार किया गया था। इस कार्य के निमित्त से दक्षिण अफ्रीका में हिन्दुस्तानियों के मित्र पैदा हो गये। इंग्लैण्ड में और हिन्दुस्तान में सब पक्षों की तरफ से मदद मिली, कार्य करने की दिशा प्राप्त हुई और उसने निश्चित रूप धारण किया।

२०. बालासुन्दरम्

जैसी जिसकी भावना वैसा उसका फल, इस नियम को मैंने अपने बारेमें अनेक वार घटित होते देखा है। जनता को अर्थात् गरीबों की सेवा करने की मेरी प्रबल इच्छा ने गरीबों के साथ मेरा सम्बन्ध हमेशा ही अनायास जोड़ दिया है।

यद्यपि नेटाल इण्डियन काँग्रेस में उपनिवेशों में पैदा हुए हिन्दुस्तानियों ने प्रवेश किया था और मुहर्रिरों का समाज उसमें दाखिल हुआ था, फिर भी मजदूरों ने, गिरमिटिया समाज के लोगों ने, उसमें प्रवेश नहीं किया था। काँग्रेस उनकी नहीं हुई थी। वे उसमें चन्दा देकर और दाखिल होकर उसे अपना नहीं सके थे। उनके मन में काँग्रेस के प्रति प्रेम तो तभी पैदा हो सकता था, जब काँग्रेस उनकी सेवा करे। ऐसा प्रसंग अपने-आप आ गया और वह भी ऐसे समय जब कि मैं स्वयं अथवा काँग्रेस उसके लिए शायद ही तैयार थी। मुझे वकालत शुरू किये अभी मुश्किल से दो-चार महीने हुए थे। काँग्रेस का भी बचपन था। इतने में एक दिन बालासुन्दरम् नाम का एक मद्रासी हिन्दुस्तानी हाथ में साफा लिये रोता-रोता मेरे सामने आकर खड़ा हो गया। उसके कपड़े फटे हुए थे, वह थर-थर काँप रहा था, उसके मुँह से खून बह रहा था और उसके दो दाँत टूटे हुए थे। उसके मालिकने उसे बुरी तरह मारा था। तामिल समझनेवाले अपने मुहर्रिर के द्वारा मैंने उसकी स्थिति जान ली। बालासुन्दरम् एक प्रतिष्ठित गोरे के यहाँ मजदूरी करता था। मालिक किसी वजह से गुस्सा हुआ होगा। उसे होश न रहा

और उसने बालासुन्दरम् की खूब जमकर पिटाई की। परिणाम-स्वरूप बालासुन्दरम् के दो दाँत टूट गये।

मैंने उसे डॉक्टर के यहाँ भेजा। उन दिनों गोरे डॉक्टर ही मिलते थे। मुझे चोट-सम्बन्धी प्रमाण-पत्र की आवश्यकता थी। उसे प्राप्त करके मैं बालासुन्दरम् को मजिस्ट्रेट के पास ले गया। वहाँ बालासुन्दरम् का शपथ-पत्र प्रस्तुत किया। उसे पढ़कर मजिस्ट्रेट मालिक पर गुस्सा हुआ। उसने मालिक के नाम समन जारी करने का हुकम दिया।

मेरी नीयत मालिक को सजा कराने की नहीं थी। मुझे तो बालासुन्दरम् को उसके पंजे से छुड़ाना था। मैंने गिरमिटियों से सम्बन्ध रखनेवाले कानून की छानबीन कर ली। यदि साधारण नौकर नौकरी छोड़ता, तो मालिक उसके खिलाफ दीवानी दावा दायर कर सकता था, पर उसे फौजदारी में नहीं ले जा सकता था। गिरमिट में और साधारण नौकरी में बहुत फरक था। पर खास फरक यह था कि अगर गिरमिटिया मालिक को छोड़े, तो वह फौजदारी गुनाह माना जाता था और उसके लिए उसे कैद भुगतनी होती थी। इसीलिए सर विलियम विल्सन हण्टर ने इस स्थिति को लगभग गुलामी की-सी स्थिति माना था। गुलाम की तरह गिरमिटिया मालिक की मिल्कियत माना जाता था। बालासुन्दरम् को छुड़ाने के केवल दो उपाय थेः या तो गिरमिटियों के लिए नियुक्त अधिकारी, जो कानून की दृष्टि से उनका रक्षक कहा जाता था, उसका गिरमिट रद करे या दूसरे के नाम लिखवा दे; अथवा मालिक स्वयं उसे छोड़ने को तैयार हो जाय। मैं मालिक से मिला। उससे मैंने कहा, "मैं आपको सजा नहीं कराना चाहता। इस आदमी को सख्त मार पड़ी है, सो तो आप जानते ही हैं। आप इसका गिरमिट दूसरे के नाम लिखाने को राजी हो जाएँ, तो मुझे सन्तोष होगा।" मालिक तो यही चाहता था। फिर मैं रक्षक से मिला। उसने भी सहमत होना स्वीकार किया, पर शर्त यह रखी कि मैं बालासुन्दरम् के लिए नया मालिक खोज दूँ।

मुझे नये अंग्रेज मालिक की खोज करनी थी। हिन्दुस्तानियों को गिरमिटिया मजदूर रखने की इजाजत नहीं थी। मैं अभी कुछ ही अंग्रेजों को पहचानता था। उनमें से एक को मिला। उन्होंने मुझ पर मेहरबानी करके बालासुन्दरम् को रखना मंजूर कर लिया। मैंने उनकी कृपा को साभार स्वीकार किया। मजिस्ट्रेट ने मालिक को अपराधी ठहराकर यह लिख दिया कि उसने बालासुन्दरम् का

गिरमिट दूसरे के नाम लिखाना स्वीकार किया है।

बालासुन्दरम् के मामले की बात गिरमिटियों में चारों तरफ फैल गयी और मैं उनका बन्धु मान लिया गया। मुझे यह बात अच्छी लगी। मेरे दफ्तर में गिरमिटियों का ताँता-सा लग गया और मुझे उनके सुख-दुःख जानने की बड़ी सुविधा हो गयी।

बालासुन्दरम् के मामले की भनक ठेठ मद्रास प्रान्त तक पहुँची। उस प्रान्त के जिन-जिन हिस्सों से लोग नेटाल के गिरमिट में जाते, उन्हें गिरमिटिया ही इस मामले की जानकारी देते थे। वैसे यह मामला महत्त्व का नहीं था, पर लोगों को यह जानकर आनन्द और आश्चर्य हुआ कि उनके लिए प्रकट रूप से काम करनेवाला कोई आदमी निकल आया है। इस बात से उन्हें आश्वासन मिला।

मैं ऊपर लिख चुका हूँ कि बालासुन्दरम् अपना साफा उतारकर और उसे अपने हाथ में रखकर मेरे पास आया था। इस घटना में बड़ी करूणा भरी है; इसमें हमारी बेइज्जती भी भरी है। पगड़ी उतारने का मेरा किस्सा तो हम जान ही चुके हैं। गिरमिटिया और दूसरे अनजान हिन्दुस्तानी जब किसी भी गोरे के घर में दाखिल होते, तो उसके सम्मान के लिए पगड़ी उतार लिया करते थे—फिर वह टोपी हो, या बंधी हुई पगड़ी हो या लपेटा हुआ साफा हो। दोनों हाथों से सलाम करना काफी नहीं था। बालासुन्दरम् ने सोचा कि मेरे सामने भी इसी तरह आना चाहिए। मेरे निकट बालासुन्दरम् का यह दृश्य मेरा पहला अनुभव था। मैं शरमाया। मैंने बालासुन्दरम् को साफा बाँधने के लिए कहा। बड़े संकोच के साथ उसने साफा बाँधा। पर इससे उसे जो खुशी हुई, उसे मैं ताड़ गया। दूसरों को अपमानित करके लोग अपने को सम्मानित कैसे समझ सकते हैं, इस पहेली को मैं आज तक हल नहीं कर सका हूँ।

२१. तीन पौण्ड का कर

बालासुन्दरम् के किस्से ने गिरमिटिया हिन्दुस्तानियों के साथ मेरा सम्बन्ध जोड़ दिया। परन्तु उन पर कर लगाने का जो आन्दोलन चला, उसके परिणाम-स्वरूप मुझे उनकी स्थिति का गहरा अध्ययन करना पड़ा।

१८९४ के साल में गिरमिटिया हिन्दुस्तानियों पर हर साल २५ पौण्ड का अर्थात् ३७५ रूपयों का कर लगाने के कानून का मसविदा नेटाल की सरकार ने तैयार किया। उस मसविदे को पढ़कर मैं तो दिङ्मूढ़ ही हो गया। मैंने उसे

स्थानीय काँग्रेस के सामने रखा। इस मामले में जो आन्दोलन करना उचित था, वह करने का एक प्रस्ताव काँग्रेस ने पास किया।

लगभग १८६० में जब नेटाल में बसे हुए गोरों ने देखा कि वहाँ इख की फसल अच्छी हो सकती है, तो उन्होंने मजदूरों की खोज शुरू की। मजदूर न मिलें, तो न ईख पैदा हो सकती थी और न चीनी ही बन सकती थी। नेटाल के हब्शी यह मजदूरी नहीं कर सकते थे। इसलिए नेटाल-निवासी गोरों ने भारत-सरकार के साथ विचार-विमर्श करके हिन्दुस्तानी मजदूरों को नेटाल जाने देने की अनुमति प्राप्त की। उन्हें यह लालच दिया गया कि पाँच साल तक मजदूरी करने का बंधन रहेगा और पाँच साल के बाद उन्हें स्वतंत्र रीति से नेटाल में बसने की छूट रहेगी। उनको जमीन का मालिक बनने का पूरा अधिकार भी दिया गया था। उस समय गोरे चाहते थे कि हिन्दुस्तानी मजदूर अपने पाँच साल पूरे होने के बाद जमीन जोतें और अपने उद्यम का लाभ नेटाल को दें।

हिन्दुस्तानी मजदूरोंने यह लाभ आशा से अधिक दिया। साग-सब्जी खूब बोयी। हिन्दुस्तान की अनेक उत्तम तरकारियाँ पैदा कीं। जो साग-सब्जियाँ वहाँ पहले से पैदा होती थीं उनके दाम सस्ते कर दिये। हिन्दुस्तान से आम लाकर लगाये। पर इसके साथ ही उन्होंने व्यापार भी शुरू कर दिया। घर बनाने के लिए जमीनें खरीद लीं और बहुतेरे लोग मजदूर न रहकर अच्छे जमींदार और मकान-मालिक बन गये। इस तरह मजदूरों में से मकान-मालिक बन जानेवालों के पीछे-पीछे वहाँ स्वतंत्र व्यापारी भी पहुँचे। स्व० सेठ अबूबकर आमद उनमें सबसे पहले पहुँचनेवाले थे। उन्होंने वहाँ अपना कारोबार खूब जमाया।

गोरे व्यापारी चौंके। जब पहले-पहल उन्होंने हिन्दुस्तानी मजदूरों का स्वागत किया था, तब उन्हें उनकी व्यापार करने की शक्ति का कोई अन्दाज न था। वे किसान के नाते स्वतंत्र रहें, इस हद तक तो गोरों को उस समय कोई आपत्ति न थी, पर व्यापार में उनकी प्रतिद्वन्द्विता उन्हें असह्य जान पड़ी।

हिन्दुस्तानियों के साथ उनके विरोध के मूल में यह चीज थी।

उसमें दूसरी चीजें और मिल गयीं। हमारी अलग रहन-सहन, हमारी सादगी, हमारा कम नफे से संतुष्ट रहना, आरोग्य के नियमों के बारेमें हमारी लापरवाही, घर-आँगन को साफ रखने का आलस्य, उनकी मरम्मत में कंजूसी, हमारे अलग-अलग धर्म—ये सारी बातें विरोध को भड़कानेवाली सिद्ध हुईं।

यह विरोध प्राप्त मताधिकार को छीन लेने के रूप में और गिरमिटियों पर कर लगाने के कानून के रूप में प्रकट हुआ। कानून के बाहर तो अनेक प्रकार से उन्हें परेशान करना शुरू हो ही चुका था।

पहला सुझाव तो यह था कि गिरमिट पूरा होने के कुछ दिन पहले ही हिन्दुस्तानियों को जबरदस्ती वापस भेज दिया जाय, ताकि उनके इकरारनामे की मुद्दत हिन्दुस्तान में पूरी हो। पर इस सुझाव को भारत-सरकार माननेवाली नहीं थी। इसलिए यह सुझाव दिया गया किः

१. मजदूरी का इकरार पूरा हो जाने पर गिरमिटिया वापस हिन्दुस्तान चला जाए; अथवा
२. हर दूसरे साल नया गिरमिट लिखवाये और उस हालत में हर बार उसके वेतन में कुछ बढ़ोतरी की जाए;
३. अगर वह वापस न जाए और मजदूरी का नया इकरारनामा भी न लिखे, तो हर साल २५ पौण्ड का कर दे।

इन सुझावों का स्वीकार कराने के लिए सर हेनरी बीन्स और मि० मेसन का डेप्युटेशन हिन्दुस्तान भेजा गया। तब लॉर्ड एलविन वाइसरॉय थे। उन्होंने २५ पौण्ड का कर तो नामंजूर कर दिया; पर वैसे हरएक हिन्दुस्तानी से ३ पौण्ड का कर लेने की स्वीकृति दे दी। मुझे उस समय ऐसा लगा था और अब तक लगता है कि वाइसरॉय की यह गंभीर भूल थी। इसमें उन्होंने हिन्दुस्तान के हित का तनिक भी विचार नहीं किया। नेटाल के गोरों के लिए ऐसी सुविधा कर देना उनका कोई धर्म नहीं था। तीन-चार साल के बाद यह कर वैसे (गिरमिट-मुक्त) हिन्दुस्तानी की स्त्री से और उसके हर १६ साल और उससे बड़ी उमर के लड़के और १३ साल या उससे बड़ी उमर की लड़की से भी लेने का निश्चय किया गया। इस प्रकार पति-पत्नी और दो बच्चोंवाले कुटुम्ब से, जिसमें पति को अधिक से अधिक १४ शिलिंग प्रतिमास मिलते हों, १२ पौण्ड अर्थात् १८० रूपये का कर लेना भारी जुल्म माना जाएगा। दुनिया में कहीं भी इस स्थिति के गरीब लोगों से ऐसा भारी कर नहीं लिया जाता था।

इस करके विरूद्ध जोरों की लड़ाई छिड़ी। यदि नेटाल इण्डियन कॉंग्रेसकी ओर से कोई आवाज ही न उठाई जाती, तो शायद वाइसरॉय २५ पौण्ड भी मंजूर कर लेते। २५ पौण्ड के बदले ३ पौण्ड होना भी कॉंग्रेस के आन्दोलन का

ही प्रताप हो, यह पूरी तरह संभव है। पर इस कल्पना में मेरी भूल हो सकती है। सम्भव है कि भारत-सरकार ने २५ पौण्ड के प्रस्ताव को शुरू से ही अस्वीकार कर दिया हो, और हो सकता है कि काँग्रेस के विरोध न करने पर भी वह ३ पौण्ड का कर ही स्वीकार करती। तो भी उसमें हिन्दुस्तान के हित की हानि तो थी ही। हिन्दुस्तान के हित-रक्षक के नाते वाइसरॉय को ऐसा अमानुषी कर कभी स्वीकार नहीं करना चाहिए था।

२५ से ३ पौण्ड (३७५ रूपये से ४५ रूपये) होने में काँग्रेस क्या यश लेती? उसे तो यही अखरा कि वह गिरमिटियों के हित की पूरी रक्षा न कर सकी। और ३ पौण्ड का कर किसी-न-किसी दिन हटना ही चाहिए, इस निश्चय को काँग्रेसने कभी भुलाया नहीं। पर इस निश्चय को पूरा करने में बीस वर्ष बीत गये। इस युद्ध में नेटाल के ही नहीं, बल्कि समूचे दक्षिण अफ्रीका के हिन्दुस्तानियों को सम्मिलित होना पड़ा। उसमें गोखले को निमित्त बनना पड़ा। गिरमिटिया हिन्दुस्तानियों को पूरी तरह हाथ बँटाना पड़ा। उसके कारण कुछ लोगों को गोलियाँ खाकर मरना पड़ा। दस हजार से अधिक हिन्दुस्तानियों को जेल भुगतनी पड़ी।

पर अन्त में सत्य की जय हुई। हिन्दुस्तानियों की तपस्या में सत्य मूर्तिमान हुआ। इसके लिए अटल श्रद्धा की, अखूट धैर्य की और सतत कार्य करते रहने की आवश्यकता थी। यदि कौम हारकर बैठ जाती, काँग्रेस लड़ाई को भूल जाती और कर को अनिवार्य समझकर उसके आगे झुक जाती, तो वह कर आज तक गिरमिटिया हिन्दुस्तानियों से वसूल होता रहता और इसका कलंक स्थानीय हिन्दुस्तानियों को और समूचे हिन्दुस्तान को लगता।

२२. धर्म-निरीक्षण

इस प्रकार मैं हिन्दुस्तानी समाज की सेवा में ओतप्रोत हो गया, उसका कारण आत्म-दर्शन की अभिलाषा थी। ईश्वर की पहचान सेवा से ही होगी, यह मानकर मैंने सेवा-धर्म स्वीकार किया था। मैं हिन्दुस्तान की सेवा करता था, क्योंकि वह सेवा मुझे अनायास प्राप्त हुई थी। मुझे उसकी रूचि थी। मुझे उसे खोजने नहीं जाना पड़ा था। मैं तो यात्रा करने, काठियावाड़ के षड्यंत्रों से बचने और आजीविका खोजने के लिए दक्षिण अफ्रीका गया था। पर पड़ गया ईश्वर की खोजमें—आत्म-दर्शन के प्रयत्न में। ईसाई भाइयों ने मेरी जिज्ञासा को बहुत तीव्र

कर दिया था। वह किसी भी तरह शान्त होनेवाली न थी। मैं शान्त होना चाहता तो भी ईसाई भाई-बहन मुझे शान्त होने न देते। क्योंकि डरबन में मि० स्पेन्सर वॉल्टन ने, जो दक्षिण अफ्रीका के मिशन के मुखिया थे, मुझे खोज निकाला। उनके घर में मैं कुटुम्बी-जैसा हो गया। इस सम्बन्ध का मूल प्रिटोरिया में हुआ समागम था। मि० वॉल्टन की रीति-नीति कुछ दूसरे प्रकार की थी। उन्होंने मुझे ईसाई बनने को कहा हो, सो याद नहीं। पर अपना जीवन उन्होंने मेरे सामने रख दिया और अपनी प्रवृत्तियाँ—कार्यकलाप—मुझे देखने दीं। उनकी धर्मपत्नी बहुत नम्र परन्तु तेजस्वी महिला थीं।

मुझे इस दम्पती की पद्धति अच्छी लगती थी। अपने बीच के मूलभूत मतभेदों को हम दोनों जानते थे। ये मतभेद आपसी चर्चा द्वारा मिटनेवाले नहीं थे। जहाँ उदारता, सहिष्णुता और सत्य होता है वहाँ मतभेद भी लाभदायक सिद्ध होते हैं। मुझे इस युगल की नम्रता, उद्यम-शीलता और कार्य-परायणता प्रिय थी। इसलिए हम समय-समय पर मिलते रहते थे।

इस सम्बन्धने मुझे जाग्रत रखा। धार्मिक पुस्तकों के अध्ययन के लिए जो फुरसद मुझे प्रिटोरिया में मिल गयी थी, वह अब असम्भव थी। पर जो थोड़ा समय बचता, उसका उपयोग मैं वैसे अध्ययन में करता था। मेरा पत्रव्यवहार जारी था। रायचन्दभाई मेरा मार्गदर्शन कर रहे थे। किसी मित्र ने मुझे नर्मदाशंकर की 'धर्म-विचार' पुस्तक भेजी। उसकी प्रस्तावना मेरे लिए सहायक सिद्ध हुई। मैंने नर्मदाशंकरके विलासी जीवन की बातें सुनी थीं। प्रस्तावना में उनके जीवन में हुए परिवर्तनों का वर्णन था। उसने मुझे आकर्षित किया और इस कारण उस पुस्तक के प्रति मेरे मन में आदर उत्पन्न हुआ। मैं उसे ध्यानपूर्वक पढ़ गया। मैंसमूलर की 'हिन्दुस्तान क्या सिखाता है?' पुस्तक मैंने बड़ी दिलचस्पी के साथ पढ़ी। थियॉसॉफिकल सोसायटी द्वारा प्रकाशित उपनिषदों का भाषान्तर पढ़ा। इससे हिन्दू धर्म के प्रति मेरा आदर बढ़ा। उसकी खूबियाँ मैं समझने लगा। पर दूसरे धर्मों के प्रति मेरे मन में अनादर उत्पन्न नहीं हुआ। वाशिंग्टन अरविंग कृत मुहम्मद का चरित्र और कार्लाइल की मुहम्मद-स्तुति पढ़ी। मुहम्मद पैगम्बर के प्रति मेरा सम्मान बढ़ा। 'जरथुस्त के वचन' नामक पुस्तक भी मैंने पढ़ी।

इस प्रकार मैंने भिन्न-भिन्न सम्प्रदायों का थोड़ा-बहुत ज्ञान प्राप्त किया। मेरा आत्म-निरीक्षण बढ़ा। जो पढ़ा और पसंद किया, उसे आचरण में लाने की आदत

पक्की हुई। अतएव हिन्दू धर्म में सूचित प्राणायाम-सम्बन्धी कुछ क्रियायें, जितनी पुस्तक की मदद से समझ सका उतनी, मैंने शुरू कीं। पर वे मुझे सधी नहीं। मैं उनमें आगे न बढ़ सका। सोचा था कि वापस हिन्दुस्तान जाने पर उनका अभ्यास किसी शिक्षक की देखरेख में करूँगा। पर वह विचार कभी पूरा नहीं हो सका।

टॉल्स्टॉय की पुस्तकों का अध्ययन मैंने बढ़ा लिया। उनकी 'गॉस्पेल्स इन ब्रीफ' (नये करार का सार), 'व्हॉट टु डू' (तब क्या करें?) आदि पुस्तकोंने मेरे मन पर गहरी छाप डाली। विश्व-प्रेम मनुष्य को कहाँ तक ले जा सकता है, इसे मैं अधिकाधिक समझने लगा।

इसी समय एक दूसरे ईसाई कुटुम्ब के साथ मेरा सम्बन्ध जुड़ा। उसकी इच्छा से मैं हर रविवार को वेस्लियन गिरजे में जाया करता था। अकसर हर रविवार की शाम को मुझे उनके घर भोजन भी करना पड़ता था। वेस्लियन गिरजे का मुझ पर अच्छा असर नहीं पड़ा। वहाँ जो प्रवचन होते थे, वे मुझे शुष्क जान पड़े। प्रेक्षकों में भक्तिभाव के दर्शन नहीं हुए। यह ग्यारह बजे का समाज मुझे भक्तों का नहीं, बल्कि कुछ दिल बहलाने और कुछ रिवाज पालने के लिए आये हुए संसारी जीवों का समाज जान पड़ा। कभी-कभी इस सभा में मुझे बरबस नींद के झोंके आ जाते। इससे मैं शरमाता। पर अपने आस-पास भी किसीको ऊँघते देखता, तो मेरी शरम कुछ कम हो जाती। अपनी यह स्थिति मुझे अच्छी नहीं लगी। आखिर मैंने इस गिरजे में जाना छोड़ दिया।

मैं जिस परिवार में हर रविवार को जाता था, कहना होगा कि वहाँ से तो मुझे छुट्टी ही मिल गयी। घर की मालकिन भोली, भली परन्तु संकुचित मन की मालूम हुई। हर बार उनके साथ कुछ-न-कुछ धर्मचर्चा तो होती ही रहती थी। उन दिनों मैं घर पर 'लाइट ऑफ एशिया' पढ़ रहा था। एक दिन हम ईसा और बुद्ध के जीवन की तुलना करने लगे। मैंने कहा:

"गौतम की दया को देखिये। वह मनुष्य-जाति को लाँघकर दूसरे प्राणियों तक पहुँच गयी थी। उनके कंधे पर खेलते हुए मेमने का चित्र आँखों के सामने आते ही क्या आपका हृदय प्रेम से उमड़ नहीं पड़ता? प्राणिमात्र के प्रति ऐसा प्रेम मैं ईसा के चरित्र में नहीं देख सका।"

उन बहन का दिल दुखा। मैं समझ गया। मैंने अपनी बात आगे न बढ़ायी। हम भोजनालय में पहुँचे। कोई पाँच वर्ष का उनका हँसमुख बालक भी हमारे

साथ था। मुझे बच्चे मिल जाएँ तो फिर और क्या चाहिए? उसके साथ मैंने दोस्ती तो कर ही ली थी। मैंने उसकी थाली में पड़े माँस के टुकड़े का मजाक किया और अपनी रकाबी में सजे हुए सेव की स्तुति शुरू की। निर्दोष बालक पिघल गया और सेव की स्तुति में सम्मिलित हो गया।

पर माता? वह बेचारी दुखी हुई।

मैं चेता। चुप्पी साध गया। मैंने चर्चा का विषय बदल दिया।

दूसरे हफ्ते सावधान रहकर मैं उनके यहाँ गया तो सही, पर मेरे पाँव भारी हो गये थे। मुझे यह न सूझा कि मैं खुद ही वहाँ जाना बन्द कर दूँ और न ऐसा करना उचित जान पड़ा। पर उस भली बहनने मेरी कठिनाई दूर कर दी। वे बोलीं, "मि॰ गांधी, आप बुरा न मानियेगा, पर मुझे आपसे कहना चाहिए कि मेरे बालक पर आपकी सोहबत का बुरा असर होने लगा है। अब वह रोज माँस खाने में आनाकानी करता है और आपकी उस चर्चा की याद दिलाकर फल माँगता है। मुझसे यह न निभ सकेगा। मेरा बच्चा माँसाहार छोड़ने से बीमार चाहे न पड़े, पर कमजोर तो हो ही जाएगा। इसे मैं कैसे सह सकती हूँ? आप जो चर्चा करते हैं, वह हम सयानों के बीच शोभा दे सकती है। लेकिन बालकों पर तो उसका बुरा ही असर हो सकता है!"

"मिसेज ... मुझे दुःख है। माता के नाते मैं आपकी भावना को समझ सकता हूँ। मेरे भी बच्चे हैं। इस आपत्ति का अन्त सरलता से हो सकता है। मेरे बोलने का जो असर होगा, उसकी अपेक्षा मैं जो खाता हूँ या नहीं खाता हूँ, उसे देखने का असर बालक पर बहुत अधिक होगा। इसलिए अच्छा रास्ता तो यह है कि अब से आगे मैं रविवार को आपके यहाँ न आऊँ। इससे हमारी मित्रता में कोई बाधा न पहुँचेगी।"

बहन ने प्रसन्न होकर उत्तर दिया, "मैं आपका आभार मानती हूँ।"

२३. घर की व्यवस्था

मैं बम्बई में और विलायत में घर बसा चुका था, पर उसमें और नेटाल में घर की व्यवस्था जमाने में फरक था। नेटाल में कुछ खर्च मैंने केवल प्रतिष्ठा के लिए चला रखा था। मैंने मान लिया था कि नेटाल में हिन्दुस्तानी बारिस्टर के नाते और हिन्दुस्तानियों के प्रतिनिधि के रूप में मुझे काफी खर्च करना चाहिए,

इसलिए मैंने अच्छे मुहल्ले में अच्छा घर लिया था। घर को अच्छी तरह सजाया भी था। भोजन सादा था, पर अंग्रेज मित्रों को न्योतना होता था और हिन्दुस्तानी साथियों को भी न्योतता था, इस कारण स्वभावतः वह खर्च भी बढ़ गया था।

नौकर की कमी तो सब कहीं जान पड़ती थी। किसीको नौकरके रूप में रखना मुझे आया ही नहीं।

एक साथी मेरे साथ रहता था। एक रसोइया रखा था। वह घर के आदमी जैसा बन गया था। दफ्तर में जो मुहर्रिर रखे थे, उनमें से भी जिन्हें रख सकता था, मैंने घर में रख लिया था।

मैं मानता हूँ कि यह प्रयोग काफी सफल रहा। पर उसमें से मुझे संसार के कड़वे अनुभव भी हुए।

मेरा वह साथी बहुत होशियार था और मेरे खयाल के मुताबिक मेरे प्रति वफादार था। पर मैं उसे पहचान न सका। दफ्तर के एक मुहर्रिर को मैंने घर में रख लिया था। उसके प्रति इस साथी के मन में ईर्ष्या उत्पन्न हुई। साथीने ऐसा जाल रचा कि मैं मुहर्रिर पर शक करने लगा। यह मुहर्रिर बहुत स्वतंत्र स्वभाव का था। उसने घर और दफ्तर दोनों छोड़ दिये। मुझे दुःख हुआ। कहीं उसके साथ अन्याय तो नहीं हुआ? यह विचार मुझे कुरेदने लगा।

इसी बीच मैंने जिस रसोइये को रखा था, उसे किसी कारण से दूसरी जगह जाना पड़ा। मैंने उसे मित्र की सार-संभाल के लिए रखा था। इसलिए उसके बदले दूसरा रसोइया लगाया। बाद में मुझे पता चला कि वह आदमी उड़ती चिड़िया भाँपनेवाला था। पर मेरे लिए वह इस तरह उपयोगी सिद्ध हुआ, मानो मुझे वैसे ही आदमी की ज़रूरत रही हो!

इस रसोइये को रखे मुश्किल से दो या तीन दिन ही हुए होंगे। इस बीच उसने मेरे घर में मेरे अनजाने चलनेवाले अनाचार को देख लिया और मुझे चेताने का निश्चय किया। लोगों की यह धारणा बन गयी थी कि मैं विश्वासशील और अपेक्षाकृत भला आदमी हूँ। इसलिए इस रसोइये को मेरे ही घर में चलनेवाला भ्रष्टाचार भयानक प्रतीत हुआ।

मैं दोपहर के भोजन के लिए दफ्तर से एक बजे घर जाया करता था। एक दिन कोई बारह बजे होंगे। इतने में यह रसोइया हाँफता-हाँफता आया और मुझसे कहने लगा, "आपको कुछ देखना हो तो खड़े पैरों घर चलिये।"

मैंने कहा, "इसका अर्थ क्या है? तुम्हें मुझे बताना चाहिए कि काम क्या है। ऐसे समय मुझे घर चलकर क्या देखना है?"

रसोइया बोला, "न चलेंगे तो आप पछताएँगे। मैं आपको इससे अधिक कहना नहीं चाहता।"

उसकी दृढ़ता से मैं आकर्षित हुआ। मैं अपने मुहर्रिर को साथ लेकर घर गया रसोइया आगे चला।

घर पहुँचने पर वह मुझे दूसरी मंजिल पर ले गया। जिस कमरे में वह साथी रहता था, उसे दिखाकर बोला, "इस कमरे को खोलकर देखिये।"

अब मैं समझ गया। मैंने कमरे का दरवाजा खटखटाया।

जवाब क्यों मिलता? मैंने बहुत जोर से दरवाजा खटखटाया। दीवार काँप उठी। दरवाजा खुला। अन्दर एक बदचलन औरत को देखा। मैंने उससे कहा, "बहन, तुम तो यहाँ से चली ही जाओ। अब फिर कभी इस घर में पैर न रखना।"

साथी से कहा, "आज से तुम्हारा और मेरा सम्बन्ध समाप्त होता है। मैं खूब ठगाया और मूर्ख बना। मेरे विश्वास का यह बदला तो न मिलना चाहिए था।"

साथी बिगड़ा। उसने मेरा सारा पर्दाफाश करने की धमकी दी।

"मेरे पास कोई छिपी चीज है ही नहीं। मैंने जो कुछ किया है, उसे तुम खुशी से प्रकट करो। पर तुम्हारे साथ मेरा सम्बन्ध तो अब समाप्त हुआ।"

साथी और गरमाया। मैंने नीचे खड़े मुहर्रिर से कहा, "तुम जाओ। पुलिस सुपरिण्टेण्डेण्ट से मेरा सलाम बोलो और कहो कि मेरे एक साथीने मुझे धोखा दिया है। मैं उसे अपने घर में रखना नहीं चाहता। फिर भी वह निकलने से इनकार करता है। मेहरबानी करके मुझे मदद भेजिए।"

अपराध में दीनता होती है। मेरे इतना कहने से ही साथी ढीला पड़ा। उसने माफी माँगी। सुपरिण्टेण्डेण्ट के यहाँ आदमी न भेजने के लिए वह गिड़गिड़ाया और तुरन्त घर छोड़कर जाना कबूल किया। उसने घर छोड़ दिया।

इस घटनाने मुझे जीवन में ठीक समय पर सचेत कर दिया। यह साथी मेरे लिए मोहरूप और अवांच्छनीय था, इसे मैं इस घटना के बाद ही स्पष्ट रूप से देख सका। इस साथी को रखकर मैंने अच्छे काम के लिए बुरे साधन को पसन्द किया था। बबूल के पेड़ से आम की आशा रखी थी। साथी का चाल-चलन अच्छा नहीं था, फिर भी मैंने मान लिया था कि वह मेरे प्रति वफादार है। उसे सुधारने

का प्रयत्न करते हुए मैं स्वयं लगभग गन्दगी में सन गया था। मैंने अपने हितैषियों की सलाह का अनादर किया था। मोहने मुझे बिलकुल अन्धा बना दिया था।

यदि इस दुर्घटना से मेरी आँखें न खुली होतीं, मुझे सत्य का पता न चलता, तो सम्भव है कि जो स्वार्पण मैं कर सका हूँ, उसे करने में मैं कभी समर्थ न हो पाता। मेरी सेवा सदा अधूरी रहती, क्योंकि वह साथी मेरी प्रगति को अवश्य रोकता। अपना बहुत-सा समय मुझे उसके लिए देना पड़ता। उसमें मुझको अन्धकार में रखने और गलत रास्ते ले जाने की शक्ति थी।

पर जिसे राम रखे, उसे कौन चखे? मेरी निष्ठा शुद्ध थी, इसलिए अपनी गलतियों के बावजूद मैं बच गया और मेरे पहले अनुभवने मुझे सावधान कर दिया।

उस रसोइये को शायद भगवानने मेरे पास भेजा था। वह रसोई बनाना नहीं जानता था, इसलिए वह मेरे यहाँ रह न सकता था। पर उसके आये बिना दूसरा कोई मुझे जाग्रत नहीं कर सकता था। वह स्त्री मेरे घर में पहली ही बार आयी हो, सो बात नहीं। पर इस रसोइये जितनी हिम्मत दूसरों को हो ही कैसे सकती थी? इस साथी के प्रति मेरे बेहद विश्वास से सब लोग परिचित थे।

इतनी सेवा करके रसोइये ने तो उसी दिन और उसी क्षण जाने की इजाजत चाही। वह बोला: "मैं आपके घर में नहीं रह सकता। आप भोले भंडारी ठहरे। यहाँ मेरा काम नहीं।"

मैंने आग्रह नहीं किया।

उक्त मुहर्रिर पर शक पैदा करानेवाला यह साथी ही था, यह बात मुझे अब मालूम हुई। उसके साथ हुए अन्याय को मिटाने का मैंने बहुत प्रयत्न किया, पर मैं उसे पूरी तरह सन्तुष्ट न कर सका। मेरे लिए यह सदा ही दुःख की बात रही। फूटे बरतन को कितना ही पक्का क्यों न जोड़ा जाए, वह जोड़ा हुआ ही कहलायेगा, संपूर्ण कभी नहीं होगा।

२४. देश की ओर

अब मैं दक्षिण अफ्रीका में तीन साल रह चुका था। मैं लोगों को पहचानने लगा था और लोग मुझे पहचानने लगे थे। सन् १८९६ में मैंने छह महीनों के लिए देश जाने की इजाजत माँगी। मैंने देखा कि मुझे दक्षिण अफ्रीका में लम्बे समय तक रहना होगा। कहा जा सकता है कि मेरी वकालत ठीक चल रही थी। सार्वजनिक

काम में लोग मेरी उपस्थिति की आवश्यकता अनुभव कर रहे थे; मैं स्वयं भी करता था। इससे मैंने दक्षिण अफ्रीका में सपरिवार रहने का निश्चय किया और उसके लिए देश हो आना ठीक समझा। फिर, मैंने यह भी देखा कि देश जाने से कुछ सार्वजनिक कार्य भी हो सकता है। मुझे लगा कि देश में लोकमत जाग्रत करके यहाँ के भारतीयों के प्रश्न में लोगों की अधिक दिलचस्पी पैदा की जा सकती है। तीन पौण्ड का कर एक नासूर था—सदा बहनेवाला घाव था। जब तक वह रद न हो, चित्त को शांति नहीं मिल सकती थी।

लेकिन मेरे देश जाने पर काँग्रेस का और शिक्षा-मण्डल का काम कौन संभाले? दो साथियों पर मेरी दृष्टि पड़ी—आदमजी मियाँखान और पारसी रूस्तमजी। व्यापारी समाज में बहुत से काम करनेवाले निकल आये थे, पर मंत्री का काम संभाल सकने, नियमित रूप से काम करने और दक्षिण अफ्रीका में जन्मे हुए हिन्दुस्तानियों का मन जीत सकने की योग्यता रखनेवालों में ये दो प्रथम पंक्ति में खड़े किये जा सकते थे। मंत्री के लिए साधारण अंग्रेजी जानने की ज़रूरत तो थी ही। मैंने इन दो में से स्व. आदमजी मियाँखान को मंत्रीपद देने की सिफ़ारिश काँग्रेस से की और वह स्वीकार कर ली गयी। अनुभव से यह चुनाव बहुत अच्छा सिद्ध हुआ। अपनी लगन, उदारता, मिठास और विवेक से सेठ आदमजी मियाँखान ने सबको सन्तुष्ट किया और सबको विश्वास हो गया कि मंत्री का काम करने के लिए वकील-बारिस्टर की या बहुत पढ़े हुए उपाधिधारी की आवश्यकता नहीं है।

सन् १८९६ के मध्य में मैं देश जाने के लिए 'पोंगोला' स्टीमर में रवाना हुआ। यह स्टीमर कलकत्ते जानेवाला था।

स्टीमर में मुसाफिर बहुत थे। दो अंग्रेज अधिकारी थे। उनसे मेरी मित्रता हो गयी। एक के साथ मैं रोज एक घण्टा शतरंज खेलने में बिताता था। स्टीमर के डॉक्टर ने मुझे एक 'तामिल-शिक्षक' (तामिल सिखानेवाली) पुस्तक दी। अतएव मैंने उसका अभ्यास शुरू कर दिया

नेटाल में मैंने अनुभव किया कि मुसलमानों के साथ अधिक निकट का सम्बन्ध जोड़ने के लिए मुझे उर्दू सीखनी चाहिए और मद्रासी भाइयों से वैसा सम्बन्ध स्थापित करने के लिए तामिल सीखनी चाहिए।

उर्दू के लिए उक्त अंग्रेज मित्र की माँग पर मैंने डेक के मुसाफिरों में से एक

अच्छा मुंशी ढूँढ़ निकाला और हमारी पढ़ाई अच्छी तरह चलने लगी। अंग्रेज अधिकारी की स्मरण-शक्ति मुझसे बढ़ी-चढ़ी थी। उर्दू अक्षर पहचानने में मुझे मुश्किल होती थी, पर वह तो एक बार जिस शब्द को देख लेते उसे कभी भूलते ही न थे। मैं अधिक मेहनत करने लगा। फिर भी उनकी बराबरी नहीं कर सका।

तामिल का अभ्यास भी ठीक चलता रहा। उसमें किसीकी मदद नहीं मिल सकती थी। पुस्तक ऐसे ढंग से लिखी गयी थी कि मदद की अधिक आवश्यकता न पड़े।

मुझे आशा थी कि इस तरह शुरू किये गये अभ्यास को मैं देश में पहुँचने के बाद भी जारी रख सकूँगा। पर वैसा न हो पाया। सन् १८९३ के बाद का मेरा वाचन और अध्ययन मुख्यतः जेल में ही हुआ। इन दोनों भाषाओं का ज्ञान मैंने आगे बढ़ाया तो सही, पर वह सब जेल में ही। तामिल का दक्षिण अफ्रीका की जेल में और उर्दू का यरवडा जेल में। पर तामिल बोलना मैं कभी सीख न सका; पढ़ना ठीक तरह से सीखा था, पर अभ्यास के अभाव में अब उसे भी भूलता जा रहा हूँ। उस अभावका दुःख मुझे आज भी व्यथित करता है। दक्षिण अफ्रीका के मद्रासी भाइयों से मैंने भर-भर कर प्रेम-रस पाया है। उनका स्मरण मुझे प्रतिक्षण बना रहता है। उनकी श्रद्धा, उनका उद्योग, उनमें से बहुतों का निःस्वार्थ त्याग किसी भी तामिल-तेलुगु को देखने पर मुझे याद आये बिना रहता ही नहीं। और ये सब लगभग निरक्षरों की गिनती में थे। जैसे पुरूष थे वैसी ही स्त्रियाँ थीं। दक्षिण अफ्रीका की लड़ाई ही निरक्षरों की थी और उसके योद्धा भी निरक्षर थे—वह गरीबों की लड़ाई थी और गरीब ही उसमें जूझे थे।

इन भोले और भले भारतवासियों का चित्त चुराने में मुझे भाषा की बाधा कभी न पड़ी। उन्हें टूटी-फूटी हिन्दुस्तानी और टूटी-फूटी अंग्रेजी आती थी और उससे हमारी गाड़ी चल जाती थी। पर मैं तो इस प्रेम के प्रतिदान के रूप में तामिल-तेलुगु सीखना चाहता था। तामिल तो कुछ सीख भी ली। तेलुगु सीखने का प्रयास हिन्दुस्तान में किया, पर वह ककहरे के ज्ञान से आगे नहीं बढ़ सका।

मैं तामिल-तेलुगु नहीं सीख पाया और अब शायद ही सीख पाऊँ, इसलिए यह आशा रखे हुए हूँ कि ये द्राविड़ भाषा-भाषी हिन्दुस्तानी भाषा सीखेंगे। दक्षिण अफ्रीका के द्राविड़ 'मद्रासी' तो थोड़ी-बहुत हिन्दी अवश्य बोल लेते हैं। मुश्किल अंग्रेजी पढ़े-लिखों की है। ऐसा प्रतीत होता है, मानो अंग्रेजी का ज्ञान हमारे

लिए अपनी भाषाएँ सीखने में बाधारूप हो!

पर यह तो विषयान्तर हो गया। हम अपनी यात्रा पूरी करें।

अभी 'पोंगोला' के कप्तान का परिचय कराना बाकी है। हम परस्पर मित्र बन गये थे। यह भला कप्तान 'प्लीमथ ब्रदरन' सम्प्रदाय का था। इससे हमारे बीच नौकाशास्त्र की बातों की अपेक्षा अध्यात्म-विद्या की बातें ही अधिक हुई। उसने नीति और धर्मश्रद्धा में भेद किया। उसके विचार में बाइबल की शिक्षा बच्चों का खेल था। उसकी खूबी ही उसकी सरलता में थी। बालक, स्त्री, पुरूष सब ईसा को और उनके बलिदान को मान लें, तो उनके पाप धुल जाएँ। इस प्लीमथ ब्रदरने प्रिटोरियावाले ब्रदर के मेरे परिचय को ताजा कर दिया। जिस धर्म में नीति की रखवाली करनी पड़े, वह धर्म उसे नीरस प्रतीत हुआ। इस मित्रता और आध्यात्मिक चर्चा की जड़ में मेरा अन्नाहार था। मैं माँस क्यों नहीं खाता? गोमाँस में क्या दोष है? क्या पेड़-पौधों की तरह ही पशु-पक्षियों को भी ईश्वर ने मनुष्य के आहार और आनन्द के लिए नहीं सिरजा है? ऐसी प्रश्नावलि आध्यात्मिक चर्चा उत्पन्न किये बिना रह ही नहीं सकती थी।

हम एक-दूसरे को अपने विचार समझा नहीं सके। मैं अपने इस विचार में दृढ़ था कि धर्म और नीति एक ही वस्तु के वाचक हैं। कप्तान को अपने मत के सत्य होने में थोड़ी भी शंका नहीं थी।

चौबीस दिन के बाद यह आनन्दप्रद यात्रा पूरी हुई और हुगली का सौन्दर्य निहारता हुआ मैं कलकत्ते उतरा। उसी दिन मैंने बम्बई जानेका टिकट कटाया।

२५. हिन्दुस्तान में

कलकत्ते से बम्बई जाते हुए प्रयाग बीच में पड़ता था। वहाँ ट्रेन ४५ मिनट रूकती थी। इस बीच मैंने शहर का एक चक्कर लगा आने का विचार किया। मुझे केमिस्ट की दुकान से दवा भी खरीदनी थी। केमिस्ट ऊँघता हुआ बाहर निकला। दवा देने में उसने काफी देर कर दी। मैं स्टेशन पर पहुँचा तो गाड़ी चलती दिखायी पड़ी। भले स्टेशन-मास्टर ने मेरे लिए गाड़ी एक मिनट रोकी थी, पर मुझे वापस आते न देखकर उसने मेरा सामान उतरवा लेने की सावधानी बरती।

मैं केलनर के होटल में ठहरा और वहीं से अपने काम का श्रीगणेश करने का मैंने निश्चय किया। प्रयाग के 'पायोनियर' पत्र की ख्याति मैंने सुन रखी थी।

मैं जानता था कि वह जनता की आकांक्षाओं का विरोधी है। मेरा खयाल है कि उस समय मि. चेज़नी (छोटे) सम्पादक थे। मुझे तो सब पक्षवालों से मिलकर प्रत्येक की सहायता लेनी थी। इसलिए मैंने मि. चेज़नी को मुलाकात के लिए पत्र लिखा। ट्रेन छूट जाने की बात लिखकर यह सूचित किया कि अगले ही दिन मुझे प्रयाग छोड़ देना है। उत्तर में उन्होंने मुझे तुरन्त मिलने के लिए बुलाया। मुझे खुशी हुई। उन्होंने मेरी बात ध्यानपूर्वक सुनी। बोले, "आप जो भी लिखकर भेजेंगे, उस पर मैं तुरन्त टिप्पणी लिखूँगा।" और साथ ही यह कहा, "लेकिन मैं आपसे यह नहीं कह सकता कि मैं आपकी सभी माँगों को स्वीकार ही कर सकूँगा। हमें तो 'कॉलोनियल' (उपनिवेशवालों का) दृष्टिबिन्दु भी समझना और देखना होगा।"

मैंने उत्तर दिया, "आप इस प्रश्न का अध्ययन करेंगे और इसे चर्चा का विषय बनाएँगे, इतना ही मेरे लिए बस है। मैं शुद्ध न्याय के सिवा न तो कुछ माँगता हूँ और न कुछ चाहता हूँ।"

बाकी का दिन मैंने प्रयाग के भव्य त्रिवेणी-संगम का दर्शन करने में और अपने सम्मुख पड़े हुए काम का विचार करने में बिताया।

इस आकस्मिक भेंट ने मुझ पर नेटाल में हुए हमले का बीज बोया।

बम्बई में रूके बिना मैं सीधा राजकोट गया और वहाँ एक पुस्तिका लिखने की तैयारी में लगा। पुस्तिका लिखने और छपाने में लगभग एक महीना बीत गया। उसका आवरण हरा था, इसलिए बाद में वह 'हरी पुस्तिका' के नाम से प्रसिद्ध हुई। उसमें दक्षिण अफ्रीका के हिन्दुस्तानियों की स्थिति का चित्रण मैंने जान-बूझकर नरम भाषा में किया था। नेटाल में लिखी हुई दो पुस्तिकाओं में, जिनका जिक्र मैं पहले कर चुका हूँ, मैंने जिस भाषा का प्रयोग किया था उससे नरम भाषा का प्रयोग इसमें किया था; क्योंकि मैं जानता था कि छोटा दुःख भी दूर से देखने पर बड़ा मालूम होता है।

'हरी पुस्तिका' की दस हजार प्रतियाँ छपायी थीं और उन्हें सारे हिन्दुस्तान के अखबारों और सब पक्षों के प्रसिद्ध लोगों को भेजा था। 'पायोनियर' में उस पर सबसे पहले लेख निकला। उसका सारांश विलायत गया और उस सारांश का सारांश फिर रायटर के द्वारा नेटाल पहुँचा। वह तार तो तीन पंक्तियों का था। नेटाल में हिन्दुस्तानियों के साथ होनेवाले व्यवहार का जो चित्र मैंने खींचा था,

उसका वह लघु संस्करण था। वह मेरे शब्दों में नहीं था। उसका जो असर हुआ उसे हम आगे देखेंगे। धीरे-धीरे सब प्रमुख पत्रों मे इस प्रश्न की विस्तृत चर्चा हुई।

इस पुस्तिका को डाक से भेजने के लिए इसके पैकेट तैयार कराने का काम मुश्किल था, और पैसा देकर कराना खर्चीला था। मैंने सरल युक्ति खोज ली। मुहल्ले के सब लड़कों को मैंने इकठ्ठा किया और उनसे सबेरे के दो-तीन घण्टों में से जितना समय वे दे सकें उतना देने के लिए कहा। लड़कों ने इतनी सेवा करना खुशी से स्वीकार किया। अपनी तरफ से मैंने उन्हें अपने पास जमा होनेवाले काम में आये हुए डाक के टिकट और आशीर्वाद देना कबूल किया। लड़कों ने हँसते-खेलते मेरा काम पूरा कर दिया। इस प्रकार छोटे बच्चों को स्वयंसेवक बनाने का यह मेरा पहला प्रयोग था। इन बालकों में से दो आज मेरे साथी हैं।

इन्हीं दिनों बम्बई में पहली बार प्लेग का प्रकोप हुआ। चारों तरफ घबराहट फैल रही थी। राजकोट में भी प्लेग फैलने का डर था। मैंने सोचा कि मैं आरोग्य-विभाग में अवश्य काम कर सकता हूँ। मैंने अपनी सेवा राज्य को अर्पण करने के लिए पत्र लिखा। राज्य ने जो कमेटी नियुक्त की उसमें मुझे भी स्थान दिया। मैंने पाखानों की सफाई पर जोर दिया और कमेटीने निश्चय किया कि गली-गली जाकर पाखानों का निरीक्षण किया जाए। गरीब लोगों ने अपने पाखानों का निरीक्षण करने देने में बिलकुल आनाकानी नहीं की; यही नहीं, बल्कि जो सुधार उन्हें सुझाये गये वे भी उन्होंने कर लिये। पर जब हम मुत्सद्दी वर्ग के यानी बड़े लोगों के घरों का मुआयना करने निकले, तो कई जगहों में तो हमें पाखाने का निरीक्षण करने की इजाजत तक न मिली, सुधार की तो बात ही क्या की जाय? हमारा साधारण अनुभव यह रहा कि धनिक समाज के पाखाने ज्यादा गन्दे थे। उनमें अँधेरा, बदबू और बेहद गन्दगी थी। खुड्डी पर कीड़े बिलबिलाते थे। जीते-जी रोज नरक में ही प्रवेश करने-जैसी वह स्थिति थी। हमारे सुझाये हुए सुधार बिलकुल साधारण थे। मैला जमीन पर न गिराकर कूंड़े में गिरायें। पानी की व्यवस्था ऐसी की जाए कि वह जमीन में जज्ब होने के बदले कूंडे में इकट्ठा हो। खुड्डी और भंगी के आने की जगह के बीच जो दीवार रखी जाती है वह तोड़ दी जाय, जिससे भंगी सारी जगह को अच्छी तरह साफ कर सके, पाखाने कुछ बड़े हो जाएँ तथा उनमें हवा-उजेला पहुँच सके। बड़े लोगों

ने इन सुधारों को स्वीकार करने में बहुत आपत्ति की, और आखिर उन पर अमल तो किया ही नहीं।

कमेटी को भंगियों की बस्ती में भी जाना तो था ही। कमेटी के सदस्यों में से एक ही सदस्य मेरे साथ वहाँ जाने को तैयार हुअ। भंगियों की बस्ती में जाना और सो भी पाखानों का निरीक्षण करने के लिए! पर मुझे तो भंगियों की बस्ती देखकर सानन्द आश्चर्य ही हुआ। अपने जीवन में मैं पहली ही बार उस दिन भंगी-बस्ती देखने गया था। भंगी भाई-बहनों को हमें देखकर अचम्भा हुआ। मैंने उनके पाखाने देखने की इच्छा प्रकट की। उन्होंने कहा:

“हमारे यहाँ पाखाने कैसे? हमारे पाखाने तो जंगल में हैं। पाखाने तो आप बड़े आदमियों के यहाँ होते हैं।”

मैंने पूछा, “तो क्या अपने घर आप हमें देखने देंगे?”

“आइये न भाई साहब! जहाँ भी आपकी इच्छा हो, जाइए। ये ही हमारे घर हैं।”

मैं अन्दर गया और घर की तथा आँगन की सफाई देखकर खुश हो गया। घर के अन्दर सब लिपा-पुता देखा। आँगन झाड़ा-बुहारा था; और जो इने-गिने बरतन थे, वे सब साफ और चमचमाते हुए थे। मुझे इस बस्ती में बीमारी के फैलने का डर नहीं दिखायी दिया।

यहाँ मैं एक पाखाने का वर्णन किये बिना नहीं रह सकता। हरएक घर में नाली तो थी ही। उसमें पानी भी गिराया जाता और पेशाब भी किया जाता। इसलिए ऐसी कोठरी क्वचित् ही मिलती, जिसमें दुर्गन्ध न हो। पर एक घर में तो सोने के कमरे में ही मोरी और पाखाना दोनों देखे; और घर की वह सारी गंद की नाली के रास्ते नीचे उतरती थी। उस कोठरी में खड़ा भी नहीं रहा जा सकता था। घर के लोग उसमें सो कैसे सकते होंगे, इसे पाठक ही सोच लें।

कमेटी ने हवेली (वैष्णव-मंदिर) का भी निरीक्षण किया। हवेली के मुखियाजी से गांधी-परिवार का मीठा सम्बन्ध था। मुखियाजी ने हवेली देखने देना और सब सम्भव सुधार करा देना स्वीकार किया। उन्होंने खुद वह हिस्सा कभी नहीं देखा था। हवेली में रोज जो जूठन और पत्तलें इकट्ठा होतीं, उन्हें पिछवाड़े की दीवार के ऊपर से फेंक दिया जाता था। और, वह हिस्सा कौओं तथा चीलों का अड्डा बन गया था। पाखाने तो गन्दे थे ही। मुखियाजी ने कितना सुधार किया, सो मैं देख न सका। हवेली की गन्दगी देखकर दुःख तो हुआ ही। जिस हवेली को हम

पवित्र स्थान मानते हैं, वहाँ तो आरोग्य के नियमों का अधिक-से-अधिक पालन होने की आशा रखी जानी चाहिए। स्मृतिकारों ने अन्तर्बाह्य शौच पर बहुत जोर दिया है, यह बात उस समय भी मेरे ध्यान से बाहर नहीं थी।

२६. राजनिष्ठा और शुश्रूषा

शुद्ध राजनिष्ठा जितनी मैंने अपने में अनुभव की है, उतनी शायद ही दूसरे में देखी हो। मैं देख सकता हूँ कि इस राजनिष्ठा का मूल सत्य पर मेरा स्वाभाविक प्रेम था। राजनिष्ठा का अथवा दूसरी किसी वस्तु का स्वांग मुझसे कभी भरा ही न जा सका। नेटाल में जब मैं किसी सभा में जाता, तो वहाँ 'गॉड सेव दि किंग' (ईश्वर राजा की रक्षा करे) गीत अवश्य गाया जाता था। मैंने अनुभव किया कि मुझे भी उसे गाना चाहिए। ब्रिटिश राजनीति में दोष तो मैं तब भी देखता था, फिर भी कुल मिलाकर मुझे वह नीति अच्छी लगती थी। उस समय मैं मानता था कि ब्रिटिश शासन और शासकों का रूख कुल मिलाकर जनता का पोषण करनेवाला है।

दक्षिण अफ्रीका में मैं इससे उलटी नीति देखता था, वर्ण-द्वेष देखता था। मैं मानता था कि यह क्षणिक और स्थानिक है। इस कारण राजनिष्ठा में मैं अंग्रेजों से भी आगे बढ़ जाने का प्रयत्न करता था। मैंने लगन के साथ मेहनत करके अंग्रेजों के राष्ट्रगीत 'गॉड सेव दि किंग' की लय सीख ली थी। जब वह सभाओं में गाया जाता, तो मैं अपना सुर उसमें मिला दिया करता था। और जो भी अवसर आडम्बर के बिना राजनिष्ठा प्रदर्शित करने के आते, उनमें मैं सम्मिलित होता था।

इस राजनिष्ठा को अपनी पूरी जिन्दगी में मैंने कभी भुलाया नहीं। इससे व्यक्तिगत लाभ उठाने का मैंने कभी विचार तक नहीं किया। राजभक्ति को ऋण समझकर मैंने सदा ही उसे चुकाया है।

मैं जब हिन्दुस्तान आया तब महारानी विक्टोरिया की डायमण्ड जुबिली (हीरक जयन्ती) की तैयारियाँ चल रही थीं। राजकोट में भी एक समिति बनी। मुझे उसका निमंत्रण मिला। मैंने उसे स्वीकार किया। उसमें मुझे दम्भ की गंध आयी। मैंने देखा कि उसमें दिखावा बहुत होता है। यह देखकर मुझे दुःख हुआ। समिति में रहने या न रहने का प्रश्न मेरे सामने खड़ा हुआ। अन्त में मैंने निश्चय

किया कि अपने कर्तव्य का पालन करके संतोष मानूँ।

एक सुझाव यह था कि वृक्षारोपण किया जाय। इसमें मुझे दम्भ दिखायी पड़ा। ऐसा जान पड़ा कि वृक्षारोपण केवल साहबों को खुश करने के लिए हो रहा है। मैंने लोगों को समझाने का प्रयत्न किया कि वृक्षारोपण के लिए कोई विवश नहीं करता, वह एक सुझाव-मात्र है। वृक्ष लगाने हों तो पूरे दिल से लगाने चाहिए, नहीं तो बिलकुल न लगाने चाहिए। मुझे कुछ ऐसा याद पड़ता है कि जब मैं ऐसा कहता था, तो लोग मेरी बात को हँसी में उड़ा देते थे। अपने हिस्से का पेड़ मैंने अच्छी तरह लगाया और वह पलपुसकर बढ़ा, इतना मुझे याद है।

'गॉड सेव दि किंग' गीत मैं अपने परिवार के बालकों को सिखाता था। मुझे याद है कि मैंने उसे ट्रेनिंग कॉलेज के विद्यार्थियों को सिखाया था। लेकिन वह यही अवसर था अथवा सातवें एडवर्ड के राज्यारोहण का अवसर था, सो मुझे ठीक याद नहीं है। आगे चलकर मुझे यह गीत गाना खटका। जैसे-जैसे अहिंसा सम्बन्धी विचार मेरे मन में दृढ़ होते गये, वैसे-वैसे मैं अपनी वाणी और विचारों पर अधिक निगरानी रखने लगा। उस गीत में दो पंक्तियाँ ये भी हैं:

उसके शत्रुओं का नाश कर,
उनके षड्यंत्रों को विफल कर।

इन्हें गाना मुझे खटका। अपने मित्र डॉ॰ बूथ को मैंने अपनी यह कठिनाई बतायी। उन्होंने भी स्वीकार किया कि यह गाना अहिंसक मनुष्य को शोभा नहीं देता। शत्रु कहलानेवाले लोग दगा ही करेंगे, यह कैसे मान लिया जाय? यह कैसे कहा जा सकता है कि जिन्हें हमने अपने शत्रु माना वे बुरे ही होंगे? ईश्वर से तो न्याय ही माँगा जा सकता है। डॉ॰ बूथने इस दलील को माना। उन्होंने अपने समाज में गाने के लिए एक नये ही गीत की रचना की। डॉ॰ बूथ का विशेष परिचय हम आगे करेंगे।

राजनिष्ठा की तरह शुश्रूषा का गुण भी मुझमें स्वाभाविक था। यह कहा जा सकता है कि बीमारों की सेवा करने का मुझे शौक था, फिर वे अपने हों या पराये। राजकोट में मेरा दक्षिण अफ्रीका का काम चल रहा था, इसी बीच मैं बम्बई हो आया। खास-खास शहरों में सभाएँ करके विशेष रूप से लोकमत तैयार करने का मेरा इरादा था। इसी खयाल से मैं वहाँ गया था। पहले मैं न्यायमूर्ति रानडे से मिला। उन्होंने मेरी बात ध्यान से सुनी और मुझे सर फीरोजशाह मेहता

से मिलने की सलाह दी। बाद में मैं जस्टिस बदरूद्दीन तैयबजी से मिला। उन्होंने मेरी बात सुनकर वही सलाह दी और कहाः "जस्टिस रानडे और मैं आपका बहुत कम मार्गदर्शन कर सकेंगे। हमारी स्थिति तो आप जानते हैं। हम सार्वजनिक काम में हाथ नहीं बँटा सकते। पर हमारी भावना तो आपके साथ है ही। सच्चे मार्गदर्शक तो सर फीरोजशाह हैं।"

सर फीरोजशाह से तो मुझे मिलना ही था। पर इन दो गुरूजनों के मुँह से उनकी सलाह के अनुसार चलने की बात सुनकर मुझे इस बात का विशेष बोध हुआ कि सर फीरोजशाह का जनता पर कितना प्रभुत्व था।

मैं सर फीरोजशाह से मिला। उनके तेज से चकाचौंध हो जाने को तो मैं तैयार था ही। उनके लिए प्रयुक्त होनेवाले विशेषणों को मैं सुन चुका था। मुझे 'बम्बई के शेर' और बम्बई के 'बेताज के बादशाह' से मिलना था। पर बादशाहने मुझे डराया नहीं। पिता जिस प्रेम से अपने नौजवान बेटे से मिलता है, उसी तरह वे मुझसे मिले। उनसे मुझे उनके 'चेम्बर' में मिलना था। उनके पास अनेक अनुयायियों का दरबार तो भरा ही रहता था। वाच्छा थे, कामा थे। इनसे उन्होंने मेरी पहचान करायी। वाच्छा का नाम मैं सुन चुका था। वे सर फीरोजशाह के दाहिने हाथ माने जाते थे। वीरचन्द गांधी ने अंकशास्त्री के रूप में मुझे उनका परिचय दिया था। उन्होंने कहा, "गांधी, हम फिर मिलेंगे।"

इस सारी बातचीत में मुश्किल से दो मिनट लगे होंगे। सर फीरोजशाह ने मेरी बात सुन ली। न्यायमूर्ति रानडे और तैयबजी से मिल चुकने की बात भी मैंने उन्हें बतला दी। उन्होंने कहाः "गांधी, तुम्हारे लिए मुझे आम सभा करनी होगी। मुझे तुम्हारी मदद करनी चाहिए।" फिर अपने मुंशी की ओर मुड़े और उसे सभा का दिन निश्चित करने को कहा। दिन निश्चित करके मुझे बिदा किया। सभा से एक दिन पहले आकर मिलने की आज्ञा की। मैं निर्भय होकर मन ही मन खुश होता हुआ घर लौटा।

बम्बई की इस यात्रा में मैं वहाँ रहनेवाले अपने बहनोई से मिलने गया। वे बीमार थे। घर में गरीबी थी। अकेली बहन से उनकी सेवा-शुश्रूषा हो नहीं पाती थी। बीमारी गंभीर थी। मैंने उन्हें अपने साथ राजकोट चलने को कहा। वे राजी हो गये। बहन-बहनोई को लेकर मैं राजकोट पहुँचा। बीमारी अपेक्षा से अधिक गंभीर हो गयी। मैंने उन्हें अपने कमरे में रखा। मैं सारा दिन उनके पास ही रहता

था। रात में भी जागना पड़ता था। उनकी सेवा करते हुए मैं दक्षिण अफ्रीका का काम कर रहा था। बहनोई का स्वर्गवास हो गया। पर उनके अंतिम दिनों में उनकी सेवा करने का अवसर मुझे मिला, इससे मुझे बड़ा संतोष हुआ।

शुश्रूषा के मेरे इस शौकने आगे चलकर विशाल रूप धारण कर लिया। वह भी इस हद तक कि उसे करने में मैं अपना धंधा छोड़ देता था। अपनी धर्मपत्नी को और सारे परिवार को भी उसमें लगा देता था। इस वृत्ति को मैंने शौक कहा है, क्योंकि मैंने देखा है कि जब ये गुण आनन्ददायक हो जाते हैं तभी निभ सकते हैं। खींच-तानकर अथवा दिखावे के लिए या लोकलाज के कारण की जानेवाली सेवा आदमी को कुचल देती है, और ऐसी सेवा करते हुए भी आदमी मुरझा जाता है। जिससेवा में आनन्द नहीं मिलता, वह न सेवक को फलती है, न सेव्य को रूचिकर लगती है। जिससेवा में आनन्द मिलता है, उस सेवा के सम्मुख ऐश-आराम या धनोपार्जन इत्यादि कार्य तुच्छ प्रतीत होते हैं।

२७. बम्बई में सभा

बहनोई के देहान्त के दूसरे ही दिन मुझे बम्बई की सभा के लिए जाना था। सार्वजनिक सभा के लिए भाषण की बात सोचने जितना समय मुझे मिला नहीं था। लम्बे जागरण की थकावट मालूम हो रही थी। आवाज भारी हो गयी थी। ईश्वर जैसे-तैसे मुझे निबाह लेगा यह सोचता हुआ मैं बम्बई पहुँचा। भाषण लिखने की बात तो मैंने सपने में भी नहीं सोची थी।

सभा की तारीख से एक दिन पहले शाम को पाँच बजे आज्ञानुसार मैं सर फिरोजशाह के दफ्तर में हाजिर हुआ।

उन्होंने पूछा, "गांधी, तुम्हारा भाषण तैयार है ?"

मैंने डरते-डरते उत्तर दिया, "जी नहीं, मैंने तो जबानी ही बोलने की बात सोच रखी है।"

"बम्बई में यह नहीं चलेगा। यहाँ का रिपोर्टिंग खराब है। यदि सभा से हमें कुछ फायदा उठाना हो, तो तुम्हारा भाषण लिखा हुआ ही होना चाहिए; और वह रातोंरात छप जाना चाहिए। भाषण रात ही में लिख सकोगे न ?"

मैं घबराया। पर मैंने लिखने का प्रयत्न करने की हामी भरी।

बम्बई के सिंह बोले, "तो मुंशी तुम्हारे पास भाषण लेने कब पहुँचे ?"

मैंने उत्तर दिया, “ग्यारह बजे।”

सर फीरोजशाह ने अपने मुंशी को उस वक्त भाषण प्राप्त करके रातोंरात छपा लेने का हुक्म दिया और मुझे बिदा किया।

दूसरे दिन मैं सभा में गया। वहाँ मैं यह अनुभव कर सका कि भाषण लिखने का आग्रह करने में कितनी बुद्धिमानी थी। फरामजी कावसजी इन्स्टिटयूट के हॉल में सभा थी। मैंने सुन रखा था कि जिस सभा में सर फीरोजशाह बोलनेवाले हों, उस सभा में खड़े रहने को जगह नहीं मिलती। ऐसी सभाओं में विद्यार्थी-समाज खास रस लेता था।

ऐसी सभा का मेरा यह पहला अनुभव था। मुझे विश्वास हो गया कि मेरी आवाज कोई सुन न सकेगा। मैंने काँपते-काँपते भाषण पढ़ना शुरू किया। सर फीरोजाशाह मुझे प्रोत्साहित करते जाते थे। “जरा और ऊँची आवाजसे” यों कहते जाते थे। मुझे कुछ ऐसा खयाल है कि इस प्रोत्साहन से मेरी आवाज और धीमी पड़ती जाती थी।

पुराने मित्र केशवराव देशपाण्डे मेरी मदद को बढ़े। मैंने भाषण उनके हाथ में दिया। उनकी आवाज तो अच्छी थी, पर श्रोतागण क्यों सुनने लगे? ‘वाच्छा’, ‘वाच्छा’ की पुकार से हॉल गूँज उठा। वाच्छा उठे। उन्होंने देशपाण्डे के हाथ से कागज ले लिया और मेरा काम बन गया। सभा में तुरन्त शांति छा गयी और अथ से इति तक सभाने भाषण सुना। प्रथा के अनुसार जहाँ ज़रूरी था वहाँ ‘शेम-शेम’ (धिक्कार-धिक्कार) की और तालियों की आवाज भी होती रही। मुझे खुशी हुई।

सर फीरोजशाह को मेरा भाषण अच्छा लगा। मुझे गंगा नहाने का-सा सन्तोष हुआ।

इस सभा के परिणाम-स्वरूप देशपाण्डे और एक पारसी सज्जन पिघले और दोनों ने मेरे साथ दक्षिण अफ्रीका जाने का अपना निश्चय प्रकट किया। पारसी सज्जन आज एक सरकारी पदाधिकारी हैं, इसलिए उनका नाम प्रकट करते हुए मैं डरता हूँ। उनके निश्चय को सर खुरशेदजी ने डिगा दिया, और उस डिगने के मूल में एक पारसी बहन थीं। उनके सामने प्रश्न था: ब्याह करें या दक्षिण अफ्रीका जाएँ? उन्होंने ब्याह करना अधिक उचित समझा। पर इन पारसी मित्र की ओर से पारसी रूस्तमजी ने प्रायश्चित्त किया और पारसी बहन की तरफ का प्रायश्चित्त दूसरी पारसी बहनें सेविका का काम करके और खादी के पीछे

वैराग्य लेकर आज कर रही हैं। इसलिए इस दम्पती को मैंने क्षमा कर दिया है। देशपाण्डे के सामने ब्याह का प्रलोभन तो न था, परन्तु वे नहीं आ सके। उसका प्रायश्चित्त तो वे खुद ही कर रहे हैं। वापस दक्षिण अफ्रीका जाते समय जंजीबार में तैयबजी नाम के एक सज्जन मिले थे। उन्होंने भी आने की आशा बंधायी थी। पर वे दक्षिण अफ्रीका क्यों आने लगे? उनके न आने के अपराध का बदला अब्बास तैयबजी चुका रहे हैं। पर बारिस्टर मित्रों को दक्षिण अफ्रीका आने के लिए ललचाने के मेरे प्रयत्न इस प्रकार निष्फल हुए।

यहाँ मुझे पेस्तनजी पादशाह की याद आ रही है। उनके साथ विलायत से ही मेरा मीठा सम्बन्ध हो गया था। पेस्तनजी से मेरा परिचय लन्दन के एक अन्नाहारी भोजनालय में हुआ था। मैं जानता था कि उनके भाई बरजोरजी 'दीवाने' के नाम से प्रख्यात थे। मैं उनसे मिला नहीं था, पर मित्र-मंडली का कहना था कि वे 'सनकी' हैं। घोड़े पर दया करके ट्राम में न बैठते थे। शतावधानी के समान स्मरण-शक्ति होते हुए भी डिग्रियाँ न लेते थे। स्वाभाव के इतने स्वतंत्र कि किसीसे भी दबते न थे। और पारसी होते हुए भी अन्नाहारी थे। पेस्तनजी ठीक वैसे नहीं माने जाते थे। पर उनकी होशियारी प्रसिद्ध थी। उनकी यह ख्याति विलायत में भी थी। किन्तु हमारे बीच के सम्बन्ध का मूल तो उनका अन्नाहार था। उनकी बुद्धिमत्ता की बराबरी करना मेरी शक्ति के बाहर था।

बम्बई में मैंने पेस्तनजी को खोज निकाला। वे हाईकोर्ट के प्रोथोनोटरी (मुख्य लेखक) थे। मैं जब मिला तब वे बृहद् गुजराती शब्दकोश के काम में लगे हुए थे। दक्षिण अफ्रीका के काम में मदद माँगने की दृष्टि से मैंने एक भी मित्र को छोड़ा नहीं था। पेस्तनजी पादशाह ने तो मुझे भी दक्षिण अफ्रीका न जाने की सलाह दी। बोले: "मुझसे आपकी मदद तो क्या होगी? पर मुझे आपका दक्षिण अफ्रीका लौटना ही पसन्द नहीं है। यहाँ अपने देश में ही कौन कम काम है? देखिये, अपनी भाषा की ही सेवा का कितना बड़ा काम पड़ा है? मुझे विज्ञानसम्बन्धी पारिभाषिक शब्दों के पर्याय ढूँढ़ने हैं। यह तो एक ही क्षेत्र हुआ। देश की गरीबी का विचार कीजिए। दक्षिण अफ्रीका में हमारे भाई कष्ट में अवश्य हैं, पर उसमें आपके जैसे आदमी का खप जाना मैं सहन नहीं कर सकता। यदि हम यहाँ अपने हाथ में राजसत्ता ले लें, तो वहाँ उनकी मदद अपने-आप हो जाएगी। आपको तो मैं समझा नहीं सकता, पर आपके-जैसे

दूसरे सेवकों को आपके साथ कराने में मैं कभी मदद नहीं करूँगा।" ये वचन मुझे अच्छे न लगे। पर पेस्तनजी पादशाह के प्रति मेरा आदर बढ़ गया। उनका देशप्रेम और भाषाप्रेम देखकर मैं उनके दृष्टिकोण को अच्छी तरह समझ गया। पर मुझे लगा कि दक्षिण अफ्रीका का काम छोड़ने के बदले उनकी दृष्टि से भी मुझे उसमें अधिक जोर से लगे रहना चाहिए। देशभक्त को देशसेवा के एक भी अंग की यथासम्भव उपेक्षा नहीं करनी चाहिए, और मेरे लिए तो गीता का यह श्लोक तैयार ही था:

श्रेयान् स्वधर्मो विगुणः परधर्मात्स्वनुष्ठितात्।
स्वधर्मे निधनं श्रेयः परधर्मो भयावहः॥ (अ. ३, श्लोक ३५)

ऊँचे परधर्म से नीचा स्वधर्म अच्छा है। स्वधर्म में मौत भी अच्छी है, परधर्म भयावह है।

२८. पूना में

सर फीरोजशाह मेहता ने मेरा मार्ग सरल कर दिया था। बम्बई से मैं पूना गया। मुझे मालूम था कि पूना में दो दल थे। मुझे तो सबकी मदद की ज़रूरत थी। मैं लोकमान्य तिलक से मिला। उन्होंने कहा:

"सब पक्षों की मदद लेने का आपका विचार बिलकुल ठीक है। आपके मामले में कोई मतभेद हो ही नहीं सकता। लेकिन आपके लिए तटस्थ सभापति चाहिए। आप प्रो. भाण्डारकर से मिलिये। वे आजकल किसी आन्दोलन में सम्मिलित नहीं होते। पर सम्भव है कि इस काम के लिए आगे आ जाएँ। उनसे मिलने के बाद मुझे परिणाम से सूचित कीजिए। मैं आपकी पूरी मदद करना चाहता हूँ। आप प्रो. गोखले से तो मिलेंगे ही। मेरे पास आप जब आना चाहें, निःसंकोच आइये।"

लोकमान्य का यह मेरा प्रथम दर्शन था। मैं उनकी लोकप्रियता का कारण तुरन्त समझ गया।

यहाँ से मैं गोखले के पास गया। फर्ग्यूसन कॉलेज में थे। मुझसे बड़े प्रेम से मिले और मुझे अपना बना लिया। उनसे भी मेरा यह पहला ही परिचय था। पर ऐसा जान पड़ा, मानो हम पहले मिल चुके हों। सर फीरोजशाह मुझे हिमालय-जैसे, लोकमान्य समुद्र-जैसे और गोखले गंगा-जैसे लगे। गंगा में मैं नहा सकता था। हिमालय पर चढ़ा नहीं जा सकता था। समुद्र में डूबने का डर था। गंगा की

गोद में तो खेला जा सकता था। उसमें डोंगियाँ लेकर सैर की जा सकती थी। गोखलेने बारीकी से मेरी जाँच की—उसी तरह, जिस तरह स्कूल में भरती होते समय किसी विद्यार्थी की की जाती है। उन्होंने मुझे बताया कि मैं किस-किस से और कैसे मिलूँ और मेरा भाषण देखने को माँगा। मुझे कॉलेज की व्यवस्था दिखायी। जब ज़रूरत हो तब फिर मिलने को कहा। डॉ॰ भाण्डारकरके जवाब की खबर देने को कहा और मुझे बिदा किया। राजनीति के क्षेत्र में जो स्थान गोखले ने जीते-जी मेरे हृदय में प्राप्त किया और स्वर्गवास के बाद आज भी जो स्थान उन्हें प्राप्त है, वह और कोई पा न सका।

रामकृष्ण भाण्डारकर ने मेरा वैसा ही स्वागत किया, जैसा कोई बाप बेटे का करता है। उनके यहाँ गया तब दुपहरी का समय था। ऐसे समय में भी मैं अपना काम कर रहा था, वह चीज ही उस उद्यमी शास्त्रज्ञ को प्यारी लगी। और तटस्थ सभापति के लिए मेरे आग्रह की बात सुनकर 'देट्स इट, देट्स इट' (यह ठीक है, यह ठीक है) के उद्‌गार उनके मुँह से सहज ही निकल पड़े।

बातचीत के अन्त में वे बोले, "तुम किसीसे भी पूछोगे तो वह बतलायेगा कि आजकल मैं किसी राजनीतिक काम में हिस्सा नहीं लेता हूँ, पर तुम्हें मैं खाली हाथ नहीं लौटा सकता। तुम्हारा मामला इतना मजबूत है और तुम्हारा उद्यम इतना स्तुत्य है कि मैं तुम्हारी सभा में आने से इनकार कर ही नहीं सकता। यह अच्छा हुआ कि तुम श्री तिलक और श्री गोखले से मिल लिये। उनसे कहो कि मैं दोनों पक्षों द्वारा बुलायी गयी सभा में खुशी से आऊँगा और सभापति-पद स्वीकार करूँगा। समय के बारेमें मुझसे पूछने की ज़रूरत नहीं है। दोनों पक्षों को जो समय अनुकूल होगा, उसके अनुकूल मैं हो जाऊँगा।" यों कहकर उन्होंने धन्यवाद और आशीर्वाद के साथ मुझे बिदा किया।

बिना किसी हो-हल्ले और आडम्बर के एक सादे मकान में पूना की इस विद्वान और त्यागी मण्डलीने सभा की, और मुझे सम्पूर्ण प्रोत्साहन के साथ बिदा किया।

वहाँ से मैं मद्रास गया। मद्रास तो पागल हो उठा। बालासुन्दरम् के किस्से का सभा पर गहरा असर पड़ा। मेरे लिए मेरा भाषण अपेक्षाकृत लम्बा था। पूरा छपा हुआ था। पर सभाने उसका एक-एक शब्द ध्यानपूर्वक सुना। सभा के अंत में उस 'हरी पुस्तिका' पर लोग टूट पड़े। मद्रास में संशोधन और परिवर्धन के साथ उसकी दूसरी आवृत्ति दस हजार की छपायी थी। उसका अधिकांश निकल

गया। पर मैंने देखा कि दस हजार की ज़रूरत नहीं थी। मैंने लोगों के उत्साह का अन्दाज कुछ अधिक कर लिया था। मेरे भाषण का प्रभाव तो अंग्रेजी जाननेवाले समाज पर ही पड़ा था। उस समाज के लिए अकेले मद्रास शहर में दस हजार प्रतियों की आवश्यकता नहीं हो सकती थी।

यहाँ मुझे बड़ी-से-बड़ी मदद स्व॰ जी॰ परमेश्वरन् पिल्लै से मिली। वे 'मद्रास स्टैण्डर्ड' के संपादक थे। उन्होंने इस प्रश्न का अच्छा अध्ययन कर लिया था। वे मुझे अपने दफ्तर में समय-समय पर बुलाते थे और मेरा मार्गदर्शन करते रहते थे। 'हिन्दू' के जी॰ सुब्रह्मण्यम् से भी मैं मिला था। उन्होंने और डॉ॰ सुब्रह्मण्यम् ने भी पूरी सहानुभूति दिखायी थी। पर जी॰ परमेश्वरन् पिल्लैने तो मुझे अपने समाचारपत्र का इस काम के लिए मनचाहा उपयोग करने दिया और मैंने निःसंकोच उसका उपयोग किया भी। सभा पाच्याप्पा हॉल में हुई थी और मेरा खयाल है कि डॉ॰ सुब्रह्मण्यम् उसके सभापति बने थे। मद्रास में सबके साथ विशेषकर अंग्रेजी में ही बोलना पड़ता था, फिर भी मैंने बहुतों से इतना प्रेम और उत्साह पाया कि मुझे घर-जैसा ही लगा। प्रेम किन बन्धनों को नहीं तोड़ सकता?

२९. 'जल्दी लौटिये'

मद्रास से मैं कलकत्ते गया। कलकत्ते में मेरी कठिनाइयों का पार न रहा। वहाँ मैं 'ग्रेट ईस्टर्न' होटल में ठहरा। किसीसे जान-पहचान नहीं थी। होटल में 'डेली टेलिग्राफ' के प्रतिनिधि मि. एलर थॉर्प से पहचान हुई। वे बंगाल क्लब में रहते थे। उन्होंने मुझे वहाँ आने के लिए न्योता। उस समय उन्हें पता नहीं था कि होटल के दीवानखाने में किसी हिन्दुस्तानी को नहीं ले जाया जा सकता। बाद में उन्हें इस प्रबन्ध का पता चला। इससे वे मुझे अपने कमरे में ले गये। हिन्दुस्तानियों के प्रति स्थानीय अंग्रेजों का तिरस्कार देखकर उन्हें खेद हुआ। मुझे दीवानखाने में न ले जाने के लिए उन्होंने क्षमा माँगी। 'बंगाल के देव' सुरेन्द्रनाथ बैनर्जी से तो मुझे मिलना ही था। उनसे मिला। जब मैं मिला, उनके आस-पास दूसरे मिलनेवाले भी बैठे थे। उन्होंने कहा, "मुझे डर है कि लोग आपके काम में रस नहीं लेंगे। आप देखते हैं कि यहाँ देश में ही कुछ कम विडम्बनाएँ नहीं हैं। फिर भी आपसे जो हो सके अवश्य कीजिए। इस काम में आपको महाराजाओं की मदद की ज़रूरत होगी। आप ब्रिटिश इण्डिया एसोसियेशन के प्रतिनिधियों से मिलिये; राजा सर

प्यारीमोहन मुकर्जी और महाराजा टागोर से भी मिलियेगा। दोनों उदार वृत्ति के हैं और सार्वजनिक कामों में काफी हिस्सा लेते हैं।"

मैं इन सज्जनों से मिला। पर वहाँ मेरी दाल न गली। दोनों ने कहा, "कलकत्ते में सार्वजनिक सभा करना आसान काम नहीं। पर करनी ही हो, तो उसका बहुत-कुछ आधार सुरेन्द्रनाथ बैनर्जी पर होगा।"

मेरी कठिनाइयाँ बढ़ती जा रही थीं। मैं 'अमृतबाजार पत्रिका' के कार्यालय में गया। वहाँ भी जो सज्जन मुझे मिले उन्होंने मान लिया था कि मैं कोई रमताराम हूँगा। 'बंगवासी'ने तो हद कर दी। मुझे एक घण्टे तक बैठाये ही रखा। सम्पादक महोदय दूसरों के साथ बातचीत करते जाते थे। लोग आते-जाते रहते थे, पर सम्पादक जी मेरी तरफ देखते भी न थे। एक घण्टे तक राह देखने के बाद जब मैंने अपनी बात छेड़ी, तो उन्होंने कहा, "आप देखते नहीं हैं, हमारे पास कितना काम पड़ा है?' आप-जैसे तो कई हमारे यहाँ आते रहते हैं। आप वापस जाएँ यही अच्छा है। हमें आपकी बात नहीं सुननी है।"

मुझे क्षणभर दुःख तो हुआ, पर मैं सम्पादक का दृष्टिकोण समझ गया। 'बंगवासी' की ख्याति मैंने सुन रखी थी। सम्पादक के पास लोग आते-जाते रहते हैं, यह भी मैं देख सका था। वे सब उनके परिचित थे। उनका अखबार हमेशा भरापूरा रहता था। उस समय दक्षिण अफ्रीका का नाम भी कोई मुश्किल से जानता था। नित नये आदमी अपने दुखड़े लेकर आते ही रहते थे। उनके लिए तो अपना दुःख बड़ी-से-बड़ी समस्या होती, पर सम्पादक के पास ऐसे दुःखियों की भीड़ लगी रहती थी। वह बेचारा सबके लिए क्या कर सकता था? पर दुखिया की दृष्टि में सम्पादक की सत्ता बड़ी चीज होती है, हालाँकि सम्पादक स्वयं तो जानता है कि उसकी सत्ता उसके दफ्तर की दहलीज भी नहीं लाँघ पाती।

मैं हारा नहीं। दूसरे सम्पादकों से मिलता रहा। अपने रिवाज के अनुसार मैं अंग्रेजों से भी मिला। 'स्टेट्समैन' और 'इंग्लिशमैन' दोनों दक्षिण आफ्रीका के सवाल का महत्त्व समझते थे। उन्होंने लम्बी मुलाकातें छापीं। 'इंग्लिशमैन' के मि. सॉण्डर्सने मुझे अपनाया। मुझे उनके दफ्तर और अखबार का उपयोग करने की पूरी अनुकूलता प्राप्त हो गयी। उन्होंने अपने अग्रलेख में काटछाँट करने की भी छूट मुझे दे दी। यह कहना अतिशयोक्ति न होगी कि हमारे बीच स्नेह का सम्बन्ध हो गया। उन्होंने मुझे वचन दिया कि जो मदद उनसे हो सकेगी, वे करते

रहेंगे। मेरे दक्षिण अफ्रीका लौट जाने पर भी उन्होंने मुझसे पत्र लिखते रहने को कहा और वचन दिया कि स्वयं उनसे जो कुछ हो सकेगा, वे करेंगे। मैंने देखा कि इस वचन का उन्होंने अक्षरशः पालन किया, और जब तक वे बहुत बीमार नहीं हो गये, मुझसे पत्र-व्यवहार करते रहे। मेरे जीवन में ऐसे अनसोचे मीठे सम्बन्ध अनेक जुड़े हैं। मि॰ सॉण्डर्स को मेरी जो बात अच्छी लगी, वह थी अतिशयोक्ति का अभाव और सत्य-परायणता। उन्होंने मुझसे जिरह करने में कोई कसर नहीं रखी थी। उसमें उन्होंने अनुभव किया कि दक्षिण अफ्रीका के गोरों के पक्ष को निष्पक्ष भाव से रखने में और भारतीय पक्ष से उसकी तुलना करने में मैंने कोई कमी नहीं रखी थी।

मेरा अनुभव मुझे बतलाता है कि प्रतिपक्षी को न्याय देकर हम जल्दी न्याय पा जाते हैं।

इस प्रकार मुझे अनसोची मदद मिल जाने से कलकत्ते में भी सार्वजनिक सभा होने की आशा बँधी। इतने में डरबन से तार मिला: "पार्लियामेण्ट जनवरी में बैठेगी। जल्दी लौटिये।

इससे अखबारों में एक पत्र लिखकर मैंने तुरन्त लौट जाने की ज़रूरत जता दी और कलकत्ता छोड़ा। दादा अब्दुल्ला के बम्बई के एजेण्ट को तार दिया कि पहले स्टीमर से मेरे जाने की व्यवस्था करें। दादा अब्दुल्ला ने स्वयं 'कुरलैण्ड' नाम का स्टीमर खरीद लिया था। उन्होंने उसमें मुझे और मेरे परिवार को मुफ्त ले जाने का आग्रह किया। मैंने उसे धन्यवाद-सहित स्वीकार कर लिया, और दिसम्बर के आरंभ में 'कुरलैण्ड' स्टीमर से अपनी धर्मपत्नी, दो लड़कों और अपने स्व॰ बहनोई के एकमात्र लड़के को लेकर दूसरी बार दक्षिण अफ्रीका के लिए रवाना हुआ। इस स्टीमर के साथ ही दूसरा 'नादरी' स्टीमर भी डरबन के लिए रवाना हुआ। दादा अब्दुल्ला उसके एजेन्ट थे। दोनों स्टीमरों में कुल मिलाकर करीब ८०० हिन्दुस्तानी यात्री रहे होंगे। उनमें आधे से अधिक लोग ट्रान्सवाल जानेवाले थे।

१. तूफान की आगाही

कुटुम्ब के साथ यह मेरी पहली समुद्री यात्रा थी। मैंने कितनी ही बार लिखा है कि हिन्दू समाज में ब्याह बचपन में होने के कारण और मध्यम श्रेणी के लोगों में पति के प्रायः साक्षर और पत्नी के प्रायः निरक्षर होने के कारण पति-पत्नी के जीवन में अन्तर रहता है और पति को पत्नी का शिक्षक बनना पड़ता है। मुझे अपनी धर्मपत्नी और बालकों की वेशभूषा की, खाने-पीने की और बोलचाल की संभाल रखनी होती थी। मुझे उन्हें रीति-रिवाज सिखाने होते थे। उन दिनों की कितनी ही बातों की याद मुझे आज भी हँसाती है। हिन्दू पत्नी पति-परायणता में अपने धर्म की पराकाष्ठा मानती है; हिन्दू पति अपने को पत्नी का ईश्वर मानता है। इसलिए पत्नी को पति जैसा नचाये वैसा नाचना होता है।

जिस समय की बात लिख रहा हूँ, उस समय मैं मानता था कि सभ्य माने जाने के लिए हमारा बाहरी आचार-व्यवहार यथासम्भव यूरोपियनों से मिलता-जुलता होना चाहिए। ऐसा करने से ही लोगों पर प्रभाव पड़ता है और बिना प्रभाव पड़े देशसेवा नहीं हो सकती।

इस कारण पत्नी की और बच्चों की वेश-भूषा मैंने ही पसन्द की। स्त्री-बच्चों का परिचय काठियावाड़ी बनियों के रूप में कराना मुझे कैसे अच्छा लगता? भारतीयों में पारसी अधिक-से-अधिक सुधरे हुए माने जाते थे। अतएव जहाँ यूरोपियन पोशाक का अनुकरण करना अनुचित प्रतीत हुआ, वहाँ पारसी पोशाक अपनायी। पत्नी के लिए साड़ियाँ पारसी बहनों के ढंग की खरीदीं। बच्चों के लिए पारसी कोट-पतलून खरीदे। सबके लिए बूट और मोजे ज़रूरी थे ही। पत्नी ओर बच्चों को दोनों चीजें कई महीने तक पसंद नहीं पड़ीं। जूते काटते। मोजे बदबू करते। पैर सूज जाते। लेकिन इन सारी अड़चनों के जवाब मेरे पास तैयार थे। उत्तर की योग्यता की अपेक्षा आज्ञा का बल तो अधिक था ही। इसलिए पत्नी और बालकोंने पोशाक के फेरफार को लाचारी से स्वीकार कर लिया। उतनी ही लाचारी और उससे भी अधिक अरूचि से खाने में उन्होंने छुरी-काँटे का उपयोग शुरू किया। बाद में जब मेरा मोह दूर हुआ, तो उन्होंने फिर से बूट-मोजे, छुरी-

कांटे इत्यादि का त्याग किया। शुरू में जिस तरह ये परिवर्तन दुःखदायक थे, उसी तरह आदत पड़ने के बाद उनका त्याग भी कष्टप्रद था। पर आज तो मैं देखता हूँ कि हम सब सुधारों की कैंचुल उतारकर हलके हो गये हैं।

इसी स्टीमर में दूसरे कुछ रिश्तेदार और जान-पहचानवाले भी थे। मैं उनसे और डेक के दूसरे यात्रियों से भी खूब मिलता-जुलता रहता था। क्योंकि स्टीमर मेरे मुवक्किल और मित्र का था, इसलिए घर का-सा लगता था और मैं हर जगह आजादी से घूम-फिर सकता था।

स्टीमर दूसरे बन्दरगाह पर ठहरे बिना सीधा नेटाल पहुँचनेवाला था। इसके लिए केवल अठारह दिन की यात्रा थी। हमारे पहुँचने में तीन-चार दिन बाकी थे कि इतने में समुद्र में भारी तूफान ऊठा, मानो वह हमारे पहुँचते ही उठनेवाले तूफान की हमें चेतावनी दे रहा हो! इस दक्षिणी प्रदेश में दिसम्बर का महीना गरमी और वर्षा का महीना होता है, इसलिए दक्षिणी समुद्र में इन दिनों छोटे-मोटे तूफान तो उठते ही रहते हैं। लेकिन यह तूफान इतने जोर का था और इतनी देर तक रहा कि यात्री घबरा उठे।

यह दृश्य भव्य था। दुःख में सब एक हो गये। सारे भेद-भाव भूल गये। ईश्वर को हृदय-पूर्वक याद करने लगे। हिन्दू-मुसलमान सब साथ मिलकर भगवान का स्मरण करने लगे। कुछ लोगोंने मनौतियाँ मानीं। कप्तान भी यात्रियों से मिला-जुला और सबको आश्वासन देते हुए बोला, "यद्यपि यह तूफान बहुत जोर का माना जा सकता है, तो भी इससे कहीं ज्यादा जोर के तूफानों का मैंने स्वयं अनुभव किया है। स्टीमर मजबूत हो तो वह अचानक डूबता नहीं।" इस प्रकार उसने यात्रियों को बहुत-कुछ समझाया, पर इससे उन्हें तसल्ली न हुई। स्टीमर में आवाजें ऐसी होती थीं, मानो अभी कहीं से टूट जाएगा, अभी कहीं छेद हो जाएगा। जब वह हचकोले खाता तो ऐसा लगता, मानो अभी उलट जाएगा। डेक पर तो कोई रह ही कैसे सकता था? सबके मुँह से एक ही बात सुनायी पड़ती थीः "भगवान जैसा रखे वैसा रहना होगा।"

जहाँ तक मुझे याद है, इस चिन्ता में चौबीस घंटे बीते होंगे। आखिर बादल बिखरे। सूर्यनारायण ने दर्शन दिये। कप्तान ने कहा, "तूफान चला गया है।"

लोगों के चेहरों पर से चिन्ता दूर हुई और उसीके साथ ईश्वर भी लुप्त हो गया! लोग मौत का डर भूल गये और तत्काल ही गाना-बजाना तथा खाना-पीना

शुरू हो गया। माया का आवरण फिर छा गया। लोग नमाज पढ़ते और भजन भी गाते, पर तूफान के समय उनमें जो गंभीरता दीख पड़ी वह चली गयी थी!

पर इस तूफान ने मुझे यात्रियों के साथ ओतप्रोत कर दिया था। कहा जा सकता है कि मुझे तूफान का डर न था। अथवा कम-से-कम था। लगभग ऐसे ही तूफान का अनुभव मैं पहले कर चुका था। मुझे न समुद्र लगता था, न चक्कर आते थे। इसलिए मैं यात्रियों में निर्भय होकर घूम सकता था, उन्हें हिम्मत बँधा सकता था और कप्तान की भविष्य-वाणियाँ उन्हें सुनाता रहता था। यह स्नेहगाँठ मेरे लिए बहुत उपयोगी सिद्ध हुई।

हमने अठारह या उन्नीस दिसम्बर को डरबन में लंगर डाला। 'नादरी' भी उसी दिन पहुँचा।

पर वास्तविक तूफान का अनुभव तो अभी होना बाकी था।

२. तूफान

अठारह दिसम्बर के आस-पास दोनों स्टीमरोंने लंगर डाले। दक्षिण अफ्रीका के बन्दरगाहों में यात्रियों के स्वास्थ्य की पूरी जाँच की जाती है। यदि रास्ते में किसीको कोई छूतवाली बीमारी हुई हो, तो स्टीमर को सूतक में—क्वारण्टीन में—रखा जाता है। हमारे बम्बई छोड़ते समय वहाँ प्लेग की शिकायत थी, इसलिए हमें इस बात का डर ज़रूर था कि सूतक की कुछ बाधा होगी। बन्दर में लंगर डालने के बाद स्टीमर को सबसे पहले पीला झण्डा फहराना होता है। डॉक्टरी जाँच के बाद डॉक्टर के मुक्ति देने पर पीला झण्डा उतरता है और फिर यात्रियों के रिश्तेदारों आदि को स्टीमर पर आने की इजाजत मिलती है।

तदनुसार हमारे स्टीमर पर भी पीला झण्डा फहरा रहा था। डॉक्टर आये। जाँच करके उन्होंने पाँच दिन का सूतक घोषित किया, क्योंकि उनकी यह धारणा थी कि प्लेग के कीटाणु तेईस दिन तक जिन्दा रह सकते हैं। इसलिए उन्होंने ऐसा आदेश दिया कि बम्बई छोड़ने के बाद तेईस दिन की अवधि पूरी होने तक स्टीमरों को सूतक में रखा जाए।

पर इस सूतक की आज्ञा का हेतु केवल स्वास्थ्य-रक्षा न था। डरबन के गोरे नागरिक हमें उलटे पैरों लौटा देने का जो आन्दोलन कर रहे थे, वह भी इस आज्ञा के मूल में एक कारण था।

दादा अब्दुल्ला की तरफ से हमें शहर में चल रहे इस आन्दोलन की खबरें मिलती रहती थीं। गोरे लोग एक के बाद दूसरी विराट सभाएँ कर रहे थे। दादा अब्दुल्ला के नाम धमकियाँ भेजते थे, उन्हें लालच भी देते थे। अगर दादा अब्दुल्ला दोनों स्टीमरों को वापस ले जाएँ, तो गोरे नुकसान को भरपाई करने को तैयार थे। दादा अब्दुल्ला किसीकी धमकी से डरनेवाले न थे। इस समय वहाँ सेठ अब्दुल करीम हाजी आदम दुकान पर थे। उन्होंने प्रतिज्ञा की थी कि कितना ही नुकसान क्यों न उठाना पड़े, वे स्टीमरों को बन्दर पर लायेंगे और यात्रियों को उतारेंगे। मेरे नाम उनके विस्तृत पत्र बराबर आते रहते थे। सौभाग्य से इस समय स्व० मनसुखलाल हीरालाल नाजर मुझसे मिलने के लिए डरबन आ पहुँचे थे। वे होशियार और बहादुर आदमी थे। उन्होंने हिन्दुस्तानी कौम को नेक सलाह दी। मि० लाटन वकील थे। वे भी वैसे ही बहादुर थे। उन्होंने गोरों की करतूतों की निन्दा की और इस अवसर पर कौम को जो सलाह दी, वह सिर्फ वकील के नाते पैसे लेकर नहीं, बल्कि एक सच्चे मित्र के नाते दी।

इस प्रकार डरबन में द्वंद्व-युद्ध छिड़ गया। एक ओर मुट्ठीभर गरीब हिन्दुस्तानी और उनके इने-गिने अंग्रेज मित्र थे; दूसरी ओर धनबल प्रतिपक्षियों को राज्य का बल भी प्राप्त हो गया था, क्योंकि नेटाल की सरकार ने खुल्लमखुल्ला उनकी मदद की थी। मि० हेरी एस्कम्बने, जो मंत्रि-मंडल में थे और उसके कर्ताधर्ता थे, इन गोरों की सभाओं में प्रकट रूप से हिस्सा लिया।

मतलब यह कि हमारा सूतक केवल स्वास्थ्य-रक्षा के नियमों के ही कारण न था। उसका हेतु किसी भी तरह एजेण्ट को अथवा यात्रियों को दबा कर हमें वापस भेजना था। एजेण्ट को तो धमकी मिल ही रही थी। अब हमारे नाम भी धमकियाँ आने लगीं: "अगर तुम वापस न गये, तो तुम्हें समुद्र में डूबो दिया जाएगा। लौट जाओगे तो लौटने का भाड़ा भी शायद तुम्हें मिल जाए।" मैं यात्रियों के बीच खूब घूमा-फिरा। उन्हें धीरज बँधाया। 'नादरी' के यात्रियों को भी धीरज से काम लेने के संदेश भेजे। यात्री शान्त रहे और उन्होंने हिम्मत का परिचय दिया।

यात्रियों के मनोरंजन के लिए स्टीमर पर खेलों का प्रबंध किया गया था। बड़े दिन का त्यौहार आया। कप्तान ने उस दिन पहले दर्जे के यात्रियों को भोज दिया। यात्रियों में मुख्यतः मैं और मेरे परिवार के लोग ही थे। भोजन के

बाद भाषण करने की प्रथा तो थी ही। मैंने पश्चिमी सभ्यता पर भाषण किया। मैं जानता था कि यह अवसर गंभीर भाषण का नहीं होता, पर मैं दूसरा कोई भाषण दे ही नहीं सकता था। मैं आनंद में सम्मिलित हुआ था, पर मेरा दिल तो डरबन में चल रही लड़ाई में ही लगा हुआ था, क्योंकि इस हमले में मध्यबिन्दु मैं था। मुझ पर दो आरोप थेः

१. मैंने हिन्दुस्तान में नेटाल-वासी गोरों की अनुचित निन्दा की थी;
२. मैं नेटाल को हिन्दुस्तानियों से भर देना चाहता था, और इसलिए खासकर नेटाल में बसाने के लिए हिन्दुस्तानियों को 'कुरलैण्ड' और 'नादरी' में भर लाया था।

मुझे अपनी जिम्मेदारी का खयाल था। मेरे कारण दादा अब्दुल्ला भारी नुक्सान में पड़ गये थे। यात्रियों के प्राण संकट में थे। और अपने परिवार को साथ लाकर मैंने उसे भी दुःख में डाल दिया था।

पर मैं स्वयं बिलकुल निर्दोष था। मैंने किसीको नेटाल आने के लिए ललचाया नहीं था। 'नादरी' के यात्रियों को मैं पहचानता भी न था। 'कुरलैण्ड' में अपने दो-तीन रिश्तेदारों को छोड़कर बाकी के सैकड़ों यात्रियों के नामधाम तक मैं जानता न था। मैंने हिन्दुस्तान में नेटाल के अंग्रेजों के विषय में ऐसा एक भी शब्द नहीं कहा, जो मैं नेटाल में कह न चुका था। और जो कुछ मैंने कहा था, उसके लिए मेरे पास काफी प्रमाण थे।

अतएव नेटाल के अंग्रेज जिस सभ्यता की उपज थे, जिसके वे प्रतिनिधि और हिमायती थे, उस सभ्यता के प्रति मेरे मन में खेद उत्पन्न हुआ। मैं उसीका विचार करता रहता था, इसलिए इस छोटी-सी सभा के सामने मैंने अपने वे ही विचार रखे, और श्रोतावर्ग ने उन्हें सहन कर लिया। जिस भाव से मैंने उन्हें रखा, कप्तान आदिने उसी भाव में उन्हें ग्रहण किया। उन विचारों से उनके जीवन में कोई फेरफार हुआ या नहीं, सो मैं नहीं जानता। पर इस भाषण के बाद कप्तान और दूसरे अधिकारियों के साथ पश्चिमी सभ्यता के विषय में मेरी बहुत बातें हुईं। मैंने पश्चिम की सभ्यता को प्रधानतया हिंसक बतलाया और पूर्व की सभ्यता को अहिंसक। प्रश्नकर्ताओं ने मेरे सिद्धान्त मुझी पर लागू किये। बहुत करके कप्तान ने ही पूछाः

"गोरे जैसी धमकी दे रहे हैं उसीके अनुसार वे आपको चोट पहुँचायें, तो

आप अहिंसा के अपने सिद्धांत पर किस प्रकार अमल करेंगे?"

मैंने जवाब दियाः "मुझे आशा है कि उन्हें माफ कर देने की और उन पर मुकदमा न चलाने की हिम्मत और बुद्धि ईश्वर मुझे देगा। आज भी मुझे उन पर रोष नहीं है। उनके अज्ञान, उनकी संकुचित दृष्टि के लिए मुझे खेद होता है। मैं समझता हूँ कि वे जो कह रहे हैं और कर रहे हैं वह उचित है ऐसा वे शुद्ध भाव से मानते हैं। अतएव मेरे लिए रोष का कोई कारण नहीं।" पूछनेवाला हँसा। शायद मेरी बात पर उसे विश्वास नहीं हुआ।

इस प्रकार हमारे दिन बीतते और लम्बे होते गये। सूतक समाप्त करने की अवधि अन्त तक निश्चित नहीं हुई। इस विभाग के अधिकारी से पूछने पर वह कहता, "यह मेरी शक्ति से बाहर की बात है। सरकार मुझे आदेश दे, तो मैं आप लोगों को उतरने की इजाजत दे दूँ।"

अन्त में यात्रियों को और मुझे अल्टिमेटम मिले। दोनों को धमकी दी गयी कि तुम्हारी जान खतरे में है। दोनोंने नेटाल के बन्दर पर उतरने के अपने अधिकार के विषय में लिखा, और अपना यह निश्चय घोषित किया कि कैसा भी संकट क्यों न हो, हम अपने इस अधिकार पर डटे रहेंगे।

आखिर तेईसवें दिन, अर्थात् १३ जनवरी, १८९७ के दिन, स्टीमरों को मुक्ति मिली और यात्रियों को उतरने का आदेश मिला।

३. कसौटी

जहाज धक्के पर लगा। यात्री उतरे। पर मेरे बारेमें मि० एस्कम्ब ने कप्तान से कहलाया थाः "गांधी को और उनके परिवार को शाम के समय उतारियेगा। उनके विरूद्ध गोरे बहुत उत्तेजित हो गये हैं और उनके प्राण संकट में हैं। पोर्ट सुपरिण्टेण्डेण्ट मि० टेटम उन्हें शाम को अपने साथ ले जाएँगे।"

कप्तान ने मुझे इस सन्देश की खबर दी। मैंने तदनुसार चलना स्वीकार किया। लेकिन इस सन्देश को मिले आधा घंटा भी न हुआ था कि इतने में मि० लाटन आये और कप्तान से मिलकर बोले, "यदि मि० गांधी मेरे साथ चलें, तो मैं उन्हें अपनी जिम्मेदारी पर ले जाना चाहता हूँ। स्टीमर के एजेण्ट के वकील के नाते मैं आपसे कहता हूँ कि मि० गांधी के बारेमें जो सन्देश आपको मिला है उसके बन्धन से आप मुक्त हैं।" इस प्रकार कप्तान से बातचीत करके वे मेरे

पास आये और मुझसे कुछ इस मतलब की बातें कहीं: "आपको जीवन का डर न हो, तो मैं चाहता हूँ कि श्रीमती गांधी और बच्चे गाड़ी में रूस्तमजी सेठ के घर जाएँ और आप तथा मैं आम रास्ते से पैदल चलें। मुझे यह बिलकुल अच्छा नहीं लगता कि आप अँधेरा होने पर चुपचाप शहर में दाखिल हों। मेरा खयाल है कि आपका बाल भी बाँका न होगा। अब तो सब कुछ शान्त है। गोरे सब तितर-बितर हो गये हैं। पर कुछ भी क्यों न हो, मेरी राय है कि आपको छिपे तौर पर शहर में कभी न जाना चाहिए।"

मैं सहमत हो गया। मेरी धर्मपत्नी और बच्चे गाड़ी में बैठकर रूस्तमजी सेठ के घर सही-सलामत पहुँच गये। कप्तान की अनुमति लेकर मैं मि० लाटन के साथ उतरा। रूस्तमजी सेठ का घर वहाँ से लगभग दो मील दूर था।

जैसे ही हम जहाज से उतरे, कुछ लड़कों ने मुझे पहचान लिया और वे 'गांधी, गांधी' चिल्लाने लगे तुरन्त ही कुछ लोग इकट्ठा हो गये और चिल्लाहट बढ़ गयी। मि० लाटन ने देखा कि भीड़ बढ़ जाएगी, इसलिए उन्होंने रिक्शा मँगवाया। मुझे उसमें बैठना कभी अच्छा न लगता था। उस पर सवार होने का मुझे यह पहला ही अनुभव होने जा रहा था। पर लड़के क्यों बैठने देते? उन्होंने रिक्शावाले को धमकाया और वह भाग खड़ा हुआ।

हम आगे बढ़े। भीड़ भी बढ़ती गयी। खासी भीड़ जमा हो गयी। सबसे पहले तो भीड़वालों ने मुझे मि० लाटन से अलग कर दिया। फिर मुझ पर कंकरों और सड़े अण्डों की वर्षा शुरू हुई। किसीने मेरी पगड़ी उछाल कर फेंक दी। फिर लातें शुरू हुईं।

मुझे गश आ गया। मैंने पास के घर की जाली पकड़ ली और दम लिया। वहाँ खड़ा रहना तो सम्भव ही न था। तमाचे पड़ने लगे।

इतने में पुलिस अधिकारी की स्त्री, जो मुझे पहचानती थी, उस रास्ते से गुजरी। मुझे देखते ही वह मेरी बगल में आकर खड़ी हो गयी और धूप के न रहते भी उसने अपनी छत्री खोल ली। इससे भीड़ कुछ नरम पड़ी। अब मुझ पर प्रहार करने हों, तो मिसेज एलेक्ज़ेण्डर को बचाकर ही किये जा सकते थे।

इस बीच मुझ पर मार पड़ते देखकर कोई हिन्दुस्तानी नौजवान पुलिस थाने पर दौड़ गया। सुपरिण्टेण्डेण्ट एलेक्ज़ेण्डर ने एक टुकड़ी मुझे घेर कर बचा लेने के लिए भेजी। वह समय पर पहुँची। मेरा रास्ता पुलिस थाने के पास ही होकर

जाता था। सुपरिण्टेण्डेन्टने मुझे थाने में आश्रय लेने की सलाह दी। मैंने इनकार किया और कहा, "जब लोगों को अपनी भूल मालूम हो जाएगी, तो वे शान्त हो जाएँगे। मुझे उनकी न्यायबुद्धि पर विश्वास है।"

पुलिस के दस्ते के साथ मैं सही-सलामत पारसी रूस्तमजी के घर पहुँचा। मेरी पीठ पर छिपी मार पड़ी थी। एक जगह थोड़ा खून निकल आया था। स्टीमर के डॉक्टर दादा बरजोर वहीं मौजूद थे। उन्होंने मेरी अच्छी सेवा-शुश्रूषा की।

यों भीतर शान्ति थी, पर बाहर गोरों ने घर को घेर लिया था। शाम हो चुकी थी। अँधेरा हो चला था। बाहर हजारों लोग तीखी आवाज में शोर कर रहे थे और 'गांधी को हमें सौंप दो' की पुकार मचा रहे थे। परिस्थिति का खयाल करके सुपरिण्टेण्डेण्ट एलेक्ज़ेण्डर वहाँ पहुँच गये थे और भीड़ को धमकी से नहीं, बल्कि उसका मन बहलाकर वश में रख रहे थे।

फिर भी वे निश्चिन्त तो नहीं थे। उन्होंने मुझे इस आशय का संदेशा भेजा: "यदि आप अपने मित्र के मकान, माल-असबाब और अपने बाल-बच्चों को बचाना चाहते हों, तो जिस तरह मैं कहूँ उस तरह आपको इस घर से छिपे तौर पर निकल जाना चाहिए।"

एक ही दिन में मुझे एक-दूसरे के विरूद्ध दो काम करने का प्रसंग आया। जब प्राणों का भय केवल काल्पनिक प्रतीत होता था, तब मि० लाटन ने मुझे प्रकट रूप से बाहर निकलने की सलाह दी और मैंने उसे मान लिया। जब संकट प्रत्यक्ष मेरे सामने आकर खड़ा हो गया, तब दूसरे मित्र ने इससे उलटी सलाह दी और मैंने उसे भी मान लिया! कौन कह सकता है कि मैं अपने प्राणों के संकट से डरा या मित्र के जान-माल की जोखिम से अथवा अपने परिवार की प्राणहानि से या तीनों से? कौन निश्चय-पूर्वक कह सकता है कि मेरा स्टीमर से हिम्मत दिखाकर उतरना और बाद में संकट के प्रत्यक्ष सामने आने पर छिपकर भाग निकलना उचित था? पर घटित घटनाओं के बारेमें इस तरह की चर्चा ही व्यर्थ है। उनका उपयोग यही है कि जो हो चुका है, उसे समझ लें और उससे जितना सीखने को मिले, सीख लें। अमुक प्रसंग में अमुक मनुष्य क्या करेगा, यह निश्चय-पूर्वक कहा ही नहीं जा सकता। इसी तरह हम यह भी देख सकते हैं कि मनुष्य के बाहरी आचरण से उसके गुणों की जो परीक्षा की जाती है, वह अधूरी और अनुमान-मात्र होती है।

सो कुछ भी हो, भागने के काम में उलझ जाने से मैं अपनी चोटों को भूल गया। मैंने हिन्दुस्तानी सिपाही की वर्दी पहनी। कभी सिर पर मार पड़े तो उससे बचने के लिए माथे पर पीतल की एक तश्तरी रखी और ऊपर से मद्रासी तर्ज का बड़ा साफा बाँधा। साथ में खुफिया पुलिस के दो जवान थे। उनमें से एकने हिन्दुस्तानी व्यापारी की पोशाक पहनी और अपना चेहरा हिन्दुस्तानी की तरह रंग लिया। दूसरेने क्या पहना, सो मैं भूल गया हूँ। हम बगल की गली में होकर पड़ोस की एक दुकान में पहुँचे और गोदाम में लगी हुई बोरों की थप्पियों को अँधेरे में लाँघते हुए दुकान के दरवाजे से भीड़ में घुस कर आगे निकल गये। गली के नुक्कड़ पर गाड़ी खड़ी थी उसमें बैठाकर मुझे अब उसी थाने में ले गये, जिसमें आश्रय लेने की सलाह सुपरिण्टेण्डेण्ट एलेक्ज़ेण्डर ने पहले दी थी। मैंने सुपरिण्टेण्डेण्ट एलेक्ज़ेण्डर को और खुफिया पुलिस के अधिकारियों को धन्यवाद दिया।

इस प्रकार जब एक तरफ से मुझे ले जाया जा रहा था, तब दूसरी तरफ सुपरिण्टेण्डेण्ट एलेक्ज़ेण्डर भीड़ से गाना गवा रहे थे। उस गीत का अनुवाद यह है:

'चलो, हम गांधी को फाँसी लटका दें,
इमली के उस पेड़ पर फाँसी लटका दें।'

जब सुपरिण्टेण्डेण्ट एलेक्ज़ेण्डर को मेरे सही-सलामत थाने पर पहुँच जाने की खबर मिली तो उन्होंने भीड़ से कहा: "आपका शिकार तो इस दुकान में से सही-सलामत निकल भागा है।" भीड़ में किसीको गुस्सा आया, कोई हँसा, बहुतों ने इस बात को मानने से इनकार किया।

इस पर सुपरिण्टेण्डेण्ट एलेक्ज़ेण्डरने कहा, "तो आप लोग अपने में से जिसे नियुक्त कर दें उसे मैं अन्दर ले जाऊँ और वह तलाश करके देख ले। अगर आप गांधी को ढूँढ़ निकालें, तो मैं उसे आपके हवाले कर दूँगा। न ढूँढ़ सकें तो आपको बिखर जाना होगा। मुझे यह विश्वास तो है ही कि आप पारसी रूस्तमजी का मकान हरगिज नहीं जलाएँगे और न गांधी के स्त्री-बच्चों को कष्ट पहुँचाएँगे।"

भीड़ने प्रतिनिधि नियुक्त किये। उन्होंने तलाश के बाद उसे निराशाजनक समाचार सुनाये। सब सुपरिण्टेण्डेण्ट एलेक्ज़ेण्डर की सूझ-बूझ और चतुराई की प्रशंसा करते हुए, पर मन-ही-मन कुछ गुस्सा होते हुए, बिखर गये।

उस समय के उपनिवेश-मंत्री स्व० मि० चेम्बरलेन ने तार द्वारा सूचित किया

कि मुझ पर हमला करनेवालों पर मुकदमा चलाया जाए और मुझे न्याय दिलाया जाय। मि० एस्कम्ब ने मुझे अपने पास बुलाया। मुझे पहुँची हुई चोट के लिए खेद प्रकट करते हुए उन्होंने कहा, "आप यह तो मानेंगे ही कि आपका बाल भी बाँका हो तो मुझे उससे कभी खुशी नहीं हो सकती। आपने मि० लाटन की सलाह मानकर तुरन्त उतर जाने का साहस किया। आपको ऐसा करने का हक था, पर आपने मेरे सन्देश को मान लिया होता, तो यह दुःखद घटना न घटती। अब अगर आप हमला करनेवालों को पहचान सकें, तो मैं उन्हें गिरफ्तार करवाने और उन पर मुकदमा चलाने को तैयार हूँ। मि. चेम्बरलेन भी यही चाहते हैं।"

मैंने जवाब दिया: "मुझे किसी पर मुकदमा नहीं चलाना है। सम्भव है, हमला करनेवालों में से एक-दो को मैं पहचान लूँ, पर उन्हें सजा दिलाने से मुझे क्या लाभ होगा फिर, मैं हमला करनेवालों को दोषी भी नहीं मानता। उन्हें तो यह कहा गया है कि मैंने हिन्दुस्तान में अतिशयोक्तिपूर्ण बातें कहकर नेटाल के गोरों को बदनाम किया है। वे इस बात को मानकर गुस्सा हों, तो इसमें आश्चर्य क्या है? दोष तो बड़ों का और, मुझे कहने की इजाजत दें तो, आपका माना जाना चाहिए। आप लोगों को सही रास्ता दिखा सकते थे, पर आपने भी रायटर के तार को ठीक माना और यह कल्पना कर ली कि मैंने अतिशयोक्ति की होगी। मुझे किसी पर मुकदमा नहीं चलाना है। जब वस्तुस्थिति प्रकट होगी और लोगों को पता चलेगा, तो वे खुद पछताएँगे।"

"तो आप मुझे यह बात लिखकर दे देंगे? मुझे मि० चेम्बरलेन को इस आशय का तार भेजना पड़ेगा। मैं नहीं चाहता कि आप जल्दी में कुछ लिखक र दे दें। मेरी इच्छा ये है कि आप मि० लाटन से और अपने दूसरे मित्रों से सलाह करके जो उचित जान पड़े सो करें। हाँ, मैं यह स्वीकार करता हूँ कि यदि आप हमला करनेवालों पर मुकदमा नहीं चलाएँगे, तो सब ओर शांति स्थापित करने में मुझे बहुत मदद मिलेगी और आपकी प्रतिष्ठा तो निश्चय ही बढ़ेगी।"

मैंने जवाब दिया, "इस विषय में मेरे विचार पक्के हो चुके हैं। यह निश्चय समझिये कि मुझे किसी पर मुकदमा नहीं चलाना है, इसलिए मैं आपको यहीं लिखकर दे देना चाहता हूँ।"

यह कहकर मैंने आवश्यक पत्र लिखकर दे दिया।

४. शान्ति

हमले के दो-एक दिन बाद जब मैं मि० एस्कम्ब से मिला तब मैं पुलिस थाने में ही था। रक्षा के लिए मेरे साथ एक-दो सिपाही रहते थे, पर दरअसल जब मुझे मि० एस्कम्ब के पास ले जाया गया तब रक्षा की आवश्यकता रही नहीं थी।

जिस दिन मैं जहाज से उतरा उसी दिन, अर्थात् पीला झण्डा उतरने के बाद तुरन्त, 'नेटाल एडवरटाइज़र' नामक पत्र का प्रतिनिधि मुझसे मिल गया था। उसने मुझे कई प्रश्न पूछे थे और उनके उत्तर में मैं प्रत्येक आरोप का पूरा-पूरा जवाब दे सका था। सर फीरोजशाह मेहता के प्रताप से उस समय मैंने हिन्दुस्तान में एक भी भाषण बिना लिखे नहीं किया था। अपने उन सब भाषणों और लेखों का संग्रह तो मेरे पास था ही। मैंने वह सब उसे दिया और सिद्ध कर दिखाया कि मैंने हिन्दुस्तान में ऐसी एक भी बात नहीं कही, जो अधिक तीव्र शब्दों में दक्षिण अफ्रीका में न कही हो। मैंने यह भी बता दिया कि 'कुरलैण्ड और नादरी' के यात्रियों को लाने में मेरा हाथ बिलकुल न था। उनमें अधिकतर तो पुराने ही थे और बहुतेरे नेटाल में रहनेवाले नहीं थे बल्कि ट्रान्सवाल जानेवाले थे। उन दिनों नेटाल में मन्दी थी। ट्रान्सवाल में बहुत अधिक कमाई होती थी। इस कारण अधिकतर हिन्दुस्तानी वहीं जाना पसन्द करते थे।

इस खुलासे का और हमलावरों पर मुकदमा दायर करने से मेरे इनकार करने का इतना ज्यादा असर पड़ा कि गोरे शरमिन्दा हुए। समाचारपत्रों ने मुझे निर्दोष सिद्ध किया और हुल्लड़ करनेवालों की निन्दा की। इस प्रकार परिणाम में तो मुझे लाभ ही हुआ, और मेरा लाभ मेरे कार्य का ही लाभ था। इससे भारतीय समाज की प्रतिष्ठा बढ़ी और मेरा मार्ग अधिक सरल हो गया।

तीन या चार दिन बाद मैं अपने घर गया और कुछ ही दिनों में व्यवस्थित रीति से अपना काम काज करने लगा। इस घटना के कारण मेरी वकालत भी बढ़ गयी।

परंतु इस तरह यदि हिन्दुस्तानियों की प्रतिष्ठा बढ़ी, तो उनके प्रति गोरों का द्वेष भी बढ़ा। गोरों को विश्वास हो गया कि हिन्दुस्तानियों में दृढतापूर्वक लड़ने की शक्ति है। फलतः उनका डर बढ़ गया। नेटाल की धारासभा में दो कानून पेश हुए, जिनसे हिन्दुस्तानियों की कठिनाइयाँ बढ़ गयीं। एक से भारतीय

व्यापारियों के धंधे को नुकसान पहुँचा, दूसरे से हिन्दुस्तानियों के आनेजाने पर अंकुश लग गया। सौभाग्य से मताधिकार की लड़ाई के समय यह फैसला हो चुका था कि हिन्दुस्तानियों के खिलाफ हिन्दुस्तानी के नाते कोई कानून नहीं बनाया जा सकता। मतलब यह कि कानून में रंगभेद या जातिभेद नहीं होना चाहिए। इसलिए ऊपर के दोनों कानून उनकी भाषा को देखते हुए तो सब पर लागू होते जान पड़ते थे, पर उनका मूल उद्देश्य केवल हिन्दुस्तानी कौम पर दबाव डालना था।

इन कानूनों ने मेरा काम बहुत ज्यादा बढ़ा दिया और हिन्दुस्तानियों में जागृति भी बढ़ायी। हिन्दुस्तानियों को ये कानून इस तरह समझा दिये गये कि इनकी बारीक से बारीक बातों से भी कोई हिन्दुस्तानी अपरिचित न रह सके। हमने इनके अनुवाद भी प्रकाशित कर दिये। झगड़ा आखिर विलायत पहुँचा। पर कानून नामंजूर नहीं हुए

मेरा अधिकतर समय सार्वजनिक काम में ही बीतने लगा। मनसुखलाल नाजर मेरे साथ रहे। उनके नेटाल में होने की बात मैं ऊपर लिख चुका हूँ। वे सार्वजनिक काम में अधिक हाथ बँटाने लगे, जिससे मेरा काम कुछ हलका हो गया।

मेरी अनुपस्थिति में सेठ आदमजी मियाँखान ने अपने मंत्रीपद को खूब सुशोभित किया था। उन्होंने सदस्य बढ़ाये थे और स्थानीय कॉंग्रेस के कोष में लगभग एक हजार पौण्ड की वृद्धि की थी। यात्रियों पर हुए हमले के कारण और उपर्युक्त कानूनों के कारण जो जागृति पैदा हुई, उससे मैंने इस वृद्धि में भी वृद्धि करने का विशेष प्रयत्न किया और कोष में लगभग पाँच हजार पौण्ड जमा हो गये। मेरे मन में लोभ यह था कि यदि कॉंग्रेस का स्थायी कोष हो जाए, उसके लिए जमीन ले ली जाए और उसका भाड़ा आने लगे तो कॉंग्रेस निर्भय हो जाए। सार्वजनिक संस्था का यह मेरा पहला अनुभव था। मैंने अपना विचार साथियों के सामने रखा। उन्होंने उसका स्वागत किया। मकान खरीदे गये और वे भाड़े पर उठा दिये गये। उनके किराये से कॉंग्रेस का मासिक खर्च आसानी से चलने लगा। सम्पत्ति का सुदृढ़ ट्रस्ट बन गया। वह सम्पत्ति आज भी मौजूद है, पर अंदर-अंदर वह आपसी कलह का कारण बन गयी है और जायदाद का किराया आज अदालत में जमा होता है।

यह दुःखद घटना तो मेरे दक्षिण अफ्रीका छोड़ने के बाद घटी, पर सार्वजनिक

संस्थाओं के लिए स्थायी कोष रखने के सम्बन्ध में मेरे विचार दक्षिण अफ्रीका में ही बदल चुके थे। अनेकानेक सार्वजनिक संस्थाओं की उत्पत्ति और उनके प्रबन्ध की जिम्मेदारी संभालने के बाद मैं इस दृढ़ निर्णय पर पहुँचा हूँ कि किसी भी सार्वजनिक संस्था को स्थायी कोष पर निभने का प्रयत्न नहीं करना चाहिए। इसमें उसकी नैतिक अधोगति का बीज छिपा रहता है।

सार्वजनिक संस्था का अर्थ है, लोगों की स्वीकृति और लोगों के धन से चलनेवाली संस्था। ऐसी संस्था को जब लोगों की सहायता न मिले, तो उसे जीवित रहने का अधिकार ही नहीं रहता। देखा यह गया है कि स्थायी सम्पत्ति के भरोसे चलनेवाली संस्था लोकमत से स्वतंत्र हो जाती है और कितनी ही बार वह उलटा आचरण भी करती है। हिन्दुस्तान में हमें पग-पग पर इसका अनुभव होता है। कितनी ही धार्मिक मानी जानेवाली संस्थाओं के हिसाब-किताब का कोई ठिकाना ही नहीं रहता। उनके ट्रस्टी ही उनके मालिक बन बैठे हैं और वे किसीके प्रति उत्तरदायी भी नहीं हैं। जिस तरह प्रकृति स्वयं प्रतिदिन उत्पन्न करती और प्रतिदिन खाती है, वैसी ही व्यवस्था सार्वजनिक संस्थाओं की भी होनी चाहिए, इसमें मुझे कोई शंका नहीं है। जिस संस्था को लोग मदद देने के लिए तैयार न हो, उसे सार्वजनिक संस्था के रूप में जीवित रहने का अधिकार ही नहीं है। प्रतिवर्ष मिलनेवाला चन्दा ही उन संस्थाओं की अपनी लोकप्रियता और उनके संचालकों की प्रामाणिकता की कसौटी है, और मेरी यह राय है कि हरएक संस्था को इस कसौटी पर कसा जाना चाहिए।

मेरे यह लिखने से कोई गलतफहमी न होनी चाहिए। ऊपर की टीका उन संस्थाओं पर लागू नहीं होती, जिन्हें मकान इत्यादि की आवश्यकता होती है। सार्वजनिक संस्थाओं के दैनिक खर्च का आधार लोगों से मिलनेवाला चन्दा ही होना चाहिए।

ये विचार दक्षिण अफ्रीका के सत्याग्रह के दिनों में दृढ़ हुए। छह वर्षों की वह महान लड़ाई स्थायी कोष के बिना चली, यद्यपि उसके लिए लाखों रूपयों की आवश्यकता थी। मुझे ऐसे अवसरों की याद है कि जब अगले दिन का खर्च कहाँ से आयेगा, इसकी मुझे खबर न होती थी। लेकिन आगे जिन विषयों की चर्चा की जानेवाली है, उनका उल्लेख यहाँ नहीं करूँगा। पाठकों को मेरे इस मत का समर्थन इस कथा में उचित प्रसंग पर यथास्थान मिल जाएगा।

५. बच्चों की शिक्षा

सन् १८९७ की जनवरी में मैं डरबन उतरा, तब मेरे साथ तीन बालक थे। मेरा भानजा लगभग दस वर्ष की उमरका, मेरा बड़ा लड़का नौ वर्ष का और दूसरा लड़का पाँच वर्षका। इन सबको कहाँ पढ़ाया जाए?

मैं अपने लड़कों को गोरों के लिए चलनेवाले स्कूलों में भेज सकता था, पर वह केवल मेहरबानी और अपवाद-रूप होता। दूसरे सब हिन्दुस्तानी बालक वहाँ पढ़ नहीं सकते थे। हिन्दुस्तानी बालकों को पढ़ाने के लिए ईसाई मिशन के स्कूल थे, पर उनमें मैं अपने बालकों को भेजने के लिए तैयार न था। वहाँ दी जानेवाली शिक्षा मुझे पसन्द न थी। वहाँ गुजराती द्वारा तो शिक्षा मिलती ही कहाँ से? सारी शिक्षा अंग्रेजी में ही दी जाती थी, अथवा बहुत प्रयत्न किया जाता, तो अशुद्ध तामिल या हिन्दी में दी जा सकती थी। पर इन और ऐसी अन्य त्रुटियों को सहन करना मेरे लिए सम्भव न था।

मैं स्वयं बालकों को पढ़ाने का थोड़ा प्रयत्न करता था। पर वह अत्यन्त अनियमित था। अपनी रूचि के अनुकूल गुजराती शिक्षक मैं खोज न सका।

मैं परेशान हुआ। मैंने ऐसे अंग्रेजी शिक्षक के लिए विज्ञापन दिया, जो बच्चों को मेरी रूचि के अनुकूल शिक्षा दे सके। मैंने सोचा कि इस तरह जो शिक्षक मिलेगा उसके द्वारा थोड़ी नियमित शिक्षा होगी और बाकी मैं स्वयं, जैसे बन पड़ेगी, दूँगा। एक अंग्रेज महिला को ७ पौण्ड के वेतन पर रखकर गाड़ी कुछ आगे बढ़ायी।

बच्चों के साथ मैं केवल गुजराती में ही बातचीत करता था। इससे उन्हें थोड़ी गुजराती सीखने को मिल जाती थी। मैं उन्हें देश भेजने के लिए तैयार न था। उस समय भी मेरा यह खयाल था कि छोटे बच्चों को माता-पिता से अलग नहीं रहना चाहिए। सुव्यवस्थित घर में बालकों को जो शिक्षा सहज ही मिल जाती है, वह छात्रालयों में नहीं मिल सकती। अतएव अधिकतर वे मेरे साथ ही रहे। भानजे और बड़े लड़के को मैंने कुछ महीनों के लिए देश में अलग-अलग छात्रालयों में भेजा अवश्य था, पर वहाँ से उन्हें तुरन्त वापस बुला लिया था। बाद में मेरा बड़ा लड़का, वयस्क होने पर, अपनी इच्छा से अहमदाबाद के हाईस्कूल में पढ़ने के लिए दक्षिण अफ्रीका छोड़कर देश चला गया था। अपने भानजे को जो शिक्षा

में दे सका, उससे उसे संतोष था, ऐसा मेरा खयाल है। भरी जवानी में, कुछ ही दिनों की बीमारी के बाद, उसका देहान्त हो गया। मेरे दूसरे तीन लड़के कभी किसी स्कूल में गये ही नहीं। दक्षिण अफ्रीका के सत्याग्रह के सिलसिले में मैंने जो विद्यालय खोला था, उसमें उन्होंने थोड़ी नियमित पढ़ाई की थी।

मेरे ये प्रयोग अपूर्ण थे। लड़कों को मैं स्वयं जितना समय देना चाहता था उतना दे नहीं सका। इस कारण और दूसरी अनिवार्य परिस्थितियों के कारण मैं अपनी इच्छा के अनुसार उन्हें अक्षर-ज्ञान नहीं दे सका। इस विषय में मेरे सब लड़कों को न्यूनाधिक मात्रा में मुझसे शिकायत भी रही है, क्योंकि जब-जब वे 'बी.ए', 'एम.ए.' और 'मैट्रिक्युलेट' के भी सम्पर्क में आते, तब स्वयं किसी स्कूल में न पढ़ सकने की कमी का अनुभव करते थे।

तिस पर भी मेरी अपनी राय यह है कि जो अनुभव-ज्ञान उन्हें मिला है, माता-पिता का जो सहवास वे प्राप्त कर सके हैं, स्वतंत्रता का जो पदार्थपाठ उन्हें सीखने को मिला है, वह सब उन्हें न मिलता यदि मैंने उनको चाहे जिस तरह स्कूल भेजने का आग्रह रखा होता। उनके बारेमें जो निश्चिन्तता आज मुझे है वह न होती, और जो सादगी तथा सेवाभाव उन्होंने सीखा है वह मुझसे अलग रहकर विलायत में या दक्षिण अफ्रीका में कृत्रिम शिक्षा प्राप्त करके वे सीख न पाते; बल्कि उनकी बनावटी रहन-सहन देशकार्य में मेरे लिए कदाचित् विघ्नरूप हो जाती।

अतएव यद्यपि मैं उन्हें जितना चाहता था उतना अक्षर-ज्ञान नहीं दे सका, तो भी अपने पिछले वर्षों का विचार करते समय मेरे मन में यह खयाल नहीं उठता कि उनके प्रति मैंने अपने धर्म का यथाशक्ति पालन नहीं किया और न मुझे उसके लिए पश्चात्ताप होता है। इसके विपरीत, अपने बड़े लड़के के बारेमें मैं जो दुःखद परिणाम देखता हूँ, वह मेरे अधकचरे पूर्वकाल की प्रतिध्वनि है, ऐसा मुझे सदा ही लगा है। उस समय उसकी उमर इतनी थी कि जिसे मैंने हर प्रकार से अपना मूर्च्छाकाल, वैभव-काल माना है, उसका स्मरण उसे बना रहे। वह क्यों माने कि वह मेरा मूर्च्छाकाल था? वह ऐसा क्यों न माने कि वह मेरा ज्ञानकाल था और उसके बाद में हुए परिवर्तन अयोग्य और मोहजन्य थे? वह क्यों न माने कि उस समय मैं संसार के राजमार्ग पर चल रहा था इस कारण सुरक्षित था तथा बाद में किये हुए परिवर्तन मेरे सूक्ष्म अभियान और अज्ञान की

निशानी थे? यदि मेरे लड़के बारिस्टर आदि की पदवी पाते तो क्या बुरा होता? मुझे उनके पंख काट देने का क्या अधिकार था? मैंने उन्हें ऐसी स्थिति में क्यों नहीं रखा कि वे उपाधियाँ प्राप्त करके मनचाहा जीवन-मार्ग पसन्द कर सकते? इस तरह की दलीलें मेरे कितने ही मित्रोंने मेरे सम्मुख रखी हैं।

मुझे इन दलीलों में कोई तथ्य नहीं दिखायी दिया। मैं अनेक विद्यार्थियों के सम्पर्क में आया हूँ। दूसरे बालकों पर मैंने दूसरे प्रयोग भी किये हैं, अथवा कराने में सहायक हुआ हूँ। उनके परिणाम भी मैंने देखे हैं। वे बालक और मेरे लड़के आज समान अवस्था के हैं। मैं नहीं मानता कि वे मनुष्यता में मेरे लड़कों से आगे बढ़े हुए हैं, अथवा उनसे मेरे लड़के कुछ अधिक सीख सकते हैं।

फिर भी, मेरे प्रयोग का अन्तिम परिणाम तो भविष्य ही बता सकता है। यहाँ इस विषय की चर्चा करने का हेतु तो यह है कि मनुष्य-जाति की उत्क्रांति का अध्ययन करनेवाले लोग गृह-शिक्षा और स्कूली शिक्षा के भेद का और माता-पिता द्वारा अपने जीवन में किये हुए परिवर्तनों का उनके बालकों पर जो प्रभाव पड़ता है उसका कुछ अन्दाज लगा सकें।

इसके अतिरिक्त, इस प्रकरण का एक उद्देश्य यह भी है कि सत्य का पुजारी इस प्रयोग से यह देख सके कि सत्य की आराधना उसे कहाँ तक ले जाती है, और स्वतंत्रता देवी का उपासक देख सके कि वह देवी कैसा बलिदान चाहती है। बालकों को अपने साथ रखते हुए भी यदि मैंने स्वाभिमान का त्याग किया होता, दूसरे भारतीय बालक जिसे न पा सकें उसकी अपने बालकों के लिए इच्छा न रखने के विचार का पोषण न किया होता, तो मैं अपने बालकों को अक्षर-ज्ञान अवश्य दे सकता था। किन्तु उस दशा में स्वतंत्रता और स्वाभिमान का जो पदार्थ-पाठ वे सीखे वह न सीख पाते। और जहाँ स्वतंत्रता तथा अक्षर-ज्ञान के बीच ही चुनाव करना हो, वहाँ कौन कहेगा कि स्वतंत्रता अक्षर-ज्ञान से हजार गुनी अधिक अच्छी नहीं है?

सन् १९२० में जिन नौजवानों को मैंने स्वतंत्रता-घातक स्कूलों और कॉलेजों को छोड़ने के लिए आमंत्रित किया था, और जिनसे मैंने कहा था कि स्वतंत्रता के लिए निरक्षर रहकर आम रास्ते पर गिट्टी फोड़ना गुलामी में रहकर अक्षर-ज्ञान प्राप्त करने से कहीं अच्छा है, वे अब मेरे कथन के मर्म को कदाचित् समझ सकेंगे।

६. सेवा-वृत्ति

वकालत का मेरा धन्धा अच्छा चल रहा था, पर उससे मुझे संतोष नहीं था। जीवन अधिक सादा होना चाहिए, कुछ शारीरिक सेवा-कार्य होना चाहिए, यह मन्थन मन में चलता ही रहता था।

इतने में एक दिन कोढ़ से पीड़ित एक अपंग मनुष्य मेरे घर आ पहुँचा। उसे खाना देकर बिदा कर देने के लिए दिल तैयार न हुआ। मैंने उसको एक कोठरी में ठहराया, उसके घाव साफ किये और उसकी सेवा की।

पर यह व्यवस्था अधिक दिन तक चल न सकती थी। उसे हमेशा के लिए घर में रखने की सुविधा मेरे पास न थी, न मुझमें इतनी हिम्मत ही थी। इसलिए मैंने उसे गिरमिटियों के लिए चलनेवाले सरकारी अस्पताल में भेज दिया।

पर इससे मुझे आश्वासन न मिला। मन में हमेशा यह विचार बना रहता कि सेवा-शुश्रूषा का ऐसा कुछ काम मैं हमेशा करता रहूँ, तो कितना अच्छा हो! डॉक्टर बूथ सेण्ट एडम्स मिशन के मुखिया थे। वे हमेशा अपने पास आनेवालों को मुफ्त दवा दिया करते थे। बहुत भले और दयालु आदमी थे। पारसी रूस्तमजी की दानशीलता के कारण डॉ० बूथ की देखरेख में एक बहुत छोटा अस्पताल खुला। मेरी प्रबल इच्छा हुई कि मैं इस अस्पताल में नर्स का काम करूँ। उसमें दवा देने के लिए एक से दो घण्टों का काम रहता था। उसके लिए दवा बनाकर देनेवाले किसी वेतनभोगी मनुष्य की अथवा स्वयंसेवक की आवश्यकता थी। मैंने यह काम अपने जिम्मे लेने और अपने समय में से इतना समय बचाने का निर्णय किया। वकालत का मेरा बहुत-सा काम तो दफ्तर में बैठकर सलाह देने, दस्तावेज तैयार करने अथवा झगडों का फैसला कराने का होता था। कुछ मामले मजिस्ट्रेट की अदालत में चलते थे। उनमें से अधिकांश विवादास्पद नहीं होते थे। ऐसे मामलों को चलाने की जिम्मेदारी मि० खानने, जो मुझसे बाद में आये थे और जो उस समय मेरे साथ ही रहते थे, अपने सिर पर ले ली और मैं उस छोटे- से अस्पताल में काम करने लगा।

रोज सबेरे वहाँ जाना होता था। आने-जाने में और अस्पताल का काम करने में प्रतिदिन लगभग दो घण्टे लगते थे। इस काम से मुझे थोड़ी शान्ति मिली। मेरा काम बीमार की हालत समझकर उसे डॉक्टर को समझाने और डॉक्टर की लिखी

दवा तैयार करके बीमार को देने का था। इस काम से मैं दुखी-दर्दी हिन्दुस्तानियों के निकट सम्पर्क में आया। उनमें से अधिकांश तामिल, तेलुगु अथवा उत्तर हिन्दुस्तान के गिरमिटिया होते थे।

यह अनुभव मेरे लिए भविष्य में बहुत उपयोगी सिद्ध हुआ। बोअरयुद्ध के समय घायलों की सेवा-शुश्रूषा के काम में और दूसरे बीमारों की परिचर्या में मुझे इससे बड़ी मदद मिली।

बालकों के पालन-पोषण का प्रश्न तो मेरे सामने था ही। दक्षिण अफ्रीका में मेरे दो लड़के और हुए। उन्हें किस तरह पाल-पोसकर बड़ा किया जाय, इस प्रश्न को हल करने में मुझे इस कामने अच्छी मदद की। मेरा स्वतंत्र स्वभाव मेरी कड़ी कसौटी करता था, और आज भी करता है। हम पति-पत्नी ने निश्चय किया था कि प्रसूति आदि काम शास्त्रीय पद्धति से करेंगे। अतएव यद्यपि डॉक्टर और नर्स की व्यवस्था की गयी थी, तो भी प्रश्न था कि कहीं ऐन मौके पर डॉक्टर न मिला और दाई भाग गई, तो मेरी क्या दशा होगी? दाई तो हिन्दुस्तानी ही रखनी थी। तालीम पायी हुई हिन्दुस्तानी दाई हिन्दुस्तान में भी मुश्किल से मिलती है, तब दक्षिण अफ्रीका की तो बात ही क्या कही जाय? अतएव मैंने बाल-संगोपन का अध्ययन कर लिया। डॉ० त्रिभुवनदास की 'माने शिखामण (माता को सीख) नामक पुस्तक मैंने पढ़ डाली। यह कहा जा सकता है कि उसमें संशोधन-परिवर्धन करके अंतिम दो बच्चों को मैंने स्वयं पाला-पोसा। हर बार दाई की मदद कुछ ही समय के लिए ली—दो महीने से ज्यादा तो ली ही नहीं; वह भी मुख्यतः धर्मपत्नी की सेवा के लिए ही। बालकों को नहलाने-धुलाने का काम शुरू में मैं ही करता था।

अन्तिम शिशु के जन्म के समय मेरी पूरी-पूरी परीक्षा हो गयी। पत्नी को प्रसव-वेदना अचानक शुरू हुई। डॉक्टर घर पर न थे। दाई को बुलवाना था। वह पास होती तो भी उससे प्रसव कराने का काम न हो पाता। अतः प्रसव के समय का सारा काम मुझे अपने हाथों ही करना पड़ा। सौभाग्य से मैंने इस विषय को 'माने शिखामण' पुस्तक में ध्यान-पूर्वक पढ़ लिया था। इसलिए मुझे कोई घबराहट न हुई।

मैंने देखा कि अपने बालकों के समुचित पालन-पोषण के लिए माता-पिता दोनों को बाल-संगोपन आदि का साधारण ज्ञान प्राप्त कर लेना चाहिए। मैंने तो

इस विषय की अपनी सावधानी का लाभ पग-पग पर अनुभव किया है। मेरे बालक आज जिस सामान्य स्वास्थ्य का लाभ उठा रहे हैं उसे वे उठा न पाते, यदि मैंने इस विषय का सामान्य ज्ञान प्राप्त करके उस पर अमल न किया होता। हम लोगों में यह भ्रम फैला हुआ है कि पहले पाँच वर्षों में बालक को शिक्षा प्राप्त करने की आवश्यकता नहीं होती। पर सच तो यह है कि पहले पाँच वर्षों में बालक को जो मिलता है वह बाद में कभी नहीं मिलता। मैं यह अनुभव से कह सकता हूँ कि बच्चे की शिक्षा माँ के पेट से शुरू होती है। गर्भाधान-काल की माता-पिता की शारीरिक और मानसिक स्थिति का प्रभाव बालक पर पड़ता है। गर्भ के समय की माता की प्रकृति और माता के आहार-विहार के भले-बुरे फलों की विरासत लेकर बालक जन्म लेता है। जन्म के बाद वह माता-पिता का अनुकरण करने लगता है और स्वयं असहाय होने के कारण उसके विकास का आधार माता-पिता पर रहता है।

जो समझदार दम्पती इन बातों को सोचेंगे वे पति-पत्नी के संग को कभी विषय-वासना की तृप्ति का साधन नहीं बनाएँगे, बल्कि जब उन्हें सन्तान की इच्छा होगी तभी सहवास करेंगे। रतिसुख एक स्वतंत्र वस्तु है, इस धारणा में मुझे तो घोर अज्ञान ही दिखायी पड़ता है। जनन-क्रिया पर संसार के अस्तित्व का आधार है। संसार ईश्वर की लीलाभूमि है, उसकी महिमा का प्रतिबिम्ब है। उसकी सुव्यवस्थित वृद्धि के लिए ही रतिक्रिया का निर्माण हुआ है, इस बात को समझनेवाला मनुष्य विषय-वासना को महाप्रयत्न करके भी अंकुश में रखेगा और रतिसुख के परिणाम-स्वरूप होनेवाली संतति की शारीरिक, मानसिक और आध्यात्मिक रक्षा के लिए जिस ज्ञान की प्राप्ति आवश्यक हो उसे प्राप्त करके उसका लाभ अपनी सन्तान को देगा।

७. ब्रह्मचर्य—१

अब ब्रह्मचर्य के विषय में विचार करने का समय आ गया है। एकपत्नीव्रत का तो विवाह के समय से ही मेरे हृदय में स्थान था। पत्नी के प्रति वफादारी मेरे सत्यव्रत का अंग था। पर अपनी स्त्री के साथ भी ब्रह्मचर्य का पालन करना चाहिए, इसका स्पष्ट बोध मुझे दक्षिण अफ्रीका में ही हुआ। किस प्रसंग से अथवा किस पुस्तक के प्रभाव से यह विचार मेरे मन में उत्पन्न हुआ, सो

आज मुझे स्पष्ट याद नहीं आता। इतना ही स्मरण है कि इसमें रायचन्दभाई के प्रभाव की प्रधानता थी।

उनके साथ के एक संवाद का मुझे स्मरण है। एक बार मैं ग्लैडस्टन के प्रति मिसेज ग्लैडस्टन के प्रेम की प्रशंसा कर रहा था। मैंने कहीं पढ़ा था कि पार्लियामेण्ट की सभा में भी मिसेज ग्लैडस्टन अपने पति को चाय बनाकर पिलाती थीं। इस वस्तु का पालन इस नियम-बद्ध दम्पती के जीवन का एक नियम बन गया था। मैंने कवि को वह प्रसंग पढ़कर सुनाया और उसके सन्दर्भ में दम्पती-प्रेम की स्तुति की। रायचन्दभाई बोले, "इसमें तुम्हें महत्त्व की कौनसी बात मालूम होती है? मिसेज ग्लैडस्टन का पत्नीत्व या उनका सेवाभाव? यदि वे ग्लैडस्टन की बहन होतीं तो? अथवा उनकी वफादार नौकरानी होतीं और उतने ही प्रेम से चाय देतीं तो? ऐसी बहनों, ऐसी नौकरानियों के दृष्टान्त क्या हमें आज नहीं मिलते? और, नारी-जाति के बदले ऐसा प्रेम यदि तुमने नर-जाति में देखा होता, तो क्या तुम्हें सानन्द आश्चर्य न होता? मेरे इस कथन पर विचार करना।"

रायचंदभाई स्वयं विवाहित थे। याद पड़ता है कि उस समय तो मुझे उनके ये वचन कठोर लगे थे, पर इन वचनों ने मुझे चुम्बक की तरह पकड़ लिया। मुझे लगा कि पुरूष सेवक की ऐसी स्वामीभक्ति का मूल्य पत्नी की पतिनिष्ठा के मूल्य से हजार गुना अधिक है। पति-पत्नी में ऐक्य होता है, इसलिए उनमें परस्पर प्रेम हो तो कोई आश्चर्य नहीं। मालिक और नौकरके बीच वैसा प्रेम प्रयत्न-पूर्वक विकसित करना होता है। दिन-पर-दिन कवि के वचनों का बल मेरी दृष्टि में बढ़ता प्रतीत हुआ।

मैंने अपने-आपसे पूछाः मुझे अपनी पत्नी के साथ कैसा सम्बन्ध रखना चाहिए? पत्नी को विषय-भोग का वाहन बनाने में पत्नी के प्रति वफादारी कहाँ रहती है? जब तक मैं विषय-वासना के अधीन रहता हूँ, तब तक तो मेरी वफादारी का मूल्य साधारण ही माना जाएगा। यहाँ मुझे यह कहना चाहिए कि हमारे आपस के सम्बन्ध में पत्नी की ओर से कभी आक्रमण हुआ ही नहीं। इस दृष्टि से मैं जब चाहता तभी मेरे लिए ब्रह्मचर्य का पालन सुलभ था। मेरी अशक्ति अथवा आसक्ति ही मुझे रोक रही थी।

जाग्रत होने के बाद भी दो बार तो मैं विफल ही रहा। प्रयत्न करता परन्तु गिर पड़ता। प्रयत्न में मुख्य उद्देश्य ऊँचा नहीं था। मुख्य उद्देश्य था, सन्तानोत्पत्ति

को रोकना। उसके बाह्य उपचारों के बारेमें मैंने विलायत में कुछ पढ़ा था। डॉ० एलिन्सन के इन उपायों के प्रचार का उल्लेख मैं अन्नाहार-विषयक प्रकरण में कर चुका हूँ। उसका थोड़ा और क्षणिक प्रभाव मुझ पर पड़ा था। पर मि० हिल्सने उसका जो विरोध किया था और आन्तरिक साधन के—संयम के—समर्थन में जो कहा था, उसका प्रभाव मुझ पर बहुत अधिक पड़ा और अनुभव से वह चिरस्थायी बन गया। इसलिए सन्तानोत्पत्ति की अनावश्यकता ध्यान में आते ही मैंने संयम-पालन का प्रयत्न शुरू कर दिया।

संयम-पालन की कठिनाइयों का पार न था। हमने अलग खाटें रखीं। रात में पूरी तरह थकने के बाद ही सोने का प्रयत्न किया। इस सारे प्रयत्न का विशेष परिणाम मैं तुरन्त नहीं देख सका। पर आज भूतकाल पर निगाह डालते हुए देखता हूँ कि इन सब प्रयत्नोंने मुझे अंतिम निश्चय का बल दिया।

अंतिम निश्चय तो मैं सन् १९०६ में ही कर सका था। उस समय सत्याग्रह का आरम्भ नहीं हुआ था। मुझे उसका सपना तक नहीं आया था। बोअर-युद्ध के बाद नेटाल में जुलू 'विद्रोह' हुआ। उस समय मैं जोहानिस्बर्ग में वकालत करता था। पर मैंने अनुभव किया कि इस 'विद्रोह' के मौके पर भी मुझे अपनी सेवा नेटाल सरकार को अर्पण करनी चाहिए। मैंने सेवा अर्पण की और वह स्वीकृत हुई। उसका वर्णन आगे आयेगा। पर इस सेवा के सिलसिले में मेरे मन में संयम-पालन के तीव्र विचार उत्पन्न हुए। अपने स्वभाव के अनुसार मैंने साथियों से इसकी चर्चा की। मैंने अनुभव किया कि सन्तानोत्पत्ति और सन्तान का लालन-पालन सार्वजनिक सेवा के विरोधी हैं। इस 'विद्रोह' में सम्मिलित होने के लिए मुझे जोहानिस्बर्ग की अपनी गृहस्थी उजाड़ देनी पड़ी थी। टीम-टाम से बसाये गये घर का और साज-सामान का, जिसे बसाये मुश्किल से एक महीना हुआ होगा, मैंने त्याग कर दिया। पत्नी और बच्चों को फीनिक्स में रख दिया और मैं डोली उठानेवालों की टुकड़ी लेकर निकल पड़ा। कठिन कूच करते हुए मैंने देखा कि यदि मुझे लोकसेवा में ही तन्मय हो जाना हो, तो पुत्रैषणा और वित्तैषणा का त्याग करना चाहिए और वानप्रस्थ-धर्म पालना चाहिए।

'विद्रोह' में तो मुझे डेढ़ महीने से अधिक समय नहीं देना पड़ा, पर छह हफ्तों का यह समय मेरे जीवन का अत्यन्त मूल्यवान समय था। इस समय मैंने व्रत के महत्त्व को अधिक-से-अधिक समझा। मैंने देखा कि व्रत बन्धन नहीं, बल्कि

स्वतंत्रता का द्वार है। आज तक मुझे अपने प्रयत्नों में चाहिए उतनी सफलता न मिलने का कारण यह था कि मैं दृढ़निश्चयी नहीं था। मुझे अपनी शक्ति पर अविश्वास था, ईश्वर की कृपा पर अविश्वास था, और इस कारण मेरा मन अनेक तरंगो और अनेक विकारों के चक्कर में पड़ा रहता था। मैंने देखा कि व्रत-बद्ध न होने से मनुष्य मोह में पड़ता है। व्रत से बंधना व्यभिचार से छुटकारा पाकर एकपत्नी-व्रत का पालन करने के समान है। 'मैं प्रयत्न करने में विश्वास रखता हूँ, व्रत से बंधना नहीं चाहता'—यह वचन निर्बलता की निशानी है, और इसमें सूक्ष्म रूप से भोग की वासना छिपी होती है। जो वस्तु त्याज्य है, उसका सर्वथा त्याग करने में हानि कैसे हो सकती है? जो साँप मुझे डसनेवाला है, उसका त्याग मैं निश्चय-पूर्वक करता हूँ, त्याग का केवल प्रयत्न नहीं करता। मैं जानता हूँ कि केवल प्रयत्न के भरोसे रहने में मृत्यु निहित है। प्रयत्न में साँप की विकरालता के स्पष्ट ज्ञान का अभाव है। इसी तरह जिस वस्तु के त्याग का हम केवल प्रयत्न करते हैं उस वस्तु के त्याग के औचित्य के बारेमें हमें स्पष्ट दर्शन नहीं हुआ है, यह सिद्ध होता है। 'आगे चलकर मेरे विचार बदल जाएँ तो?' ऐसी शंका करके प्रायः हम व्रत लेने से डरते हैं। इस विचार में स्पष्ट दर्शन का अभाव ही है। इसीलिए निष्कुलानन्दने कहा हैः

'त्याग न टके रे वैराग विना.'

जहाँ अमुक वस्तु के प्रति संपूर्ण वैराग्य उत्पन्न हो गया है, वहाँ उसके विषय में व्रत लेना अनिवार्य हो जाता है।

८. ब्रह्मचर्य—२

अच्छी तरह चर्चा करने और गहराई से सोचने के बाद सन् १९०६ में मैंने ब्रह्मचर्य का व्रत लिया। व्रत लेने के दिन तक मैंने धर्मपत्नी के साथ सलाह नहीं की थी; पर व्रत लेते समय की। उसकी ओर से मेरा कोई विरोध नहीं हुआ।

यह व्रत मेरे लिए बहुत कठिन सिद्ध हुआ। मेरी शक्ति कम थी। मैं सोचता, विकारों को किस प्रकार दबा सकूँगा। अपनी पत्नी के साथ विकारयुक्त सम्बन्ध का त्याग मुझे एक अनोखी बात मालूम होती थी। फिर भी मैं यह साफ देख सकता था कि यही मेरा कर्तव्य है। मेरी नीयत शुद्ध थी। यह सोचकर कि भगवान शक्ति देगा, मैं इसमें कूद पड़ा।

आज बीस बरस बाद उस व्रत का स्मरण करते हुए मुझे सानन्द आश्चर्य होता है। संयम पालने की वृत्ति तो मुझमें १९०१ से ही प्रबल थी, और मैं संयम पाल भी रहा था; पर जिस स्वतंत्रता और आनन्द का उपभोग मैं अब करने लगा, सन् १९०६ के पहले उसके वैसे उपभोग का कोई स्मरण मुझे नहीं है। क्योंकि उस समय मैं वासना-बद्ध था, किसी भी समय उसके वश हो सकता था। अब वासना मुझ पर सवारी करने में असमर्थ हो गयी।

साथ ही, मैं अब ब्रह्मचर्य की महिमा को अधिकाधिक समझने लगा। व्रत मैंने फीनिक्स में लिया था। घायलों की सेवा-शुश्रूषा के काम से छुट्टी पाने पर मैं फीनिक्स गया था। वहाँ से मुझे तुरन्त जोहानिस्बर्ग जाना था। मैं वहाँ गया और एक महीने के अन्दर ही सत्याग्रह की लड़ाई का श्रीगणेश हुआ। मानो यह ब्रह्मचर्य-व्रत मुझे उसके लिए तैयार करने ही आया हो! सत्याग्रह की कोई कल्पना मैंने पहले से करके नहीं रखी थी। उसकी उत्पत्ति अनायास, अनिच्छापूर्वक ही हुई। पर मैंने देखा कि उससे पहले के मेरे सारे कदम—फीनिक्स जाना, जोहानिस्बर्ग का भारी घरखर्च कम कर देना और अन्त में ब्रह्मचर्य-व्रत लेना—मानो उसकी तैयारी के रूप में ही थे।

ब्रह्मचर्य के सम्पूर्ण पालन का अर्थ है, ब्रह्म-दर्शन। यह ज्ञान मुझे शास्त्र द्वारा नहीं हुआ। यह अर्थ मेरे सामने क्रम-क्रम से अनुभव-सिद्ध होता गया। उससे सम्बन्ध रखनेवाले शास्त्रवाक्य मैंने बाद में पढ़े। ब्रह्मचर्य में शरीर-रक्षण, बुद्धि-रक्षण और आत्मा का रक्षण समाया हुआ है, इसे मैं व्रत लेने के बाद दिन-दिन अधिकाधिक अनुभव करने लगा। अब ब्रह्मचर्य को एक घोर तपश्चर्या के रूप में रहने देने के बदले उसे रसमय बनाना था, उसीके सहारे निभना था, इसलिए अब उसकी विशेषताओं के मुझे नित-नये दर्शन होने लगे।

इस प्रकार यद्यपि मैं इस व्रत में से रस लूट रहा था, तो भी कोई यह न माने कि मैं उसकी कठिनाई का अनुभव नहीं करता था। आज मुझे छप्पन वर्ष पूरे हो चुके हैं, फिर भी इसकी कठिनता का अनुभव तो मुझे होता ही है। यह एक असिधारा-व्रत है, इसे मैं अधिकाधिक समझ रहा हूँ और निरन्तर जागृति की आवश्यकता का अनुभव करता हूँ।

ब्रह्मचर्य का पालन करना हो तो स्वादेन्द्रिय पर प्रभुत्व प्राप्त करना ही चाहिए। मैंने स्वयं अनुभव किया है कि यदि स्वाद को जीत लिया जाय, तो

ब्रह्मचर्य का पालन बहुत सरल हो जाता है। इस कारण अब से आगे के मेरे आहार-संबंधी प्रयोग केवल अन्नाहार की दृष्टि से नहीं, बल्कि ब्रह्मचर्य की दृष्टि से होने लगे। मैंने प्रयोग करके अनुभव किया कि आहार थोड़ा, सादा, बिना मिर्च-मसाले का और प्राकृतिक स्थितिवाला होना चाहिए। ब्रह्मचारी का आहार वनपक्व फल हैं, इसे अपने विषय में तो मैंने छह वर्ष तक प्रयोग करके देखा है। जब मैं सूखे और हरे वनपक्व फलों पर रहता था, तब जिस निर्विकार अवस्था का अनुभव मैंने किया, वैसा अनुभव आहार में परिवर्तन करने के बाद मुझे नहीं हुआ। फलाहार के दिनों में ब्रह्मचर्य स्वाभाविक हो गया था। दुग्धाहार के कारण वह कष्ट-साध्य बन गया है। मुझे फलाहार से दुग्धाहार पर क्यों जाना पड़ा, इसकी चर्चा मैं यथास्थान करूँगा। यहाँ तो इतना ही कहना काफी है कि ब्रह्मचारी के लिए दूध का आहार व्रत-पालन में बाधक है, इस विषय में मुझे शंका नहीं है। इसका कोई यह अर्थ न करे कि ब्रह्मचारी-मात्र के लिए दूध का त्याग इष्ट है। ब्रह्मचर्य पर आहार का कितना प्रभाव पड़ता है, इसके संबंध में बहुत प्रयोग करने की आवश्यकता है। दूध के समान स्नायु-पोषक और उतनी ही सरलता से पचनेवाला फलाहार मुझे अभी तक मिला नहीं; और न कोई वैद्य, हकीम या डॉक्टर ऐसे फलों अथवा अन्न की जानकारी दे सका है। अतएव दूध को विकारोत्पादक वस्तु जानते हुए भी मैं उसके त्याग की सलाह अभी किसीको नहीं दे सकता।

बाह्य उपचारों में जिस तरह आहार के प्रकार और परिमाण की मर्यादा आवश्यक है, उसी तरह उपवास के बारेमें भी समझना चाहिए। इन्द्रियाँ इतनी बलवान हैं कि उन्हें चारों तरफ से, ऊपर से और नीचे से, यों दसों दिशाओं से घेरा जाए तो ही वे अंकुश में रहती हैं। सब जानते हैं कि आहार के बिना वे काम नहीं कर सकतीं। अतएव इन्द्रिय-दमन के हेतु से स्वेच्छा-पूर्वक किये गये उपवास से इन्द्रिय-दमन में बहुत मदद मिलती है, इसमें मुझे कोई सन्देह नहीं। कई लोग उपवास करते हुए भी इसमें विफल होते हैं। उसका कारण यह है कि उपवास ही सब कुछ कर सकेगा, ऐसा मानकर वे केवल स्थूल उपवास करते हैं और मन से छप्पन भोगों का स्वाद लेते रहते हैं। उपवास के दिनों में वे उपवास की समाप्ति पर क्या खायेंगे, इसके विचारों का स्वाद लेते रहते हैं, और फिर शिकायत करते हैं कि न स्वादेन्द्रिय का संयम सधा और न जननेन्द्रिय का!

उपवास की सच्ची उपयोगिता वहीं होती है जहाँ मनुष्य का मन भी देह-दमन में साथ देता है। तात्पर्य यह कि मन में विषय-भोग के प्रति विरक्ति आनी चाहिए। विषय की जड़ें मन में रहती हैं। उपवास आदि साधनों से यद्यपि बहुत सहायता मिलती है, फिर भी वह अपेक्षाकृत कम ही होती है। कहा जा सकता है कि उपवास करते हुए भी मनुष्य विषयासक्त रह सकता है। पर बिना उपवास के विषयासक्ति को जड़मूल से मिटाना संभव नहीं है। अतएव ब्रह्मचर्य के पालन में उपवास अनिवार्य अंग है।

ब्रह्मचर्य का प्रयत्न करनेवाले बहुतेरे लोग विफल होते है, क्योंकि वे खाने-पीने, देखने-सुनने इत्यादि में अब्रह्मचारी की तरह रहना चाहते हुए भी ब्रह्मचर्य-पालन की इच्छा रखते हैं। यह प्रयत्न वैसा ही कहा जाएगा, जैसा गरमी में जाड़े का अनुभव करने का प्रयत्न। संयमी और स्वैराचारी के, भोगी और त्यागी के जीवन में भेद होना ही चाहिए। साम्य होता है, पर वह ऊपर से देखने-भर का। भेद स्पष्ट प्रकट होना चाहिए। आँख का उपयोग दोनों करते हैं। पर ब्रह्मचारी देव-दर्शन करता है, भोगी नाटक-सिनेमा में लीन रहता है। दोनों कान का उपयोग करते हैं। पर एक ईश्वर-भजन सुनता है, दूसरा विलासी गाने सुनने में रस लेता है। दोनों ही जागरण करते हैं। पर एक जाग्रत अवस्था में हृदय-मंदिर में विराजे हुए राम की आराधना करता है, दूसरे को नाच-गान की धुन में सोने का होश ही नहीं रहता। दोनों भोजन करते हैं। पर एक शरीर-रूपी तीर्थक्षेत्र को निबाहने-भर के लिए देह को भाड़ा देता है, दूसरा स्वाद के लिए देह में अनेक वस्तुएँ भरकर उसे दुर्गन्ध का घर बना डालता है। इस प्रकार दोनों के आचार-विचार में भेद बना ही रहता है और यह अन्तर दिन-दिन बढ़ता जाता है, घटता नहीं।

ब्रह्मचर्य का अर्थ है, मन-वचन-काया से समस्त इन्द्रियों का संयम। इस संयम के लिए ऊपर बताये गये त्यागों की आवश्यकता है, इसे मैं दिन-प्रतिदिन अनुभव करता रहा हूँ और आज भी कर रहा हूँ। त्याग के क्षेत्र की सीमा ही नहीं है, जैसे ब्रह्मचर्य की महिमा की कोई सीमा नहीं है। ऐसा ब्रह्मचर्य अल्प प्रयत्न से सिद्ध नहीं होता। करोड़ों लोगों के लिए वह सदा केवल आदर्शरूप ही रहेगा। क्योंकि प्रयत्नशील ब्रह्मचारी अपनी त्रुटियों का नित्य दर्शन करेगा, अपने अन्दर ओने-कोने में छिपकर बैठे हुए विकारों को पहचान लेगा और उन्हें निकालने का सतत प्रयत्न करेगा। जब तक विचारों पर इतना अंकुश प्राप्त नहीं होता कि

इच्छा के बिना एक भी विचार मन में न आये, तब तक ब्रह्मचर्य सम्पूर्ण नहीं कहा जा सकता। विचार-मात्र विकार है। उन्हें वश में करने का मतलब है, मन को वश में करना; और मन को वश में करना तो वायु को वश में करने से भी कठिन है। फिर भी यदि आत्मा है, तो यह वस्तु भी साध्य है ही। हमारे मार्ग में कठिनाइयाँ आकर बाधा डालती हैं, इससे कोई यह न माने कि वह असाध्य है। वह परम अर्थ है। और परम अर्थ के लिए परम प्रयत्न की आवश्यकता हो तो उसमें आश्चर्य ही क्या?

परन्तु ऐसा ब्रह्मचर्य केवल प्रयत्न-साध्य नहीं है, इसे मैंने हिन्दुस्तान में आने के बाद अनुभव किया। कहा जा सकता है कि तब तक मैं मूर्च्छावश था। मैंने यह मान लिया था कि फलाहार से विकार समूल नष्ट हो जाते हैं और मैं अभिमान-पूर्वक यह मानता था कि अब मेरे लिए कुछ करना बाकी नहीं है।

पर इस विचार के प्रकरण तक पहुँचने में अभी देर है। इस बीच इतना कह देना आवश्यक है कि ईश्वर-साक्षात्कार के लिए जो लोग मेरी व्याख्यावाले ब्रह्मचर्य का पालन करना चाहते हैं, वे यदि अपने प्रयत्न के साथ ही ईश्वर पर श्रद्धा रखनेवाले हों, तो उनके लिए निराशा का कोई कारण नहीं रहेगा।

विषया विनिवर्तन्ते निराहारस्य देहिनः।
रसवर्जं रसोऽप्यस्य परं दृष्ट्वा निवर्तते।।[१] *(गीता २, ५९)*

अतएव आत्मार्थी के लिए रामनाम और रामकृपा ही अन्तिम साधन हैं, इस वस्तु का साक्षात्कार मैंने हिन्दुस्तान में ही किया।

९. सादगी

भोग भोगना मैंने शुरू तो किया, पर वह टिक न सका। घर के लिए साज-सामान भी बसाया, पर मेरे मन में उसके प्रति कभी मोह उत्पन्न नहीं हो सका। इसलिए घर बसाने के साथ ही मैंने खर्च कम करना शुरू कर दिया। धोबी का खर्च भी ज्यादा मालूम हुआ। इसके अलावा, धोबी निश्चित समय पर कपड़े नहीं लौटाता था। इसलिए दो-तीन दर्जन कमीजों और उतने ही कालरों से भी मेरा काम चल नहीं पाता था। कालर मैं रोज बदलता था। कमीज रोज नहीं तो एक दिन के

१. निराहारी के विषय तो शान्त हो जाते हैं, पर उसकी वासना का शमन नहीं होता। ईश्वर-दर्शन से वासना भी शान्त हो जाती है।

अन्तर से बदलता था। इससे दोहरा खर्च होता था। मुझे यह व्यर्थ प्रतीत हुआ। अतएव मैंने धुलाई का सामान जुटाया। धुलाई-कला पर पुस्तक पढ़ी और धोना सीखा। पत्नी को भी सिखाया। काम का कुछ बोझ तो बढ़ा ही, पर नया काम होने से उसे करने में आनन्द आता था।

पहली बार अपने हाथों धोये हुए कालर को तो मैं कभी भूल नहीं सकता। उसमें कलफ अधिक लग गया था और इस्तरी पूरी गरम नहीं थी। तिस पर कालर के जल जाने के डर से इस्तरी को मैंने अच्छी तरह दबाया भी नहीं था। इससे कालर में कड़ापन तो आ गया, पर उसमें से कलफ झड़ता रहता था! ऐसी हालत में मैं कोर्ट गया और वहाँ बारिस्टरों के लिए मजाक का साधन बन गया। पर इस तरह का मजाक सह लेने की शक्ति उस समय भी मुझमें काफी थी।

मैंने सफाई देते हुए कहा, "अपने हाथों कालर धोने का मेरा यह पहला प्रयोग है, इस कारण इसमें से कलफ झड़ता है। मुझे इससे कोई अड़चन नहीं होती; तिस पर आप सब लोगों के लिए विनोद की इतनी सामग्री जुटा रहा हूँ, सो घाते में।"

एक मित्रने पूछा, "पर क्या धोबियों का अकाल पड़ गया है?"

"यहाँ धोबी का खर्च मुझे तो असह्य मालूम होता है। कालर की कीमत के बराबर धुलाई हो जाती है और इतनी धुलाई देने के बाद भी धोबी की गुलामी करनी पड़ती है। इसकी अपेक्षा अपने हाथ से धोना मैं ज्यादा पसन्द करता हूँ।"

स्वावलम्बन की यह खूबी मैं मित्रों को समझा नहीं सका।

मुझे कहना चाहिए कि आखिर धोबी के धंधे में अपने काम लायक कुशलता मैंने प्राप्त कर ली थी और घर की धुलाई धोबी की धुलाई से जरा भी घटिया नहीं होती थी। कालर का कड़ापन और चमक धोबी के धोये कालर से कम न रहती थी। गोखले के पास स्व० महादेव गोविन्द रानडे की प्रसादीरूप एक दुपट्टा था। गोखले उस दुपट्टे को अतिशय जतन से रखते थे और विशेष अवसर पर ही उसका उपयोग करते थे। जोहानिस्बर्ग में उनके सम्मान में जो भोज दिया गया था, वह एक महत्त्वपूर्ण अवसर था। उस अवसर पर उन्होंने जो भाषण दिया वह दक्षिण अफ्रीका में उनका बड़े-से-बड़ा भाषण था। अतएव उस अवसर पर उन्हें उक्त दुपट्टे का उपयोग करना था। उसमें सिलवटें पड़ी हुई थीं और उस पर इस्तरी करने की ज़रूरत थी। धोबी का पता लगाकर उससे तुरन्त इस्तरी कराना सम्भव न था। मैंने अपनी कला का उपयोग करने देने की अनुमति गोखले से चाही।

"मैं तुम्हारी वकालत का तो विश्वास कर लूँगा, पर इस दुपट्टे पर तुम्हें अपनी धोबी-कला का उपयोग नहीं करने दूँगा। इस दुपट्टे पर तुम दाग लगा दो तो? इसकी कीमत तुम जानते हो?" यों कहकर अत्यन्त उल्लास से उन्होंने प्रसादी की कथा मुझे सुनायी।

मैंने फिर बिनती की और दाग न पड़ने देने की जिम्मेदारी ली। मुझे इस्तरी करने की अनुभूति मिली और अपनी कुशलता का प्रमाण-पत्र मुझे मिल गया! अब दुनिया मुझे प्रमाण-पत्र न दे तो भी क्या?

जिस तरह मैं धोबी की गुलामी से छूटा, उसी तरह नाई की गुलामी से भी छूटने का अवसर आ गया। हजामत तो विलायत जानेवाले सब कोई हाथ से बनाना सीख ही लेते हैं, पर कोई बाल छाँटना भी सीखता होगा, इसका मुझे खयाल नहीं है। एक बार प्रिटोरिया में मैं एक अंग्रेज हज्जाम की दुकान पर पहुँचा। उसने मेरी हजामत बनाने से साफ इनकार कर दिया और इनकार करते हुए जो तिरस्कार प्रकट किया, सो घाते में रहा। मुझे दुःख हुआ। मैं बाजार पहुँचा। मैंने बाल काटने की मशीन खरीदी और आईने के सामने खड़े रहकर बाल काटे। बाल जैसे-तैसे कट तो गये, पर पीछे के बाल काटने में बड़ी कठिनाई हुई। सीधे तो वे कट ही न पाये। कोर्ट में खूब कहकहे लगे।

"तुम्हारे बाल ऐसे क्यों हो गये हैं? सिर पर चूहे तो नहीं चढ़ गये थे?"

मैंने कहाः "जी नहीं, मेरे काले सिर को गोरा हज्जाम कैसे छू सकता है? इसलिए कैसे भी क्यों न हों, अपने हाथ से काटे हुए बाल मुझे अधिक प्रिय हैं।"

इस उत्तर से मित्रों को आश्चर्य नहीं हुआ। असल में उस हज्जाम का कोई दोष न था। अगर वह काली चमड़ीवालों के बाल काटने लगता तो उसकी रोजी मारी जाती। हम भी अपने अछूतों के बाल ऊँची जाति के हिन्दुओं के हज्जामों को कहाँ काटने देते हैं? दक्षिण अफ्रीका में मुझे इसका बदला एक नहीं, अनेकों बार मिला है; और चूँकि मैं यह मानता था कि यह हमारे दोष का परिणाम है, इसलिए मुझे इस बात से कभी गुस्सा नहीं आया।

स्वावलम्बन और सादगी के मेरे शौकने आगे चलकर जो तीव्र स्वरूप धारण किया उसका वर्णन यथास्थान होगा। इस चीज की जड़ तो मेरे अन्दर शुरू से ही थी। उसके फूलने-फलने के लिए केवल सिंचाई की आवश्यकता थी। वह सिंचाई अनायास ही मिल गयी।

१०. बोअर-युद्ध

सन् १८९७ से १८९९ के बीच के अपने जीवन के दूसरे अनेक अनुभवों को छोड़कर अब मैं बोअर-युद्ध पर आता हूँ। जब यह युद्ध हुआ तब मेरी अपनी सहानुभूति केवल बोअरों की तरफ ही थी। पर मैं मानता था कि ऐसे मामलों में व्यक्तिगत विचारों के अनुसार काम करने का अधिकार मुझे अभी प्राप्त नहीं हुआ है। इस संबंध के मन्थन-चिन्तन का सूक्ष्म निरीक्षण मैंने 'दक्षिण अफ्रीका के सत्याग्रह का इतिहास' में किया है, इसलिए यहाँ नहीं करना चाहता। जिज्ञासुओं को मेरी सलाह है कि वे उस इतिहास को पढ़ जाएँ। यहाँ तो इतना ही कहना काफी होगा कि ब्रिटिश राज्य के प्रति मेरी वफादारी मुझे उस युद्ध में सम्मिलित होने के लिए जबरदस्ती घसीट ले गयी। मैंने अनुभव किया कि जब मैं ब्रिटिश प्रजाजन के नाते अधिकार माँग रहा हूँ, तो उसी नाते ब्रिटिश राज्य की रक्षा में हाथ बँटाना भी मेरा धर्म है। उस समय मेरी यह राय थी कि हिन्दुस्तान की सम्पूर्ण उन्नति ब्रिटिश साम्राज्य के अन्दर रहकर हो सकती है।

अतएव जितने साथी मिले उतनों को लेकर और अनेक कठिनाइयाँ सहकर हमने घायलों की सेवा-शुश्रूषा करनेवाली एक टुकड़ी खड़ी की। अब तक साधारणतया यहाँ के अंग्रेजों की यही धारणा थी कि हिन्दुस्तानी संकट के कामों में नही पड़ते। उन्हें स्वार्थ के अतिरिक्त और कुछ नहीं सूझता। इसलिए कई अंग्रेज मित्रोंने मुझे निराश करनेवाले उत्तर दिये थे। अकेले डॉक्टर बूथने मुझे बहुत प्रोत्साहित किया। उन्होंने हमें घायल योद्धाओं की सार-संभाल करना सिखाया। अपनी योग्यता के विषय में हमने डॉक्टरी प्रमाणपत्र प्राप्त किये। मि० लाटन और स्व० मि० एस्कम्ब ने भी हमारे इस कार्य को पसन्द किया। अन्त में लड़ाई के समय सेवा करने देने के लिए हमने सरकार से बिनती की। जवाब में सरकार ने हमें धन्यवाद दिया, पर यह सूचित किया कि इस समय हमें आपकी सेवा की आवश्यकता नहीं है।

पर मुझे ऐसी 'ना' से संतोष मानकर बैठना न था। डॉ० बूथ की मदद लेकर उनके साथ मैं नेटाल के बिशप से मिला। हमारी टुकड़ी में बहुत से ईसाई हिन्दुस्तानी थे। बिशप को मेरी यह माँग बहुत पसन्द आयी। उन्होंने मदद करने का बचन दिया।

इस बीच परिस्थितियाँ भी अपना काम कर रही थीं। बोअरों की तैयारी, दृढ़ता, वीरता इत्यादि अपेक्षा से अधिक तेजस्वी सिद्ध हुईं। सरकार को बहुत से रंगरूटों की ज़रूरत पड़ी और अन्त में हमारी बिनती स्वीकृत हुई।

हमारी इस टुकड़ी में लगभग ग्यारह सौ आदमी थे। उनमें करीब चालीस मुखिया थे। दूसरे कोई तीन सौ स्वतंत्र हिन्दुस्तानी भी रंगरूटों में भरती हुए थे। बाकी के गिरमिटिये थे। डॉ० बूथ भी हमारे साथ थे। उस टुकड़ीने अच्छा काम किया। यद्यपि उसे गोला-बारूद की हद के बाहर ही काम करना होता था और 'रेड क्रॉस'[१] का संरक्षण प्राप्त था, फिर भी संकट के समय गोला-बारूद की सीमा के अन्दर काम करने का अवसर भी हमें मिला। ऐसे संकट में न पड़ने का इकरार सरकार ने अपनी इच्छा से हमारे साथ किया था, पर स्पियांकोप की हार के बाद हालत बदल गयी। इसलिए जनरल बुलर ने यह संदेशा भेजा कि यद्यपि आप लोग जोखिम उठाने के लिए वचन-बद्ध नहीं हैं, तो भी यदि आप जोखिम उठाकर घायल सिपाहियों और अफसरों को रणक्षेत्र से उठाकर और डोलियों में डालकर ले जाने को तैयार हो जाएँगे, तो सरकार आपका उपकार मानेगी। हम तो जोखिम उठाने को तैयार ही थे। अतएव स्पियांकोप की लड़ाई के बाद हम गोला-बारूद की सीमा के अन्दर काम करने लगे।

इन दिनों सबको कई बार दिन में बीस-पचीस मील की मंजिल तय करनी पड़ती थी और एक बार तो घायलों को डोली में डालकर इतने मील चलना पड़ा था। जिन घायल योद्धाओं को हमें इस प्रकार उठाकर ले जाना पड़ा, उनमें जनरल वुडगेट वगैरा भी थे।

छह हफ्तों के बाद हमारी टुकड़ी को बिदा दी गयी। स्पियांकोप और वालक्रान्ज की हार के बाद लेडी स्मिथ आदि स्थानों को बोअरों के घेरे में से बड़ी तेजी के साथ छुड़ाने का विचार ब्रिटिश सेनापतिने छोड़ दिया था, और इंग्लैंड तथा हिन्दुस्तान से और अधिक सेना के आने की राह देखने तथा धीमी गति से काम करने का निश्चय किया था।

---

१. 'रेड क्रॉस' का अर्थ है, लाल स्वस्तिक। युद्ध में शुश्रूषा का काम करनेवालों के बायें हाथ पर इस चिह्नवाली पट्टी बाँधी जाती है। नियम यह है कि शत्रु भी उन्हें चोट नहीं पहुँचा सकता। अधिक विवरण के लिए देखिये, 'दक्षिण अफ्रीका के सत्याग्रह का इतिहास'—भाग १, प्रकरण ९।

हमारे छोटे- से काम की उस समय तो बड़ी स्तुति हुई। इससे हिन्दुस्तानियों की प्रतिष्ठा बढ़ी। 'आखिर हिन्दुस्तानी साम्राज्य के वारिस तो हैं ही' इस आशय के गीत गाये गये। जनरल बुलरने अपने खरीते में हमारी टुकड़ी के काम की तारीफ की। मुखियों को युद्ध के पदक भी मिले।

इससे हिन्दुस्तानी कौम अधिक संगठित हो गयी। मैं गिरमिटिया हिन्दुस्तानियों के बहुत अधिक सम्पर्क में आ सका। उनमें अधिक जागृति आयी और हिन्दू, मुसलमान, ईसाई, मद्रासी, गुजराती, सिन्धी सब हिन्दुस्तानी हैं, यह भावना अधिक दृढ़ हुई। सबने माना कि अब हिन्दुस्तानियों के दुःख दूर होने ही चाहिए। उस समय तो गोरों के व्यवहार में भी स्पष्ट परिवर्तन दिखायी दिया।

लड़ाई में गोरों के साथ जो सम्पर्क हुआ वह मधुर था। हमें हजारों टॉमियों के साथ रहने का मौका मिला। वे हमारे साथ मित्रता का व्यवहार करते थे, और यह जानकर कि हम उनकी सेवा के लिए आये हैं, हमारा उपकार मानते थे।

दुःख के समय मनुष्य का स्वभाव किस तरह पिघलता है, इसका एक मधुर संस्करण यहाँ दिये बिना मैं रह नहीं सकता। हम चीवली छावनी की तरफ जा रहे थे। यह वही क्षेत्र था, जहाँ लॉर्ड रॉबर्ट्स के पुत्र लेफ्टिनेण्ट रॉबर्ट्स को प्राणघातक चोट लगी थी। लेफ्टिनेण्ट रॉबर्ट्स के शब को ले जाने का सम्मान हमारी टुकड़ी को मिला था। अगले दिन धूप तेज थी। हम कूच कर रहे थे। सब प्यासे थे। पानी पीने के लिए रास्ते में एक छोटा-सा झरना पड़ा। पहले पानी कौन पीये? मैंने सोचा कि पहले टॉमी पानी पी लें, बाद में हम पियेंगे। पर टॉमियों ने हमें देखकर तुरन्त हमसे पानी पी लेने का आग्रह शुरू किया, और इस तरह बड़ी देर तक हमारे बीच 'आप पहले, हम पीछे' का मीठा झगड़ा चलता रहा।

११. सफाई-आन्दोलन और अकाल-कोष

समाज के एक भी अंगका निरूपयोगी रहना मुझे हमेशा अखरा है। जनता के दोष छिपाकर उसका बचाव करना अथवा दोष दूर किये बिना अधिकार प्राप्त करना मुझे हमेशा अरूचिकर लगा है। इसलिए दक्षिण अफ्रीका में रहनेवाले हिन्दुस्तानियों पर लगाये जानेवाले एक आरोपका, जिसमें कुछ तथ्य था, इलाज करने का काम मैंने वहाँ के अपने निवासकाल में ही सोच लिया था। हिन्दुस्तानियों पर जब-तब यह आरोप लगाया जाता था कि वे अपने घर-बार साफ नहीं रखते और बहुत

गन्दे रहते हैं। इस आरोप को निःशेष करने के लिए आरम्भ में हिन्दुस्तानियों के मुखिया माने जानेवाले लोगों के घरों में तो सुधार आरम्भ हो ही चुके थे। पर घर-घर घूमने का सिलसिला तब शुरू हुआ जब डरबन में प्लेग के प्रकोप का डर पैदा हुआ। इसमें म्युनिसिपैलिटी के अधिकारियों का भी सहयोग और सम्मति थी। हमारी सहायता मिलने से उनका काम हलका हो गया और हिन्दुस्तानियों को कम कष्ट उठाने पड़े; क्योंकि साधारणतः जब प्लेग आदि का उपद्रव होता है, तब अधिकारी घबरा जाते हैं और उपायों की योजना में मर्यादा से आगे बढ़ जाते हैं। जो लोग उनकी दृष्टि में खटकते हैं, उन पर उनका दबाव असह्य हो जाता है। भारतीय समाजने खुद ही सख्त उपायों से काम लेना शुरू कर दिया था, इसलिए वह इन सख्तियों से बच गया।

मुझे कुछ कड़वे अनुभव भी हुए। मैंने देखा कि स्थानीय सरकार से अधिकारों की माँग करने में जितनी सरलता से मैं अपने समाज की सहायता पा सकता था, उतनी सरलता से लोगों से उनके कर्तव्य का पालन कराने के काम में सहायता प्राप्त न कर सका। कुछ जगहों पर मेरा अपमान किया जाता, कुछ जगहों पर विनय-पूर्वक उपेक्षा का परिचय दिया जाता। गन्दगी साफ करने के लिए कष्ट उठाना उन्हें बहुत अखरता था। तब पैसा खर्च करने की तो बात ही क्या? लोगों से कुछ भी काम कराना हो तो धीरज रखना चाहिए, यह पाठ मैंने अच्छी तरह सीख लिया। सुधार की गरज तो सुधारक की अपनी होती है। जिस समाज में वह सुधार कराना चाहता है, उससे तो उसे विरोध, तिरस्कार और प्राणों के संकट की भी आशा रखनी चाहिए। सुधारक जिसे सुधार मानता है, समाज उसे बिगाड़ क्यों न माने? अथवा बिगाड़ न माने तो भी उसके प्रति उदासीन क्यों न रहे?

इस आन्दोलन का परिणाम यह हुआ कि भारतीय समाज में घर-बार साफ रखने के महत्त्व को न्यूनाधिक मात्रा में स्वीकार कर लिया गया। अधिकारियों की दृष्टि में मेरी साख बढ़ी। वे समझ गये कि मेरा धन्धा केवल शिकायतें करना या अधिकार माँगने का ही नहीं है; बल्कि शिकायतें करने या अधिकार माँगने में मैं जितना तत्पर हूँ, उतना ही उत्साह और दृढ़ता भीतरी सुधार के लिए भी मुझमें है।

पर अभी समाज की वृत्ति को दूसरी एक दिशा में विकसित करना बाकी

था। इन उपनिवेशवासी भारतीयों को भारतवर्ष के प्रति अपना धर्म भी अवसर आने पर समझना और पालना था। भारतवर्ष तो कंगाल है। लोग धन कमाने के लिए परदेश जाते हैं। उनकी कमाई का कुछ हिस्सा भारतवर्ष को उसकी आपत्ति के समय में मिलना चाहिए। सन् १८९७ में यहाँ अकाल पड़ा था और सन् १८९९ में दूसरा भारी अकाल पड़ा। इन दोनों अकालों के समय दक्षिण अफ्रीका से अच्छी मदद आयी थी। पहले अकाल के समय जितनी रकम इकट्ठा हो सकी थी, दूसरे अकाल के मौके पर उससे कहीं अधिक रकम इकट्ठा हुई थी। इस चंदे में हमने अंग्रेजों से भी मदद माँगी थी और उनकी ओर से अच्छा उत्तर मिला था। गिरमिटिया हिन्दुस्तानियों ने भी अपने हिस्से की रकम जमा करायी थी।

इस प्रकार इन दो अकालों के समय जो प्रथा शुरू हुई वह अब तक कायम है, और हम देखते हैं कि जब भारतवर्ष में कोई सार्वजनिक संकट उपस्थित होता है, तब दक्षिण अफ्रीका की ओर से वहाँ बसनेवाले भारतीय हमेशा अच्छी रकमें भेजते हैं।

इस तरह दक्षिण अफ्रीका के भारतीयों की सेवा करते हुए मैं स्वयं धीरे-धीरे कई बातें अनायास सीख रहा था। सत्य एक विशाल वृक्ष है। ज्यों-ज्यों उसकी सेवा की जाती है, त्यों-त्यों उसमें से अनेक फल पैदा होते दिखायी पड़ते हैं। उसका अन्त ही नहीं होता। हम जैसे-जैसे उसकी गहराई में उतरते हैं, वैसे-वैसे उसमें से अधिक रत्न मिलते जाते हैं, सेवा के अवसर प्राप्त होते रहते हैं।

१२. देश-गमन

लड़ाई के काम से मुक्त होने के बाद मैंने अनुभव किया कि अब मेरा काम दक्षिण अफ्रीका में नहीं, बल्कि हिन्दुस्तान में है। मैंने देखा कि दक्षिण अफ्रीका में बैठा-बैठा मैं कुछ सेवा तो अवश्य कर सकूँगा, पर वहाँ मेरा मुख्य धंधा धन कमाना ही हो जाएगा।

देश का मित्रवर्ग भी देश लौट आने के लिए बराबर आग्रह करता रहता था। मुझे भी लगा कि देश जाने से मेरा उपयोग अधिक हो सकेगा। नेटाल में मि० खान और मनसुखलाल नाजर थे ही।

मैंने साथियों के सामने मुक्त होने की इच्छा प्रकट की। बड़ी कठिनाई से एक शर्त के साथ वह स्वीकृत हुई। शर्त यह थी कि यदि एक वर्ष के अन्दर कौम

को मेरी आवश्यकता मालूम हुई, तो मुझे वापस दक्षिण अफ्रीका पहुँचना होगाः मुझे यह शर्त कड़ी लगी, पर मैं प्रेमपाश में बँधा हुआ थाः

काचे रे तांतणे मने हरजीए बांधी,
जेम ताणे तेम तेमनी रे,
मने लागी कटारी प्रेमनी.[1]

मीराबाई की यह उपमा थोड़े-बहुत अंशों में मुझ पर घटित हो रही थी। पंच भी परमेश्वर ही हैं। मित्रों की बात को मैं ठुकरा नहीं सकता था। मैंने वचन दिया और उनकी अनुमति प्राप्त की।

कहना होगा कि इस समय मेरा निकट सम्बन्ध नेटाल के साथ ही था। नेटाल के हिन्दुस्तानियोंने मुझे प्रेमामृत से नहला दिया। जगह-जगह मानपत्र समर्पण की सभाएँ हुई और हर जगह से कीमती भेंटें मिलीं।

सन् १८९६ में जब मैं देश आया था, तब भी भेंटें मिली थीं। पर इस बार की भेंटों से और सभाओं के दृश्य से मैं अकुला उठा। भेंटों में सोनेचाँदी की चीजें तो थीं ही, पर हीरे की चीजें भी थीं।

इन सब चीजों को स्वीकार करने का मुझे क्या अधिकार था? यदि मैं उन्हें स्वीकार करता तो अपने मन को यह कैसे समझाता कि कौम की सेवा मैं पैसे लेकर नहीं करता? इन भेंटों में से मुवक्किलों की दी हुई थोड़ी चीजों को छोड़ दें, तो बाकी सब मेरी सार्वजनिक सेवा के निमित्त से ही मिली थीं। फिर, मेरे मन तो मुवक्किलों और दूसरे साथियों के बीच कोई भेद नहीं था। खास-खास सभी मुवक्किल सार्वजनिक कामों में भी मदद देनेवाले थे।

साथ ही, इन भेंटों में पचास गिन्नियों का एक हार कस्तूरबाई के लिए था। पर वह वस्तु भी मेरी सेवा के कारण ही मिली थी। इसलिए वह दूसरी भेंटों से अलग नहीं की जा सकती थी।

जिस शाम को इनमें से मुख्य भेंटें मिली थीं, वह रात मैंने पागल की तरह जागकर बितायी। मैं अपने कमरे में चक्कर काटता रहा, पर उलझन किसी तरह सुलझती न थी। सैकडों की कीमत के उपहारों को छोड़ना कठिन मालूम होता था; रखना उससे भी अधिक कठिन लगता था।

---

१. हरिजी ने मुझे कच्चे (प्रेम के) धागे से बाँध रखा है। वे ज्यों-ज्यों उसे खींचते हैं त्यों-त्यों मैं उनकी होती जाती हूँ। मुझे प्रेम की कटारी लगी है।

मन प्रश्न करता: मैं शायद भेंटों को पचा पाऊँ, पर मेरे बच्चों का क्या होगा? स्त्री का क्या होगा? उन्हें शिक्षा तो सेवा की मिलती थी। उन्हें हमेशा समझाया जाता था कि सेवा के दाम नहीं लिये जा सकते। मैं घर में कीमती गहने वगैरा रखता नहीं था। सादगी बढ़ती जा रही थी। ऐसी स्थिति में सोने की घड़ियों का उपयोग कौन करता? सोने की जंजीरें और हीरे की अंगूठियाँ कौन पहनता? मैं उस समय भी गहनों-गाँठों का मोह छोड़ने का उपदेश औरों को दिया करता था। अब इन गहनों और जवाहरात का मैं क्या करता?

मैं इस निर्णय पर पहुँचा कि मुझे ये चीजें रखनी ही नहीं चाहिए। पारसी रूस्तमजी आदि को इन गहनों का ट्रस्टी नियुक्त करके उनके नाम लिखे जानेवाले पत्र का मसविदा मैंने तैयार किया, और सबेरे स्त्री-पुत्रादि से सलाह करके अपना बोझ हलका करने का निश्चय किया।

मैं यह जानता था कि धर्मपत्नी को समझाना कठिन होगा। बच्चों को समझाने में जरा भी कठिनाई नहीं होगी, इसका मुझे विश्वास था। अतः उन्हें इस मामले में वकील बनाने का मैंने निश्चय किया।

लड़के तो तुरन्त समझ गये। उन्होंने कहा, "हमें इन गहनों की आवश्यकता नहीं है। हमें ये सब लौटा ही देने चाहिए। और जीवन में कभी हमें इन वस्तुओं की आवश्यकता हुई, तो क्या हम स्वयं न खरीद सकेंगे?"

मैं खुश हुआ। मैंने पूछा, "तो तुम अपनी माँ को समझाओगे न?"

"ज़रूर ज़रूर। यह काम हमारा समझिये। उसे कौन ये गहने पहनने हैं? वह तो हमारे लिए ही रखना चाहती है। हमें उनकी ज़रूरत नहीं है, फिर वह हठ क्यों करेगी?"

पर काम जितना सोचा था उससे अधिक कठिन सिद्ध हुआ।

"भले आपको ज़रूरत न हो और आपके लड़कों को भी न हो। बच्चों को तो जिस रास्ते लगा दो, उसी रास्ते वे लग जाते हैं। भले मुझे न पहनने दें, पर मेरी बहुओं का क्या होगा? उनके तो ये चीजें काम आयेंगी न? और कौन जानता है कल क्या होगा? इतने प्रेम से दी गयी चीजें वापस नहीं की जा सकतीं।" पत्नी की वाग्धारा चली और उसके साथ अश्रुधारा मिल गयी। बच्चे दृढ़ रहे। मुझे तो डिगना था ही नहीं।

मैंने धीरे से कहा: "लड़कों का व्याह तो होने दो। हमें कौन उन्हें बचपन

में व्याहना है? बड़े होने पर तो ये स्वयं ही जो करना चाहेंगे, करेंगे। और हमें कहाँ गहनों की शौकीन बहुएँ खोजनी हैं? इतने पर भी कुछ कराना ही पड़ा, तो मैं कहाँ चला जाऊँगा?"

"जानती हूँ आपको। मेरे गहने भी तो आपने ही ले लिये न? जिन्होंने मुझे सुख से न पहनने दिये, वह मेरी बहुओं के लिए क्या लायेंगे? लड़कों को आप अभी से बैरागी बना रहे हैं! ये गहने वापस नहीं दिये जा सकते। और, मेरे हार पर आपका क्या अधिकार है?"

मैंने पूछा, "पर यह हार तुम्हारी सेवा के बदले में मिला है या मेरी सेवाके?"

"कुछ भी हो। आपकी सेवा मेरी भी सेवा हुई। मुझसे आपने रात-दिन जो मजदूरी करवायी वह क्या सेवा में शुमार न होगी? मुझे रूलाकर भी आपने हर किसीको घर में ठहराया और उसकी चाकरी करवायी, उसे क्या कहेंगे?"

ये सारे बाण नुकीले थे। इनमें से कुछ चुभते थे, पर गहने तो मुझे वापस करने ही थे। बहुत-सी बातों में मैं जैसे-तैसे कस्तूरबा की सहमति प्राप्त कर सका। १८९६ में और १९०१ में मिली हुई भेंटें मैंने लौटा दीं। उनका ट्रस्ट बना और सार्वजनिक काम के लिए उनका उपयोग मेरी अथवा ट्रस्टियों की इच्छा के अनुसार किया जाय, इस शर्त के साथ वे बैंक में रख दी गयीं। इन गहनों को बेचने के निमित्त से मैं कई बार पैसे इकट्ठा कर सका हूँ। आज भी आपत्ति-कोष के रूप में यह धन मौजूद है और उसमें वृद्धि होती रहती है।

अपने इस कार्य पर मुझे कभी पश्चात्ताप नहीं हुआ। दिन बीतने पर कस्तूरबा को भी इसके औचित्य की प्रतीति हो गयी। इससे हम बहुत से लालचों से बच गये हैं।

मेरा यह मत बना है कि सार्वजनिक सेवक के लिए निजी भें टें नहीं हो सकतीं।

१३. देश में

इस प्रकार मैं देश जाने के लिए बिदा हुआ। रास्ते में मारिशस (टापू) पड़ता था। वहाँ जहाज लम्बे समय तक ठहरा था। इसलिए मैं मारिशस में उतरा और वहाँ की स्थिति की ठीक-ठीक जानकारी प्राप्त कर ली। एक रात मैंने वहाँ के गवर्नर सर चार्ल्स ब्रूस के यहाँ भी बितायी थी।

हिन्दुस्तान पहुँचने पर थोड़ा समय मैंने घूमने-फिरने में बिताया। यह सन्

१९०१ का जमाना था। उस साल की कॉंग्रेस कलकत्ते में होनेवाली थी। दीनशा एदलजी वाच्छा उसके अध्यक्ष थे। मुझे कॉंग्रेस में तो जाना था ही। कॉंग्रेस का यह मेरा पहला अनुभव था।

बम्बई से जिस गाड़ी में सर फीरोजशाह मेहता रवाना हुए उसी में मैं भी गया था। मुझे उनसे दक्षिण अफ्रीका के बारेमें बातें करनी थीं। उनके डिब्बे में एक स्टेशन तक जाने की मुझे अनुमति मिली थी। उन्होंने तो खास सलून का प्रबन्ध किया था। उनके शाही खर्च और ठाट-बाट से मैं परिचित था। जिसस्टेशन पर उनके डिब्बे में जाने की मुझे अनुमति मिली थी, उस स्टेशन पर मैं उसमें पहुँचा। उस समय उनके डिब्बे में तब के दीनशाजी और तब के चिमनलाल सेतलवाड़[1] बैठे थे। उनके साथ राजनीतिक चर्चा चल रही थी। मुझे देखकर सर फीरोजशाह बोले, "गांधी, तुम्हारा काम पार न पड़ेगा। तुम जो कहोगे सो प्रस्ताव तो हम पास कर देंगे, पर अपने देश में ही हमें कौन से अधिकार मिलते हैं? मैं तो मानता हूँ कि जब तक अपने देश में हमें सत्ता नहीं मिलती, तब तक उपनिवेशों में तुम्हारी स्थिति सुधर नहीं सकती।"

मैं तो सुनकर दंग ही रह गया। सर चिमनलालने हाँ-में-हाँ मिलायी। सर दीनशा ने मेरी ओर दयार्द्र दृष्टि से देखा।

मैंने समझाने का कुछ प्रयत्न किया, परन्तु बम्बई के बेताज के बादशाह को मेरे समान आदमी क्या समझा सकता था? मैंने इतने से ही संतोष माना कि मुझे कॉंग्रेस में प्रस्ताव पेश करने दिया जाएगा।

सर दीनशा वाच्छा मेरा उत्साह बढ़ाने के लिए बोले, "गांधी, प्रस्ताव लिखकर मुझे बताना भला!"

मैंने उनका उपकार माना। दूसरे स्टेशन पर ज्यों ही गाड़ी खड़ी हुई, मैं भागा और अपने डिब्बे में घुस गया।

हम कलकत्ते पहुँचे। अध्यक्ष आदि नेताओं को नागरिक धूमधाम से ले गये। मैंने किसी स्वयंसेवक से पूछा, "मुझे कहाँ जाना चाहिए?"

वह मुझे रिपन कॉलेज ले गया। वहाँ बहुत से प्रतिनिधि ठहराये गये थे। मेरे सौभाग्य से जिस विभाग में मैं था, उसी में लोकमान्य तिलक भी ठहरे हुए थे। मुझे याद पड़ता है कि वे एक दिन बाद पहुँचे थे। जहाँ लोकमान्य हों वहाँ छोटा-सा

१. इन दोनों को 'सर' की उपाधि बाद में मिली थी।

दरबार तो लग ही जाता था। मैं चित्रकार होता, तो जिस खटिया पर वे बैठते थे, उसका चित्र खींच देता। उस जगह का और उनकी बैठक का आज भी मुझे इतना स्पष्ट स्मरण है। उनसे मिलने आनेवाले अनगिनत लोगों में से एक ही का नाम मुझे अब याद है—'अमृतबाजार पत्रिका' के मोतीबाबू। उन दोनों का खिलखिलाकर हँसना और राज्यकर्ताओं के अन्याय के विषय में उनकी बात भूलने योग्य नहीं हैं।

लेकिन वहाँ की व्यवस्था को थोड़ा देखें।

स्वयंसेवक एक-दूसरे से टकराते रहते थे। जो काम जिसे सौंपा जाता, वह स्वयं उसे नहीं करता था। वह तुरन्त दूसरे को पुकारता था। दूसरा तीसरे को। बेचारा प्रतिनिधि तो न तीन में होता, न तेरह में।

मैंने अनेक स्वयंसेवकों से दोस्ती की। उनसे दक्षिण अफ्रीका की कुछ बातें कीं। इससे वे जरा शरमिन्दा हुए। मैंने उन्हें सेवा का मर्म समझाने का प्रयत्न किया। वे कुछ समझे। पर सेवा की अभिरूचि कुकुरमुत्ते की तरह बात की बात में तो उत्पन्न नहीं होती। उसके लिए इच्छा चाहिए और बाद में अभ्यास। इन भोले और भले स्वयंसेवकों में इच्छा तो बहुत थी, पर तालीम और अभ्यास वे कहाँ से पाते? काँग्रेस साल में तीन दिन के लिए इकट्ठा होकर फिर सो जाती थी। साल में तीन दिन की तालीम से कितना सीखा जा सकता था?

जैसे स्वयंसेवक थे, वैसे ही प्रतिनिधि थे। उन्हें भी इतने ही दिनों की तालीम मिलती थी। वे अपने हाथ से अपना कोई भी काम न करते थे। सब बातों में उनके हुक्म छूटते रहते थे। 'स्वयंसेवक, यह लाओ; स्वयंसेवक, वह लाओ' चला ही करता था।

अखा भगत[१] के 'अदकेरा अंग'—'अतिरिक्त अंग' का भी ठीकठीक अनुभव हुआ। छुआछूत को माननेवाले वहाँ बहुत थे। द्राविड़ी रसोई बिलकुल अलग थी। उन प्रतिनिधियों को तो 'दृष्टिदोष' भी लगता था! उनके लिए कॉलेज के अहाते में चटाइयों का रसोईघर बनाया गया था। उसमें धुआँ इतना रहता था कि आदमी का दम घुट जाय। खाना-पीना सब उसीके अन्दर। रसोईघर क्या था, एक तिजोरी थी। वह कहीं से भी खुला न था।

---

१. गुजरात के एक भक्तकवि। इन्होंने अपने एक छप्पय में छुआछूत को 'आभडछेट अदकेरो अंग' कहकर उसका विरोध किया है और कहा है कि हिन्दू धर्म में अस्पृश्यता के लिए कोई स्थान नहीं है।

मुझे यह वर्णधर्म उलटा लगा। काँग्रेस में आनेवाले प्रतिनिधि जब इतनी छुआछूत रखते हैं, तो उन्हें भेजनेवाले लोग कितनी रखते होंगे? इस प्रकार का त्रैराशिक लगाने से जो उत्तर मिला, उस पर मैंने एक लम्बी साँस ली।

गंदगी की हद नहीं थी। चारों तरफ पानी ही पानी फैल रहा था। पाखाने कम थे। उनकी दुर्गन्ध की याद आज भी मुझे हैरान करती है। मैंने एक स्वयंसेवक को यह सब दिखाया। उसने साफ इनकार करते हुए कहा, "यह तो भंगी का काम है।" मैंने झाड़ू माँगा। वह मेरा मुँह ताकता रहा। मैंने झाड़ू खोज निकाला। पाखाना साफ किया। पर यह तो मेरी अपनी सुविधा के लिए हुआ। भीड़ इतनी ज्यादा थी और पाखाने इतने कम थे कि हर बार के उपयोग के बाद उनकी सफाई होनी ज़रूरी थी। यह मेरी शक्ति के बाहर की बात थी। इसलिए मैंने अपने लायक सुविधा करके संतोष माना। मैंने देखा कि दूसरों को यह गंदगी जरा भी अखरती न थी।

पर बात यहीं खतम नहीं होती। रात के समय कोई-कोई तो कमरे के सामनेवाले बरामदे में ही निबट लेते थे। सवेरे स्वयंसेवकों को मैंने मैला दिखाया। कोई साफ करने को तैयार न था। उसे साफ करने का सम्मान भी मैंने ही प्राप्त किया।

यद्यपि अब इन बातों में बहुत सुधार हो गया है, फिर भी अविचारी प्रतिनिधि अब तक काँग्रेस के शिबिर को जहाँ-तहाँ मलत्याग करके गन्दा करते हैं और सब स्वयंसेवक उसे साफ करने के लिए तैयार नहीं होते।

मैंने देखा कि अगर ऐसी गंदगी में काँग्रेस की बैठक अधिक दिनों तक जारी रहती, तो अवश्य बीमारी फैल जाती।

१४. क्लर्क और बैरा

काँग्रेस के अधिवेशन को एक-दो दिन की देर थी। मैंने निश्चय किया था कि काँग्रेस के कार्यालय में मेरी सेवा स्वीकार की जाए, तो सेवा करूँ और अनुभव लूँ।

जिस दिन हम पहुँचे उसी दिन नहा-धोकर मैं काँग्रेस के कार्यालय में गया। श्री भूपेन्द्रनाथ बसु और श्री घोषाल मंत्री थे। मैं भूपेन्द्रबाबू के पास पहुँचा और सेवा की माँग की। उन्होंने मेरी ओर देखा और बोले:

"मेरे पास तो कोई काम नहीं है, पर शायद मि० घोषाल आपको कुछ काम दे सकेंगे। उनके पास जाइए।"

मैं घोषालबाबू के पास गया। उन्होंने मुझे ध्यान से देखा और जरा हँसकर मुझसे पूछा:

"मेरे पास तो कलर्क का काम है, आप करेंगे?"

मैंने उत्तर दिया: "अवश्य करूँगा। मेरी शक्ति से बाहर न हो, ऐसा हर काम करने के लिए मैं आपके पास आया हूँ।"

"नौजवान, यही सच्ची भावना है।"

और बगल में खड़े स्वयंसेवकों की ओर देखकर बोले:

"सुनते हो, यह युवक क्या कह रहा है?"

फिर मेरी ओर मुड़कर बोले:

"तो देखिये, यह तो है पत्रों का ढेर, और यह मेरे सामने कुर्सी है। इस पर आप बैठिये। आप देखते हैं कि मेरे पास सैकड़ों आदमी आते रहते हैं। मैं उनसे मिलूँ या इन बेकार पत्र लिखनेवालों को उनके पत्रों का जवाब लिखूँ? मेरे पास ऐसे क्लर्क नहीं हैं, जिनसे यह काम ले सकूँ। इन सब पत्रों में से बहुतों में काम की एक भी बात नहीं होगी। पर आप सबको देख जाइए। जिसकी पहुँच भेजना उचित समझें उसकी पहुँच भेज दीजिए। जिसके जवाब के बारेमें मुझसे पूछना ज़रूरी समझें, मुझे पूछ लीजिए।" मैं तो इस विश्वास से मुग्ध हो गया।

श्री घोषाल मुझे पहचानते न थे। नाम-धाम जानने का काम तो उन्होंने बाद में किया। पत्रों का ढेर साफ करने का काम मुझे बहुत आसान लगा। अपने सामने रखे हुए ढेर को मैंने तुरन्त निबटा दिया। घोषालबाबू खुश हुए। उनका स्वभाव बातूनी था। मैं देखता था कि बातों में वे अपना बहुत समय बिता देते थे। मेरा इतिहास जानने के बाद तो मुझे कलर्क का काम सौंपने के लिए वे कुछ लज्जित हुए। पर मैंने उन्हें निश्चिन्त कर दिया:

"कहाँ आप और कहाँ मैं? आप काँग्रेस के पुराने सेवक हैं, मेरे गुरूजन हैं। मैं एक अनुभवहीन नवयुवक हूँ। यह काम सौंपकर आपने मुझ पर उपकार ही किया है, क्योंकि मुझे काँग्रेस में काम करना है। उसके कामकाज को समझने का आपने मुझे अलभ्य अवसर दिया है।"

घोषालबाबू बोले, "असल में यही सच्ची वृत्ति है। पर आज के नवयुवक इसे नहीं मानते। वैसे मैं तो काँग्रेस को उसके जन्म से जानता हूँ। उसे जन्म देने में मि० ह्यूम के साथ मेरा भी हिस्सा था।"

हमारे बीच अच्छी मित्रता हो गयी। दोपहर के भोजन में उन्होंने मुझे अपने साथ ही रखा। घोषालबाबू के बटन भी 'बैरा' लगाता था। यह देखकर 'बैरे' का काम मैंने ही ले लिया। मुझे वह पसन्द था। बड़ों के प्रति मेरे मन में बहुत आदर था। जब वे मेरी वृत्ति समझ गये, तो अपनी निजी सेवा के सारे काम मुझसे लेने लगे। बटन लगाते समय मुझसे मुसकराकर कहते, "देखिये न, काँग्रेस के सेवक को बटन लगाने का भी समय नहीं मिलता, क्योंकि उस समय भी उसे काम रहता है!"

इस भोलेपन पर मुझे हँसी तो आयी, पर ऐसी सेवा के प्रति मन में थोड़ी भी अरूचि उत्पन्न न हुई। और मुझे जो लाभ हुआ, उसकी तो कीमत आँकी ही नहीं जा सकती।

कुछ ही दिनों में मुझे काँग्रेस की व्यवस्था का ज्ञान हो गया। कई नेताओं से भेंट हुई। गोखले, सुरेन्द्रनाथ आदि योद्धा आते-जाते रहते थे। मैं उनकी रीति-नीति देख सका। वहाँ समय की जो बरबादी होती थी, उसे भी मैंने अनुभव किया। अंग्रेजी भाषा का प्राबल्य भी देखा। इससे उस समय भी मुझे दुःख हुआ था। मैंने देखा कि एक आदमी से हो सकनेवाले काम में अनेक आदमी लग जाते थे, और यह भी देखा कि कितने ही महत्त्वपूर्ण काम कोई करता ही न था।

मेरा मन इस सारी स्थिति की टीका किया करता था। पर चित्त उदार था, इसलिए वह मान लेता था कि जो हो रहा है, उसमें अधिक सुधार करना सम्भव न होगा। फलतः मन में किसीके प्रति अरूचि पैदा न होती थी।

१५. काँग्रेस में

काँग्रेस का अधिवेशन शुरू हुआ। पण्डाल का भव्य दृश्य, स्वयंसेवकों की कतारें, मंच पर नेताओं की उपस्थिति इत्यादि देखकर मैं घबरा गया। इस सभा में मेरा पता कहाँ लगेला, यह सोचकर मैं अकुला उठा।

सभापति का भाषण तो एक पुस्तक ही थी। स्थिति ऐसी नहीं थी कि वह पूरा पढ़ा जा सके। अतः उसके कुछ अंश ही पढ़े गये।

बाद में विषय-निर्वाचिनी समिति के सदस्य चुने गये। उसमें गोखले मुझे ले गये थे।

सर फीरोजशाहने मेरा प्रस्ताव लेने की स्वीकृति तो दी थी, पर उसे काँग्रेस

की विषय-निर्वाचिनी समिति में कौन प्रस्तुत करेगा, कब करेगा, यह सोचता हुआ मैं समिति में बैठा रहा। हरएक प्रस्ताव पर लम्बे-लम्बे भाषण होते थे, सब अंग्रेजी में। हरएक के साथ प्रसिद्ध व्यक्तियों के नाम जुड़े होते थे। इस नक्कारखाने में मेरी तूती की आवाज कौन सुनेगा? ज्यों-ज्यों रात बीतती जाती थी, त्यों-त्यों मेरा दिल धड़कता जाता था। मुझे याद आ रहा है कि अन्त-अन्त में पेश होनेवाले प्रस्ताव आजकल के विमानों की गति से चल रहे थे। सब कोई भागने की तैयारी में थे। रात के ग्यारह बज गये थे। मुझमें बोलने की हिम्मत न थी। मैं गोखले से मिल चुका था और उन्होंने मेरा प्रस्ताव देख लिया था।

उनकी कुर्सी के पास जाकर मैंने धीरे से कहा:

"मेरे लिए कुछ कीजिएगा।"

उन्होंने कहा: "आपके प्रस्ताव को मैं भूला नहीं हूँ। यहाँ की उतावली आप देख रहे हैं, पर मैं इस प्रस्ताव को भूलने नहीं दूँगा।"

सर फीरोजशाह बोले: "कहिये, सब काम निबट गया न ?"

गोखले बोल उठे: "दक्षिण अफ्रीका का प्रस्ताव तो बाकी ही है। मि॰ गांधी कब से बैठे राह देख रहे हैं।"

सर फीरोजशाहने पूछा: "आप उस प्रस्ताव को देख चुके हैं?"

"हाँ।"

"आपको वह पसन्द आया?"

"काफी अच्छा है।"

"तो गांधी, पढ़ो।"

मैंने काँपते हुए प्रस्ताव पढ़ सुनाया।

गोखलेने उसका समर्थन किया।

सब बोल उठे, "सर्व-सम्मति से पास।"

वाच्छा बोले, "गांधी, तुम पाँच मिनट लेना।"

इस दृश्य से मुझे प्रसन्नता न हुई। किसीने भी प्रस्ताव को समझने का कष्ट नहीं उठाया। सब जल्दी में थे। गोखलेने प्रस्ताव देख लिया था, इसलिए दूसरों को देखने-सुनने की आवश्यकता प्रतीत न हुई।

सवेरा हुआ।

मुझे तो अपने भाषण की फिकर थी। पाँच मिनट में क्या बोलूँगा? मैंने

तैयारी तो अच्छी कर ली थी, पर उपयुक्त शब्द सूझते न थे। लिखित भाषण न पढ़नेका मेरा निश्चय था। पर ऐसा प्रतीत हुआ कि दक्षिण अफ्रीका में भाषण करने की जो स्वस्थता मुझमें आयी थी, उसे मैं यहाँ खो बैठा था।

मेरे प्रस्ताव का समय आने पर सर दीनशा ने मेरा नाम पुकारा। मैं खड़ा हुआ। मेरा सिर चकराने लगा। जैसे-तैसे मैंने प्रस्ताव पढ़ा। किसी कवि ने अपनी कविता छपाकर सब प्रतिनिधियों में बाँटी थी। उसमें परदेश जाने की और समुद्र-यात्रा की स्तुति थी। वह मैंने पढ़ सुनायी और दक्षिण अफ्रीका के दुःखों की थोड़ी चर्चा की। इतने में सर दीनशा की घंटी बजी। मुझे विश्वास था कि मैंने अभी पाँच मिनट पूरे नहीं किये हैं। मुझे पता न था कि यह घंटी मुझे चेताने के लिए दो मिनट पहले ही बजा दी गयी थी। मैंने बहुतों को आध-आध, पौन-पौन घंटे बोलते देखा था और घंटी नहीं बजी थी। मुझे दुःख तो हुआ। घंटी बजते ही मैं बैठ गया। पर उक्त काव्य में सर फीरोजशाह को उत्तर मिल गया, ऐसा मेरी अल्पबुद्धि ने उस समय मान लिया।

प्रस्ताव पास होने के बारेमें तो पूछना ही क्या था? उन दिनों दर्शक और प्रतिनिधि का भेद क्वचित् ही किया जाता था। प्रस्तावों का विरोध करने का कोई प्रश्न ही नहीं था। सब हाथ उठाते ही थे। सारे प्रस्ताव सर्व-सम्मति से पास होते थे। मेरा प्रस्ताव भी इसी तरह पास हुआ। इसलिए मुझे प्रस्ताव का महत्त्व नहीं जान पड़ा। फिर भी कॉंग्रेस में मेरा प्रस्ताव पास हुआ, यह बात ही मेरे आनन्द के लिए पर्याप्त थी। जिस पर कॉंग्रेस की मुहर लग गयी उस पर सारे भारत की मुहर है, यह ज्ञान किसके लिए पर्याप्त न होगा?

१६. लार्ड कर्जन का दरबार

कॉंग्रेस-अधिवेशन समाप्त हुआ, पर मुझे तो दक्षिण अफ्रीका के काम के लिए कलकत्ते में रहकर चेम्बर ऑफ कॉमर्स इत्यादि मण्डलों से मिलना था। इसलिए मैं कलकत्ते में एक महीना ठहरा। इस बार मैंने होटल में ठहरने के बदले परिचय प्राप्त करके 'इण्डिया क्लब' में ठहरने की व्यवस्था की। इस क्लब में अग्रगण्य भारतीय उतरा करते थे। इससे मेरे मन में यह लोभ था कि उनसे मेल-जोल बढ़ाकर मैं उनमें दक्षिण अफ्रीका के काम के लिए दिलचस्पी पैदा कर सकूँगा। इस क्लब में गोखले हमेशा तो नहीं, पर कभी-कभी बिलियर्ड खेलने आया

करते थे। जैसे ही उन्हें पता चला कि मैं कलकत्ते में ठहरनेवाला हूँ, उन्होंने मुझे अपने साथ रहने के लिए निमंत्रित किया। मैंने उनका निमंत्रण साभार स्वीकार किया, पर मुझे अपने-आप वहाँ जाना ठीक न लगा। एक-दो दिन बाट जोहता रहा। इतने में गोखले खुद आकर मुझे अपने साथ ले गये। मेरा संकोच देखकर उन्होंने कहा: "गांधी, तुम्हें इस देश में रहना है। अतएव ऐसी शरम से काम नहीं चलेगा। जितने अधिक लोगों के साथ मेलजोल बढ़ा सको तुम्हें बढ़ाना चाहिए। मुझे तुमसे काँग्रेस का काम लेना है।"

गोखले के स्थान पर जाने से पहले 'इण्डिया क्लब' का एक अनुभव यहाँ देता हूँ।

उन्हीं दिनों लार्ड कर्जन का दरबार हुआ। उसमें जानेवाले कोई राजा-महाराजा इस क्लब में ठहरे हुए थे। क्लब में तो मैं उनको हमेशा सुन्दर बंगाली धोती, कुर्ता और चादर की पोशाक में देखता था। आज उन्होंने पतलून, चोगा, खानसामों की-सी पगड़ी और चमकीले बूट पहने थे। यह देखकर मुझे दुःख हुआ और मैंने इस परिवर्तन का कारण पूछा।

जवाब मिला, "हमारा दुःख हम ही जानते हैं। अपनी सम्पत्ति और अपनी उपाधियों को सुरक्षित रखने के लिए हमें जो अपमान सहने पड़ते हैं, उन्हें आप कैसे जान सकते हैं?"

"पर यह खानसामे-जैसी पगड़ी और ये बूट किसलिए?"

"हममें और खानसामों में आपने क्या फर्क देखा? वे हमारे खानसामा हैं, तो हम लार्ड कर्जन के खानसामा हैं। यदि मैं दरबार में अनुपस्थित रहूँ, तो मुझको उसका दण्ड भुगतना पड़े। अपनी साधारण पोशाक पहनकर जाऊँ, तो वह अपराध माना जाएगा। और वहाँ जाकर भी क्या मुझे लार्ड कर्जन से बातें करने का अवसर मिलेगा? कदापि नहीं।"

मुझे इस स्पष्टवक्ता भाई पर दया आयी।

ऐसे ही प्रसंगवाला एक और दरबार मुझे याद आ रहा है। जब काशी के हिन्दू विश्वविद्यालय की नींव लार्ड हार्डिंग के हाथों रखी गयी, तब उनका दरबार हुआ था। उसमें राजा-महाराजा तो आये ही थे। भारतभूषण मालवीयजी ने मुझसे भी उसमें उपस्थित रहने का विशेष आग्रह किया था। मैं वहाँ गया था। केवल स्त्रियों को ही शोभा देनेवाली राजा-महाराजाओं की पोशाकें देखकर मुझे दुःख

हुआ था। रेशमी पाजामे, रेशमी अंगरखे और गले में हीरे-मोती की मालाएँ, हाथ पर बाजूबन्द और पगड़ी पर हीरे-मोती की झालरें! इन सबके साथ कमर में सोने की मूठवाली तलवार लटकती थी। किसीने बताया कि ये चीजें उनके राज्याधिकार की नहीं, बल्कि उनकी गुलामी की निशानियाँ थीं। मैं मानता था कि ऐसे नामर्दी-सूचक आभूषण वे स्वेच्छा से पहनते होंगे। पर मुझे पता चला कि ऐसे सम्मेलनों में अपने सब मूल्यवान आभूषण पहनकर जाना राजाओं के लिए अनिवार्य था। मुझे यह भी मालूम हुआ कि कइयों को ऐसे आभूषण पहनने से घृणा थी और ऐसे और ऐसे दरबार के अवसरों को छोड़कर अन्य किसी अवसर पर वे इन गहनों को पहनते भी न थे। इस बात में कितनी सचाई थी, सो मैं जानता नहीं। वे दूसरे अवसरों पर पहनते हों या न पहनते हों, क्या वाइसरॉय के दरबार में और क्या दूसरी जगह, औरतों को ही शोभा देनेवाले आभूषण पहनकर जाना पड़े, यही पर्याप्त दुःख की बात है। धन, सत्ता और मान मनुष्य से कितने पाप और अनर्थ कराते हैं!

१७. गोखले के साथ एक महीना—१

पहले ही दिन से गोखलेने मुझे यह अनुभव न करने दिया कि मैं मेहमान हूँ। उन्होंने मुझे अपने सगे छोटे भाई की तरह रखा। मेरी सब आवश्यकतायें जान लीं और उनके अनुकूल सारी व्यवस्था कर दी। सौभाग्य से मेरी आवश्यकतायें थोड़ी ही थीं। मैंने अपना सब काम स्वयं कर लेने की आदत डाली थी, इसलिए मुझे दूसरों से बहुत थोड़ी सेवा लेनी होती थी। स्वावलम्बन की मेरी इस आदत की, उस समय की मेरी पोशाक आदि की, सफाई की, मेरे उद्यम की और मेरी नियमितता की उन पर गहरी छाप पड़ी थी और इन सबकी वे इतनी तारीफ करते थे कि मैं घबरा उठता था।

मुझे यह अनुभव न हुआ कि उनके पास मुझसे छिपाकर रखने लायक कोई बात थी। जो भी बड़े आदमी उनसे मिलने आते, उनका मुझसे परिचय कराते थे। ऐसे परिचयों में आज मेरी आँखों के सामने सबसे अधिक डॉ० प्रफुल्लचन्द्र राय आते हैं। वे गोखले के मकान के पास ही रहते थे और कह सकता हूँ कि लगभग रोज़ ही उनसे मिलने आते थे।

“ये प्रोफेसर राय हैं। इन्हें हर महीने आठ सौ रूपये मिलते हैं। ये अपने

खर्च के लिए चालीस रूपये रखकर बाकी सब सार्वजनिक कामों में दे देते हैं। इन्होंने ब्याह नहीं किया है और न करना चाहते हैं।" इन शब्दों में गोखलेने मुझसे उनका परिचय कराया।

आज के डॉ० राय और उस समय के प्रो० राय में मैं थोड़ा ही फरक पाता हूँ। जो वेश-भूषा उनकी तब थी, लगभग वही आज भी है। हाँ, आज वे खादी पहनते हैं, उस समय खादी थी ही नहीं। स्वदेशी मिल के कपड़े रहे होंगे। गोखले और प्रो० राय की बातचीत सुनते हुए मुझे तृप्ति ही न होती थी, क्योंकि उनकी बातें देशहित की ही होती थीं अथवा कोई ज्ञानचर्चा होती थी। कई बातें दुःखद भी होतीं, क्योंकि उनमें नेताओं की टीका रहती थी। इसलिए जिन्हें मैंने महान योद्धा समझना सीखा था, वे मुझे बौने लगने लगे।

गोखले की काम करने की रीति से मुझे जितना आनन्द हुआ उतनी ही शिक्षा भी मिली। वे अपना एक क्षण भी व्यर्थ नहीं जाने देते थे। मैंने अनुभव किया कि उनके सारे संबंध देशकार्य के निमित्त से ही थे। सारी चर्चायें भी देशकार्य के खातिर ही होती थीं। उनकी बातों में मुझे कहीं मलिनता, दम्भ अथवा झूठ के दर्शन नहीं हुए। हिन्दुस्तान की गरीबी और गुलामी उन्हें प्रतिक्षण चुभती थी। अनेक लोग अनेक विषयों में उनकी रूचि जगाने के लिए आते थे। उन सबको वे एक ही जवाब देते थेः

"आप यह काम कीजिए। मुझे अपना काम करने दीजिए। मुझे तो देश की स्वाधीनता प्राप्त करनी है। उसके मिलने पर ही मुझे दूसरा कुछ सूझेगा। इस समय तो इस काम से मेरे पास एक क्षण भी बाकी नहीं बचता।"

रानडे के प्रति उनका पूज्यभाव बात-बात में देखा जा सकता था। 'रानडे यह कहते थे'—ये शब्द तो उनकी बातचीत में लगभग 'सूत उवाच' जैसे हो गये थे। मैं वहाँ था उन्हीं दिनों रानडे की जयन्ती (अथवा पुण्यतिथि, इस समय ठीक याद नहीं है) पड़ती थी। ऐसा लगा कि गोखले उसे हमेशा मनाते थे। उस समय वहाँ मेरे सिवा उनके मित्र प्रो० काथवटे और दूसरे एक सज्जन थे, जो सब-जज थे। इनको उन्होंने जयन्ती मनाने के लिए निमंत्रित किया और उस अवसर पर उन्होंने हमें रानडे के अनेक संस्मरण सुनाये। रानडे, तैलंग और माण्डलिक की तुलना भी की। मुझे स्मरण है कि उन्होंने तैलंग की भाषा की प्रशंसा की थी। सुधारक के रूप में माण्डलिक की स्तुति की थी। अपने मुवक्किल की वे कितनी

चिन्ता रखते थे, इसके दृष्टान्त के रूप में उन्होंने यह किस्सा सुनाया कि एक बार रोज की ट्रेन छूट जाने पर वे किस तरह स्पेशयल ट्रेन से अदालत पहुँचे थे। और रानडे की चौमुखी शक्ति का वर्णन करके उस समय के नेताओं में उनकी सर्वश्रेष्ठता सिद्ध की थी। रानडे केवल न्यायमूर्ति नहीं थे। वे इतिहासकार थे, अर्थशास्त्री थे, सुधारक थे। सरकारी जज होते हुए भी वे कॉंग्रेस में दर्शक की तरह निडर भाव से उपस्थित होते थे। इसी तरह उनकी बुद्धिमत्ता पर लोगों को इतना विश्वास था कि सब उनके निर्णय को स्वीकार करते थे। यह सब वर्णन करते हुए गोखले के हर्ष की सीमा न रहती थी।

गोखले घोडागाड़ी रखते थे। मैंने उनसे इसकी शिकायत की। मैं उनकी कठिनाइयाँ समझ नहीं सका था। पूछा: "आप सब जगह ट्राम में क्यों नहीं जा सकते? क्या इससे नेतावर्ग की प्रतिष्ठा कम होती है?"

कुछ दुःखी होकर उन्होंने उत्तर दिया: "क्या तुम भी मुझे पहचान न सके? मुझे बड़ी धारासभा से जो रूपया मिलता है, उसे मैं अपने काम में नहीं लाता। तुम्हें ट्राम में घूमते देखकर मुझे ईर्ष्या होती है, पर मैं वैसा नहीं कर सकता। जितने लोग मुझे पहचानते हैं उतने ही जब तुम्हें भी पहचानने लगेंगे, तब तुम्हारे लिए भी ट्राम में घूमना असम्भव नहीं तो कठिन अवश्य हो जाएगा। नेता जो कुछ करते हैं सो मौज-शौक के लिए ही करते हैं, यह मानने का कोई कारण नहीं है। तुम्हारी सादगी मुझे पसन्द है। मैं यथासम्भव सादगी से रहता हूँ। पर तुम निश्चित मानना कि मुझ जैसों के लिए कुछ खर्च अनिवार्य हैं।"

इस तरह मेरी एक शिकायत तो ठीक ढंग से रद हो गयी। पर दूसरी जो शिकायत मैंने की, उसका कोई सन्तोषजनक उत्तर वे नहीं दे सके। मैंने कहा, "पर आप टहलने भी तो ठीक से नहीं जाते। ऐसी दशा में आप बीमार रहें तो इसमें आश्चर्य क्या? क्या देश के काम में से व्यायाम के लिए भी फुरसत नहीं मिल सकती?"

जवाब मिला: "तुम मुझे किस समय फुरसत में देखते हो कि मैं घूमने जा सकूँ?"

मेरे मन में गोखले के लिए इतना आदर था कि मैं उन्हें प्रत्युत्तर नहीं देता था। ऊपर के उत्तर से मुझे संतोष नहीं हुआ था, फिर भी मैं चुप रहा। मैंने यह माना है, और आज भी मानता हूँ, कि कितने ही काम होने पर भी जिस तरह हम खाने का समय निकाले बिना नहीं रहते, उसी तरह व्यायाम का समय भी

हमें निकालना चाहिए। मेरी यह नम्र राय है कि इससे देश की सेवा अधिक ही होती है, कम नहीं।

१८. गोखले के साथ एक महीना—२

गोखले की छायातले रहकर मैंने सारा समय घर में बैठकर नहीं बिताया।

दक्षिण अफ्रीका के अपने ईसाई मित्रों से मैंने कहा था कि मैं हिन्दुस्तान के ईसाइयों से मिलूँगा और उनकी स्थिति की जानकारी प्राप्त करूँगा। मैंने कालीचरण बैनर्जी का नाम सुना था। वे काँग्रेस के कामों में अगुआ बनकर हाथ बँटाते थे, इसलिए मेरे मन में जो अविश्वास था, वह कालीचरण बैनर्जी के प्रति नहीं था। मैंने उनसे मिलने के बारेमें गोखले से चर्चा की। उन्होंने कहाः "वहाँ जाकर तुम क्या पाओगे? वे बहुत भले आदमी हैं, पर मेरा खयाल है कि वे तुम्हें संतोष नहीं दे सकेंगे। मैं उन्हें भलीभाँति जानता हूँ। फिर भी तुम्हें जाना हो तो शौक से जाओ।"

मैंने समय माँगा। उन्होंने तुरन्त समय दिया और मैं गया। उनके घर उनकी धर्मपत्नी मृत्युशय्या पर पड़ी थीं। घर उनका सादा था। काँग्रेस में उनको कोट-पतलून में देखा था। पर घर में उन्हें बंगाली धोती और कुर्ता पहने देखा। यह सादगी मुझे पसन्द आयी। उन दिनों मैं स्वयं पारसी कोट-पतलून पहनता था, फिर भी मुझे उनकी यह पोशाक और सादगी बहुत पसन्द पड़ी। मैंने उनका समय न गँवाते हुए अपनी उलझनें पेश कीं।

उन्होंने मुझसे पूछाः "आप मानते हैं कि हम अपने साथ पाप लेकर पैदा होते हैं?"

मैंने कहा, "जी हाँ।"

"तो इस मूल पाप का निवारण हिन्दू धर्म में नहीं है, जब कि ईसाई धर्म में है।" यों कहकर वे बोलेः "पाप का बदला मौत है। बाइबल कहती है कि इस मौत से बचने का मार्ग ईसा की शरण है।"

मैंने भगवद्‌गीता के भक्तिमार्ग की चर्चा की। पर मेरा बोलना निरर्थक था। मैंने इन भले आदमी का उनकी भलमनसाहत के लिए उपकार माना। मुझे संतोष न हुआ, फिर भी इस भेंट से मुझे लाभ ही हुआ।

मैं यह कह सकता हूँ कि इसी महीने में मैंने कलकत्ते की एक-एक गली

छान डाली। अधिकांश काम मैं पैदल चलकर करता था। इन्हीं दिनों मैं न्यायमूर्ति मित्र से मिला। सर गुरूदास बैनर्जी से मिला। दक्षिण अफ्रीका के काम के लिए उनकी सहायता की आवश्यकता थी। उन्हीं दिनों मैंने राजा सर प्यारीमोहन मुकर्जी के भी दर्शन किये।

कालीचरण बैनर्जी ने मुझसे काली-मन्दिर की चर्चा की थी। वह मन्दिर देखने की मेरी तीव्र इच्छा थी। पुस्तक में मैंने उसका वर्णन पढ़ा था। इससे एक दिन मैं वहाँ जा पहुँचा। न्यायमूर्ति मित्र का मकान उसी मुहल्ले में था। अतएव जिस दिन उनसे मिला, उसी दिन काली-मन्दिर भी गया। रास्ते में बलिदान के बकरों की लम्बी कतार चली जा रही थी। मन्दिर की गली में पहुँचते ही मैंने भिखारियों की भीड़ लगी देखी। वहाँ साधु-संन्यासी तो थे ही। उन दिनों भी मेरा नियम हृष्ट-पुष्ट भिखारियों को कुछ न देने का था। भिखारियों ने मुझे बुरी तरह घेर लिया था।

एक बाबाजी चबूतरे पर बैठे थे। उन्होंने मुझे बुलाकर पूछा, "क्यों बेटा, कहाँ जाते हो?"

मैंने समुचित उत्तर दिया। उन्होंने मुझे और मेरे साथियों को बैठने के लिए कहा। हम बैठ गये।

मैंने पूछा, "इन बकरों के बलिदान को आप धर्म मानते हैं?"

"जीव की हत्या को धर्म कौन मानता है?"

"तो आप यहाँ बैठकर लोगों को समझाते क्यों नहीं?"

"यह काम हमारा नहीं है। हम तो यहाँ बैठकर भगवद्-भक्ति करते हैं।"

"पर इसके लिए आपको कोई दूसरी जगह न मिली?"

बाबाजी बोले: "हम कहीं भी बैठें, हमारे लिए सब जगह समान है। लोग तो भेड़ों के झुंड की तरह हैं। बड़े लोग जिस रास्ते ले जाते हैं, उसी रास्ते वे चलते हैं। हम साधुओं को इससे क्या मतलब?"

मैंने संवाद आगे नहीं बढ़ाया। हम मन्दिर में पहुँचे। सामने लहू की नदी बह रही थी। दर्शनों के लिए खड़े रहने की मेरी इच्छा न रही। मैं बहुत अकुलाया, बेचैन हुआ। वह दृश्य मैं अब तक भूल नहीं सका हूँ। उसी दिन मुझे एक बंगाली सभा का निमंत्रण मिला था। वहाँ मैंने एक सज्जन से इस क्रूर पूजा की चर्चा की। उन्होंने कहा: "हमारा खयाल यह है कि वहाँ जो नगाड़े बगैरा बजते हैं, उनके कोलाहल में बकरों को चाहे जैसे भी मारो उन्हें कोई पीड़ा नहीं होती।"

उनका यह विचार मेरे गले न उतरा। मैंने उन सज्जन से कहा कि यदि बकरों को जबान होती तो वे दूसरी ही बात कहते। मैंने अनुभव किया कि यह क्रूर रिवाज बन्द होना चाहिए। बुद्धदेववाली कथा मुझे याद आयी। पर मैंने देखा कि यह काम मेरी शक्ति से बाहर है।

उस समय मेरे जो विचार थे वे ही आज भी हैं। मेरे खयाल में बकरों के जीवन का मूल्य मनुष्य के जीवन से कम नहीं है। मनुष्य-देह को निबाहने के लिए मैं बकरे की देह लेने को तैयार न होऊँगा। मैं यह मानता हूँ कि जो जीव जितना अधिक अपंग है, उतना ही उसे मनुष्य की क्रूरता से बचने के लिए मनुष्य का आश्रय पाने का अधिक अधिकार है। पर वैसी योग्यता के अभाव में मनुष्य आश्रय देने में असमर्थ है। बकरों को इस पापपूर्ण होम से बचाने के लिए जितनी आत्मशुद्धि और त्याग मुझमें है, उससे कहीं अधिक की मुझे आवश्यकता है। जान पड़ता है कि अभी तो उस शुद्धि और त्याग का रटन करते हुए ही मुझे मरना होगा। मैं यह प्रार्थना निरन्तर करता रहता हूँ कि ऐसा कोई तेजस्वी पुरूष और ऐसी कोई तेजस्विनी सती उत्पन्न हो, जो इस महापातक में से मनुष्य को बचावे, निर्दोष प्राणियों की रक्षा करे और मन्दिर को शुद्ध करे। ज्ञानी, बुद्धिशाली, त्यागवृत्तिवाला और भावना-प्रधान बंगाल यह सब कैसे सहन करता है?

१९. गोखले के साथ एक महीना—३

कालीमाता के निमित्त से होनेवाला विकराल यज्ञ देखकर बंगाली जीवन को जानने की मेरी इच्छा बढ़ गयी। ब्रह्मसमाज के बारेमें तो मैं काफी पढ़-सुन चुका था। मैं प्रतापचन्द्र मजूमदार का जीवन-वृत्तान्त थोड़ा जानता था। उनके व्याख्यान मैं सुनने गया था। उनका लिखा केशवचन्द्र सेन का जीवन-वृत्तान्त मैंने प्राप्त किया और उसे अत्यन्त रस-पूर्वक पढ़ गया। मैंने साधारण ब्रह्मसमाज और आदि ब्रह्मसमाज का भेद जाना। पंडित विश्वनाथ शास्त्री के दर्शन किये। महर्षि देवेन्द्रनाथ ठाकुर के दर्शनों के लिए मैं प्रो॰ काथवटे के साथ गया। पर वे उन दिनों किसीसे मिलते न थे, इससे उनके दर्शन न हो सके। उनके यहाँ ब्रह्मसमाज का उत्सव था। उसमें सम्मिलित होने का निमंत्रण पाकर हम लोग वहाँ गये थे और वहाँ उच्च कोटि का बंगाली संगीत सुन पाये थे। तभी से बंगाली संगीत के प्रति मेरा अनुराग बढ़ गया।

ब्रह्मसमाज का यथासंभव निरीक्षण करने के बाद यह तो हो ही कैसे सकता था कि मैं स्वामी विवेकानन्द के दर्शन न करूँ? मैं अत्यन्त उत्साह के साथ बेलूर मठ तक लगभग पैदल पहुँचा। मुझे इस समय ठीक से याद नहीं है कि मैं पूरा चला था या आधा। मठ का एकान्त स्थान मुझे अच्छा लगा था। यह समाचार सुनकर मैं निराश हुआ कि स्वामीजी बीमार हैं, उनसे मिला नहीं जा सकता और वे अपने कलकत्तेवाले घर में हैं। मैंने भगिनी निवेदिता के निवासस्थान का पता लगाया। चौरंगी के एक महल में उनके दर्शन किये। उनकी तड़क-भड़क से मैं चकरा गया। बातचीत में भी हमारा मेल नहीं बैठा। मैंने गोखले से इसकी चर्चा की। उन्होंने कहा: "वह बड़ी तेज महिला है। अतएव उससे तुम्हारा मेल न बैठे, इसे मैं समझ सकता हूँ।"

फिर एक बार उनसे मेरी भेंट पेस्तनजी पादशाह के घर हुई थी। वे पेस्तनजी की वृद्धा माता को उपदेश दे रही थीं, इतने में मैं उनके घर जा पहुँचा था। अतएव मैंने उनके बीच दुभाषिये का काम किया था। हमारे बीच मेल न बैठते हुए भी इतना तो मैं देख सकता था कि हिन्दू धर्म के प्रति भगिनी का प्रेम छलका पड़ता था। उनकी पुस्तकों का परिचय मैंने बाद में किया।

मैंने दिन के दो भाग कर लिये थे। एक भाग मैं दक्षिण अफ्रीका के काम के सिलसिले में कलकत्ते में रहनेवाले नेताओं से मिलने में बिताता था, और दूसरा भाग कलकत्ते की धार्मिक संस्थाएँ और दूसरी सार्वजनिक संस्थाएँ देखने में बिताता था।

एक दिन बोअर-युद्ध में हिन्दुस्तानी शुश्रूषा-दलने जो काम किया था, उस पर डॉ० मलिक के सभापतित्व में मैंने भाषण किया। 'इंग्लिशमैन' के साथ की मेरी पहचान इस समय भी बहुत सहायक सिद्ध हुई। मि० सॉण्डर्स उन दिनों बीमार थे, पर उनकी मदद तो सन् १८९६ में जितनी मिली थी उतनी ही इस समय भी मिली। यह भाषण गोखले को पसंद आया था और जब डॉ० रायने मेरे भाषण की प्रशंसा की तो वे बहुत खुश हुए थे।

यों, गोखले की छाया में रहने से बंगाल में मेरा काम बहुत सरल हो गया था। बंगाल के अग्रगण्य कुटुंबों की जानकारी मुझे सहज ही मिल गयी और बंगाल के साथ मेरा निकट सम्बन्ध जुड़ गया। इस चिरस्मरणीय महीने के बहुत से संस्मरण मुझे छोड़ देने पड़ेंगे। उस महीने में मैं ब्रह्मदेश का भी एक चक्कर लगा आया

था। वहाँ के फुंगियों से मिला था। उनका आलस्य देखकर मैं दुःखी हुआ था। मैंने स्वर्ण-पैगोडा के दर्शन किये। मंदिर में असंख्य छोटी-छोटी मोमबत्तियाँ जल रही थीं। वे मुझे अच्छी नहीं लगीं। मन्दिर के गर्भगृह में चूहों को दौड़ते देखकर मुझे स्वामी दयानन्द के अनुभव का स्मरण हो आया। ब्रह्मदेश की महिलाओं की स्वतंत्रता, उनका उत्साह और वहाँ के पुरूषों की सुस्ती देखकर मैंने महिलाओं के लिए अनुराग और पुरूषों के लिए दुःख अनुभव किया। उसी समय मैंने यह भी अनुभव किया कि जिस तरह बम्बई हिन्दुस्तान नहीं है, उसी तरह रंगून ब्रह्मदेश नहीं है; और जिस प्रकार हम हिन्दुस्तान में अंग्रेज व्यापारियों के कमीशन एजेण्ट या दलाल बने हुए हैं, उसी प्रकार ब्रह्मदेश में हमने अंग्रेजों के साथ मिलकर ब्रह्मदेशवासियों को कमीशन एजेण्ट बनाया है।

ब्रह्मदेश से लौटने के बाद मैंने गोखले से विदा ली। उनका वियोग मुझे अखरा, पर बंगाल का—अथवा सच कहा जाए तो कलकत्ते का—मेरा काम पूरा हो चुका था।

मैंने सोचा था कि धन्धे में लगने से पहले हिन्दुस्तान की एक छोटी-सी यात्रा रेलगाड़ी के तीसरे दर्जे में करूँगा और तीसरे दर्जे के यात्रियों का परिचय प्राप्त करके उनका कष्ट जान लूँगा। मैंने गोखले के सामने अपना यह विचार रखा। उन्होंने पहले तो उसे हँसकर उड़ा दिया। पर जब मैंने इस यात्रा के विषय में अपनी आशाओं का वर्णन किया, तो उन्होंने प्रसन्नता-पूर्वक मेरी योजना को स्वीकृति दे दी। मुझे पहले तो काशी जाना था और वहाँ पहुँचकर विदुषी एनी बेसेण्ट के दर्शन करने थे। वे उस समय बीमार थीं।

इस यात्रा के लिए मुझे नया सामान जुटाना था। पीतल का एक डिब्बा गोखलेने ही दिया और उसमें मेरे लिए बेसन के लड्डु और पूरियाँ रखवा दीं। बारह आने में किरमिच का एक थैला लिया। छाया (पोरबन्दर के पास के एक गाँव) की ऊनका एक ओवरकोट बनवाया। थैले में यह ओवरकोट, तौलिया, कुर्ता और धोती थी। ओढ़ने को एक कम्बल था। इसके अलावा एक लोटा भी साथ में रख लिया था। इतना सामान लेकर मैं निकला।

गोखले और डॉ॰ राय मुझे स्टेशन तक पहुँचाने आये। मैंने दोनों से न आने की बिनती की। पर दोनों ने आनेका अपना आग्रह न छोड़ा। गोखले बोलेः "तुम पहले दर्जे में जाते तो शायद मैं न चलता, पर अब तो मुझे चलना ही पड़ेगा।"

प्लेटफार्म पर जाते समय गोखले को किसीने नहीं रोका। उन्होंने अपनी रेशमी पगड़ी बाँधी थी और धोती तथा कोट पहना था। डॉ० राय ने बंगाली पोशाक पहनी थी, इसलिए टिकट-बाबूने पहले तो उन्हें अंदर जाने से रोका, पर जब गोखले ने कहा, "मेरे मित्र हैं," तो डॉ० राय भी दाखिल हुए। इस तरह दोनों ने मुझे बिदा किया।

२०. काशी में

यह यात्रा कलकत्ते से राजकोट तक की थी। इसमें काशी, आगरा, जयपुर, पालनपुर और राजकोट जाना था। इतना देखने के बाद अधिक समय कहीं देना संभव न था। हर जगह मैं एक-एक दिन रहा था। पालनपुर के सिवा सब जगह मैं धर्मशाला में अथवा यात्रियों की तरह पण्डों के घर ठहरा था। जैसा कि मुझे याद है, इतनी यात्रा में गाड़ी-भाड़े सहित मेरे कुल इकतीस रूपये खर्च हुए थे। तीसरे दर्जे की यात्रा में भी मैं अकसर डाकगाड़ी छोड़ देता था, क्योंकि मैं जानता था कि उसमें अधिक भीड़ होती है। उसका किराया भी सवारी (पैसेन्जर) गाड़ी के तीसरे दर्जे के किराये से अधिक होता था। यह एक अड़चन तो थी ही।

तीसरे दर्जे के डिब्बों में गन्दगी और पाखानों की बुरी हालत तो जैसी आज है, वैसी ही उस समय भी थी। आज शायद थोड़ा सुधार हो गया हो तो बात अलग है। पर पहले और तीसरे दर्जे के बीच सुभीतों का फरक मुझे किराये के फरक से कहीं ज्यादा जान पड़ा। तीसरे दर्जे के यात्री भेड़-बकरी समझे जाते हैं और सुभीते के नाम पर उनको भेड़-बकरियों के- से डिब्बे मिलते हैं। यूरोप में तो मैंने तीसरे ही दर्जे में यात्रा की थी। अनुभव की दृष्टि से एक बार पहले दर्जे में भी यात्रा की थी। वहाँ मैंने पहले और तीसरे दर्जे के बीच यहाँ के जैसा फरक नहीं देखा। दक्षिण अफ्रीका में तीसरे दर्जे के यात्री अधिकतर हब्शी ही होते हैं। लेकिन वहाँ के तीसरे दर्जे में भी यहाँ के तीसरे दर्जे से अधिक सुविधायें हैं। कुछ प्रदेशों में तो वहाँ तीसरे दर्जे में सोने की सुविधा भी रहती है और बैठकें गद्दीदार होती हैं। हर खण्ड में बैठनेवाले यात्रियों की संख्या की मर्यादा का ध्यान रखा जाता है। यहाँ तो तीसरे दर्जे में संख्या की मर्यादा पाले जाने का मुझे कोई अनुभव ही नहीं है।

रेलवे-विभाग की ओर से होनेवाली इन असुविधाओं के अलावा यात्रियों

की गन्दी आदतें सुघड़ यात्री के लिए तीसरे दर्जे की यात्रा को दण्ड-स्वरूप बना देती हैं। चाहे जहाँ थूकना, चाहे जहाँ कचरा डालना, चाहे जैसे और चाहे जब बीड़ी पीना, पान-तम्बाकू चबाना और जहाँ बैठे वहीं उसकी पिचकारियाँ छोड़ना, फर्श पर जूठन गिराना, चिल्ला-चिल्लाकर बातें करना, पास में बैठे हुए आदमी की सुख-सुविधा का विचार न करना और गन्दी बोली बोलना—यह तो सार्वत्रिक अनुभव है।

तीसरे दर्जे की यात्रा के अपने १९०२ के अनुभव में और १९१५ से १९१९ तक के मेरे दूसरी बार के ऐसे ही अखण्ड अनुभव में मैंने बहुत अन्तर नहीं पाया। इस महाव्याधि का एक ही उपाय मेरी समझ में आया है, और वह यह है कि शिक्षित समाज को तीसरे दर्जे में ही यात्रा करनी चाहिए और लोगों की आदतें सुधारने का प्रयत्न करना चाहिए। इसके अलावा, रेलवे-विभाग के अधिकारियों को शिकायत कर-करके परेशान कर डालना चाहिए, अपने लिए कोई सुविधा प्राप्त करने या प्राप्त सुविधा की रक्षा करने के लिए घूस-रिश्वत नहीं देनी चाहिए और उनके एक भी गैरकानूनी व्यवहार को बरदाश्त नहीं करना चाहिए।

मेरा यह अनुभव है कि ऐसा करने से बहुत-कुछ सुधार हो सकता है। अपनी बीमारी के कारण मुझे सन् १९२० से तीसरे दर्जे की यात्रा लगभग बन्द कर देनी पड़ी है, इसका दुःख और लज्जा मुझे सदा बनी रहती है। और वह भी ऐसे अवसर पर बन्द करनी पड़ी, जब तीसरे दर्जे के यात्रियों की तकलीफों को दूर करने का काम कुछ ठिकाने लग रहा था। रेलों और जहाजों में गरीब यात्रियों को भोगने पड़ते कष्ट, उनकी अपनी कुटेवों के कारण इन कष्टों में होनेवाली वृद्धि, व्यापार के निमित्त से विदेशी व्यापार को सरकार की ओर से दी जानेवाली अनुचित सुविधायें, आदि बातें इस समय हमारे लोक-जीवन की बिलकुल अलग और महत्त्व की समस्या बन गयी हैं। अगर इसे हल करने में एक-दो चतुर और लगनवाले सज्जन अपना पूरा समय लगा दें, तो वह अधिक नहीं कहा जाएगा।

पर तीसरे दर्जे की यात्रा की इस चर्चा को अब यहीं छोड़कर मैं काशी के अनुभव पर आता हूँ। काशी स्टेशन पर मैं सबेरे उतरा। मुझे किसी पण्डे के ही यहाँ उतरना था। कई ब्राह्मणोंने मुझे घेर लिया। उनमें से जो मुझे थोड़ा सुघड़ और सज्जन लगा, उसका घर मैंने पसन्द किया। मेरा चुनाव अच्छा सिद्ध हुआ। ब्राह्मण के आँगन में गाय बँधी थी। ऊपर एक कमरा था। उसमें मुझे ठहराया

गया। मैं विधि-पूर्वक गंगा-स्नान करना चाहता था। तब तक मुझे उपवास रखना था। पण्डे ने सब तैयारी की। मैंने उससे कह रखा था कि मैं सवा रूपये से अधिक दक्षिणा नहीं दे सकूँगा, अतएव उसीके लायक तैयारी वह करे। पण्डे ने बिना झगड़े के मेरी बिनती स्वीकार कर ली। वह बोला: "हम लोग अमीर-गरीब सब लोगों को पूजा तो एकसी ही कराते हैं। दक्षिणा यजमान की इच्छा और शक्ति पर निर्भर करती है।" मेरे खयाल से पण्डाजीने पूजा-विधि में कोई गड़बड़ी नहीं की। लगभग बारह बजे इससे फुरसत पाकर मैं काशीविश्वनाथ के दर्शन करने गया। वहाँ जो कुछ देखा उससे मुझे दुःख ही हुआ।

सन् १८९१ में जब मैं बम्बई में वकालत करता था, तब एक बार प्रार्थना-समाज के मन्दिर में 'काशी की यात्रा' विषय पर व्याख्यान सुना था। अतएव थोड़ी निराशा के लिए तो मैं पहेले से तैयार ही था। पर वास्तव में जो निराशा हुई, वह अपेक्षा से अधिक थी।

संकरी, फिसलनवाली गली में से होकर जाना था। शान्ति का नाम भी नहीं था। मक्खियों की भिनभिनाहट तथा यात्रियों और दुकानदारों का कोलाहल मुझे असह्य प्रतीत हुआ।

जहाँ मनुष्य ध्यान और भगवत्-चिन्तन की आशा रखता है, वहाँ उसे इनमें से कुछ भी नहीं मिलता! यदि ध्यान की ज़रूरत हो, तो वह अपने अन्तर में से पाना होगा। अवश्य ही मैंने ऐसी श्रद्धालु बहनों को भी देखा, जिन्हें इस बात का बिलकुल पता न था कि उनके आस-पास क्या हो रहा है। वे केवल अपने ध्यान में ही निमग्न थीं। पर इसे प्रबन्धकों का पुरूषार्थ नहीं माना जा सकता। काशी-विश्वनाथ के आस-पास शान्त, निर्मल, सुगन्धित और स्वच्छ वातावरण—बाह्य एवं आन्तरिक—उत्पन्न करना और उसे बनाये रखना प्रबन्धकों का कर्तव्य होना चाहिए। इसके बदले वहाँ मैंने ठग दुकानदारों का बाजार देखा, जिसमें नये-से-नये ढंग की मिठाइयाँ और खिलौने बिकते थे।

मन्दिर में पहुँचने पर दरवाजे के सामने बदबूदार सड़े हुए फूल मिले। अन्दर बढ़िया संगमरमर का फर्श था। पर किसी अन्धश्रद्धालु ने उसे रूपयों से जड़वाकर खराब कर डाला था और रूपयों में मैल भर गया था।

मैं ज्ञानवापी के समीप गया। वहाँ मैंने ईश्वर को खोजा, पर वह न मिला। इससे मैं मन ही मन क्षुब्ध हो रहा था। ज्ञानवापी के आस-पास भी गंदगी देखी।

दक्षिणा के रूप में कुछ चढ़ाने की मेरी श्रद्धा नहीं थी। इसलिए मैंने सचमुच ही एक पाई चढ़ायी, जिससे पुजारी पण्डा जी तमतमा उठे। उन्होंने पाई फेंक दी। दो-चार गालियाँ देकर बोले, "तू यों अपमान करेगा तो नरक में पड़ेगा।"

मैं शान्त रहा। मैंने कहा, "महाराज, मेरा तो जो होना होगा सो होगा, पर आपके मुँह में गाली शोभा नहीं देती। यह पाई लेनी हो तो लीजिए, नहीं तो यह भी हाथ से जाएगी।" "जा, तेरी पाई मुझे नहीं चाहिए," कहकर उन्होंने मुझे दो-चार और सुना दीं। मैं पाई लेकर चल दिया। मैंने माना कि महाराज ने पाई खोयी और मैंने बचायी। पर महाराज पाई खोनेवाले नहीं थे। उन्होंने मुझे वापस बुलाया और कहा, "अच्छा, धर दे। मैं तेरे जैसा नहीं होना चाहता। मैं न लूँ, तो तेरा बुरा हो।"

मैंने चुपचाप पाई दे दी और लम्बी साँस लेकर चल दिया। इसके बाद मैं दो बार और काशी-विश्वनाथ के दर्शन कर चुका हूँ, पर वह तो 'महात्मा' बनने के बाद। अतएव १९०२ के अनुभव तो फिर कहाँ से पाता! मेरा 'दर्शन' करनेवाले लोग मुझे दर्शन क्यों करने देते? 'महात्मा' के दुःख तो मेरे-जैसे 'महात्मा' ही जानते हैं। अलबत्ता, गन्दगी और कोलाहल तो मैंने पहले के जैसा ही पाया।

किसीको भगवान की दया के विषय में शंका हो, तो उसे ऐसे तीर्थक्षेत्र देखने चाहिए। वह महायोगी अपने नाम पर कितना ढोंग, अधर्म, पाखंड इत्यादि सहन करता है? उसने तो कह रखा है:

ये यथा मां प्रपद्यन्ते तांस्तथैव भजाम्यहम्।

अर्थात् 'जैसी करनी वैसी भरनी।' कर्म को मिथ्या कौन कर सकता है? फिर भगवान को बीच में पड़ने की ज़रूरत ही क्या है? वह तो अपने कानून बनाकर निवृत्त-सा हो गया है।

यह अनुभव लेकर मैं मिसेज बेसेण्ट के दर्शन करने गया। मैं जानता था कि वे हाल ही बीमारी से उठी हैं। मैंने अपना नाम भेजा। वे तुरन्त आयीं। मुझे तो दर्शन ही करने थे, अतएव मैंने कहा: "मुझे आपके दुर्बल स्वास्थ्य का पता है। मैं तो सिर्फ आपके दर्शन करने आया हूँ। दुर्बल स्वास्थ्य के रहते भी आपने मुझे मिलने की अनुमति दी, इसीसे मुझे संतोष है। मैं आपका अधिक समय नहीं लेना चाहता।"

यह कहकर मैंने बिदा ली।

२१. बम्बई में स्थिर हुआ?

गोखले की बड़ी इच्छा थी कि मैं बम्बई में बस जाऊँ, वहाँ बारिस्टर का धन्धा करूँ और उनके साथ सार्वजनिक सेवा में हाथ बँटाऊँ। उस समय सार्वजनिक सेवा का मतलब था, काँग्रेस की सेवा। उनके द्वारा स्थापित संस्था का मुख्य कार्य काँग्रेस की व्यवस्था चलाना था।

मेरी भी यही इच्छा थी, पर काम मिलने के बारेमें मुझे आत्म-विश्वास न था। पिछले अनुभवों की याद भूली नहीं थी। खुशामद करना मुझे विषतुल्य लगता था।

इस कारण पहले तो मैं राजकोट में ही रहा। वहाँ मेरे पुराने हितैषी और मुझे विलायत भेजनेवाले केवलराम मावजी दवे थे। उन्होंने मुझे तीन मुकदमे सौंपे। दो अपीलें काठियावाड़ के ज्युडशियल असिस्टेण्ट के सम्मुख थीं और एक इब्तदाई मुकदमा जामनगर में था। यह मुकदमा महत्त्वपूर्ण था। मैंने इस मुकदमे की जोखिम उठाने से आनाकानी की। इस पर केवलराम बोल उठे, "हारेंगे तो हम हारेंगे न? तुमसे जितना हो सके, तुम करो। मैं भी तो तुम्हारे साथ रहूँगा ही न?"

इस मुकदमे में मेरे सामने स्व. समर्थ थे। मैंने तैयारी ठीक की थी। यहाँ के कानून का तो मुझे बहुत ज्ञान नहीं था। केवलराम दवेने मुझे इस विषय में पूरी तरह तैयार कर दिया था। मेरे दक्षिण अफ्रीका जाने से पहले मित्र मुझे कहा करते थे कि सर फीरोजशाह मेहता को कानून-शहादत जबानी याद है और यही उनकी सफलता की कुंजी है। मैंने इसे याद रखा था और दक्षिण अफ्रीका जाते समय यहाँ का कानून-शहादत मैं टीका के साथ पढ़ गया। इसके अतिरिक्त दक्षिण अफ्रीका का अनुभव तो मुझे था ही।

मुकदमे में हम विजयी हुए। इससे मुझमें कुछ विश्वास पैदा हुआ। उक्त दो अपीलों के बारेमें तो मुझे शुरू से ही कोई डर न था। इससे मुझे लगा कि यदि बम्बई जाऊँ तो वहाँ भी वकालत करने में कोई दिक्कत न होगी।

इस विषय पर आने के पहले थोड़ा अंग्रेज अधिकारियों के अविचार और अज्ञान का अपना अनुभव सुना दूँ। ज्युडीशियल असिस्टेण्ट कहीं एक जगह टिक कर नहीं बैठते थे। उनकी सवारी घूमती रहती थी—आज यहाँ, कल वहाँ। जहाँ वे महाशय जाते थे, वहाँ वकीलों और मुवक्किलों को भी जाना होता था। वकील का मेहनताना जितना केन्द्रीय स्थान पर होता, उससे अधिक बाहर होता

था। इसलिए मुवक्किल को सहज ही दुगना खर्च पड़ जाता था। पर जज इसका बिलकुल विचार न करता था।

इस अपील की सुनवाई वेरावल में होनेवाली थी। वहाँ उन दिनों बड़े जो का प्लेग था। मुझे याद है कि रोज के पचास केस होते थे। वहाँ की आबादी ५,५०० के लगभग थी। गाँव प्रायः खाली हो गया था। मैं वहाँ की निर्जन धर्मशाला में टिका था। वह गाँव से कुछ दूर थी। पर बेचारे मुवक्किल क्या करते? यदि वे गरीब होते तो एक भगवान ही उनका मालिक था।

मेरे नाम वकील मित्रों का तार आया था कि मैं साहब से प्रार्थना करूँ कि प्लेग के कारण वे अपना मुकाम बदल दें। प्रार्थना करने पर साहब ने मुझसे पूछा, "आपको कुछ डर लगता है?"

मैंने कहा, "सवाल मेरे डरने का नहीं है। मैं मानता हूँ कि मैं अपना प्रबन्ध कर लूँगा, पर मुवक्किलों का क्या होगा?"

साहब बोले: "प्लेग ने तो हिन्दुस्तान में घर कर लिया है। उससे क्या डरना? वेरावल की हवा कैसी सुन्दर है! (साहब गाँव से दूर समुद्रकिनारे एक महलनुमा तंबू में रहते थे।) लोगों को इस तरह बाहर रहना सीखना चाहिए।"

इस फिलासफी के आगे मेरी क्या चलती? साहब ने सरिश्तेदार से कहा, "मि० गांधी की बात को ध्यान में रखिये और अगर वकीलों तथा मुवक्किलों को बहुत असुविधा होती हो तो मुझे बतलाइये।"

इसमें साहब ने तो शुद्ध भाव से अपनी समझ के अनुसार ठीक ही किया। पर उन्हें कंगाल हिन्दुतान की मुश्किलों का अंदाज कैसे हो सकता था? वे बेचारे हिन्दुस्तान की आवश्यकताओं, भली-बुरी आदतों और रीति-रिवाजों को क्योंकर समझ सकते थे? जिसे गिन्नियों में गिनती करने की आदत हो, उसे पाइयों में हिसाब लगाने को कहिये, तो वह झट से हिसाब कैसे कर सकेगा? अत्यन्त शुभ हेतु रखते हुए भी जिस तरह हाथी चींटी के लिए विचार करने में असमर्थ होता है, उसी तरह हाथी की आवश्यकतावाला अंग्रेज चींटी की आवश्यकतावाले भारतीय के लिए विचार करने या नियम बनाने में असमर्थ ही होगा।

अब मूल विषय पर आता हूँ।

ऊपर बताये अनुसार सफलता मिलने के बाद भी मैं कुछ समय के लिए राजकोट में ही रहने की बात सोच रहा था। इतने में एक दिन केवलराम मेरे

पास आये और बोले: "गांधी, तुम को यहाँ नहीं रहने दिया जाएगा। तुम्हें तो बम्बई ही जाना होगा।"

"लेकिन वहाँ मुझे पूछेगा कौन? क्या मेरा खर्च आप चलाएँगे?"

"हाँ, हाँ; मैं तुम्हारा खर्च चलाऊँगा। तुम्हें बड़े बारिस्टर की तरह कभी-कभी यहाँ ले आया करूँगा और लिखा-पढ़ी वगैरा का काम तुम को वहाँ भेजता रहूँगा। बारिस्टरों को छोटा-बड़ा बनाना तो हम वकीलों का काम है न? तुमने अपनी योग्यता का प्रमाण तो जामनगर और वेरावल में दे ही दिया है, इसलिए मैं निश्चिन्त हूँ। तुम सार्वजनिक काम के लिए सिरजे गये हो, तुम्हें हम काठियावाड़ में दफन न होने देंगे। कहो, कब रवाना होते हो?"

"नेटाल से मेरे कुछ पैसे आने बाकी हैं, उनके आने पर चला जाऊँगा।"

पैसे एक-दो हफ्तों में आ गये और मैं बम्बई पहुँचा। पेइन, गिलबर्ट और सयानी के दफ्तर में 'चेम्बर्स' (कमरे) किराये पर लिये और मुझे लगा कि अब मैं बम्बई में स्थिर हो गया।

२२. धर्म-संकट

मैंने जैसे दफ्तर किराये पर लिया, वैसे ही गिरगाँव में घर भी लिया। पर ईश्वर ने मुझे स्थिर न होने दिया। घर लिये अधिक दिन नहीं हुए थे कि इतने में मेरा दूसरा लड़का बहुत बीमार हो गया। उसे कालज्वर ने जकड़ लिया। ज्वर उतरता न था। बेचैनी भी थी। फिर रात में सन्निपात के लक्षण भी दिखायी पड़े। इस बीमारी के पहले बचपन में उसे चेचक भी बहुत जोर की निकल चुकी थी।

मैंने डॉक्टर की सलाह ली। उन्होंने कहा, "इसके लिए दवा बहुत कम उपयोगी होगी। इसे तो अण्डे और मुर्गी का शोरवा देने की ज़रूरत है।"

मणिलाल की उमर दस साल की थी। उससे मैं क्या पूछता? अभिभावक होने के नाते निर्णय तो मुझी को करना था। डॉक्टर एक बहुत भले पारसी थे। मैंने कहा, "डॉक्टर, हम सब अन्नाहारी हैं। मेरी इच्छा अपने लड़के को इन दो में से एक भी चीज देने की नहीं होती। क्या दूसरा कोई उपाय नहीं?"

डॉक्टर बोले: "आपके लड़के के प्राण संकट में हैं। दूध और पानी मिलाकर दिया जा सकता है, पर इससे उसे पूरा पोषण नहीं मिल सकेगा। जैसा कि आप जानते हैं, मैं बहुतेरे हिन्दू कुटुम्बों में जाता हूँ। पर दवा के नाम पर तो हम उन्हें

जो भी चीज दें, वे ले लेते हैं। मैं सोचता हूँ कि आप अपने लड़के पर ऐसी सख्ती न करें तो अच्छा हो।"

"आप कहते हैं, सो ठीक है। आपको यही कहना भी चाहिए। मेरी जिम्मेदारी बहुत बड़ी है। लड़का बड़ा होता तो मैं अवश्य ही उसकी इच्छा जानने का प्रयत्न करता और वह जो चाहता उसे करने देता। यहाँ तो मुझे ही इस बालक के बारेमें निर्णय करना है। मेरा खयाल है कि मनुष्य के धर्म की परीक्षा ऐसे ही समय होती है। सही हो या गलत, पर मैंने यह धर्म माना है कि मनुष्य को माँसादिक न खाना चाहिए। जीवन के साधनों की भी सीमा होती है। कुछ बातें ऐसी हैं, जो जीने के लिए भी हमें नहीं करनी चाहिए। मेरे धर्म की मर्यादा मुझे अपने लिए और अपने परिवारवालों के लिए ऐसे समय भी माँस इत्यादि का उपयोग करने से रोकती है। इसलिए मुझे वह जोखिम उठानी ही होगी, जिसकी आप कल्पना करते हैं। पर आपसे मैं एक चीज माँग लेता हूँ। आपका उपचार तो मैं नहीं करूँगा, किन्तु मुझे इस बच्चे की छाती, नाड़ी इत्यादि देखना नहीं आता। मुझे पानी के उपचारों का थोड़ा ज्ञान है। मैं उन उपचारों को आजमाना चाहता हूँ। पर यदि आप बीच-बीच में मणिलाल की तबीयत देखने आते रहेंगे और उसके शरीर में होनेवाले फेरफारों की जानकारी मुझे देते रहेंगे, तो मैं आपका उपकार मानूँगा।"

सज्जन डॉक्टर ने मेरी कठिनाई समझ ली और मेरी प्रार्थना के अनुसार मणिलाल को देखने आना कबूल कर लिया।

यद्यपि मणिलाल स्वयं निर्णय करने की स्थिति में नहीं था, फिर भी मैंने उसे डॉक्टर के साथ हुई चर्चा सुना दी और उससे कहा कि वह अपनी राय बतावे।

"आप खुशी से पानी के उपचार कीजिए। मुझे न शोरवा पीना है, और न अंडे खाने हैं।"

इस कथन से मैं खुश हुआ, यद्यपि मैं समझता था कि मैंने उसे ये दोनों चीजें खिलायी होतीं तो वह खा भी लेता।

मैं कूने[१] के उपचार जानता था। उसके प्रयोग भी मैंने किये थे। मैं यह भी जानता था कि बीमारी में उपवास का बड़ा स्थान है। मैंने मणिलाल को कूने की रीति से कटिस्नान कराना शुरू किया। मैं उसे तीन मिनट से ज्यादा टब में नहीं रखता था। तीन दिन तक उसे केवल पानी मिलाये हुए संतरे के रस पर रखा।

१. लुई कूने।

बुखार उतरता न था। रात वह अंट-संट बकता था। तापमान १०४ डिग्री तक जाता था। मैं घबराया। यदि बालक को खो बैठा तो दुनिया मुझे क्या कहेगी? बड़े भाई क्या कहेंगे? दूसरे डॉक्टर को क्यों न बुलाया जाय? वैद्य को क्यों न बुलाया जाय? अपनी ज्ञानहीन बुद्धि लड़ाने का माता-पिता को क्या अधिकार है?

एक ओर ऐसे विचार आते थे; तो दूसरी ओर इस तरह के विचार भी आते थे:

'हे जीव! तू जो अपने लिए करता, वही लड़के के लिए भी करे, तो परमेश्वर को संतोष होगा। तुझे पानी के उपचार पर श्रद्धा है, दवा पर नहीं। डॉक्टर रोगी को प्राणदान नहीं देता। वह भी तो प्रयोग ही करता है। जीवन की डोर तो एक ईश्वर के ही हाथ में है। ईश्वर का नाम लेकर, उस पर श्रद्धा रख कर, तू अपना मार्ग मत छोड़।'

मन में इस तरह का मन्थन चल रहा था। रात पड़ी। मैं मणिलाल को बगल में लेकर सोया था। मैंने उसे भिगोकर निचोयी हुई चादर में लपेटने का निश्चय किया। मैं उठा। चादर ली। उसे ठंडे पानी में भिगोया। निचोया। उसमें उसे सिर से पैर तक लपेट दिया। ऊपर से दो कम्बल ओढ़ा दिये। सर पर गीला तौलिया रखा। बुखार से शरीर तवे की तरह तप रहा था और बिलकुल सूखा था। पसीना आता ही न था।

मैं बहुत थक गया था। मणिलाल को उसकी माँ के जिम्मे करके मैं आधे घंटे के लिए चौपाटी पर चला गया—थोड़ी हवा खाकर ताजा होने और शांति प्राप्त करने के लिए। रात के करीब दस बजे होंगे। लोगों का आना-जाना कम हो गया था। मुझे बहुत कम होश था। मैं विचार-सागर में गोते लगा रहा था। हे ईश्वर! इस धर्म-संकट में तू मेरी लाज रखना। 'राम-राम' की रटन तो मुँह में थी ही। थोडे चक्कर लगाकर धडकती छाती से वापस आया। घर में पैर रखते ही मणिलालने मुझे पुकारा: "बापू, आप आ गये?"

"हाँ, भाई।"

"मुझे अब इसमें से निकालिये न? मैं जला जा रहा हूँ।"

"क्यों, क्या पसीना छूट रहा है?"

"मैं तो भीग गया हूँ। अब मुझे निकालिये न, बापूजी!"

मैंने मणिलाल का माथा देखा। माथे पर पसीने की बूंदें दिखाई दीं। बुखार कम हो रहा था। मैंने ईश्वर का आभार माना।

"मणिलाल, अब तुम्हारा बुखार चला जाएगा। अभी थोड़ा और पसीना नहीं आने दोगे?"

"नहीं बापूजी! अब तो मुझे निकाल लीजिए। फिर दुबारा और लपेटना हो तो लपेट दीजिएगा।"

मुझे धीरज आ गया था, इसलिए उसे बातों में उलझा कर कुछ मिनट और निकाल दिये। उसके माथे से पसीने की धारायें बह चलीं। मैंने चादर खोली, शरीर पोंछा और बाप-बेटे साथ सो गये। दोनों ने गहरी नींद ली।

सवेरे मणिलाल का बुखार हलका हो गया था। दूध और पानी तथा फलों के रस पर वह चालीस दिन रहा। मैं निर्भय हो चुका था। ज्वर हठीला था, पर वश में आ गया था। आज मेरे सब लड़कों में मणिलाल का शरीर सबसे अधिक सशक्त है।

मणिलाल का नीरोग होना राम की देन है, अथवा पानी के उपचार की, अल्पाहार की और सार-संभाल की, इसका निर्णय कौन कर सकता है? सब अपनी-अपनी श्रद्धा के अनुसार जैसा चाहें, करें। मैंने तो यह जाना कि ईश्वर ने मेरी लाज रखी, और आज भी मैं यही मानता हूँ।

२३. फिर दक्षिण अफ्रीका

मणिलाल स्वस्थ तो हुआ, पर मैंने देखा कि गिरगाँववाला घर रहने योग्य नहीं था। उसमें सील थी। पर्याप्त उजेला नहीं था। अतएव रेवाशंकरभाई से सलाह करके हम दोनों ने बम्बई के किसी उपनगर में खुली जगह बंगला लेने का निश्चय किया। मैं बांदरा, सांताक्रूज वगैरा में भटका। बांदरा में कसाइखाना था, इसलिए वहाँ रहने की हममें से किसीकी इच्छा न हुई। घाटकोपर वगैरा समुद्र से दूर लगे। आखिर सांताक्रूज में एक सुन्दर बंगला मिल गया। हम उसमें रहने गये और हमने यह अनुभव किया कि आरोग्य की दृष्टि से हम सुरक्षित हो गये हैं। मैंने चर्चगेट जाने के लिए पहले दर्जे का पास खरीद लिया। पहले दर्जे में अकसर मैं अकेला ही होता था, इससे कुछ गर्व का भी अनुभव करता था, ऐसा याद पड़ता है। कई बार बांदरा से चर्चगेट जानेवाली खास ट्रेन पकड़ने के लिए मैं सांताक्रूज से बांदरा तक पैदल जाता था।

मैंने देखा कि मेरा धंधा आर्थिक दृष्टि से मेरी अपेक्षा से अधिक अच्छा चल

निकला। दक्षिण अफ्रीका के मुवक्किल मुझे कुछ-न-कुछ काम देते रहते थे। मुझे लगा कि उससे मेरा खर्च सरलता-पूर्वक चल जाएगा।

हाईकोर्ट का काम तो मुझे अभी कुछ मिलता न था। पर उन दिनों 'मूट'[1] (चर्चा) चलती थी, उसमें मैं जाया करता था। चर्चा में सम्मिलित होने की हिम्मत नहीं थी। मुझे याद है कि उसमें जमियतराम नानाभाई अच्छा हिस्सा लेते थे। दूसरे नये बारिस्टरों की तरह मैं भी हाईकोर्ट में मुकदमे सुनने जाया करता था। वहाँ जो कुछ जानने को मिलता, उसकी तुलना में समुद्र की फरफराती हुई हवा में झपकियाँ लेने में अधिक आनन्द आता था। मैं दूसरे साथियों को भी झपकियाँ लेते देखता था, इससे मुझे शरम न मालूम होती थी। मैंने देखा कि झपकियाँ लेना फैशन में शुमार हो गया था।

मैंने हाईकोर्ट के पुस्तकालय का उपयोग करना शुरू किया और वहाँ कुछ जान-पहचान भी शुरू की। मुझे लगा कि थोड़े समय में मैं भी हाईकोर्ट में काम करने लगूँगा।

इस प्रकार एक ओर से मेरे धंधे में कुछ निश्चिन्तता आने लगी।

दूसरी ओर गोखले की आँख तो मुझ पर लगी ही रहती थी। हफ्ते में दो-तीन बार चेम्बर में आकर वे मेरी कुशल पूछ जाते और कभी-कभी अपने खास मित्रों को भी साथ में लाया करते थे। अपनी कार्य-पद्धति से भी वे मुझे परिचित करते रहते थे।

पर यह कहा जा सकता है कि मेरे भविष्य के बारेमें ईश्वर ने मेरा सोचा कुछ भी न होने दिया।

मैंने सुस्थिर होने का निश्चय किया और थोड़ी स्थिरता अनुभव की कि अचानक दक्षिण अफ्रीका का तार मिलाः "चेम्बरलेन यहाँ आ रहे हैं, आपको आना चाहिए।" मुझे अपने वचन का स्मरण तो था ही। मैंने तार दियाः "मेरा खर्च भेजिए, मैं आने को तैयार हूँ।" उन्होंने तुरन्त रूपये भेज दिये और मैं दफ्तर समेट कर रवाना हो गया।

मैंने सोचा था कि मुझे एक वर्ष तो सहज ही लग जाएगा। इसलिए बंगला रहने दिया और बाल-बच्चों को वहीं रखना उचित समझा।

उस समय मैं मानता था कि जो नौजवान देश में कोई कमाई न करते हों

१. अभ्यास के लिए फर्जी मुकदमे में बहस करना।

और साहसी हों, उनके लिए परदेश चला जाना अच्छा है। इसलिए मैं अपने साथ चार-पाँच नौजवानों को लेता गया। उनमें मगनलाल गांधी भी थे।

गांधी-कुटुम्ब बड़ा था। आज भी है। मेरी भावना यह थी कि उनमें से जो स्वतंत्र होना चाहें, वे स्वतंत्र हो जाएँ। मेरे पिता कइयों को निभाते थे, पर रियासती नौकरीमें। मुझे लगा कि वे इस नौकरी से छूट सकें तो अच्छा हो। मैं उन्हें नौकरियाँ दिलाने में मदद नहीं कर सकता था। शक्ति होती तो भी ऐसा करने की मेरी इच्छा न थी। मेरी धारणा यह थी कि वे और दूसरे लोग भी स्वावलम्बी बनें तो अच्छा हो।

पर आखिर तो जैसे-जैसे मेरे आदर्श आगे बढ़ते गये (ऐसा मैं मानता हूँ), वैसे-वैसे इन नौजवानों के आदर्शों को भी मैंने अपने आदर्शों की ओर मोड़ने का प्रयत्न किया। उनमें मगनलाल गांधी को अपने मार्ग पर चलाने में मुझे बहुत सफलता मिली। पर इस विषय की चर्चा आगे करूँगा।

बाल-बच्चों का वियोग, बसाये हुए घर को तोड़ना, निश्चित स्थिति में से अनिश्चित में प्रवेश करना—यह सब क्षणभर तो अखरा। पर मुझे तो अनिश्चित जीवन की आदत पड़ गयी थी। इस संसार में, जहाँ ईश्वर अर्थात् सत्य के सिवा कुछ भी निश्चित नहीं है, निश्चितता का विचार करना ही दोषमय प्रतीत होता है। यह सब जो हमारे आस-पास दीखता है और होता है, सो अनिश्चित है, क्षणिक है। उसमें जो एक परम तत्त्व निश्चित रूप से छिपा हुआ है, उसकी झाँकी हमें हो जाय, उस पर हमारी श्रद्धा बनी रहे, तभी जीवन सार्थक होता है। उसकी खोज ही परम पुरूषार्थ है।

यह नहीं कहा जा सकता कि मैं डरबन एक दिन भी पहले पहुँचा। मेरे लिए वहाँ काम तैयार ही था। मि. चेम्बरलेन के पास डेप्युटेशन के जाने की तारीख निश्चित हो चुकी थी। मुझे उनके सामने पढ़ा जानेवाला प्रार्थना-पत्र तैयार करना था और डेप्युटेशन के साथ जाना था।

आत्मकथाः चौथा भाग

१. किया-कराया चौपट?

मि॰ चेम्बरलेन दक्षिण अफ्रीका से साढ़े तीन करोड़ पौण्ड लेने आये थे तथा अंग्रेजों का और हो सके तो बोअरों का मन जीतने आये थे। इसलिए भारतीय प्रतिनिधियों को नीचे लिखा ठंडा जवाब मिलाः

"आप तो जानते हैं कि उत्तरदायी उपनिवेशों पर साम्राज्य-सरकार का अंकुश नाममात्र का ही है। आपकी शिकायतें तो सच्ची जान पड़ती हैं। मुझसे जो हो सकेगा, मैं करूँगा। पर आपको जिस तरह भी बने, यहाँ के गोरों को रिझाकर रहना है।"

जवाब सुनकर प्रतिनिधि ठंडे हो गये। मैं निराश हो गया। 'जब जागे तभी सबेरा' मानकर फिर से श्रीगणेश करना होगा, यह बात मेरे ध्यान में आ गयी और साथियों को मैंने समझा दी।

मि॰ चेम्बरलेन का जवाब क्या गलत था? गोलमोल बात कहने के बदले उन्होंने साफ बात कह दी। 'जिसकी लाठी उसकी भैंस' का कानून उन्होंने थोड़े मीठे शब्दों में समझा दिया।

पर हमारे पास लाठी थी ही कहाँ? हमारे पास तो लाठी के प्रहार झेलने लायक शरीर भी मुश्किल से थे।

मि॰ चेम्बरलेन कुछ हफ्ते ही रहनेवाले थे। दक्षिण अफ्रीका कोई छोटा-सा प्रान्त नहीं है। वह एक देश है, खण्ड है। अफ्रीका में तो अनेक उपखण्ड समाये हुए हैं। यदि कन्याकुमारी से श्रीनगर १९०० मील है, तो डरबन से केपटाउन ११०० मील से कम नहीं है। इस खण्ड में मि॰ चेम्बरलेन को तूफानी दौरा करना था। वे ट्रान्सवाल के लिए रवाना हुए। मुझे वहाँ के भारतीयों का केस तैयार करके उनके सामने पेश करना था। प्रिटोरिया किस तरह पहुँचा जाय? वहाँ मैं समय पर पहुँच सकूँ, इसके लिए अनुमति प्राप्त करने का काम हमारे लोगों से हो सकने जैसा न था।

युद्ध के बाद ट्रान्सवाल उजाड़ जैसा हो गया था। वहाँ न खाने को अन्न था, न पहनने-ओढ़ने को कपड़े मिलते थे। खाली और बन्द पड़ी हुई दुकानों को माल

से भरना और खुलवाना था। यह तो धीरे-धीरे ही हो सकता था। जैसे-जैसे माल इकट्ठा होता जाय, वैसे-वैसे ही घरबार छोड़कर भागे हुए लोगों को वापस आने दिया जा सकता था। इस कारण प्रत्येक ट्रान्सवालवासी को परवाना लेना पडता था। गोरों को तो परवाना माँगते ही मिल जाता था। मुसीबत हिन्दुस्तानियों की थी।

लड़ाई के दिनों में हिन्दुस्तान और लंका से बहुत से अधिकारी और सिपाही दक्षिण अफ्रीका पहुँच गये थे। उनमें से जो लोग वहीं आबाद होना चाहें उनके लिए वैसी सुविधा कर देना ब्रिटिश राज्याधिकारियों का कर्तव्य माना गया था। उन्हें अधिकारियों का नया मण्डल तो बनाना ही था। उसमें इन अनुभवी अधिकारियों का सहज ही उपयोग हो गया। इन अधिकारियों की तीव्र बुद्धि ने एक नया विभाग ही खोज निकाला। उसमें उनकी कुशलता भी अधिक तो थी ही! हब्शियों से सम्बन्ध रखनेवाला एक अलग विभाग पहले से ही था। ऐसी दशा में एशियावासियों के लिए भी एक विभाग क्यों न हो? दलील ठीक मानी गयी। यह नया विभाग मेरे दक्षिण अफ्रीका पहुँचने से पहले ही खुल चुका था और धीरे-धीरे अपना जाल बिछा रहा था। जो अधिकारी भागे हुओं को वापस आने के परवाने देता था वही सबको दे सकता था। पर उसे यह कैसे मालूम हो कि एशियावासी कौन है? इसके समर्थन में दलील यह दी गयी कि नये विभाग की सिफ़ारिश पर ही अशियावासियों को परवाने मिला करें, तो उस अधिकारी की जिम्मेदारी कम हो जाए और उसका काम भी कुछ हलका हो जाय। वस्तुस्थिति यह थी कि नये विभाग को कुछ काम की और कुछ दाम की ज़रूरत थी। काम न हो तो इस विभाग की आवश्यकता सिद्ध न हो सके और फलतः वह बन्द हो जाय। अतएव उसे यह काम सहज ही मिल गया।

हिन्दुस्तानियों को इस विभाग में अर्जी देनी पड़ती थी। फिर बहुत दिनों बाद उसका उत्तर मिलता था। ट्रान्सवाल जाने की इच्छा रखनेवाले लोग अधिक थे। अतएव उनके लिए दलाल खड़े हो गये। इन दलालों और अधिकारियों के बीच गरीब हिन्दुस्तानियों के हजारों रूपये लुट गये। मुझसे कहा गया था कि बिना वसीले के परवाना मिलता ही नहीं और कई बार तो वसीले या जरिये के होते हुए भी प्रति व्यक्ति सौ-सौ पौण्ड तक खर्च हो जाते हैं। इसमें मेरा ठिकाना कहाँ लगता?

मैं अपने पुराने मित्र डरबन के पुलिस सुपरिण्टेण्डेण्ट के पास पहुँचा और

उनसे कहा, "आप मेरा परिचय परवाना देनेवाले अधिकारी से करा दीजिए और मुझे परवाना दिला दीजिए। आप यह तो जानते हैं कि मैं ट्रान्सवाल में रहा हूँ।" वे तुरन्त सिर पर टोप रखकर मेरे साथ आये और मुझे परवाना दिला दिया। मेरी ट्रेन को मुश्किल से एक घंटा बाकी था। मैंने सामान वगैरा तैयार रखा था। सुपरिण्टेण्डेण्ट एलेक्जेण्डर का आभार मानकर मैं प्रिटोरिया के लिए रवाना हो गया।

मुझे कठिनाइयों का ठीक-ठीक अंदाज हो गया था। मैं प्रिटोरिया पहुँचा। प्रार्थना-पत्र तैयार किया। डरबन में प्रतिनिधियों के नाम किसीसे पूछे गये हों, सो मुझे याद नहीं। लेकिन यहाँ नया विभाग काम कर रहा था। इसलिए प्रतिनिधियों के नाम पहले से पूछ लिये गये थे। इसका हेतु मुझे अलग रखना था, ऐसा प्रिटोरिया के हिन्दुस्तानियों को पता चल गया था।

यह दुःखद किन्तु मनोरंजक कहानी आगे लिखी जाएगी।

२. एशियाई विभाग की नवाबशाही

नये विभाग के अधिकारी समझ नहीं पाये कि मैं ट्रान्सवाल में दाखिल कैसे हो गया। उन्होंने अपने पास आने-जानेवाले हिन्दुस्तानियों से पूछा, पर वे बेचारे क्या जानते थे? अधिकारियोंने अनुमान किया कि मैं अपनी पुरानी जान-पहचान के कारण बिना परवाने के दाखिल हुआ होऊँगा और अगर ऐसा हो तो मुझे गिरफ्तार किया जा सकता है।

किसी बड़ी लड़ाई के बाद हमेशा ही कुछ समय के लिए राज्यकर्ताओं को विशेष सत्ता दी जाती है। दक्षिण अफ्रीका में भी यही हुआ था। वहाँ शान्तिरक्षा के हेतु एक कानून बनाया गया था। इस कानून की एक धारा यह थी कि यदि कोई बिना परवाने के ट्रान्सवाल में दाखिल हो, तो उसे गिरफ्तार कर लिया जाए और कैद में रखा जाय। इस धारा के आधार पर मुझे पकड़ने के लिए सलाह-मशविरा चला। पर मुझसे परवाना माँगने की हिम्मत किसीकी नहीं हुई।

अधिकारियों ने डरबन तार तो भेजे ही थे। जब उन्हें यह सूचना मिली कि मैं परवाना लेकर दाखिल हुआ हूँ, तो वे निराश हो गये। पर ऐसी निराशा से यह विभाग हिम्मत हारनेवाला नहीं था। मैं ट्रान्सवाल पहुँच गया था, लेकिन मुझे मि० चेम्बरलेन के पास न पहुँचने देने में यह विभाग अवश्य सफल हो सकता था।

इसलिए प्रतिनिधियों के नाम माँगे गये। दक्षिण अफ्रीका में रंगभेद का अनुभव तो जहाँ-तहाँ होता ही था, पर यहाँ हिन्दुस्तान की-सी गन्दगी और चालबाजी की बू आयी। दक्षिण अफ्रीका में शासन के साधारण विभाग जनता के लिए काम करते थे, इसलिए वहाँ के अधिकारियों में एक प्रकार की सरलता और नम्रता थी। इसका लाभ थोड़े-बहुत अंश में काली-पीली चमड़ीवालों को भी अनायास मिल जाता था। अब जब इससे भिन्न एशियाई वातावरण ने प्रवेश किया, तो वहाँ के जैसी निरंकुशता, वैसे-षड्यंत्र आदि बुराइयाँ भी आ घुसीं। दक्षिण अफ्रीका में एक प्रकार की लोकसत्ता थी, जब कि एशिया से तो निरी नवाबशाही ही आयी; क्योंकि वहाँ जनता की सत्ता नहीं थी, बल्कि जनता पर ही सत्ता चलायी जाती थी। दक्षिण अफ्रीका में गोरे घर बनाकर बस गये थे, इसलिए वे वहाँ की प्रजा माने गये। इस कारण अधिकारियों पर उनका अंकुश रहता था। इसमें एशिया से आये हुए निरंकुश अधिकारियोंने सम्मिलित होकर हिन्दुस्तानियों की स्थिति सरोते के बीच सुपारी-जैसी कर डाली।

मुझे भी इस सत्ता का ठीक-ठीक अनुभव प्राप्त हुआ। पहले तो मुझे इस विभाग के उच्चाधिकारी के पास बुलवाया गया। वे उच्चाधिकारी लंका से आये थे। 'बुलवाया गया' प्रयोग में कदाचित् अतिशयोक्ति का आभास हो सकता है, इसलिए थोड़ी अधिक स्पष्टता कर दूँ। मेरे नाम उनका कोई पत्र नहीं आया था। पर मुख्य-मुख्य हिन्दुस्तानियों को वहाँ बार-बार जाना ही पड़ता था। वैसे मुखियों में स्व॰ सेठ तैयब हाजी खानमुहम्मद भी थे। उनसे साहब ने पूछा, "गांधी कौन है? वह क्यों आया है?"

तैयब सेठने जवाब दिया, "वे हमारे सलाहकार हैं। उन्हें हमने बुलाया है।"

साहब बोले, "तो हम सब यहाँ किस काम के लिए बैठे हैं? क्या हम आप लोगों की रक्षा के लिए नियुक्त नहीं हुए हैं? गांधी यहाँ की हालत क्या जाने?"

तैयब सेठने जैसा भी उनसे बना इस चोट का जवाब देते हुए कहा: "आप तो हैं ही, पर गांधी तो हमारे ही माने जाएँगे न? वे हमारी भाषा जानते हैं। हमें समझते हैं। आप तो आखिरकार अधिकारी ठहरे।"

साहब ने हुकम दिया, "गांधी को मेरे पास लाना।"

तैयब सेठ आदि के साथ मैं गया। कुर्सी तो क्योंकर मिल सकती थी? हम सब खड़े रहे।

साहब ने मेरी तरफ देखकर पूछा, "कहिये, आप यहाँ किसलिए आये हैं?"

मैंने जवाब दिया, "अपने भाइयों के बुलाने पर मैं उन्हें सलाह देने आया हूँ।"

"पर क्या आप जानते नहीं कि आपको यहाँ आनेका अधिकार ही नहीं है? परवाना तो आपको भूल से मिल गया है। आप यहाँ के निवासी नहीं माने जा सकते। आपको वापस जाना होगा। आप मि० चेम्बरलेन के पास नहीं जा सकते। यहाँ के हिन्दुस्तानियों की रक्षा करने के लिए तो हमारा विभाग विशेष रूप से खोला गया है। अच्छा, जाइए।"

इतना कहकर साहब ने मुझे बिदा किया। मुझे जवाब देने का अवसर ही न दिया।

दूसरे साथियों को रोक लिया। उन्हें साहब ने धमकाया और सलाह दी कि वे मुझे ट्रान्सवाल से बिदा कर दें।

साथी कड़वा मुँह लेकर लौटे। यों एक नई ही पहेली अनपेक्षित रूप से हमारे सामने हल करने के लिए खड़ी हो गयी।

३. कड़वा घूँट पिया

इस अपमान से मुझे बहुत दुःख हुआ। पर पहले मैं ऐसे अपमान सहन कर चुका था, इससे पक्का हो गया था। अतएव मैंने अपमान की परवाह न करते हुए तटस्थता-पूर्वक जब जो कर्तव्य मुझे सूझ जाय, सो करते रहने का निश्चय किया।

उक्त अधिकारी के हस्ताक्षरोंवाला पत्र मिला। उसमें लिखा था कि मि० चेम्बरलेन डरबन में मि० गांधी से मिल चुके हैं, इसलिए अब उनका नाम प्रतिनिधियों में से निकाल डालने की ज़रूरत है।

साथियों को यह पत्र असह्य प्रतीत हुआ। उन्होंने अपनी राय दी कि डेप्युटेशन ले जाने का विचार छोड़ दिया जाय। मैंने उन्हें हमारे समाज की विषम स्थिति समझायी: "अगर आप मि० चेम्बरलेन के पास नहीं जाएँगे, तो यह माना जाएगा कि यहाँ हमें कोई कष्ट है ही नहीं। आखिर जो कहना है सो तो लिखकर ही कहना है और वह तैयार है। मैं पढ़ूँ या दूसरा कोई पढ़े, इसकी चिन्ता नहीं है। मि० चेम्बरलेन हमसे कोई चर्चा थोड़े ही करनेवाले हैं! मेरा जो अपमान हुआ है, उसे हमें पी जाना पड़ेगा।"

मैं यों कह ही रहा था कि इतने में तैयब सेठ बोल उठे: "पर आपका

अपमान सारे भारतीय समाज का अपमान है। आप हमारे प्रतिनिधि हैं, इसे कैसे भुलाया जा सकता है?"

मैंने कहा, "यह सच है, पर समाज को भी ऐसे अपमान पी जाने पड़ेंगे। हमारे पास दूसरा इलाज ही क्या है?"

तैयब सेठने जवाब दिया: "भले जो होना हो सो हो, पर जानबूझकर दूसरा अपमान क्यों सहा जाय? बिगाड़ तो यों भी हो ही रहा है। हमें हक ही कौन से मिले हैं?"

मुझे यह जोश अच्छा लगता था। पर मैं जानता था कि इसका उपयोग नहीं किया जा सकता। मुझे अपने समाज की मर्यादा का अनुभव था। अतएव मैंने साथियों को शान्त किया और मेरे बदले स्व० जॉर्ज गॉडफ्रेको, जो हिन्दुस्तानी बारिस्टर थे, ले जाने की सलाह दी।

अतः मि० गॉडफ्रे डेप्युटेशन के नेता बने। मेरे बारेमें मि० चेम्बरलेनने थोड़ी चर्चा भी की; 'एक ही व्यक्ति को दूसरी बार सुनने की अपेक्षा नये को सुनना अधिक उचित है'—आदि बातें कहकर उन्होंने किये हुए घाव को भरने का प्रयत्न किया।

पर इससे समाज का और मेरा काम बढ़ गया, पूरा न हुआ। पुनः 'ककहरे' से आरम्भ करना आवश्यक हो गया। "आपके कहने से समाज ने लड़ाई में हिस्सा लिया, पर परिणाम तो यही निकला न?" इस तरह ताना मारनेवाले भी समाज में निकल आये। पर मुझ पर इन तानों का कोई असर नहीं हुआ। मैंने कहा, "मुझे इस सलाह का पछतावा नहीं है। मैं अब भी यह मानता हूँ कि हमने लड़ाई में भाग लेकर ठीक ही किया है। वैसा करके हमने अपने कर्तव्य का पालन किया है। हमें उसका फल चाहे देखने को न मिले, पर मेरा यह दृढ़ विश्वास है कि शुभ कार्य का फल शुभ ही होता है। बीती बातों का विचार करने की अपेक्षा अब हमारे लिए अपने वर्तमान कर्तव्य का विचार करना अधिक अच्छा होगा। अतएव हम उसके बारेमें सोचें।"

दूसरों ने भी इस बात का समर्थन किया।

मैंने कहा: "सच तो यह है कि जिस काम के लिए मुझे बुलाया गया था, वह अब पूरा हुआ माना जाएगा। पर मैं मानता हूँ कि आपके मुझे छुट्टी दे देने पर भी अपने बसभर मुझे ट्रान्सवाल से हटना नहीं चाहिए। मेरा काम अब नेटाल से

नहीं, बल्कि यहाँ से चलना चाहिए। एक साल के अन्दर वापस जाने का विचार मुझे छोड़ देना चाहिए और यहाँ की वकालत की सनद हासिल करनी चाहिए। इस नये विभाग से निबट लेने की हिम्मत मुझमें है। यदि हमने मुकाबला न किया तो समाज लुट जाएगा और शायद यहाँ से उसके पैर भी उखड़ जाएँगे। समाज का अपमान और तिरस्कार रोज-रोज बढ़ता ही जाएगा। मि॰ चेम्बरलेन मुझसे नहीं मिले, उक्त अधिकारीने मेरे साथ तिरस्कारपूर्ण व्यवहार किया, यह तो सारे समाज के अपमान की तुलना में कुछ भी नहीं है। यहाँ हमारा कुत्तों की तरह रहना बरदाश्त किया ही नहीं जा सकता।"

इस प्रकार मैंने चर्चा चलायी। प्रिटोरिया और जोहानिस्बर्ग में रहनेवाले भारतीय नेताओं से विचार-विमर्श करके अन्त में जोहानिस्बर्ग में दफ्तर रखने का निश्चय हुआ।

ट्रान्सवाल में मुझे वकालत की सनद मिलने के बारेमें भी शंका तो थी ही। पर वकील-मण्डल की ओर से मेरे प्रार्थना-पत्र का विरोध नहीं हुआ और बड़ी अदालत ने मेरी प्रार्थना स्वीकार कर ली।

हिन्दुस्तानी को अच्छे स्थान में आफिस के लिए घर मिलना भी कठिन काम था। मि॰ रीच के साथ मेरा अच्छा परिचय हो गया था। उस समय वे व्यापारी-वर्ग में थे। उनकी जान-पहचान के हाउस-एजेण्ट के द्वारा मुझे आफिसके लिए अच्छी बस्ती में घर मिल गया और मैंने वकालत शुरू कर दी।

४. बढ़ती हुई त्यागवृत्ति

ट्रान्सवाल में भारतीय समाज के अधिकारों के लिए किस प्रकार लड़ना पड़ा, और एशियाई विभाग के अधिकारियों के साथ कैसा व्यवहार करना पड़ा, इसका वर्णन करने से पहले मेरे जीवन के दूसरे अंग पर दृष्टि डाल लेना आवश्यक है।

अब तक कुछ द्रव्य इकट्ठा करने की मेरी इच्छा थी। परमार्थ के साथ स्वार्थ का मिश्रण था।

जब बम्बई में दफ्तर खोला, तो एक अमेरिकन बीमा-एजेण्ट मिलने आया था। उसका चेहरा सुन्दर था और बातें मीठी थी। उसने मेरे साथ मेरे भावी हित की बातें ऐसे ढंग से कीं मानो हम पुराने मित्र हों; "अमेरिका में तो आपकी स्थिति के सब लोग अपने जीवन का बीमा कराते हैं। आपको भी ऐसा करके

भविष्य के विषय में निश्चिन्त हो जाना चाहिए। जीवन का भरोसा है ही नहीं। अमेरिका में तो हम बीमा कराना अपना धर्म समझते हैं। क्या मैं आपको एक छोटी-सी पॉलिसी लेने के लिए ललचा नहीं सकता?"

तब एक दक्षिण अफ्रीका में और हिन्दुस्तान में बहुत से एजेण्टों की बात मैंने मानी नहीं थी। मैं सोचता था कि बीमा कराने में कुछ भीरूता और ईश्वर के प्रति अविश्वास रहता है। पर इस बार मैं लालच में आ गया। वह एजेण्ट जैसे-जैसे बातें करता जाता, वैसे-वैसे मेरे सामने पत्नी और बच्चों की तसवीर खड़ी होती जाती। "भले आदमी, तुमने पत्नी के सब गहने बेच डाले हैं। यदि कल तुम्हें कुछ हो जाय, तो पत्नी और बच्चों के भरण-पोषण का भार उन गरीब भाई पर ही पड़ेगा न, जिन्होंने पिता का स्थान लिया है और उसे सुशोभित किया है? यह उचित न होगा।" मैंने अपने मन के साथ इस तरह की दलीलें कीं और रू० १०,००० का बीमा करा लिया।

पर दक्षिण अफ्रीका में मेरी स्थिति बदल गयी और फलतः मेरे विचार भी बदल गये। दक्षिण अफ्रीका की नयी आपत्ति के समय मैंने जो कदम उठाये, सो ईश्वर को साक्षी रखकर ही उठाये थे। दक्षिण अफ्रीका में मेरा कितना समय चला जाएगा, इसकी मुझे कोई कल्पना नहीं थी। मैंने समझ लिया था कि मैं हिन्दुस्तान वापस नहीं जा पाऊँगा। मुझे अपने बाल-बच्चों को साथ ही रखना चाहिए। अब उनका वियोग बिलकुल नहीं होना चाहिए। उनके भरण-पोषण की व्यवस्था भी दक्षिण अफ्रीका में ही होनी चाहिए। इस प्रकार सोचने के साथ ही उक्त पॉलिसी मेरे लिए दुःखद बन गयी। बीमा-एजेण्ट के जाल में फँस जाने के लिए मैं लज्जित हुआ। "यदि बड़े भाई पिता के समान हैं, तो छोटे भाई की विधवा के बोझ को वे भारी समझेंगे यह तूने कैसे सोच लिया? यह भी क्यों माना कि तू ही पहले मरेगा? पालन करनेवाला तो ईश्वर है। न तू है, न भाई हैं। बीमा कराकर तूने अपने बाल-बच्चों को भी पराधीन बना दिया है। वे स्वावलंबी क्यों न बनें? असंख्य गरीबों के बाल-बच्चों का क्या होता है? तू अपने को उन्हींके समान क्यों नहीं मानता?"

इस प्रकार विचारधारा चली। उस पर अमल मैंने तुरन्त ही नहीं किया था। मुझे याद है कि बीमे की एक किस्त तो मैंने दक्षिण अफ्रीका से भी भेजी थी।

पर इस विचार-प्रवाह को बाहर का उत्तेजन मिला। दक्षिण अफ्रीका की पहली

यात्रा में मैं ईसाई वातावरण के सम्पर्क में आकर धर्म के प्रति जाग्रत बना था। इस बार मैं थियॉसॉफी के वातावरण के संसर्ग में आया। मि० रीच थियॉसॉफिस्ट थे। उन्होंने मेरा सम्बन्ध जोहानिस्बर्ग की सोसायटी से करा दिया। मैं उसका सदस्य तो नहीं ही बना। थियॉसॉफी के सिद्धान्तों से मेरा मतभेद बना रहा। फिर भी मैं लगभग हरएक थियॉसॉफिस्ट के गाढ़ परिचय में आया। उनके साथ रोज मेरी धर्म-चर्चा होती थी। मैं उनकी पुस्तकें पढ़ता था। उनकी सभा में बोलने के अवसर भी मुझे आते थे। थियॉसॉफी में भाईचारा स्थापित करना और बढ़ाना मुख्य वस्तु है। हम लोग विषय की खूब चर्चा करते थे और जहाँ मैं इस सिद्धान्त में और सदस्यों के आचरण में भेद पाता, वहाँ आलोचना भी करता था। स्वयं मुझ पर इस आलोचना का काफी प्रभाव पड़ा। मैं आत्म-निरीक्षण करना सीख गया।

५. निरीक्षण का परिणाम

सन् १८९३ में जब मैं ईसाई मित्रों के निकट सम्पर्क में आया, तब मैं केवल शिक्षार्थी की स्थिति में था। ईसाई मित्र मुझे बाइबल का संदेश सुनाने, समझाने और मुझसे उसको स्वीकार कराने का प्रयत्न करते थे। मैं नम्रतापूर्वक, तटस्थ भाव से उनकी शिक्षा को सुन और समझ रहा था। इस निमित्त से मैंने हिन्दू धर्म का यथाशक्ति अध्ययन किया और दूसरे धर्मों को समझने की कोशिश की। अब १९०३ में स्थिति थोड़ी बदल गयी। थियॉसॉफिस्ट मित्र मुझे अपने मण्डल में सम्मिलित करने की इच्छा अवश्य रखते थे। पर उनका हेतु हिन्दू के नाते मुझसे कुछ प्राप्त करना था। थियॉसॉफी की पुस्तकों में हिन्दू धर्म की छाया और उसका प्रभाव तो काफी है ही। अतएव इन भाइयों ने मान लिया कि मैं उनकी सहायता कर सकूँगा। मैंने उन्हें समझाया कि संस्कृत का मेरा अध्ययन नहीं के बराबर है। मैंने उसके प्राचीन धर्मग्रंथ संस्कृत में नहीं पढ़े हैं। अनुवादों के द्वारा भी मेरी पढ़ाई कम ही हुई है। फिर भी चूँकि वे संस्कार और पुनर्जन्म को मानते थे, इसलिए उन्होंने समझा कि मुझसे थोड़ी-बहुत सहायता तो मिलेगी ही और मैं 'निरस्तपादपे देशे एरण्डोऽपि द्रुमायते'[1] जैसी स्थिति में आ पड़ा। किसीके साथ मैंने स्वामी विवेकानन्द का, तो किसीके साथ मणिलाल नभुभाई का 'राजयोग' पढ़ना शुरू किया। एक मित्र के साथ 'पातंजल-योगदर्शन' पढ़ना पड़ा। बहुतों

१. जहाँ कोई वृक्ष न हो वहाँ एरंड ही वृक्ष बन जाता है।

के साथ गीता का अभ्यास शुरू हुआ। 'जिज्ञासु-मण्डल' के नाम से एक छोटा-सा मण्डल भी स्थापित किया और नियमित अभ्यास होने लगा। गीताजी पर मुझे प्रेम और श्रद्धा तो थी ही। अब उसकी गहराई में उतरने की आवश्यकता प्रतीत हुई। मेरे पास एक-दो अनुवाद थे। उनकी सहायता से मैंने मूल संस्कृत समझ लेने का प्रयत्न किया और नित्य एक-दो श्लोक कण्ठ करने का निश्चय किया।

प्रातः दातुन और स्नान के समय का उपयोग गीता के श्लोक कण्ठ करने में किया। दातुन में प्रन्द्रह और स्नान में बीस मिनट लगते थे। खड़े-खड़े करता था। सामने की दीवार पर गीता के श्लोक लिखकर चिपका देता था और आवश्यकतानुसार उन्हें देखता तथा गोखता जाता था। ये गोखे हुए श्लोक स्नान करने तक पक्के हो जाते थे। इस बीच पिछले कण्ठ किये हुए श्लोकों को भी मैं एक बार दोहरा जाता था। इस प्रकार तेरह अध्याय तक कण्ठ करने की बात मुझे याद है। बाद में काम बढ़ गया। सत्याग्रह का जन्म होने पर उस बालक के लालन-पालन में मेरा विचार करने का समय भी बीतने लगा और कहना चाहिए कि आज भी बीत रहा है।

इस गीतापाठ का प्रभाव मेरे सहाध्यायियों पर क्या पड़ा उसे वे जानें, परन्तु मेरे लिए तो वह पुस्तक आचार की एक प्रौढ़ मार्गदर्शि का बन गयी। वह मेरे लिए धार्मिक कोश का काम देने लगी। जिस प्रकार नये अंग्रेजी शब्दों के हिज्जों या उनके अर्थ के लिए मैं अंग्रेजी शब्दकोश देखता था, उसी प्रकार आचार-संबंधी कठिनाइयों और उसकी अटपटी समस्याओं को मैं गीताजी से हल करता था। उसके अपरिग्रह, समभाव आदि शब्दोंने मुझे पकड़ लिया। समभाव का विकास कैसे हो, उसकी रक्षा किस प्रकार की जाय? अपमान करनेवाले अधिकारी, रिश्वत लेनेवाले अधिकारी, व्यर्थ विरोध करनेवाले कल के साथी इत्यादि और जिन्होंने बड़े-बड़े उपकार किये है ऐसे सज्जनों के बीच भेद न करने का क्या अर्थ है? अपरिग्रह किस प्रकार पाला जाता होगा? देह का होना ही कौन कम परिग्रह है? स्त्री-पुत्रादि परिग्रह नहीं तो और क्या है? ढेरों पुस्तकों से भरी इन अलमारियों को क्या जला डालूँ? घर जलाकर तीर्थ करने जाऊँ? तुरन्त ही उत्तर मिला कि घर जलाये बिना तीर्थ किया ही नहीं जा सकता। यहाँ अंग्रेजी कानूनने मेरी मदद की। स्नेल की कानूनी सिद्धान्तों की चर्चा याद आयी। गीताजी के अध्ययन के फलस्वरूप 'ट्रस्टी' शब्द का अर्थ विशेष रूप से समझ में

आया। कानून-शास्त्र के प्रति मेरा आदर बढ़ा। मुझे उसमें भी धर्म के दर्शन हुए। ट्रस्टी के पास करोड़ों रूपयों के रहते हुए भी उनमें की एक भी पाई उसकी नहीं होती। मुमुक्षु को ऐसा ही वरताव करना चाहिए, यह बात मैंने गीताजी से समझी। मुझे यह दीपक की तरह स्पष्ट दिखायी दिया कि अपरिग्रही बनने में, समभावी होने में हेतु का, हृदय का परिवर्तन आवश्यक है। मैंने रेवाशंकरभाई को इन आशय का पत्र लिख भेजा कि बीमे की पॉलिसी बन्द कर दें। कुछ रकम वापस मिले तो ले लें, न मिले तो भरे हुए पैसों को गया समझ लें। बच्चों की और स्त्री की रक्षा उन्हें और हमें पैदा करनेवाला ईश्वर करेगा। पितृतुल्य भाई को लिखाः "आज तक तो मेरे पास जो बचा वह मैंने आपको अर्पण किया। अब मेरी आशा आप छोड़ दीजिए। अब जो बचेगा सो यहीं हिन्दुस्तानी समाज के हित में खर्च होगा।"

भाई को यह बात मैं शीघ्र ही समझा न सका। पहले तो उन्होंने मुझे कड़े शब्दों में उनके प्रति मेरा धर्म समझायाः "तुम्हें पिताजी से अधिक बुद्धिमान नहीं बनना चाहिए। पिताजीने जिस प्रकार कुटुम्ब का पोषण किया, उसी प्रकार तुम्हें भी करना चाहिए" आदि। मैंने उत्तर में विनय-पूर्वक लिखा कि मैं पिता का ही काम कर रहा हूँ। कुटुम्ब शब्द का थोड़ा विशाल अर्थ किया जाय, तो मेरा निश्चय आपकी समझ में आ सकेगा।

भाई ने मेरी आशा छोड़ दी। एक प्रकार से बोलना ही बन्द कर दिया। इससे मुझे दुःख हुआ। पर जिसे मैं अपना धर्म मानता था उसे छोड़ने से कहीं अधिक दुःख होता था। मैंने कम दुःख सहन कर लिया। फिर भी भाई के प्रति मेरी भक्ति निर्मल और प्रचण्ड बनी रही। भाई का दुःख उनके प्रेम में से उत्पन्न हुआ था। उन्हें मेरे पैसों से अधिक आवश्यकता मेरे सद्व्यवहार की थी।

अपने अंतिम दिनों में भाई पिघले। मृत्युशय्या पर पड़े-पड़े उन्हें प्रतीति हुई कि मेरा आचरण ही सच्चा और धर्मपूर्ण था। उनका अत्यन्त करूणाजनक पत्र मिला। यदि पिता पुत्र से क्षमा माँग सकता है, तो उन्होंने मुझसे क्षमा माँगी। उन्होंने लिखा कि मैं उनके लड़कों का पालन-पोषण अपनी रीति-नीति के अनुसार करूँ। स्वयं मुझसे मिलने के लिए वे अधीर हो गये। मुझे तार दिया। मैंने तार से ही जवाब दियाः "आ जाइए।" पर हमारा मिलन बदा न था।

उनकी अपने पुत्रों-संबंधी इच्छा भी पूरी नहीं हुई। भाई ने देश में ही देह

छोड़ी। लड़कों पर उनके पूर्व-जीवन का प्रभाव पड़ चुका था। उनमें कोई परिवर्तन नहीं हुआ। मैं उन्हें अपने पास खींच न सका। इसमें उनका कोई दोष नहीं था। स्वभाव को कौन बदल सकता है? बलवान संस्कारों को कौन मिटा सकता है? हमारी यह धारणा मिथ्या है कि जिस तरह हममें परिवर्तन होता है या हमारा विकास होता है, उसी तरह हमारे आश्रितों अथवा साथियों में भी होना चाहिए।

माता-पिता बननेवालों की जिम्मेदारी कितनी भयंकर है, इसका कुछ अनुभव इस दृष्टांत से हो सकता है।

६. निरामिषाहार के लिए बलिदान

मेरे जीवन में जैसे-जैसे त्याग और सादगी बढ़ी और धर्म-जागृति का विकास हुआ, वैसे-वैसे निरामिषाहार का और उसके प्रचार का मेरा शौक बढ़ता गया। प्रचार-कार्य की एक ही रीति मैंने जानी है। वह हैः आचारकी, और आचार के साथ जिज्ञासुओं से वार्तालापकी।

जोहानिस्बर्ग में एक निरामिषाहारी गृह था। एक जर्मन, जो कूने की जल-चिकित्सा में विश्वास रखता था, उसे चलाता था। मैंने वहाँ जाना शुरू किया और जितने अंग्रेज मित्रों को वहाँ ले जा सकता था उतनों को उसके यहाँ ले जाता था। पर मैंने देखा कि वह भोजनालय लम्बे समय तक चल नहीं सकता। उसे पैसे की तंगी तो बनी ही रहती थी। मुझे जितनी उचित मालूम हुई उतनी मैंने उसकी मदद की। कुछ पैसे खोये भी। आखिर वह बन्द हो गया। थियोसॉफिस्टों में अधिकतर निरामिषाहारी होते हैं; कुछ पूरे, कुछ अधूरे। इस मण्डल में एक साहसी महिला भी थी। उसने बड़े पैमाने पर एक निरामिषाहारी भोजनालय खोला। यह महिला कला की शौकीन थी। वह खुले हाथों खर्च करती थी और हिसाब-किताब का उसे बहुत ज्ञान नहीं था। उसकी खासी बड़ी मित्र-मंडली थी। पहले तो उसका काम छोटे पैमाने पर शुरू हुआ, पर उसने उसे बढ़ाने और बड़ी जगह लेनेका निश्चय किया। इसमें उसने मेरी मदद माँगी। उस समय मुझे उसके हिसाब आदि की कोई जानकारी नहीं थी। मैंने यह मान लिया था कि उसका अन्दाज ठीक ही होगा। मेरे पास पैसे की सुविधा थी। कई मुवक्किलों के रूपये मेरे पास जमा रहते थे। उनमें से एक से पूछकर उसकी रकम में से लगभग एक हजार पौण्ड उस महिला को मैंने दे दिये। यह मुवक्किल विशाल हृदय का और

विश्वासी था। वह पहले गिरमिट में आया था। उसने (हिन्दी में) कहा: “भाई, आपका दिल चाहे तो पैसा दे दो। मैं कुछ ना जानूँ। मैं तो आप ही को जानता हूँ।” उसका नाम बदरी था। उसने सत्याग्रह में बहुत बड़ा हिस्सा लिया था। वह जेल भी भुगत आया था। इतनी संमति के सहारे मैंने उसके पैसे उधार दे दिये। दो-तीन महीनों में ही मुझे पता चल गया कि यह रकम वापस नहीं मिलेगी। इतनी बड़ी रकम खो देने की शक्ति मुझमें नहीं थी। मेरे पास इस बड़ी रकम का दूसरा उपयोग था। रकम वापस मिली ही नहीं। पर विश्वासी बदरी की रकम डूब कैसे सकती थी? वह तो मुझी को जानता था? यह रकम मैंने भर दी।

एक मुवक्किल मित्र से मैंने अपने इस लेन-देन की चर्चा की। उन्होंने मुझे मीठा उलाहना देते हुए जाग्रत किया।

“भाई, (दक्षिण अफ्रीका में मैं ‘महात्मा’ नहीं बना था, ‘बापू’ भी नहीं हुआ था। मुवक्किल मित्र मुझे ‘भाई’ कहकर ही पुकारते थे।) यह आपका काम नहीं है। हम तो आपके विश्वास पर चलनेवाले हैं। यह पैसा आपको वापस नहीं मिलेगा। बदरी को तो आप बचा लेंगे और अपना पैसा खोयेंगे। पर इस तरह सुधार के कामों में सब मुवक्किलों के पैसे देने लगेंगे, तो मुवक्किल मर जाएँगे और आप भिखमंगे बनकर घर बैठेंगे। इससे आपके सार्वजनिक काम को क्षति पहुँचेगी।”

सौभाग्य से ये मित्र अभी जीवित हैं। दक्षिण अफ्रीका में और दूसरी जगह उनसे अधिक शुद्ध मनुष्य मैंने नहीं देखा। किसीके प्रति उनके मन में शंका उत्पन्न हो और उन्हें जान पड़े कि वह शंका खोटी है, तो तुरन्त उससे क्षमा माँगकर वे अपनी आत्मा को साफ कर लेते हैं। मुझे इस मुवक्किल की चेतावनी सच मालूम हुई। बदरी की रकम तो मैं चुका सका। पर दूसरे हजार पौण्ड यदि उन्हीं दिनों मैंने खो दिये होते, तो उन्हें चुकाने की शक्ति मुझमें बिलकुल नहीं थी। उसके लिए मुझे कर्ज ही लेना पड़ता। यह धंधा तो मैंने अपनी जिन्दगी में कभी नहीं किया और उसके लिए मेरे मन में हमेशा ही बड़ी अरूचि रही है। मैंने अनुभव किया कि सुधार करने के लिए भी अपनी शक्ति के बाहर जाना उचित नहीं था। मैंने यह भी अनुभव किया कि इस प्रकार पैसे उधार देने में मैंने गीता के तटस्थ निष्काम कर्म के मुख्य पाठ का अनादर किया था। वह भूल मेरे लिए दीपस्तम्भ-सी बन गयी।

निरामिषाहार के प्रचार के लिए ऐसा बलिदान करने की मुझे कोई कल्पना न थी। मेरे लिए वह जबरदस्ती का पुण्य बन गया।

७. मिट्टी और पानी के प्रयोग

जैसे-जैसे मेरे जीवन में सादगी बढ़ती गयी, वैसे-वैसे रोगों के लिए दवा लेने की मेरी अरूचि, जो पहले से ही थी बढ़ती गई। जब मैं डरबन में वकालत करता था तब डॉ० प्राणजीवनदास मेहता मुझे अपने साथ ले जाने के लिए आये थे। उस समय मुझे कमजोरी रहती थी और कभी-कभी सूजन भी हो आती थी। उन्होंने इसका उपचार किया था और मुझे आराम हो गया था। इसके बाद देश में वापस आने तक मुझे कोई उल्लेख करने-जैसी बीमारी हुई हो, ऐसा याद नहीं आता।

पर जोहानिस्बर्ग में मुझे कब्ज रहता था और कभी-कभी सिर भी दुखा करता था। कोई दस्तावर दवा लेकर मैं स्वास्थ्य को संभाले रहता था। खाने-पीने में पथ्य का ध्यान तो हमेश रखता ही था, पर उससे मैं पूरी तरह व्याधिमुक्त नहीं हुआ। मन में यह खयाल बना ही रहता कि दस्तावर दवाओं से भी छुटकारा मिले तो अच्छा हो।

इन्हीं दिनों मैंने मैन्चेस्टर में 'नो ब्रेकफास्ट एसोसिशन' की स्थापना का समाचार पढ़ा। इसमें दलील यह थी कि अंग्रेज बहुत बार और बहुत खाते हैं, रात बारह बजे तक खाते रहते हैं और फिर डॉक्टरों के घर खोजते फिरते हैं। इस उपाधि से छूटना हो तो सवेरे का नाश्ता—'ब्रेकफास्ट'—छोड़ देना चाहिए। मुझे लगा कि यद्यपि यह दलील मुझ पर पूरी तरह घटित नहीं होती, फिर भी कुछ अंशों में लागू होती है। मैं तीन बार पेट भर कर खाता था और दोपहर को चाय भी पीता था। मैं कभी अल्पाहारी नहीं रहा। निरामिषाहार में मसालों के बिना जितने भी स्वाद लिये जा सकते थे, मैं लेता था। छह-सात बजे से पहले शायद ही उठता था। अतएव मैंने सोचा कि यदि मैं सुबह का नाश्ता छोड़ दूँ, तो सिर के दर्द से अवश्य ही छुटकारा पा सकूँगा। मैंने सुबह का नाश्ता छोड़ दिया। कुछ दिनों तक अखरा तो सही, पर सिर का दर्द बिलकुल मिट गया। इससे मैंने यह नतीजा निकाला की मेरा आहार आवश्यकता से अधिक था।

पर इस परिवर्तन से कब्ज की शिकायत दूर न हुई। कूने के कटि-स्नान का उपचार करने से थोड़ा आराम हुआ। पर अपेक्षित परिर्वतन तो नहीं ही हुआ। इस बीच उसी जर्मन होटलवालेने या दूसरे किसी मित्र ने मुझे जुस्ट की 'रिटर्न टु नेचर' (प्रकृति की ओर लौटो) नामक पुस्तक दी। उसमें मैंने मिट्टी के उपचार

के बारेमें पढ़ा। सूखे और हरे फल ही मनुष्य का प्राकृतिक आहार है, इस बात का भी इस लेखकने बहुत समर्थन किया है। इस बार मैंने केवल फलाहार का प्रयोग तो शुरू नहीं किया, पर मिट्टी का उपचार तुरन्त शुरू कर दिया। मुझ पर उसका आश्चर्यचनक प्रभाव पड़ा। उपचार इस प्रकार थाः खेत की साफ लाल या काली मिट्टी लेकर उसमें प्रमाण से पानी डालकर साफ, पतले, गीले कपड़े में उसे लपेटा और पेट पर रखकर उस पर पट्टी बाँध दी। यह पुलटिस रात को सोते समय बाँधता था और सबेरे अथवा रात में जब जाग जाता तब उसे खोल दिया करता था। इससे मेरा कब्ज जाता रहा। उसके बाद मिट्टी के ये उपचार मैंने अपने पर और अपने अनेक साथियों पर किये और मुझे याद है कि वे शायद ही किसी पर निष्फल रहे हों।

देश में आने के बाद मैं ऐसे उपचारों के विषय में आत्म-विश्वास खो बैठा हूँ। मुझे प्रयोग करने का, एक जगह स्थिर होकर बैठने का, अवसर भी नहीं मिल सका। फिर भी मिट्टी और पानी के उपचारों के बारेमें मेरी श्रद्धा बहुत कुछ वैसी ही है जैसी आरंभ में थी। आज भी मैं मर्यादा के अन्दर रहकर मिट्टी का उपचार स्वयं अपने ऊपर तो करता ही हूँ और प्रसंग पड़ने पर अपने साथियों को भी उसकी सलाह देता हूँ। जीवन में दो गंभीर बीमारियाँ मैं भोग चुका हूँ, फिर भी मेरा यह विश्वास है कि मनुष्य को दवा लेने की शायद ही आवश्यकता रहती है। पथ्य तथा पानी, मिट्टी इत्यादि के घरेलू उपचारों से एक हजार में से ९९९ रोगी स्वस्थ हो सकते हैं। क्षण-क्षण में वैद्य, हकीम और डॉक्टर के घर दौड़ने से और शरीर में अनेक प्रकार के पाक और रसायन ठूँसने से मनुष्य न सिर्फ अपने जीवन को छोटा कर लेता है, बल्कि अपने मन पर काबू भी खो बैठता है। फलतः वह मनुष्यत्व गँवा देता है और शरीर का स्वामी रहने के बदले उसका गुलाम बन जाता है।

मैं यह बीमारी के बिछौने पर पड़ा-पड़ा लिखा रहा हूँ, इस कारण कोई इन विचारों की अवगणना न करें। मैं अपनी बीमारी के कारण जानता हूँ। मुझे इस बात का पूरा-पूरा ज्ञान और भान है कि अपने ही दोषों के कारण मैं बीमार पड़ा हूँ और इस भान के कारण ही मैंने धीरज नहीं छोड़ा है। इस बीमारी को मैंने ईश्वर का अनुग्रह माना है और अनेक दवाओं के सेवन के लालच से मैं दूर रहा हूँ। मैं यह भी जानता हूँ कि अपने हठ से मैं डॉक्टर मित्रों को परेशान कर देता हूँ, पर वे उदार भाव से मेरे हठ को सह लेते हैं और मेरा त्याग नहीं करते।

पर मुझे इस समय की अपनी स्थिति के वर्णन को अधिक बढ़ाना न चाहिए, इसलिए हम सन् १९०४-५ के समय की तरफ लौट आवें।

पर आगे बढ़कर उसका विचार करने से पहले पाठकों को थोड़ा सावधान करने की आवश्यकता है। यह लेख पढ़कर जो जुस्ट की पुस्तक खरीदें, वे उसकी हर बात को वेदवाक्य न समझें। सभी रचनाओं में प्रायः लेखक की एकांगी दृष्टि रहती है। किन्तु प्रत्येक वस्तु को कम से कम सात दृष्टियों से देखा जा सकता है और उस-उस दृष्टि से वह वस्तु सच होती है। पर सब दृष्टियाँ एक ही समय और एक ही अवसर पर कभी सच नहीं होतीं। साथ ही, कई पुस्तकों में बिक्री के और नाम के लालच का दोष भी होता है। अतएव जो कोई उक्त पुस्तक पढ़ें वे उसे विवेक-पूर्वक पढ़ें और कुछ प्रयोग करने हों तो किसी अनुभवी की सलाह लेकर करें, अथवा धैर्य-पूर्वक ऐसी वस्तु का थोड़ा अभ्यास करके प्रयोग आरंभ करें।

८. एक सावधानी

प्रवाह-पतित कथा के प्रसंग को अभी मुझे अगले प्रकरण तक टालना पड़ेगा।

पिछले प्रकरण में मिट्टी के प्रयोगों के विषय में मैं जो कुछ लिख चुका हूँ, उसके जैसा मेरा आहार-विषयक प्रयोग भी था। अतएव इस संबंध में भी इस समय यहाँ थोड़ा लिख डालना मैं उचित समझता हूँ। दूसरी कुछ बातें प्रसंगानुसार आगे आवेंगी।

आहार-विषयक मेरे प्रयोगों और तत्सम्बन्धी विचारों का विस्तार इस प्रकरण में नहीं किया जा सकता। इस विषय में मैंने 'आरोग्य-विषयक सामान्य ज्ञान'[१] नामक जो पुस्तक दक्षिण अफ्रीका में 'इण्डियन ओपीनियन' के लिए लिखी थी, उसमें विस्तार-पूर्वक लिखा है। मेरी छोटी-छोटी पुस्तकों में यह पुस्तक पश्चिम में और यहाँ भी सबसे अधिक प्रसिद्ध हुई है। मैं आज तक इसका कारण समझ नहीं सका हूँ। यह पुस्तक केवल 'इण्डियन ओपीनियन' के पाठकों के लिए लिखी गयी थी। पर उसके आधार पर अनेक भाई-बहनों ने अपने जीवन में फेरफार किये हैं और मेरे साथ पत्रव्यवहार भी किया है। इसलिए इस विषय में

१. इस विषय में गांधीजी के अन्तिम विचारों के अध्ययन के लिए १९४२ में लिखी उनकी 'आरोग्य की कुंजी' नामक पुस्तक देखिये। नवजीवन ट्रस्ट द्वारा प्रकाशित।

यहाँ कुछ लिखना आवश्यक हो गया है। क्योंकि यद्यपि उसमें लिखे हुए अपने विचारों में फेरफार करने की आवश्यकता मुझे प्रतीत नहीं हुई, तथापि अपने आचार में मैंने जो महत्त्व का फेरफार किया है, उसे इस पुस्तक के सब पाठक नहीं जानते। यह आवश्यक है कि वे उस फेरफार को तुरन्त जान लें।

इस पुस्तक के लिखने में—अन्य पुस्तकों की भाँति ही—केवल धर्मभावना काम कर रही थी और वही आज भी मेरे प्रत्येक काम में वर्तमान है। इसलिए उसमें बताये हुए कई विचारों पर मैं आज अमल नहीं कर पाता हूँ, इसका मुझे खेद है, इसकी मुझे शरम आती है।

मेरा दृढ विश्वास है कि मनुष्य बालक के रूप में माता का जो दूध पीता है, उसके सिवा उसे दूसरे दूध की आवश्यकता नहीं है। हरे और सुखे वनपक्व फलों के अतिरिक्त मनुष्य का और कोई आहार नहीं है। बादाम आदि चीजों में से और अंगूर आदि फलों में से उसे शरीर और बुद्धि के लिए आवश्यक पूरा पोषण मिल जाता है। जो ऐसे आहार पर रह सकता है, उसके लिए ब्रह्मचर्यादि आत्म-संयम बहुत सरल हो जाता है। जैसा आहार वैसी डकार, मनुष्य जैसा खाता है वैसा बनता है, इस कहावत में बहुत सार है। उसे मैंने और मेरे साथियोंने अनुभव किया है।

इन विचारों का विस्तृत समर्थन मेरी आरोग्य-सम्बन्धी पुस्तक में है।

पर हिन्दुस्तान में अपने प्रयोगों को सम्पूर्णता तक पहुँचाना मेरे भाग्य में बदा न था। खेड़ा जिले में सिपाहियों की भरती का काम करते-करते मैं अपनी भूल से मृत्युशय्या पर पड़ा। दूध के बिना जीने के लिए मैंने बहुत हाथ-पैर मारे। जिन वैद्यों, डॉक्टरों और रसायनशास्त्रियों को मैं जानता था, उनकी मदद माँगी। किसीने मूँग के पानी, किसीने महुए के तेल और किसीने बादाम के दूध का सुझाव दिया। इन सब चीजों के प्रयोग करते-करते मैंने शरीर को निचोड़ डाला, पर उसमें मैं बिछौना छोड़कर उठ न सका।

वैद्योंने मुझे चरक इत्यादि के श्लोक सुनाकर समझाया कि रोग दूर करने के लिए खाद्याखाद्य की बाधा नहीं होती और माँसादि भी खाये जा सकते हैं। ये वैद्य दुग्धत्याग पर दृढ़ रहने में मेरी सहायता कर सकें, ऐसी स्थिति न थी। तब जहाँ 'बीफ-टी' (गोमाँस की चाय) और 'ब्राण्डी' की गुंजाइश हो, वहाँ से तो दूध के त्याग में सहायता मिल ही कैसे सकती थी? गाय-भैंस का दूध तो मैं ले ही नहीं सकता था। यह मेरा व्रत था। व्रत का हेतु तो दूधमात्र का त्याग था।

पर व्रत लेते समय मेरे सामने गोमाता और भैंसमाता ही थी इस कारण से तथा जीने की आशा से मैंने मन को जैसे-तैसे फुसला लिया। मैंने व्रत के अक्षर का पालन किया और बकरी का दूध लेने का निश्चय किया। बकरीमाता का दूध लेते समय भी मैंने यह अनुभव किया कि मेरे व्रत की आत्मा का हनन हुआ है।

पर मुझे 'रौलट एक्ट' के विरूद्ध जूझना था। यह मोह मुझे छोड़ नहीं रहा था। इससे जीने की इच्छा बढ़ी और जिसे मैं अपने जीवन का महान प्रयोग मानता हूँ उसकी गति रूक गयी।

खान-पान के साथ आत्मा का संबंध नहीं है। वह न खाती है, न पीती है। जो पेट में जाता है वह नहीं, बल्कि जो वचन अन्दर से निकलते हैं वे हानि-लाभ पहुँचानेवाले होते हैं—इत्यादि दलीलों से मैं परिचित हूँ। इनमें तथ्यांश है। पर बिना दलील किये मैं यहाँ अपना यह दृढ़ निश्चय ही प्रकट किये देता हूँ कि जो मनुष्य ईश्वर से डरकर चलना चाहता है, जो ईश्वर के प्रत्यक्ष दर्शन करने की इच्छा रखता है, ऐसे साधक और मुमुक्षु के लिए अपने आहार का चुनाव—त्याग और स्वीकार—उतना ही आवश्यक है, जितना कि विचार और वाणी का चुनाव—त्याग और स्वीकार—आवश्यक है।

पर जिस विषय में मैं स्वयं गिरा हूँ उसके बारेमें मैं केवल दूसरों को अपने सहारे चलने की सलाह नहीं दूँगा, बल्कि उन्हें वैसा करने से रोकूँगा। अतएव आरोग्य-विषयक मेरी पुस्तक के सहारे प्रयोग करनेवाले सब भाई-बहनों को मैं सावधान करना चाहता हूँ। दूध का त्याग पूरी तरह लाभप्रद प्रतीत हो अथवा अनुभवी वैद्य-डॉक्टर उसे छोड़ने की सलाह दें, तभी वे उसको छोड़ें। सिर्फ मेरी पुस्तक के भरोसे वे दूध का त्याग न करें। यहाँ का मेरा अनुभव अब तक तो मुझे यही बतलाता है कि जिसकी जठराग्नि मंद हो गयी है और जिसने बिछौना पकड़ लिया है, उसके लिए दूध जैसी दूसरी हल की और पोषक खुराक है ही नहीं। अतएव उक्त पुस्तक के पाठकों से मेरी बिनती और सिफ़ारिश है कि उसमें दूध की जो मर्यादा सूचित की गयी है उस पर चलने की वे जिद न करें।

इस प्रकरण को पढ़नेवाले कोई वैद्य, डॉक्टर, हकीम या दूसरे अनुभवी दूध के बदले में किसी उतनी ही पोषक किन्तु सुपाच्य वनस्पति को अपने अध्ययन के आधार पर नहीं, बल्कि अनुभव के आधार पर जानते हो, तो उसकी जानकारी देकर मुझे उपकृत करें।

९. बलवान से भिड़न्त

अब एशियाई अधिकारियों की ओर लौटें।

एशियाई अधिकारियों का बड़े से बड़ा थाना जोहानिस्बर्ग में था। मैं यह देख रहा था कि उस थाने में हिन्दुस्तानी, चीनी आदि लोगों का रक्षण नहीं, बल्कि भक्षण होता था। मेरे पास रोज शिकायतें आतीं: "हकदार दाखिल नहीं हो सकते और बिना हकवाले सौ-सौ पौण्ड देकर चले आ रहे हैं। इसका इलाज आप नहीं करेंगे तो और कौन करेगा?" मेरी भी यही भावना थी। यदि यह सडांध दूर न हो, तो मेरा ट्रान्सवाल में बसना व्यर्थ माना जाएगा।

मैं प्रमाण जुटाने लगा। जब मेरे पास प्रमाणों का अच्छा-सा संग्रह हो गया, तो मैं पुलिस-कमिश्नर के पास पहुँचा। मुझे लगा कि उसमें दया और न्याय की वृत्ति है। मेरी बात को बिलकुल अनसुनी करने के बदले उसने मुझे धीरज से सुना और प्रमाण उपस्थित करने को कहा। गवाहों के बयान उसने स्वयं ही लिये। उसे विश्वास हो गया। पर जिस तरह मैं जानता था उसी तरह वह भी जानता था कि दक्षिण अफ्रीका में गोरे पंचों द्वारा गोरे अपराधियों को दण्ड दिलाना कठिन है। उसने कहा, "फिर भी हम प्रयत्न तो करें ही। ऐसे अपराधी जूरी द्वारा छोड़ दिये जाएँगे, इस डर से उन्हें न पकड़वाना भी उचित नहीं है। इसलिए मैं तो उन्हें पकड़वाऊँगा। आपको मैं इतना विश्वास दिलाता हूँ कि अपनी मेहनत में मैं कोई कसर नहीं रखूँगा।"

मुझे तो विश्वास था ही। दूसरे अधिकारियों पर भी मुझे सन्देह तो था, पर उनके विरूद्ध मेरे पास कमजोर प्रमाण था। दो के बारेमें कोई सन्देह नहीं था। अतएव दो के नाम वारण्ट निकले।

मेरा आना-जाना छिपा रह ही नहीं सकता था। कई लोग देखते थे कि मैं प्रायः प्रतिदिन पुलिस-कमिश्नर के यहाँ जाता हूँ। इन दो अधिकारियों के छोटे-बड़े जासूस तो थे ही। वे मेरे दफ्तर पर निगरानी रखते और मेरे आने-जाने की खबरें उन अधिकारियों को पहुँचाते थे। यहाँ मुझे यह कहना चाहिए कि उक्त अधिकारियों का अत्याचार इतना ज्यादा था कि उन्हें ज्यादा जासूस नहीं मिलते थे। यदि हिन्दुस्तानियों और चीनियों की मुझे मदद न होती, तो ये अधिकारी पकड़े ही न जाते।

इन दो में से एक अधिकारी भागा। पुलिस-कमिश्नर ने बाहर का वारण्ट निकालकर उसे वापस पकड़वा मँगाया। मुकदमा चला। प्रमाण भी मजबूत थे और एक के तो भागने का प्रमाण भी जूरी के पास पहुँच सका था। फिर भी दोनों छूट गये!

मुझे बड़ी निराशा हुई। पुलिस-कमिश्नर को भी दुःख हुआ। वकालत से मुझे अरूचि हो गयी। बुद्धि का उपयोग अपराध को छिपाने में होता देखकर मुझे बुद्धि ही अप्रिय लगने लगी।

दोनों अधिकारियों का अपराध इतना प्रसिद्ध हो गया था कि उनके छूट जाने पर भी सरकार उन्हें रख नहीं सकी। दोनों बरखास्त हो गये और एशियाई विभाग कुछ साफ हुआ। अब हिन्दुस्तानियों को धीरज बँधा और उनकी हिम्मत भी बढ़ी।

इससे मेरी प्रतिष्ठा बढ़ गयी। मेरे धंधे में भी वृद्धि हुई। हिन्दुस्तानी समाज के जो सैकड़ों पौण्ड हर महीने रिश्वत में जाते थे, उनमें बहुत-कुछ बचत हुई। यह तो नहीं कहा जा सकता कि पूरी रकम बची। बेईमान तो अब भी रिश्वत खाते थे। पर यह कहा जा सकता है कि जो प्रामाणिक थे, वे अपनी प्रामाणिकता की रक्षा कर सकते थे।

मैं कह सकता हूँ कि इन अधिकारियों के इतने अधम होने पर भी उनके विरूद्ध व्यक्तिगत रूप से मेरे मन में कुछ भी न था। मेरे इस स्वभाव को वे जानते थे। और जब उनकी कंगाल हालत में मुझे उन्हें मदद करने का मौका मिला, तो मैंने उनकी मदद भी की थी। यदि मेरा विरोध न हो तो उन्हें जोहानिस्बर्ग की म्युनिसिपालिटी में नौकरी मिल सकती थी। उनका एक मित्र मुझे मिला और मैंने उन्हें नौकरी दिलाने में मदद करना मंजूर कर लिया। उन्हें नौकरी मिल भी गयी।

मेरे इस कार्य का यह प्रभाव पड़ा कि मैं जिन गोरों के सम्पर्क में आया, वे मेरी तरफ से निर्भय रहने लगे, और यद्यपि उनके विभागों के विरूद्ध मुझे लड़ना पड़ता था, तीखे शब्द कहने पड़ते थे, फिर भी वे मेरे साथ मीठा संबंध रखते थे। इस प्रकार का बरताव मेरा एक स्वभाव ही था, इसे मैं उस समय ठीक से जानता न था। यह तो मैं बाद में समझने लगा कि ऐसे बरताव में सत्याग्रह की जड़ मौजूद है और यह अहिंसा का एक विशेष अंग है।

मनुष्य और उसका काम ये दो भिन्न वस्तुएँ हैं। अच्छे काम के प्रति आदर और बुरे के प्रति तिरस्कार होना ही चाहिए। भले-बुरे काम करने वालों के प्रति

सदा आदर अथवा दया रहनी चाहिए। यह चीज समझने में सरल है, पर इसके अनुसार आचरण कम-से-कम होता है। इसी कारण इस संसार में विष फैलता रहता है।

सत्य की शोध के मूल में ऐसी अहिंसा है। मैं प्रतिक्षण यह अनुभव करता रहता हूँ कि जब तक यह अहिंसा हाथ में नहीं आती, तब तक सत्य मिल ही नहीं सकता। व्यवस्था या पद्धति के विरूद्ध झगड़ना शोभा देता है, पर व्यवस्थापक के विरूद्ध झगड़ा करना तो अपने विरूद्ध झगड़ने के समान है। क्योंकि हम सब एक ही कूंची से रचे गये हैं, एक ही ब्रह्मा की सन्तान हैं। व्यवस्थापक में अनन्त शक्तियाँ निहित हैं। व्यवस्थापक का अनादर या तिरस्कार करने से उन शक्तियों का अनादर होता है और वैसा होने पर व्यवस्थापक को और संसार को हानि पहुँचती है।

१०. एक पुण्यस्मरण और प्रायश्चित्त

मेरे जीवन में ऐसी घटनाएँ घटती ही रही हैं, जिन के कारण मैं अनेक धर्मावलम्बियों के और अनेक जातियों के गाढ़ परिचय में आ सका हूँ। इन सबके अनुभवों के आधार पर यह कहा जा सकता है कि मैंने अपने और पराये, देशी और विदेशी, गोरे और काले, हिन्दु और मुसलमान अथवा ईसाई, पारसी या यहूदी के बीच कोई भेद नहीं किया। मैं कह सकता हूँ कि मेरा हृदय ऐसे भेद को पहचान ही न सका। अपने सम्बन्ध में मैं इस चीज को गुण नहीं मानता, क्योंकि जिस प्रकार अहिंसा, ब्रह्मचर्य, अपरिग्रह आदि यमों की सिद्धि का प्रयत्न करने का और उस प्रयत्न के अबतक चलने का मुझे पूरा भान है, उसी प्रकार मुझे याद नहीं पड़ता कि ऐसे अभेद को सिद्ध करने का मेंने विशेष प्रयत्न किया हो।

जब मैं डरबन में वकालत करता था, तब अकसर मेरे मुहर्रिर मेरे साथ रहते थे। उनमें हिन्दू और ईसाई थे अथवा प्रान्त की दृष्टि से कहूँ तो गुजराती और मद्रासी थे। मुझे स्मरण नहीं है कि उनके बारेमें मेरे मन में कभी भेदभाव पैदा हुआ हो। मैं उन्हें अपना कुटुम्बी मानता था और यदि पत्नी की ओर से इसमें कोई बाधा आती तो मैं उससे लड़ता था। एक मुहर्रिर ईसाई था। उसके माता-पिता पंचम जाति के थे। हमारे घर की बनावट पश्चिमी ढब की थी। उसमें कमरों के अन्दर मोरियाँ नहीं होतीं—मैं मानता हूँ कि होनी भी नहीं चाहिए।—इससे हरएक

कमरे में मोरी की जगह पेशाब के लिए खास बरतन रखा जाता है। उसे उठाने का काम नौकर का न था, बल्कि हम पति-पत्नी का था। जो मुहर्रिर अपने को घरका-सा मानने लगते, वे तो अपने बरतन खुद उठाते भी थे। यह पंचम कुल में उत्पन्न मुहर्रिर नया था। उसका बरतन हमें ही उठाना चाहिए था। कस्तूरबाई दूसरे बरतन तो उठाती थी, पर इस बरतन को उठाना उसे असह्य लगा। इससे हमारे बीच कलह हुआ। मेरा उठाना उससे सहा न जाता था और खुद उठाना उसे भारी हो गया था। आँखों से मोती की बूँदें टपकाती, हाथ में बरतन उठाती और अपनी लाल आँखों से मुझे उलाहना देकर सीढ़ियाँ उतरती हुई कस्तूरबाई का चित्र मैं आज भी खींच सकता हूँ।

पर मैं तो जितना प्रेमी उतना ही क्रूर पति था। मैं अपने को उसका शिक्षक भी मानता था, इस कारण अपने अंधे प्रेम के वश होकर उसे खूब सताता था।

यों उसके सिर्फ बरतन उठाकर ले जाने से मुझे संतोष न हुआ। मुझे संतोष तभी होता जब वह उसे हँसते मुँह ले जाती। इसलिए मैंने दो बातें ऊँची आवाज में कहीं। मैं बड़बड़ा उठा, "यह कलह मेरे घर में नहीं चलेगा।"

यह वचन कस्तूरबाई को तीर की तरह चुभ गया।

वह भड़क उठीः "तो अपना घर अपने पास रखो। मैं यह चली।"

मैं उस समय भगवान को भूल बैठा था। मुझमें दया का भाव लेश भी नहीं रह गया था। मैंने उसका हाथ पकड़ा। सीढ़ियों के सामने ही बाहर निकलने का दरवाजा था। मैं उस असहाय अबला को पकड़कर दरवाजे तक खींच ले गया। दरवाजा आधा खोला।

कस्तूरबाई की आँखों से गंगा-यमुना वह रही थीं। वह बोलीः

"तुम्हें तो शरम नहीं है। लेकिन मुझे है। जरा तो शरमाओ। मैं बाहर निकलकर कहाँ जा सकती हूँ? यहाँ मेरे माँ-बाप नहीं है कि उनके घर चली जाऊँ। मैं तुम्हारी पत्नी हूँ, इसलिए मुझे तुम्हारी डाँट-फटकार सहनी ही होगी। अब शरमाओ और दरवाजा बन्द करो। कोई देखेगा तो दो में से एक की भी शोभा नहीं रहेगी।"

मैंने मुँह तो लाल रखा, पर शरमिन्दा ज़रूर हुआ। दरवाजा बन्द कर दिया। यदि पत्नी मुझे छोड़ नहीं सकती थी, तो मैं भी उसे छोड़कर कहाँ जा सकता था? हमारे बीच झगड़े तो बहुत हुए हैं, पर परिणाम सदा शुभ ही रहा है। पत्नी ने अपनी अद्‌भुत सहनशक्ति द्वारा विजय प्राप्त की है।

मैं यह वर्णन आज तटस्थ भाव से कर सकता हूँ, क्योंकि यह घटना हमारे बीते युग की है। आज मैं मोहान्ध पति नहीं हूँ। शिक्षक नहीं हूँ। कस्तूरबाई चाहे तो मुझे आज धमका सकती है। आज हम परखे हुए मित्र हैं, एक-दूसरे के प्रति निर्विकार बनकर रहते हैं। कस्तूरबाई आज मेरी बीमारी में किसी बदले की इच्छा रखे बिना मेरी चाकरी करनेवाली सेविका है।

ऊपर की घटना सन् १८९८ की है। उस समय मैं ब्रह्मचर्य-पालन के विषय में कुछ भी न जानता था। यह वह समय था जब मुझे इसका स्पष्ट भान न था कि पत्नी केवल सहधर्मिणी, सहचारिणी और सुख-दुःख की साथिन है। मैं यह जानता हूँ कि उन दिनों मैं यह मानकर चलता था कि पत्नी विषय-भोग का भाजन है, और पति की कैसी भी आज्ञा क्यों न हो, उसका पालन करने के लिए वह सिरजी गयी है।

सन् १९०० से मेरे विचारों में गंभीर परिवर्तन हुआ। उसकी परिणति सन् १९०६ में हुई। पर इसकी चर्चा हम यथास्थान करेंगे।

यहाँ तो इतना कहना काफी है कि जैसे-जैसे मैं निर्विकार बनता गया, वैसे-वैसे मेरी गृहस्थी शान्त, निर्मल और सुखी होती गयी है और आज भी होती जा रही है।

इस पुण्यस्मरण से कोई यह न समझ ले कि हम दोनों आदर्श पति-पत्नी हैं, अथवा मेरी पत्नी में कोई दोष ही नहीं है या कि अब तो हमारे आदर्श एक ही हैं। कस्तूरबाई के अपने कोई स्वतंत्र आदर्श हैं या नहीं, सो वह बेचारी खुद भी नहीं जानती होगी। संभव है कि मेरे बहुतेरे आचरण उसे आज भी अच्छे न लगते हों। इसके सम्बन्ध में हम कभी चर्चा नहीं करते, करने में कोई सार नहीं। उसे न तो उसके माता-पिताने शिक्षा दी और न जब समय था तब मैं दे सका। पर उसमें एक गुण बहुत ही बड़ी मात्रा में है, जो दूसरी बहुतसी हिन्दू स्त्रियों में न्यूनाधिक मात्रा में रहता है। इच्छा से हो चाहे अनिच्छा से, ज्ञान से हो चाहे अज्ञानसे, उसने मेरे पीछे-पीछे चलने में अपने जीवन की सार्थकता समझी है और स्वच्छ जीवन बिताने के मेरे प्रयत्न में मुझे कभी रोका नहीं है। इस कारण यद्यपि हमारी बुद्धि-शक्ति में बहुत अन्तर है, फिर भी मैंने अनुभव किया है कि हमारा जीवन संतोषी, सुखी और ऊर्ध्वगामी है।

११. अंग्रेजों का गाढ़ परिचय

इस प्रकरण को लिखते समय प्रसंग ऐसा आ गया है, जब मुझे पाठकों को यह बताना चाहिए कि सत्य के प्रयोगों की यह कथा किस प्रकार लिखी जा रही है। यह कथा मैंने लिखनी शुरू की थी, तब मेरे पास कोई योजना तैयार न थी। इन प्रकरणों को मैं अपने सामने कोई पुस्तकें, डायरी या दूसरे कागज-पत्र रखकर नहीं लिख रहा हूँ। कहा जा सकता है कि लिखने के दिन अन्तर्यामी मुझे जिस तरह रास्ता दिखाता है, उसी तरह मैं लिखता हूँ। मैं निश्चयपूर्वक नहीं जानता कि जो क्रिया मेरे अन्तर में चलती है, उसे अन्तर्यामी की क्रिया कहा जा सकता है या नहीं। लेकिन कई वर्षों मैंने जिस प्रकार अपने बड़े से बड़े माने गये और छोटे से छोटे गिने जा सकनेवाले कार्य किये हैं, उसकी छानबीन करते हुए मुझे यह कहना अनुचित नहीं प्रतीत होता कि वे अन्तर्यामी की प्रेरणा से हुए हैं।

अन्तर्यामी को मैंने देखा नहीं, जाना नहीं। संसार की ईश्वर-विषयक श्रद्धा को मैंने अपनी श्रद्धा बना लिया है। यह श्रद्धा किसी प्रकार मिटायी नहीं जा सकती। इसलिए श्रद्धा के रूप में पहचानना छोड़कर मैं उसे अनुभव के रूप में पहचानता हूँ। फिर भी इस प्रकार अनुभव के रूप में उसका परिचय देना भी सत्य पर एक प्रकार का प्रहार करना है। इसलिए कदाचित् यह कहना ही अधिक उचित होगा कि शुद्ध रूप में उसका परिचय करानेवाला शब्द मेरे पास नहीं है।

मेरी यह मान्यता है कि उस अदृष्ट अन्तर्यामी के वशीभूत होकर मैं यह कथा लिख रहा हूँ।

जब मैंने पिछला प्रकरण लिखना शुरू किया, तो उसे शीर्षक 'अंग्रेजों के परिचय' दिया था। पर प्रकरण लिखते समय मैंने देखा कि इन परिचयों का वर्णन करने से पहले जो पुण्य-स्मरण मैंने लिखा उसे लिखना आवश्यक था। अतएव वह प्रकरण मैंने लिखा और लिख चुकने के बाद पहले का शीर्षक बदलना पड़ा।

अब इस प्रकरण को लिखते समय एक नया धर्म-संकट उत्पन्न हो गया है। अंग्रेजों का परिचय देते हुए क्या कहना और क्या न कहना, यह महत्त्व का प्रश्न बन गया है। जो प्रस्तुत है वह न कहा जाय, तो सत्य को लांछन लगेगा। पर जहाँ इस कथा का लिखना ही कदाचित् प्रस्तुत न हो, वहाँ प्रस्तुत-अप्रस्तुत के बीच के झगड़े का एकाएक फैसला करना कठिन हो जाता है।

इतिहास के रूप में आत्मकथा-मात्र की अपूर्णता और उसकी कठिनाइयों के बारेमें पहले मैंने जो पढ़ा था, उसका अर्थ आज मैं अधिक समझता हूँ। मैं यह जानता हूँ कि सत्य के प्रयोगों की इस आत्मकथा में जितना मुझे याद है उतना सब मैं हरगिज नहीं दे रहा हूँ। कौन जानता है कि सत्य का दर्शन कराने के लिए मुझे कितना देना चाहिए अथवा न्याय-मन्दिर में एकांगी और अधूरे प्रमाणों की क्या कीमत कूती जाएगी? लिखे हुए प्रकरणों पर कोई फुरसतवाला आदमी मुझसे जिरह करने बैठे, तो वह इन प्रकरणों पर कितना अधिक प्रकाश डालेगा? और यदि वह आलोचक की दृष्टि से इनकी छानबीन करे, तो कैसी कैसी 'पोलें' प्रकट करके दुनिया को हँसावेगा और स्वयं फूलकर कुप्पा बनेगा?

इस तरह सोचने पर क्षणभर के लिए मन में यही विचार आता है कि क्या इन प्रकरणों का लिखना बन्द कर देना ही अधिक उचित न होगा? किन्तु जब तक आरम्भ किया हुआ काम स्पष्ट रूप से अनीतिमय प्रतीत न हो तब तक उसे बन्द न किया जाय, इस न्याय से मैं इस निर्णय पर पहुँचा हूँ कि अन्तर्यामी रोकता नहीं उस समय तक ये प्रकरण मुझे लिखते रहना चाहिए।

यह कथा टीकाकारों को संतुष्ट करने के लिए नहीं लिखी जा रही है। सत्य के प्रयोगों में यह भी एक प्रयोग ही है। साथ ही, लिखने के पीछे यह दृष्टि तो है ही कि इससे साथियों को कुछ आश्वासन मिलेगा। इसका आरम्भ ही उनके संतोष के लिए किया गया है। यदि स्वामी आनन्द और जयरामदास मेरे पीछे न पड़ जाते, तो कदाचित् यह कथा आरम्भ ही न होती। अतएव इसके लिखने में यदि कोई दोष हो रहा हो तो उसमें वे हिस्सेदार हैं।

अब मैं शीर्षक के विषय पर आता हूँ। जिस प्रकार मैंने हिन्दुस्तानी मुहर्रिरों और दूसरों को घर में अपने कुटुम्बियों की तरह रखा था, उसी प्रकार मैं अंग्रेजों को भी रखने लगा। मेरा यह व्यवहार मेरे साथ रहनेवाले सब लोगों के अनुकूल न था। पर मैंने उन्हें हठ-पूर्वक अपने घर रखा था। कह नहीं सकता कि सबको रखने में मैंने हमेशा बुद्धिमानी ही की थी। कुछ सम्बन्धों के कड़वे अनुभव भी प्राप्त हुए थे। किन्तु ऐसे अनुभव तो देशी-विदेशी दोनों के सम्बन्ध में हुए। कड़वे अनुभवों के लिए मुझे पश्चात्ताप नहीं हुआ। कड़वे अनुभवों के होते हुए और यह जानते हुए भी कि मित्रों को असुविधा होती है और कष्ट उठाना पड़ता है, मैंने अपनी आदत नहीं बदली और मित्रों ने उसे उदारतापूर्वक सहन किया है।

नये-नये मनुष्यों के साथ के सम्बन्ध जब मित्रों के लिए दुःखद सिद्ध हुए हैं, तब उनका दोष उन्हें दिखाने में मैं हिचकिचाया नहीं हूँ। मेरी अपनी यह मान्यता है कि आस्तिक मनुष्यों में, जो अपने में विद्यमान ईश्वर को सबमें देखा चाहते हैं, सबके साथ अलिप्त होकर रहने की शक्ति आनी चाहिए। और ऐसी शक्ति तभी विकसित की जा सकती है, जब जहाँ-जहाँ अनखोजे अवसर आवें वहाँ-वहाँ उनसे दूर न भागकर नये-नये सम्पर्क स्थापित किये जाएँ और वैसा करते हुए भी राग-द्वेष से दूर रहा जाय।

इसलिए जब बोअर-ब्रिटिश युद्ध शुरू हुआ, तब अपना घर भरा होते हुए भी मैंने जोहानिस्बर्ग से आये हुए दो अंग्रेजों को अपने यहाँ टिका लिया। दोनों थियॉसॉफिस्ट थे। उनमें से एक का नाम किचन था। इनकी चर्चा हमें आगे भी करनी होगी। इन मित्रों के सहवास ने भी धर्मपत्नी को रूलाया ही था। मेरे कारण उसके हिस्से में रोने के अनेक अवसर आये हैं। बिना किसी परदे के इतने निकट सम्बन्ध में अंग्रेजों को घर में रखने का यह मेरा पहला अनुभव था। इंग्लैंड में मैं उनके घरों में अवश्य रहा था। पर उस समय मैं उनकी रहन-सहन की मर्यादा में रहा था और वह रहना लगभग होटल में रहने-जैसा था। यहाँ बात उससे उलटी थी। ये मित्र कुटुम्ब के व्यक्ति बन गये थे। उन्होंने बहुत-कुछ भारतीय रहन-सहन का अनुसरण किया था। यद्यपि घर के अन्दर बाहर का साज-सामान अंग्रेजी ढंग का था, तथापि अन्दर की रहन-सहन और खान-पान आदि मुख्यतः भारतीय थे। मुझे याद है कि इन मित्रों को रखनें में कई कठिनाइयाँ खड़ी हुई थीं, लेकिन मैं यह अवश्य कह सकता हूँ कि दोनों व्यक्ति घर के दूसरे लोगों के साथ पूरी तरह हिलमिल गये थे। जोहानिस्बर्ग में ये सम्बन्ध डरबन से भी अधिक आगे बढ़े।

१२. अंग्रेजों से परिचय

एक बार जोहानिस्बर्ग में मेरे पास चार हिन्दुस्तानी कारकुन हो गये थे। मैं नहीं कह सकता कि उन्हें कारकुन मानूँ या बेटे। किन्तु इससे मेरा काम न चला। टाइपिंग के बिना मेरा काम चल ही नहीं सकता था। टाइपिंग का जो थोड़ा-सा ज्ञान था सो मुझे ही था। इन चार नौजवानों में से दो को मैंने टाइपिंग सिखाया, किन्तु अंग्रेजी का ज्ञान कम होने से उनका टाइपिंग कभी अच्छा न हो सका।

हि.आ.-१८

फिर, उन्हींमें से मुझे हिसाबनवीस भी तैयार करने थे। नेटाल से अपनी इच्छानुसार मैं किसीको बुला न सकता था, क्योंकि बिना परवाने के कोई हिन्दुस्तानी दाखिल नहीं हो पाता था। और अपनी सुविधा के लिए मैं अधिकारियों से मेहरबानी की भीख माँगने को तैयार न था।

मैं परेशानी में पड़ गया। काम इतना बढ़ गया था कि कितनी ही मेहनत क्यों न की जाए, मेरे लिए यह सम्भव नहीं रहा कि वकालत और सार्वजनिक सेवा दोनों को ठीक से कर सकूँ।

मुहर्रिरी के लिए अंग्रेज स्त्री-पुरूषों के मिलने पर मैं उन्हें न रखूँ, ऐसी कोई बात नहीं थी। पर मुझे यह डर था कि 'काले' आदमी के यहाँ क्या गोरे नौकरी करेंगे? लेकिन मैंने प्रयत्न करने का निश्चय किया। टाइप राइटिंग एजेण्ट से मेरी थोड़ी पहचान थी। मैं उसके पास गया और उससे कहा कि जिसे काले आदमी के अधीन नौकरी करने में अड़चन न हो, ऐसे टाइप राइटिंग करनेवाले गोरे भाई या बहन को वह मेरे लिए खोज दे। दक्षिण अफ्रीका में शॉटहैण्ड लिखने और टाइप का काम करनेवाली अधिकतर बहनें ही होती हैं। इस एजेण्ट ने मुझे वचन दिया कि ऐसा आदमी प्राप्त करने का वह प्रयत्न करेगा। उसे मिस डिक नामक एक स्कॉच कुमारि का मिल गयी। यह महिला हाल ही स्कॉटलैण्ड से आयी थी। उसे प्रामाणिक नौकरी कहीं भी करने में कोई आपत्ति न थी। उसे तत्काल काम पर लगना था। उक्त एजेण्ट ने इस बहन को मेरे पास भेज दिया। उसे देखते ही मेरी आँखें उस पर टिक गयीं।

मैंने उससे पूछा, "आपको हिन्दुस्तानी आदमी के अधीन काम करने में कोई अड़चन तो नहीं है?"

उसने दृढ़ता-पूर्वक उत्तर दिया: "बिलकुल नहीं।"

"आप वेतन कितना लेंगी?"

उसने जवाब दिया: "क्या साढ़े सतरह पौण्ड आपके खयाल में अधिक होंगे?"

"आपसे मैं जितने काम की आशा रखता हूँ उतना काम आप करेंगी तब तो मैं इसे बिलकुल अधिक नहीं समझूँगा। आप काम पर कब से आ सकेंगी?"

"आप चाहें तो इसी क्षण से।"

मैं बहुत खुश हुआ और उस बहन को उसी समय अपने सामने बैठाकर मैंने पत्र लिखाना शुरू कर दिया।

उसने केवल मेरे कारकुन का ही नहीं, बल्कि मैं मानता हूँ कि सगी लड़की अथवा बहन का पद तुरन्त ही सहज भाव से ले लिया। मुझे उसे कभी ऊँची आवाज में कुछ कहना न पड़ा। शायद ही कभी उसके काम में कोई गलती निकालनी पड़ी हो। एक समय ऐसा था जब हजारों पौण्ड की व्यवस्था उसके हाथ में थी और वह हिसाब-किताब भी रखने लगी थी। उसने संपूर्ण रूप से मेरा विश्वास संपादन कर लिया था। लेकिन मेरे मन बड़ी बात यह थी कि मैं उसकी गुह्यतम भावनाओं को जानने जितना उसका विश्वास संपादन कर सका था। अपना साथी पसन्द करने में उसने मेरी सलाह ली थी। कन्यादान देने का सौभाग्य भी मुझे ही प्राप्त हुआ था। मिस डिक जब मिसेज मैकडॉनल्ड बन गयीं, तब उन्हें मुझसे अलग होना पड़ा, यद्यपि विवाह के बाद भी काम की अधिकता होने पर मैं जब चाहता उनसे काम ले लेता था।

किन्तु आफिस में एक स्थायी शॉर्टहैण्ड राइटर की आवश्यकता तो थी ही। एक महिला इसके लिए भी मिल गयी। नाम था मिस श्लेशिन। उसे मेरे पास लानेवाले मि० कैलनबैक थे, जिनका परिचय पाठकों को आगे चलकर होगा। इस समय यह महिला एक हाईस्कूल में शिक्षिका का काम कर रही है। जब वह मेरे पास आयी थी, उसकी उमर कोई सतरह साल की रही होगी। उसकी कुछ विचित्रताओं से मि० कैलनबैक और मैं हार जाते थे। वह नौकरी करने के विचार से नहीं आयी थी। उसे तो अनुभव कमाने थे। उसके स्वभाव में कहीं रंग-द्वेष तो था ही नहीं। उसे किसीकी परवाह भी नहीं थी। वह किसीका भी अपमान करने से डरती न थी और अपने मन में जिसके बारेमें जो विचार आते, सो कहने में संकोच न करती थी। अपने इस स्वभाव के कारण वह कभी-कभी मुझे परेशानी में डाल देती थी। लेकिन उसका सरल और शुद्ध स्वभाव सारी परेशानी दूर कर देता था। अंग्रेजी के उसके ज्ञान को मैंने हमेशा अपने से ऊँचा माना था। इस कारण और उसकी वफादारी पर पूरा विश्वास होने के कारण उसके द्वारा टाइप किये गये बहुत से पत्रों पर, उन्हें दुबारा जाँचे बिना ही, मैं हस्ताक्षर कर दिया करता था।

उसकी त्यागवृत्ति का पार न था। उसने एक लम्बे समय तक मुझसे प्रतिमास सिर्फ छह पौण्ड ही लिये और दस पौण्ड से अधिक वेतन लेने से तो उसने अन्त तक साफ इनकार किया। जब कभी मैं अधिक लेने को कहता, वह मुझे

धमकाती और कहती, “मैं वेतन लेने के लिए यहाँ नहीं रही हूँ। मुझे आपके साथ यह काम करना अच्छा लगता है और आपके आदर्श मुझे पसन्द हैं, इसीलिए मैं यहाँ टिकी हूँ।”

एक बार आवश्यकता होने से उसने मुझसे चालीस पौण्ड लिये थे, पर कर्ज के तौर पर। पिछले साल उसने वे सारे पैसे लौटा दिये।

जैसी उसकी त्यागवृत्ति तीव्र थी, वैसी ही उसकी हिम्मत भी थी। मुझे स्फटिक-मणि जैसी पवित्र और क्षत्रिय को भी चौंधियानेवाली वीरता से युक्त जिन महिलाओं के सम्पर्क में आनेका सौभाग्य प्राप्त हुआ है, उनमें से एक इस बाला को मैं मानता हूँ। अब तो वह बड़ी उमर की प्रौढ़ कुमारिका है। आज की उसकी मानसिक स्थिति से मैं पूरी तरह परिचित नहीं हूँ; पर मेरे अनुभवों में इस बाला का अनुभव मेरे लिए सदा पुण्य-स्मरण बना रहेगा। इसलिए मैं जो जानता हूँ वह न लिखूँ, तो सत्य का द्रोही बनूँ।

काम करने में उसने रात या दिन का कोई भेद कभी जाना ही नहीं। वह आधी रात को भी जहाँ जाना होता, अकेली चली जाती और अगर मैं किसीको उसके साथ भेजने का विचार करता, तो मुझे लाल आँखें दिखाती। हजारों बड़ी उमर के हिन्दुस्तानी भी उसे आदर की दृष्टि से देखते थे और उसका कहा करते थे। जब हम सब जेल में थे, शायद ही कोई जिम्मेदार आदमी बाहर रहा था, तब वह अकेली सत्याग्रह की समूची लड़ाई को संभाले हुए थी। स्थिति यह थी कि लाखों का हिसाब उसके हाथमें, सारा पत्र-व्यवहार उसके हाथ में और ‘इण्डियन ओपीनियन’ भी उसके हाथमें। फिर भी वह थकना तो जानती ही न थी।

मिस श्लेशिन के विषय में लिखते हुए मैं थक नहीं सकता। पर गोखले का प्रमाण-पत्र देकर मैं यह प्रकरण समाप्त करूँगा। गोखलेने मेरे सब साथियों का परिचय प्राप्त किया था। यह परिचय करके उन्हें बहुतों के विषय में बहुत संतोष हुआ था। उन्हें सबके चरित्र का मूल्यांकन करने का शौक था। सारे हिन्दुस्तानी तथा यूरोपियन साथियों में उन्होंने मिस श्लेशिन को प्रधानता दी थी। उन्होंने कहा था, “इतना त्याग, इतनी निर्भयता और इतनी कुशलता मैंने बहुत थोड़ों में देखी है। मेरी दृष्टि में तो मिस श्लेशिन तुम्हारे साथियों में प्रथम पद की अधिकारिणी है।

१३. 'इण्डियन ओपीनियन'

कुछ और भी दूसरे यूरोपियनों के गाढ़ परिचय की चर्चा करनी रह जाती है। पर उससे पहले दो-तीन महत्त्वपूर्ण बातों का उल्लेख करना आवश्यक है।

एक परिचय तो यहीं दे दूँ। मिस डिक को नियुक्त करके ही मैं अपना काम पूरा कर सकूँ ऐसी स्थिति न थी। मि० रीच के बारेमें मैं पहले लिख चुका हूँ। उनसे मेरा अच्छा परिचय था ही। वे एक व्यापारी फर्म के संचालक थे। मैंने उन्हें सुझाया कि वहाँ से मुक्त होकर वे मेरे साथ आर्टिकल क्लर्क का काम करें। मेरा सुझाव उन्हें पसन्द आया और वे आफिस में दाखिल हो गये। काम का मेरा बोझ हलका हो गया।

इसी अरसे में श्री मदनजीत ने 'इण्डियन ओपीनियन' अखबार निकालने का विचार किया। उन्होंने मेरी सलाह और सहायता माँगी। छापाखाना तो वे चला ही रहे थे। अखबार निकालने के विचार से मैं सहमत हुआ। सन् १९०४ में इस अखबार का जन्म हुआ। मनसुखलाल नाजर इसके संपादक बने। पर संपादन का सच्चा बोझ तो मुझ पर ही पड़ा। मेरे भाग्य में प्रायः हमेशा दूर से ही अखबार की व्यवस्था संभालने का योग रहा है।

मनसुखलाल नाजर संपादक का काम न कर सकें, ऐसी कोई बात नहीं थी। उन्होंने देश में कई अखबारों के लिए लेख लिखे थे, पर दक्षिण अफ्रीका के अटपटे प्रश्नों पर मेरे रहते उन्होंने स्वतंत्र लेख लिखने की हिम्मत नहीं की। उन्हें मेरी विवेक-शक्ति पर अत्यधिक विश्वास था। अतएव जिन-जिन विषयों पर कुछ लिखना ज़रूरी होता, उन पर लिखकर भेजने का बोझ वे मुझ पर डाल देते थे।

यह अखबार साप्ताहिक था, जैसा कि आज भी है। आरम्भ में तो वह गुजराती, हिन्दी, तामिल और अंग्रेजी में निकलता था। पर मैंने देखा कि तामिल और हिन्दी विभाग नाममात्र के थे। मुझे लगा कि उनके द्वारा समाज की कोई सेवा नहीं होती। उन विभागों को रखने में मुझे असत्य का आभास हुआ। अतएव उन्हें बन्द करके मैंने शान्ति प्राप्त की।

मैंने यह कल्पना नहीं की थी कि इस अखबार में मुझे कुछ अपने पैसे लगाने पड़ेंगे। लेकिन कुछ ही समय में मैंने देखा कि अगर मैं पैसे न दूँ, तो अखबार चल ही नहीं सकता। मैं अखबार का संपादक नहीं था। फिर भी हिन्दुस्तानी और

गोरे दोनों यह जानने लग गये थे कि उसके लेखों के लिए मैं ही जिम्मेदार था। अखबार न निकलता तो भी कोई हानि न होती। पर निकालने के बाद उसके बन्द होने से हिन्दुस्तानियों की बदनामी होगी और समाज को हानि पहुँचेगी, ऐसा मुझे प्रतीत हुआ।

मैं उसमें पैसे उँड़ेलता गया और कहा जा सकता है कि आखिर ऐसा भी समय आया, जब मेरी पूरी बचत उसी पर खर्च हो जाती थी। मुझे ऐसे समय की याद है, जब मुझे हर महीने ७५ पौण्ड भेजने पड़ते थे।

किन्तु इतने वर्षों के बाद मुझे लगता है कि इस अखबारने हिन्दुस्तानी समाज की अच्छी सेवा की है। इससे धन कमाने का विचार तो शुरू से ही किसीका नहीं था।

जब तक वह मेरे अधीन था, उसमें किये गये परिवर्तन मेरे जीवन में हुए परिवर्तनों के द्योतक थे। जिस तरह आज 'यंग इंडिया' और 'नवजीवन' मेरे जीवन के कुछ अंशों के निचोड़-रूप हैं, उसी तरह 'इण्डियन ओपीनियन' था। उसमें मैं प्रति सप्ताह अपनी आत्मा उँड़ेलता था और जिसे मैं सत्याग्रह के रूप में पहचानता था, उसे समझाने का प्रयत्न करता था। जेल के समयों को छोड़कर दस वर्षों के अर्थात् सन् १९१४ तक के 'इण्डियन ओपीनियन' के शायद ही कोई अंक ऐसे होंगे, जिन में मैंने कुछ लिखा न हो। इनमें मैंने एक भी शब्द बिना विचारे, बिना तौले लिखा हो या किसीको केवल खुश करने के लिए लिखा हो अथवा जान-बूझकर अतिशयोक्ति की हो, ऐसा मुझे याद नहीं पड़ता। मेरे लिए यह अखबार संयम की तालीम सिद्ध हुआ था। मित्रों के लिए वह मेरे विचारों को जानने का माध्यम बन गया था। आलोचकों को उसमें से आलोचना के लिए बहुत कम सामग्री मिल पाती थी। मैं जानता हूँ। कि उसके लेख आलोचकों को अपनी कलम पर अंकुश रखने के लिए बाध्य करते थे। इस अखबार के बिना सत्याग्रह की लड़ाई चल नहीं सकती थी। पाठक-समाज इस अखबार को अपना समझकर इसमें से लड़ाई का और दक्षिण अफ्रीका के हिन्दुस्तानियों की दशा का सही हाल जानता था।

इस अखबार के द्वारा मुझे मनुष्य के रंग-बिरंगे स्वभाव का बहुत ज्ञान मिला। संपादक और ग्राहक के बीच निकट का और स्वच्छ सम्बन्ध स्थापित करने की ही धारणा होने से मेरे पास हृदय खोलकर रख देनेवाले पत्रों का ढेर लग जाता

था। उसमें तीखे, कड़वे, मीठे यों भाँति-भाँति के पत्र मेरे नाम आते थे। उन्हें पढ़ना, उन पर विचार करना, उनमें से विचारों का सार लेकर उत्तर देना—यह सब मेरे लिए शिक्षा का उत्तम साधन बन गया था। मुझे ऐसा अनुभव हुआ मानो इसके द्वारा मैं समाज में चल रही चर्चाओं और विचारों को सुन रहा होऊँ। मैं संपादक के दायित्व को भलीभाँति समझने लगा और मुझे समाज के लोगों पर जो प्रभुत्व प्राप्त हुआ, उसके कारण भविष्य में होनेवाली लड़ाई संभव हो सकी, वह सुशोभित हुई और उसे शक्ति प्राप्त हुई।

'इण्डियन ओपीनियन' के पहले महीने के कामकाज से ही मैं इस परिणाम पर पहुँच गया था कि समाचारपत्र सेवाभाव से ही चलाने चाहिए। समाचारपत्र एक जबरदस्त शक्ति है, किन्तु जिस प्रकार निरंकुश पानी का प्रवाह गाँव के गाँव डुबो देता है और फसल को नष्ट कर देता है, उसी प्रकार कलम का निरंकुश प्रवाह भी नाश की सृष्टि करता है। यदि ऐसा अंकुश बाहर से आता है, तो वह निरंकुशता से भी अधिक विषैला सिद्ध होता है। अंकुश तो अंदर का ही लाभदायक हो सकता है।

यदि यह विचारधारा सच हो, तो दुनिया के कितने समाचारपत्र इस कसौटी पर खरे उतर सकते हैं? लेकिन निकम्मों को बन्द कौन करे? कौन किसे निकम्मा समझे? उपयोगी और निकम्मे दोनों साथ-साथ ही चलते रहेंगे। उनमें से मनुष्य को अपना चुनाव करना होगा।

१४. 'कुली-लोकेशन' अर्थात् भंगी-बस्ती?

हिन्दुस्तान में हम अपनी बड़ी से बड़ी सेवा करनेवाले ढेड़, भंगी इत्यादिको, जिन्हें हम अस्पृश्य मानते हैं, गाँव से बाहर अलग रखते हैं। गुजराती में उनकी बस्ती को 'ढेड़वाडा' कहते हैं, और इस नाम का उच्चारण करने में लोगों को नफरत होती है। इसी प्रकार यूरोप के ईसाई समाज में एक जमाना ऐसा था, जब यहूदी लोग अस्पृश्य माने जाते थे और उनके लिए जो ढेड़वाड़ा बसाया जाता था उसे 'घेटो' कहते थे। यह नाम असगुनिया माना जाता था। इसी तरह दक्षिण अफ्रीका में हम हिन्दुस्तानी लोग डेढ़ बन गये हैं। एण्ड्रूज के आत्म-बलिदान से और शास्त्रीजी की जादू की छड़ी से हमारी शुद्धि होगी और फलतः हम ढेड़ न रहकर सभ्य माने जाएँगे या नहीं, सो आगे देखना होगा।

हिन्दुओं की भाँति यहूदियों ने अपने को ईश्वर का प्रीतिपात्र और दूसरों को अप्रीति-पात्र मानकर जो अपराध किया था, उसका दण्ड उन्हें विचित्र और अनुचित रीति से प्राप्त हुआ था। लगभग उसी प्रकार हिन्दुओं ने भी अपने को सुसंस्कृत अथवा आर्य मानकर अपने ही एक अंग को प्राकृत, अनार्य अथवा ढेड़ माना है। अपने इस पाप का फल वे विचित्र रीति से और अनुचित ढंग से दक्षिण अफ्रीका आदि उपनिवेशों में भोग रहे हैं और मेरी यह धारणा है कि उसमें उनके पड़ोसी मुसलमान और पारसी भी, जो उन्हींके रंग के और देश के हैं, फँस गये हैं।

जोहानिस्बर्ग के कुली-लोकेशन को इस प्रकरण का विषय बनाने का हेतु अब पाठकों की समझ में कुछ-कुछ आ गया होगा। दक्षिण अफ्रीका में हम हिन्दुस्तानी 'कुली' के नाम से मशहूर हो गये हैं। यहाँ तो हम 'कुली' शब्द का अर्थ केवल मजदूर करते हैं। लेकिन दक्षिण अफ्रीका में इस शब्द का जो अर्थ होता था, उसे 'ढेड़', 'पंचम' आदि तिरस्कारवाचक शब्दों द्वारा ही सूचित किया जा सकता है। वहाँ 'कुलियों' के रहने के लिए जो अलग जगह रखी जाती है, वह 'कुली-लोकेशन' कही जाती है। जोहानिस्बर्ग में ऐसा एक 'लोकेशन' था। दूसरी सब जगहों में जो 'लोकेशन' बसाये गये थे और जो आज भी मौजूद हैं, उनमें हिन्दुस्तानियों को कोई मालिकी हक नहीं होता। पर इस जोहानिस्बर्गवाले लोकेशन में जमीन ९९ वर्ष के लिए पट्टे पर दी गयी थी। इसमें हिन्दुस्तानियों की आबादी अत्यन्त घनी थी। बस्ती बढ़ती थी, पर लोकेशन बढ़ नहीं सकता था। उसके पाखाने जैसे-तैसे साफ अवश्य होते थे, पर इसके सिवा म्युनिसिपैलिटी की ओर से और कोई विशेष देखरेख नहीं होती थी। वहाँ सड़क या रोशनी की व्यवस्था तो होती ही कैसे? इस प्रकार जहाँ लोगों के शौचादि से सम्बन्ध रखनेवाली व्यवस्था की भी किसीको चिन्ता न थी, वहाँ सफाई भला कैसे होती? जो हिन्दुस्तानी वहाँ बसे हुए थे, वे शहर की सफाई और आरोग्य इत्यादि के नियम जाननेवाले सुशिक्षित और आदर्श हिन्दुस्तानी नहीं थे कि उन्हें म्युनिसिपैलिटी की मदद की अथवा उनकी रहन-सहन पर म्युनिसिपैलिटी की देखरेख की आवश्यकता न हो। यदि वहाँ जंगल में मंगल कर सकनेवाले, धूल में से धान पैदा करने की शक्तिवाले हिन्दुस्तानी जाकर बसे होते, तो उनका इतिहास सर्वथा भिन्न होता। ऐसे लोग बड़ी संख्या में दुनिया के किसी भी भाग में परदेश जाकर बसते पाये नहीं जाते।

साधारणतः लोग धन और धन्धे के लिए परदेश जाते हैं। पर हिन्दुस्तान से मुख्यतः बड़ी संख्या में अपढ़, गरीब और दीन-दुःखी मजदूर ही गये थे। उन्हें तो पग-पग पर रक्षा की आवश्यकता थी। उनके पीछे-पीछे व्यापारी और दूसरे स्वतंत्र हिन्दुस्तानी जो गये, वे तो मुट्ठीभर ही थे।

इस प्रकार सफाई की रक्षा करनेवाले विभाग की अक्षम्य असावधानी के कारण और हिन्दुस्तानी बाशिन्दों के अज्ञान के कारण आरोग्य की दृष्टि से लोकेशन की स्थिति बेशक खराब थी। म्युनिसिपैलिटीने उसे सुधारने की थोड़ी भी उचित कोशिश नहीं की। परन्तु अपने ही दोष से उत्पन्न हुई खराबी को निमित्त बनाकर सफाई-विभाग ने उक्त लोकेशन को नष्ट करने का निश्चय किया और उस जमीन पर कब्जा करने का अधिकार वहाँ की धारासभा से प्राप्त किया। जिस समय मैं जोहानिस्बर्ग में जाकर बसा था, उस समय वहाँ की हालत ऐसी थी।

वहाँ रहनेवाले अपनी जमीन के मालिक थे, इसलिए उनको कुछ-न-कुछ नुकसानी देना ज़रूरी था। नुकसानी की रकम निश्चित करने के लिए एक खास अदालत कायम हुई थी। म्युनिसिपैलिटी जो रकम देने को तैयार हो उसे मकान-मालिक स्वीकार न करता, तो उक्त अदालत द्वारा ठहराई हुई रकम उसे मिलती थी। यदि म्युनिसिपैलिटी द्वारा सूचित रकम से अधिक रकम देने का निश्चय अदालत करती, तो मकान-मालिक के वकील का खर्च नियम के अनुसार म्युनिसिपैलिटी को चुकाना होता था।

इनमें से अधिकांश दावों में मकान-मालिकोंने मुझे अपना वकील किया था। मुझे इस काम से धन पैदा करने की इच्छा नहीं थी। मैंने उनसे कह दिया था: "अगर आप जीतेंगे तो म्युनिसिपैलिटी की तरफ से जो भी खर्च मिलेगा, उससे मैं संतोष कर लूँगा। आप हारें चाहे जीतें, यदि हर पट्टे के पीछे दस पौण्ड आप मुझे देंगे तो काफी होगा।" मैंने उन्हें बताया कि इसमें से भी आधी रकम गरीबों के लिए अस्पताल बनाने या ऐसे ही किसी सार्वजनिक काम में खर्च करने के लिए अलग रखने का मेरा इरादा है। स्वभावतः यह सुनकर सब बहुत खुश हुए।

लगभग सत्तर मामलों में से एक में ही हार हुई। अतएव मेरी फीसकी रकम काफी बढ़ गयी। पर उसी समय 'इण्डियन ओपीनियन' की माँग मेरे सिर पर लटक रही थी। अतएव लगभग सोलह सौ पौण्ड का चेक उसमें चला गया, ऐसा मेरा खयाल है।

इन दावों में मेरी मान्यता के अनुसार मैंने अच्छी मेहनत की थी। मुवक्किलों की तो मेरे पास भीड़ ही लगी रहती थी। इनमें से प्रायः सभी उत्तर हिन्दुस्तान के बिहार इत्यादि प्रदेशों से और दक्षिण के तामिल-तेलुगु प्रदेश से पहले इकरारनामे के अनुसार आये थे और बाद में मुक्त होने पर स्वतंत्र धन्धा करने लगे थे।

इन लोगोंने अपने खास दुःखों को मिटाने के लिए स्वतंत्र हिन्दुस्तानी व्यापारी-वर्ग के मण्डल से भिन्न एक मण्डल की रचना की थी। उनमें कुछ बहुत शुद्ध हृदय के, उदार भावनावाले और चारित्र्यवान हिन्दुस्तानी भी थे। उनके मुखिया का नाम श्री जयरामसिंह था। और मुखिया न होते हुए भी मुखिया जैसे ही दूसरे भाई का नाम श्री बदरी था। दोनों का देहान्त हो चुका है। दोनों की तरफ से मुझे बहुत अधिक सहायता मिली थी। श्री बदरी से मेरा बहुत अधिक परिचय हो गया था और उन्होंने सत्याग्रह में सबसे आगे रहकर हिस्सा लिया था। इन और ऐसे अन्य भाइयों के द्वारा मैं उत्तर-दक्षिण के बहुसंख्यक हिन्दुस्तानियों के निकट परिचय में आया था और उनका वकील ही नहीं, बल्कि भाई बनकर रहा था तथा उनके तीनों प्रकार के दुःखों में उनका साझी बना था। सेठ अब्दुल्ला ने मुझे 'गांधी' नाम से पहचानने से इनकार कर दिया। 'साहब' तो मुझे कहता और मानता ही कौन? उन्होंने एक अतिशय प्रिय नाम खोज लिया। वे मुझे 'भाई' कह कर पुकारने लगे। दक्षिण अफ्रीका में अन्त तक मेरा यही नाम रहा। लेकिन जब ये गिरमिट-मुक्त हिन्दुस्तानी मुझे 'भाई' कहकर पुकारते थे, तब मुझे उसमें एक खास मिठास का अनुभव होता था।

१५. महामारी—१

म्युनिसिपैलिटी ने इस लोकेशन का मालिकी पट्टा लेने के बाद तुरन्त ही वहाँ रहनेवाले हिन्दुस्तानियों को हटाया नहीं था। उन्हें दूसरी अनुकूल जगह देना तो ज़रूरी था ही। म्युनिसिपैलिटी ने यह जगह निश्चित नहीं की थी। इसलिए हिन्दुस्तानी लोग उसी 'गन्दे' लोकेशन में रहे। लेकिन दो परिवर्तन हुए। हिन्दुस्तानी लोग मालिक न रहकर म्युनिसिपल विभाग के किरायेदार बने और लोकेशन की गन्दगी बढ़ी। पहले जब हिन्दुस्तानियों का मालिकी हक माना जाता था, उस समय वे इच्छा से नहीं तो डर के मारे ही कुछ-न-कुछ सफाई रखते थे। अब म्युनिसिपैलिटी को भला किसका डर था? मकानों में किरायेदार बढ़े और उसके

साथ गन्दगी तथा अव्यवस्था भी बढ़ी।

इस तरह चल रहा था। हिन्दुस्तानियों के दिलों में इसके कारण बेचैनी थी ही। इतने में अचानक भयंकर महामारी फूट निकली। यह महामारी प्राणघातक थी। यह फेफड़ों की महामारी थी। गाँठवाली महामारी की तुलना में यह अधिक भयंकर मानी जाती थी।

सौभाग्य से महामारी का कारण यह लोकेशन नहीं था। उसका कारण जोहानिस्बर्ग के आस-पास की अनेक सोने की खानों में से एक खान थी। वहाँ मुख्य रूप से हब्शी काम करते थे। उनकी स्वच्छता की जिम्मेदारी केवल गोरे मालिकों के सिर थी। इस खान में कुछ हिन्दुस्तानी भी काम करते थे। उनमें से तेईस को अचानक छूत लगी और एक दिन शाम को भयंकर महामारी के शिकार बनकर वे लोकेशनवाले अपने घरों में आये।

उस समय भाई मदनजीत 'इण्डियन ओपीनियन' के ग्राहक बनाने और चन्दा वसूल करने के लिए वहाँ आये थे। वे लोकेशन में घूम-फिर रहे थे। उनमें निर्भयता का बढ़िया गुण था। ये बीमार उनके देखने में आये और उनका हृदय व्यथित हुआ। उन्होंने पेन्सिल से लिखी एक पर्ची मुझे भेजी। उसका भावार्थ यह था:

"यहाँ अचानक भयंकर महामारी फूट पड़ी है। आपको तुरन्त आकर कुछ करना चाहिए, नहीं तो परिणाम भयंकर होगा। तुरन्त आइये।"

मदनजीतने एक खाली पड़े हुए मकान का ताला निडरता-पूर्वक तोड़कर उस पर कब्जा कर लिया और उसमें इन बीमारों को रख दिया। मैं अपनी साइकल पर लोकेशन पहुँचा। वहाँ से टाउन-क्लर्क को सब जानकारी भेजी और यह सूचित किया कि किन परिस्थितियों में मकान पर कब्जा किया गया था।

डॉ॰ विलियम गॉडफ्रे जोहानिस्बर्ग में डॉक्टरी करते थे। समाचार मिलते ही वे दौड़े आये और बीमारों के डॉक्टर तथा नर्स का काम करने लगे। पर हम तीन आदमी तेईस बीमारों को संभाल नहीं सकते थे।

अनुभव के आधार पर मेरा यह विश्वास बना है कि भावना शुद्ध हो, तो संकट का सामना करने के लिए सेवक और साधन मिल ही जाते हैं। मेरे आफिस में कल्याणदास, माणेकलाल और दूसरे दो हिन्दुस्तानी थे। अन्तिम दो के नाम इस समय याद नहीं हैं। कल्याणदास को उनके पिताने मुझे सौंप दिया था। उनके जैसे परोपकारी और आज्ञा-पालन में विश्वास रखनेवाले सेवक मैंने वहाँ थोड़े

ही देखे होंगे। सौभाग्य से कल्याणदास उस समय ब्रह्मचारी थे। इसलिए उन्हें चाहे जैसा जोखिम का काम सौंपने में मैंने कभी संकोच नहीं किया। दूसरे माणेकलाल मुझे जोहानिस्बर्ग में मिल गये थे। मेरा खयाल है कि वे भी कुँवारे थे। मैंने अपने इन चारों मुहर्रिरों, साथियों अथवा पुत्रों—कुछ भी कह लीजिए— को होमने का निश्चय किया। कल्याणदास को तो पूछना ही क्या था? दूसरे तीन भी पूछते ही तैयार हो गये। "जहाँ आप वहाँ हम" यह उनका छोटा और मीठा जवाब था।

मि० रिच का परिवार बड़ा था। वे स्वयं तो इस काम में कूद पड़ने को तैयार थे, पर मैंने उन्हें रोका। मैं उन्हें संकट में डालने के लिए बिलकुल तैयार न था। ऐसा करने की मुझमें हिम्मत न थी। पर उन्होंने बाहर का सब काम किया।

शुश्रूषा की वह रात भयानक थी। मैंने बहुत से बीमारों की सेवा-शुश्रूषा की थी, पर प्लेग के बीमारों की सेवा-शुश्रूषा करने का अवसर मुझे कभी नहीं मिला था। डॉ० गॉडफ्रे की हिम्मत ने हमें निडर बना दिया था। बीमारों की विशेष सेवा-चाकरी कर सकने जैसी स्थिति नहीं थी। उन्हें दवा देना, ढाढ़स बँधाना, पानी पिलाना और उनका मल-मूत्र आदि साफ करना, इसके सिवा विशेष कुछ करने को था ही नहीं।

चारों नौजवानों की तनतोड़ मेहनत और निडरता देखकर मेरे हर्ष की सीमा न रही।

डॉ० गॉडफ्रे की हिम्मत समझ में आ सकती है। मदनजीत की भी समझी जा सकती है। पर इन नौजवानों की हिम्मत का क्या? रात जैसे-तैसे बीती। जहाँ तक मुझे याद है उस रात हमने किसी बीमार को नहीं खोया।

पर यह प्रसंग जितना करूणाजनक है, उतना ही रसपूर्ण और मेरी दृष्टि से धार्मिक भी है। अतएव इसके लिए अभी दूसरे दो प्रकरणों की ज़रूरत तो रहेगी ही।

१६. महामारी—२

इस प्रकार मकान और बीमारों को अपने कब्जे में लेने के लिए टाउनक्लर्क ने मेरा उपकार माना और प्रामाणिकता से स्वीकार किया: "हमारे पास ऐसी परिस्थिति में अपने-आप अचानक कुछ कर सकने के लिए कोई साधन नहीं हैं। आपको जो मदद चाहिए, आप माँगिये। टाउन-कौंसिल से जितनी मदद बन सकेगी उतनी वह करेगी।" पर उपयुक्त उपचार के प्रति सजग बनी हुई इस

म्युनिसिपैलिटी ने स्थिति का सामना करने में देर न की।

दूसरे दिन मुझे एक खाली पड़े हुए गोदाम का कब्जा दिया और बीमारों को वहाँ ले जाने की सूचना की। पर उसे साफ करने का भार म्युनिसिपैलिटीने नहीं उठाया। मकान मैला और गन्दा था। मैंने खुद ही उसे साफ किया। खटिया वगैरा सामान उदार हृदय के हिन्दुस्तानियों की मदद से इकट्ठा किया और तत्काल एक कामचलाऊ अस्पताल खड़ा कर लिया। म्युनिसिपैलिटी ने एक नर्स भेज दी और उसके साथ ब्राण्डी की बोतल और बीमारों के लिए अन्य आवश्यक वस्तुएँ भेजीं। डॉ० गोडफ्रे का चार्ज कायम रहा।

हम नर्स को क्वचित् ही बीमारों को छूने देते थे। नर्स स्वयं छूने को तैयार थी। वह भले स्वभाव की स्त्री थी। पर हमारा प्रयत्न यह था कि उसे संकट में न पड़ने दिया जाय।

बीमारों को समय-समय पर ब्राण्डी देने की सूचना थी। रोग की छूत से बचने के लिए नर्स हमें भी थोड़ी ब्राण्डी लेने को कहती और खुद भी लेती थी। हममें कोई ब्राण्डी लेनेवाला न था। मुझे तो बीमारों को भी ब्राण्डी देने में श्रद्धा न थी। डॉ० गॉडफ्रे की इजाजत से तीन बीमारों पर, जो ब्राण्डी के बिना रहने को तैयार थे और मिट्टी के प्रयोग करने को राजी थे, मैंने मिट्टी का प्रयोग शुरू किया और उनके माथे और छाती में जहाँ-जहाँ दर्द होता था वहाँ-वहाँ मिट्टी की पट्टी रखी। इन तीन बीमारों में से दो बचे। बाकी सब बीमारों का देहान्त हो गया। बीस बीमार तो इस गोदाम में ही चल बसे।

म्युनिसिपैलिटी की दूसरी तैयारियाँ चल रही थीं। जोहानिस्बर्ग से सात मील दूर एक 'लेज़रेटो' अर्थात् संक्रामक रोगों के लिए बीमारों का अस्पताल था। वह तम्बू खड़े करके इन तीन बीमारों को उनमें पहुँचाया गया। भविष्य में महामारी के शिकार होनेवालों को भी वहीं ले जाने की व्यवस्था की गयी। हमें इस काम से मुक्ति मिली। कुछ ही दिनों बाद हमें मालूम हुआ कि उक्त भली नर्स को महामारी हो गयी थी और उसी में उसका देहान्त हुआ। वे बीमार कैसे बचे और हम महामारी से किस कारण मुक्त रहे, सो कोई कह नहीं सकता। पर मिट्टी के पचार के प्रति मेरी श्रद्धा और दवा के रूप में भी शराब के उपयोग के प्रति मेरी अश्रद्धा बढ़ गयी। मैं जानता हूँ कि यह श्रद्धा और अश्रद्धा दोनों निराधार मानी जाएँगी। पर उस समय मुझ पर जो छाप पड़ी थी और जो अभी तक बनी

हुई है उसे मैं मिटा नहीं सकता। अतएव इस अवसर पर उसका उल्लेख करना आवश्यक समझता हूँ।

इस महामारी के शुरू होते ही मैंने तत्काल समाचारपत्रों के लिए एक कड़ा पत्र लिखा था और उसमें लोकेशन को अपने हाथ में लेने के बाद से बढ़ी हुई म्युनिसिपैलिटी की लापरवाही की और महामारी के लिए उसकी जवाबदारी की चर्चा की थी। इस पत्रने मुझे मि० हेनरी पोलाक से मिला दिया था और यही पत्र स्व० जोसेफ डोक के परिचय का एक कारण बन गया था।

पिछले प्रकरणों में मैं लिख चुका हूँ कि मैं एक निरामिष भोजनालय में भोजन करने जाता था। वहाँ मि० आल्बर्ट वेस्ट से मेरी जान-पहचान हुई थी। हम प्रतिदिन शाम को इस भोजनालय में मिलते और भोजन के बाद साथ में घूमने जाया करते थे। वेस्ट एक छोटे- से छापाखाने के साझेदार थे। उन्होंने समाचारपत्रों में महामारी विषयक मेरा पत्र पढ़ा और भोजन के समय मुझे भोजनालय में न देखकर वे घबरा गये।

मैंने और मेरे साथी सेवकों ने महामारी के दिनों में अपना आहार घटा लिया था। एक लम्बे समय से मेरा अपना यह नियम था कि जब आस-पास महामारी की हवा हो तब पेट जितना हलका रहे उतना ही अच्छा। इसलिए मैंने शामका खाना बन्द कर दिया था और दोपहर को दूसरे भोजन करनेवालों को सब प्रकार के भय से दूर रखने के लिए मैं ऐसे समय पहुँचकर खा आता था जब दूसरे कोई पहुँचे न होते थे। भोजनालय के मालिक से मेरी गहरी जान-पहचान हो गयी थी। मैंने उससे कह रखा था कि चूँकि मैं महामारी के बीमारों की सेवा में लगा हूँ, इसलिए दूसरों के सम्पर्क में कम-से-कम आना चाहता हूँ।

यों मुझे भोजनालय में न देखने के कारण दूसरे या तीसरे ही दिन सबेरे-सबेरे जब मैं बाहर निकलने की तैयारी में लगा था, वेस्टने मेरे कमरे का दरवाजा खटखटाया। दरवाजा खोलते ही वेस्ट बोले:

"आपको भोजनालय में न देखकर मैं घबरा उठा था कि कहीं आपको तो कुछ नहीं हो गया। इसलिए यह सोचकर कि इस समय आप मिल ही जाएँगे, मैं यहाँ आया हूँ। मेरे कर सकने योग्य कोई मदद हो तो मुझसे कहिये। मैं बीमारों की सेवा-शुश्रूषा के लिए भी तैयार हूँ। आप जानते हैं कि मुझ पर अपना पेट भरने के सिवा और कोई जवाबदारी नहीं है।"

मैंने वेस्ट का आभार माना। मुझे याद नहीं पड़ता कि मैंने विचार के लिए एक मिनिट भी लगाया हो। तुरन्त कहा :

"आपको नर्स के रूप में तो मैं कभी न लूँगा। अगर नये बीमार न निकले तो हमारा काम एक-दो दिन में ही पूरा हो जाएगा। लेकिन एक काम अवश्य है।"

"कौनसा ?"

"क्या डरबन पहुँचकर आप 'इण्डियन ओपीनियन' प्रेस का प्रबन्ध अपने हाथ में लेंगे ? मदनजीत तो अभी यहाँ के काम में व्यस्त हैं। परन्तु वहाँ किसीका जाना ज़रूरी है। आप चले जाएँ तो उस तरफ की मेरी चिन्ता बिलकुल कम हो जाय।"

वेस्ट ने जवाब दिया : "यह तो आप जानते हैं कि मेरा अपना छापाखाना है। बहुत संभव है कि मैं जाने को तैयार हो जाऊँ। आखिरी जवाब आज शाम तक दूँ तो चलेगा न ? घूमने निकल सकें तो उस समय हम बात कर लेंगे।"

मैं प्रसन्न हुआ। उसी दिन शाम को थोड़ी बातचीत की। वेस्ट को हर महीने दस पौण्ड का वेतन और छापाखाने में कुछ मुनाफा हो तो उसका अमुक भाग देने का निश्चय किया। वेस्ट वेतन के लिए तो जा नहीं रहे थे। इसलिए वेतन का सवाल उनके सामने नहीं था। दूसरे ही दिन रात की मेल से वे डरबन के लिए रवाना हुए और अपनी उगाही का काम मुझे सौंपते गये। उस दिन से लेकर मेरे दक्षिण अफ्रीका छोड़ने के दिन तक वे मेरे सुख-दुःख के साथी रहे। वेस्ट का जन्म विलायत के एक परगने के लाउथ नामक गाँव के एक किसान-परिवार में हुआ था। उन्हें साधारण स्कूली शिक्षा प्राप्त हुई थी। वे अपने परिश्रम से अनुभव की पाठशाला में शिक्षा पाकर तैयार हुए शुद्ध, संयमी, ईश्वर से डरनेवाले, साहसी और परोपकारी अंग्रेज थे। मैंने उन्हें हमेशा इसी रूप में जाना है। उनका और उनके कुटुम्ब का परिचय इन प्रकरणों में हमें आगे अधिक होनेवाला है।

१७. लोकेशन की होली

यद्यपि बीमारों की सेवा-शुश्रूषा से मैं और मेरे साथी मुक्त हो चुके थे, फिर भी महामारी के कारण उत्पन्न दूसरे कामों की जवाबदारी तो सिर पर थी ही।

म्युनिसिपैलिटी लोकेशन की स्थिति के बारेमें भले ही लापरवाह हो, पर गोरे नागरिकों के आरोग्य के विषय में तो वह चौबीसों घंटे जाग्रत रहती थी। उनके आरोग्य की रक्षा के लिए पैसा खर्च करने में उसने कोई कसर न रखी।

और इस मौके पर महामारी को आगे बढ़ने से रोकने के लिए तो उसने पानी की तरह पैसे बहाये। मैंने हिन्दुस्तानियों के प्रति म्युनिसिपैलिटी के व्यवहार में बहुत से दोष देखे थे। फिर भी गोरों के लिए बरती गयी इस सावधानी के लिए मैं म्युनिसिपैलिटी का आदर किये बिना न रह सका, और उसके इस शुभ प्रयत्न में मुझसे जितनी मदद बन पड़ी मैंने दी। मैं मानता हूँ कि मैंने वैसी मदद न दी होती तो म्युनिसिपैलिटी के लिए काम मुश्किल हो जाता और कदाचित् वह बंदूक के बलका उपयोग करती—करने में हिचकिचाती नहीं—और अपना चाहा सिद्ध करती।

पर वैसा कुछ हो नहीं पाया। हिन्दुस्तानियों के व्यवहार से म्युनिसिपैलिटी के अधिकारी खुश हुए और बाद का कितना ही काम सरल हो गया। म्युनिसिपैलिटी की माँगों के अनुकूल बरताव कराने में मैंने हिन्दुस्तानियों पर अपने प्रभाव का पूरा-पूरा उपयोग किया। हिन्दुस्तानियों के लिए यह सब करना बहुत कठिन था, पर मुझे याद नहीं पड़ता कि उनमें से एकने भी मेरी बात को टाला हो।

लोकेशन के आस-पास पहरा बैठ गया। बिना इजाजत न कोई लोकेशन के बाहर जा सकता था और न बिना इजाजत कोई अन्दर घुस सकता था। मुझे और मेरे साथियों को स्वतंत्रता-पूर्वक अन्दर जाने के परवाने दिये गये थे। म्युनिसिपैलिटी का इरादा यह था कि लोकेशन में रहनेवाले सब लोगों को तीन हफ्तों के लिए जोहानिस्बर्ग से तेरह मील दूर एक खुले मैदान में तम्बू गाड़कर बसाया जाए और लोकेशन को जला दिया जाय। डेरे-तम्बू की नई बस्ती बसाने में और वहाँ रसद इत्यादि सामान पहुँचाने में कुछ दिन तो लगते ही। इस बीच के समय के लिए उक्त पहरा बैठाया गया था।

लोग बहुत घबराये। लेकिन चूँकि मैं उनके साथ था, इसलिए उन्हें तसल्ली थी। उनमें से बहुतेरे गरीब अपने पैसे घरों में गाड़कर रखते थे। अब पैसे वहाँ से हटाना ज़रूरी हो गया। उनका कोई बैंक न था। बैंक का तो वे नाम भी न जानते थे। मैं उनका बैंक बना। मेरे यहाँ पैसों का ढेर लग गया। ऐसे समय मैं कोई मेहनताना तो ले ही नहीं सकता था। जैसे-तैसे मैंने इस काम को पूरा किया। हमारे बैंक के मैनेजर से मेरी अच्छी जान-पहचान थी। मैंने उनसे कहा कि मुझे उनके बैंक में बहुत बड़ी रकम जमा करनी होगी। बैंक ताँबे और चाँदी के सिक्के बड़ी संख्या में लेने को तैयार नहीं होते। इसके सिवा, महामारी के क्षेत्र से

आनेवाले पैसों को छूने में मुहर्रिर लोग आनाकानी करें, इसकी भी संभावना थी। मैनेजरने मेरे लिए सब प्रकार की सुविधा कर दी। यह तय हुआ कि जंतु-नाशक पानी से धोकर पैसे बैंक में भेज दिये जाएँ। मुझे याद है कि इस तरह लगभग साठ हजार पौण्ड बैंक में जमा किये गये थे। जिन के पास अधिक रकमें थीं उन मुवक्किलों को एक निश्चित अवधि के लिए अपनी रकम ब्याज पर रखने की सलाह मैंने दी। इस प्रकार अलग-अलग मुवक्किलों के नाम कुछ रकमें जमा की गयीं। इसका परिणाम यह हुआ कि उनमें से कुछ लोग बैंक में पैसे रखने के आदी हो गये। लोकेशन में रहनेवालों को एक स्पेशल ट्रेन में जोहानिस्बर्ग के पास क्लिपस्प्रुट फार्म पर ले जाया गया। वहाँ उनके लिए खाने-पीने की व्यवस्था म्युनिसिपैलिटी ने अपने खर्च से की। तंबुओं में बसे इस गाँव का दृश्य सिपाहियों की छावनी-जैसा था। लोगों को इस तरह रहने की आदत नहीं थी। इससे उन्हें मानसिक दुःख हुआ, नया नया-सा लगा। किन्तु कोई खास तकलीफ नहीं उठानी पड़ी। मैं हर रोज एक बार साइकल पर वहाँ हो आता था। इस तरह तीन हफ्ते खुली हवा में रहने से लोगों के स्वास्थ्य में अवश्य ही सुधार हुआ और मानसिक दुःख को तो वे पहले चौबीस घंटों के अंदर ही भूल गये। अतएव बाद में वे आनन्द से रहने लगे। मैं जब भी वहाँ जाता, उन्हें भजन-कीर्तन और खेल-कूद में ही लगा पाता।

जैसा कि मुझे याद है, जिस दिन लोकेशन खाली किया गया उसके दूसरे दिन उसकी होली की गयी। म्युनिसिपैलिटीने उसकी एक भी चीज बचाने का लोभ नहीं किया। इन्हीं दिनों और इसी निमित्त से म्युनिसिपैलिटी ने अपने मार्केट की सारी इमारती लकड़ी भी जला डाली और लगभग दस हजार पौण्ड का नुकसान सहन किया। मार्केट में मरे हुए चूहे मिले थे, इस कारण यह कठोर कार्रवाई की गयी थी। खर्च तो बहुत हुआ, पर परिणाम यह हुआ कि महामारी आगे बिलकुल न बढ़ सकी। शहर निर्भय बना।

१८. एक पुस्तक का चमत्कारी प्रभाव

इस महामारीने गरीब हिन्दुस्तानियों पर मेरे प्रभावको, मेरे धन्धे को और मेरी जिम्मेदारी को बढ़ा दिया। साथ ही, यूरोपियनों के बीच मेरी बढ़ती हुई कुछ जान-पहचान भी इतनी निकट की होती गयी कि उसके कारण भी मेरी जिम्मेदारी बढ़ने लगी।

जिस तरह वेस्ट से मेरी जान-पहचान निरामिषाहारी भोजन-गृह में हुई, उसी तरह पोलाक के विषय में हुआ। एक दिन जिस मेज पर मैं बैठा था, उससे दूर की दूसरी मेज पर एक नौजवान भोजन कर रहे थे। उन्होंने मिलने की इच्छा से मुझे अपने नाम का कार्ड भेजा। मैंने उन्हें अपनी मेज पर आने के लिए निमंत्रित किया। वे आये।

"मैं 'क्रिटिक' का उप-संपादक हूँ। महामारी-विषयक आपका पत्र पढ़ने के बाद मुझे आपसे मिलने की बड़ी इच्छा हुई। आज मुझे यह अवसर मिल रहा है।"

मि० पोलाक की शुद्ध भावना से मैं उनकी ओर आकर्षित हुआ। पहली ही रात में हम एक-दूसरे को पहचान ने लग गये और जीवन-विषयक अपने विचारों में हमें बहुत साम्य दिखायी पड़ा। उन्हें सादा जीवन पसंद था। एक बार जिस वस्तु को उनकी बुद्धि कबूल कर लेती, उस पर अमल करने की उनकी शक्ति मुझे आश्चर्यजनक मालूम हुई। उन्होंने अपने जीवन में कई परिवर्तन तो एकदम कर लिये।

'इण्डियन ओपीनियन' का खर्च बढ़ता जाता था। वेस्ट की पहली ही रिपोर्ट मुझे चौंकानेवाली थी। उन्होंने लिखा: "आपने जैसा कहा था वैसा मुनाफा मैं इस काम में नहीं देखता। मुझे तो नुकसान ही नजर आता है। बहीखातों की अव्यवस्था है। उगाही बहुत है। पर वह बिना सिर-पैर की है। बहुत से फेरफार करने होंगे। पर इस रिपोर्ट से आप घबराइये नहीं। मैं सारी बातों को व्यवस्थित बनाने की भरसक कोशिश करूँगा। मुनाफा नहीं है, इसके लिए मैं इस काम को छोड़ूँगा नहीं।"

यदि वेस्ट चाहते तो मुनाफा न होता देखकर काम छोड़ सकते थे और मैं उन्हें किसी तरह का दोष न दे सकता था। यही नहीं, बल्कि बिना जाँच-पड़ताल किये इसे मुनाफेवाला काम बताने का दोष मुझ पर लगाने का उन्हें अधिकार था। इतना सब होने पर भी उन्होंने मुझे कभी कड़वी बात तक नहीं सुनायी। पर

मैं मानता हूँ कि इस नई जानकारी के कारण वेस्ट की दृष्टि में मेरी गिनती उन लोगों में हुई होगी, जो जल्दी में दूसरों का विश्वास कर लेते हैं। मदनजीत की धारणा के बारेमें पूछताछ किये बिना उनकी बात पर भरोसा करके मैंने वेस्ट से मुनाफे की बात कही थी। मेरा खयाल है कि सार्वजनिक काम करनेवाले को ऐसा विश्वास न रखकर वही बात कहनी चाहिए जिसकी उसने स्वयं जाँच कर ली हो। सत्य के पुजारी को तो बहुत सावधानी रखनी चाहिए। पूरे विश्वास के बिना किसीके मन पर आवश्यकता से अधिक प्रभाव डालना भी सत्य को लांछित करना है। मुझे यह कहते दुःख होता है कि इस वस्तु को जानते हुए भी जल्दी में विश्वास करके काम हाथ में लेने की अपनी प्रकृति को मैं पूरी तरह सुधार नहीं सका। इसमें मैं अपनी शक्ति से अधिक काम करने के लोभ का दोष देखता हूँ। इस लोभ के कारण मुझे जितना बेचैन होना पड़ा है, उसकी अपेक्षा मेरे साथियों को कहीं अधिक बेचैन होना पड़ा है।

वेस्ट का ऐसा पत्र आने से मैं नेटाल के लिए रवाना हुआ। पोलाक तो मेरी सब बातें जानने लगे ही थे। वे मुझे छोड़ने स्टेशन तक आये और यह कहकर कि "यह पुस्तक रास्ते में पढ़ने योग्य है; आप इसे पढ़ जाइए, आपको पसन्द आयेगी।" उन्होंने रस्किन की 'अण्टु धिस लास्ट' पुस्तक मेरे हाथ में रख दी।

इस पुस्तक को हाथ में लेने के बाद मैं छोड़ ही न सका। इसने मुझे पकड़ लिया। जोहानिस्बर्ग से नेटाल का रास्ता लगभग चौबीस घंटों का था। ट्रेन शाम को डरबन पहुँचती थी। पहुँचने के बाद मुझे सारी रात नींद न आयी। मैंने पुस्तक में सूचित विचारों को अमल में लाने का इरादा किया।

इससे पहले मैंने रस्किन की एक भी पुस्तक नहीं पढ़ी थी। विद्याध्ययन के समय में पाठ्यपुस्तकों के बाहर की मेरी पढ़ाई लगभग नहीं के बराबर मानी जाएगी। कर्मभूमि में प्रवेश करने के बाद समय बहुत कम बचता था। आज भी यही कहा जा सकता है। मेरा पुस्तकीय ज्ञान बहुत ही कम है। मैं मानता हूँ कि इस अनायास अथवा बरबस पाले गये संयम से मुझे कोई हानि नहीं हुई। बल्कि जो थोड़ी पुस्तकें मैं पढ़ पाया हूँ, कहा जा सकता है कि उन्हें मैं ठीक से हजम कर सका हूँ। इन पुस्तकों में से जिसने मेरे जीवन में तत्काल महत्त्व के रचनात्मक परिवर्तन कराये, वह 'अण्टु धिस लास्ट' ही कही जा सकती है। बाद में मैंने उसका गुजराती अनुवाद किया और वह 'सर्वोदय' के नाम से छपा।

मेरा यह विश्वास है कि जो चीज मेरे अन्दर गहराई में छिपी पड़ी थी, रस्किन के ग्रंथरत्न में मैंने उसका स्पष्ट प्रतिबिम्ब देखा। और इस कारण उसने मुझ पर अपना साम्राज्य जमाया और मुझसे उसमें दिये गये विचारों पर अमल करवाया। जो मनुष्य हममें सोयी हुई उत्तम भावनाओं को जाग्रत करने की शक्ति रखता है, वह कवि है। सब कवियों का सब लोगों पर समान प्रभाव नहीं पड़ता, क्योंकि सबके अन्दर सारी सद्‌भावनायें समान मात्रा में नहीं होतीं।

मैं 'सर्वोदय' के सिद्धान्तों को इस प्रकार समझा हूँः

१. सबकी भलाई में हमारी भलाई निहित है।

२. वकील और नाई दोनों के काम की कीमत एकसी होनी चाहिए, क्योंकि आजीविका का अधिकार सबको एक समान है।

३. सादा मेहनत-मजदूरीका, किसान का जीवन ही सच्चा जीवन है।

पहली चीज मैं जानता था। दूसरी को मैं धुँधले रूप में देखता था। तीसरी का मैंने कभी विचार ही नहीं किया था। 'सर्वोदय' ने मुझे दीये की तरह दिखा दिया कि पहली चीज में दूसरी दोनों चीजें समायी हुई हैं। सवेरा हुआ और मैं इन सिद्धान्तों पर अमल करने के प्रयत्न में लगा।

१९. फीनिक्स की स्थापना

सवेरे सबसे पहले तो मैंने वेस्ट से बात की। मुझ पर 'सर्वोदय' का जो प्रभाव पड़ा था, वह मैंने उन्हें सुनाया और सुझाया कि 'इण्डियन ओपीनियन' को एक खेत पर ले जाना चाहिए। वहाँ सब अपने खान-पान के लिए आवश्यक खर्च समान रूप से लें। सब अपने-अपने हिस्से की खेती करें और बाकी के समय में 'इण्डियन ओपीनियन' का काम करें। वेस्ट ने इस सुझाव को स्वीकार किया। हरएक के भोजन आदि का खर्च कम से कम तीन पौण्ड हो ऐसा हिसाब बैठाया। इसमें गोरे-काले का भेद नहीं रखा गया था।

लेकिन प्रेस में तो लगभग दस कार्यकर्ता थे। एक सवाल यह था कि सबके लिए जंगल में बसना अनुकूल होगा या नहीं और दूसरा सवाल यह था कि ये सब खाने-पहनने की आवश्यक सामग्री बराबरी से लेने के लिए तैयार होंगे या नहीं। हम दोनोंने तो यह निश्चय किया कि जो इस योजना में सम्मिलित न हो सकें वे अपना वेतन लें और आदर्श यह रहे कि धीरे-धीरे सब संस्था में रहनेवाले बन जाएँ।

इस दृष्टि से मैंने कार्यकर्ताओं से बातचीत शुरू की। मदनजीत के गले तो यह उतरी ही नहीं। उन्हें डर लगा कि जिस चीज में उन्होंने अपनी आत्मा उँड़ेल दी थी, वह मेरी मूर्खता से एक महीने के अन्दर मिट्टी में मिल जाएगी। 'इण्डियन ओपीनियन' नहीं चलेगा, प्रेस भी नहीं चलेगा और काम करनेवाले भाग जाएँगे।

मेरे भतीजे छगनलाल गांधी इस प्रेस में काम करते थे। मैंने वेस्ट के साथ ही उनसे भी बात की। उन पर कुटुम्ब का बोझ था। किन्तु उन्होंने बचपन से ही मेरे अधीन रहकर शिक्षा प्राप्त करना और काम करना पसन्द किया था। मुझ पर उनका बहुत विश्वास था। अतएव बिना किसी दलील के वे इस योजना में सम्मिलित हो गये और आज तक मेरे साथ ही हैं।

तीसरे गोविन्दस्वामी नामक एक मशीन चलानेवाले भाई थे। वे भी इसमें शरीक हुए। दूसरे यद्यपि संस्थावासी नहीं बने, तो भी उन्होंने यह स्वीकार किया कि मैं जहाँ भी प्रेस ले जाऊँगा वहाँ वे आएँगे।

मुझे याद नहीं पड़ता कि इस तरह कार्यकर्ताओं से बातचीत करने में दो से अधिक दिन लगे होंगे। तुरन्त ही मैंने समाचारपत्रों में एक विज्ञापन छपवाया कि डरबन के पास किसी भी स्टेशन से लगी हुई जमीन के एक टुकड़े की ज़रूरत है। जवाब में फीनिक्स की जमीन का संदेशा मिला। वेस्ट के साथ मैं उसे देखने गया। सात दिन के अंदर २० एकड़ जमीन ली। उसमें एक छोटा-सा पानी का नाला था। नारंगी और आम के कुछ पेड़ थे। पास ही ८० एकड़ का दूसरा एक टुकड़ा था। उसमें विशेष रूप से फलोंवाले पेड़ और एक झोंपड़ा था। थोड़े दिनों बाद उसे भी खरीद लिया। दोनों के मिलाकर १,००० पौण्ड दिये।

सेठ पारसी रूस्तमजी मेरे ऐसे समस्त साहसों में साझेदार होते ही थे। उन्हें मेरी यह योजना पसन्द आयी। उनके पास एक बड़े गोदाम की चद्दरें आदि सामान पड़ा था, जो उन्होंने मुफ्त दे दिया। उसकी मदद से इमारती काम शुरू किया। कुछ हिन्दुस्तानी बढ़ई और सिलावट, जो मेरे साथ (बोअर) लड़ाई में सम्मिलित हुए थे, इस काम के लिए मिल गये। उनकी मदद से कारखाना बनाना शुरू किया। एक महीने में मकान तैयार हो गया। वह ७५ फुट लंबा और ५० फुट चौड़ा था। वेस्ट आदि शरीर को संकट में डालकर राज और बढ़ई के साथ रहने लगे।

फीनिक्स में घास खूब थी। बस्ती बिलकुल न थी। इससे साँपों का खतरा था। आरंभ में तो तम्बू गाड़कर सब उन्ही में रहे थे।

मुख्य घर के तैयार होने पर एक हफ्ते के अन्दर अधिकांश सामान बैलगाड़ियों की मदद से फीनिक्स लाया गया। डरबन और फीनिक्स के बीच तेरह मील का फासला था। फीनिक्स स्टेशन से ढाई मील दूर था।

सिर्फ एक ही हफ्ता 'इण्डियन ओपीनियन' को मर्क्युरी प्रेस में छपाना पड़ा।

मेरे साथ जितने भी सगे-सम्बन्धी आदि आये थे और व्यापार-धंधे में लग गये थे, उन्हें अपने मत का बनाने और फीनिक्स में भरती करने का प्रयत्न मैने शुरू किया। ये तो सब धन-संग्रह करने का हौसला लेकर दक्षिण अफ्रीका आये थे। इन्हें समझाने का काम कठिन था। पर कुछ लोग समझे। उन सबमें से आज मैं मगनलाल गांधी का नाम अलग से लेता हूँ; क्योंकि दूसरे जो समझे थे वे तो कम-ज्यादा समय फीनिक्स में रहने के बाद फिर द्रव्य-संचय में व्यस्त हो गये थे। मगनलाल गांधी अपना धंधा समेटकर मेरे साथ रहने आये, तबसे बराबर मेरे साथ ही रहे हैं। अपने बुद्धिबल से, त्याग-शक्ति से और अनन्य भक्ति से वे मेरे आन्तरिक प्रयोगों के आरंभ के साथियों में आज मुख्य पद के अधिकारी हैं और स्वयं-शिक्षित कारीगर के नाते मेरे विचार में वे उनके बीच अद्वितीय स्थान रखते हैं।

इस प्रकार सन् १९०४ में फीनिक्स की स्थापना हुई और अनेक विडम्बनाओं के बीच भी फीनिक्स संस्था तथा 'इण्डियन ओपीनियन' दोनों अब तक टिके हुए हैं।

पर इस संस्था की आरंभिक कठिनाइयाँ और उसमें मिली सफलतायें-विफलतायें विचारणीय हैं। उनका विचार हम दूसरे प्रकरण में करेंगे।

२०. पहली रात

फीनिक्स में 'इण्डियन ओपीनियन' का पहला अंक निकालना सरल सिद्ध न हुआ। यदि मुझे दो सावधानियाँ न सूझी होतीं, तो अंक एक सप्ताह बंद रहता अथवा देर से निकलता। इस संस्था में एंजिन से चलनेवाली मशीनें लगाने का मेरा कम ही विचार था। भावना यह थी कि जहाँ खेती भी हाथ से करनी है वहाँ अखबार भी हाथ से चल सकनेवाले यंत्रों की मदद से निकले तो अच्छा हो। पर इस बार ऐसा प्रतीत हुआ कि यह हो न सकेगा। इसलिए वहाँ ऑइल एंजिन ले गये थे। किन्तु मैंने वेस्ट को सुझाया था कि इस तैल-यंत्र के बिगड़ने पर दूसरी कोई भी कामचलाऊ शक्ति हमारे पास हो तो अच्छा रहे। अतएव उन्होंने हाथ

से चलाने का एक चक्र तैयार रखा था और उसकी मदद से मुद्रण-यंत्र को चलाने की व्यवस्था कर ली थी। इसके अलावा, हमारे अखबार का कद दैनिक पत्र के समान था। बड़ी मशीन के बिगड़ने पर उसे तुरन्त सुधार सकने की सुविधा यहाँ नहीं थी। इससे भी अखबार का काम रूक सकता था। इस कठिनाई से बचने के लिए उसका आकार बदलकर साधारण साप्ताहिक के बराबर कर दिया गया, जिससे अड़चन के समय ट्रेडल पर पैरों की मदद से कुछ पृष्ठ छापे जा सकें।

शुरू के दिनों में 'इण्डियन ओपीनियन' प्रकाशित होने के दिन की पहली रात को तो सबका थोड़ा-बहुत जागरण हो ही जाता था। कागज भाँजने के काम में छोटे-बड़े सभी लग जाते थे और काम रात को दस-बारह बजे पूरा होता था। पर पहली रात तो ऐसी बीती कि वह कभी भूल नहीं सकती। फर्मा मशीन पर कस दिया गया, पर एंजिन चलने से इनकार करने लगा! एंजिन को बैठाने और चलाने के लिए एक इंजीनियर बुलाया गया था। उसने और बेस्टने बहुत मेहनत की, पर एंजिन चलता ही न था। सब चिन्तित हो गये। आखिर वेस्ट निराश होकर डबडबायी आँखों से मेरे पास आये और बोलेः "अब आज एंजिन चलता नजर नहीं आता और इस सप्ताह हम लोग समय पर अखबार नहीं निकाल सकेंगे।"

"यदि यही बात है तो हम लाचार हैं। पर आँसू बहाने का कोई कारण नहीं। अब भी कोई प्रयत्न हो सकता हो तो हम करके देखें। पर आपके उस हाथ-चक्रका क्या हुआ?" यह कहकर मैंने उन्हें आश्वासन दिया।

वेस्ट बोले, "उसे चलाने के लिए हमारे पास आदमी कहाँ हैं? हम जितने लोग यहाँ हैं उतनों से वह चल नहीं सकता। उसे चलाने के लिए बारीबारी से चार-चार आदमियों की आवश्यकता है। हम सब तो थक चुके हैं।"

बढ़इयों का काम अभी पूरा नहीं हुआ था। इससे बढ़ई अभी गये नहीं थे। छापाखाने में ही सोये थे। उनकी ओर इशारा करके मैंने कहाः "पर ये सब बढ़ई तो हैं न? इनका उपयोग क्यों न किया जाय? और आज की रात हम सब अखण्ड जागरण करें। मेरे विचार में इतना कर्तव्य बाकी रह जाता है।"

"बढ़इयों को जगाने और उनकी मदद माँगने की मेरी हिम्मत नहीं होती; और हमारे थ के हुए आदमियों से भी कैसे कहा जाय?"

मैंने कहाः "यह मेरा काम है।"

“तो संभव है, हम अपना काम समय पर पूरा कर सकें।”

मैंने बढ़इयों को जगाया और उनकी मदद माँगी। मुझे उन्हें मनाना नहीं पड़ा। उन्होंने कहा, “यदि ऐसे समय भी हम काम न आयें, तो हम मनुष्य कैसे? आप आराम कीजिए, हम चक्र चला लेंगे। हमें इसमें मेहनत नहीं मालूम होगी।”

छापाखाने के लोग तो तैयार थे ही।

वेस्ट के हर्ष का पार न रहा। उन्होंने काम करते हुए भजन गाना शुरू किया। चक्र चलाने में बढ़इयों की बराबरी में मैं खड़ा हुआ और दूसरे सब बारी-बारी से खड़े हुए। काम निकलने लगा। सुबह के लगभग सात बजे होंगे। मैंने देखा कि काम अभी काफी बाकी है। मैंने वेस्ट से कहा: “क्या अब इंजीनियर को जगाया नहीं जा सकता? दिन के उजेले में फिर से मेहनत करें तो संभव है कि एंजिन चलने लगे और हमारा काम समय पर पूरा हो जाय।”

वेस्टने इंजीनियर को जगाया। वह तुरन्त उठ खड़ा हुआ और एंजिनघर में घुस गया। छूते ही एंजिन चलने लगा! छापाखाना हर्षनाद से गूँज उठा। मैंने कहा, “ऐसा क्यों होता है? रात में इतनी मेहनत करने पर भी नहीं चला और अब मानो कोई दोष ही न हो इस तरह हाथ लगाते ही चलने लग गया!”

वेस्टने अथवा इंजीनियर ने जवाब दिया, “इसका उत्तर देना कठिन है। कभी-कभी यंत्र भी ऐसा बरताव करते पाये जाते हैं, मानो हमारी तरह उन्हें भी आराम की आवश्यकता हो!”

मेरी तो यह धारणा रही कि एंजिन का न चलना हम सबकी एक कसौटी थी और ऐन मौके पर उसका चल पड़ना शुद्ध परिश्रम का शुद्ध फल था।

अखबार समय से स्टेशन पर पहुँच गया और हम सब निश्चिन्त हुए।

इस प्रकार के आग्रह का परिणाम यह हुआ कि अखबार की नियमितता की धाक जम गयी और फीनिक्स में परिश्रम का वातावरण बना। इस संस्था में एक ऐसा भी युग आया कि जब विचार-पूर्वक एंजिन चलाना बन्द किया गया और दृढ़ता-पूर्वक चक्र से ही काम लिया गया। मेरे विचार में फीनिक्स का यह ऊँचे से ऊँचा नैतिक काल था।

२१. पोलाक कूद पड़े

मेरे लिए यह हमेशा दुःख की बात रही है कि फीनिक्स-जैसी-संस्था की स्थापना के बाद मैं स्वयं कुछ ही समय तक रह सका। उसकी स्थापना के समय मेरी कल्पना यह थी कि मैं वहीं बस जाऊँगा, अपनी आजीविका उसमें से प्राप्त करूँगा, धीरे-धीरे वकालत छोड़ दूँगा, फीनिक्स में रहते हुए जो सेवा मुझसे हो सकेगी करूँगा और फीनिक्स की सफलता को ही सेवा समझूँगा। पर इन विचारों पर सोचा हुआ अमल हुआ ही नहीं। अपने अनुभव के द्वारा मैंने अकसर यह देखा है कि हम चाहते कुछ हैं और हो कुछ और ही जाता है। पर इसके साथ ही मैंने यह भी अनुभव किया है कि जहाँ सत्य की ही साधना और उपासना होती है, वहाँ भले परिणाम हमारी धारणा के अनुसार न निकले, फिर भी जो अनपेक्षित परिणाम निकलता है वह अकल्याणकारी नहीं होता और कई बार अपेक्षा से अधिक अच्छा होता है। फीनिक्स में जो अनसोचे परिणाम निकले और फीनिक्सने जो अनसोचा स्वरूप धारण किया, वह अकल्याणकारी न था इतना तो मैं निश्चयपूर्वक कह सकता हूँ। उन परिणामों को अधिक अच्छा कहा जा सकता है या नहीं, इनके सम्बन्ध में निश्चय-पूर्वक कुछ कहा नहीं जा सकता।

हम सब अपनी मेहनत से अपना निर्वाह करेंगे, इस खयाल से मुद्रणालय के आस-पास प्रत्येक निवासी के लिए जमीन के तीन-तीन एकड़ के टुकड़े कर लिये गये थे। इनमें एक टुकड़ा मेरे लिए भी मापा गया था। इन सब टुकड़ों पर हममें से हरएक की इच्छा के विरूद्ध हमने टीन की चद्दरों के घर बनाये। इच्छा तो किसान को शोभा देनेवाले घासफूस और मिट्टी के अथवा ईंट के घर बाँधने की थी, पर वह पूरी न हो सकी। उसमें पैसा अधिक खर्च होता था और समय अधिक लगता था। सब जल्दी से घरबारवाले बनने और काम में जुट जाने के लिए उतावले हो गये थे।

पत्र के सम्पादक तो मनसुखलाल नाजर ही माने जाते थे। वे इस योजना में सम्मिलित नहीं हुए थे। उनका घर डरबन में ही था। डरबन में 'इण्डियन ओपीनियन' की एक छोटी-सी शाखा भी थी।

यद्यपि कंपोज करने के लिए वैतनिक कार्यकर्ता थे, फिर भी दृष्टि यह थी कि अखबार छापने में कंपोज करने का काम, जो अधिक से अधिक समय लेते

हुए भी सरल था, संस्था में रहनेवाले सब लोग सीख लें और करें। अतएव जो कंपोज करना नहीं जानते थे, वे उसे सीखने के लिए तैयार हो गये। मैं इस काम में अंत तक सबसे अधिक मंद रहा और मगनलाल गांधी सबसे आगे बढ़ गये। मैंने हमेशा यह माना है कि स्वयं उन्हें भी अपने में विद्यमान शक्ति का पता नहीं था। उन्होंने छापाखाने का काम कभी किया नहीं था। फिर भी वे कुशल कंपोजिटर बन गये और कंपोज करने की गति में भी उन्होंने अच्छी प्रगति की। यही नहीं, बल्कि थोड़े समय में छापाखाने की सब क्रियाओं पर अच्छा प्रभुत्व प्राप्त करके उन्होंने मुझे आश्चर्यचकित कर दिया।

अभी यह काम व्यवस्थित नहीं हो पाया था, मकान भी तैयार न हुए थे, इतने में अपने इस नवरचित परिवार को छोड़कर मैं जोहानिस्बर्ग भाग गया। मेरी स्थिति ऐसी न थी कि मैं वहाँ के काम को लम्बे समय तक छोड़ सकूँ।

जोहानिस्बर्ग पहुँचकर मैंने पोलाक से इस महत्त्वपूर्ण परिवर्तन की बात कही। अपनी दी हुई पुस्तक का यह परिणाम देखकर उनके आनन्द का पार न रहा। उन्होंने उमंग के साथ पूछा, "तो क्या मैं भी इसमें किसी तरह हाथ नहीं बँटा सकता ?"

"आप अवश्य हाथ बँटा सकते हैं। चाहें तो आप इस योजना में सम्मिलित भी हो सकते हैं।"

पोलाकने जवाब दिया, "मुझे सम्मिलित करें तो मैं तैयार हूँ।"

उनकी इस दृढ़ता से मैं मुग्ध हो गया। पोलाकने क्रिटिक' से मुक्ति पाने के लिए अपने मालिक को एक महीने की नोटिस दी और अवधि समाप्त होने पर वे फीनिक्स पहुँच गये। वहाँ अपने मिलनसार स्वभाव से उन्होंने सबके दिल जीत लिये और घर के ही एक आदमी की तरह रहने लगे। सादगी उनके स्वभाव में थी। इसलिए फीनिक्स का जीवन उन्हें जरा भी विचित्र या कठिन न लगकर स्वाभाविक और रूचिकर लगा।

पर मैं ही उन्हें लम्बे समय तक वहाँ रख नहीं सका। मि. रीचने विलायत जाकर कानून की पढ़ाई पूरी करने का निश्चय किया। मेरे लिए अकेले हाथों समूचे दफ्तर का बोझ उठाना संभव न था। अतएव मैंने पोलाक को आफिस में रहने और वकील बनने की सलाह दी। मैंने सोचा यह था कि उनके वकील बन जाने के बाद आखिर हम दोनों फीनिक्स ही पहुँच जाएँगे।

ये सारी कल्पनायें मिथ्या सिद्ध हुईं। किन्तु पोलाक के स्वभाव में एक प्रकार की ऐसी सरलता थी कि जिस आदमी पर उन्हें विश्वास हो जाता उससे बहस न करके वे उसके मत के अनुकूल बनने का प्रयत्न करते थे। पोलाकने मुझे लिखाः "मुझे तो यह जीवन ही अच्छा लगता है। मैं यहाँ सुखी हूँ यहाँ हम इस संस्था का विकास कर सकेंगे। किन्तु यदि आप यह मानते हों कि मेरे वहाँ पहुँचने से हमारे आदर्श शीघ्र सफल होंगे, तो मैं आने को तैयार हूँ।"

मैंने उनके इस पत्र का स्वागत किया। पोलाक फीनिक्स छोड़कर जोहानिस्बर्ग आये और मेरे दफ्तर में वकील के मुंशी की तरह काम करने लगे।

इसी समय एक स्कॉच थियॉसॉफिस्ट को भी मैंने पोलाक का अनुकरण करने के लिए निमंत्रित किया और वे भी आश्रम में सम्मिलित हो गये। उन्हें मैं कानून की परीक्षा की तैयारी में मदद करता था। उनका नाम मेकिनटायर था।

यों फीनिक्स के आदर्श को शीघ्र ही सिद्ध करने के शुभ विचार से मैं उसके विरोधी जीवन में अधिकाधिक गहरा उतरता दिखायी पड़ा और यदि ईश्वरीय संकेत कुछ और ही न होता, तो सादे जीवन के नाम पर बिछाये गये मोहजाल में मैं स्वयं ही फँस जाता।

मेरी और मेरे आदर्श की रक्षा जिस रीति से हुई, उसकी हममें से किसीको कोई कल्पना नहीं थी। पर इस प्रसंग का वर्णन करने से पहले कुछ और प्रकरण लिखने होंगे।

२२. 'जाको राखे साइयाँ'

अब जल्दी ही हिन्दुस्तान जाने की अथवा वहाँ जाकर स्थिर होने की आशा मैंने छोड़ दी थी। मैं तो पत्नी को एक साल का आश्वासन देकर वापस दक्षिण अफ्रीका आया था। साल तो बीत गया, पर मेरे वापस लौटने की संभावना दूर चली गई। अतएव मैंने बच्चों को बुला लेने का निश्चय किया।

बच्चे आये। उनमें मेरा तीसरा लड़का रामदास भी था। रास्ते में वह स्टीमर के कप्तान से खूब हिल गया था और कप्तान के साथ खेलते-खेलते उसका हाथ टूट गया था। कप्तान ने उसकी सार-संभाल की थी। डॉक्टर ने हड्डी बैठा दी थी। जब वह जोहानिस्बर्ग पहुँचा तो उसका हाथ लकड़ी की पट्टियों के बीच बँधा हुआ और रूमाल की गलपट्टी में लटका हुआ था। स्टीमर के डॉक्टर की

सलाह थी कि घाव को किसी डॉक्टर से साफ करा कर पट्टी बँधवा ली जाय।

पर मेरा यह समय तो धड़ल्ले के साथ मिट्टी के प्रयोग करने का था। मेरे जिन मुवक्किलों को मेरी नीमहकीमी पर भरोसा था, उनसे भी मैं मिट्टी और पानी के प्रयोग कराता था। तब रामदास के लिए और क्या होता? रामदास की उमर आठ साल की थी। मैंने उससे पूछा, "तेरे घाव की मरहमपट्टी मैं स्वयं करूँ तो तू घबरायेगा तो नहीं?"

रामदास हँसा और उसने मुझे प्रयोग करने की अनुमति दी। यद्यपि उस उमर में उसे सारासार का पता नहीं चल सकता था, फिर भी डॉक्टर और नीमहकीम के भेद को तो वह अच्छी तरह जानता था। लेकिन उसे मेरे प्रयोगों की जानकारी थी और मुझ पर विश्वास था, इसलिए वह निर्भय रहा।

काँपते-काँपते मैंने उसकी पट्टी खोली। घाव को साफ किया और साफ मिट्टी की पुलटिस रखकर पट्टी को पहले की तरह फिर बाँध दिया। इस प्रकार मैं खुद ही रोज घाव को धोता और उस पर मिट्टी बाँधता था। कोई एक महीने में घाव बिलकुल भर गया। किसी दिन कोई विघ्न उत्पन्न न हुआ और घाव दिन-ब-दिन भरता गया। स्टीमर के डॉक्टर ने कहलवाया था कि डॉक्टरी मरहम-पट्टी से भी घाव को भरने में इतना समय तो लग ही जाएगा।

इस प्रकार इन घरेलू उपचार के प्रति मेरा विश्वास और इन पर अमल करने की मेरी हिम्मत बढ़ गई। घाव, बुखार, अजीर्ण, पीलिया इत्यादि रोगों के लिए मिट्टी, पानी और उपवास के प्रयोग मैंने छोटों-बड़ों और स्त्री-पुरूषों पर किये। उनमें से अधिकतर सफल हुए। इतना होने पर भी जो हिम्मत मुझमें दक्षिण अफ्रीका में थी वह यहाँ नहीं रही और अनुभव से यह भी प्रतीति हुई कि इन प्रयोगों में खतरा ज़रूर है।

इन प्रयोगों के वर्णन का हेतु अपने प्रयोगों की सफलता सिद्ध करना नहीं है। एक भी प्रयोग सर्वांश में सफल हुआ है, ऐसा दावा नहीं किया जा सकता। डॉक्टर भी ऐसा दावा नहीं कर सकते। पर कहने का आशय इतना ही है कि जिसे नये अपरिचित प्रयोग करने हों उसे आरम्भ अपने से ही करना चाहिए। ऐसा होने पर सत्य जल्दी प्रकट होता है और इस प्रकार के प्रयोग करनेवाले को ईश्वर उबार लेता है।

जो खतरा मिट्टी के प्रयोगों में था, वही यूरोपियनों के निकट सहवास में

था। भेद केवल प्रकार का था। पर स्वयं मुझे तो इन खतरों का कोई खयाल तक न आया।

मैंने पोलाक को अपने साथ ही रहने के लिए बुला लिया और हम सगे भाइयों की तरह रहने लगे। जिस महिला के साथ पोलाक का विवाह हुआ, उसके साथ उनकी मित्रता तो कई वर्षों से थी। दोनों ने यथासमय विवाह करने का निश्चय भी कर लिया था। पर मुझे याद पड़ता है कि पोलाक थोड़ा धन-संग्रह कर लेने की बाट जोह रहे थे। मेरी तुलना में रस्किन का उनका अध्ययन कही अधिक और व्यापक था। पर पश्चिम के वातावरण में रस्किन के विचारों को पूरी तरह आचरण में लाने की बात उन्हें सूझ नहीं सकती थी। मैंने दलील देते हुए कहा, "जिसके साथ हृदय की गाँठ बंध गयी है, केवल धन की कमी के कारण उसका वियोग सहना अनुचित कहा जाएगा। आपके हिसाब से तो कोई गरीब विवाह कर ही नहीं सकता। फिर अब तो आप मेरे साथ रहते हैं। इसलिए घरखर्च का सवाल ही नहीं उठता। मैं यही ठीक समझता हूँ कि आप जल्दी अपना विवाह कर लें।"

मुझे पोलाक के साथ कभी दूसरी बार दलील करनी ही न पड़ती थी। उन्होंने मेरी दलील तुरन्त मान ली। भावी मिसेज पोलाक विलायत में थीं। उनके साथ पत्र-व्यवहार शुरू किया। वे सहमत हुईं और कुछ ही महीनों में विवाह के लिए जोहानिस्बर्ग आ पहुँचीं।

विवाह में खर्च बिलकुल नहीं किया था। विवाह की कोई खास पोशाक भी नहीं बनवायी थी। उन्हें धार्मिक विधि की आवश्यकता न थी। मिसेज पोलाक जन्म से ईसाई और मि॰ पोलाक यहूदी थे। दोनों के बीच सामान्य धर्म तो नीतिधर्म ही था।

पर इस विवाह का एक रोचक प्रसंग यहाँ लिख हूँ। ट्रान्सवाल में गोरों के विवाह की रजिस्ट्री करनेवाला अधिकारी काले आदमी के विवाह की रजिस्ट्री नहीं करता था। इस विवाह का शहबाला[१] मैं था। खोजने पर हमें कोई गोरा मित्र मिल सकता था। पर पोलाक के लिए वह सह्य न था। अतएव हम तीन व्यक्ति अधिकारी के सामने उपस्थित हुए। जिस विवाह में मैं शहबाला होऊँ उसमें वर-वधू दोनों गोरे ही होंगे, अधिकारी को इसका भरोसा कैसे हो? उसने जाँच होने तक रजिस्ट्री मुलतवी रखनी चाही। अगले रोज रविवार था। उसके बाद का

१. विवाह की सब रस्मों में वर के साथ रहनेवाला व्यक्ति।

दिन नये साल का होने से सार्वजनिक छुट्टी का दिन था। ब्याह के पवित्र निश्चय से निकले हुए स्त्री-पुरूष के विवाह की रजिस्ट्री का दिन इस तरह बदला जाय, यह सबको असह्य प्रतीत हुआ। मैं मुख्य न्यायाधीश को पहचानता था। वे इस विभाग के उच्चाधिकारी थे। मैं इस जोड़े को लेकर उनके सामने उपस्थित हुआ। वे हँसे और उन्होंने मुझे चिट्ठी लिख दी। इस तरह विवाह की रजिस्ट्री हो गयी।

आज तक न्यूनाधिक ही सही, परन्तु जाने-पहचाने गोरे पुरूष मेरे साथ रहे थे। अब एक अपरिचित अंग्रेज महिला ने कुटुम्ब में प्रवेश किया। स्वयं मुझे तो याद नहीं पड़ता कि इस कारण परिवार में कभी कोई कलह हुआ हो। किन्तु जहाँ अनेक जातियों के और अनेक स्वभावों के हिन्दुस्तानी आते-जाते रहते थे और जहाँ मेरी पत्नी का अभी तक ऐसे अनुभव कम ही हुए थे, वहाँ उन दोनों के बीच कभी उद्वेग के अवसर आये भी होंगे। पर एक ही जाति के परिवार में ऐसे अक्सर जितने आते हैं, उनसे अधिक अवसर तो इस विजातीय परिवार में नहीं ही आये। बल्कि, जिनका मुझे स्मरण है वे अवसर भी नगण्य ही कहे जाएँगे। सजातीय और विजातीय की भावनायें हमारे मन की तरंगे हैं। वास्तव में हम सब एक परिवार ही हैं!

वेस्ट का ब्याह भी यहीं सम्पन्न कर लूँ। जीवन के इस काल तक ब्रह्मचर्य-विषयक मेरे विचार परिपक्व नहीं हुए थे। इसलिए कुँवारे मित्रों का विवाह करा देना मेरा एक धंधा बन गया था। जब वेस्ट के लिए अपने माता-पिता के पास जाने का समय आया, तो मैंने उन्हें सलाह दी कि जहाँ तक बन सके वे अपना ब्याह करके ही लौटें। फीनिक्स हम सबका घर बन गया था और हम सब अपने को किसान मान बैठे थे, इस कारण विवाह अथवा वंशवृद्धि हमारे लिए भय का विषय न था।

वेस्ट लेस्टर की एक सुन्दर कुमारिका को ब्याह लाये। इस बहन का परिवार लेस्टर में जूतों का जो बड़ा व्यवसाय चलता है उसमें काम करता था। मिसेज वेस्ट ने भी थोड़ा समय जूतों के कारखाने में बिताया था। उसे मैंने 'सुन्दर' कहा है, क्योंकि मैं उसके गुणों का पुजारी हूँ और सच्चा सौन्दर्य तो गुण में ही होता है। वेस्ट अपनी सास को भी अपने साथ लाये थे। वह भली बुढ़िया अभी जीवित है। अपने उद्यम और हँसमुख स्वभाव से वह हम सबको सदा शरमिन्दा किया करती थी।

जिस तरह मैंने इन गोरे मित्रों के ब्याह करवाये, उसी तरह मैंने हिन्दुस्तानी मित्रों को प्रोत्साहित किया कि वे अपने परिवारों को बुला लें। इसके कारण फीनिक्स एक छोटा-सा गाँव बन गया और वहाँ पाँच-सात भारतीय परिवार बसकर बढ़ने लगे।

२३. घर में परिवर्तन और बालशिक्षा

डरबन में मैंने जो घर बसाया था, उसमें परिवर्तन तो किये ही थे। खर्च अधिक रखा था, फिर भी झुकाव सादगी की ओर ही था। किन्तु जोहानिस्बर्ग में 'सर्वोदय' के विचारों ने अधिक परिवर्तन करवाये।

बारिस्टर के घर में जितनी सादगी रखी जा सकती थी, उतनी तो रखनी शुरू कर ही दी। फिर भी कुछ साज-सामान के बिना काम चलाना मुश्किल था। सच्ची सादगी तो मन की बढ़ी। हरएक काम अपने हाथों करने का शौक बढ़ा और बालकों को भी उसमें शरीफ करके कुशल बनाना शुरू किया।

बाजार की रोटी खरीदने के बदले कूने की सुझाई हुई बिना खमीर की रोटी हाथ से बनानी शुरू की। इसमें मिल का आटा काम नहीं देता था। साथ ही मेरा यह भी खयाल रहा कि मिल में पिसे आटे का उपयोग करने की अपेक्षा हाथ से पिसे आटे का उपयोग करने में सादगी, आरोग्य और पैसा तीनों की अधिक रक्षा होती है। अतएव सात पौण्ड खर्च करके हाथ से चलाने की एक चक्की खरीद ली। उसका पाट वजनदार था। दो आदमी उसे सरलता से चला सकते थे; अकेले को तकलीफ होती थी। इस चक्की को चलाने में पोलाक, मैं और बालक मुख्य भाग लेते थे। कभी-कभी कस्तूरबाई भी आ जाती थी, यद्यपि उस समय वह रसोई बनाने में लगी रहती थी। मिसेज पोलाक के आने पर वे भी इसमें सम्मिलित हो गयीं। बालकों के लिए यह कसरत बहुत अच्छी सिद्ध हुई। उनसे मैंने चक्की चलाने का या दूसरा कोई काम कभी जबरदस्ती नहीं करवाया। वे सहज ही खेल समझकर चक्की चलाने आते थे। थकने पर छोड़ देने की उन्हें स्वतंत्रता थी। पर न जाने क्या कारण था कि इन बालकों ने अथवा दूसरे बालकों ने, जिनकी पहचान हमें आगे चलकर करनी है, मुझे तो हमेशा बहुत ही काम दिया है। मेरे भाग्य में टेढ़े स्वभाव के बालक भी थे, पर अधिकतर बालक सौंपा हुआ काम उमंग के साथ करते थे। 'थक गये' कहनेवाले उस युग के थोड़े ही बालक मुझे याद हैं।

घर साफ रखने के लिए एक नौकर था। वह घर के आदमी की तरह रहता था और उसके काम में बालक पूरा हाथ बँटाते थे। पाखाना साफ करने के लिए म्युनिसिपैलिटी का नौकर आता था, पर पाखाने के कमरे को साफ करने और बैठक आदि धोने का काम नौकर को नहीं सौंपा जाता था। उससे वैसी आशा भी नहीं रखी जाती थी। यह काम हम स्वयं करते थे और इससे भी बालकों को तालीम मिली। परिणाम यह हुआ कि शुरू से ही मेरे एक भी लड़के को पाखाना साफ करने की घिन न रही और आरोग्य के साधारण नियम भी वे स्वाभाविक रूप में सीख गये। जोहानिस्बर्ग में कोई बीमार तो शायद ही कभी पड़ता था। पर बीमारी का प्रसंग आने पर सेवा के काम में बालक अवश्य रहते थे और इस काम को वे खुशी से करते थे।

मैं यह तो नहीं कहूँगा कि बालकों के अक्षर-ज्ञान के प्रति मैं लापरवाह रहा। पर यह ठीक है कि मैंने उसकी कुरबानी करने में संकोच नहीं किया। और इस कमी के लिए मेरे लड़कों को मेरे विरूद्ध शिकायत करने का कारण रह गया है। उन्होंने कभी—कभी अपना असंतोष भी प्रकट किया है। मैं मानता हूँ कि इसमें किसी हद तक मुझे अपना दोष स्वीकार करना चाहिए। उन्हें अक्षर-ज्ञान कराने की मेरी इच्छा बहुत थी, मैं प्रयत्न भी करता था, किन्तु इस काम में हमेशा कोई न कोई विघ्न आ जाता था। उनके लिए घर पर दूसरी शिक्षा की सुविधा नहीं की गई थी, इसलिए मैं उन्हें अपने साथ पैदल दफ्तर तक ले जाता था। दफ्तर ढाई मील दूर था, इससे सुबह-शाम मिलाकर कम-से-कम पाँच मील की कसरत उन्हें और मुझे हो जाती थी। रास्ता चलते हुए मैं उन्हें कुछ-न-कुछ सिखाने का प्रयत्न करता था, पर यह भी तभी होता था जब मेरे साथ दूसरा कोई चलनेवाला न होता। दफ्तर में वे मुवक्किलों व मुहर्रिरों के संपर्क में आते थे। कुछ पढ़ने को देता तो वे पढ़ते थे। इधर-उधर घूम-फिर लेते थे और बाजार से मामूली सामान खरीदना हो तो खरीद लाते थे। सबसे बड़े हरिलाल को छोड़कर बाकी सब बालकों की परवरिश इसी प्रकार हुई। हरिलाल देश में रह गया था। यदि मैं उन्हें अक्षर-ज्ञान कराने के लिए एक घण्टा भी नियमित रूप से बचा सका होता, तो मैं मानता कि उन्हें आदर्श शिक्षा प्राप्त हुई है। मैंने ऐसा आग्रह नहीं रखा, इसका दुःख मुझे और उन्हें दोनों को रह गया है। सबसे बड़े लड़के ने अपना संताप कई बार मेरे सामने और सार्वजनिक रूप से भी प्रकट किया है।

दूसरोंने हृदय की उदारता दिखाकर इस दोष को अनिवार्य समझकर दरगुजर कर दिया है। इस कमी के लिए मुझे पश्चात्ताप नहीं है; अथवा है तो इतना ही कि मैं आदर्श पिता न बन सका। किन्तु मेरी यह राय है कि उनके अक्षर-ज्ञान की कुरबानी भी मैंने अज्ञान से ही क्यों न हो, फिर भी सद्‌भाव-पूर्वक मानी हुई सेवा के लिए ही की है। मैं यह कह सकता हूँ कि उनके चरित्र-निर्माण के लिए जितना कुछ आवश्यक रूप से करना चाहिए था, वह करने में मैंने कहीं भी त्रुटि नहीं रखी है। और मैं मानता हूँ कि हर माता-पिता का यह अनिवार्य कर्तव्य है। मेरा यह दृढ़ विश्वास है कि अपने इस परिश्रम के बाद भी मेरे बालकों के चरित्र में जहाँ त्रुटि पायी जाती है, वहाँ वह पति-पत्नी के नाते हमारी त्रुटियों का ही प्रतिबिम्ब है।

जिस प्रकार बच्चों को माता-पिता की सूरत-शकल विरासत में मिलती है, उसी प्रकार उनके गुण-दोष भी उन्हें विरासत में मिलते हैं। अवश्य ही आस-पास के वातावरण के कारण इसमें अनेक प्रकार की घट-बढ़ होती है, पर मूल पूँजी तो वही होती है, जो बाप-दादा आदि से मिलती है। मैंने देखा है कि कुछ बालक अपने को ऐसे दोषों की विरासत से बचा लेते हैं। यह आत्मा का मूल स्वभाव है, उसकी बलिहारी है।

इन बालकों की अंग्रेजी शिक्षा के विषय में मेरे और पोलाक के बीच कितनी ही बार गरमागरम बहस हुई है। मैंने शुरू से ही यह माना है कि जो हिन्दुस्तानी माता-पिता अपने बालकों को बचपन से ही अंग्रेजी बोलनेवाले बना देते हैं, वे उनके और देश के साथ द्रोह करते हैं। मैंने यह भी माना है कि इससे बालक अपने देश की धार्मिक और सामाजिक विरासत से वंचित रहता है और उस हद तक वह देश की तथा संसार की सेवा के लिए कम योग्य बनता है। अपने इस विश्वास के कारण मैं हमेशा जान-बूझ कर बच्चों के साथ गुजराती में ही बातचीत करता था। पोलाक को यह अच्छा नहीं लगता था। उनकी दलील यह थी कि मैं बच्चों के भविष्य को बिगाड़ रहा हूँ। वे मुझे आग्रह-पूर्वक और प्रेमपूर्वक समझाया करते थे कि यदि बालक अंग्रेजी के समान व्यापक भाषा को सीख लें, तो संसार में चल रही जीवन की होड़ में वे एक बड़ी मंजिल को सहज ही पार कर सकते हैं। उनकी यह दलील मेरे गले न उतरती थी। अब मुझे यह याद नहीं है कि अन्त में मेरे उत्तर से उन्हें संतोष हुआ था या मेरा हठ

देखकर उन्होंने शान्ति धारण कर ली थी। इस संवाद को लगभग बीस वर्ष हो चुके हैं; फिर भी उस समय के मेरे ये विचार आज अनुभव से अधिक दृढ हुए हैं, और यद्यपि मेरे पुत्र अक्षर-ज्ञान में कच्चे रह गये हैं, फिर भी मातृभाषा का जो साधारण ज्ञान उन्हें आसानी से मिला है, उससे उन्हें और देश को लाभ ही हुआ है और इस समय वे देश में परदेशी जैसे नहीं बन गये हैं। वे द्विभाषी तो सहज ही हो गये, क्योंकि विशाल अंग्रेज मित्र-मंडली के सम्पर्क में आने से और जहाँ विशेष रूप से अंग्रेजी बोली जाती है ऐसे देश में रहने से वे अंग्रेजी भाषा बोलने और उसे साधारणतः लिखने लग गये।

२४ 'जुलू-विद्रोह'

घर बसाकर बैठने के बाद कहीं स्थिर होकर रहना मेरे नसीब में बदा ही न था। जोहानिस्बर्ग में मैं कुछ स्थिर-सा होने लगा था कि इसी बीच एक अनसोची घटना घटी। अखबारों में यह खबर पढ़ने को मिली कि नेटाल में जुलू 'विद्रोह' हुआ है। जुलू लोगों से मेरी कोई दुश्मनी न थी। उन्होंने एक भी हिन्दुस्तानी का नुकसान नहीं किया था। 'विद्रोह' शब्द के औचित्य के विषय में भी मुझे शंका थी। किन्तु उन दिनों मैं अंग्रेजी सल्तनत को संसार का कल्याण करनेवाली सल्तनत मानता था। मेरी वफादारी हार्दिक थी। मैं उस सल्तनत का क्षय नहीं चाहता था। अतएव बल-प्रयोग-सम्बन्धी नीति-अनीति का विचार मुझे इस कार्य को करने से रोक नहीं सकता था। नेटाल पर संकट आने पर उसके पास रक्षा के लिए स्वयंसेवकों की सेना थी और संकट के समय उसमें काम के लायक सैनिक भरती भी हो जाते थे। मैंने पढ़ा कि स्वयंसेवकों की सेना इस विद्रोह को दबाने के लिए रवाना हो चुकी है।

मैं अपने को नेटालवासी मानता था और नेटाल के साथ मेरा निकट सम्बन्ध तो था ही। अतएव मैंने गवर्नर को पत्र लिखा कि यदि आवश्यकता हो तो घायलों की सेवा-शुश्रूषा करनेवाले हिन्दुस्तानियों की एक टुकड़ी लेकर मैं सेवा के लिए जाने को तैयार हूँ। तुरन्त ही गवर्नर का स्वीकृति-सूचक उत्तर मिला। मैंने अनुकूल उत्तर की अथवा इतनी जल्दी उत्तर पाने की आशा नहीं रखी थी। फिर भी उक्त पत्र लिखने के पहले मैंने अपना प्रबन्ध तो कर ही लिया था कि यदि मेरी प्रार्थना स्वीकृत हो जाय, तो जोहानिस्बर्ग का घर उठा देंगे, मि॰ पोलाक

अलग घर लेकर रहेंगे और कस्तूरबाई फीनिक्स जाकर रहेगी। इस योजना को कस्तूरबाई की पूर्ण सम्मति प्राप्त हुई। मुझे स्मरण नहीं है कि मेरे ऐसे कार्यों में उसकी तरफ से किसी भी दिन कोई बाधा डाली गयी हो। गवर्नर का उत्तर मिलते ही मैंने मकान-मालिक को मकान खाली करने के सम्बन्ध में विधिवत् एक महीने की नोटिस दे दी। कुछ सामान फीनिक्स गया, कुछ मि० पोलाक के पास रहा।

डरबन पहुँचने पर मैंने आदमियों की माँग की। बड़ी टुकड़ी की आवश्यकता नहीं थी। हम चौबीस आदमी तैयार हुए। उनमें मेरे सिवा चार गुजराती थे, बाकी मद्रास प्रांत के गिरमिट-मुक्त हिन्दुस्तानी थे और अेक पठान था।

स्वाभिमान की रक्षा के लिए और अधिक सुविधा के साथ काम कर सकने के लिए तथा वैसी प्रथा होने के कारण चिकित्सा-विभाग के मुख्य पदाधिकारी ने मुझे 'सार्जण्ट मेजर' का मुद्दती पद दिया और मेरी पसन्द के अन्य तीन साथियों को 'सार्जण्ट का और एक को 'कोर्पोरेल' का पद दिया। वरदी भी सरकार की ओर से ही मिली। मैं यह कह सकता हूँ कि इस टुकड़ीने छह सप्ताह तक सतत सेवा की।

'विद्रोह' के स्थान पर पहुँचकर मैंने देखा कि वहाँ विद्रोह-जैसी कोई चीज नहीं थी। कोई विरोध करता हुआ भी नजर नहीं आता था। विद्रोह मानने का कारण यह था कि एक जुलू सरदार ने जुलू लोगों पर लगाया गया नया कर न देने की उन्हें सलाह दी थी और कर की वसूली के लिए गये हुए एक सार्जण्ट को उसने कत्ल कर डाला था। सो जो भी हो, मेरा हृदय तो जुलू लोगों की तरफ था और केन्द्र पर पहुँचने के बाद जब हमारे हिस्से मुख्यतः जुलू घायलों की शुश्रूषा करने का काम आया, तो मैं बहुत खुश हुआ। वहाँ के डॉक्टर अधिकारीने हमारा स्वागत किया। उसने कहा, "गोरों में से कोई इन घायलों की सेवा-शुश्रूषा करने के लिए तैयार नहीं होता। मैं अकेला किस-किसकी सेवा करूँ? इनके घाव सड़ रहे हैं। अब आप आये हैं, इसे मैं इन निर्दोष लोगों पर ईश्वर की कृपा ही समझता हूँ।" यों कहकर उसने मुझे पट्टियाँ, जंतु-नाशक पानी आदि सामान दिया और उन बीमारों के पास ले गया। बीमार हमें देखकर खुश हो गये। गोरे सिपाही जालियों में से झाँक-झाँककर हमें घाव साफ करने से रोकने का प्रयत्न करते, हमारे न मानने पर खीझते और जुलूओं के बारेमें जिन गन्दे शब्दों का उपयोग करते उनसे तो कान के कीड़े झड़ जाते थे।

धीरे-धीरे गोरे सिपाहियों के साथ भी मेरा परिचय हो गया और उन्होंने मुझे रोकना बन्द कर दिया। इस सेना में सन् १८९६ में मेरा घोर विरोध करनेवाले कर्नल स्पार्क्स और कर्नल वायली थे। वे मेरे इस कार्य से आश्चर्यचकित हो गये। मुझे खास तौर से बुलाकर उन्होंने मेरा उपकार माना। वे मुझे मेकेञ्जी के पास भी ले गये और उनसे मेरा परिचय कराया।

पाठक यह न समझें कि इनमें से कोई पेशेवर सिपाही था। कर्नल वायली प्रसिद्ध वकील थे। कर्नल स्पार्क्स कसाईखाने के मशहूर मालिक थे। जनरल मेकेञ्जी नेटाल के प्रसिद्ध किसान थे। वे सब स्वयंसेवक थे, और स्वयंसेवक के नाते ही उन्होंने सैनिक शिक्षा और अनुभव प्राप्त किया था।

कोई यह न माने कि जिन बीमारों की सेवा-शुश्रूषा का काम हमें सौंपा गया था, वे किसी लड़ाई में घायल हुए थे। उनमें से एक हिस्सा उन कैदियों का था, जो शक में पकड़े गये थे। जनरल ने उन्हें कोड़ों की सजा दी थी। इन कोड़ों की मार से जो घाव पैदा हुए थे, वे सार-संभाल के अभाव में पक गये थे। दूसरा हिस्सा उन जुलूओं का था, जो मित्र माने जाते थे। इन मित्रों को सिपाहियों ने घायल किया था, यद्यपि उन्होंने मित्रतासूचक चिह्न धारण कर रखे थे।

इसके अतिरिक्त स्वयं मुझे गोरे सिपाहियों के लिए भी दवा लाने और उन्हें दवा देने का काम सौंपा गया था। डॉ. बूथ के छोटे- से अस्पताल में मैंने एक साल तक इस काम की तालीम ली थी, इससे यह काम मेरे लिए सरल हो गया था। इस काम के कारण बहुत से गोरों के साथ मेरा अच्छा परिचय हो गया था।

पर लड़ाई में व्यस्त सेना किसी एक जगह पर तो बैठी रह ही नहीं सकती थी। जहाँ से संकट के समाचार आते वहीं दौड़ जाती थी। उसमें बहुत से तो घुड़सवार ही थे। केन्द्रस्थान से हमारी छावनी उठती कि हमें उसके पीछे-पीछे अपनी डोलियाँ कन्धे पर उठाकर चलना पड़ता था। दो-तीन मौकों पर तो एक ही दिन में चालीस मील की मंजिल तय करनी पड़ी। यहाँ भी हमें तो केवल प्रभु का ही काम मिला। जो जुलू मित्र भूल से घायल हुए थे उन्हें डोलियों में उठाकर छावनी तक पहुँचाना था और वहाँ उनकी सेवा-शुश्रूषा करनी थी।

२५. हृदय-मंथन

'जुलू-विद्रोह' में मुझे बहुत से अनुभव हुए और बहुत-कुछ सोचने को मिला। बोअर-युद्ध में मुझे लड़ाई की भयंकरता उतनी प्रतीत नहीं हुई थी जितनी यहाँ हुई। यहाँ लड़ाई नहीं, बल्कि मनुष्य का शिकार हो रहा था। यह केवल मेरा ही नहीं, बल्कि उन कई अंग्रेजों का भी अनुभव था, जिन के साथ मेरी चर्चा होती रहती थी। सबेरे-सबेरे सेना गाँव में जाकर मानो पटाखे छोड़ती हो, इस प्रकार उसकी बन्दूकों की आवाज दूर रहनेवाले हम लोगों के कानों पर पड़ती थी। इन आवाजों को सुनना और इस वातावरण में रहना मुझे बहुत मुश्किल मालूम पड़ा। लेकिन मैं सब-कुछ कड़वे घूँट की तरह पी गया और मेरे हिस्से जो काम आया सो तो केवल जुलू लोगों की सेवा का ही आया। मैं ये समझ गया कि अगर हम स्वयंसेवक-दल में सम्मिलित न हुए होते, तो दूसरा कोई यह सेवा न करता। इस विचार से मैंने अपनी अन्तरात्मा को शान्त किया।

यहाँ बस्ती बहुत कम थी। पहाड़ों और खाइयों में भले, सादे और जंगली माने जानेवाले जुलू लोगों के घास-फूस के झोंपड़ों को छोड़कर और कुछ न था। इस कारण दृश्य भव्य मालूम होता था। जब इस निर्जन प्रदेश में हम किसी घायल को लेकर अथवा यों ही मीलों पैदल जाते थे, तब मैं सोच में डूब जाता था।

यहाँ ब्रह्मचर्य के बारेमें मेरे विचार परिपक्व हुए। मैंने अपने साथियों से भी इसकी थोड़ी चर्चा की। मुझे अभी इस बात का साक्षात्कार तो नहीं हुआ था कि ईश्वर-दर्शन के लिए ब्रह्मचर्य अनिवार्य वस्तु है। किन्तु मैं यह स्पष्ट देख सका था कि सेवा के लिए ब्रह्मचर्य आवश्यक है। मुझे लगा कि इस प्रकार की सेवा को मेरे हिस्से अधिकाधिक आती ही रहेगी और यदि मैं भोग-विलास में, संतानोत्पत्ति में और संतति के पालन-पोषण में लगा रहा, तो मुझसे सम्पूर्ण सेवा नहीं हो सकेगी; मैं दो घोड़ों पर सवारी नहीं कर सकता। यदि पत्नी सगर्भा हो तो मैं निश्चिंत भाव से इस सेवा में प्रवृत्त हो ही नहीं सकता। ब्रह्मचर्य का पालन किये बिना परिवार की वृद्धि करते रहना समाज के अभ्युदय के लिए किये जानेवाले मनुष्य के प्रयत्न का विरोध करनेवाली वस्तु बन जाती है। विवाहित होते हुए भी ब्रह्मचर्य का पालन किया जाय, तो परिवार की सेवा समाज-सेवा की विरोधी न बने। मैं इस प्रकार के विचारचक्र में फँस गया और ब्रह्मचर्य का

व्रत लेने के लिए थोड़ा अधीर भी हो उठा। इन विचारों से मुझे एक प्रकार का आनन्द हुआ और मेरा उत्साह बढ़ा। कल्पनाने सेवा के क्षेत्र को बहुत विशाल बना दिया।

मैं मन-ही-मन इस विचारों को पक्का कर रहा था और शरीर को कस रहा था कि इतने में कोई यह अफवाह लाया कि विद्रोह शान्त होने जा रहा है और अब हमें छुट्टी मिल जाएगी। दूसरे दिन हमें घर जाने की इजाजत मिली और बाद में कुछ ही दिनों के अंदर सब अपने-अपने घर पहुँच गये। इसके कुछ ही दिनों बाद गवर्नर ने उक्त सेवा के लिए मेरे नाम आभार-प्रदर्शन का एक विशेष पत्र भेजा।

फीनिक्स पहुँचकर मैंने ब्रह्मचर्य की बात बहुत रस-पूर्वक छगनलाल, मगनलाल, वेस्ट इत्यादि के सामने रखी। सबको बात पसन्द आयी। सबने उसकी आवश्यकता स्वीकार की। सबने यह भी अनुभव किया कि ब्रह्मचर्य का पालन बहुत ही कठिन है। कइयों ने प्रयत्न करने का साहस भी किया और मेरा खयाल है कि कुछ को उसमें सफलता भी मिली।

मैंने व्रत ले लिया कि अब से आगे जीवन-भर ब्रह्मचर्य का पालन करूँगा। उस समय मैं इस व्रत के महत्त्व और इसकी कठिनाइयों को पूरी तरह समझ न सका था। इसकी कठिनाइयों का अनुभव तो मैं आज भी करता रहता हूँ। इसके महत्त्व को मैं दिन-दिन अधिकाधिक समझता जाता हूँ। ब्रह्मचर्य-रहित जीवन मुझे शुष्क और पशुओं-जैसा प्रतीत होता है। पशु स्वभाव से निरंकुश है। मनुष्य का मनुष्यत्व स्वेच्छा से अंकुश में रहने में है। धर्मग्रंथों में पायी जानेवाली ब्रह्मचर्य की प्रशंसा में पहले मुझे अतिशयोक्ति मालूम होती थी; उसके बदले अब दिन-दिन यह अधिक स्पष्ट होता जाता है कि वह उचित है और अनुभव-पूर्वक लिखी गयी है।

जिस ब्रह्मचर्य के ऐसे परिणाम आ सकते हैं, वह सरल नहीं हो सकता, वह केवल शारीरिक भी नहीं हो सकता। शारीरिक अंकुश से ब्रह्मचर्य का आरंभ होता है। परन्तु शुद्ध ब्रह्मचर्य में विचार की मलिनता भी न होनी चाहिए। संपूर्ण ब्रह्मचारी को तो स्वप्न में भी विकारी विचार नहीं आते। और, जब तक विकारयुक्त स्वप्न आते रहते हैं, तब तक यह समझना चाहिए कि ब्रह्मचर्य बहुत अपूर्ण है।

मुझे कायिक ब्रह्मचर्य के पालन में भी महान कष्ट उठाना पड़ा है। आज यह कहा जा सकता है कि मैं इसके विषय में निर्भय बना हूँ। लेकिन अपने विचारों पर मुझे जो जय प्राप्त करनी चाहिए, वह प्राप्त नहीं हो सकी है। मुझे

नहीं लगता कि मेरे प्रयत्न में न्यूनता रहती है। लेकिन मैं अभी तक यह समझ नहीं सका हूँ कि हम जिन विचारों को नहीं चाहते, वे हम पर कहाँ से और किस प्रकार हमला करते हैं। मुझे इस विषय में सन्देह नहीं है कि मनुष्य के पास विचारों को भी रोकने की चाबी है। लेकिन अभी तो मैं इस निर्णय पर पहुँचा हूँ कि यह चाबी भी हरएक को अपने लिए खुद खोज लेनी है। महापुरूष हमारे लिए अपने जो अनुभव छोड़ गये हैं, वे मार्गदर्शक हैं। वे सम्पूर्ण नहीं हैं। संपूर्णता तो केवल प्रभु-प्रसादी है। और इसी हेतु से भक्तजन अपनी तपश्चर्या द्वारा पुनीत किये हुए और हमें पावन करनेवाले रामनामादि मंत्र छोड़ गये हैं। संपूर्ण ईश्वरार्पण के बिना विचारों पर संपूर्ण विजय प्राप्त हो ही नहीं सकती। यह वचन मैंने सब धर्मग्रंथों में पढ़ा है और इसकी सचाई का अनुभव मैं ब्रह्मचर्य के सूक्ष्मतम पालन के अपने इस प्रयत्न के विषय में कर रहा हूँ।

पर मेरे महान प्रयत्न और संघर्ष का थोड़ा-बहुत इतिहास अगले प्रकरणों में आने ही वाला है। इस प्रकरण के अन्त में तो मैं यही कह दूँ कि अपने उत्साह के कारण मुझे आरंभ में तो व्रत का पालन सरल प्रतीत हुआ। व्रत लेते ही मैंने एक परिवर्तन कर डाला। पत्नी के साथ एक शय्या का अथवा एकान्त का मैंने त्याग किया। इस प्रकार जिस ब्रह्मचर्य का पालन मैं इच्छा या अनिच्छा से सन् १९०० से करता आ रहा था, व्रत के रूप में उसका आरंभ १९०६ के मध्य से हुआ।

२६. सत्याग्रह की उत्पत्ति

यों एक प्रकार की जो आत्मशुद्धि मैंने की वह मानो सत्याग्रह के लिए ही हुई हो, ऐसी एक घटना जोहानिस्बर्ग में मेरे लिए तैयार हो रही थी। आज मैं देख रहा हूँ कि ब्रह्मचर्य का व्रत लेने तक की मेरे जीवन की सभी मुख्य घटनाएँ मुझे छिपे तौर पर उसके लिए तैयार कर रही थीं।

'सत्याग्रह' शब्द की उत्पत्ति के पहले उस वस्तु की उत्पत्ति हुई। उत्पत्ति के समय तो मैं स्वयं भी उसके स्वरूप को पहचान न सका था। सब कोई उसे गुजराती में 'पैसिव रेजिस्टेन्स' के अंग्रेजी नाम से पहचानने लगे। जब गोरों की एक सभा में मैंने देखा कि "पेसिव रेजिस्टेन्स' का संकुचित अर्थ किया जाता है, उसे कमजोरों का ही हथियार माना जाता है, उसमें द्वेष हो सकता है और

उसका अन्तिम स्वरूप हिंसा में प्रकट हो सकता है, तब मुझे उसका विरोध करना पड़ा और हिन्दुस्तानियों की लड़ाई का सच्चा स्वरूप समझाना पड़ा। और तब हिन्दुस्तानियों के लिए अपनी लड़ाई का सच्चा परिचय देने के लिये नये शब्द की योजना करना आवश्यक हो गया।

पर मुझे वैसा स्वतंत्र शब्द किसी तरह सूझ नहीं रहा था। अतएव उसके लिए नाममात्र का इनाम रखकर मैंने 'इन्डियन ओपीनियन' के पाठकों में प्रतियोगिता करवायी। इस प्रतियोगिता के परिणाम स्वरूप मगनलाल गांधीने सत् + आग्रह की संधि करके 'सदाग्रह' शब्द बनाकर भेजा। इनाम उन्हें मिला। पर 'सदाग्रह' शब्द को अधिक स्पष्ट करने के विचार से मैंने बीच में 'य' अक्षर और बढ़ाकर 'सत्याग्रह' शब्द बनाया और गुजराती में यह लड़ाई इस नाम से पहचानी जाने लगी।

कहा जा सकता है कि इस लड़ाई का इतिहास दक्षिण अफ्रीका के मेरे जीवन का और विशेषकर मेरे सत्य के प्रयोगों का इतिहास है। इस इतिहास का अधिकांश मैंने यरवडा जेल में लिख डाला था और बाकी बाहर आने के बाद पूरा किया। वह सब 'नवजीवन' में छप चुका है और बाद में 'दक्षिण अफ्रीका के सत्याग्रह का इतिहास'[१] के नाम से पुस्तक रूप में भी प्रकाशित हो चुका है। उसका अंग्रेजी अनुवाद श्री वालजी गोविन्दजी देसाई 'करण्ट थॉट' के लिए कर रहे हैं। पर अब मैं उसे शीघ्र ही अंग्रेजी में पुस्तकाकार प्रकाशित करने की व्यवस्था कर रहा हूँ, जिससे दक्षिण अफ्रीका के मेरे बड़े-से-बड़े प्रयोगों को जानने के इच्छुक सब लोग उन्हें जान-समझ सकें। जिन गुजराती पाठकों ने 'दक्षिण अफ्रीका के सत्याग्रह का इतिहास' न पढ़ा हो, उन्हें मेरी सलाह है कि वे उसे पढ़ लें। मैं चाहता हूँ कि अब से आगे के कुछ प्रकरणों में उक्त इतिहास में दिये गये मुख्य कथाभाग को छोड़कर दक्षिण अफ्रीका के मेरे जीवन के जो थोड़े व्यक्तिगत प्रसंग उसमें देने रह गये हैं उन्हीं की चर्चा करूँ। और इनके समाप्त होने पर मैं तुरन्त ही पाठकों को हिन्दुस्तान के प्रयोगों का परिचय देना चाहता हूँ। अतएव जो पाठक इन प्रयोगों के प्रसंगों के क्रम को अविच्छिन्न रखना चाहते हैं, उनके लिए 'दक्षिण अफ्रीका के सत्याग्रह का इतिहास' के उक्त प्रकरण अब अपने सामने रखना ज़रूरी है।

---

१. 'दक्षिण अफ्रीका के सत्याग्रह का इतिहास' का हिन्दी अनुवाद नवजीवन प्रकाशन मंदिर, अहमदाबाद–१४ द्वारा प्रकाशित हो चुका है।

२७. आहार के अधिक प्रयोग

मन-वचन-काया से ब्रह्मचर्य का पालन किस प्रकार हो, यह मेरी एक चिन्ता थी; और सत्याग्रह के युद्ध के लिए अधिक से अधिक समय किस तरह बच सके और अधिक शुद्धि किस प्रकार हो, यह दूसरी चिन्ता थी। इन चिन्ताओंने मुझे आहार में अधिक संयम और अधिक परिवर्तन के लिए प्रेरित किया और पहेले जो परिवर्तन मैं मुख्यतः आरोग्य की दृष्टि से करता था, वे अब धार्मिक दृष्टि से होने लगे।

इसमें उपवास और अल्पाहार ने अधिक स्थान लिया। जिस मनुष्य में विषय-वासना रहती है, उसमें जीभ के स्वाद भी अच्छी मात्रा में होते हैं। मेरी भी यही स्थिति थी। जननेन्द्रिय और स्वादेन्द्रिय पर काबू पाने की कोशिश में मुझे अनेक कठिनाइयों का सामना करना पड़ा है और आज भी मैं यह दावा नहीं कर सकता कि मैंने दोनों पर पूरी जय प्राप्त कर ली है। मैंने अपने आपको अत्याहारी माना है। मित्रों ने जिसे मेरा संयम माना है, उसे मैंने स्वयं कभी संयम माना ही नहीं। मैं जितना अंकुश रखना सीखा हूँ उतना भी यदि न रख सका होता, तो मैं पशु से भी नीचे गिर जाता और कभी का नष्ट हो जाता। कहा जा सकता है कि अपनी त्रुटियों का मुझे ठीक दर्शन होने से मैंने उन्हें दूर करने के लिए घोर प्रयत्न किये हैं और फलतः मैं इतने वर्षों तक इस शरीर को टिका सका हूँ और इससे कुछ काम ले सका हूँ।

मुझे इसका ज्ञान था और ऐसा संग अनायास ही प्राप्त हो गया था, इसलिए मैंने एकादशी का फलाहार अथवा उपवास शुरू किया। जन्माष्टमी आदि दूसरी तिथियाँ भी पालना शुरू किया, किन्तु संयम की दृष्टि से मैं फलाहार और अन्नाहार के बीच बहुत भेद न देख सका। जिसे हम अनाज के रूप में पहचानते हैं उसमें जो रस हम प्राप्त करते हैं, वे रस हमें फलाहार में से भी मिल जाते हैं; और मैंने देखा कि आदत पड़ने पर तो उसमें से अधिक रस प्राप्त होते हैं। अतएव इन तिथियों के दिन मैं निराहार उपवास को अथवा एकाशन को अधिक महत्त्व देने लगा। इसके सिवा, प्रायश्चित्त आदिका कोई निमित्त मिल जाता, तो मैं उस निमित्त से भी एक बारका उपवास कर डालता था।

इसमें से मैंने यह भी अनुभव किया कि शरीर के अधिक निर्मल होने से

स्वाद बढ़ गया, भूख अधिक खूल गयी और मैंने देखा कि उपवास आदि जिस हद तक संयम के साधन हैं, उस हद तक वे भोग के साधन भी बन सकते हैं। इस ज्ञान के बाद इसके समर्थन में इसी प्रकार के कितने ही अनुभव मुझे और दूसरों को हुए हैं। यद्यपि मुझे शरीर को अधिक अच्छा और कसा हुआ बनाना था, तथापि अब मुख्य हेतु तो संयम सिद्ध करना—स्वाद जीतना ही था। अतएव मैं आहार की वस्तुओं में और उनके परिमाण में फेरबदल करने लगा। किन्तु रस तो पीछा पकड़े हुए थे ही। मैं जिस वस्तु को छोड़ता और उसके बदल में जिसे लेता, उसमें से बिलकुल ही नये और अधिक रसों का निर्माण हो जाता।

इन प्रयोगों में मेरे कुछ साथी भी थे। उनमें हरमान केलनबैक मुख्य थे। चूँकि उनका परिचय मैं 'दक्षिण अफ्रिका के सत्याग्रह का इतिहास' में दे चुका हूँ, इसलिए पुनः इस प्रकरणोंमे देने का विचार मैंने छोड़ दिया है। उन्होंने मेरे प्रत्येक उपवासमें, एकाशन में और दूसरे परिवर्तनों में मेरा साथ दिया था। जिन दिनों लड़ाई खूब जोर से चल रही थी, उन दिनों तो मैं उन्हींके घर में रहता था। हम दोनों अपने परिवर्तनों की चर्चा करते और नये परिवर्तनों में से पुराने स्वादों से अधिक स्वाद ग्रहण करते थे। उस समय तो ये संवाद मीठे भी मालूम होते थे। उनमें कोई अनौचित्य नहीं जान पड़ता था। किन्तु अनुभवने सिखाया कि ऐसे स्वादों का आनन्द लेना भी अनुचित था। मतलब यह कि मनुष्य को स्वाद के लिए नहीं, बल्कि शरीर के निर्वाह के लिए ही खाना चाहिए। जब प्रत्येक इन्द्रिय केवल शरीर के लिए और शरीर के द्वारा आत्मा के दर्शन के लिए ही कार्य करती है, तब उसके रस शून्यवत् हो जाते हैं और तभी कहा जा सकता है कि वह स्वाभाविक रूप से बरतती है।

ऐसी स्वाभाविकता प्राप्त करने के लिए जितने प्रयोग किये जाएँ उतने कम ही हैं और ऐसा करते हुए अनेक शरीरों की आहुति देनी पड़े, तो उसे भी हमें तुच्छ समझना चाहिए। आज तो उलटी धारा बह रही है। नश्वर शरीर को सजाने के लिए, उसकी उमर बढ़ाने के लिए, हम अनेक प्राणियों की बलि देते हैं, फिर भी उससे शरीर और आत्मा दोनों का हनन होता है। एक रोग को मिटाने की कोशिश में, इन्द्रियों के भोग-भोगने का यत्न करने में हम अनेक नये रोग उत्पन्न कर लेते हैं और अन्त में भोग-भोगने की शक्ति भी खो बैठते हैं। और अपनी आँखों के सामने हो रही इस क्रिया को देखने से हम इनकार करते हैं।

आहार के जिन प्रयोगों का वर्णन करने में मैं कुछ समय लेना चाहता हूँ उन्हें पाठक समझ सकें, इसलिए उनके उद्देश्य की और उनके मूल में काम कर रही विचारधारा की जानकारी देना आवश्यक था।

२८. पत्नी की दृढ़ता

कस्तूरबाई पर रोग के तीन घातक हमले हुए और तीनों में वह केवल घरेलू उपचारों से बच गई। उनमें पहली घटना उस समय घटी जब सत्याग्रह का युद्ध चल रहा था। उसे बार-बार रक्तस्राव हुआ करता था। एक डॉक्टर मित्र ने शस्त्रक्रिया करा लेने की सलाह दी थी। थोडी आनाकानी के बाद पत्नी ने शस्त्रक्रिया कराना स्वीकार कर लिया। उसका शरीर बहुत ही क्षीण हो गया था। डॉक्टर ने बिना क्लोरोफार्म के शस्त्रक्रिया की। शस्त्रक्रिया के समय पीड़ा बहुत हो रही थी, पर जिस धीरज से कस्तूरबाई ने उसे सहन किया उससे मैं आश्चर्यचकित हो गया। शस्त्रक्रिया निर्विघ्न पूरी हो गयी। डॉक्टर ने और उनकी पत्नी ने कस्तूरबाई की अच्छी सार-संभाल की।

यह घटना डरबन में हुई थी। दो या तीन दिन के बाद डॉक्टर ने मुझे निश्चिन्त होकर जोहानिस्बर्ग जाने की अनुमति दे दी। मैं चला गया। कुछ ही दिन बाद खबर मिली कि कस्तूरबाई का शरीर बिलकुल सुधर नहीं रहा है और वह बिछौना छोड़कर उठ-बैठ भी नहीं सकती। एक बार बेहोश भी हो चुकी थी। डॉक्टर जानते थे कि मुझसे पूछे बिना औषधि या अन्न के रूप में कस्तूरबाई को शराब अथवा माँस नहीं दिया जा सकता। डॉक्टर ने मुझे जोहानिस्बर्ग में टेलीफोन कियाः "मैं आपकी पत्नी को माँस का शोरवा अथवा 'बीफ-टी' देने की ज़रूरत समझता हूँ। मुझे इजाजत मिलनी चाहिए।"

मैंने उत्तर दिया, "मैं यह इजाजत नहीं दे सकता। किन्तु कस्तूरबाई स्वतंत्र है। उससे पूछने-जैसी स्थिति हो तो पूछिये और वह लेना चाहे तो ज़रूर दीजिए।"

"ऐसे मामलों में मैं बीमार से कुछ पूछना पसंद नहीं करता। स्वयं आपका यहाँ आना ज़रूरी है। यदि आप मैं जो चाहूँ सो खिलाने की छूट मुझे न दें, तो मैं आपकी स्त्री के लिए जिम्मेदार नहीं।"

मैंने उसी दिन डरबन की ट्रेन पकड़ी। डरबन पहुँचा। डॉक्टर ने मुझसे कहा, "मैंने तो शोरवा पिलाने के बाद ही आपको टेलीफोन किया था!"

मैंने कहा, "डॉक्टर, मैं इसे दगा समझता हूँ।"

डॉक्टर ने दृढ़ता-पूर्वक उत्तर दिया, "दवा करते समय मैं दगा-वगा नहीं समझता। हम डॉक्टर लोग ऐसे समय रोगी को अथवा उसके संबंधियों को धोखा देने में पुण्य समझते हैं। हमारा धर्म तो किसी भी तरह रोगी को बचाना है!"

मुझे बहुत दुःख हुआ। पर मैं शान्त रहा। डॉक्टर मित्र थे, सज्जन थे। उन्होंने और उनकी पत्नीने मुझ पर उपकार किया था। पर मैं उक्त व्यवहार सहन करने के लिए तैयार न था।

"डॉक्टर साहब, अब स्थिति स्पष्ट कर लीजिए। कहिये, आप क्या करना चाहते हैं? मैं अपनी पत्नी को उसकी इच्छा के बिना माँस नहीं खिलाने दूँगा। माँस न लेने के कारण उनकी मृत्यु हो जाय, तो मैं उसे सहने के लिए तैयार हूँ।"

डॉक्टर बोले, "आपकी फिलासफी मेरे घर में तो हरगिज नहीं चलेगी। मैं आपसे कहता हूँ कि जब तक अपनी पत्नी को आप मेरे घर में रहने देंगे, तब तक मैं उसे अवश्य ही माँस अथवा जो कुछ भी देना उचित होगा, दूँगा। यदि यह स्वीकार न हो तो आप अपनी पत्नी को ले जाइए। मैं अपने ही घर में जान-बूझकर उसकी मृत्यु नहीं होने दूँगा।"

"तो क्या आप यह कहते हैं कि मैं अपनी पत्नी को इसी समय ले जाऊँ?"

"मैं कब कहता हूँ कि ले जाइए? मैं तो यह कहता हूँ कि मुझ पर किसी प्रकार का अंकुश न रखिये। उस दशा में हम दोनों उसकी जितनी हो सकेगी उतनी सार-संभाल करेंगे और आप निश्चिन्त होकर जा सकेंगे। यदि यह सीधी-सी बात आप न समझ सकें, तो मुझे विवश होकर कहना होगा कि आप अपनी पत्नी को मेरे घर से ले जाइए।"

मेरा खयाल है कि उस समय मेरा एक लड़का मेरे साथ था। मैंने उससे पूछा। उसने कहा, "आपकी बात मुझे मंजूर है। बा को माँस तो दिया ही नहीं जा सकता।"

फिर मैं कस्तूरबाई के पास गया। वह बहुत अशक्त थी। उससे कुछ भी पूछना मेरे लिए दुःखदायी था, किन्तु धर्म समझकर मैंने उसे थोड़े में उपर की बात कह सुनाई। उसने दृढ़ता-पूर्वक उत्तर दियाः "मैं माँस का शोरवा नहीं लूँगी। मनुष्य की देह बार-बार नहीं मिलती। चाहे आपकी गोद में मैं मर जाऊँ, पर अपनी इस देह को भ्रष्ट तो नहीं होने दूँगी।"

जितना मैं समझा सकता था, मैंने समझाया और कहा, "तुम मेरे विचारों का अनुसरण करने के लिए बँधी हुई नहीं हो।"

हमारी जान-पहचान के कई हिन्दू दवा के लिए माँस और मद्य लेते थे, इसकी भी मैंने बात की। पर वह टस-से-मस न हुई और बोली: "मुझे यहाँ से ले चलिये।"

मैं बहुत प्रसन्न हुआ। ले जाने के विचार से घबरा गया। पर मैंने निश्चय कर लिया। डॉक्टर को पत्नी का निश्चय सुना दिया। डॉक्टर गुस्सा हुए और बोले:

"आप तो बड़े निर्दय पति मालूम पड़ते हैं। ऐसी बीमारी में उस बेचारी से इस तरह की बातें करने में आपको शरम भी नहीं आयी? मैं आपसे कहता हूँ कि आपकी स्त्री यहाँ से ले जाने लायक नहीं है। उसका शरीर इस योग्य नहीं है कि वह थोड़ा भी धक्का सहन करे। रास्ते में ही उसकी जान निकल जाय, तो मुझे आश्चर्य न होगा। फिर भी आप अपने हठ के कारण बिलकुल न मानें, तो आप ले जाने के लिए स्वतंत्र हैं। यदि मैं उसे शोरवा न दे सकूँ, तो अपने घर में एक रात रखने का भी खतरा मैं नहीं उठा सकता।"

रिमझिम-रिमझिम मेह बरस रहा था। स्टेशन दूर था। डरबन से फीनिक्स तक रेलका और फीनिक्स से लगभग ढाई मील का पैदल रास्ता था। खतरा काफी था, पर मैंने माना कि भगवान मदद करेगा। एक आदमी को पहले से फीनिक्स भेज दिया। फीनिक्स में हमारे पास 'हैमक' था। जालीदार कपड़े की झोली या पालने को हैमक कहते हैं। उसके सिरे बाँस से बाँध दिये जाएँ, तो बीमार उसमें आराम से झूलता रह सकता है। मैंने वेस्ट को खबर भेजी थी कि वे हैमक, एक बोतल गरम दूध, एक बोतल गरम पानी और छह आदमियों का साथ लेकर स्टेशन पर आ जाएँ।

दूसरी ट्रेन के छूटने का समय होने पर मैंने रिक्शा मँगवाया और उसमें, इस खतरनाक हालत में, पत्नी को बैठाकर मैं रवाना हो गया।

मुझे पत्नी को हिम्मत नहीं बँधानी पड़ी; उलटे उसीने मुझे हिम्मत बँधाते हुए कहा, "मुझे कुछ नहीं होगा, आप चिन्ता न कीजिए।"

हड्डियों के इस ढाँचे में वजन तो कुछ रह ही नहीं गया था। खाया बिलकुल नहीं जाता था। ट्रेन के डिब्बे तक पहुँचने में स्टेशन के लंबे-चौड़े प्लेटफार्म पर दूर तक चलकर जाना पड़ता था। वहाँ तक रिक्शा नहीं जा सकता था। मैं उसे उठाकर डिब्बे तक ले गया। फीनिक्स पहुँचने पर तो वह झोली आ गयी थी।

उसमें बीमार को आराम से ले गये। वहाँ केवल पानी के उपचार से धीरे-धीरे कस्तूरबाई का शरीर पुष्ट होने लगा।

फीनिक्स पहुँचने के बाद दो-तीन दिन के अंदर एक स्वामी पधारे। हमारे 'हठ' की बात सुनकर उनके मन में दया उपजी और वे हम दोनों को समझाने आये। जैसा कि मुझे याद है, स्वामीजी के आगमन के समय मणिलाल और रामदास भी वहाँ मौजूद थे। स्वामीजी ने माँसाहार की निर्दोषता पर व्याख्यान देना शुरू किया। मनुस्मृति के श्लोकों का प्रमाण दिया। पत्नी के सामने इस तरह की चर्चा मुझे अच्छी नहीं लगी। पर शिष्टता के विचार से मैंने उसे चलने दिया। माँसाहार के समर्थन में मुझे मनुस्मृति के प्रमाण की आवश्यकता नहीं थी। मैं उसके श्लोकों को जानता था। मैं जानता था कि उन्हें प्रक्षिप्त माननेवाला भी एक पक्ष है। पर वे प्रक्षिप्त न होते तो भी अन्नाहार के विषय में मेरे विचार तो स्वतंत्र रीति से पक्के हो चुके थे। कस्तूरबाई की श्रद्धा काम कर रही थी। वह बेचारी शास्त्र के प्रमाण को क्या जाने? उसके लिए तो बाप-दादों की रूढ़ि ही धर्म थी। लड़कों को अपने पिता के धर्म पर विश्वास था। इसलिए वे स्वामीजी से मजाक कर रहे थे। अन्त में कस्तूरबाईने इस संवाद को यह कहकर बन्द किया:

"स्वामीजी, आप कुछ भी क्यों न कहें, पर मुझे माँस का शोरवा खाकर स्वस्थ नहीं होना है। अब आप मेरा सिर न पचायें, तो आपका मुझ पर बड़ा उपकार होगा। बाकी बातें आपको लड़कों के पिताजी से करनी हों, तो कर लीजिएगा। मैंने अपना निश्चय आपको बतला दिया।"

२९. घर में सत्याग्रह

मुझे जेल का पहला अनुभव सन् १९०८ में हुआ। उस समय मैंने देखा कि जेल में कैदियों से जो कुछ नियम पलवाये जाते हैं, संयमी अथवा ब्रह्मचारी को उनका पालन स्वेच्छापूर्वक करना चाहिए।[१] जैसे, कैदियों को सूर्यास्त से पहले पाँच बजे तक खा लेना होता है। उन्हें—हिन्दुस्तानी और हब्शी कैदियों को—चाय या कॉफी नहीं दी जाती। नमक खाना हो तो अलग से लेना होता है। स्वाद के

१. जेल के मेरे अनुभव भी पुस्तकाकार प्रकाशित हो चुके हैं। मूलतः वे गुजराती में लिखे गये थे और वे ही अंग्रेजी में प्रकाशित हुए हैं। जहाँ तक मैं जानता हूँ, दोनों पुस्तकें मिल सकती हैं। **—मो. क. गांधी**

लिए तो कुछ खाया ही नहीं जा सकता।

जब मैंने जेल के डॉक्टर से हिन्दुस्तानियों के लिए 'करी पाउडर'[1] माँगा और नमक बनती हुई रसोई में ही डालने की बात कही, तो वे बोले, "यहाँ आप लोग स्वाद का आनन्द लूटने के लिए नहीं आये हैं। आरोग्य की दृष्टि से 'करी पाउडर' की कोई आवश्यकता नहीं है। आरोग्य के विचार से नमक ऊपर से लें या पकाते समय रसोई में डालें, दोनों एक ही बात है।"

वहाँ तो बड़ी मेहनत के बाद हम आखिर ज़रूरी परिवर्तन करा सके थे। पर केवल संयम की दृष्टि से देखें, तो दोनों प्रतिबंध अच्छे ही थे। ऐसा प्रतिबन्ध जब जबरदस्ती लगाया जाता है, तो वह सफल नहीं होता। पर स्वेच्छा से पालन करने पर ऐसा प्रतिबन्ध बहुत उपयोगी सिद्ध होता है। अतएव जेल से छूटने के बाद मैंने ये परिवर्तन भोजन में तुरन्त किये। भरसक चाय पीना बन्द किया और शाम को जल्दी खाने की आदत डाली, जो आज स्वाभाविक हो गयी है।

किन्तु एक ऐसी घटना घटी, जिसके कारण मैंने नमक का त्याग किया, जो लगभग दस वर्ष तक अखण्ड रूप से कायम रहा। अन्नाहार-संबंधी कुछ पुस्तकों में मैंने पढ़ा था कि मनुष्य के लिए नमक खाना आवश्यक नहीं है और न खानेवाले को आरोग्य की दृष्टि से लाभ ही होता है। यह तो मुझे सूझा ही था कि नमक न खाने से ब्रह्मचारी को लाभ होता है। मैंने यह भी पढ़ा और अनुभव किया था कि कमजोर शरीरवाले को दाल न खानी चाहिए। किन्तु मैं उन्हें तुरन्त छोड़ न सका था। दोनों चीजें मुझे प्रिय थीं।

यद्यपि उक्त शस्त्रक्रिया के बाद कस्तूरबाई का रक्तस्राव थोड़े समय के लिए बन्द हो गया था, पर अब वह फिर शुरू हो गया और किसी प्रकार बन्द ही न होता था। अकेले पानी के उपचार व्यर्थ सिद्ध हुए। यद्यपि पत्नी को मेरे उपचारों पर विशेष श्रद्धा नहीं थी, तथापि उनके लिए तिरस्कार भी नहीं था। दूसरी दवा करने का आग्रह न था। मैंने उसे नमक और दाल छोड़ने के लिए मनाना शुरू किया। बहुत मनाने पर भी, अपने कथन के समर्थन में कुछ-न-कुछ पढ़कर सुनाने पर भी, वह मानी नहीं। आखिर उसने कहा: "दाल और नमक छोड़ने को तो कोई आपसे कहे, तो आप भी न छोड़ेंगे।" मुझे दुःख हुआ और हर्ष भी हुआ। मुझे अपना प्रेम उँड़ेलने का अवसर मिला। उसके हर्ष में मैंने तुरन्त

१. पिसा हुआ मसाला।

ही कहा, "तुम्हारा यह खयाल गलत है। मुझे बीमारी हो और वैद्य इस चीज को या दूसरी किसी चीज को छोड़ने के लिए कहे, तो मैं अवश्य छोड़ दूँ। लेकिन जाओ, मैंने तो एक साल के लिए दाल और नमक दोनों छोड़े। तुम छोड़ो या न छोड़ो, यह अलग बात है।"

पत्नी को बहुत पश्चात्ताप हुआ। वह कह उठी, "मुझे माफ कीजिए। आपका स्वभाव जानते हुए भी मैं कहते कह गयी। अब मैं दाल और नमक नहीं खाऊँगी, लेकिन आप अपनी बात लौटा लें। यह तो मेरे लिए बहुत बड़ी सजा हो जाएगी।"

मैंने कहा, "अगर तुम दाल और नमक छोड़ोगी, तो अच्छा ही होगा। मुझे विश्वास है कि उससे तुम्हें लाभ होगा। पर मैं ली हुई प्रतिज्ञा वापस नहीं ले सकूँगा। मुझे तो इससे लाभ ही है। मनुष्य किसी भी निमित्त से संयम क्यों न पाले, उसमें उसे लाभ ही है। अतएव तुम मुझसे आग्रह न करो। फिर मेरे लिए भी यह एक परीक्षा हो जाएगी और इन दो पदार्थों को छोड़ने का जो निश्चय तुमने किया है, उस पर दृढ़ रहने में तुम्हें मदद मिलेगी।" इसके बाद मुझे उसे मनाने की ज़रूरत तो रही ही नहीं। "आप बहुत हठीले हैं। किसीकी बात मानते ही नहीं।" कहकर और अंजलि-भर आँसू बहाकर वह शान्त हो गयी।

मैं इसे सत्याग्रह का नाम देना चाहता हूँ और इसको अपने जीवन की मधुर स्मृतियों में से एक मानता हूँ।

इसके बाद कस्तूरबाई की तबीयत खूब संभली। इसमें नमक और दाल का त्याग कारणरूप था या वह किस हद तक कारणरूप था, अथवा उस त्याग से उत्पन्न आहार-संबंधी अन्य छोटे-बड़े परिवर्तन कारणभूत थे, या इसके बाद दूसरे नियमों का पालन कराने में मेरी पहरेदारी निमित्तरूप थी, अथवा उपर्युक्त प्रसंग से उत्पन्न मानसिक उल्लास निमित्तरूप था—सो मैं कह नहीं सकता। पर कस्तूरबाई का क्षीण शरीर फिर पनपने लगा, रक्तस्राव बन्द हुआ और 'वैद्यराज' के रूप में मेरी साख कुछ बढ़ी।

स्वयं मुझ पर तो इन दोनों के त्याग का प्रभाव अच्छा ही पड़ा। त्याग के बाद नमक अथवा दाल की इच्छा तक न रही। एक साल का समय तो तेजी से बीत गया। मैं इन्द्रियों की शान्ति का अधिक अनुभव करने लगा और मन संयम को बढ़ाने की तरफ अधिक दौड़ने लगा। कहना होगा कि वर्ष की समाप्ति के बाद भी दाल और नमक का मेरा त्याग ठेठ देश लौटने तक चालू रहा। केवल

एक बार सन् १९१४ में विलायत में नमक और दाल खायी थी। पर इसकी बात और देश वापस आने पर ये दोनों चीजें फिर किस तरह लेनी शुरू कीं इसकी कहानी आगे कहूँगा।

नमक और दाल छुड़ाने के प्रयोग मैंने दूसरे साथियों पर भी काफी किये हैं और दक्षिण अफ्रिका में तो उनके परिणाम अच्छे ही आये हैं। वैद्यक दृष्टि से दोनों चीजों के त्याग के विषय में दो मत हो सकते हैं, पर इसमें मुझे कोई शंका ही नहीं कि संयम की दृष्टि से तो इन दोनों चीजों के त्याग में लाभ ही है। भोगी और संयमी के आहार भिन्न होने चाहिए, उनके मार्ग भिन्न होने चाहिए। ब्रह्मचर्य का पालन करने की इच्छा रखनेवाले लोग भोगी का जीवन बिताकर ब्रह्मचर्य को कठिन और कभी-कभी लगभग असंभव बना डालते हैं।

३०. संयम की ओर

मैं पिछले प्रकरण में लिख चुका हूँ कि आहार-संबंधी कुछ परिवर्तन कस्तूरबाई की बीमारी के निमित्त से हुए थे। पर अब तो दिन-प्रतिदिन ब्रह्मचर्य की दृष्टि से आहार में परिवर्तन होने लगे।

इनमें पहला परिवर्तन दूध छोड़ने का हुआ। मुझे पहले-पहल रायन्दभाई से मालूम हुआ था कि दूध इन्द्रिय-विकार पैदा करनेवाली वस्तु है। अन्नाहार-विषयक अंग्रेजी पुस्तकों के वाचन से इस विचार में वृद्धि हुई। लेकिन जब तक ब्रह्मचर्य का व्रत नहीं लिया था, तब तक मैं दूध छोड़ने का कोई खास इरादा नहीं कर सका था। यह चीज तो मैं बहुत पहले से समझने लगा था कि शरीर के निर्वाह के लिए दूध आवश्यक नहीं है। लेकिन वह झट छूटनेवाली चीज न थी। मैं यह अधिकाधिक समझने लगा था कि इन्द्रियदमन के लिए दूध छोड़ना चाहिए। इन्हीं दिनों मेरे पास कलकत्ते से कुछ साहित्य आया, जिसमें गाय-भैंस पर ग्वालों द्वारा किये जानेवाले क्रूर अत्याचारों की कथा थी। इस साहित्य का मुझ पर चमत्कारी प्रभाव पड़ा। मैंने इस सम्बन्ध में मि० केलनबैक से चर्चा की।

यद्यपि मि० केलनबैक का परिचय मैं सत्याग्रह के इतिहास में दे चुका हूँ, और पिछले एक प्रकरण में भी उनका थोड़ा उल्लेख कर चुका हूँ, तो भी यहाँ दो शब्द अधिक कहने की आवश्यकता है। उनसे मेरी भेंट अनायास ही हुई थी। वे मि० खान के मित्र थे। मि० खानने उनके अन्तर की गहराई में वैराग्य-वृत्ति

का दर्शन किया था और मेरा खयाल है कि इसी कारण उन्होंने मेरी पहचान उनसे करायी थी। जिस समय पहचान हुई उस समय उनके तरह-तरह के शौकों से और खर्चीलेपन से मैं चौंक उठा था। पर पहले ही परिचय में उन्होंने मुझसे धर्म-विषयक प्रश्न किये। इस चर्चा में अनायास ही बुद्ध भगवान के त्याग की बात निकली। इस प्रसंग के बाद हमारा संपर्क बढ़ता चला गया। वह इस हद तक बढ़ा कि उन्होंने अपने मन में यह निश्चय कर लिया कि जो काम मैं करूँ वह उन्हें भी करना चाहिए। वे बिलकुल अकेले थे। मकान-किराये के अलावा हर महीने लगभग बारह सौ रूपये वे अपने-आप पर खर्च कर डालते थे। आखिर इसमें से इतनी सादगी पर पहुँच गये कि एक समय उनका मासिक खर्च घटकर १२० रूपये पर जा टिका। मेरे अपनी घर-गृहस्थी को तोड़ देने के बाद और पहली जेलयात्रा के पश्चात् हम दोनों साथ रहने लगे थे। उस समय हम दोनों का जीवन अपेक्षाकृत अधिक कठोर था।

जिन दिनों हम साथ रहते थे, उन्हीं दिनों दूध-संबंधी उक्त चर्चा हुई थी। मि० केलनबैकने सलाह दीः "दूध के दोषों की चर्चा तो हम प्रायः करते ही हैं। तो फिर हम दूध छोड़ क्यों न दें? उसकी आवश्यकता तो है ही नहीं।" उनकी इस राय से मुझे सानन्द आश्चर्य हुआ। मैंने इस सलाह का स्वागत किया और हम दोनों ने उसी क्षण टॉल्स्टॉय फार्म पर दूध का त्याग किया। यह घटना सन् १९१२ में घटी।

इतने त्याग से मुझे शान्ति न हुई। दूध छोड़ने के कुछ ही समय बाद केवल फलाहार के प्रयोग का भी हमने निश्चय किया। फलाहार में भी जो सस्ते से सस्ते फल मिलें, उनसे ही अपना निर्वाह करने का हमारा निश्चय था। गरीब से गरीब आदमी जैसा जीवन बिताता है, वैसा ही जीवन बिताने की उमंग हम दोनों को थी। हमने फलाहार की सुविधा का भी खूब अनुभव किया। फलाहार में अधिकतर चूल्हा जलाने की आवश्यकता ही न होती थी। बिना सिकी मूँगफली, केले, खजूर, नीबू और जैतून का तेल—यह हमारा साधारण आहार बन गया।

ब्रह्मचर्य का पालन करने की इच्छा रखनेवालों को यहाँ एक चेतावनी देने की आवश्यकता है। यद्यपि मैंने ब्रह्मचर्य के साथ आहार और उपवास का निकट संबंध सूचित किया है, तो भी यह निश्चित है कि उसका मुख्य आधार मन पर है। मैला मन उपवास से शुद्ध नहीं होता। आहार का उस पर प्रभाव नहीं पड़ता।

मनका मैल तो विचारसे, ईश्वर के ध्यान से और आखिर ईश्वरी प्रसाद से ही छूटता है। किन्तु मन का शरीर के साथ निकट संबंध है और विकारयुक्त मन विकारयुक्त आहार की खोज में रहता है। विकारी मन अनेक प्रकार के स्वादों और भोगों की तलाश में रहता है और बाद में उन आहारों तथा भोगों का प्रभाव मन पर पड़ता है। अतएव उस हद तक आहार पर अंकुश रखने की और निराहार रहने की आवश्यकता अवश्य उत्पन्न होती है। विकारग्रस्त मन शरीर और इन्द्रियों को अंकुश में रखने के बदले शरीर के और इन्द्रियों के अधीन होकर चलता है, इस कारण भी शरीर के लिए शुद्ध और कम-से-कम विकारी आहार की मर्यादा की और प्रसंगोपात्त निराहार की—उपवास की—आवश्यकता रहती है। अतएव जो लोग यह कहते हैं कि संयमी के लिए आहार की मर्यादा की अथवा उपवास की आवश्यकता नहीं है, वे उतने ही गलती पर हैं जितने आहार तथा उपवास को सर्वस्व माननेवाले। मेरा अनुभव तो मुझे यह सिखाता है कि जिसका मन संयम की ओर बढ़ रहा है, उसके लिए आहार की मर्यादा और उपवास बहुत मदद करनेवाले हैं। इनकी सहायता के बिना मन की निर्विकारता असम्भव प्रतीत होती है।

३१. उपवास

जिन दिनों मैंने दूध और अनाज छोड़कर फलाहार का प्रयोग शुरू किया, उन्हीं दिनों संयम के हेतु से उपवास भी शुरू किये। मि॰ केलनबैक इसमें भी मेरे साथ हो गये। पहले मैं उपवास केवल आरोग्य की दृष्टि से करता था। एक मित्र की प्रेरणा से मैंने यह समझा कि देह-दमन के लिए उपवास की आवश्यकता है। चूँकि मैं वैष्णव कुटुम्ब में पैदा हुआ था और चूँकि माताजी कठिन व्रतों का पालन करनेवाली थीं, इसलिए देश में एकादशी आदि व्रत मैंने किये थे। किन्तु वे देखा-देखी अथवा माता-पिता को प्रसन्न करने के विचार से किये थे। ऐसे व्रतों से कोई लाभ होता है, इसे न तो मैं उस समय समझा था, न मानता ही था। किन्तु उक्त मित्र को उपवास करते देखकर और अपने ब्रह्मचर्य-व्रत को सहारा पहुँचाने के विचार से मैंने उनका अनुकरण करना शुरू किया और एकादशी के दिन उपवास रखने का निश्चय किया। साधारणतः लोग एकादशी के दिन दूध और फल खाकर समझते हैं कि उन्होंने एकादशी की है। पर फलाहारी उपवास

तो अब मैं रोज ही करने लग गया था। इसलिए मैंने पानी पीने की छूट रखकर पूरे उपवास शुरू किये।

उपवास के प्रयोगों के आरम्भिक दिनों में श्रावण का महीना पड़ता था। उस साल रमजान और श्रावण दोनों एकसाथ पड़े थे। गांधी-कुटुम्ब में वैष्णव व्रतों के साथ शैव व्रत भी पाले जाते थे। कुटुम्ब के लोग वैष्णव देवालयों की भाँति ही शिवालयों में भी जाते थे। श्रावण महीने का प्रदोष-व्रत कुटुम्ब में कोई न कोई प्रतिवर्ष करता ही था। इसलिए इस श्रावण मास का व्रत मैंने रखना चाहा।

इस महत्त्वपूर्ण प्रयोग का प्रारम्भ टॉल्स्टॉय आश्रम में हुआ था। वहाँ सत्याग्रही कैदियों के कुटुम्बों की देखरेख करते हुए केलनबैक और मैं दोनों रहते थे। उनमें बालक और नौजवान भी थे। उनके लिए स्कूल चलता था। इन नौजवानों में चार-पाँच मुसलमान थे। इस्लाम के नियमों का पालन करने में मैं उनकी मदद करता था और उन्हें बढ़ावा देता था। नमाज वगैरा की सहूलियत कर देता था। आश्रम में पारसी और ईसाई भी थे। इन सबको अपने-अपने धर्मों के अनुसार चलने के लिए प्रोत्साहित करने का आश्रम में नियम था। अतएव मुसलमान नौजवानों को मैंने रोजे रखने के लिए उत्साहित किया। मुझे तो प्रदोष-व्रत करना ही था। किन्तु मैंने हिन्दुओं, पारसियों और ईसाइयों को भी मुसलमान नौजवानों का साथ देने की सलाह दी। मैंने उन्हें समझाया कि संयम में सबके साथ सहयोग करना स्तुत्य है। बहुतेरे आश्रमवासियों ने मेरी बात मान ली। हिन्दू और पारसी मुसलमान साथियों का पूरा-पूरा अनुकरण नहीं करते थे, करना आवश्यक भी न था। मुसलमान सूरज डूबने की राह देखते थे, जब कि दूसरे उससे पहले खा लिया करते थे, जिससे वे मुसलमानों को परोस सकें और उनके लिए विशेष वस्तुएँ तैयार कर सकें। इसके सिवा, मुसलमान जो सहरी[१] खाते थे, उसमें दूसरों के सम्मिलित होने की आवश्यकता न थी। और मुसलमान दिन में पानी भी न पीते थे, जब कि दूसरे लोग छूट से पानी पीते थे।

इस प्रयोग का एक परिणाम यह हुआ कि उपवास और एकाशन का महत्त्व सब समझने लगे। एक-दूसरे के प्रति उदारता और प्रेमभाव में वृद्धि हुई। आश्रम में अन्नाहार का नियम था। यह नियम मेरी भावना के कारण स्वीकार किया

---

१. वह हलका भोजन जो रमजान के दिनों में रोजा रखनेवाले मुसलमान कुछ रात रहते कर लेते हैं।

गया था, यह बात मुझे यहाँ आभारपूर्वक स्वीकार करनी चाहिए। रोजे के दिनों में मुसलमानों को माँस का त्याग कठिन प्रतीत हुआ होगा, पर नवयुवकों में से किसीने मुझे उसका पता नहीं चलने दिया। वे आनन्द और रस-पूर्वक अन्नाहार करते थे। हिन्दू बालक आश्रम में अशोभनीय न लगनेवाला स्वादिष्ट भोजन भी उनके लिए तैयार करते थे।

अपने उपवास का वर्णन करते हुए यह विषयान्तर मैंने जान-बूझकर किया है, क्योंकि इस मधुर प्रसंग का वर्णन मैं दूसरी जगह नहीं कर सकता था। और, इस विषयान्तर के साथ मैंने अपनी एक आदत की भी चर्चा कर ली है। अपने विचार में मैं जो अच्छा काम करता हूँ, उसमें अपने साथ रहनेवालों को सम्मिलित करने का प्रयत्न मैं हमेशा करता हूँ। उपवास और एकाशन के प्रयोग नये थे, पर प्रदोष और रमजान के बहाने मैंने सबको इसमें फाँद लिया।

इस प्रकार सहज ही आश्रम में संयम का वातावरण बढ़ा। दूसरे उपवासों और एकाशनों में भी आश्रमवासी सम्मिलित होने लगे। और, मैं मानता हूँ कि इसका परिणाम शुभ निकला। सबके हृदयों पर संयम का कितना प्रभाव पड़ा, सबके विषयों को संयत करने में उपवास आदिने कितना हाथ बँटाया, यह मैं निश्चय-पूर्वक नहीं कह सकता। पर मेरा अनुभव यह है कि उपवास आदि से मुझ पर तो आरोग्य और विषय-नियमन की दृष्टि से बहुत अच्छा प्रभाव पड़ा। फिर भी मैं यह जानता हूँ कि उपवास आदि से सब पर इस तरह का प्रभाव पड़ेगा ही, ऐसा कोई अनिवार्य नियम नहीं है। इन्द्रियदमन के हेतु से किये गये उपवास से ही विषयों को संयत करने का परिणाम निकल सकता है। कुछ मित्रों का यह अनुभव भी है कि उपवास की समाप्ति पर विषयेच्छा और स्वाद तीव्र हो जाते हैं। मतलब यह कि उपवास के दिनों में विषय को संयत करने और स्वाद को जीतने की सतत भावना बनी रहने पर ही उसका शुभ परिणाम निकल सकता है। यह मानना निरा भ्रम है कि बिना किसी हेतु के और बेमन किये जानेवाले शारीरिक उपवास का स्वतंत्र परिणाम विषय-वासना को संयत करने में आयेगा। गीताजी के दूसरे अध्याय का यह श्लोक यहाँ बहुत विचारणीय है:

विषया विनिवर्तन्ते निराहारस्य देहिनः।
रसवर्जं रसोऽप्यस्य परं दृष्ट्वा निवर्तते॥

उपवासी के विषय (उपवास के दिनों में) शान्त होते हैं; पर उसका रस नहीं

जाता। रस तो ईश्वर-दर्शन से ही—ईश्वर-प्रसाद से ही शान्त होता है।

तात्पर्य यह कि संयमी के मार्ग में उपवास आदि एक साधन के रूप में हैं, किन्तु ये ही सब कुछ नहीं हैं। और यदि शरीर के उपवास के साथ मन का उपवास न हो, तो उसकी परिणति दंभ में होती है और वह हानिकारक सिद्ध होता है।

३२. शिक्षक के रूप में

यदि पाठक यह याद रखें कि जो बात 'दक्षिण अफ्रीका के सत्याग्रह का इतिहास' में नहीं आ सकी है अथवा थोड़े ही अंशों में आयी है वही इन प्रकरणों में आ रही है, तो वे इन प्रकरणों के आस-पास के संबंध को समझ सकेंगे।

टॉल्स्टॉय आश्रम में बालकों और बालिकाओं के लिए कुछ-न-कुछ शिक्षा का प्रबंध करना आवश्यक था। मेरे साथ हिन्दू, मुसलमान, पारसी और ईसाई नवयुवक थे और कुछ बालिकाएँ भी थीं। खास इस काम के लिए शिक्षक रखना असंभव था और मुझे अनावश्यक प्रतीत हुआ। असंभव इसलिए था कि योग्य हिन्दुस्तानी शिक्षकों की कमी थी और मिलने पर भी बड़ी तनख्वाह के बिना डरबन[१] से इक्कीस मील दूर आता कौन? मेरे पास पैसों की विपुलता नहीं थी। बाहर से शिक्षक लाना मैंने अनावश्यक माना, क्योंकि शिक्षा की प्रचलित पद्धति मुझे पसन्द न थी। सच्ची पद्धति क्या हो सकती है, इसका अनुभव मैं ले नहीं पाया था। इतना समझता था कि आदर्श स्थिति में सच्ची शिक्षा तो माँ-बाप की निगरानी में ही हो सकती है। आदर्श स्थिति में बाहरी मदद कम-से-कम होनी चाहिए। सोचा यह था कि टॉलस्टॉय आश्रम एक परिवार है और मैं उसमें एक पिता की जगह हूँ, इसलिए इन नवयुवकों के निर्माण की जिम्मेदारी मुझे यथाशक्ति उठानी चाहिए।

इस कल्पना में बहुत से दोष तो थे ही। नवयुवक मेरे पास जन्म से नहीं रहे थे। सब अलग-अलग वातावरण में पले थे। सब एक धर्म के भी नहीं थे। ऐसी स्थिति में रहे हुए बालकों और बालिकाओं का पिता बनकर भी मैं उनके साथ न्याय कैसे कर सकता था?

किन्तु मैंने हृदय की शिक्षा को अर्थात् चरित्र के विकास को हमेशा पहला स्थान दिया है। और, यह सोचकर कि उसका परिचय तो किसी भी उमर में

१. यहाँ 'डरबन' के बदले 'जोहानिस्बर्ग' होना चाहिए।—प्रकाशक

और कितने ही प्रकार के वातावरण में पले हुए बालकों और बालिकाओं को न्यूनाधिक प्रमाण में कराया जा सकता है, इन बालकों और बालिकाओं के साथ मैं रात-दिन पिता की तरह रहता था। मैंने चरित्र को उनकी शिक्षा की बुनियाद माना था। यदि बुनियाद पक्की हो, तो अवसर मिलने पर दूसरी बातें बालक मदद लेकर या अपनी ताकत से खुद जान-समझ सकते हैं।

फिर भी मैं समझता था कि थोड़ा-बहुत अक्षर-ज्ञान तो कराना ही चाहिए, इसलिए कक्षाएँ शुरू कीं और इस कार्य में मैंने मि० केलनबैक की और प्रागजी देसाई की सहायता ली।

शारीरिक शिक्षा की आवश्यकता को मैं समझता था। यह शिक्षा उन्हें सहज ही मिल रही थी।

आश्रम में नौकर तो थे ही नहीं। पाखाना-सफाई से लेकर रसोई बनाने तक के सारे काम आश्रमवासियों को ही करने होते थे। वहाँ फलों के पेड़ बहुत थे। नयी फसलें भी बोनी थीं। मि० केलनबैक को खेती का शौक था। वे स्वयं सरकार के आदर्श बगीचों में जाकर थोड़े समय तक तालीम ले आये थे। ऐसे छोटे-बड़े सबको, जो रसोई के काम में लगे न होते थे, रोज अमुक समय के लिए बगीचे में काम करना ही पड़ता था। इसमें बड़ा हिस्सा बालकों का था। बड़े-बड़े गड्ढे खोदना, पेड़ काटना, बोझ उठाकर ले जाना आदि कामों में उनके शरीर अच्छी तरह कसे जाते थे। इसमें उन्हें आनन्द आता था और इसलिए दूसरी कसरत या खेल-कूद की उन्हें ज़रूरत न रहती थी। काम करने में कुछ विद्यार्थी अथवा कभी-कभी सब विद्यार्थी नखरे करते थे, आलस्य करते थे। अकसर इन बातों की ओर से मैं आँख मीच लेता था। कभी-कभी उनसे सख्ती से काम लेता था। मैं यह भी देखता था कि जब मैं सख्ती करता था, तब उनका जी काम से ऊब जाता था। फिर भी मुझे याद नहीं पड़ता कि बालकों ने सख्ती का कभी विरोध किया हो। जब-जब मैं सख्ती करता तब-तब उन्हें समझाता और उन्हीं से कबूल कराता था कि काम के समय खेलने की आदत अच्छी नहीं मानी जा सकती। वे तत्काल तो समझ जाते, पर दूसरे ही क्षण भूल भी जाते। इस तरह हमारी गाड़ी चलती थी। किन्तु उनके शरीर मजबूत बनते जा रहे थे।

आश्रम में बीमारी मुश्किल से ही आती थी। कहना चाहिए कि इसमें जलवायु का और अच्छे तथा नियमित आहार का भी बड़ा हाथ था। शारीरिक शिक्षा

के सिलसिले में ही शारीरिक धंधे की शिक्षा का भी मैं उल्लेख कर दूँ। इरादा यह था कि सबको कोई-न-कोई उपयोगी धंधा सिखाया जाय। इसके लिए मि॰ केलनबैक ट्रेपिस्ट मठ में चप्पल बनाना सीख आये। उनसे मैंने सीखा और जो बालक इस धंधे को सीखने के लिए तैयार हुए उन्हें मैंने सिखाया। मि॰ केलनबैक को बढ़ई-काम का थोड़ा अनुभव था और आश्रम में बढ़ई का काम जाननेवाला एक साथी था, इसलिए यह काम भी कुछ हद तक बालकों को सिखाया जाता था। रसोई का काम तो लगभग सभी बालक सीख गये थे।

बालकों के लिए ये सारे काम नये थे। इन कामों को सीखने की बात तो उन्होंने स्वप्न में भी सोची न होगी। हिन्दुस्तानी बालक दक्षिण अफ्रीका में जो कुछ भी शिक्षा पाते थे, वह केवल प्राथमिक अक्षर-ज्ञान की ही होती थी। टॉल्स्टॉय आश्रम में शुरू से ही यह रिवाज डाला गया था कि जिस काम को हम शिक्षक न करें, वह बालकों से न कराया जाय; और बालक जिस काम में लगे हों, उसमें उनके साथ उसी काम को करनेवाला एक शिक्षक हमेशा रहे। इसलिए बालकोंने जो कुछ सीखा, उमंग के साथ सीखा।

चरित्र और अक्षर-ज्ञान के विषय में मैं आगे लिखूँगा।

३३. अक्षर-ज्ञान

पिछले प्रकरण में शारीरिक शिक्षा और उसके सिलसिले में थोड़ी दस्तकारी सिखाने का काम टॉल्स्टॉय आश्रम में किस प्रकार शुरू किया गया, इसे हम कुछ हद तक देख चुके हैं। यद्यपि यह काम मैं ऐसे ढंग से तो कर ही न सका जिससे मुझे संतोष हो, फिर भी उसमें थोड़ी-बहुत सफलता मिली थी। पर अक्षर-ज्ञान देना कठिन मालूम हुआ। मेरे पास उसके लिए आवश्यक सामग्री न थी। स्वयं मुझे जितना मैं चाहता था उतना समय न था, न मुझमें उतनी योग्यता थी। दिनभर शारीरिक काम करते-करते मैं थक जाता था और जिस समय थोड़ा आराम करने की ज़रूरत होती उसी समय पढ़ाई के वर्ग लेने होते थे। अतएव मैं ताजा रहने के बदले जबरदस्ती से जाग्रत रह पाता था। सुबह का समय खेती में और घर-काम में जाता था। इसलिए दुपरह को भोजन के बाद तुरन्त ही शाला का काम शुरू होता था। इसके सिवा दूसरा कोई भी समय अनुकूल न था।

अक्षर-ज्ञान के लिए अधिक-से-अधिक तीन घण्टे रखे गये थे। कक्षा में

हिन्दी, तामिल, गुजराती और उर्दू भाषाएँ सिखायी जाती थीं। प्रत्येक बालक को उसकी मातृभाषा के द्वारा ही शिक्षा देने का आग्रह था। अंग्रेजी भी सबको सिखायी जाती थी। इसके अतिरिक्त गुजरात के हिन्दू बालकों को थोड़ा संस्कृत का और सब बालकों को थोड़ा हिन्दी का परिचय कराया जाता था। इतिहास, भूगोल और अंकगणित सभी को सिखाना था। यही पाठ्यक्रम था। तामिल और उर्दू सिखाने का काम मेरे जिम्मे था।

तामिल का ज्ञान मैंने स्टीमरों में और जेल में प्राप्त किया था। इसमें भी पोप-कृत उत्तम 'तामिल-स्वयं-शिक्षक' से आगे मैं बढ़ नहीं सका था। उर्दू लिपि का ज्ञान भी उतना ही था जितना स्टीमर में हो पाया था। और, फारसी-अरबी के खास शब्दों का ज्ञान उतना ही था, जितना मुसलमान मित्रों के परिचय से प्राप्त कर सका था! संस्कृत जितनी हाईस्कूल में सीखा था उतनी ही जानता था। गुजराती का ज्ञान भी उतना ही था जितना शाला में मिला था।

इतनी पूँजी से मुझे अपना काम चलाना था और इसमें मेरे जो सहायक थे वे मुझसे भी कम जाननेवाले थे। परन्तु देशी भाषाओं के प्रति मेरे प्रेमने, अपनी शिक्षण-शक्ति के विषय में मेरी श्रद्धाने, विद्यार्थियों के अज्ञान ने और उससे भी अधिक उनकी उदारता ने इस काम में मेरी सहायता की।

तामिल विद्यार्थियों का जन्म दक्षिण अफ्रीका में ही हुआ था, इसलिए वे तामिल बहुत कम जानते थे। लिपि तो उन्हें बिलकुल नहीं आती थी। इसलिए मैं उन्हें लिपि तथा व्याकरण के मूल तत्त्व सिखाता था। यह सरल काम था। विद्यार्थी जानते थे कि तामिल बातचीत में तो वे मुझे आसानी से हरा सकते थे; और जब केवल तामिल जाननेवाले ही मुझसे मिलने आते, तब वे मेरे दुभाषिये का काम करते थे। मेरी गाड़ी चली, क्योंकि मैंने विद्यार्थियों के सामने अपने अज्ञान को छिपाने का कभी प्रयत्न ही नहीं किया। हर बात में जैसा मैं था वैसा ही वे मुझे जानने लगे थे। इस कारण अक्षर-ज्ञान की भारी कभी रहते हुए भी मैं उनके प्रेम और आदर से कभी वंचित न रहा।

मुसलमान बालकों को उर्दू सिखाना अपेक्षाकृत अधिक सरल था। वे लिपि जानते थे। मेरा काम उनमें वाचन की रूचि बढ़ाने और उनके अक्षर सुधारने का ही था।

मुख्यतः आश्रम के ये सब बालक निरक्षर थे और पाठशाला में कहीं पढ़े हुए

न थे। मैंने सिखाते-सिखाते देखा कि मुझे उन्हें सिखाना तो कम ही है। ज्यादा काम तो उनका आलस्य छुड़ानेका, उनमें स्वयं पढ़ने की रूचि जगाने का और उनकी पढ़ाई पर निगरानी रखने का ही था। मुझे इतने काम से संतोष रहता था। यही कारण है कि अलग-अलग उमर के और अलग-अलग विषयोंवाले विद्यार्थियों को एक ही कमरे में बैठाकर मैं उनसे काम ले सकता था।

पाठ्यपुस्तकों की जो पुकार जब-तब सुनायी पड़ती है, उसकी आवश्यकता मुझे कभी मालूम नहीं हुई। मुझे याद नहीं पड़ता कि जो पुस्तकें हमारे पास थीं उनका भी बहुत उपयोग किया गया हो। हरएक बालक को बहुत सी पुस्तकें दिलाने की मैंने ज़रूरत नहीं देखी। मेरा खयाल है कि शिक्षक ही विद्यार्थियों की पाठ्यपुस्तक है। मेरे शिक्षकों ने पुस्तकों की मदद से मुझे जो सिखाया था, वह मुझे बहुत ही कम याद रहा है। पर उन्होंने अपने मुँह से जो सिखाया था, उसका स्मरण आज भी बना हुआ है। बालक आँखों से जितना ग्रहण करते हैं, उसकी अपेक्षा कानों से सुनी हुई बात को वे थोड़े परिश्रम से और बहुत अधिक मात्रा में ग्रहण कर सकते हैं। मुझे याद नहीं पड़ता कि मैं बालकों को एक भी पुस्तक पूरी पढ़ा पाया था।

पर अनेकानेक पुस्तकों में से जितना कुछ मैं पचा पाया था, उसे मैंने अपनी भाषा में उनके सामने रखा था। मैं मानता हूँ कि वह उन्हें आज भी याद होगा। पढ़ाया हुआ याद रखने में उन्हें कष्ट होता था, जब कि मेरी कही हुई बात को वे उसी समय मुझे फिर सुना देते थे। पढ़ने में उनका जी ऊबता था। जब मैं थकावट के कारण या अन्य किसी कारण से मन्द और नीरस न होता, तब वे मेरी बात रस-पूर्वक और ध्यान-पूर्वक सुनते थे। उनके पूछे हुए प्रश्नों का उत्तर देने में मुझे उनकी ग्रहण-शक्ति का अन्दाजा हो जाता था।

३४. आत्मिक शिक्षा

विद्यार्थियों के शरीर और मन को शिक्षित करने की अपेक्षा आत्मा को शिक्षित करने में मुझे बहुत परिश्रम करना पड़ा। आत्मा के विकास के लिए मैंने धर्मग्रंथों पर कम आधार रखा था। मैं मानता था कि विद्यार्थियों को अपने-अपने धर्म के मूल तत्त्व जानने चाहिए, अपने-अपने धर्मग्रंथों का साधारण ज्ञान होना चाहिए। इसलिए मैंने यथाशक्ति इस बात की व्यवस्था की थी कि उन्हें यह ज्ञान मिल

सके। किन्तु उसे मैं बुद्धि की शिक्षा का अंग मानता हूँ। आत्मा की शिक्षा एक बिलकुल भिन्न विभाग है। इसे मैं टॉल्स्टॉय आश्रम के बालकों को सिखाने लगा उसके पहले ही जान चुका था। आत्मा का विकास करने का अर्थ है चरित्र का निर्माण करना, ईश्वर का ज्ञान पाना, आत्मज्ञान प्राप्त करना। इस ज्ञान को प्राप्त करने में बालकों को बहुत ज्यादा मदद की ज़रूरत होती है और इसके बिना दूसरा ज्ञान व्यर्थ है, हानिकारक भी हो सकता है, ऐसा मेरा विश्वास था।

मैंने सुना है कि लोगों में यह भ्रम फैला हुआ है कि आत्मज्ञान चौथे आश्रम में प्राप्त होता है। लेकिन जो लोग इस अमूल्य वस्तु को चौथे आश्रम तक मुलतवी रखते हैं, वे आत्मज्ञान प्राप्त नहीं करते, बल्कि बुढ़ापा और दूसरा परन्तु दयाजनक बचपन पाकर पृथ्वी पर भाररूप बनकर जीते हैं। इस प्रकार का सार्वत्रिक अनुभव पाया जाता है। संभव है कि सन् १९११-१२ में मैं इन विचारों को इस भाषा में न रखता, पर मुझे यह अच्छी तरह याद है कि उस समय मेरे विचार इसी प्रकार के थे।

आत्मिक शिक्षा किस प्रकार दी जाय? मैं बालकों से भजन गवाता, उन्हें नीति की पुस्तकें पढ़कर सुनाता, किन्तु इससे मुझे संतोष न होता था। जैसे-जैसे मैं उनके संपर्क में आता गया, मैंने यह अनुभव किया कि यह ज्ञान पुस्तकों द्वारा तो दिया ही नहीं जा सकता। शरीर की शिक्षा जिस प्रकार शारीरिक कसरत द्वारा दी जाती है और बुद्धि की बौद्धिक कसरत द्वारा, उसी प्रकार आत्मा की शिक्षा आत्मिक कसरत द्वारा ही दी जा सकती है। आत्मा की कसरत शिक्षक के आचरण द्वारा ही प्राप्त की जा सकती है। अतएव युवक हाजिर हों चाहे न हों, शिक्षक को सावधान रहना चाहिए। लंका में बैठा हुआ शिक्षक भी अपने आचरण द्वारा अपने शिष्यों की आत्मा को हिला सकता है। मैं स्वयं झूठ बोलूँ और अपने शिष्यों को सच्चा बनाने का प्रयत्न करूँ, तो वह व्यर्थ ही होगा। डरपोक शिक्षक शिष्यों को वीरता नहीं सिखा सकता। व्यभिचारी शिक्षक शिष्यों को संयम किस प्रकार सिखायेगा? मैंने देखा कि मुझे अपने पास रहनेवाले युवकों और युवतियों के सम्मुख पदार्थपाठ-सा बनकर रहना चाहिए। इस कारण मेरे शिष्य मेरे शिक्षक बने। मैं यह समझा कि मुझे अपने लिए नहीं, बल्कि उनके लिए अच्छा बनना और रहना चाहिए। अतएव कहा जा सकता है कि टॉल्स्टॉय आश्रम का मेरा अधिकतर संयम इन युवकों और युवतियों की बदौलत था।

आश्रम में एक युवक बहुत ऊधम मचाता था, झूठ बोलता था, किसीसे दबता नहीं था और दूसरों के साथ लड़ता-झगड़ता रहता था। एक दिन उसने बहुत ही ऊधम मचाया। मैं घबरा उठा। मैं विद्यार्थियों को कभी सजा न देता था। इस बार मुझे बहुत क्रोध हो आया। मैं उसके पास पहुँचा। समझाने पर वह किसी प्रकार समझता ही न था। उसने मुझे धोखा देने का भी प्रयत्न किया। मैंने अपने पास पड़ा हुआ रूल उठाकर उसकी बाँह पर दे मारा। मारते समय मैं काँप रहा था। इसे उसने देख लिया होगा। मेरी ओर से ऐसा अनुभव किसी विद्यार्थी को इससे पहले नहीं हुआ था। विद्यार्थी रो पड़ा। उसने मुझसे माफी माँगी। उसे डंडा लगा और चोट पहुँची, इससे वह नहीं रोया था। अगर वह मेरा मुकाबला करना चाहता, तो मुझसे निबट सकने की शक्ति उसमें थी। उसकी उमर कोई सतरह साल की रही होगी। उसका शरीर सुगठित था। पर मेरे रूल में से मेरे दुःख का दर्शन हो गया। इस घटना के बाद उसने फिर कभी मेरा सामना नहीं किया। लेकिन उसे रूल मारने का पछतावा मेरे दिल में आज तक बना हुआ है। मुझे भय है कि उसे मारकर मैंने अपनी आत्मा का नहीं, बल्कि अपनी पशुता का ही दर्शन कराया था।

बालकों को मारपीट कर पढ़ाने का मैं हमेशा विरोधी रहा हूँ। मुझे ऐसी एक ही घटना याद है कि जब मैंने अपने लड़कों में से एक को पीटा था। रूल से पीटने में मैंने उचित कार्य किया या नहीं, इसका निर्णय मैं आज तक कर नहीं सका हूँ। इस दण्ड के औचित्य के विषय में मुझे शंका है, क्योंकि इसमें क्रोध भरा था और दण्ड देने की भावना थी। यदि उसमें केवल मेरे दुःख का ही प्रदर्शन होता, तो मैं उस दण्ड को उचित समझता। पर उसमें विद्यमान भावना मिश्र थी। इस घटना के बाद तो मैं विद्यार्थियों को सुधारने की अधिक अच्छी रीति सीखा। यदि इस कला का उपयोग मैंने उक्त अवसर पर किया होता, तो उसका कैसा परिणाम होता यह मैं कह नहीं सकता। वह युवक तो इस घटना को तुरन्त भूल गया। मैं यह नहीं कह सकता कि उसमें बहुत सुधार हो गया, पर उस घटना ने मुझे इस बात को अधिक सोचने के लिए विवश किया कि विद्यार्थी के प्रति शिक्षक का धर्म क्या है। उसके बाद युवकों द्वारा ऐसे ही दोष हुए, लेकिन मैंने फिर कभी दण्डनीति का उपयोग नहीं किया। इस प्रकार आत्मिक ज्ञान देने के प्रयत्न में मैं स्वयं आत्मा के गुण को अधिक समझने लगा।

३५. भले-बुरे का मिश्रण

टॉल्स्टॉय आश्रम में मि० केलनबैक ने मेरे सामने एक प्रश्न खड़ा किया। उनके उठाने से पहले मैंने उस प्रश्न पर विचार नहीं किया था। आश्रम में कुछ लड़के बहुत ऊधमी और दुष्ट स्वभाव के थे। कुछ आवारा थे। उन्हींके साथ मेरे तीन लड़के थे। उस तरह पले हुए दूसरे भी बालक थे। लेकिन मि० केलनबैक का ध्यान तो इस ओर ही था कि वे आवारा युवक और मेरे लड़के एकसाथ कैसे रह सकते हैं। एक दिन वे बोल उठेः "आपका यह तरीका मुझे जरा भी नहीं जँचता। इन लड़कों के साथ आप अपने लड़कों को रखें, तो उसका एक ही परिणाम आ सकता है। उन्हें इन आवारा लड़कों की छूत लगेगी। इससे वे बिगड़ेंगे नहीं तो और क्या होगा?"

मुझे इस समय तो याद नहीं है कि मैं क्षणभर सोच में पड़ा था या नहीं, पर अपना जवाब मुझे याद है। मैंने कहा थाः "अपने लड़कों और इन आवारा लड़कों के बीच मैं भेद कैसे कर सकता हूँ? इस समय तो मैं दोनों के लिए समान रूप से जिम्मेदार हूँ। ये नौजवान मेरे बुलाये यहाँ आये हैं। यदि मैं इन्हें पैसे दे दूँ, तो आज ही ये जोहानिस्बर्ग जाकर वहाँ पहले की तरह फिर रहने लग जाएँ। यदि ये और इनके माता-पिता यह मानते हों कि यहाँ आकर इन्होंने मुझ पर मेहरबानी की है, तो इसमें आश्चर्य नहीं। यहाँ आने से इन्हें कष्ट उठाना पड़ रहा है, यह तो आप और मैं दोनों देख रहे हैं। पर मेरा धर्म स्पष्ट है। मुझे इन्हें यहीं रखना चाहिए। अतएव मेरे लड़के भी इनके साथ रहेंगे इसके सिवा, क्या मैं आज से अपने लड़कों को यह भेदभाव सिखाऊँ कि वे दूसरे कुछ लड़कों की अपेक्षा ऊँचे हैं? उनके दिमाग में इस प्रकार के विचार को ठूँसना ही उन्हें गलत रास्ते ले जाने जैसा है। आज की स्थिति में रहने से वे गढ़े जाएँगे, अपने-आप सारासार की परीक्षा करने लगेंगे। हम यह क्यों न मानें कि यदि मेरे लड़कों में सचमुच कोई गुण है, तो उलटे उन्हीं की छूत उनके साथियों को लगेगी? सो कुछ भी हो, पर मुझे तो उन्हें यहीं रखना होगा। और यदि ऐसा करने में कोई खतरा भी हो, तो उसे उठाना होगा।"

मि० केलनबैकने सिर हिलाया।

यह नहीं कहा जा सकता कि इस प्रयोग का परिणाम बुरा निकला। मैं नहीं

मानता कि उसमें मेरे लड़कों का कोई नुकसान हुआ। उलटे, मैं यह देख सका कि उन्हें लाभ हुआ है। उनमें बड़प्पन का कोई अंश रहा हो, तो वह पूरी तरह निकल गया। वे सबके साथ घुलना-मिलना सीखे। उनकी कसौटी हुई।

इस और ऐसे दूसरे अनुभवों पर से मेरा यह विचार बना है कि माता-पिता की उचित देखरेख हो, तो भले और बुरे लड़कों के साथ रहने और पढ़ने से भलों की कोई हानि नहीं होती। ऐसा कोई नियम तो है ही नहीं कि अपने लड़कों को तिजोरी में बन्द रखने से वे शुद्ध रहते हैं और बाहर निकालने से भ्रष्ट हो जाते हैं। हाँ, यह सच है कि जहाँ अनेक प्रकार के बालक और बालिकाएँ एकसाथ रहती और पढ़ती हैं, वहाँ माता-पिता की और शिक्षकों की कसौटी होती है, उन्हें सावधान रहना पड़ता है।

३६. प्रायश्चित्त-रूप उपवास

प्रामाणिकता-पूर्वक बालकों और बालिकाओं के पालन-पोषण और शिक्षण में कितनी और कैसी कठिनाइयाँ आती हैं, इसका अनुभव दिन-दिन बढ़ता गया। शिक्षक और अभिभावक के नाते मुझे उनके हृदय में प्रवेश करना था, उनके सुख-दुःख में हाथ बँटाना था, उनके जीवन की गुत्थियाँ सुलझानी थीं और उनकी उछलती जवानी की तरंगों को सीधे मार्ग पर ले जाना था।

कुछ जेलवासियों के रिहा होने पर टॉल्स्टॉय आश्रम में थोड़े ही लोग रह गये। इनमें मुख्यतः फीनिक्सवासी थे। इसलिए मैं आश्रम को फीनिक्स ले गया। फीनिक्स में मेरी कड़ी परीक्षा हुई। टॉल्स्टॉय आश्रम में बचे हुए आश्रमवासियों को फीनिक्स छोड़कर मैं जोहानिस्बर्ग गया। वहाँ कुछ ही दिन रहा था कि मेरे पास दो व्यक्तियों के भयंकर पतन के समाचार पहुँचे। सत्याग्रह की महान लड़ाई में कहीं भी निष्फलता-जैसी दिखायी पड़ती, तो उससे मुझे कोई आघात न पहुँचता था। पर इस घटनाने मुझ पर वज्र-सा प्रहार किया। मैं तिलमिला उठा। मैंने उसी दिन फीनिक्स की गाड़ी पकड़ी। मि॰ केलनबैक ने मेरे साथ चलने का आग्रह किया। वे मेरी दयाजनक स्थिति को समझ चुके थे। मुझे अकेले जाने देने की उन्होंने साफ मनाही कर दी। पतन के समाचार मुझे उन्हींके द्वारा मिले थे।

रास्ते में मैंने अपना धर्म समझ लिया, अथवा यों कहिये कि समझ लिया ऐसा मानकर मैंने अनुभव किया कि अपनी निगरानी में रहनेवालों के पतन के लिए

अभिभावक अथवा शिक्षक न्यूनाधिक अंश में ज़रूर जिम्मेदार है। इस घटना में मुझे अपनी जिम्मेदारी स्पष्ट जान पड़ी। मेरी पत्नीने मुझे सावधान तो कर ही दिया था, किन्तु स्वभाव से विश्वासी होने के कारण मैंने पत्नी की चेतावनी पर ध्यान नहीं दिया था। साथ ही, मुझे यह भी लगा कि इस पतन के लिए मैं प्रायश्चित्त करूँगा तो ही ये पतित मेरा दुःख समझ सकेंगे और उससे उन्हें अपने दोष का भान होगा तथा उसकी गंभीरता का कुछ अंदाज बैठेगा। अतएव मैंने सात दिन के उपवास और साढ़े चार महीनों के एकाशन का व्रत लिया। मि॰ केलनबैक ने मुझे रोकने का प्रयत्न किया, पर वह निष्फल रहा। आखिर उन्होंने प्रायश्चित्त के औचित्य को माना और खुदने भी मेरे साथ व्रत रखने का आग्रह किया। मैं उनके निर्मल प्रेम को रोक न सका। इस निश्चय के बाद मैं तुरन्त ही हलका हो गया, शान्त हुआ, दोषियों के प्रति मेरे मन में क्रोध न रहा, उनके लिए मन में दया ही रही।

यों ट्रेन में ही मन को हलका करके मैं फीनिक्स पहुँचा। पूछताछ करके जो अधिक जानकारी लेनी थी सो ले ली। यद्यपि मेरे उपवास से सबको कष्ट तो हुआ, लेकिन उसके कारण वातावरण शुद्ध बना। सबको पाप करने की भयंकरता का बोध हुआ और विद्यार्थियों तथा विद्यार्थिनियों के और मेरे बीच का सम्बन्ध अधिक दृढ और सरल बन गया।

इस घटना के फलस्वरूप ही कुछ समय बाद मुझे चौदह उपवास करने का अवसर मिला था। मेरा यह विश्वास है कि उसका परिणाम अपेक्षा से अधिक अच्छा निकला था।

इस घटना पर से मैं यह सिद्ध नहीं करना चाहता कि शिष्यों के प्रत्येक दोष के लिए शिक्षकों को सदा उपवासादि करने ही चाहिए। पर मैं जानता हूँ कि कुछ परिस्थितियों में इस प्रकार के प्रायश्चित्त-रूप उपवास की गुंजाइश ज़रूर है। किन्तु उसके लिए विवेक और अधिकार चाहिए। जहाँ शिक्षक और शिष्य के बीच शुद्ध प्रेम-बन्धन नहीं है, जहाँ शिक्षक को अपने शिष्य के दोष से सच्चा आघात नहीं पहुँचता, जहाँ शिष्यों के मन में शिक्षक के प्रति आदर नहीं है, वहाँ उपवास निरर्थक है और कदाचित् हानिकारक भी हो सकता है। ऐसे उपवास या एकाशन के विषय में शंका चाहे हो, परन्तु इस विषय में मुझे लेशमात्र भी शंका नहीं कि शिक्षक शिष्य के दोषों के लिए कुछ अश में ज़रूर जिम्मेदार है।

सात उपवास और एकाशन हम दोनों में से किसीके लिए कष्टकर नहीं हुए। इस बीच मेरा कोई भी काम बन्द या मन्द नहीं रहा। इस समय में मैं केवल फलाहारी ही रहा था। चौदह उपवासों का अन्तिम भाग मुझे काफी कष्टकर प्रतीत हुआ था। उस समय मैं रामनाम के चमत्कार को पूरी तरह समझा न था। इस कारण दुःख सहन करने की शक्ति मुझमें कम थी। उपवास के दिनों में कैसा भी प्रयत्न करके पानी खूब पीना चाहिए, इस बाह्य कला की मुझे जानकारी नहीं थी। इस कारण भी ये उपवास कष्टप्रद सिद्ध हुए। इसके अतिरिक्त, पहले उपवास सुख-शांतिपूर्वक हो गये थे, अतएव चौदह दिन के उपवासों के समय में असावधान बन गया था। पहले उपवासों के समय मैं रोज कूने का कटिस्नान करता था। चौदह दिनों के उपवास में दो या तीन दिन के बाद मैंने कटिस्नान बन्द कर दिया। पानी का स्वाद अच्छा नहीं लगता था और पानी पीने पर जी मचलता था, इससे पानी बहुत ही कम पीता था। फलतः मेरा गला सूखने लगा, मैं क्षीण होने लगा और अंतिम दिनोंमे तो मैं बहुत धीमी आवाज में बोल पाता था। इतना होने पर भी लिखाने का आवश्यक काम मैं अन्तिम दिन तक कर पाया था और रामायण इत्यादि अंत तक सुनता रहा था। कुछ प्रश्नों के विषय में सम्मति देने का आवश्यक कार्य भी मैं कर सकता था।

३७. गोखले से मिलने

दक्षिण अफ्रीका के बहुत से स्मरण अब मुझे छोड़ने पड़ रहे हैं। जब सन् १९१४ में सत्याग्रह की लड़ाई समाप्त हुई, तो गोखले की इच्छानुसार मुझे इंग्लैंड होते हुए हिन्दुस्तान पहुँचना था। इसलिए जुलाई महीने में कस्तूरबाई, केलनबैक और मैं—तीन व्यक्ति विलायत के लिए रवाना हुए। सत्याग्रह की लड़ाई के दिनों में मैंने तीसरे दर्जे में सफर करना शुरू किया था। अतएव समुद्री यात्रा के लिए भी तीसरे दर्जे का टिकट कटाया। पर इस तीसरे दर्जे में और हमारे यहाँ के तीसरे दर्जे में बहुत अन्तर है। हमारे यहाँ सोने-बैठने की जगह भी मुश्किल से मिलती है। स्वच्छता रह ही कैसे सकती है? जब की वहाँ के तीसरे दर्जे में स्थान काफी था और स्वच्छता की भी अच्छी चिन्ता रखी जाती थी। कंपनीने हमारे लिए अधिक सुविधा भी कर दी थी। कोई हमें परेशान न करे, इस हेतु से एक पाखाने में खास ताला डालकर उसकी कुंजी हमें सौंप दी गयी थी; और चूँकि

हम तीनों फलाहारी थे, इसलिए स्टीमर के खजानची को आज्ञा दी गयी थी कि वह हमारे लिए सुखे और ताजे फलों का प्रबन्ध करे। साधारणतः तीसरे दर्जे के यात्रियों को फल कम ही दिये जाते हैं; सूखा मेवा बिलकुल नहीं दिया जाता। इन सुविधाओं के कारण समुद्री यात्रा के हमारे अठारह दिन बड़ी शांति से बीते।

इस यात्रा के कई संस्मरण काफी जानने योग्य हैं। मि॰ केलनबैक को दूरबीनों का अच्छा शौक था। दो-एक कीमती दूरबीनें उन्होंने अपने साथ रखी थीं। इस सम्बन्ध में हमारे बीच रोज चर्चा होती थी। मैं उन्हें यह समझाने का प्रयत्न करता कि यह हमारे आदर्श के और जिस सादगी तक हम पहुँचना चाहते हैं उसके अनुकूल नहीं है। एक दिन इसको लेकर हमारे बीच तीखी कहा-सुनी हो गयी। हम दोनों अपने केबिन की खिड़की के पास खड़े थे।

मैंने कहा, "हमारे बीच इस प्रकार के झगड़े हों, इससे अच्छा क्या यह न होगा कि हम इस दूरबीन को ही समुद्र में फेंक दें और फिर इसकी कोई चर्चा ही न करें?"

मि॰ केलनबैक ने तुरन्त ही जवाब दिया, "हाँ, इस मनहूस चीज को ज़रूर फेंक दो।"

मैंने कहा, "तो मैं फेंकता हूँ।"

उन्होंने उतनी ही तत्परता से उत्तर दिया, "मैं सचमुच ही कहता हूँ, ज़रूर फेंक दो।"

मैंने दूरबीन फेंक दी। वह कोई सात पौण्ड की थी। लेकिन उसकी कीमत जितनी दामों में थी उससे अधिक उसके प्रति रहे मि॰ केलनबैक के मोह में थी। फिर भी उन्होंने इस सम्बन्ध में कभी दुःख का अनुभव नहीं किया। उनके और मेरे बीच ऐसे कई अनुभव होते रहते थे। उनमें से एक यह मैंने बानगी के रूप में यहाँ दिया है।

हम दोनों के आपसी सम्बन्ध से हमें प्रतिदिन नया सीखने को मिलता था, क्योंकि दोनों सत्य का ही अनुसरण करके चलने का प्रयत्न करते थे। सत्य का अनुसरण करने से क्रोध, स्वार्थ, द्वेष इत्यादि सहज ही शान्त हो जाते थे; शान्त न होते तो सत्य मिलता न था। राग-द्वेषादि से भरा मनुष्य सरल चाहे हो ले, वाचिक सत्य का पालन चाहे वह कर ले, किन्तु शुद्ध सत्य तो उसे मिल ही नहीं सकता। शुद्ध सत्य की शोध करने का अर्थ है, राग-द्वेषादि द्वन्द्वों से सर्वथा मुक्ति प्राप्त करना।

जब हमने यात्रा शुरू की थी, तब मुझे उपवास समाप्त किये बहुत समय नहीं बीता था। मुझमें पूरी शक्ति नहीं आयी थी। स्टीमर में रोज डेक पर चलने की कसरत करके मैं काफी खाने और खाये हुए को हजम करने का प्रयत्न करता था। लेकिन इसके साथ ही मेरे पैरों की पिंडलियों में ज्यादा दर्द रहने लगा। विलायत पहुँचने के बाद मेरी पीड़ा कम न हुई, बल्कि बढ़ गयी। विलायत में डॉ० जीवराज मेहता से पहचान हुई थी। उन्हें अपने उपवास और पिंडलियों की पीड़ा का इतिहास सुनाने पर उन्होंने कहा, "यदि आप कुछ दिन के लिए पूरा आराम न करेंगे, तो सदा के लिए पैरों के बेकार हो जाने का डर है।" इसी समय मुझे पता चला कि लम्बे उपवास करनेवाले को खोयी हुई ताकत झट प्राप्त करने का या बहुत खाने का लोभ कभी न करना चाहिए। उपवास करने की अपेक्षा उपवास छोड़ने में अधिक सावधान रहना पड़ता है और शायद उसमें संयम भी अधिक रखना पड़ता है।

मदीरा में हमें समाचार मिले कि महायुद्ध के छिड़ने में कुछ घड़ियों की ही देर है। इंग्लैंड की खाड़ी में पहुँचते ही हमें लड़ाई छिड़ जाने के समाचार मिले और हमें रोक दिया गया। समुद्र में जगह-जगह सुरंगें बिछा दी गयी थीं। उनसे बचाकर हमें साउदेम्पटन पहुँचाने में एक-दो दिन की देर हो गयी। ४ अगस्त को युद्ध घोषित किया गया।—अगस्त को हम विलायत पहुँचे।

३८. लड़ाई में हिस्सा

विलायत पहुँचने पर पता चला कि गोखले तो पेरिस में अटक गये हैं, पेरिस के साथ यातायात का सम्बन्ध टूट गया है और कहना मुश्किल है कि वे कब तक आएँगे। गोखले अपने स्वास्थ्य के कारण फ्रांस गये थे, परन्तु लड़ाई की वजह से वहाँ फँस गये। उनसे मिले बिना मुझे देश जाना न था और कोई कह नहीं सकता था कि वे कब आ सकेंगे।

इस बीच क्या किया जाय? लड़ाई के बारेमें मेरा धर्म क्या है? जेल के मेरे साथी और सत्याग्रही सोराबजी अडाजणिया विलायत में ही बारिस्टरी का अभ्यास करते थे। अच्छे-से-अच्छे सत्याग्रही के नाते सोराबजी को बारिस्टरी की शिक्षा प्राप्त करने के लिए इंग्लैंड भेजा गया था। खयाल यह था कि वहाँ से लौटने पर वे दक्षिण अफ्रीका में मेरी जगह काम करेंगे। उनका खर्च डॉ. प्राणजीवनदास

मेहता देते थे। उनसे और उनके द्वारा डॉ. जीवराज मेहता इत्यादि जो लोग विलायत में पढ़ रहे थे उनसे मैंने विचार-विमर्श किया। विलायत में रहनेवाले हिन्दुस्तानियों की एक सभा बुलायी और उनके सामने मैंने अपने विचार रखे। मुझे लगा कि विलायत में रहनेवाले हिन्दुस्तानियों को लड़ाई में अपना हिस्सा अदा करना चाहिए। अंग्रेज विद्यार्थियों ने लड़ाई में सेवा करने का अपना निश्चय घोषित किया था। हिन्दुस्तानी इससे कम नहीं कर सकते थे। इन दलीलों के विरोध में इस सभा में बहुत दलीलें दी गयीं। यह कहा गया कि हमारी और अंग्रेजों की स्थिति के बीच हाथी-घोड़े का अन्तर है। एक गुलाम है, दूसरा सरदार है। ऐसी स्थिति में सरदार के संकट में गुलाम स्वेच्छा से सरदार की सहायता किस प्रकार कर सकता है? क्या गुलामी से छुटकारा चाहनेवाले गुलाम का धर्म यह नहीं है कि वह सरदार के संकट का उपयोग अपनी मुक्ति के लिए करे? पर उस समय यह दलील मेरे गले कैसे उतरती? यद्यपि मैं दोनों की स्थिति के भेद को समझ सका था, फिर भी मुझे हमारी स्थिति बिलकुल गुलामी की नहीं लगती थी। मेरा तो यह खयाल था कि अंग्रेजों की शासन-पद्धति में जो दोष है, उससे अधिक दोष अनेक अंग्रेज अधिकारियों में हैं। उस दोष को हम प्रेम से दूर कर सकते हैं। यदि हम अंग्रेजों के द्वारा और उनकी सहायता से अपनी स्थिति सुधारना चाहते हैं, तो उनके संकट के समय उनकी सहायता करके हमें अपनी स्थिति सुधारनी चाहिए। उनकी शासन-पद्धति दोषपूर्ण होते हुए भी मुझे उस समय उतनी असह्य नहीं मालूम होती थी जितनी आज मालूम होती है। किन्तु जिस प्रकार आज उस पद्धति पर से मेरा विश्वास उठ गया है और इस कारण मैं आज अंग्रेजी राज्य की मदद नहीं करता, उसी प्रकार जिनका विश्वास उस शासन-पद्धति पर से ही नहीं, बल्कि अंग्रेज अधिकारियों पर से भी उठ चुका था, वे क्योंकर मदद करने को तैयार होते?

उन्हें लगा कि यही अवसर है, जब जनता की माँग को दृढ़ता-पूर्वक प्रकट करना चाहिए और शासन-पद्धति में सुधार करा लेने का आग्रह रखना चाहिए। मैंने अंग्रेजों की इस आपत्ति के समय अपनी माँगें पेश करना ठीक न समझा और लड़ाई के समय अधिकारों की माँग को मुलतवी रखने के संयम में सभ्यता और दूरदृष्टि का दर्शन किया। इसलिए मैं अपनी सलाह पर दृढ़ रहा और मैंने लोगों से कहा कि जिन्हें स्वयंसेवकों की भरती में नाम लिखाने हों वे लिखावें।

काफी संख्या में नाम लिखाये गये। उनमें लगभग सभी प्रान्तों और सभी धर्मों के लोगों के नाम थे।

मैंने इस विषय में लार्ड क्रू को पत्र लिखा और हिन्दुस्तानियों की माँग को स्वीकार करने के लिए घायल सैनिकों की सेवा की तालीम लेना आवश्यक माना जाय, तो वैसी तालीम लेने की इच्छा और तैयारी प्रकट की। थोड़े विचार-विमर्श के बाद लार्ड क्रू ने हिन्दुस्तानियों की माँग स्वीकार कर ली और संकट के समय में साम्राज्य की सहायता करने की तैयारी दिखाने के लिए आभार प्रदर्शित किया।

नाम देनेवालों ने प्रसिद्ध डॉ. केण्टली के अधीन घायलों की सेवा-शुश्रूषा करने की प्राथमिक तालीम का श्रीगणेश किया। छह हफ्तों का छोटा-सा शिक्षाक्रम था, पर उसमें घायलों को प्राथमिक सहायता देने की सब क्रियाएँ सिखायी जाती थीं। हम लगभग ८० व्यक्ति इस विशेष वर्ग में भरती हुए। छह हफ्ते बाद परीक्षा ली गयी, जिसमें एक ही व्यक्ति नापास हुआ। जो पास हो गये उनके लिए अब सरकार की ओर से कवायद वगैरा सिखाने का प्रबन्ध किया गया। कवायद सिखाने का काम कर्नल बेकर को सौंपा गया और वे इस टुकड़ी के सरदार नियुक्त किये गये।

इस समय विलायत का दृश्य देखने योग्य था। लोग घबराते नहीं थे, बल्कि सब लड़ाई में यथाशक्ति सहायता करने में जुट गये थे। शक्तिशाली नवयुवक तो लड़ाई की ट्रेनिंग लेने लगे। पर कमजोर, बूढ़े और स्त्रियाँ आदि क्या करें? चाहने पर उनके लिए भी काम तो था ही। वे लड़ाई में घायल हुए लोगों के लिए कपड़े वगैरा सीने-काटने में जुट गये। वहाँ स्त्रियों का 'लाइसियम' नामक एक क्लब है। इस क्लब की सदस्याओंने युद्ध-विभाग के लिए आवश्यक कपड़ों में से जितने कपड़े बनाये जा सकें उतने बनाने का बोझ अपने ऊपर लिया। सरोजिनी देवी उसकी सदस्या थीं। उन्होंने इस काम में पूरा हिस्सा लिया। मेरे साथ उनका यह पहला ही परिचय था। उन्होंने मेरे सामने ब्योंते हुए कपड़ों का ढेर लगा दिया और जितने सिल सकें उतने सी-सिलाकर उनके हवाले कर देने को कहा। मैंने उनकी इच्छा का स्वागत किया और घायलों की सेवा के शिक्षाकाल में जितने कपड़े तैयार हो सके उतने तैयार करवाकर उन्हें दे दिये।

३९. धर्म की समस्या

ज्यों ही यह खबर दक्षिण अफ्रीका पहुँची कि हममें से कुछने इकट्ठा होकर युद्ध में काम करने के लिए अपने नाम सरकार के पास भेजे हैं, त्यों ही मेरे नाम वहाँ से दो तार आये। उनमें एक पोलाक का था। उसमें पूछा गया था: "क्या आपका यह कार्य अहिंसा के आपके सिद्धान्त के विरूद्ध नहीं है?"

ऐसे तार की मुझे कुछ आशा तो थी ही। क्योंकि 'हिन्द स्वराज' में मैंने इस विषय की चर्चा की थी और दक्षिण अफ्रीका में मित्रों के साथ तो इसकी चर्चा निरन्तर होती ही रहती थी। युद्ध की अनीति को हम सब स्वीकार करते थे। जब मैं अपने ऊपर हमला करनेवाले पर मुकदमा चलाने को तैयार न था, तो दो राज्यों के बीच छिड़ी हुई लड़ाईमें, जिसके गुण-दोष का मुझे पता न था, मैं किस प्रकार सम्मिलित हो सकता था? यद्यपि मित्र जानते थे कि मैंने बोअर-युद्ध में हाथ बँटाया था, फिर भी उन्होंने ऐसा मान लिया था कि उसके बाद मेरे विचारों में परिवर्तन हुआ होगा।

असल में जिस विचारधारा के वश होकर मैं बोअर-युद्ध में सम्मिलित हुआ था, उसीका उपयोग मैंने इस बार भी किया था। मैं इस बात को भलीभाँति समझता था कि युद्ध में सम्मिलित होने का अहिंसा के साथ कोई मेल नहीं बैठ सकता। किन्तु कर्तव्य का बोध हमें दीपक की भाँति स्पष्ट नहीं होता। सत्य के पुजारी को बहुत ठोकरें खानी पड़ती हैं।

अहिंसा व्यापक वस्तु है। हम हिंसा की होली के बीच घिरे हुए पामर प्राणी हैं। यह वाक्य गलत नहीं है कि 'जीव-जीव पर जीता है। मनुष्य एक क्षण के लिए भी बाह्य हिंसा के बिना जी नहीं सकता। खाते-पीते, उठते-बैठते, सभी क्रियाओं में इच्छा-अनिच्छा से वह कुछ-न-कुछ हिंसा तो करता ही रहता है। यदि इस हिंसा से छूटने के लिए वह महाप्रयत्न करता है, उसकी भावना में केवल अनुकम्पा होती है, वह सूक्ष्म-से-सूक्ष्म जंतु का भी नाश नहीं चाहता और यथाशक्ति उसे बचाने का प्रयत्न करता है, तो वह अहिंसा का पुजारी है। उसके कार्यों में निरन्तर संयम की वृद्धि होगी; उसमें निरन्तर करूणा बढ़ती रहेगी। किन्तु कोई देहधारी बाह्य हिंसा से सर्वथा मुक्त नहीं हो सकता।

फिर, अहिंसा की तह में ही अद्वैत-भावना निहित है। और, यदि प्राणीमात्र

में अभेद है, तो एक के पाप का प्रभाव दूसरे पर पड़ता है, इस कारण भी मनुष्य हिंसा से बिलकुल अछूता नहीं रह सकता। समाज में रहनेवाला मनुष्य समाज की हिंसामें, अनिच्छा से ही क्यों न हो, साझेदार बनता है। दो राष्ट्रों के बीच युद्ध छिड़ने पर अहिंसा में विश्वास रखनेवाले व्यक्ति का धर्म है कि वह उस युद्ध को रोके। जो इस धर्म का पालन न कर सके, जिसमें विरोध करने की शक्ति न हो, जिसे विरोध करने का अधिकार प्राप्त न हुआ हो, वह युद्धकार्य में सम्मिलित हो; और सम्मिलित होते हुए भी उसमें से अपने को, अपने देश को और सारे संसार को उबारने का हार्दिक प्रयत्न करे।

मुझे अंग्रेजी राज्य के द्वारा अपनी अर्थात् अपने राष्ट्र की स्थिति सुधारनी थी। मैं विलायत में बैठा हुआ अंग्रेजों के जंगी बेड़े से सुरक्षित था। उस बल का इस प्रकार उपयोग करके मैं उसमें विद्यमान हिंसा में सीधी तरह साझेदार बनता था। अतएव यदि आखिरकार मुझे उस राज्य के साथ व्यवहार बनाये रखना हो, उस राज्य के झंडे के नीचे रहना हो, तो या तो मुझे प्रकट रूप से युद्ध का विरोध करके उसका सत्याग्रह के शास्त्र के अनुसार उस समय तक बहिष्कार करना चाहिए, जब तक उस राज्य की युद्धनीति में परिवर्तन न हो, अथवा उसके जो कानून भंग करने योग्य हों उनका सविनय भंग करके जेल की राह पकड़नी चाहिए, अथवा उसके युद्धकार्य में सम्मिलित होकर उसका मुकाबला करने की शक्ति और अधिकार प्राप्त करना चाहिए। मुझमें ऐसी शक्ति नहीं थी। इसलिए मैंने माना कि मेरे पास युद्ध में सम्मिलित होने का ही मार्ग बचा था।

मैंने बन्दूकधारी में और उसकी मदद करनेवाले में अहिंसा की दृष्टि से कोई भेद नहीं माना। जो मनुष्य लुटेरों की टोली में उनकी आवश्यक सेवा करने, उनका बोझ ढोने, लूट के समय पहरा देने तथा घायल होने पर उनकी सेवा करने में सम्मिलित होता है, वह लूट के संबंध में लुटेरों जितना ही जिम्मेदार है। इस तरह सोचने पर फौज में केवल घायलों की ही सार-सँभाल करने के काम में लगा हुआ व्यक्ति भी युद्ध के दोषों से मुक्त नहीं हो सकता।

पोलाक का तार मिलने से पहले ही मैंने यह सब सोच लिया था। उनका तार मिलने पर मैंने कुछ मित्रों से उसकी चर्चा की। युद्ध में सम्मिलित होने में मैंने धर्म माना; और आज भी इस प्रश्न पर सोचता हूँ, तो मुझे उपर्युक्त विचारधारा में कोई दोष नजर नहीं आता। ब्रिटिश साम्राज्य के विषय में उस समय मेरे जो

विचार थे, उनके अनुसार मैंने युद्ध-कार्य में हिस्सा लिया था। अतएव मुझे उसका पश्चात्ताप भी नहीं है।

मैं जानता हूँ कि अपने उपर्युक्त विचारों का औचित्य मैं उस समय भी सब मित्रों के सामने सिद्ध नहीं कर सका था। प्रश्न सूक्ष्म है। उसमें मतभेद के लिए अवकाश है। इसीलिए अहिंसा-धर्म के माननेवालों और सूक्ष्म रीति से उसका पालन करनेवालों के सम्मुख यथासंभव स्पष्टता से मैंने अपनी राय प्रकट की है। सत्य का आग्रही रूढ़ि से चिपटकर ही कोई काम न करे। वह अपने विचारों पर हठ-पूर्वक डटा न रहे, हमेशा यह मानकर चले कि उनमें दोष हो सकता है और जब दोष का ज्ञान हो जाए तब भारी-से-भारी जोखिमों को उठकर भी उसे स्वीकार करे और प्रायश्चित्त भी करे।

४०. छोटा-सा सत्याग्रह

इस प्रकार धर्म समझकर मैं युद्ध में सम्मिलित तो हुआ, पर मेरे नसीब में न सिर्फ उसमें सीधे हाथ बँटाना नहीं आया, बल्कि ऐसे नाजुक समय में सत्याग्रह करने की भी नौबत आ गयी।

मैं लिख चुका हूँ कि जब हमारे नाम मंजूर हुए और रजिस्टर में दर्ज किये गये, तो हमें पूरी कवायद सिखाने के लिए एक अधिकारी नियुक्त किया गया। हम सब का खयाल यह था कि यह अधिकारी युद्ध की तालीम देनेभर के लिए हमारे मुखिया थे, बाकी सब मामलों में दल का मुखिया मैं था। मैं अपने साथियों के प्रति जिम्मेदार था और साथी मेरे प्रति;. अर्थात् हमारा खयाल यह था कि अधिकारी को सारा काम मेरे द्वारा लेना चाहिए। पर जैसे पूत के पाँव पालने में नजर आते हैं, वैसे ही उस अधिकारी की दृष्टि पहले ही दिन से हमें कुछ और ही मालूम हुई। सोराबजी बड़े होशियार थे। उन्होंने मुझे सावधान किया: "भाई, ध्यान रखिये। ऐसा प्रतीत होता है कि ये सज्जन यहाँ अपनी जहाँगीरी चलाना चाहते हैं। हमें उनके हुक्म की ज़रूरत नहीं। हम उन्हें शिक्षक मानते हैं। पर मैं तो देखता हूँ कि ये जो नौजवान आये हैं, वे भी मानो हम पर हुक्म चलाने आये हैं।" ये नौजवान ऑक्सफर्ड के विद्यार्थी थे और हमें सिखाने के लिए आये थे। बड़े अधिकारीने उन्हें हमारे नायब-अधिकारियों के रूप में नियुक्त कर दिया था। मैं भी सोराबजी की कही बात को देख चुका था। मैंने सोराबजी को सान्त्वना

दी और निश्चिन्त रहने को कहा। पर सोराबजी झट माननेवाले आदमी नहीं थे। उन्होंने हँसते-हँसते कहा, "आप भोले हैं। ये लोग मीठी-मीठी बातें करके आपको ठगेंगे और फिर जब आपकी आँख खुलेगी तब आप कहेंगे: "चलो, सत्याग्रह करें। फिर आप हमें मुसीबत में डालेंगे।"

मैंने जवाब दिया, "मेरा साथ करके सिवा मुसीबत के आपने किसी दिन और कुछ भी अनुभव किया है? और, सत्याग्रही तो ठगे जाने को ही जन्म लेता है न? अतएव भले ही साहब मुझे ठगें। क्या मैंने आपसे हजारों बार यह नहीं कहा है कि अन्त में तो ठगनेवाला ही ठगा जाता है?"

सोराबजी खिलखिलाकर हँस पड़े: "अच्छी बात है, तो ठगाते रहिये। किसी दिन सत्याग्रह में आप भी मरेंगे और अपने पीछे हम जैसों को भी ले डूबेंगे।"

इन शब्दों का स्मरण करते हुए मुझे स्व० मिस हॉब्हाउस के वे शब्द याद आ रहे हैं, जो असहयोग आन्दोलन के अवसर पर उन्होंने मुझे लिखे थे: "सत्य के लिए किसी दिन आपको फाँसी पर चढ़ना पड़े, तो मुझे आश्चर्य न होगा। ईश्वर आपको सीधे ही रास्ते ले जाए और आपकी रक्षा करे!"

सोराबजी के साथ ऊपर की यह चर्चा तो उक्त अधिकारी के पदारूढ़ होने के बाद के आरंभिक समय में हुई थी। आरंभ और अन्त के बीच का अन्तर कुछ ही दिनों का था। किन्तु इसी अर्से में मेरी पसलियों में सख्त सूजन आ गयी। चौदह दिन के उपवास के बाद मेरा शरीर ठीक तौर से सँभल नहीं पाया था, पर कवायद में मैं पूरी तरह हिस्सा लेने लगा था और प्रायः घर से कवायद की जगह तक पैदल जाता था। यह फासला दो मील का तो ज़रूर था। इस कारण से आखिर मुझे खटिया का सेवन करना पड़ा।

अपनी इस स्थिति में मुझे कैम्प में जाना होता था। दूसरे लोग वहाँ रह जाते थे और मैं शाम को वापस घर लौट आता था। यहाँ सत्याग्रह का प्रसंग खड़ा हो गया।

अधिकारीने अपना अधिकार चलाना शुरू किया। उन्होंने स्पष्ट कह दिया कि वे सब मामलों में हमारे मुखिया हैं। अपनी मुख्तारी के दो-चार पदार्थ-पाठ भी उन्होंने हमें पढ़ा दिये। सोराबजी मेरे पास पहुँचे। वे इस जहाँगीरी को बरदाश्त करने के लिए तैयार न थे। उन्होंने कहा: "हमें सब हुक्म आपके द्वारा ही मिलने चाहिए। अभी तो हम लोग शिक्षण-शिविर में ही हैं और हर मामले में बेहूदे हुक्म

निकलते रहते हैं। उन नौजवानों में और हममें अनेक बातों में भेद बरता जा रहा है। यह सब सह्य नहीं है। इसकी सफाई तुरन्त होनी ही चाहिए, नहीं तो हमारा काम चौपट हो जाएगा। ये सब विद्यार्थी और दूसरे लोग, जो इस काम में सम्मिलित हुए हैं, एक भी बेहूदा हुक्म बरदाश्त करने के लिए तैयार नहीं हैं। आत्म-सम्मान की वृद्धि के लिए उठाये हुए काम में अपमान ही सहन करना पड़े यह नहीं हो सकता।"

मैं अधिकारी के पास गया। अपने पास आयी हुई सब शिकायतें मैंने उन्हें सुनायीं। उन्होंने सब शिकायतें एक पत्र द्वारा लिखित रूप में देने को कहा और साथ ही अपने अधिकार की बात कही। उन्होंने कहा, "शिकायत आपके द्वारा नहीं होनी चाहिए। शिकायत तो नायब-अधिकारियों द्वारा सीधी मेरे पास आनी चाहिए।"

मैंने जवाब में कहा, "मुझे अधिकार भोगने की लालसा नहीं है। सैनिक दृष्टि से तो मैं साधारण सिपाही कहा जाऊँगा, पर हमारी टुकड़ी के मुखिया के नाते आपको मुझे उसका प्रतिनिधि मानना चाहिए।" मैंने अपने पास आयी हुई शिकायतें भी बतायीं: "नायब-अधिकारी हमारी टुकड़ी से पूछे बिना नियुक्त किये गये हैं और उनके विषय में बड़ा असंतोष फैला हुआ है। अतएव वे हटा दिये जाएँ और टुकड़ी को अपने नायब-अधिकारी चुनने का अधिकार दिया जाए।"

यह बात उनके गले नहीं उतरी। उन्होंने मुझे बताया कि इन नायब-अधिकारियों को टुकड़ी चुने, यह बात ही सैनिक नियम के विरूद्ध है; और यदि वे हटा दिये जाएँ, तो आज्ञा-पालन का नाम-निशान भी न रह जाए।

हमने सभा की। सत्याग्रह के गंभीर परिणाम कह सुनाये। लगभग सभीने सत्याग्रह की शपथ ली। हमारी सभाने यह प्रस्ताव पास किया कि यदि वर्तमान नायब-अधिकारी हटाये न जाएँ और दल को नये अधिकारी पसन्द न करने दिये जाएँ, तो हमारी टुकड़ी कवायद में जाना और कैम्प में जाना बन्द कर देगी।

मैंने अधिकारी को एक पत्र लिखकर अपना तीव्र असंतोष व्यक्त किया और बताया कि मुझे अधिकार नहीं भोगना है, मुझे तो सेवा करनी है और यह काम सांगोपांग पूरा करना है। मैंने उन्हें यह भी बतलाया कि बोअर-युद्ध में मैंने कोई अधिकार नहीं लिया था फिर भी कर्नल गेलवे और हमारी टुकड़ी के बीच कभी किसी तकरार की नौबत नहीं आयी थी; और वे अधिकारी मेरी टुकड़ी

की इच्छा मेरे द्वारा जानकर ही सारी बातें करते थे। अपने पत्र के साथ मैंने हमारी टुकड़ी द्वारा स्वीकृत प्रस्ताव की एक नकल भेजी।

अधिकारी पर इसका कोई प्रभाव न पड़ा। उन्हें तो लगा कि हमारी टुकड़ीने सभा करके प्रस्ताव पास किया, यही सैनिक नियम का गंभीर भंग था।

इसके बाद मैंने भारत-मंत्री को एक पत्र लिखकर सारी वस्तुस्थिति बतायी और साथ में हमारी सभा का प्रस्ताव भेजा।

भारत-मंत्रीने मुझे जवाब में सूचित किया कि दक्षिण अफ्रीका की स्थिति भिन्न थी। यहाँ तो टुकड़ी के बड़े अधिकारी को नायब-अधिकारी चुनने का हक है, फिर भी भविष्य में वह अधिकारी आपकी सिफ़ारिशों का ध्यान रखेगा।

इसके बाद तो हमारे बीच बहुत पत्र-व्यवहार हुआ, पर वे सारे कटु अनुभव देकर मैं इस प्रकरण को बढ़ाना नहीं चाहता।

पर इतना कहे बिना तो रहा ही नहीं जा सकता कि ये अनुभव वैसे ही थे जैसे हमें रोज हिन्दुस्तान में होते रहते हैं। अधिकारी ने धमकी से, युक्ति से, हममें फूट डाली। कुछ लोग शपथ ले चुकने पर भी कल अथवा बल के वश हो गये। इतने में नेटली अस्पताल में अनसोची संख्या में घायल सिपाही आ पहुँचे और उनकी सेवा-शुश्रूषा के लिए हमारी समूची टुकड़ी की आवश्यकता आ पड़ी। अधिकारी जिन्हें खींच पाये थे, वे तो नेटली पहुँच गये। पर दूसरे नहीं गये, यह इन्डिया आफिस को अच्छा न लगा। मैं तो बिछौने पर पड़ा था। पर टुकड़ी के लोगों से मिलता रहता था। मि० रॉबर्ट्स से मेरी अच्छी जान-पहचान हो गयी थी। वे मुझसे मिलने आये और बाकी के लोगों को भी भेजने का आग्रह किया। उनका सुझाव था कि वे अलग टुकड़ी के रूप में जाएँ। नेटली अस्पताल में तो टुकड़ी को वहाँ के मुखिया के अधीन रहना होगा, इसलिए उसकी मानहानि नहीं होगी। सरकार को उनके जाने से संतोष होगा और भारी संख्या में आये हुए घायलों की सेवा-शुश्रूषा होगी। मेरे साथियों को और मुझे यह सलाह पसन्द आयी और बचे हुए विद्यार्थी भी नेटली गये। अकेला मैं ही हाथ मलता हुआ बिछौने पर पड़ा रहा।

४१. गोखले की उदारता

विलायत में मुझे पसली की सूजन की जो शिकायत हुई थी, उसकी बात मैं कर चुका हूँ। इस बीमारी के समय गोखले विलायत आ चुके थे। उनके पास मैं और कैलनबैक हमेशा जाया करते थे। अधिकतर लड़ाई की ही चर्चा होती थी। केलनबैक को जर्मनी का भूगोल कण्ठाग्र था और उन्होंने यूरोप की यात्रा भी खूब की थी। इससे वे गोखले को नकशा खींचकर लड़ाई के मुख्य स्थान बताया करते थे।

जब मैं बीमार पड़ा तो मेरी बीमारी भी चर्चा का एक विषय बन गयी। आहार के मेरे प्रयोग तो चल ही रहे थे। उस समय का मेरा आहार मूँगफली, कच्चे और पके केले, नीबू, जैतून का तेल, टमाटर और अंगूर आदि का था। दूध, अनाज, दाल आदि मैं बिलकुल न लेता था। डॉ. जीवराज मेहता मेरी सार-संभाल करते थे। उन्होंने दूध और अन्न लेने का बहुत आग्रह किया। शिकायत गोखले तक पहुँची। फलाहार की मेरी दलील के बारेमें उन्हें बहुत आदर न था; उनका आग्रह यह था कि आरोग्य की रक्षा के लिए डॉक्टर जो कहें सो लेना चाहिए।

गोखले के आग्रह को ठुकराना मेरे लिए बहुत ही कठिन था। जब उन्होंने खूब आग्रह किया, तो मैंने विचार के लिए चौवीस घण्टों का समय माँगा। केलनबैक और मैं दोनों घर आये। मार्ग में अपने धर्म के विषय में मैंने उनसे चर्चा की। मेरे प्रयोग में वे साथ थे। उन्हें प्रयोग अच्छा लगता था। पर अपनी तबीयत के लिए मैं उसे छोड़ूँ तो ठीक हो, ऐसी उनकी भी भावना मुझे मालूम हुई। इसलिए मुझे स्वयं ही अन्तर्नाद का पता लगाना था।

सारी रात मैंने सोच-विचार में बितायी। यदि समूचे प्रयोग को छोड़ देता, तो मेरे किये हुए समस्त विचार मिट्टी में मिल जाते। उन विचारों में मुझे कहीं भी भूल नहीं दिखायी देती थी। प्रश्न यह था कि कहाँ तक गोखले के प्रेम के वश होना मेरा धर्म था, अथवा शरीर-रक्षा के लिए ऐसे प्रयोगों को किस हद तक छोड़ना ठीक था। इसलिए मैंने निश्चय किया कि इन प्रयोगों में से जो प्रयोग केवल धर्म की दृष्टि से चल रहा है, उस पर दृढ़ रहकर दूसरे सब मामलों में डॉक्टर के कहे अनुसार चलना चाहिए। दूध के त्याग में धर्म-भावना का स्थान मुख्य था। कलकत्ते में गाय-भैंस पर होनेवाली दुष्ट क्रियाएँ मेरे सामने मूर्तिमंत

थीं। माँसकी तरह पशु का दूध भी मनुष्य का आहार नहीं है, यह बात भी मेरे सामने थी। इसलिए दूध के त्याग पर डटे रहने का निश्चय करके मैं सबेरे उठा। इतने निश्चय से मेरा मन बहुत हलका हो गया। गोखले का डर था, पर मुझे यह विश्वास था कि वे मेरे निश्चय का आदर करेंगे।

शाम को नेशनल लिबरल क्लब में हम उनसे मिलने गये। उन्होंने तुरन्त ही प्रश्न किया: "क्यों डॉक्टर का कहना मानने का निश्चय कर लिया न?"

मैंने धीरे से जवाब दिया: "मैं सब कुछ करूँगा, किन्तु आप एक चीज का आग्रह न कीजिए। मैं दूध और दूध के पदार्थ अथवा माँसाहार नहीं लूँगा। उन्हें न लेने से देहपात होता हो, तो वैसा होने देने में मुझे धर्म मालूम होता है।"

गोखलेने पूछा, "यह आपका अंतिम निर्णय है?"

मैंने जवाब दिया, "मेरा खयाल है कि मैं दूसरा जवाब नहीं दे सकता। मैं जानता हूँ कि इससे आपको दुःख होगा, पर मुझे क्षमा कीजिए।"

गोखलेने कुछ दुःख से परन्तु अत्यन्त प्रेम से कहा: "आपका निश्चय मुझे पसन्द नहीं है। इसमें मैं धर्म नहीं देखता। पर अब मैं आग्रह नहीं करूँगा।" यह कहकर वे डॉ. जीवराज मेहता की ओर मुड़े और उनसे बोले, "अब गांधी को तंग मत कीजिए। उनकी बतायी हुई मर्यादा में उन्हें जो दिया जा सके, दीजिए।"

डॉक्टर ने अप्रसन्नता प्रकट की, लेकिन वे लाचार हो गये। उन्होंने मुझे मूँग का पानी लेने की सलाह दी और उसमें हींग का बघार देने को कहा। मैंने इसे स्वीकार कर लिया। एक-दो दिन वह खुराक ली। उससे मेरी तकलीफ बढ़ गयी। मुझे वह मुआफिक नहीं आयी। अतएव मैं फिर फलाहार पर आ गया। डॉक्टर ने बाहरी उपचार तो किये ही। उससे थोड़ा आराम मिलता था। पर मेरी मर्यादाओं से वे बहुत ही परेशान थे। इस बीच लंदन का अक्तूबर-नवम्बर का कुहरा सहन न कर सकने के कारण गोखले हिन्दुस्तान जाने को रवाना हो गये।

४२. दर्द के लिए क्या किया?

पसली का दर्द मिट नहीं रहा था, इससे मैं घबराया। मैं इतना जानता था कि औषधोपचार से नहीं, बल्कि आहार के परिवर्तन से और थोड़े बाहरी उपचार से दर्द जाना ही चाहिए।

सन् १८९० में मैं डॉक्टर एलिन्सन से मिला था। वे अन्नाहारी थे और आहार

के परिवर्तन द्वारा बीमारियों का इलाज करते थे। मैंने उन्हें बुलाया। वे आये। उन्हें शरीर दिखाया और दूध के बारेमें अपनी आपत्ति की बात उनसे कही। उन्होंने मुझे तुरन्त आश्वस्त किया और कहा: "दूध की कोई आवश्यकता नहीं है। और मुझे तो तुम्हें कुछ दिनों बिना किसी चिकनाई के ही रखना है।" यों कहकर पहले तो मुझे सिर्फ रूखी रोटी और कच्चे साग तथा फल खाने की सलाह दी। कच्ची तरकारियों में मूली, प्याज और किसी तरह के दूसरे कंद तथा हरी तरकारियाँ और फलों में मुख्यतः नारंगी लेने को कहा। इन तरकारियों को कद्दूकश पर कसकर या चटनी की शकल में पीसकर खाना था। मैंने इस तरह तीन दिन तक काम चलाया। पर कच्चे साग मुझे बहुत अनुकूल नहीं आये। मेरा शरीर इस योग्य नहीं था कि इस प्रयोग की पूरी परीक्षा कर सकूँ और न मुझमें वैसी श्रद्धा थी। इसके अतिरिक्त, उन्होंने चौबीसों घंटे खिड़कियाँ खुली रखने, रोज कुनकुने पानी से नहाने, दर्दवाले हिस्से पर तेल की मालिश करने और पाव से लेकर आधे घंटे तक खुली हवा में घूमने की सलाह दी। यह सब मुझे अच्छा लगा। घर में फ्रान्सीसी ढंग की खिड़कियाँ थीं; उन्हें पूरा खोल देने पर बरसात का पानी अन्दर आता था। ऊपर का रोशनदान खुलने लायक नहीं था। अतएव उसका पूरा शीशा तुड़वाकर उससे चौबीसों घंटे हवा आनेका सुभीता कर लिया। फ्रांसीसी खिड़कियाँ मैं इतनी खुली रखता था कि पानी की बौछार अन्दर न आये।

यह सब करने से तबीयत कुछ सुधरी। बिलकुल अच्छी तो हुई ही नहीं। कभी-कभी लेडी सिसिलिया रॉबर्ट्स मुझे देखने आती थीं। उनसे अच्छी जान-पहचान थी। उनकी मुझे दूध पिलाने की प्रबल इच्छा थी। दूध मैं लेता न था। इसलिए उन्होंने दूध के गुणवाले पदार्थों की खोज शुरू की। उनके किसी मित्रने उन्हें 'माल्टेड मिल्क' बताया और अनजान में कह दिया कि इसमें दूध का स्पर्श तक नहीं होता, यह तो रासायनिक प्रयोग से तैयार किया हुआ दूध के गुणवाला चूर्ण है। मैं जान चुका था कि लेडी रॉबर्ट्स को मेरी धर्म-भावना के प्रति बड़ा आदर था। अतएव मैंने उस चूर्ण को पानी में मिलाकर पिया। मुझे उसमें दूध के समान ही स्वाद आया। मैंने 'पानी पीकर घर पूछने' जैसा काम किया। बोतल पर लगे परचे को पढ़ने से पता चला कि यह तो दूध का ही पदार्थ है। अतएव एक ही बार पीने के बाद उसे छोड़ देना पड़ा। लेडी रॉबर्ट्स को खबर भेजी

और लिखा कि वे तनिक भी चिन्ता न करें। वे तुरन्त मेरे घर आयीं। उन्होंने खेद प्रकट किया। उनके मित्र ने बोतल पर चिपका कागज पढ़ा नहीं था। मैंने इस भली बहन को आश्वासन दिया और इस बात के लिए उनसे माफी माँगी कि उनके द्वारा कष्ट-पूर्वक प्राप्त की हुई वस्तु का मैं उपयोग न कर सका। मैंने उन्हें यह भी जता दिया कि जो चूर्ण अनजान में ले लिया है उसका मुझे कोई पछतावा नहीं है, न उसके लिए प्रायश्चित्त की ही आवश्यकता है।

लेडी रॉबर्ट्स के साथ के जो दूसरे मधुर स्मरण हैं उन्हें मैं छोड़ देना चाहता हूँ। ऐसे कई मित्रों का मुझे स्मरण है, जिनका महान आश्रय अनेक विपत्तियों और विरोधों में मुझे मिल सका है। श्रद्धालु मनुष्य ऐसे मीठे स्मरणों द्वारा यह अनुभव करता है कि ईश्वर दुःखरूपी कड़वी दवायें देता है, तो उसके साथ ही मैत्री के मीठे अनुपान भी अवश्य ही देता है।

डॉ॰ एलिन्सन जब दूसरी बार मुझे देखने आये, तो उन्होंने अधिक स्वतंत्रता दी और चिकनाई के लिए सूखे मेवे का अर्थात् मूँगफली आदि की गिरीका मक्खन अथवा जैतून का तेल लेने को कहा। कच्चे साग अच्छे न लगें, तो उन्हें पकाकर भात के साथ खाने को कहा। यह सुधार मुझे अधिक अनुकूल पड़ा।

पर पीड़ा पूरी तरह नष्ट न हुई। सावधानी की आवश्यकता तो थी ही। मैं खटिया न छोड़ सका। डॉ॰ मेहता समय-समय पर आकर मुझे देख तो जाते ही थे। "मेरा इलाज करें, तो अभी अच्छा कर दूँ।" यह वाक्य तो हमेशा उनकी जबान पर रहता ही था।

इस तरह दिन बीत रहे थे कि इतने में एक दिन मि॰ रॉबर्ट्स आ पहुँचे और उन्होंने मुझसे देश जानेका आग्रह किया: "इस हालत में आप नेटली कभी न जा सकेंगे। कड़ी सरदी तो अभी आगे पड़ेगी। मेरा आपसे विशेष आग्रह है कि अब आप देश जाइए और वहाँ स्वास्थ्य-लाभ कीजिए। तब तक लड़ाई चलती रही, तो सहायता करने के बहुतेरे अवसर आपको मिलेंगे ही। वर्ना आपने यहाँ जो कुछ किया है, उसे मैं कम नहीं मानता।"

मैंने यह सलाह मान ली और देश जाने की तैयारी की।

४३. रवानगी

मि० केलनबैक हिन्दुस्तान जाने के निश्चय से हमारे साथ निकले थे। विलायत में हम साथ ही रहते थे। पर लड़ाई के कारण जर्मनों पर कड़ी नजर रखी जाती थी, इससे केलनबैक के साथ आ सकने के विषय में हम सबको सन्देह था। उनके लिए पासपोर्ट प्राप्त करने का मैंने बहुत प्रयत्न किया। मि० रॉबर्ट्स स्वयं उनके लिए पासपोर्ट प्राप्त करा देने के लिए तैयार थे। उन्होंने सारी हकीकत का तार वाइसरॉय के नाम भेजा, पर लार्ड हार्डिंग का सीधा और दो टूक उत्तर मिला: 'हमें खेद है। लेकिन इस समय ऐसा कोई खतरा उठाने के लिए हम तैयार नहीं हैं।" हम सब इस उत्तर के औचित्य को समझ गये। केलनबैक के वियोग का दुःख मुझे तो हुआ ही, पर मैंने देखा कि मुझसे अधिक दुःख उन्हें हुआ। वे हिन्दुस्तान आ सके होते, तो आज एक सुन्दर किसान और बुनकर का सादा जीवन बिताते होते। अब वे दक्षिण अफ्रीका में अपना पहले का जीवन बिता रहे हैं और गृह-निर्माण कलाका अपना धंधा धड़ल्ले से चला रहे हैं।

हमने तीसरे दर्जे के टिकिट लेने का प्रयत्न किया, पर पी० एण्ड ओ० के जहाजों में तीसरे दर्जे के टिकिट नहीं मिलते। अतएव दूसरे दर्जे के लेने पड़े। दक्षिण अफ्रीका से साथ बाँधकर लाया हुआ कुछ फलाहार, जो जहाजों में मिल ही नहीं सकता था, साथ ले लिया था। दूसरी चीजें तो जहाज में मिल सकती थीं।

डॉ० मेहता ने मेरे शरीर को मीड्ज़ प्लास्टर की पट्टी से बाँध दिया था, और सलाह दी थी कि मैं यह पट्टी बँधी रहने दूँ। दो दिन तक तो मैंने उसे सहन किया, लेकिन बाद में सहन न कर सका। अतएव थोड़ी मेहनत से पट्टी उतार डाली और नहाने-धोने की आजादी हासिल की। खाने में मुख्यतः सूखे और गीले मेवे को ही स्थान दिया। मेरी तबीयत दिन-प्रतिदिन सुधरती गयी और स्वेज की खाड़ी में पहुँचते-पहुँचते तो बहुत अच्छी हो गयी। शरीर दुर्बल था, फिर भी मेरा डर चला गया और मैं धीरे-धीरे रोज थोड़ी कसरत बढ़ाता गया। मैंने माना कि यह शुभ परिवर्तन केवल शुद्ध समशीतोष्ण हवा के कारण ही हुआ था।

पुराने अनुभवों के कारण हो या अन्य किसी कारण से हो, पर बात यह थी कि अंग्रेज यात्रियों और हम लोगों के बीच मैंने जो अन्तर यहाँ देखा, वह दक्षिण अफ्रीका से आते हुए भी नहीं देखा था। अन्तर तो वहाँ भी था, पर

यहाँ उससे कुछ भिन्न प्रकार का मालूम हुआ। किसी-किसी अंग्रेज के साथ मेरी बातें होती थीं, किन्तु वे 'साहब सलाम' तक ही सीमित रहती थीं। हृदय की भेंट किसीसे नहीं हुई। दक्षिण अफ्रीका के जहाजों में और दक्षिण अफ्रीका में हृदय की भेंटें हो सकी थीं। इस भेद का कारण मैंने तो यही समझा कि इन जहाजों पर अंग्रेज के मन में जाने-अनजाने यह ज्ञान काम कर रहा था कि 'मैं शासक हूँ' और हिन्दुस्तानी के मन में यह ज्ञान काम कर रहा था कि 'मैं विदेशी शासन के अधीन हूँ'।

मैं ऐसे वातावरण से जल्दी छूटने और स्वदेश पहुँचने के लिए आतुर हो रहा था। अदन पहुँचने पर कुछ हद तक घर पहुँच जाने-जैसा लगा। अदनवालों के साथ हमारा खासा सम्बन्ध दक्षिण अफ्रीका में ही हो गया था; क्योंकि भाई कैकोबाद कावसजी दीनशा डरबन आ चुके थे और उनसे तथा उनकी पत्नी से मेरा अच्छा परिचय हो चुका था।

कुछ ही दिनों में हम बम्बई पहुँचे। जिस देश में मैं सन् १९०५ में वापस आने की आशा रखता था, उसमें दस बरस बाद तो वापस आ सका, यह सोचकर मुझे बहुत आनन्द हुआ। बम्बई में गोखले ने स्वागत-सम्मेलन आदि की व्यवस्था कर ही रखी थी। उनका स्वास्थ्य नाजुक था; फिर भी वे बम्बई आ पहुँचे थे। मैं इस उमंग के साथ बम्बई पहुँचा था कि उनसे मिलकर और अपने को उनके जीवन में समाकर मैं अपना भार उतार डालूँगा। किन्तु विधाताने कुछ दूसरी ही रचना कर रखी थी।

४४. वकालत के कुछ संस्मरण

हिन्दुस्तान आने के बाद मेरे जीवन की धारा किस तरह प्रवाहित हुई, इसका वर्णन करने से पहले मैंने दक्षिण अफ्रीका के अपने जीवन के जिस भाग को जान-बूझकर छोड़ दिया था, उसमें से कुछ यहाँ देना आवश्यक मालूम होता है। कुछ वकील मित्रों ने वकालत के समय के और वकील के नाते मेरे संस्मरणों की माँग की है। ये संस्मरण इतने अधिक हैं कि उन्हें लिखने बैठूँ, तो उन्हीं की एक पुस्तक तैयार हो जाय। ऐसे वर्णन मेरी अंकित मर्यादा के बाहर जाते हैं। किन्तु उनमें से कुछ, जो सत्य से संबंध रखनेवाले हैं, यहाँ देना शायद अनुचित नहीं माना जाएगा।

जैसा कि मुझे याद है, मैं यह तो बता चुका हूँ कि वकालत के धंधे में मैंने कभी असत्य का प्रयोग नहीं किया और मेरी वकालत का बड़ा भाग केवल सेवा के लिए ही अर्पित था और उसके लिए जेबखर्च के अतिरिक्त मैं कुछ नहीं लेता था। कभी-कभी जेबखर्च भी छोड़ देता था। मैंने माना था कि इतना बताना इस विभाग के लिए पर्याप्त होगा। पर मित्रों की माँग उससे आगे जाती है। वे मानते हैं कि यदि मैं सत्यरक्षा के प्रसंगों का थोड़ा भी वर्णन दे दूँ, तो वकीलों को उसमें से कुछ जानने को मिल जाएगा।

विद्यार्थी-अवस्था में भी मैं यह सुना करता था कि वकालत का धंधा झूठ बोले बिना चल ही नहीं सकता। जूठ बोलकर में न तो कोई पद लेना चाहता था और न पैसा कमाना चाहता था। इसलिए इन बातों का मुझ पर कोई प्रभाव नहीं पड़ता था।

दक्षिण अफ्रीका में इसकी परीक्षा तो बहुत बार हो चुकी थी। मैं जानता था कि प्रतिपक्ष के साक्षियों को सिखाया-पढ़ाया गया है और यदि मैं मुवक्किलों को अथवा साक्षी को तनिक भी झूठ बोलने के लिए प्रोत्साहित कर दूँ, तो मुवक्किल के केस में कामयाबी मिल सकती है। किन्तु मैंने हमेशा इस लालच को छोड़ा है। मुझे ऐसी एक ही घटना याद है कि जब मुवक्किल का मुकदमा जीतने के बाद मुझे यह शक हुआ कि मुवक्किल ने मुझे धोखा दिया है। मेरे दिल में भी हमेशा यही खयाल बना रहता था कि अगर मुवक्किल का केस सच्चा हो तो उसमें जीत मिले और झूठ हो तो उसकी हार हो। मुझे याद नहीं पड़ता कि फीस लेते समय मैंने कभी हार-जीत के आधार पर फीस की दरें तय की हों। मुवक्किल हारे या जीते, मैं तो हमेशा अपना मेहनताना ही माँगता था और जीतने पर भी उसी की आशा रखता था। मुवक्किल को मैं शुरू से ही कह देता था: "मामला झूठा हो तो मेरे पास मत आना। साक्षी को सिखाने-पढ़ाने का काम करने की मुझसे कोई आशा न रखना।" आखिर मेरी साख तो यही कायम हुई थी कि झूठे मुकदमे मेरे पास आते ही नहीं। मेरे कुछ ऐसे मुवक्किल भी थे, जो अपने सच्चे मामले तो मेरे पास लाते थे और जिन में थोड़ी भी खोट-खराबी होती, उन्हें दूसरे वकीलों के पास ले जाते थे।

एक अवसर ऐसा भी आया, जब मेरी बहुत बड़ी परीक्षा हुई। मेरे अच्छे-से-अच्छे मुवक्किलों में से एक का यह मामला था। उसमें वहीखाते की भारी उलझनें

थीं। मुकदमा बहुत लम्बे समय तक चला था। उसके कुछ हिस्से कई अदालतों में गये थे। अन्त में अदालत द्वारा नियुक्त हिसाब जाननेवाले पंच को उसका हिसाबी हिस्सा सौंपा गया था। पंच के फैसले में मेरे मुवक्किल की पूरी जीत थी। किन्तु उसके हिसाब में एक छोटी परन्तु गंभीर भूल रह गयी थी। जमा-खर्च की रकम पंच के दृष्टिदोष से इधर की उधर ले ली गयी थी। प्रतिपक्षीने पंच के इस फैसले को रद करने की अपील की थी। मुवक्किल की ओर से मैं छोटा वकील था। बड़े वकीलने पंच की भूल देखी थी, पर उनकी राय थी कि पंच की भूल कबूल करना मुवक्किल के लिए बंधनरूप नहीं है। उनका यह स्पष्ट मत था कि ऐसी किसी बात को स्वीकार करने के लिए कोई वकील बँधा हुआ नहीं है, जो उसके मुवक्किल के हित के विरूद्ध जाय। मैंने कहा, "इस मुकदमे में रही हुई भूल स्वीकार की ही जानी चाहिए।"

बड़े वकील ने कहा, "ऐसा होने पर इस बात का पूरा डर है कि अदालत सारे फैसले को ही रद कर दे; और कोई होशियार वकील मुवक्किल को ऐसी जोखिम में नहीं डालेगा। मैं तो यह जोखिम उठाने को कभी तैयार न होऊँगा। मुकदमा फिर से चलाना पड़े, तो मुवक्किल को कितने खर्च में उतरना होगा? और कौन कह सकता है कि अंतिम परिणाम क्या होगा?"

इस बातचीत के समय मुवक्किल उपस्थित थे।

मैंने कहा, "मेरा तो खयाल है कि मुवक्किल को और हम दोनों को ऐसी जोखिमें उठानी ही चाहिए। हमारे स्वीकार न करने पर भी अदालत भूलभरे फैसले को भूल मालूम हो जाने पर बहाल रखेगी, इसका क्या भरोसा है? और भूल सुधारने की कोशिश में मुवक्किल को नुकसान उठाना पड़े, तो क्या हर्ज होगा?

बड़े वकीलने कहा, "लेकिन हम भूल कबूल करें तब न?"

मैंने जवाब दिया, "हमारे भूल न स्वीकार करने पर भी अदालत उस भूल को नहीं पकड़ेगी अथवा विरोधी पक्ष उसका पता नहीं लगायेगा, इसका भी क्या भरोसा है?"

बड़े वकीलने दृढ़ता-पूर्वक कहा, "तो इस मुकदमे में आप बहस करेंगे? भूल कबूल करने की शर्त पर मैं उसमें हाजिर रहने को तैयार नहीं हूँ।"

मैंने नम्रता-पूर्वक कहा, "यदि आप न खड़े हों और मुवक्किल चाहें, तो

मैं खड़ा होने को तैयार हूँ। यदि भूल कबूल न की जाय, तो मैं मानता हूँ कि मुकदमे में काम करना मेरे लिए असंभव होगा।"

इतना कहकर मैंने मुवक्किल की तरफ देखा। मुवक्किल थोड़े परेशान हुए। मैं तो मुकदमे में शुरू से ही था। मुवक्किल का मुझ पर पूरा विश्वास था। वे मेरे स्वभाव से भी पूरी तरह परिचित थे। उन्होंने कहाः "ठीक है, तो आप ही अदालत में पैरवी कीजिए। भूल कबूल कर लीजिए। भाग्य में हारना होगा तो हार जायँगे। सच्चे का रखवाला राम तो है ही न?"

मुझे खुशी हुई। मैंने दूसरे जवाब की आशा ही न रखी थी। बड़े वकील ने मुझे फिर चेताया। उन्हें मेरे 'हठ' के लिए मुझ पर तरस आया, लेकिन उन्होंने मुझे धन्यवाद भी दिया।

अदालत में क्या हुआ इसकी चर्चा आगे होगी।

४५. चालाकी?

अपनी सलाह के औचित्य के विषय में मुझे लेशमात्र भी शंका न थी, पर उस मुकदमे की पूरी पैरवी करने की अपनी योग्यता के संबंध में काफी शंका थी। ऐसी जोखिमवाले मामले में बड़ी अदालत में मेरा बहस करना मुझे बहुत जोखिमभरा जान पड़ा। अतएव मन में काँपते-काँपते मैं न्यायाधीशों के सामने उपस्थित हुआ। ज्यों ही उक्त भूल की बात निकली कि एक न्यायाधीश बोल उठेः

"यह चालाकी नहीं कहलायेगी?"

मुझे बड़ा गुस्सा आया। चालाकी की गंध तक नहीं थी, वहाँ चालाकी का शक होना मुझे असह्य प्रतीत हुआ। मैंने मन में सोचा, 'जहाँ पहले से ही जज का खयाल बिगड़ा हुआ है, वहाँ इस मुश्किल मुकदमे को कैसे जीता जा सकता है?'

मैंने अपने गुस्से को दबाया और शांत भाव से जवाब दियाः

"मुझे आश्चर्य होता है कि आप पूरी बात सुनने के पहले ही चालाकी का आरोप लगाते हैं।"

जज बोले, " में आरोप नहीं लगाता, केवल शंका प्रकट करता हूँ।"

मैंने उत्तर दिया, "आपकी शंका ही मुझे आरोप-जैसी लगती है। मैं आपको वस्तुस्थिति समझा दूँ और फिर शंका के लिए अवकाश हो, तो आप अवश्य शंका करें।"

जजने शांत होकर कहा, "मुझे खेद है कि मैंने आपको बीच में ही रोका। आप अपनी बात समझा कर कहिये।"

मेरे पास सफाई के लिए पूरा-पूरा मसाला था। शुरू में ही शंका पैदा हुई और जज का ध्यान मैं अपनी दलील की तरफ खींच सका, इससे मुझमें हिम्मत आ गयी और मैंने विस्तार से सारी जानकारी दी। न्यायाधीशों ने मेरी बातों को धैर्य-पूर्वक सुना और वे समझ गये कि भूल असावधानी के कारण ही हुई है। अतः बहुत परिश्रम से तैयार किया हुआ हिसाब रद करना उन्हें उचित नहीं मालूम हुआ।

प्रतिपक्षी के वकील को तो यह विश्वास ही था कि भूल स्वीकार कर लेने के बाद उनके लिए अधिक बहस करने की आवश्यकता न रहेगी। पर न्यायाधीश ऐसी स्पष्ट और सुधर सकनेवाली भूल को लेकर पंच-फैसला रद करने के लिए बिलकुल तैयार न थे। प्रतिपक्षी के वकीलने बहुत माथापच्ची की, पर जिन न्यायाधीश के मन में शंका पैदा हुई थी, वे ही मेरे हिमायती बन गये। वे बोले, "मि० गांधीने गलती कबूल न की होती, तो आप क्या करते?"

"जिस हिसाब-विशेषज्ञ को हमने नियुक्त किया था, उससे अधिक होशियार अथवा ईमानदार विशेषज्ञ हम कहाँ से लायें?"

"हमें मानना चाहिए कि आप अपने मुकदमे को भलीभाँति समझते हैं। हिसाब का हर कोई जानकार जिस तरह की भूल कर सकता है वैसी भूल के अतिरिक्त दूसरी कोई भूल आप न बता सकें, तो कायदे की एक मामूली-सी त्रुटि के लिए दोनों पक्षों को नये सिर से खर्च में डालने के लिए अदालत तैयार नहीं हो सकती। और यदि आप यह कहें कि इसी अदालत को यह केस नये सिरे से सुनना चाहिए, तो यह संभव न होगा।"

इस और ऐसी अनेक दलीलों से प्रतिपक्षी के वकील को शांत करके तथा फैसले में रही भूल को सुधार कर अथवा इतनी भूल सुधार कर पुनः फैसला भेजने का हुक्म पंच को देकर अदालतने उस सुधरे हुए फैसले को बहाल रखा।

मेरे हर्ष की सीमा न रही। मुवक्किल और बड़े वकील प्रसन्न हुए और मेरी यह धारणा दृढ़ हो गयी कि वकालत के धन्धे में भी सत्य की रक्षा करते हुए काम हो सकता है।

पर पाठकों को यह बात याद रखनी चाहिए कि धंधे के लिए की हुई प्रत्येक वकालत के मूल में जो दोष विद्यमान है, उसे यह सत्य की रक्षा ढ़ाँक नहीं सकती।

४६. मुवक्किल साथी बन गये

नेटाल और ट्रान्सवाल की वकालत में यह भेद था कि नेटाल में एडवोकेट और एटर्नी का भेद होने पर भी दोनों सब अदालतों में समान रूप से वकालत कर सकते थे, जब कि ट्रान्सवाल में बम्बई के जैसा भेद था। वहाँ एडवोकेट मुवक्किल के साथ का सारा व्यवहार एटर्नी की मारफत ही कर सकता है। बारिस्टर बनने के बाद आप एडवोकेट अथवा एटर्नी में से किसी एक की सनद ले सकते हैं और फिर वही धंधा कर सकते हैं। नेटाल में मैंने एडवोकेट की सनद ली थी, ट्रान्सवाल में एटर्नीकी। एडवोकेट के नाते मैं हिन्दुस्तानियों के सीधे संपर्क में नहीं आ सकता था और दक्षिण अफ्रीका में वातावरण ऐसा नहीं था कि गोरे एटर्नी मुझे मुकदमे दें।

यों ट्रान्सवाल में वकालत करते हुए मजिस्ट्रेट के इजलास पर तो मैं बहुत बार जा सकता था। ऐसा करते हुए एक प्रसंग इस प्रकार का आया, जब चलते मुकदमे के दौरान में मैंने देखा कि मेरे मुवक्किल ने मुझे ठग लिया है। उसका मुकदमा झूठा था। वह कठहरे में खड़ा इस तरह काँप रहा था, मानो अभी गिर पड़ेगा। अतएव मैंने मजिस्ट्रेट को मुवक्किल के विरूद्ध फैसला देने को कहा और मुवक्किल बैठ गया। प्रतिपक्षी का वकील आश्चर्यचकित हो गया। मजिस्ट्रेट खुश हुआ। मुवक्किल को मैंने उलाहना दिया। वह जानता था कि मैं झूठे मुकदमे नहीं लेता था। उसने यह बात स्वीकार की और मैं मानता हूँ कि मैंने उसके खिलाफ फैसला माँगा, इसके लिए वह गुस्सा न हुआ। जो भी हो, पर मेरे इस बरताव का कोई बुरा प्रभाव मेरे धंधे पर नहीं पड़ा, और अदालत में मेरा काम सरल हो गया। मैंने यह भी देखा कि सत्य की मेरी इस पूजा से वकील-बंधुओं में भी मेरी प्रतिष्ठा बढ़ गयी थी और विचित्र परिस्थितियों के रहते हुए भी उनमें से कुछ की प्रीति मैं प्राप्त कर सका था।

वकालत करते हुए मैंने एक ऐसी आदत भी डाली थी कि अपना अज्ञान न मैं मुवक्किलों से छिपाता था और न वकीलों से। जहाँ-जहाँ मुझे कुछ सूझ न पड़ता वहाँ-वहाँ मैं मुवक्किल से दूसरे वकील के पास जाने को कहता अथवा मुझे वकील करता तो मैं उससे कहता कि अपने से अधिक अनुभवी वकील की सलाह लेकर मैं उसका काम करूँगा। अपने इस शुद्ध व्यवहार के कारण मैं

मुवक्किलों का अटूट प्रेम और विश्वास संपादन कर सका था। बड़े वकील के पास जाने की जो फीस देनी पड़ती, उसके पैसे भी वे प्रसन्नता-पूर्वक देते थे।

इस विश्वास और प्रेम का पूरा-पूरा लाभ मुझे अपने सार्वजनिक काम में मिला।

पिछले प्रकरण में मैं बता चुका हूँ कि दक्षिण अफ्रीका में वकालत करने का मेरा हेतु केवल लोकसेवा करना था। इस सेवा के लिए भी मुझे लोगों का विश्वास संपादन करने की आवश्यकता थी। उदार दिल के हिन्दुस्तानियों ने पैसे लेकर की गयी वकालत को भी मेरी सेवा माना; और जब मैंने उन्हें अपने हकों के लिए जेल के दुःख सहने की सलाह दी, तब उनमें से बहुतोंने उस सलाह को ज्ञान-पूर्वक स्वीकार करने की अपेक्षा मेरे प्रति अपनी श्रद्धा और प्रेम के कारण ही स्वीकार किया था।

यह लिखते हुए वकालत के ऐसे कई मीठे संस्मरण मेरी कलम पर आ रहे हैं। सैकड़ों आदमी मुवक्किल न रहकर मेरे मित्र बन गये थे। वे सार्वजनिक सेवा में मेरे सच्चे साथी बन गये थे और मेरे कठोर जीवन को उन्होंने रसमय बना दिया था।

४७. मुवक्किल जेल से कैसे बचा ?

इन प्रकरणों के पाठक पारसी रूस्तमजी के नाम से भलीभाँति परिचित हैं। पारसी रूस्तमजी एक ही समय में मेरे मुवक्किल और सार्वजनिक काम के साथी बने, अथवा उनके विषय में तो यह भी कहा जा सकता है कि पहले वे मेरे साथी बने और बाद में मुवक्किल। मैंने उनका विश्वास इस हद तक प्राप्त कर लिया था कि अपनी निजी और घरेलू बातों में भी वे मेरी सलाह लेते थे और तदनुसार व्यवहार करते थे। बीमार पड़ने पर भी वे मेरी सलाह की आवश्यकता अनुभव करते थे और हमारी रहन-सहन में बहुत फरक होने पर भी वे अपने ऊपर मेरे बताये उपचारों का प्रयोग करते थे।

इन साथी पर एक बार बड़ी विपत्ति आ पड़ी। अपने व्यापार की भी बहुतसी बातें वे मुझसे किया करते थे। लेकिन एक बात उन्होंने मुझसे छिपा रखी थी। पारसी रूस्तमजी चुंगी की चोरी किया करते थे। वे बम्बई-कलकत्ते से जो माल मँगाते थे, उसीके सिलसिले में यह चोरी चलती थी। सब अधिकारियों से उनका अच्छा मेलजोल था, इस कारण कोई उन पर शक करता ही न था। वे जो

बीजक पेश करते, उसी पर चुंगी ले ली जाती थी। ऐसे भी अधिकारी रहे होंगे, जो उनकी चोरी की ओर से आँखें मूँद लेते होंगे।

पर अखा भगत की वाणी कभी मिथ्या हो सकती है?—

'काचो पारो खावो अन्न, तेवुं छे चोरीनुं धन.'[1]

पारसी रूस्तमजी की चोरी पकड़ी गयी। वे दौड़े-दौड़े मेरे पास आये। आँखों से आँसू बह रहे थे और वे कह रहे थे: "भाई, मैंने आपसे कपट किया है। मेरा पाप आज प्रकट हो गया है। मैंने चुंगी की चोरी की है। अब मेरे भाग्य में तो जेल ही हो सकती है। मैं बरबाद होनेवाला हूँ। इस आफत से आप ही मुझे बचा सकते हैं। मैंने आपसे कुछ छिपाया नहीं। पर यह सोचकर कि व्यापार की चोरी की बात आपसे क्या कहूँ, मैंने यह चोरी छिपायी। अब मैं पछता रहा हूँ।"

मैंने धीरज देकर कहा: "मेरी रीति से तो आप परिचित ही हैं। छुड़ाना न छुड़ाना खुदा के हाथ है। अपराध स्वीकार करके छुड़ाया जा सके, तो ही मैं छुड़ा सकता हूँ।"

इन भले पारसी का चेहरा उत्तर गया।

रूस्तमजी सेठ बोले: "लेकिन आपके सामने मेरा अपराध स्वीकार कर लेना क्या काफी नहीं है?"

मैंने धीरे से जवाब दिया: "आपने अपराध तो सरकार का किया है और स्वीकार मेरे सामने करते हैं। इससे क्या होता है?"

पारसी रूस्तमजीने कहा: "अन्त में मुझे करना तो वही है, जो आप कहेंगे। पर... मेरे पुराने वकील हैं। उनकी सलाह तो आप लेंगे न? वे मेरे मित्र भी हैं।"

जाँच से पता चला कि चोरी लंबे समय से चल रही थी। जो चोरी पकड़ी गयी वह तो थोड़ी ही थी। हम लोग पुराने वकील के पास गये। उन्होंने केसकी जाँच की और कहा: "यह मामला जूरी के सामने जाएगा। यहाँ के जूरी हिन्दुस्तानी को क्यों छोड़ने लगे? पर मैं आशा कभी न छोडूँगा।"

इन वकील से मेरा गाढ़ परिचय नहीं था। पारसी रूस्तमजी ने ही जवाब दिया: "मैं आपका आभार मानता हूँ, किन्तु इस मामले में मुझे मि० गांधी की सलाह के अनुसार चलना है। वे मुझे अधिक पहचानते हैं। आप उन्हें जो सलाह देना उचित समझें, देते रहियेगा।"

१. कच्चा पारा खाना और चोरी का धन खाना समान ही है।

इस प्रश्न को यों निबटा कर हम रूस्तमजी सेठ की दुकान पर पहुँचे।

मैंने उन्हें समझाया: "मैं इस मामले को अदालत में जाने लायक नहीं मानता। मुकदमा चलाना न चलाना चुंगी-अधिकारी के हाथ में है। उसे भी सरकार के मुख्य वकील की सलाह के अनुसार चलना पड़ेगा। मैं दोनों से मिलने को तैयार हूँ, पर मुझे तो उनके सामने उस चोरी को भी स्वीकार करना पड़ेगा, जिसे वे नहीं जानते। मैं सोचता हूँ कि जो दण्ड वे ठहरायें उसे स्वीकार कर लेना चाहिए। बहुत करके तो वे मान जाएँगे। पर कदाचित् न मानें तो आपको जेल के लिए तैयार रहना होगा। मेरा तो यह मत है कि लज्जा जेल जाने में नहीं, बल्कि चोरी करने में है। लज्जा का काम तो हो चुका है। जेल जाना पड़े तो उसे प्रायश्चित्त समझिये। सच्चा प्रायश्चित्त तो भविष्य में फिर कभी चुंगी की चोरी न करने की प्रतिज्ञा में है।"

मैं नहीं कह सकता कि रूस्तमजी सेठ इन सारी बातों को भलीभाँति समझ गये थे। वे बहादुर आदमी थे। पर इस बार हिम्मत हार गये थे। उनकी प्रतिष्ठा नष्ट होने का समय आ गया था। और प्रश्न यह था कि कहीं उनकी अपनी मेहनत से बनायी हुई इमारत ढह न जाए।

वे बोले, "मैं आपसे कह चुका हूँ कि मेरा सिर आपकी गोद में है। आपको जैसा करना हो वैसा कीजिए।"

मैंने इस मामले में विनय की अपनी सारी शक्ति लगा दी। मैं अधिकारी से मिला और सारी चोरी की बात उससे निर्भयता-पूर्वक कह दी। सब बहीखाते दिखा देने को कहा और पारसी रूस्तमजी के पश्चात्ताप की बात भी कही।

अधिकारीने कहा: "मैं इस बूढ़े पारसी को चाहता हूँ। उसने मूर्खता की है। पर मेरा धर्म तो आप जानते हैं। बड़े वकील जैसा कहेंगे वैसा मुझे करना होगा। अतएव अपनी समझाने की शक्ति का उपयोग आपको उनके सामने करना होगा।"

मैंने कहा: "पारसी रूस्तमजी को अदालत में घसीटने पर जोर न दिया जाए, तो मुझे संतोष हो जाएगा।"

इस अधिकारी से अभय-दान प्राप्त करके मैंने सरकारी वकील से पत्रव्यवहार शुरू किया। उनसे मिला। मुझे कहना चाहिए कि मेरी सत्यप्रियता उनके ध्यान में आ गयी। मैं उनके सामने यह सिद्ध कर सका कि मैं उनसे कुछ छिपा नहीं रहा हूँ।

इस मामले में या दूसरे किसी मामले में उनके संपर्क में आने पर उन्होंने मुझे

प्रमाण-पत्र दिया था: "मैं देखता हूँ कि आप 'ना' में तो जवाब लेनेवाले ही नहीं हैं।"

रूस्तमजी पर मुकदमा नहीं चला। उनके द्वारा कबूल की गयी चुँगी की चोरी के दूने रूपये लेकर मुकदमा उठा लेने का हुक्म जारी हुआ।

रूस्तमजी ने अपनी चुंगी-चोरी की कहानी लिखकर शीशे में मढ़वा ली और उसे अपने दफ्तर में टाँगकर अपने वारिसों और साथी व्यापारियों को चेतावनी दी।

रूस्तमजी सेठ के व्यापारी मित्रोंने मुझे चेताया: "यह सच्चा वैराग्य नहीं है, श्मशान-वैराग्य है।"

मैं नहीं जानता कि इसमें कितनी सचाई थी।

मैंने यह बात भी रूस्तमजी सेठ से कही थी। उनका जवाब यह था: "आपको धोखा देकर मैं कहाँ जाऊँगा?"

१. पहला अनुभव

मेरे स्वदेश आने के पहले जो लोग फीनिक्स से वापस लौटनेवाले थे, वे यहाँ आ पहुँचे थे। अनुमान यह था कि मैं उनसे पहले पहुँचूँगा, लेकिन लड़ाई के कारण मुझे लंदन में रूकना पड़ा। अतएव मेरे सामने प्रश्न यह था कि फीनिक्सवासियों को कहाँ रखा जाय? मेरी अभिलाषा यह थी कि सब एकसाथ ही रह सकें और फीनिक्स आश्रम का जीवन बिता सकें तो अच्छा हो। मैं किसी आश्रम-संचालक से परिचित नहीं था, जिससे साथियों को उनके यहाँ जाने के लिए लिख सकूँ। अतएव मैंने उन्हें लिखा कि वे एण्डूज से मिलें और वे जैसी सलाह दें वैसा करें।

पहले उन्हें काँगड़ी गुरूकुल में रखा गया, जहाँ स्वामी श्रद्धानन्दजी ने उनको अपने ही बच्चों की तरह रखा। इसके बाद उन्हें शांतिनिकेतन में रखा गया। वहाँ कविवर ने और उनके समाज ने उन्हें वैसे ही प्रेम से नहलाया। इन दो स्थानों में उन्हें जो अनुभव प्राप्त हुआ, वह उनके और मेरे लिए भी बहुत उपयोगी सिद्ध हुआ।

कविवर, श्रद्धानन्दजी और श्री सुशील रूद्र को मैं एण्डूज की 'त्रिमूर्ति' मानता था। दक्षिण अफ्रीका में वे इन तीनों की प्रशंसा करते कभी थकते ही न थे। दक्षिण अफ्रीका के हमारे स्नेह-सम्मेलन के अनेकानेक स्मरणों में यह तो मेरी आँखों के सामने तैरा ही करता है कि इन तीन महापुरूषों के नाम उनके हृदय में और ओठों पर सदा बने ही रहते थे। एण्डूजने मेरे फीनिक्स कुटुम्ब को सुशील रूद्र के पास ही रख दिया था। रूद्र का अपना कोई आश्रम न था, केवल घर ही था। पर उस घर का कब्जा उन्होंने मेरे कुटुम्ब को सौंप दिया था। उनके लड़के-लड़की एक ही दिन में इनके साथ ऐसे घुलमिल गये थे कि ये लोग फीनिक्स की याद बिलकुल भूल गये।

मैं बम्बई के बन्दरगाह पर उतरा तभी मुझे पता चला कि उस समय यह परिवार शान्तिनिकेतन में था। इसलिए गोखले से मिलने के बाद मैं वहाँ जाने को अधीर हो गया।

बम्बई में सम्मान स्वीकार करते समय ही मुझे एक छोटा-सा सत्याग्रह करना

पड़ा था। मेरे सम्मान में मि० पिटीट के यहाँ एक सभा रखी गयी थी। उसमें तो मैं गुजराती में जवाब देने की हिम्मत न कर सका। उस महल में और आँखों को चौंधिया देनेवाले उस ठाठबाट के बीच गिरमिटियों की सोहबत में रहा हुआ मैं अपने-आपको देहाती-जैसा लगा। आज की मेरी पोशाक की तुलना में उस समय पहना हुआ अंगरखा, साफा आदि अपेक्षाकृत सभ्य पोशाक कही जा सकती है। फिर भी मैं उस अलंकृत समाज में अलग ही छिटका पड़ता था। लेकिन वहाँ तो जैसे-तैसे मैंने अपना काम निबाहा और सर फीरोजशाह मेहता की गोद में आसरा लिया।

गुजरातियों की सभा तो थी ही। स्व० उत्तमलाल त्रिवेदीने इस सभा का आयोजन किया था। मैंने इस सभा के बारेमें पहले से कुछ बातें जान ली थीं। मि० जिन्ना भी गुजराती के नाते इस सभा में हाजिर थे। वे सभापति थे या मुख्य वक्ता, यह मैं भूल गया हूँ। पर उन्होंने अपना छोटा और मीठा भाषण अंग्रेजी में किया। मुझे धुँधला-सा स्मरण है कि दूसरे भाषण भी अधिकतर अंग्रेजी में ही हुए। जब मेरे बोलने का समय आया, तो मैंने उत्तर गुजराती में दिया। और गुजराती तथा हिन्दुस्तानी के प्रति अपना पक्षपात कुछ ही शब्दों में व्यक्त करके मैंने गुजरातियों की सभा में अंग्रेजी के उपयोग के विरूद्ध अपना नम्र विरोध प्रदर्शित किया। मेरे मन में अपने इस कार्य के लिए संकोच तो था ही। मेरे मन में यह शंका बनी रही कि लम्बी अवधि की अनुपस्थिति के बाद विदेश से वापस आया हुआ अनुभवहीन मनुष्य प्रचलित प्रवाह के विरूद्ध चले, इसमें अविवेक तो नहीं माना जाएगा? पर मैंने गुजराती में उत्तर देने की जो हिम्मत की, उसका किसीने उलटा अर्थ नहीं लगाया और सबने मेरा विरोध सहन कर लिया। यह देखकर मुझे खुशी हुई और इस सभा के अनुभव से मैं इस परिणाम पर पहुँचा कि अपने नये जान पड़नेवाले दूसरे विचारों को जनता के सम्मुख रखने में मुझे कठिनाई नहीं पड़ेगी।

यों बम्बई में दो-एक दिन रहकर और आरम्भिक अनुभव लेकर मैं गोखले की आज्ञा से पूना गया।

२. गोखले के साथ पूना में

मेरे बम्बई पहुँचते ही गोखले ने मुझे खबर दी थी: "गवर्नर आपसे मिलना चाहते हैं। अतएव पूना आने के पहेले उनसे मिल आना उचित होगा।" इसलिए मैं उनसे मिलने गया। साधारण बातचीत के बाद उन्होंने कहा:

"मैं आपसे एक वचन माँगता हूँ। मैं चाहता हूँ कि सरकार के बारेमें आपकोई भी कदम उठायें, उसके पहले मुझसे मिलकर बात कर लिया करें।"

मैंने जवाब दिया: "यह वचन देना मेरे लिए बहुत सरल है। क्योंकि सत्याग्रही के नाते मेरा यह नियम ही है कि किसीके विरूद्ध कोई कदम उठाना हो, तो पहले उसका दृष्टिकोण उसीसे समझ लूँ और जिस हद तक उसके अनुकूल होना संभव हो उस हद तक अनुकूल हो जाऊँ। दक्षिण अफ्रीका में मैंने सदा इस नियम का पालन किया है और यहाँ भी वैसा ही करनेवाला हूँ।"

लार्ड विलिंग्डन ने आभार माना और कहा: "आप जब मिलना चाहेंगे, मुझसे तुरन्त मिल सकेंगे और आप देखेंगे कि सरकार जान-बूझकर कोई बुरा काम नहीं करना चाहती।"

मैंने जवाब दिया: "यह विश्वास ही तो मेरा सहारा है।"

मैं पूना पहुँचा। वहाँ के सब संस्मरण देने में मैं असमर्थ हूँ। गोखले ने और सोसायटी (भारत-सेवक-समाज) के सदस्यों ने मुझे अपने प्रेम से नहला दिया। जहाँ तक मुझे याद है, उन्होंने सब सदस्यों को पूना बुलाया था। सबके साथ कई विषयों पर मैंने दिल खोलकर बातचीत की। गोखले की तीव्र इच्छा थी कि मैं भी सोसायटी में सम्मिलित हो जाऊँ। मेरी इच्छा तो थी ही। किन्तु सोसायटी के सदस्यों को ऐसा लगा कि सोसायटी के आदर्श और काम करने की रीति मुझसे भिन्न है, इसलिए मुझे सदस्य बनना चाहिए या नहीं इस बारेमें उनके मन में शंका थी। गोखले का विश्वास था कि मुझमें अपने आदर्शों पर दृढ़ रहने का जितना आग्रह है उतना ही दूसरों के आदर्शों को निबाह लेने का और उनके साथ घुलमिल जाने का भी मेरा स्वभाव है। उन्होंने कहा: "हमारे सदस्य अभी आपके इस निबाह लेनेवाले स्वभाव को पहचान नहीं पाये हैं। वे अपने आदर्शों पर दृढ़ रहनेवाले स्वतंत्र और दृढ़ विचार के लोग हैं। मैं आशा तो करता हूँ कि वे आपको स्वीकार कर लेंगे। पर स्वीकार न करें, तो आप कभी यह न

समझना कि उन्हें आपके प्रति कम आदर या कम प्रेम है। इस प्रेम को अखंडित रखने के लिए ही वे कोई जोखिम उठाते हुए डरते हैं। पर आप सोसायटी के विधिवत् सदस्य बनें या न बनें, मैं तो आपको सदस्य ही मानूँगा।"

मैंने अपने विचार गोखले को बता दिये थे: "मैं सोसायटी का सदस्य बनूँ चाहे न बनूँ, तो भी मुझे एक आश्रम खोलकर उसमें फीनिक्स के साथियों को रखना और खुद वहाँ बैठ जाना है। इस विश्वास के कारण कि गुजराती होने से मेरे पास गुजरात की सेवा के जरिये देश की सेवा करने की पूँजी अधिक होनी चाहिए, मैं गुजरात में ही कहीं स्थिर होना चाहता हूँ।" गोखले को ये विचार पसन्द पड़े थे, इसलिए उन्होंने कहा: "आप अवश्य ऐसा करें। सदस्यों के साथ की बातचीत का जो भी परिणाम आये, पर यह निश्चित है कि आपको आश्रम के लिए पैसा मुझीसे लेना है। उसे मैं अपना ही आश्रम समझूँगा।"

मेरा हृदय फूल उठा। मैं यह सोचकर बहुत खुश हुआ कि मुझे पैसा उगाहने के धन्धे से मुक्ति मिल गयी और यह कि अब मुझे अपनी जवाबदारी पर नहीं चलना पड़ेगा, बल्कि हर परेशानी के समय मुझे रास्ता दिखानेवाला कोई होगा। इस विश्वास के कारण मुझे ऐसा लगा, मानो मेरे सिर का बड़ा बोझ उतर गया हो।

गोखले ने स्व० डॉक्टर देव को बुलाकर कह दिया: "गांधी का खाता अपने यहाँ खोल लीजिए और इन्हें आश्रम के लिए तथा अपने सार्वजनिक कार्यों के लिए जितनी रकम की ज़रूरत हो, आप देते रहिये।"

अब मैं पूना छोड़कर शान्तिनिकेतन जाने की तैयारी कर रहा था। अंतिम रात को गोखलेने मुझे रूचनेवाली एक दावत दी और उसमें खास-खास मित्रों को न्योता। उसमें उन्होंने जो चीजें मैं खाता था उन्हींका—अर्थात् सूखे और ताजे फलों— के आहार का ही प्रबन्ध किया था। दावत की जगह उनके कमरे से कुछ ही कदम दूर थी, पर उसमें भी सम्मिलित होने की उनकी हालत न थी। लेकिन उनका प्रेम उन्हें दूर कैसे रहने देता? उन्होंने आनेका आग्रह किया। वे आये भी, पर उन्हें मूर्छा आ गयी और वापस जाना पड़ा। उनकी ऐसी हालत जब-तब हो जाया करती थी। अतएव उन्होंने सन्देशा भेजा कि दावत जारी ही रखनी है। दावत का मतलब था, सोसायटी के आश्रम में मेहमान-घर के पासवाले आँगन में जाजम बिछाकर बैठना, मूँगफली, खजूर आदि खाना, प्रेमपूर्ण चर्चायें करना और एक-दूसरे के दिलों को अधिक जानना।

पर गोखले की यह मूर्छा मेरे जीवन के लिए साधारण अनुभव बनकर रहनेवाली न थी।

३. क्या वह धमकी थी?

अपने बड़े भाई की विधवा पत्नी और दूसरे कुटुम्बियों से मिलने के लिए मुझे बम्बई से राजकोट और पोरबन्दर जाना था। इसलिए मैं उधर गया। दक्षिण अफ्रीका में सत्याग्रह की लड़ाई के सिलसिले में मैंने अपनी पोशाक जिस हद तक गिरमिटिया मजदूरों से मिलती-जुलती की जा सकती थी, कर ली थी। विलायत में भी घर में मैं यही पोशाक पहनता था। हिन्दुस्तान आकर मुझे काठियावाड़ी पोशाक पहननी थी। दक्षिण अफ्रीका में मैंने उसे अपने साथ रखा था। अतएव बम्बई में मैं उसी पोशाक में उतर सका था। इस पोशाक में कुर्ता, अंगरखा, धोती और सफेद साफे का समावेश होता था। ये सब देशी मिल के ही कपड़े के बने हुए थे। बम्बई से काठियावाड़ मुझे तीसरे दर्जे में ही जाना था। उसमें साफा और अंगरखा मुझे झंझट मालूम हुए। अतएव मैंने केवल कुर्ता, धोती और आठ-दस आने की काश्मीरी टोपी का उपयोग किया। ऐसी पोशाक पहननेवाले की गिनती गरीब आदमी में होती थी। उस समय वीरमगाम अथवा वढ़वाण में प्लेग के कारण तीसरे दर्जे के यात्रियों की जाँच होती थी। मुझे थोड़ा बुखार था। जाँच करनेवाले अधिकारीने हाथ देखा, तो उसे वह गरम लगा। इसलिए उसने मुझे राजकोट में डॉक्टर से मिलने का हुक्म दिया और मेरा नाम लिख लिया।

बम्बई से किसीने तार या पत्र भेजा होगा। इसलिए वढ़वाण स्टेशन पर वहाँ के प्रसिद्ध प्रजा-सेवक दर्जी मोतीलाल मुझसे मिले। उन्होंने मुझसे वीरमगाम की चुंगी-सम्बन्धी जाँच-पड़ताल की और उसके कारण होनेवाली परेशानियों की चर्चा की। मैं ज्वर से पीड़ित था, इसलिए बातें करने की बहुत इच्छा न थी। मैंने उन्हें थोड़े में ही जवाब दिया:

"आप जेल जाने को तैयार हैं?"

मैंने माना था कि बिना विचारे उत्साह में जवाब देनेवाले बहुतेरे युवकों की भाँति ही मोतीलाल भी होंगे। पर उन्होंने बहुत दृढ़ता-पूर्वक उत्तर दिया:

"हम ज़रूर जेल जाएँगे। पर आपको हमें रास्ता दिखाना होगा। काठियावाड़ी के नाते आप पर हमारा पहला अधिकार है।। इस समय तो हम आपको रोक

नहीं सकते, पर लौटते समय आपको वढ़वाण उतरना होगा। यहाँ के युवकों का काम और उत्साह देखकर आप खुश होंगे। आप अपनी सेना में जब चाहेंगे तब हमें भरती कर सकेंगे।"

मोतीलाल पर मेरी आँख टिक गयी। उनके दूसरे साथियों ने उनकी स्तुति करते हुए कहाः

"ये भाई दरजी हैं। अपने धन्धे में कुशल हैं, इसलिए रोज एक घंटा काम करके हर महीने लगभग पन्द्रह रूपये अपने खर्च के लिए कमा लेते हैं और बाकी का सारा समय सार्वजनिक सेवा में बिताते हैं। ये हम सब पढ़ेलिखों का मार्गदर्शन करते हैं और हमें लज्जित करते हैं।"

बाद में मैं भाई मोतीलाल के सम्पर्क में काफी आया था और मैंने अनुभव किया था कि उनकी उपर्युक्त स्तुति में लेशमात्र भी अतिशयोक्ति नहीं थी। जब सत्याग्रहाश्रम स्थापित हुआ, तो वे हर महीने वहाँ कुछ दिन अपनी हाजिरी दर्ज करा ही जाते थे। बालकों को सीना सिखाते और आश्रम का सिलाईकाम भी कर जाते थे। वीरमगाम की बात तो वे मुझे रोज सुनाते रहते थे। वहाँ यात्रियों को जिन मुसीबतों का सामना करना पड़ता था, वे उनके लिए असह्य थीं। इन मोतीलाल को भर जवानी में बीमारी उठा ले गयी और वढ़वाण उनके बिना सूना हो गया।

राजकोट पहुँचने पर दूसरे दिन सबेरे मैं उपर्युक्त आज्ञा के अनुसार अस्पताल में हाजिर हुआ। वहाँ तो मैं अपरिचित नहीं था। डॉक्टर शरमाये और उक्त जाँच करनेवाले अधिकारी पर गुस्सा होने लगे। मुझे गुस्से का कोई कारण न दिखाई पड़ा। अधिकारीने अपने धर्म का पालन ही किया था। वह मुझे पहचानता नहीं था और पहचानता होता तो भी उसने जो हुक्म दिया वह देना उसका धर्म था। पर चूंकि मैं सुपरिचित था, इसलिए राजकोट में मैं जाँच कराने जाऊँ उसके बदले लोग घर आकर मेरी जाँच करने लगे।

ऐसे मामलों में तीसरे दर्जे के यात्रियों की जाँच करना आवश्यक है। बड़े माने जानेवाले लोग भी तीसरे दर्जे में यात्रा करें, तो उन्हें गरीबों पर लागू होनेवाले नियमों का स्वेच्छा से पालन करना चाहिए और अधिकारियों को पक्षपात न करना चाहिए। पर मेरा अनुभव यह है कि अधिकारी तीसरे दर्जे के यात्रियों को आदमी समझने के बदले जानवर-जैसा समझते हैं। 'तू' के सिवा उनके लिए

दूसरा कोई संबोधन ही नहीं होता। तीसरे दर्जे का यात्री न तो सामने जवाब दे सकता है, न बहस कर सकता है। उसे इस तरह व्यवहार करना पड़ता है, मानो वह अधिकारी का नौकर हो। अधिकारी उसे मारते-पीटते हैं, उसे लूटते हैं, उसकी ट्रेन छुड़वा देते हैं, उसे टिकट देने में हैरान करते हैं। यह सब मैंने स्वयं अनुभव किया है। इस वस्तुस्थिति में सुधार तभी हो सकता है जब कुछ पढ़े-लिखे और धनिक लोग गरीबों-जैसे बनें, तीसरे दर्जे में यात्रा करके गरीब यात्रियों को न मिलनेवाली एक भी सुविधा का उपयोग न करें और अड़चनों, अशिष्टताओं, अन्यायों तथा बीभत्सता को चुपचाप न सहकर उनका सामना करें और उन्हें दूर करायें। काठियावाड़ में मैं जहाँ-जहाँ भी घूमा वहाँ-वहाँ मैंने वीरमगाम की चुंगी-सम्बन्धी जाँच की शिकायतें सुनीं।

अतएव मैंने लार्ड विलिंग्डन के दिये हुए निमंत्रण का तुरन्त उपयोग किया। इस सम्बन्ध में जो भी कागज-पत्र मिले, उन सबको मैं पढ़ गया। मैंने देखा कि शिकायतों में बहुत सचाई है। इस विषय में मैंने बम्बई सरकार से पत्र-व्यवहार शुरू किया। सेक्रेटरी से मिला। लार्ड विलिंग्डन से भी मिला। उन्होंने सहानुभूति प्रकट की, किन्तु दिल्ली की ढील की शिकायत की।

सेक्रेटरीने कहा: "हमारे ही हाथ की बात होती, तो हमने यह चुंगी कभी की उठा दी होती। आप केन्द्रीय सरकार के पास जाइए।"

मैंने केन्द्रीय सरकार से पत्र-व्यवहार शुरू किया, पर पत्रों की पहुँच के अतिरिक्त कोई उत्तर न पा सका। जब मुझे लार्ड चेम्सफर्ड से मिलने का मौका मिला तब अर्थात् लगभग दो बरस के पत्र-व्यवहार के बाद मामले की सुनवाई हुई। लार्ड चेम्सफर्ड से बात करने पर उन्होंने आश्चर्य प्रकट किया। उन्हें वीरमगाम की कोई जानकारी नहीं थी। उन्होंने मेरी बात ध्यान-पूर्वक सुनी और उसी समय टेलीफोन करके वीरमगाम के कागज-पत्र मँगवाये और मुझे वचन दिया कि यदि आपके कथन के विरूद्ध अधिकारियों को कोई आपत्ति नहीं हुई, तो चुंगी रद कर दी जाएगी। इस मुलाकात के बाद कुछ ही दिनों में चुंगी उठ जाने की खबर मैंने अखबारों में पढ़ी।

मैंने इस जीत को सत्याग्रह की नींव माना, क्योंकि वीरमगाम के सम्बन्ध में बातें करते हुए बम्बई सरकार के सेक्रेटरीने मुझसे कहा था कि मैंने इस विषय में बगसरा में जो भाषण किया था, उसकी नकल उनके पास है। उसमें सत्याग्रह

का जो उल्लेख किया गया था, उस पर उन्होंने अपनी अप्रसन्नता भी प्रकट की थी। उन्होंने पूछा थाः

"क्या आप इसे धमकी नहीं मानते? और इस तरह कोई शक्तिशाली सरकार धमकियों की परवाह करती है?"

मैंने जवाब दियाः

"यह धमकी नहीं है। यह लोकशिक्षा है। लोगों को अपने दुःख दूर करने के सब वास्तविक उपाय बताना मुझ-जैसों का धर्म है। जो जनता स्वतंत्रता चाहती है, उसके पास अपनी रक्षा का अन्तिम उपाय होना चाहिए। साधारणतः ऐसे उपाय हिंसात्मक होते हैं। पर सत्याग्रह शुद्ध अहिंसक शस्त्र है। उसका उपयोग और उसकी मर्यादा बताना मैं अपना धर्म समझता हूँ। मुझे इस विषय में सन्देह नहीं है कि अंग्रेज सरकार शक्तिशाली है। पर इस विषय में भी मुझे कोई सन्देह नहीं कि सत्याग्रह सर्वोपरि शस्त्र है।"

चतुर सेक्रेटरीने अपना सिर हिलाया और कहा, "ठीक है, हम देखेंगे।"

४. शांतिनिकेतन

राजकोट से मैं शांतिनिकेतन गया। वहाँ शांतिनिकेतन के अध्यापकों और विद्यार्थियों ने मुझ पर अपना प्रेम बरसाया। स्वागत की विधि में सादगी, कला और प्रेम का सुन्दर मिश्रण था। वहाँ मैं काकासाहब कालेलकर से पहले-पहल मिला।

कालेलकर 'काकासाहब' क्यों कहलाते थे, यह मैं उस समय नहीं जानता था। लेकन बाद में मालूम हुआ कि केशवराव देशपांडे, जो विलायत में मेरे समकालीन थे और जिन के साथ विलायत में मेरा अच्छा परिचय हो गया था, बड़ौदा राज्य में 'गंगनाथ विद्यालय' चला रहे हैं। उनकी अनेक भावनाओं में से एक यह भी थी कि विद्यालय में पारिवारिक भावना होनी चाहिए। इस विचार से वहाँ सब अध्यापकों के नाम रखे गये थे। उनमें कालेलकर को 'काका' नाम मिला। फड़के 'मामा' बने। हरिहर शर्मा 'अण्णा' कहलाये। दूसरों के भी यथायोग्य नाम रखे गये। काका के साथी के रूप में आनन्दानन्द (स्वामी) और मामा के मित्र के नाते पटवर्धन (अप्पा) आगे चलकर इस कुटुम्ब में सम्मिलित हुए। इस कुटुम्ब के उपर्युक्त पाँचों सदस्य एक के बाद एक मेरे साथी बने। देशपांडे 'साहब' के नाम से पुकारे जाने लगे। साहब का विद्यालय बन्द होने पर यह कुटुम्ब बिखर गया।

पर इन लोगोंने अपना आध्यात्मिक सम्बन्ध न छोड़ा। काकासाहब भिन्न-भिन्न अनुभव प्राप्त करने में लग गये। इसी सिलसिले में वे इस समय शांतिनिकेतन में रहते थे। इसी मंडल के एक और सदस्य चिंतामण शास्त्री भी वहाँ रहते थे। ये दोनों संस्कृत सिखाने में हिस्सा लेते थे।

शांतिनिकेतन में मेरे मण्डल को अलग से ठहराया था। यहाँ मगनलाल गांधी उस मंडल को संभाल रहे थे और फीनिक्स आश्रम के सब नियमों का पालन सूक्ष्मता से करते-कराते थे। मैंने देखा कि उन्होंने अपने प्रेम, ज्ञान और उद्योग के कारण शांतिनिकेतन में अपनी सुगन्ध फैला दी थी। एण्ड्रूझ तो यहाँ थे ही। पियर्सन थे। जगदानन्दबाबू, नेपालबाबू, संतोषबाबू, क्षितिमोहनबाबू, नगेनबाबू, शरदबाबू और कालीबाबू के साथ हमारा खासा सम्पर्क रहा। अपने स्वभाव के अनुसार मैं विद्यार्थियों और शिक्षको में घुलमिल गया, और स्वपरिश्रम के विषय में चर्चा करने लगा। मैंने वहाँ के शिक्षकों के सामने यह बात रखी कि वैतनिक रसोइयों के बदले शिक्षक और विद्यार्थी अपनी रसोई स्वयं बना लें तो अच्छा हो। ऐसा करने से आरोग्य और नीति की दृष्टि से रसोईघर पर शिक्षक-समाज का प्रभुत्व स्थापित होगा और विद्यार्थी स्वावलम्बन तथा स्वयंपाक का पदार्थ-पाठ सीखेंगे। एक-दो शिक्षकों ने सिर हिलाकर असहमति प्रकट की। कुछ लोगों को यह प्रयोग बहुत अच्छा लगा। नई चीज, फिर वह कैसी भी क्यों न हो, बालकों को तो अच्छी लगती ही है। इस न्याय से यह चीज भी उन्हें अच्छी लगी और प्रयोग शुरू हुआ। जब कविश्री के सामने यह चीज रखी गयी, तो उन्होंने अपनी यह सम्मति दी कि यदि शिक्षक अनुकूल हों, तो स्वयं उन्हें यह प्रयोग अवश्य पसंद होगा। उन्होंने विद्यार्थियों से कहा, "इसमें स्वराज्य की चाबी मौजूद है।"

पियर्सन ने प्रयोग को सफल बनाने में अपने-आपको खपा दिया। उन्हें यह बहुत अच्छा लगा। एक मण्डली साग काटनेवालों की बनी, दूसरी अनाज साफ करनेवालों की। रसोईघर के आस-पास शास्त्रीय ढंग से सफाई रखने के काम में नगेनबाबू आदि जुट गये। उन लोगों को कुदाली से काम करते देखकर मेरा हृदय नाच उठा।

लेकिन मेहनत के इस काम को सवा सो विद्यार्थी और शिक्षक भी एकाएक नहीं अपना सकते थे। अतएव रोज चर्चायें चलती थीं। कुछ लोग थक जाते थे। परन्तु पियर्सन क्यों थकने लगे? वे हँसते चेहरे से रसोईघर के किसी-न-किसी

काम में जुटे ही रहते थे। बड़े-बड़े बरतन माँजना उन्हींका काम था। बरतन माँजनेवाली टुकड़ी की थकान उतारने के लिए कुछ विद्यार्थी वहाँ सितार बजाते थे। विद्यार्थियों ने प्रत्येक काम को पर्याप्त उत्साह से अपना लिया और समूचा शांतिनिकेतन मधुमक्खियों के छत्ते की भाँति गूँजने लगा।

इस प्रकार के फेरफार जब एक बार शुरू हो जाते हैं, तो फिर वे रूक नहीं पाते। फीनिक्स का रसोईघर स्वावलम्बी बन गया था, यही नहीं बल्कि उसमें रसोई भी बहुत सादी बनती थी। मसालों का त्याग किया गया था। अतएव भात, दाल, साग तथा गेहूँ के पदार्थ भी भाप के द्वारा पका लिये जाते थे। बंगाली खुराक में सुधार करने के विचार से उस प्रकार का एक रसोईघर शुरू किया था। उसमें एक-दो अध्यापक और कुछ विद्यार्थी सम्मिलित हुए थे। ऐसे ही प्रयोगों में से सर्वसाधारण रसोईघर को स्वावलम्बी बनाने का प्रयोग शुरू किया जा सका था।

पर आखिर कुछ कारणों से यह प्रयोग बन्द हो गया। मेरा विश्वास यह है कि इस जगद्-विख्यात संस्थाने थोड़े समय के लिए भी इस प्रयोग को अपनाकर कुछ खोया नहीं और उससे प्राप्त अनेक अनुभव उसके लिए उपयोगी सिद्ध हुए थे।

मेरा विचार शांतिनिकेतन में कुछ समय रहने का था। किन्तु विधाता मुझे जबरदस्ती घसीटकर ले गया। मैं मुश्किल से वहाँ एक हफ्ता रहा होऊँगा कि इतने में गोखले के अवसान का तार मिला। शांतिनिकेतन शोक में डूब गया। सब मेरे पास समवेदना प्रकट करने आये। मन्दिर में विशेष सभा की गयी। यह गंभीर दृश्य अपूर्व था। मैं उसी दिन पूना के लिए रवाना हुआ। पत्नी और मगनलाल गांधी को मैंने अपने साथ लिया, बाकी सब शांतिनिकेतन में रहे।

बर्दवान तक एण्डूझ मेरे साथ आये थे। उन्होंने मुझसे पूछा, "क्या आपको ऐसा लगता है कि हिन्दुस्तान में आपके लिए सत्याग्रह करने का अवसर आयेगा? और अगर ऐसा लगता हो तो कब आयेगा, इसकी कोई कल्पना आपको है?"

मैंने जवाब दिया, "इसका उत्तर देना कठिन है। अभी एक वर्ष तक तो मुझे कुछ करना ही नहीं है। गोखले ने मुझसे प्रतिज्ञा करवायी है कि मुझे एक वर्ष तक देश में भ्रमण करना है, किसी सार्वजनिक प्रश्न पर अपना विचार न तो बनाना है, न प्रकट करना है। मैं इस प्रतिज्ञा का अक्षरशः पालन करूँगा। बाद में भी मुझे किसी प्रश्न पर कुछ कहने की ज़रूरत होगी तभी मैं कहूँगा। इसलिए मैं नहीं समझता कि पाँच वर्ष तक सत्याग्रह करने का कोई अवसर आयेगा।"

यहाँ यह कहना अप्रस्तुत न होगा कि 'हिन्द स्वराज' में मैंने जो विचार व्यक्त किये हैं, गोखले उनका मजाक उड़ाते थे और कहते थे, "आप एक वर्ष हिन्दुस्तान में रहकर देखेंगे, तो आपके विचार अपने-आप ठिकाने आ जाएँगे।"

५. तीसरे दर्जे की विडम्बना

बर्दवान पहुँचकर हमें तीसरे दर्जे का टिकट लेना था। उसे लेने में परेशानी हुई। जवाब मिलाः "तीसरे दर्जे के यात्री को टिकट पहले से नहीं दिया जाता।" मैं स्टेशन-मास्टर से मिलने गया। उनके पास मुझे कौन जाने देता? किसीने दया करके स्टेशन-मास्टर को दिखा दिया। मैं वहाँ पहुँचा। उनसे भी उपर्युक्त उत्तर ही मिला। खिड़की खुलने पर टिकट लेने गया। पर टिकट आसानी से मिलनेवाला न था। बलवान यात्री एक के बाद एक घुसते जाते और मुझ-जैसों को पीछे हटाते जाते। आखिर टिकट मिला।

गाड़ी आयी। उसमें भी जो बलवान थे वे घुस गये। बैठे हुओं और चढ़नेवालों के बीच गाली-गलौज और धक्का-मुक्की शुरू हुई। इसमें हिस्सा लेना मेरे लिए संभव न था। हम तीनों इधर से उधर चक्कर काटते रहे। सब ओर से एक ही जवाब मिलता थाः "यहाँ जगह नहीं है।" मैं गार्ड के पास गया। उसने कहा, "जगह मिले तो बैठो, नहीं तो दूसरी ट्रेन में जाना।"

मैंने नम्रता-पूर्वक कहा, "लेकिन मुझे ज़रूरी काम है।" यह सुनने के लिए गार्ड के पास समय नहीं था। मैं हारा। मगनलाल से कहा, "जहाँ जगह मिले, बैठ जाओ।" पत्नी को लेकर मैं तीसरे दर्जे के टिकट से ड्योढे दर्जे में घुसा। गार्ड ने मुझे उसमें जाते देख लिया था।

आसनसोल स्टेशन पर गार्ड ज्यादा किराये के पैसे लेने आया। मैंने कहा, "मुझे जगह बताना आपका धर्म था। जगह न मिलने के कारण मैं इसमें बैठा हूँ। आप मुझे तीसरे दर्जे में जगह दिलाइये। मैं उसमें जाने को तैयार हूँ।"

गार्डसाहब बोले, "मुझसे बहस मत कीजिए। मेरे पास जगह नहीं है। पैसे न देने हों, तो गाड़ी से उतरना पड़ेगा।"

मुझे तो किसी भी तरह पूना पहुँचना था। गार्ड से लड़ने की मेरी हिम्मत नहीं थी। मैंने पैसे चुका दिये। उसने ठेठ पूना तक का ड्योढ़ा भाड़ा लिया। यह अन्याय मुझे अखर गया।

सबेरे मुगलसराय स्टेशन आया। मगनलालने तीसरे दर्जे में जगह कर ली थी। मुगलसराय में मैं तीसरे दर्जे में गया। टिकट कलेक्टर को मैंने वस्तुस्थिति की जानकारी दी और उससे इस बात का प्रमाण-पत्र माँगा कि मैं तीसरे दर्जे में चला आया हूँ। उसने देने से इनकार किया। मैंने अधिक किराया वापस प्राप्त करने के लिए रेलवे के उच्च अधिकारी को पत्र लिखा।

उनकी ओर से इस आशय का उत्तर मिला: "प्रमाण-पत्र के बिना अति किराया लौटाने का हमारे यहाँ रिवाज नहीं है। पर आपके मामले में हम लौटाये दे रहे हैं। बर्दवान से मुगलसराय तक का ड्योढ़ा किराया वापस नहीं किया जा सकता।"

इसके बाद तीसरे दर्जे की यात्रा के मेरे अनुभव तो इतने हैं कि उनकी एक पुस्तक बन जाय। पर उनमें से कुछ की प्रासंगिक चर्चा करने के सिवा इन प्रकरणों में उनका समावेश नहीं हो सकता। शारीरिक असमर्थता के कारण तीसरे दर्जे की मेरी यात्रा बन्द हो गयी। यह बात मुझे सदा खटकी है और आगे भी खटकती रहेगी। तीसरे दर्जे की यात्रा में अधिकारियों की मनमानी से उत्पन्न होनेवाली विडम्बना तो रहती ही है। पर तीसरे दर्जे में बैठनेवाले कई यात्रियों का उजड्डपन, उनकी गंदगी, उनकी स्वार्थबुद्धि और उनका अज्ञान भी कुछ कम नहीं होता। दुःख तो यह है कि अकसर यात्री यह जानते ही नहीं है कि वे अशिष्टता कर रहे हैं। वे जो करते हैं, वह उन्हें स्वाभाविक मालूम होता है। हम सभ्य और पढ़े-लिखे लोगोंने उनकी कभी चिन्ता ही नहीं की।

थके-माँदे हम कल्याण जंकशन पहुँचे। नहाने की तैयारी की। मगनलाल ने और मैंने स्टेशन के नल से पानी लेकर स्नान किया। पत्नी के लिए कुछ तजवीज कर रहा था कि इतने में भारत-सेवक-समाज के भाई कौलने हमें पहचान लिया। वे भी पूना जा रहे थे। उन्होंने पत्नी को दूसरे दर्जे के स्नानघर में स्नान कराने के लिए ले जाने की बात कही। इस सौजन्य को स्वीकार करने में मुझे संकोच हुआ। पत्नी को दूसरे दर्जे के स्नानघर का उपयोग करने का अधिकार नहीं था, इसे मैं जानता था। पर मैंने उसे इस स्नानघर में नहाने देने के अनौचित्य के प्रति आँखें मूँद लीं। सत्य के पुजारी को यह भी शोभा नहीं देता। पत्नी का वहाँ जाने का कोई आग्रह नहीं था, पर पति के मोहरूपी सुवर्णपात्र ने सत्य को ढाँक लिया।

६. मेरा प्रयत्न

पूना पहुँचने पर गोखले की उत्तरक्रिया आदि सम्पन्न करके हम सब इस प्रश्न की चर्चा में लग गये कि अब सोसायटी किस तरह चलायी जाए और मुझे उसमें सम्मिलित होना चाहिए या नहीं। मुझ पर भारी बोझ आ पड़ा। गोखले के जीते-जी मेरे लिए सोसायटी में दाखिल होने का प्रयत्न करना आवश्यक न था। मुझे केवल गोखले की आज्ञा और इच्छा के वश होना था। यह स्थिति मुझे पसन्द थी। भारतवर्ष के तूफानी समुद्र में कूदते समय मुझे एक कर्णधार की आवश्यकता थी और गोखले के समान कर्णधार की छाया में मैं सुरक्षित था।

अब मैंने अनुभव किया कि मुझे सोसायटी में भरती होने के लिए सतत प्रयत्न करना चाहिए। मुझे यह लगा कि गोखले की आत्मा यही चाहेगी। मैंने बिना संकोच के और दृढ़ता-पूर्वक यह प्रयत्न शुरू किया। इस समय सोसायटी के लगभग सभी सदस्य पूना में उपस्थित थे। मैंने उन्हें मनाना और मेरे विषय में उन्हें जो डर था उसे दूर करना शुरू किया। किन्तु मैंने देखा कि सदस्यों में मतभेद था। एक राय मुझे दाखिल करने के पक्ष में थी, दूसरी दृढ़ता-पूर्वक मेरे प्रवेश का विरोध करती थी। मैं अपने प्रति दोनों पक्षों के प्रेम को देख सकता था। पर मेरे प्रति प्रेम की अपेक्षा सोसायटी के प्रति उनकी वफादारी कदाचित् अधिक थी; प्रेम से कम तो थी ही नहीं।

इस कारण हमारी चर्चा मीठी थी और केवल सिद्धांत का अनुसरण करनेवाली थी। विरूद्ध पक्षवालों को यही लगा कि उनके विषयों में मेरे और उनके विचारों के बीच उत्तर-दक्षिण का अन्तर था। इससे भी अधिक उन्हें यह लगा कि जिन ध्येयों को ध्यान में रखकर गोखलेने सोसायटी की रचना की थी, मेरे सोसायटी में रहने से उन ध्येयों के ही खतरे में पड़ जाने की पूरी संभावना थी। स्वभावतः यह उन्हें असह्य प्रतीत हुआ।

लम्बी चर्चा के बाद हम एक-दूसरे से अलग हुए। सदस्यों ने अंतिम निर्णय की बात दूसरी सभा तक उठा रखी।

घर लौटते हुए मैं विचारों के भँवर में पड़ गया। बहुमत से दाखिल होने का प्रसंग आने पर क्या वैसा करना मेरे लिए इष्ट होगा। क्या वह गोखले के प्रति मेरी वफादारी मानी जाएगी? अगर मेरे विरूद्ध मत प्रकट हो, तो क्या उस दशा

में मैं सोसायटी की स्थिति को नाजुक बनाने का निमित्त न बनूँगा? मैंने स्पष्ट देखा कि जब तक सोसायटी के सदस्यों में मुझे दाखिल करने के बारेमें मतभेद रहे, तब तक स्वयं मुझीको दाखिल होने का आग्रह छोड़ देना चाहिए और इस प्रकार विरोधी पक्ष को नाजुक स्थिति में पड़ने से बचा लेना चाहिए। उसी में सोसायटी और गोखले के प्रति मेरी वफादारी थी। ज्यों ही मेरी अन्तरात्मा में इस निर्णय का उदय हुआ, त्यों ही मैंने श्री शास्त्री को पत्र लिखा कि वे मेरे प्रवेश के विषय में सभा बुलायें ही नहीं। विरोध करनेवालों को मेरा यह निश्चय बहुत पसन्द आया। वे धर्म-संकट से बच गये। उनके और मेरे बीच की स्नेहगाँठ अधिक दृढ़ हो गयी और सोसायटी में प्रवेश पाने की अपनी अर्जी को वापस लेकर मैं सोसायटी का सच्चा सदस्य बना।

अनुभव से मैं देखता हूँ कि मेरा प्रथा के अनुसार सोसायटी का सदस्य न बनना ही उचित था; और जिन सदस्यों ने मेरे प्रवेश का विरोध किया था, उनका विरोध वास्तविक था। अनुभवने यह सिद्ध कर दिया है कि उनके और मेरे सिद्धान्तों के बीच भेद था। किन्तु मतभेद को जान चुकने पर भी हमारे बीच आत्मा का अन्तर कभी नहीं पड़ा, खटाई कभी पैदा न हुई। मतभेद के रहते भी हम परस्पर बंधु और मित्र रहे हैं। सोसायटी का स्थान मेरे लिए यात्रा का धाम रहा है। लौकिक दृष्टि से मैं भले ही उसका सदस्य नहीं बना, पर आध्यात्मिक दृष्टि से तो मैं उसका सदस्य रहा ही हूँ। लौकिक संबंध की अपेक्षा आध्यात्मिक संबंध अधिक मूल्यवान है। आध्यात्मिक संबंध से रहित लौकिक संबंध प्राणहीन देह के समान है।

७. कुम्भमेला

मुझे डॉ० प्राणजीवनदास मेहता से मिलने रंगून जाना था। वहाँ जाते हुए श्री भूपेन्द्रनाथ बसु का निमंत्रण पाकर मैं कलकत्ता में उनके घर ठहरा था। यहां बंगाली शिष्टाचार की पराकाष्ठा हो गयी थी। उन दिनों मैं फलाहार ही करता था। मेरे साथ मेरा लड़का रामदास था। कलकत्ते में जितने प्रकार का सूखा और हरा मेवा मिला, उतना सब इकट्ठा किया गया था। स्त्रियों ने रातभर जागकर पिस्तों वगैरा को भिगोकर उनके छिलके उतारे थे। ताजे फल भी जितनी सुघड़ता से सजाए जा सकते हैं; सजाए गये थे। मेरे साथियों के लिए अनेक प्रकार के

पकवान तैयार किये गये थे। मैं इस प्रेम और शिष्टाचार को तो समझा, लेकिन एक-दो मेहमानों के लिए समूचे परिवार का सारे दिन व्यस्त रहना मुझे असह्य प्रतीत हुआ। परन्तु इस मुसीबत से बचने का मेरे पास कोई इलाज न था।

रंगून जाते समय स्टीमर में मैं डेक का यात्री था। यदि श्री बसु के यहाँ प्रेम की मुसीबत थी, तो स्टीमर में अप्रेम की मुसीबत थी। डेक के यात्री के कष्टों का मैंने बुरी तरह अनुभव किया। नहाने की जगह तो इतनी गंदी थी कि वहाँ खड़ा रहना भी कठिन था। पाखाने नरक के कुण्ड बने हुए थे। मल-मूत्रादि में से चलकर या उन्हें लाँघकर पाखाने में जाना होता था! मेरे लिए ये असुविधायें भयंकर थीं। मैं जहाज के अधिकारी के पास पहुँचा, पर कौन सुनता है ? यात्रियोंने अपनी गंदगी से डेक को गंदा कर डाला था। वे जहाँ बैठे होते वहीं थूँक देते, वहीं सुरती के पीक की पिचकारियाँ चलाते और वहीं खाने-पीने के बाद बचा हुआ कचरा डालते थे। बातचीत से होनेवाले कोलाहल की कोई सीमा न थी। सब कोई अपने लिए अधिक-से-अधिक जगह घेरने की कोशिश करते थे। कोई किसीकी सुविधा का विचार तक न करता था। वे स्वयं जितनी जगह घेरते थे, सामान उससे अधिक जगह घेर लेता था। ये दो दिन बड़ी घबराहट में बीते।

रंगून पहुँचने पर मैंने एजेण्ट को सारा हाल लिख भेजा। लौटते समय भी मैं डेक पर ही आया। पर इस पत्र के और डॉ॰ मेहता के प्रबंध के फलस्वरूप अपेक्षाकृत अधिक सुविधा से आया।

मेरे फलाहार की झंझट तो यहाँ भी अपेक्षाकृत अधिक ही रहती थी। डॉ॰ मेहता के साथ ऐसा संबंध था कि उनके घर को मैं अपना ही घर समझ सकता था। इससे मैंने पदार्थों पर तो अंकुश रख लिया था, लेकिन उनकी कोई मर्यादा निश्चित नहीं की थी। इस कारण तरह-तरह का जो मेवा आता, उसका मैं विरोध न करता था। नाना प्रकार की वस्तुएँ आँखों और जीभ को रूचिकर लगती थीं। खाने का कोई निश्चित समय नहीं था। मैं स्वयं जल्दी खा लेना पसन्द करता था, इसलिए बहुत देर तो नहीं होती थी। फिर भी रात के आठ-नौ तो सहज ही बज जाते थे।

सन् १९१५ में हरद्वार में कुम्भ का मेला था। उसमें जाने की मेरी कोई खास इच्छा नहीं थी। लेकिन मुझे महात्मा मुंशीरामजी के दर्शनों के लिए ज़रूर जाना था। कुम्भ के अवसर पर गोखले के भारत-सेवक-समाजने एक बड़ी टुकड़ी भेजी

थी। उसका प्रबंध श्री हृदयनाथ कुंजरू के जिम्मे था। स्व० डॉक्टर देव भी उसमें थे। उनका यह प्रस्ताव था कि इस काम में मदद करने के लिए मैं अपनी टुकड़ी भी ले जाऊँ। शांतिनिकेतनवाली टुकड़ी को लेकर मगनलाल गांधी मुझसे पहले हरद्वार पहुँच गये थे। रंगून से लौटकर मैं भी उनसे जा मिला।

कलकत्ते से हरद्वार पहुँचने में खूब परेशानी उठानी पड़ी। गाड़ी के डिब्बों में कभी-कभी रोशनी तक नहीं होती थी। सहारनपुर से तो यात्रिकों को माल के या जानवरों के डिब्बों में ही ठूँस दिया गया था। खूले, बिना छतवाले डिब्बों पर दोपहर का सूरज तपता था। नीचे निरे लोह का फर्श था। फिर घबराहट का क्या पूछना। इतने पर भी श्रद्धालु हिन्दू अत्यन्त प्यासे होने पर भी 'मुसलमान-पानी' के आने पर उसे कभी न पीते थे। 'हिन्दू-पानी' की आवाज आती तभी वे पानी पीते। इन्हीं श्रद्धालु हिन्दुओं को डॉक्टर दवा में शराब दे, माँस का सत दे अथवा मुसलमान या ईसाई कम्पाउन्डर पानी दे, तो उसे लेने में इन्हें संकोच नहीं होता और न पूछताछ करने की ज़रूरत होती है।

हमने शांतिनिकेतन में ही देख लिया था कि भंगी का काम करना हिन्दुस्तान में हमारा खास धंधा ही बन जाएगा। स्वयंसेवकों के लिए किसी धर्मशाला में तम्बू लगाये गये थे। पाखाने के लिए डॉ० देवने गड्ढ़े खुदवाये थे। पर उन गड्ढों की सफाई का प्रबंध तो ऐसे अवसर पर जो थोड़े से वैतनिक भंगी मिल सकते थे उन्हींके द्वारा वे करा सकते थे न? इन गड्ढों में जमा होनेवाले पाखाने को समय-समय पर ढँकने और दूसरी तरह से उन्हें साफ रखने का काम फीनिक्स की टुकड़ी कर देने की मेरी माँग को डॉ. देवने खुशी-खुशी स्वीकार कर लिया। इस सेवा की माँग तो मैंने की, लेकिन इसे करने का बोझ मगनलाल गांधी ने उठाया। मेरा धंधा अधिकतर डेरे के अन्दर बैठकर लोगों को 'दर्शन' देने का और आनेवाले अनेक यात्रियों के साथ धर्म की या ऐसी ही दूसरी चर्चायें करने का बन गया। मैं दर्शन देते-देते अकुला उठा। मुझे उससे एक मिनट की भी फुरसत न मिलती थी। नहाने जाते समय भी दर्शनाभिलाषी मुझे अकेला न छोड़ते थे। फलाहार के समय तो एकान्त होता ही कैसे। अपने तम्बू के किसी भी हिस्से में मैं एक क्षण के लिए भी अकेला बैठ नहीं पाया। दक्षिण अफ्रीका में जो थोड़ी-बहुत सेवा मुझसे बन पड़ी थी, उसका कितना गहरा प्रभाव सारे भरतखण्ड पर पड़ा है, इसका अनुभव मैंने हरद्वार में किया।

मैं तो चक्की के पाटों के बीच पिसने लगा। जहाँ प्रकट न होता वहाँ तीसरे दर्जे के यात्री के नाते कष्ट उठाता और जहाँ ठहरता वहाँ दर्शनार्थियों के प्रेम से अकुला उठता। मेरे लिए यह कहना प्रायः कठिन हो गया है कि इन दो में से कौनसी स्थिति अधिक दयाजनक थी। दर्शनार्थियों के प्रेम-प्रदर्शन से मुझे बहुत बार गुस्सा आया है, और मन में तो उससे भी अधिक बार मैं दुःखी हुआ हूँ, इतना मैं जानता हूँ। तीसरे दर्जे की कठिनाइयों से मुझे असुविधा हुई है, पर क्रोध शायद ही कभी आया है, और उससे मेरी उन्नति ही हुई है।

उन दिनों मुझमें घूमने-फिरने की काफी शक्ति थी। इससे मैं काफी भ्रमण कर सका था। उस समय मैं इतना प्रसिद्ध नहीं हुआ था कि रास्तों पर चलना भी मुश्किल से संभव हो। इस भ्रमण में मैंने लोगों की धर्म-भावना की अपेक्षा उनका पागलपन, उनकी चंचलता, उनका पाखण्ड और उनकी अव्यवस्था ही अधिक देखी। साधुओं का तो जमघट ही इकट्ठा हो गया था। ऐसा प्रतीत हुआ मानो वे सिर्फ मालपुए और खीर खाने के लिए ही जन्मे हों। यहाँ मैंने पाँच पैरोंवाली एक गाय देखी। मुझे तो आश्चर्य हुआ, किन्तु अनुभवी लोगोंने मेरा अज्ञान तुरन्त दूर कर दिया। पाँच पैरोंवाली गाय दुष्ट और लोभी लोगों के लोभ की बलिरूप थी। गाय के कंधे को चीरकर उसमें जिन्दे बछड़े का काटा हुआ पैर फँसाकर कंधे को सी दिया जाता था और इस दोहरे कसाईपन का उपयोग अज्ञानी लोगों को ठगने में किया जाता था। पाँच पैरोंवाली गाय के दर्शन के लिए कौन हिन्दू न ललचायेगा? उस दर्शन के लिए वह जितना दान दे उतना कम है।

कुम्भ का दिन आया। मेरे लिए वह धन्य घड़ी थी। मैं यात्रा की भावना से हरद्वार नहीं गया था। तीर्थक्षेत्र में पवित्रता की शोध में भटकने का मोह मुझे कभी नहीं रहा। किन्तु १७ लाख लोग पाखण्डी नहीं हो सकते थे। कहा गया था कि मेले में १७ लाख लोग आये होंगे। इनमें असंख्य लोग पुण्य कमाने के लिए, शुद्धि प्राप्त करने के लिए आये थे, इसमें मुझे कोई शंका न थी। यह कहना असंभव नहीं तो कठिन अवश्य है कि इस प्रकार की श्रद्धा आत्मा को किस हद तक ऊपर उठाती होगी।

मैं बिछौने पर पड़ा-पड़ा विचार-सागर में डूब गया। चारों ओर फैले हुए पाखण्ड के बीच ये पवित्र आत्मायें भी हैं। ये ईश्वर के दरबार में दण्डनीय नहीं मानी जाएँगी। यदि ऐसे अवसर पर हरद्वार में आना ही पाप हो, तो मुझे

सार्वजनिक रूप से उसका विरोध करके कुम्भ के दिन तो हरद्वार का त्याग ही करना चाहिए। यदि यहाँ आने में और कुम्भ के दिन रहने में पाप न हों, तो मुझे कोई-न-कोई कठोर व्रत लेकर प्रचलित पाप का प्रायश्चित्त करना चाहिए, आत्मशुद्धि करनी चाहिए। मेरा जीवन व्रतों की नींव पर रचा हुआ है। इसलिए मैंने कोई कठिन व्रत लेने का निश्चय किया। मुझे उस अनावश्यक परिश्रम की याद आयी, जो कलकत्ते और रंगून में यजमानों को मेरे लिए उठाना पड़ा था। इसलिए मैंने आहार की वस्तुओं की मर्यादा बाँधने और अंधेरे से पहले भोजन करने का व्रत लेने का निश्चय किया। मैंने देखा कि यदि मैं मर्यादा की रक्षा नहीं करता हूँ, तो यजमानों के लिए मैं भारी असुविधा का कारण बन जाऊँगा और सेवा करने के बदले हर जगह लोगों को मेरी सेवा में ही उलझाये रहूँगा। अतएव चौबीस घंटों में पाँच चीजों से अधिक कुछ न खाने का और रात्रि-भोजन के त्याग का व्रत तो मैंने ले ही लिया। दोनों की कठिनाई का पूरा विचार कर लिया। मैंने इन व्रतों में एक भी गली न रखने का निश्चय किया। बीमारी में दवा के रूप में बहुतसी चीजें लेना या न लेना, दवा की गिनती खाने की वस्तुओं में करना या न करना, इन सब बातों को सोच लिया और निश्चय किया कि खाने के कोई भी पदार्थ मैं पाँच से अधिक न लूँगा। इन दो व्रतों को लिये अब तेरह वर्ष हो चुके हैं। इन्होंने मेरी काफी परीक्षा की है। किन्तु जिस प्रकार परीक्षा की है, उसी प्रकार ये व्रत मेरे लिए काफी ढालरूप भी सिद्ध हुए हैं। मेरा यह मत है कि इन व्रतों के कारण मेरा जीवन बढ़ा है; और मैं मानता हूँ कि इनकी वजह से मैं अनेक बार बीमारियों से बच गया हूँ।

८. लछमन झूला

जब मैं पहाड़- से दीखनेवाले महात्मा मुंशीरामजी के दर्शन करने और उनका गुरूकुल देखने गया, तो मुझे वहाँ बड़ी शान्ति मिली। हरद्वार के कोलाहल और गुरूगुल की शान्ति के बीच का भेद स्पष्ट दिखायी देता था। महात्मा ने मुझे अपने प्रेम से नहला दिया। ब्रह्मचारी मेरे पास से हटते ही न थे। रामदेवजी से भी उसी मुलाकात हुई और उनकी शक्ति का परिचय मैं तुरन्त पा गया। यद्यपि हमें अपने बीच कुछ मतभेद का अनुभव हुआ, फिर भी हम परस्पर स्नेह की गाँठ से बँध गये। गुरूकुल में औद्योगिक शिक्षा शुरू करने की आवश्यकता के

बारेमें रामदेवजी और दूसरे शिक्षकों के साथ मैंने काफी चर्चा की। मुझे गुरूकुल छोड़ते हुए दुःख हुआ।

मैंने लछमन झूले की तारीफ बहुत सुनी थी। बहुतों ने मुझे सलाह दी थी कि हृषीकेश गये बिना मैं हरद्वार न छोड़ूँ। मुझे वहाँ पैदल जाना था। इसलिए एक मंजिल हृषीकेश की और दूसरी लछमन झूले की थी।

हृषीकेश में अनेक संन्यासी मुझसे मिलने आये थे। उनमें से एक को मेरे जीवन में बड़ी दिलचस्पी पैदा हुई। फीनिक्स-मण्डल मेरे साथ था। उन सबको देखकर उन्होंने अनेक प्रश्न पूछे। हमारे बीच धर्म की चर्चा हुई। उन्होंने देखा कि मुझमें धर्म की तीव्र भावना है। मैं गंगा-स्नान करके आया था, इसलिए शरीर खुला था। मेरे सिर पर शिखा और जनेऊ न देखकर उन्हें दुःख हुआ और उन्होंने मुझसे कहाः

"आप आस्तिक होते हुए भी जनेऊ और शिखा नहीं रखते हैं, इससे हमारे समान लोगों को दुःख होता है। ये दो हिन्दू धर्म की बाह्य संज्ञायें हैं और प्रत्येक हिन्दू को इन्हें धारण करना चाहिए।"

लगभग दस साल की उमर में पोरबन्दर में ब्राह्मणों के जनेऊ में बँधी हुई चाबियों की झंकार सुनकर मुझे उनसे ईर्ष्या होती थी। मैं सोचा करता था कि झंकार करनेवाली कुंजियाँ जनेऊ में बाँधकर मैं भी घूमूँ तो कितना अच्छा हो! उन दिनों काठियावाड़ के वैश्य परिवारों में जनेऊ पहनने का रिवाज नहीं था। पर पहले तीन वर्णों को जनेऊ पहनना चाहिए, इस आशय का नया प्रचार चल रहा था। उसके फलस्वरूप गांधी-कुटुम्ब के कुछ व्यक्ति जनेऊ पहनने लगे थे। जो ब्राह्मण हम दो-तीन भाइयों को रामरक्षा का पाठ सिखाते थे, उन्होंने हमें जनेऊ पहनाया और अपने पास कुंजी रखने का कोई कारण न होते हुए भी मैंने दो-तीन कुंजियाँ उसमें लटका लीं। जनेऊ के टूट जाने पर उसका मोह उतर गया था या नहीं, सो तो याद नहीं है। पर मैंने नया जनेऊ नहीं पहना।

बड़ी उमर होने पर हिन्दुस्तान और दक्षिण अफ्रीका में भी दूसरों ने मुझे जनेऊ पहनाने का प्रयत्न किया था, पर मेरे ऊपर उनकी दलीलों का कोई असर न हुआ था। यदि शूद्र जनेऊ न पहन सकें, तो दूसरे वर्ण क्यों पहनें? जिस बाह्य वस्तु की प्रथा हमारे कुटुम्ब में नहीं थी, उसे आरंभ करने का मुझे एक भी सबल कारण नहीं मिला था। मेरा जनेऊ पहनने से कोई विरोध नहीं था, परन्तु उसे पहनने का कोई कारण नहीं दिखाई देता था। वैष्णव होने के

कारण मैं कंठी पहनता था। शिखा तो गुरूजन हम भाइयों के सिर पर रखवाते ही थे। पर विलायत जाने के समय मैंने इस शरम के मारे शिखा कटा दी थी कि वहाँ सिर खुला रखना होगा, गोरे शिखा को देखकर हँसेंगे और मुझे जंगली समझेंगे। मेरे साथ रहनेवाले मेरे भतीजे छगनलाल गांधी दक्षिण अफ्रीका में बड़ी श्रद्धा से शिखा रखते थे। यह शिखा उनके सार्वजनिक काम में बाधक होगी, इस भ्रम के कारण मैंने उनका मन दुखाकर भी उसे कटवा दिया था। यों शिखा रखने में मुझे शरम लगती थी।

मैंने स्वामीजी को उपर्युक्त बातें कह सुनायीं और कहा:

"मैं जनेऊ तो धारण नहीं करूँगा। जिसे न पहनते हुए भी असंख्य हिन्दू हिन्दू माने जाते हैं, उसे पहनने की मैं अपने लिए कोई ज़रूरत नहीं देखता। फिर, जनेऊ धारण करने का अर्थ है दूसरा जन्म लेना, अर्थात् स्वयं संकल्प-पूर्वक शुद्ध बनना, ऊर्ध्वगामी बनना। आजकल हिन्दू समाज और हिन्दुस्तान दोनों गिरी हालत में हैं। उसमें जनेऊ धारण करने का हमें अधिकार ही कहाँ है? हिन्दू समाज को जनेऊ का अधिकार तभी हो सकता है, जब वह अस्पृश्यता का मैल धो डाले, ऊँच-नीच की बात भूल जाय, जड़ जमाये हुए दूसरे दोषों को दूर करे और चारों ओर फैले हुए अधर्म तथा पाखण्ड का अन्त कर दे। इसलिए जनेऊ धारण करने की आपकी बातें मेरे गले नहीं उतरतीं। किन्तु शिखा के संबंध में आपकी बात मुझे अवश्य सोचनी होगी। शिखा तो मैं रखता था। लेकिन उसे मैंने शरम और डर के मारे ही कटा डाला है। मुझे लगता है कि शिखा धारण करनी चाहिए। मैं इस सम्बन्ध में अपने साथियों से चर्चा करूँगा।"

स्वामीजी को जनेऊ के बारेमें मेरी दलील अच्छी नहीं लगी। जो कारण मैंने न पहनने के लिए दिये, वे उन्हें पहनने के पक्ष में दिखायी पड़े। जनेऊ के विषय में हृषीकेश में मैंने जो विचार प्रकट किये थे, वे आज भी लगभग उसी रूप में कायम हैं। जब तक अलग-अलग धर्म मौजूद हैं, तब तक प्रत्येक धर्म को किसी विशेष बाह्य चिह्न की आवश्यकता हो सकती है। लेकिन जब बाह्य संज्ञा केवल आडम्बर बन जाती है अथवा अपने धर्म को दूसरे धर्म से अलग बताने के काम आती है, तब वह त्याज्य हो जाती है। मैं नहीं मानता कि आजकल जनेऊ हिन्दू धर्म को ऊपर उठाने का साधन है। इसलिए उसके विषय में मैं तटस्थ हूँ।

शिखा का त्याग स्वयं मेरे लिए लज्जा का कारण था। इसलिए साथियों से

चर्चा करके मैंने उसे धारण करने का निश्चय किया। पर अब हमें लछमन झूले की ओर चलना चाहिए।

हृषीकेश और लछमन झूले के प्राकृतिक दृश्य मुझे बहुत भले लगे। प्राकृतिक कला को पहचानने की पूर्वजों की शक्ति के विषय में और कला को धार्मिक स्वरूप देने की उनकी दीर्घदृष्टि के विषय में मैंने मन-ही-मन अत्यन्त आदर का अनुभव किया।

किन्तु मनुष्य की कृति से चित्त को शांति नहीं मिली। हरद्वार की तरह हृषीकेश में भी लोग रास्तों को और गंगा के सुन्दर किनारों को गन्दा कर देते थे। गंगा के पवित्र जल को दूषित करने में भी उन्हें किसी प्रकार का संकोच न होता था। पाखाने जानेवाले दूर जाने के बदले जहाँ लोगों की आमद-रफ्त होती, वहीं हाजत रफा करने बैठ जाते थे। यह देखकर हृदय को बहुत आघात पहुँचा।

लछमन झूला जाते हुए लोहे का झूलता पुल देखा। लोगों से सुना कि यह पुल पहले रस्सियों का था और बहुत मजबूत था। उसे तोड़कर एक उदार-हृदय मारवाड़ी सज्जन ने बड़ा दान देकर लोहे का पुल बनवा दिया और उसकी चाबी सरकार को सौंप दी।

रस्सियों के पुल की मुझे कोई कल्पना नहीं है, पर लोहे का पुल प्राकृतिक वातावरण को कलुषित कर रहा था और बहुत अप्रिय मालूम होता था। यात्रियों के इस रास्ते की चाबी सरकार को सौंप दी गयी, यह चीज मेरी उस समय की वफादारी को भी असह्य लगी।

वहाँ से भी अधिक दुःखद दृश्य स्वर्गाश्रम का था। टीन की चादरों की तबेले-जैसी कोठरियों को स्वर्गाश्रम का नाम दिया गया था। मुझे बतलाया गया कि ये साधकों के लिए बनवायी गयी थीं। उस समय उनमें शायद ही कोई साधक रहता था। उनके पास बने हुए मुख्य भवन में रहनेवालों ने भी मुझ पर अच्छा असर न डाला।

पर हरद्वार के अनुभव मेरे लिए अमूल्य सिद्ध हुए। मुझे कहाँ बसना और क्या करना चाहिए, इसका निश्चय करने में हरद्वार के अनुभवोंने मेरी बड़ी मदद की।

९. आश्रम की स्थापना

कुम्भ की यात्रा मेरी हरद्वार की दूसरी यात्रा थी। सन् १९१५ के मई महीने की २५ तारीख के दिन सत्याग्रह-आश्रम की स्थापना हुई। श्रद्धानन्दजी की इच्छा थी कि मैं हरद्वार में बसूँ। कलकत्ते के कुछ मित्रों की सलाह वैद्यनाथधाम में बसाने की थी। कुछ मित्रोंका प्रबल आग्रह राजकोट में बसने का था।

किन्तु जब मैं अहमदाबाद से गुजरा, तो बहुत से मित्रोंने अहमदाबाद पसन्द करने को कहा और आश्रम का खर्च खुद ही उठाने का जिम्मा लिया। उन्होंने मकान खोज देना भी कबूल किया।

अहमदाबाद पर मेरी नजर टिकी थी। गुजराती होने के कारण मैं मानता था कि गुजराती भाषा द्वारा मैं देश की अधिक-से-अधिक सेवा कर सकूँगा। यह भी धारणा थी कि चूँकि अहमदाबाद पहले हाथ की बुनाई का केन्द्र था, इसलिए चरखे का काम यहीं अधिक अच्छी तरह हो सकेगा। साथ ही, यह आशा भी थी कि गुजरात का मुख्य नगर होने के कारण यहाँ के धनी लोग धन की अधिक मदद कर सकेंगे।

अहमदाबाद के मित्रों के साथ मैंने जो चर्चायें कीं, उनमें अस्पृश्यों का प्रश्न भी चर्चा का विषय बना था। मैंने स्पष्ट शब्दों में कहा था कि यदि कोई योग्य अंत्यज भाई आश्रम में भरती होना चाहेगा, तो मैं उसे अवश्य भरती करूँगा।

"आपकी शर्तों का पालन कर सकनेवाले अंत्यज कौन रास्ते में पड़े हैं?" यों कहकर एक वैष्णव मित्रने अपने मन का समाधान कर लिया और आखिर अहमदाबाद में बसने का निश्चय हुआ।

मकानों की तलाश करते हुए कोचरब में श्री जीवणलाल बारिस्टर का मकान किराये पर लेने का निश्चय हुआ। श्री जीवणलाल मुझे अहमदाबाद में बसानेवालों में अग्रगण्य थे।

तुरन्त ही प्रश्न उठा कि आश्रम का नाम क्या रखा जाय? मैंने मित्रों से सलाह की। कई नाम सामने आये। सेवाश्रम, तपोवन आदि नाम सुझाये गये थे। सेवाश्रम नाम मुझे पसन्द था, पर उससे सेवा की रीति का बोध नहीं होता था। तपोवन नाम पसंद किया ही नहीं जा सकता था; क्योंकि यद्यपि मुझे तपश्चर्या प्रिय थी, फिर भी यह नाम बहुत भारी प्रतीत हुआ। हमें तो सत्य की पूजा,

सत्य की शोध करनी थी, उसीका आग्रह रखना था; और दक्षिण अफ्रीका में मैंने जिस पद्धति का उपयोग किया था, उसका परिचय भारतवर्ष को कराना था तथा यह देखना था कि उसकी शक्ति कहाँ तक व्यापक हो सकती है। इसलिए मैंने और साथियोंने सत्याग्रह-आश्रम नाम पसन्द किया। इस नाम से सेवा का और सेवा की पद्धति का भाव सहज ही प्रकट होता था।

आश्रम चलाने के लिए नियमावलि की आवश्यकता थी। अतएव मैंने नियमावलि का मसविदा तैयार करके उस पर मित्रों की राय माँगी। बहुतसी सम्मतियों में से सर गुरूदास बैनर्जी की सम्मति मुझे याद रह गयी है। उन्हें नियमावलि तो पसन्द आयी, पर उन्होंने सुझाया कि व्रतों में नम्रता के व्रत को स्थान देना चाहिए। उनके पत्र की ध्वनि यह थी कि हमारे युवकवर्ग में नम्रता की कमी है। यद्यपि नम्रता के अभाव का अनुभव मैं जगह-जगह करता था, फिर भी नम्रता को व्रतों में स्थान देने से नम्रता के नम्रता न रह जानेका भय लगता था। नम्रता का संपूर्ण अर्थ तो शून्यता है। शून्यता की प्राप्ति के लिए दूसरे व्रत हो सकते हैं। शून्यता मोक्ष की स्थिति है। मुमुक्षु अथवा सेवक के प्रत्येक कार्य में नम्रता—अथवा निरभिमानता—न हो, तो वह मुमुक्षु नहीं है, सेवक नहीं है। वह स्वार्थी है, अहंकारी है।

आश्रम में इस समय लगभग तेरह तामिल भाई थे। दक्षिण अफ्रीका से मेरे साथ पाँच तामिल बालक आये थे और दूसरे यहीं के थे। लगभग पचीस स्त्री-पुरूषों से आश्रम का आरंभ हुआ था। सब एक रसोई में भोजन करते थे और इस तरह रहने की कोशिश करते थे मानो एक ही कुटुम्ब के हों।

१०. कसौटी पर चढ़े

आश्रम को कायम हुए अभी कुछ ही महीने बीते थे कि इतने में जैसी कसौटी की मुझे आशा नहीं थी वैसी कसौटी हमारी हुई। भाई अमृतलाल ठक्कर का पत्र मिलाः "एक गरीब और प्रामाणिक अन्त्यज परिवार है। वह आपके आश्रम में रहना चाहता है। क्या उसे भरती करेंगे?"

मैं चौंका। ठक्करबापा जैसे पुरूष की सिफ़ारिश लेकर कोई अन्त्यज परिवार इतनी जल्दी आयेगा, इसकी मुझे जरा भी आशा न थी। मैंने साथियों को वह पत्र पढ़ने के लिए दिया। उन्होंने उसका स्वागत किया। भाई अमृतलाल ठक्कर

को लिखा गया कि यदि वह परिवार आश्रम के नियमों का पालन करने को तैयार हो, तो हम उसे भरती करने के लिए तैयार हैं।

दूदाभाई, उनकी पत्नी दानीबहन और दूध-पीती तथा घुटनों चलती बच्ची लक्ष्मी तीनों आये। दूदाभाई बंबई में शिक्षक का काम करते थे। नियमों का पालन करने को वे तैयार थे। उन्हें आश्रम में रख लिया।

सहायक मित्र-मंडल में खलबली मच गयी। जिस कुएँ में बंगले के मालिक का हिस्सा था, उस कुएँ से पानी भरने में हमें अड़चन होने लगी। चरसवाले पर हमारे पानी के छींटे पड़ जाते, तो वह भ्रष्ट हो जाता। उसने गालियाँ देना और दूदाभाई को सताना शुरू किया। मैंने सबसे कह दिया कि गालियाँ सहते जाओ और दृढ़ता-पूर्वक पानी भरते रहो। हमें चुपचाप गालियाँ सुनते देखकर चरसवाला शरमिन्दा हुआ और उसने गालियाँ देना बन्द कर दिया। पर पैसे की मदद बन्द हो गयी। जिन भाई ने आश्रम के नियमों का पालन करनेवाले अन्त्यजों के प्रवेश के बारेमें पहले से ही शंका की थी, उन्हें तो आश्रम में अन्त्यज के भरती होने की आशा ही न थी। पैसे की मदद बन्द होने के साथ बहिष्कार की अफवाहें मेरे कानों तक आने लगीं। मैंने साथियों से चर्चा करके तय कर रखा थाः "यदि हमारा बहिष्कार किया जाए और हमें कहीं से कोई मदद न मिले, तो भी अब हम अहमदाबाद नहीं छोड़ेंगे। अन्त्यजों की बस्ती में जाकर उनके साथ रहेंगे और जो कुछ मिलेगा उससे अथवा मजदूरी करके आपना निर्वाह करेंगे।"

आखिर मगनलाल ने मुझे नोटिस दीः "अगले महीने आश्रम का खर्च चलाने के लिए हमारे पास पैसे नहीं हैं।" मैंने धीरज से जवाब दियाः "तो हम अन्त्यजों की बस्ती में रहने जाएँगे।"

मुझ पर ऐसा संकट पहली ही बार नहीं आया था। हर बार अंतिम घड़ी में प्रभुने मदद भेजी है।

मगनलाल के नोटिस देने के बाद तुरन्त ही एक दिन सबेरे किसी लड़के ने आकर खबर दीः "बाहर मोटर खड़ी है और एक सेठ आपको बुला रहे हैं।" मैं मोटर के पास गया। सेठने मुझसे पूछाः "मेरी इच्छा आश्रम को कुछ मदद देने की है, आप लेंगे?"

मैंने जवाब दियाः "अगर आप कुछ देंगे, तो मैं ज़रूर लूँगा। मुझे कबूल करना चाहिए कि इस समय मैं आर्थिक संकट में भी हूँ।"

"मैं कल इसी समय आऊँगा। तब आप आश्रम में होंगे?"

मैंने 'हाँ' कहा और सेठ चले गये। दूसरे दिन नियत समय पर मोटर का भोंपू बोला। लड़कों ने खबर दी। सेठ अन्दर नहीं आये। मैं उनसे मिलने गया। वे मेरे हाथ पर तेरह हजार के नोट रखकर बिदा हो गये।

मैंने इस मदद की कभी आशा नहीं रखी थी। मदद देने की यह रीति भी नई देखी। उन्होंने आश्रम में पहले कभी कदम नहीं रखा था। मुझे याद आता है कि मैं उनसे एक ही बार मिला था। न आश्रम में आना, न कुछ पूछना, बाहर ही बाहर पैसे देकर लौट जाना। ऐसा यह मेरा पहला ही अनुभव था। इस सहायता के कारण अन्त्यजों की बस्ती में जाना रूक गया। मुझे लगभग एक साल का खर्च मिल गया।

पर जिस तरह बाहर खलबली मची, उसी तरह आश्रम में भी मची। यद्यपि दक्षिण अफ्रीका में मेरे यहाँ अन्त्यज आदि आते, रहते और भोजन करते थे, तथापि यह नहीं कहा जा सकता कि यहाँ अन्त्यज कुटुम्ब का आना मेरी पत्नी को और आश्रम की दूसरी स्त्रियों को पसन्द आया। दानीबहन के प्रति घृणा नहीं तो उनकी उदासीनता ऐसी थी, जिसे मेरी अत्यन्त सूक्ष्म आँखें देख लेती थीं और तेज कान सुन लेते थे। आर्थिक सहायता के अभाव के डरने मुझे जरा भी चिन्तित नहीं किया था। पर यह आन्तरिक क्षोभ कठिन सिद्ध हुआ। दानीबहन साधारण स्त्री थी। दूदाभाई की शिक्षा भी साधारण थी, पर उनकी बुद्धि अच्छी थी। उनका धीरज मुझे पसन्द आया था। उन्हें कभी-कभी गुस्सा आता था, पर कुल मिलाकर उनकी सहन-शक्ति की मुझ पर अच्छी छाप पड़ी थी। मैं दूदाभाई को समझाता था कि वे छोटे-मोटे अपमान पी लिया करें। वे समझ जाते थे और दानीबहन से भी सहन करवाते थे।

इस परिवार को आश्रम में रखकर आश्रम ने बहुतेरे पाठ सीखे हैं और प्रारंभिक काल में ही इस बात के बिलकुल स्पष्ट हो जाने से कि आश्रम में अस्पृश्यता के लिए कोई स्थान नहीं है, आश्रम की मर्यादा निश्चित हो गयी और इस दिशा में उसका काम बहुत सरल हो गया। इसके बावजूद, आश्रम का खर्च, बराबर बढ़ता रहने पर भी, मुख्यतः कट्टर माने जानेवाले हिन्दुओं की तरफ से ही मिलता रहा है। कदाचित् यह इस बात का स्पष्ट सूचक है कि अस्पृश्यता की जड़ें अच्छी तरह हिल गयी हैं। इसके दूसरे प्रमाण तो अनेकों हैं। परन्तु

जहाँ अन्त्यज के साथ रोटी तक का व्यवहार रखा जाता हो, वहाँ भी अपने को सनातनी माननेवाले हिन्दू मदद दें, यह कोई नगण्य प्रमाण नहीं माना जाएगा।

इसी प्रश्न को लेकर आश्रम में हुई एक और स्पष्टता, उसके सिलसिले में उत्पन्न हुए नाजुक प्रश्नों का समाधान, कुछ अनसोची अड़चनों का स्वागत—इत्यादि सत्य की खोज के सिलसिले में हुए प्रयोगों का वर्णन प्रस्तुत होते हुए भी मुझे छोड़ देना पड़ रहा है। इसका मुझे दुःख है। किन्तु अब आगे के प्रकरणों में यह दोष रहने ही वाला है। मुझे महत्त्व के तथ्य छोड़ देने पड़ेंगे, क्योंकि उनमें हिस्सा लेनेवाले पात्रों में से बहुतेरे अभी जीवित हैं और उनकी सम्मति के बिना उनके नामों का और उनसे सम्बन्ध रखनेवाले प्रसंगों का स्वतंत्रता-पूर्वक उपयोग करना अनुचित मालूम होता है। समय-समय पर सबकी सम्मति मँगवाना अथवा उनसे सम्बन्ध रखनेवाले तथ्यों को उनके पास भेजकर सुधरवाना संभव नहीं है और यह आत्मकथा की मर्यादा के बाहर की बात है। अतएव इसके आगे की कथा यद्यपि मेरी दृष्टि में सत्य के शोधक के लिए जानने योग्य है, तथापि मुझे डर है कि वह अधूरी ही दी जा सकेगी। तिस पर भी मेरी इच्छा और आशा यह है कि भगवान पहुँचने दे, तो असहयोग के युग तक मैं पहुँच जाऊँ।

११. गिरमिट की प्रथा

अब नये बसे हुए और भीतरी तथा बाहरी तूफानों में से उबरे हुए आश्रम को छोड़कर यहाँ गिरमिट-प्रथा पर थोड़ा विचार कर लेने का समय आ गया है। 'गिरमिटिया' यानी वे मजदूर जो पाँच बरस या इससे कम की मजदूरी के इकरारनामे पर सही करके हिन्दुस्तान के बाहर मजदूरी करने गये हों। नेटाल के ऐसे गिरमिटियों पर लगा तीन पौण्ड का वार्षिक कर सन् १९१४ में उठा दिया गया था, पर गिरमिट की प्रथा अभी तक बन्द नहीं हुई थी। सन् १९१६ में भारत-भूषण पंडित मालवीयजी ने यह प्रश्न धारासभा में उठाया था और लार्ड हार्डिंग ने उनका प्रस्ताव स्वीकार करके घोषित किया था कि 'समय आने पर' इस प्रथा को नष्ट करने का वचन मुझे सम्राट् की ओर से मिला है। लेकिन मुझे तो स्पष्ट लगा कि इस प्रथा को तत्काल ही बन्द करने का निर्णय हो जाना चाहिए। हिन्दुस्तानने अपनी लापरवाही से बरसों तक इस प्रथा को चलने दिया था। मैंने माना कि अब इस प्रथा को बन्द कराने जितनी जागृति लोगों में आ

गयी है। मैं कुछ नेताओं से मिला, कुछ समाचारपत्रों में इस विषय में लिखा और मैंने देखा कि लोकमत इस प्रथा को मिटा देने के पक्ष में है। क्या इसमें सत्याग्रह का उपयोग हो सकता है? मुझे इस विषय में कोई शंका नहीं थी। पर उसका उपयोग कैसे किया जाय, सो मैं नहीं जानता था।

इस बीच वाइसरॉय ने 'समय आने पर' शब्दों का अर्थ समझाने का अवसर खोज लिया। उन्होंने घोषित किया कि "दूसरी व्यवस्था करने में जितना समय लगेगा उतने समय में" यह प्रथा उठा दी जाएगी। अतएव जब सन् १९१७ के फरवरी महीने में भारत-भूषण पंडित मालवीयजी ने गिरमिटप्रथा सदा के लिए समाप्त कर देने का कानून बड़ी धारासभा में पेश करने की इजाजत माँगी, तो वाइसरॉय ने वैसा करने से इनकार कर दिया। अतएव इस प्रश्न के सम्बन्ध में मैंने हिन्दुस्तान में घूमना शुरू किया।

भ्रमण आरंभ करने से पहले मुझे वाइसरॉय से मिल लेना उचित मालूम हुआ। उन्होंने तुरन्त ही मुझे मिलने की तारीख भेजी। उस समय के मि० मेफी, अब सर जॉन मेफी, उनके मंत्री थे। मि० मेफी के साथ मेरा अच्छा सम्बन्ध स्थापित हो गया। लार्ड चेम्सफर्ड के साथ संतोषजनक बातचीत हुई। उन्होंने निश्चय-पूर्वक तो कुछ न कहा, पर मुझे उनकी मदद की आशा बँधी।

भ्रमण का आरम्भ मैंने बम्बई से किया। बम्बई में सभा करने का जिम्मा मि० जहाँगीर पिटीट ने अपने सिर लिया। इम्पीरियल सिटिजनशिप एसोसियेशन के नाम से सभा हुई। उसमें पेश किये जानेवाले प्रस्तावों को तैयार करने के लिए समिति की बैठक हुई। उसमें डॉ० रीड, सर लल्लूभाई शामलदास, मि० नटराजन् आदि थे। मि० पिटीट तो थे ही। प्रस्ताव में गिरमिट-प्रथा बन्द करने की बिनती करनी थी। प्रश्न यह था कि वह कब बन्द की जाय? तीन सुझाव थेः 'जितनी जल्दी हो सके', 'इकतीसवीं जुलाई तक' और 'तुरन्त'। 'इकतीसवीं जुलाई' का मेरा सुझाव था। मुझे तो निश्चित तारीख की ज़रूरत थी, ताकि उस अवधि में कुछ न हो तो यह सोचा जा सके कि आगे क्या करना है या क्या हो सकता है। सर लल्लूभाई का सुझाव 'तुरन्त' शब्द रखने का था। उन्होंने कहाः "इकतीसवीं जुलाई' की अपेक्षा 'तुरन्त' शब्द अधिक शीघ्रता-सूचक है।" मैंने समझाने का प्रयत्न किया कि जनता 'तुरन्त' शब्द को नहीं समझ सकती। जनता से कुछ काम लेना हो, तो उसके सामने निश्चयात्मक शब्द होना चाहिए। 'तुरन्त' का

अर्थ तो सब अपनी-अपनी इच्छा के अनुसार करेंगे। सरकार उसका एक अर्थ करेगी, जनता दूसरा करेगी। 'इकतीसवीं जुलाई का अर्थ सब एक ही करेंगे और इस तारीख तक मुक्ति न मिली तो हमें क्या कदम उठाना चाहिए, सो हम सोच सकेंगे। यह दलील डॉ॰ रीड के गले तुरन्त उतर गयी। अन्त में सर लल्लूभाई को भी 'इकतीसवीं जुलाई' पसन्द आ गयी और प्रस्ताव में यह तारीख रखी गयी। सार्वजनिक सभा में यह प्रस्ताव पेश किया गया और सर्वत्र 'इकतीसवीं जुलाई' की सीमा अंकित हुई।

बम्बई से श्री जायजी पिटीट के अथक परिश्रम से स्त्रियों का एक डेप्युटेशन वाइसरॉय के पास पहुँचा। उसमें लेडी ताता, स्व॰ दिलशाद बेगम आदि महिलायें थीं। सब बहनों के नाम तो मुझे याद नहीं हैं, पर इस डेप्युटेशन का बहुत अच्छा प्रभाव पड़ा था और वाइसरॉयने उन्हें आशाजनक उत्तर दिया था।

मैं कराची, कलकत्ता आदि स्थानों में भी हो आया था। सब जगह अच्छी सभाएँ हुई थीं और लोगों में सर्वत्र खूब उत्साह था। आन्दोलन आरम्भ करते समय मुझे यह आशा नहीं थीं कि ऐसी सभाएँ होंगी और उनमें लोग इतनी संख्या में उपस्थित होंगे।

इन दिनों मेरी यात्रा अकेले ही होती थी, इस कारण अनोखे अनुभव प्राप्त होते थे। खुफिया पुलिसवाले तो मेरे पीछे लगे ही रहते थे। उनके साथ मेरा झगड़ा होने का कोई कारण ही न था। मुझे कोई बात छिपानी नहीं थी। इससे वे मुझे परेशान नहीं करते थे और न मैं उन्हें परेशान करता था। सौभाग्य से उस समय मुझे 'महात्मा' की छाप नहीं मिली थी, यद्यपि जहाँ मैं पहचान लिया जाता था, वहाँ इस नाम का घोष ज़रूर होता था। एक बार रेल में जाते हुए कई स्टेशनों पर खुफिया पुलिसवाले मेरा टिकट देखने आते और नम्बर वगैरा लेते रहते थे। उनके प्रश्नों का उत्तर मैं उन्हें तुरन्त ही दे देता था। साथी यात्रियोंने मान लिया था कि मैं कोई सीधा-सादा साधु अथवा फकीर हूँ। जब दो-चार स्टेशनों तक खुफिया पुलिसवाले आये तो यात्री चिढ़ गये और उन्हें गालियाँ देकर धमकायाः "इस बेचारे साधु को नाहक क्यों सताते हो?" फिर मेरी ओर मुड़कर बोलेः 'इन बदमाशों को टिकट मत दिखाओ।"

मैंने इन यात्रियों से धीमी अवाज में कहा, "उनके टिकट देखने से मुझे कोई परेशानी नहीं होती। वे अपना कर्तव्य करते हैं। उससे मुझे कोई कष्ट नहीं होता।"

यात्रियों के गले यह बात नहीं उतरी। वे मुझ पर अधिक तरस खाने लगे और आपस में बातें करने लगे कि निर्दोष आदमियों को इस तरह तंग क्यों किया जाता है?

खुफिया पुलिसवालों की तो मुझे कोई तकलीफ नहीं मालूम हुई, पर रेल की भीड़ की तकलीफ का मुझे लाहौर से दिल्ली के बीच कड़वे से कड़वा अनुभव हुआ। कराची से कलकत्ते मुझे लाहौर के रास्ते जाना था। लाहौर में ट्रेन बदलनी थी। वहाँ की ट्रेन में मेरी कहीं दाल गलती नहीं थी। यात्री जबरदस्ती अपना रास्ता बना लेते थे। दरवाजा बन्द होता, तो खिड़की में से अंदर घुस जाते थे। मुझे कलकत्ते निश्चित तारीख पर पहुँचना था। यह ट्रेन खो देता तो मैं कलकत्ते पहुँच न पाता। मैं जगह मिलने की आशा छोड़ बैठा था। कोई मुझे अपने डिब्बे में आने न देता था। आखिर एक मजदूर ने मुझे जगह ढूँढते देखकर कहा, "मुझे बारह आने दो, तो जगह दिला दूँ।" मैंने कहा, "मुझे जगह दिला दो, तो ज़रूर बारह आने दूँगा।" बेचारा मजदूर यात्रियों से गिड़गिड़ाकर कह रहा था, पर कोई मुझे लेने को तैयार न होता था। ट्रेन छूटने ही वाली थी कि एक डिब्बे के कुछ यात्रियों ने कहा, "यहाँ जगह नहीं है, लेकिन इसके भीतर घुसा सकते हो तो घुसा दो। खड़ा रहना होगा।" मजदूर मेरी ओर देखकर बोला, "क्यों जी?" मैंने 'हाँ' कहा और उसने मुझे उठाकर खिड़की में से अन्दर डाल दिया। मैं अन्दर घुसा और उस मजदूर ने बारह आने कमा लिये।

मेरी यह रात मुश्किल से बीती। दूसरे यात्री ज्यों-त्यों करके बैठ गये। मैं ऊपरवाली बैठक की जंजीर पकड़कर दो घंटे खड़ा ही रहा। इस बीच कुछ यात्री मुझे धमकाते ही रहते थेः "अजी, अब तक क्यों नहीं बैठते हो? मैंने बहुतेरा समझाया कि कहीं जगह नहीं है। पर उन्हें तो मेरा खड़ा रहना भी सहन नहीं हो रहा था, यद्यपि वे ऊपर की बैठकों पर आराम से लंबे होकर पड़े थे। बार-बार मुझे परेशान करते थे। वे जितना मुझे परेशान करते थे, उतनी ही शांति से मैं उन्हें जवाब देता था। इससे वे कुछ शांत हुए। मेरा नाम-धाम पूछा। जब मुझे नाम बतलाना पड़ा तब वे शरमाये। मुझसे माफी माँगी और मेरे लिए अपनी बगल में जगह कर दी। 'सब्र का फल मीठा होता है' कहावत मुझे याद आयी। मैं बहुत थक गया था। मेरा सिर घूम रहा था। बैठने के लिए जगह की जब सचमुच ज़रूरत थी तब ईश्वरने दिला दी।

इस तरह मैं टकराता और धक्कामुक्की बरदास्त करता हुआ समय पर कलकत्ते पहुँच गया। कासिम बाजार के महाराज ने अपने यहाँ उतरने का निमंत्रण दे रखा था। कलकत्ते की सभा के अध्यक्ष भी वही थे। कराची की ही तरह कलकत्ते में भी लोगों का उत्साह उमड़ा पड़ता था। कुछ अंग्रेज भी सभा में उपस्थित थे।

इकतीसवीं जुलाई के पहले गिरमिट की प्रथा बन्द होने की सरकारी घोषणा हुई। सन् १८९४ में इस प्रथा का विरोध करनेवाला पहला प्रार्थना-पत्र मैंने तैयार किया था और यह आशा रखी थी कि किसी दिन यह 'अर्धगुलामी' अवश्य ही रद होगी। १८९४ से शुरू किये गये इस प्रयत्न में बहुतों की सहायता थी। पर यह कहे बिना नहीं रहा जाता कि इसके पीछे शुद्ध सत्याग्रह था।

इसका विशेष विवरण और इसमें भाग लेनेवाले पात्रों की जानकारी पाठकों को 'दक्षिण अफ्रीका के सत्याग्रह का इतिहास' में अधिक मिलेगी।

१२. नील का दाग

चम्पारन जनक राजा की भूमि है। जिस तरह चम्पारन में आम के वन हैं, उसी तरह सन् १९१७ में वहाँ नील के खेत थे। चम्पारन के किसान अपनी ही जमीन के ३/२० भाग में नील की खेती उसके असल मालिकों के लिए करने को कानून से बँधे हुए थे। इसे वहाँ 'तीन कठिया' कहा जाता था। बीस कट्ठे का वहाँ एक एकड़ था और उसमें से तीन कट्ठे जमीन में नील बोने की प्रथा को 'तीन कठिया' कहते थे।

मुझे यह स्वीकार करना चाहिए कि वहाँ जाने से पहले मैं चम्पारन का नाम तक नहीं जानता था। नील की खेती होती है, इसका खयाल भी नहीं के बराबर था। नील की गोटियाँ मैंने देखी थीं, पर वे चम्पारन में बनती हैं और उनके कारण हजारों किसानों को कष्ट भोगना पड़ता है, इसकी मुझे कोई जानकारी नहीं थी।

राजकुमार शुक्ल नामक चम्पारन के एक किसान थे। उन पर दुःख पड़ा था। यह दुःख उन्हें अखरता था। लेकिन अपने इस दुःख के कारण उनमें नील के इस दाग को सबके लिए धो डालने की तीव्र लगन पैदा हो गयी थी। जब मैं लखनऊ काँग्रेस में गया, तो वहाँ इस किसान ने मेरा पीछा पकड़ा। 'वकील बाबू आपको सब हाल बतायेंगे'—वाक्य वे कहते जाते थे और मुझे चम्पारन आनेका निमंत्रण देते जाते थे।

वकील बाबू से मतलब था, चम्पारन के मेरे प्रिय साथी, बिहार के सेवा-जीवन के प्राण ब्रजकिशोरबाबू से। राजकुमार शुक्ल उन्हें मेरे तम्बू में लाये। उन्होंने काले आलपाका की अचकन, पतलून वगैरा पहन रखा था। मेरे मन पर उनकी कोई अच्छी छाप नहीं पड़ी। मैंने मान लिया कि वे भोले किसानों को लूटनेवाले कोई वकील साहब होंगे।

मैंने उनसे चम्पारन की थोड़ी कथा सुनी। अपने रिवाज के अनुसार मैंने जवाब दिया, "खुद देखे बिना इस विषय पर मैं कोई राय नहीं दे सकता। आप काँग्रेस में बोलियेगा। मुझे तो फिलहाल छोड़ ही दीजिए।" राजकुमार शुक्ल को काँग्रेस की मदद की तो ज़रूरत थी ही। ब्रजकिशोरबाबू काँग्रेस में चम्पारन के बारेमें बोले और सहानुभूति-सूचक प्रस्ताव पास हुआ।

राजकुमार शुक्ल प्रसन्न हुए। पर इतने से ही उन्हें सन्तोष न हुआ। वे तो खुद मुझे चंपारन के किसानों के दुःख बताना चाहते थे। मैंने कहा, "अपने भ्रमण में मैं चम्पारन को भी सम्मिलित कर लूँगा और एक-दो दिन वहाँ ठहरूँगा।"

उन्होंने कहाः "एक दिन काफी होगा। नजरों से देखिये तो सही।"

लखनऊ से मैं कानपुर गया था। वहाँ भी राजकुमार शुक्ल हाजिर ही थे। "यहाँ से चम्पारन बहुत नजदीक है। एक दिन दे दीजिए।" "अभी मुझे माफ कीजिए। पर मैं चम्पारन आनेका वचन देता हूँ।" यह कहकर मैं ज्यादा बँध गया।

मैं आश्रम गया तो राजकुमार शुक्ल वहाँ भी मेरे पीछे लगे ही रहे। "अब तो दिन मुकर्रर कीजिए।" मैंने कहा, "मुझे फलाँ तारीख को कलकत्ते जाना है। वहाँ आइये और मुझे ले जाइए।"

कहाँ जाना, क्या करना और क्या देखना, इसकी मुझे कोई जानकारी न थी। कलकत्ते में भूपेनबाबू के यहाँ मेरे पहुँचने के पहेले उन्होंने वहाँ डेरा डाल दिया था। इस अपढ़, अनगढ़ परन्तु निश्चयवान किसानने मुझे जीत लिया।

सन १९१७ के आरंभ में कलकत्ते से हम दो व्यक्ति रवाना हुए। दोनों की एकसी जोड़ी थी। दोनों किसान-जैसे ही लगते थे। राजकुमार शुक्ल जिस गाड़ी में ले गये, उस पर हम दोनों सवार हुए। सबेरे पटना उतरे।

पटना की मेरी यह पहली यात्रा थी। वहाँ किसीके साथ मेरा ऐसा परिचय नहीं था, जिससे उनके घर उतर सकूँ। मैंने यह सोच लिया था कि राजकुमार शुक्ल अनपढ़ किसान हैं, तथापि उनका कोई वसीला तो होगा ही। ट्रेन में मुझे

उनकी कुछ अधिक जानकारी मिलने लगी। पटना में उनका परदा खुल गया। राजकुमार शुक्ल की बुद्धि निर्दोष थी। उन्होंने जिन्हें अपना मित्र मान रखा था वे वकील उनके मित्र नहीं थे, बल्कि राजकुमार शुक्ल उनके आश्रित-जैसे थे। किसान मुवक्किल और वकील के बीच चौमासे की गंगा के चौड़े पाट के बराबर अन्तर था।

मुझे वे राजेन्द्रबाबू के घर ले गये। राजेन्द्रबाबू पुरी अथवा और कहीं गये थे। बंगले पर एक-दो नौकर थे। मेरे साथ खाने की कुछ सामग्री थी। मुझे थोड़ी खजूर की ज़रूरत थी। बेचारे राजकुमार शुक्ल बाजार से ले आये।

पर बिहार में तो छुआछूत का बहुत कड़ा रिवाज था। मेरी बालटी के पानी के छींटे नौकर को भ्रष्ट करते थे। नौकर को क्या पता कि मैं किस जाति का हूँ। राजकुमार शुक्लने अन्दर के पाखाने का उपयोग करने को कहा। नौकर ने बाहर के पाखाने की ओर इशारा किया। मेरे लिए इसमें परेशान या गुस्सा होने का कोई कारण न था। इस प्रकार के अनुभव कर-करके मैं बहुत पक्का हो गया था। नौकर तो अपने धर्म का पालन कर रहा था और राजेन्द्रबाबू के प्रति अपना कर्तव्य पूरा कर रहा था। इन मनोरंजक अनुभवों के कारण जहाँ राजकुमार शुक्ल के प्रति मेरा आदर बढ़ा, वहाँ उनके विषय में मेरा ज्ञान भी बढ़ा। पटना से लगाम मैंने अपने हाथ में ले ली।

१३. बिहारी सरलता

मौलाना मजहरूल हक और मैं एक समय लंदन में पढ़ते थे। उसके बाद हम बम्बई में सन् १९१५ की काँग्रेस में मिले थे। उस साल वे मुस्लिम लीग के अध्यक्ष थे। उन्होंने पुरानी पहचान बताकर कहा था कि आप कभी पटना आयें, तो मेरे घर अवश्य पधारिये। इस निमंत्रण के आधार पर मैंने उन्हें पत्र लिखा और अपना काम बतलाया। वे तुरन्त अपनी मोटर लाये और मुझे अपने घर ले चलने का आग्रह किया। मैंने उनका आभार माना और उनसे कहा कि जिस जगह मुझे जाना है वहाँ के लिए वे मुझको पहली ट्रेन से रवाना कर दें। रेलवे गाइड से मुझे कुछ पता नहीं चल सकता था। उन्होंने राजकुमार शुक्ल से बातें कीं और सुझाया कि पहले मुझे मुजफ़्फ़रपुर जाना चाहिए। उसी दिन शाम को मुजफ़्फ़रपुर की ट्रेन जाती थी। उन्होंने मुझे उसमें रवाना कर दिया।

उन दिनों आचार्य कृपालानी मुजफ़्फ़रपुर में रहते थे। मैं उन्हें जानता था। जब मैं हैदराबाद गया था तब उनके महान त्याग की, उनके जीवन की और उनके पैसे से चलनेवाले आश्रम की बात डॉ॰ चोइथराम के मुँह से मैंने सुनी थी। वे मुजफ़्फ़रपुर कॉलिज में प्रोफेसर थे। इस समय प्रोफेसरी छोड़ चुके थे। मैंने उन्हें तार किया। ट्रेन आधी रात को मुजफ़्फ़रपुर पहुँचती थी। वे अपने शिष्य-मंडल के साथ स्टेशन पर आये थे। पर उनके घरबार नहीं था। वे अध्यापक मलकानी के यहाँ रहते थे। मुझे उनके घर ले गये। मलकानी वहाँ के कॉलेज में प्रोफेसर थे। उस समय के वातावरण में सरकारी कॉलेज के प्रोफेसर का मुझे अपने यहाँ टिकाना एक असाधारण बात मानी जाएगी।

कृपालानीजी ने बिहार की और उसमें भी तिरहुत विभाग की दीन दशा की बात की और मेरे काम की कठिनाई की कल्पना दी। कृपालानीजी ने बिहारवालों के साथ घनिष्ठ संबंध जोड़ लिया था। उन्होंने उन लोगों से मेरे काम का जिक्र कर रखा था। सबेरे वकीलों का एक छोटा-सा दल मेरे पास आया। उनमें से रामनवमीप्रसाद मुझे याद रह गये हैं। उन्होंने अपने आग्रह से मेरा ध्यान आकर्षित किया था। उन्होंने कहा:

"आप जो काम करने आये हैं, वह इस जगह से नहीं होगा। आपको तो हम-जैसों के यहाँ ठहरना चाहिए। गयाबाबू यहाँ के प्रसिद्ध वकील हैं। उनकी ओर से मैं आग्रह करता हूँ कि आप उनके घर ठहरिये। हम सब सरकार से डरते ज़रूर हैं। लेकिन हमसे जितनी बनेगी उतनी मदद हम आपकी करेंगे। राजकुमार शुक्ल की बहुतसी बातें सच हैं। दुःख इस बात का है कि आज हमारे नेता यहाँ नहीं हैं। बाबू ब्रजकिशोरप्रसाद और राजेन्द्रप्रसाद को मैंने तार किये हैं। दोनों तुरन्त यहाँ आ जाएँगे और आपको पूरी जानकारी व मदद दे सकेंगे। मेहरबानी करके आप गयाबाबू के यहाँ चलिये।"

इस भाषण से मैं ललचाया। इस डर से कि कहीं मुझे अपने घर में ठहराने से गयाबाबू कठिनाई में न पड़ जाएँ, मुझे संकोच हो रहा था। पर गयाबाबू ने मुझे निश्चिन्त कर दिया।

मैं गयाबाबू के घर गया। उन्होंने और उनके परिवारवालों ने मुझे अपने प्रेम से सराबोर कर दिया।

ब्रजकिशोरबाबू दरभंगा से आये। राजेन्द्रबाबू पुरी से आये। यहाँ जिन्हें देखा

वे लखनऊवाले ब्रजकिशोरप्रसाद नहीं थे। उनमें बिहारवासी की नम्रता, सादगी, भलमनसी, असाधारण श्रद्धा देखकर मेरा हृदय हर्ष से छलक उठा। ब्रजकिशोरबाबू के प्रति बिहार के वकील-मण्डल का आदरभाव देखकर मुझे सानन्द आश्चर्य हुआ।

इस मण्डल के और मेरे बीच जीवनभर की गाँठ बँध गयी।

ब्रजकिशोरबाबू ने मुझे सारी हकीकतों की जानकारी दी। वे गरीब किसानों के लिए मुकदमे लड़ते थे। ऐसे दो मुकदमे चल रहे थे। इस तरह के मुकदमों की पैरवी करके वे थोड़ा व्यक्तिगत आश्वासन प्राप्त कर लिया करते थे। कभी-कभी उसमें भी विफल हो जाते थे। इन भोले किसानों से फीस तो वे लेते ही थे। त्यागी होते हुए भी ब्रजकिशोरबाबू अथवा राजेन्द्रबाबू मेहनताना लेने में कभी संकोच नहीं करते थे। उनकी दलील यह थी कि पेशे के काम में मेहनताना न लें, तो उनका घरखर्च न चले और वे लोगों की मदद भी न कर सकें। उनके मेहनताने के और बंगाल तथा बिहार के बारिस्टरों को दिये जानेवाले मेहनताने के कल्पना में न आ सकनेवाले आंकड़े सुनकर मेरा दम घुटने लगा।

"... साहब को हमने 'ओपीनियन' (सम्मति) के लिए दस हजार रूपये दिये।" हजारों के सिवा तो मैंने बात ही न सुनी।

इस मित्र-मण्डल ने इस विषय में मेरा मीठा उलाहना प्रेमपूर्वक सुन लिया। उसका उन्होंने गलत अर्थ नहीं लगाया।

मैंने कहा, "इन मुकदमों को पढ़ जाने के बाद मेरी राय तो यह बनी है कि अब हमें ये मुकदमे लड़ना ही बन्द कर देना चाहिए। ऐसे मुकदमों से लाभ बहुत कम होता है। जहाँ रैयत इतनी कुचली गई है, जहाँ सब इतने भयभीत रहते हैं, वहाँ कचहरियों की मारफत थोड़ा ही इलाज हो सकता है। लोगों के लिए सच्ची दवा तो उनके डर को भगाना है। जब तक यह 'तीन कठिया' प्रथा रद न हो, तब तक हम चैन से बैठ ही नहीं सकते। मैं तो दो दिन में जितना देखा जा सके उतना देखने आया हूँ। लेकिन अब देख रहा हूँ कि यह काम तो दो वर्ष भी ले सकता है। इतना समय भी लगे तो मैं देने को तैयार हूँ। मुझे यह तो सूझ रहा है कि इस काम के लिए क्या करना चाहिए। लेकिन इसमें आपकी मदद ज़रूरी है।"

ब्रजकिशोरबाबू को मैंने बहुत ठंडे दिमाग का पाया। उन्होंने शांति से उत्तर दियाः "हमसे जो मदद बनेगी, हम देंगे। लेकिन हमें समझाइये कि आप किस प्रकार की मदद चाहते हैं।"

इस बीतचीत में हमने सारी रात बिता दी। मैंने कहा, "मुझे आपकी वकालत की शक्ति का कम ही उपयोग होगा। आपके समान लोगों से तो मैं लेखक और दुभाषिये का काम लेना चाहूँगा। मैं देखता हूँ कि इसमें जेल भी जाना पड़ सकता है। मैं इसे पसन्द करूँगा कि आप यह जोखिम उठायें। पर आप उसे उठाना न चाहें, तो भले न उठायें। वकालत छोड़कर लेखक बनने और अपने धंधे को अनिश्चित अवधि के लिए बंद करने की माँग करके में आप लोगों से कुछ कम नहीं माँग रहा हूँ। यहाँ की हिन्दी बोली समझने में मुझे कठिनाई होती है। कागज-पत्र सब कैथी में या उर्दू में लिखे होते हैं, जिन्हें मैं पढ़ नहीं सकता। इनके तरजुमे की मैं आपसे आशा रखता हूँ। यह काम पैसे देकर कराना हमारे बस का नहीं है। यह सबसेवाभाव से और बिना पैसे के होना चाहिए।"

ब्रजकिशोरबाबू समझ गये, किन्तु उन्होंने मुझसे और अपने साथियों से जिरह शुरू की। मेरी बातों के फलितार्थ पूछे। मेरे अनुमान के अनुसार वकीलों को किस हद तक त्याग करना चाहिए, कितनों की आवश्यकता होगी, थोड़े-थोड़े लोग थोड़ी-थोड़ी मुद्दत के लिए आवें तो काम चलेगा या नहीं, इत्यादि प्रश्न मुझसे पूछे। वकीलों से उन्होंने पूछा कि वे कितना त्याग कर सकते हैं।

अन्त में उन्होंने अपना यह निश्चय प्रकट किया: "हम इतने लोग आप जो काम हमें सौंपेंगे, वह कर देने के लिए तैयार रहेंगे। इनमें से जितनों को आप जिस समय चाहेंगे उतने आपके पास रहेंगे। जेल जाने की बात नई है। उसके लिए हम शक्ति-संचय करने की कोशिश करेंगे।"

१४. अहिंसा देवी का साक्षात्कार?

मुझे तो किसानों की हालत की जाँच करनी थी। नील के मालिकों के विरूद्ध जो शिकायतें थीं, उनमें कितनी सचाई है यह देखना था। इस काम के लिए हजारों किसानों से मिलने की ज़रूरत थी। किन्तु उनके संपर्क में आने से पहले मुझे यह आवश्यक मालूम हुआ कि मैं नील के मालिकों की बात सुन लूँ और कमिशनर से मिल लूँ। मैंने दोनों को चिट्ठी लिखी।

मालिकों के मंत्री के साथ मेरी जो मुलाकात हुई, उसमें उसने साफ कह दिया कि आपकी गिनती परदेशी में होती है। आपको हमारे और किसानों के बीच दखल नहीं देना चाहिए। फिर भी अगर आपको कुछ कहना हो, तो मुझे

लिखकर सूचित कीजिए। मैंने मंत्री से नम्रतापूर्वक कहा कि मैं अपने को परदेशी नहीं मानता और किसान चाहें तो उनकी स्थिति की जाँच करने का मुझे पूरा अधिकार है। मैं कमिश्नर साहब से मिला। उन्होंने तो धमकाना ही शुरू कर दिया और मुझे सलाह दी कि मैं आगे बढ़े बिना तिरहुत छोड़ दूँ।

मैंने सारी बातें साथियों को सुनाकर कहा कि संभव है सरकार मुझे जाँच करने से रोके और जेल जानेका समय मेरी अपेक्षा से भी पहले आ जाए। अगर गिरफ्तारी होनी ही है, तो मुझे मोतीहारी में और संभव हो तो बेतिया में गिरफ्तार होना चाहिए और इसके लिए वहाँ जल्दी से जल्दी पहुँच जाना चाहिए।

चम्पारन तिरहुत विभाग का एक जिला है और मोतीहारी उसका मुख्य शहर। बेतिया के आस-पास राजकुमार शुक्ल का घर था और उसके आसपास की कोठियों के किसान ज्यादा-से-ज्यादा कंगाल थे। राजकुमार शुक्ल को उनकी दशा दिखाने का लोभ था और मुझे अब उसे देखने की इच्छा थी।

अतएव मैं उसी दिन साथियों को लेकर मोतीहारी के लिए रवाना हो गया। मोतीहारी में गोरखबाबू ने आश्रय दिया और उनका घर धर्मशाला बन गया। हम सब मुश्किल से उसमें समा सकते थे। जिस दिन हम पहुँचे उसी दिन सुना कि मोतीहारी से कोई पाँच मील दूर रहनेवाले एक किसान पर अत्याचार किया गया है। मैंने निश्चय किया कि धरणीधरप्रसाद वकील को साथ लेकर मैं दूसरे दिन सवेरे उसे देखने जाऊँगा। सवेरे हाथी पर सवार होकर हम चल पड़े। चम्पारन में हाथी का उपयोग लगभग उसी तरह होता है, जिस तरह गुजरात में बैलगाड़ियों का। आधे रास्ते पहुँचे होंगे कि इतने में पुलिस सुपरिण्टेण्डेण्ट का आदमी आ पहुँचा और मुझसे बोला, "सुपरिण्टेण्डेण्ट साहब ने आपको सलाम भेजा है।" मैं समझ गया। धरणीधरबाबू से मैंने आगे जाने को कहा। मैं उस जासूस के साथ उसकी भाड़े की गाड़ी में सवार हुआ। उसने मुझे चम्पारन छोड़कर चले जाने की नोटिस दी। वह मुझे घर ले गया और मेरी सही माँगी। मैंने जवाब दिया कि मैं चम्पारन छोड़ना नहीं चाहता; मुझे तो आगे बढ़ना है और जाँच करनी है। निर्वासन की आज्ञा का अनादर करने के लिए मुझे दूसरे ही दिन कोर्ट में हाजिर रहने का समन मिला।

मैंने सारी रात जागकर जो पत्र मुझे लिखने थे लिखे और ब्रजकिशोरबाबू को सब प्रकार की आवश्यक सूचनायें दीं।

समन की बात एकदम चारों ओर फैल गयी। लोग कहते थे कि उस दिन मोतीहारी में जैसा दृश्य देखा गया वैसा पहले कभी न देखा गया था। गोरखबाबू के घर और दफ्तर पर लोगों की भीड़ उमड़ पड़ी। सौभाग्य से मैंने अपना सारा काम रात को निबटा लिया था। इसलिए मैं इस भीड़ को सँभाल सका। साथियों का मूल्य मुझे पूरा-पूरा मालूम हुआ। वे लोगों को संयत रखने में जुट गये। कचहरी में जहाँ जाता वहाँ दल के दल लोग मेरे पीछे आते। कलेक्टर, मजिस्ट्रेट, सुपरिण्टेण्डेण्ट आदि के साथ भी मेरा एक प्रकार का संबंध स्थापित हो गया। सरकारी नोटिसों वगैरा के खिलाफ कानूनी विरोध करना चाहता, तो मैं कर सकता था। इसके बदले मैंने उनकी सब नोटिसों को स्वीकार कर लिया और अधिकारियों के साथ निजी व्यवहार में मिठास से काम लिया। इससे वे समझ गये कि मुझे उनका विरोध नहीं करना है, बल्कि उनकी आज्ञा का विनय-पूर्वक विरोध करना है। इससे उनमें एक प्रकार की निर्भयता आ गयी। मुझे तंग करने के बदले उन्होंने लोगों को काबू में रखने में मेरी और मेरे साथियों की सहायता का प्रसन्नता-पूर्वक उपयोग किया। किन्तु साथ ही वे समझ गये कि उनकी सत्ता आज से लुप्त हुई। लोग क्षरभर को दण्ड का भय छोड़कर अपने नये मित्र के प्रेम की सत्ता के अधीन हो गये।

याद रहे कि चम्पारन में मुझे कोई पहचानता न था। किसान-वर्ग बिलकुल अनपढ़ था। चम्पारन गंगा के उस पार ठेठ हिमालय की तराई में नेपाल का समीपवर्ती प्रदेश है, अर्थात् नई दुनिया है। वहाँ न कहीं काँग्रेस का नाम सुनायी देता था, न काँग्रेस के कोई सदस्य दिखायी पड़ते थे। जिन्होंने नाम सुना था वे काँग्रेस का नाम लेने में अथवा उसमें सम्मिलित होने में डरते थे। आज काँग्रेस के नाम के बिना काँग्रेस ने और काँग्रेस के सेवकों ने इस प्रदेश में प्रवेश किया और काँग्रेस की दुहाई फिर गयी।

साथियों से परामर्श करके मैंने निश्चय किया था कि काँग्रेस के नाम से कोई भी काम न किया जाय। हमें नाम से नहीं, बल्कि काम से मतलब है। 'कथनी' नहीं 'करनी' की आवश्यकता है। काँग्रेस का नाम यहाँ अप्रिय है। इस प्रदेश में काँग्रेस का अर्थ है, वकीलों की आपसी खींचातानी, कानूनी गलियों से सटक जाने की कोशिश। काँग्रेस का अर्थ है, बमगोला। काँग्रेस यानी कथनी एक, करनी दूसरी, यह धारणा सरकार की और सरकार की सरकार निलहे गोरों की थी। हमें यह

सिद्ध करना था कि काँग्रेस ऐसी नहीं है, काँग्रेस तो दूसरी ही चीज है। इसलिए हमने कहीं भी काँग्रेस का नाम तक न लेने और लोगों को काँग्रेस की भौतिक देह का परिचय न कराने का निश्चय किया था। हमने यह सोच लिया था कि वे उसके अक्षर को न जानकर उसकी आत्मा को जानें और उसका अनुसरण करें तो बस है। यही असल चीज है। अतएव काँग्रेस की ओर से किन्हीं गुप्त या प्रकट दूतों द्वारा कोई भूमि का तैयार नहीं करायी गयी थी। राजकुमार शुक्ल में हजारों लोगों में प्रवेश करने की शक्ति नहीं थी। उनके बीच किसीने आज तक राजनीति का काम किया ही नहीं था। चम्पारन के बाहर की दुनिया को वे जानते नहीं थे। फिर भी उनका और मेरा मिलाप पुराने मित्रों-जैसा लगा। अतएव यह कहने में अतिशयोक्ति नहीं, बल्कि अक्षरशः सत्य है कि इस कारण मैंने वहाँ ईश्वर का, अहिंसा का और सत्य का साक्षात्कार किया। जब मैं इस साक्षात्कार के अपने अधिकार की जाँच करता हूँ, तो मुझे लोगों के प्रति अपने प्रेम के सिवा और कुछ भी नहीं मिलता। इस प्रेम का अर्थ है, प्रेम अथवा अहिंसा के प्रति मेरी अविचल श्रद्धा।

चम्पारन का यह दिन मेरे जीवन में कभी न भूलने-जैसा था। मेरे लिए और किसानों के लिए यह एक उत्सव का दिन था। सरकारी कानून के अनुसार मुझ पर मुकदमा चलाया जानेवाला था। पर सच पूछा जाए तो मुकदमा सरकार के विरूद्ध था। कमिश्नर ने मेरे विरूद्ध जो जाल बिछाया था. उसमें उसने सरकार को ही फँसा दिया।

१५. मुकदमा वापस लिया गया

मुकदमा चला। सरकारी वकील, मजिस्ट्रेट आदि घबराये हुए थे। उन्हें सूझ नहीं पड़ रहा था कि किया क्या जाय। सरकारी वकील सुनवाई मुलतवी रखने की माँग कर रहा था। मैं बीच में पड़ा और बिनती की कि सुनवाई मुलतवी रखने की कोई ज़रूरत नहीं है, क्योंकि मुझे चंपारन छोड़ने की नोटिस का अनादर करने का अपराध स्वीकार करना है। यह कहकर मैं उस बहुत ही छोटे बयान को पढ़ गया, जो मैंने तैयार किया था। वह इस प्रकार था :

"जाब्ता फौजदारी की दफा १४४ के अनुसार दी हुई आज्ञा का खुला अनादर करने का गंभीर कदम मुझे क्यों उठाना पड़ा, इस संबंध में मैं एक छोटा-सा बयान

अदालत की अनुमति से देना चाहता हूँ। मेरी नम्र सम्मति में यह प्रश्न अनादर का नहीं है, बल्कि स्थानीय सरकार और मेरे बीच मतभेद का प्रश्न है। मैं इस प्रदेश में जनसेवा और देश-सेवा के ही उद्देश्य से आया हूँ। निलहे गोरे रैयत के साथ न्याय का व्यवहार नहीं करते, इस कारण उनकी मदद के लिए आनेका प्रबल आग्रह मुझसे किया गया। इसलिए मुझे आना पड़ा है। समूचे प्रश्न का अध्ययन किये बिना मैं उनकी मदद किस प्रकार कर सकता हूँ? इसलिए मैं इस प्रश्न का अध्ययन करने आया हूँ और संभव हो तो सरकार और निलहों की सहायता लेकर इसका अध्ययन करना चाहता हूँ। मेरे सामने कोई दूसरा उद्देश्य नहीं है, और मैं यह नहीं मान सकता कि मेरे आने से लोगों की शांति भंग होगी और खून-खराबा होगा। मेरा दावा है कि इस विषय का मुझे अच्छा खासा अनुभव है। पर सरकार का विचार इस सम्बन्ध में मुझसे भिन्न है। उसकी कठिनाई को मैं समझता हूँ और मैं यह भी स्वीकार करता हूँ कि उसे प्राप्त जानकारी पर ही विश्वास करना होता है। कानून का आदर करनेवाले एक प्रजाजन के नाते तो मुझे जो आज्ञा दी गयी है उसे स्वीकार करने की स्वाभाविक इच्छा होनी चाहिए, और हुई थी। पर मुझे लगा कि वैसा करने में जिन के लिए मैं यहाँ आया हूँ उनके प्रति रहे अपने कर्तव्य की मैं हत्या करूँगा। मुझे ऐसा लगता है कि आज मैं उनकी सेवा उनके बीच रहकर ही कर सकता हूँ। इसलिए स्वेच्छा से चंपारन छोड़ना मेरे लिए संभव नहीं है। इस धर्म-संकट के कारण मुझे चम्पारन से हटाने की जिम्मेदारी मैं सरकार पर डाले बिना रह न सका।

"मैं इस बात को अच्छी तरह समझता हूँ कि हिन्दुस्तान के लोकजीवन में मुझ-जैसी प्रतिष्ठा रखनेवाले आदमी को कोई कदम उठाकर उदाहरण प्रस्तुत करते समय बड़ी सावधानी रखनी चाहिए। पर मेरा दृढ़ विश्वास है कि आज जिस अटपटी परिस्थिति में हम पड़े हुए हैं उसमें मेरे-जैसी परिस्थितियों में फँसे हुए स्वाभिमानी मनुष्य के सामने इसके सिवा दूसरा कोई सुरक्षित और सम्मानयुक्त मार्ग नहीं है कि आज्ञा का अनादर करके उसके बदले में जो दण्ड प्राप्त हो, उसे चुपचाप सहन कर लिया जाय।

"आप मुझे जो सजा देना चाहते हैं, उसे कम कराने की भावना से मैं यह बयान नहीं दे रहा हूँ। मुझे तो यही जता देना है कि आज्ञा का अनादर करने में मेरा उद्देश्य कानून द्वारा स्थापित सरकार का अपमान करना नहीं है, बल्कि मेरा

हृदय जिस अधिक बड़े कानून को-अर्थात् अन्तरात्मा की आवाज को-स्वीकार करता है, उसका अनुसरण करना ही मेरा उद्देश्य है।"

अब मुकदमे की सुनवाई को मुलतवी रखने की ज़रूरत न रही थी, किन्तु चूँकि मजिस्ट्रेट और वकील ने इस परिणाम की आशा नहीं की थी, इसलिए सजा सुनाने के लिए अदालत ने केस मुलतवी रखा। मैंने वाइसरॉय को सारी स्थिति तार द्वारा सूचित कर दी थी। पटना भी तार भेजा था। भारतभूषण पंडित मालवीयजी आदि को भी वस्तुस्थिति की जानकारी तार से भेज दी थी। सजा सुनने के लिए कोर्ट में जाने का समय हुआ, उससे कुछ पहले मेरे नाम मजिस्ट्रेट का हुक्म आया कि गवर्नर साहब की आज्ञा से मुकदमा वापस ले लिया गया है। साथ ही कलेक्टर का पत्र मिला कि मुझे जो जाँच करनी हो, मैं करूँ और उसमें अधिकारियों की ओर से जो मदद आवश्यक हो, सो माँग लूँ। ऐसे तात्कालिक और शुभ परिणाम की आशा हममें से किसीने नहीं रखी थी।

मैं कलेक्टर मि० हेकांक से मिला। मुझे वह स्वयं भला और न्याय करने में तत्पर जान पड़ा। उसने कहा कि आपको जो कागज-पत्र या कुछ और देखना हो, सो आप माँग लें और मुझसे जब भी मिलना चाहें, मिल लिया करें।

दूसरी ओर सारे हिन्दुस्तान को सत्याग्रह का कानून के सविनय भंग का पहला स्थानीय पदार्थ-पाठ मिला। अखबारों में इसकी खूब चर्चा हुई और चंपारन को तथा मेरी जाँच को अनपेक्षित रीति से प्रसिद्धि मिल गयी।

अपनी जाँच के लिए मुझे सरकार की ओर से तटस्थता की तो आवश्यकता थी, परंतु समाचारपत्रों की चर्चा की और उनके संवाददाताओं की आवश्यकता न थी। यही नहीं बल्कि उनकी आवश्यकता से अधिक टीकाओं से और जाँच की लम्बी-चौड़ी रिपोर्टों से हानि होने का भय था। इसलिए मैंने खास-खास अखबारों के संपादकों से प्रार्थना की थी कि वे रिपोर्टरों को भेजने का खर्च न उठाये; जितना छपाने की ज़रूरत होगी उतना मैं स्वयं भेजता रहूँगा और उन्हें खबर देता रहूँगा।

मैं यह समझता था कि चंपारन के निलहे खूब चिढ़े हुए हैं। मैं यह भी समझता था कि अधिकारी भी मन में खुश न होंगे; अखबारों में सच्ची-झूठी खबरों के छपने से वे अधिक चिढ़ेंगे। उनकी चिढ़ का प्रभाव मुझ पर तो कुछ नहीं पड़ेगा, पर गरीब, डरपोक रैयत पर पड़े बिना न रहेगा। ऐसा होने से जो सच्ची स्थिति

मैं जानना चाहता हूँ उसमें बाधा पड़ेगी। निलहों की तरफ से विषैला आन्दोलन शुरू हो चुका था। उनकी ओर से अखबारों में मेरे और साथियों के बारेमें खूब झूठा प्रचार हुआ, किन्तु मेरे अत्यन्त सावधान रहने से और बारीक-से-बारीक बातों में भी सत्य पर दृढ़ रहने की आदत के कारण उनके तीर व्यर्थ गये।

निलहोंने ब्रजकिशोरबाबू की अनेक प्रकार से निन्दा करने में जरा भी कसर नहीं रखी। पर ज्यों-ज्यों वे उनकी निन्दा करते गये, त्यों-त्यों ब्रजकिशोरबाबू की प्रतिष्ठा बढ़ती गयी।

ऐसी नाजुक स्थिति में मैंने रिपोर्टरों को आने के लिए जरा भी प्रोत्साहित नहीं किया, न नेताओं को बुलाया। मालवीयजी ने मुझे कहला भेजा था कि "जब ज़रूरत समझें, मुझे बुला लें। मैं आने को तैयार हूँ।" उन्हें भी मैंने तकलीफ नहीं दी। मैंने इस लड़ाई को कभी राजनीतिक रूप धारण न करने दिया। जो कुछ होता था उसकी प्रासंगिक रिपोर्ट मैं मुख्य-मुख्य समाचारपत्रों को भेज दिया करता था। राजनीतिक काम करने के लिए भी जहाँ राजनीति की गुंजाइश न हो, वहाँ उसे राजनीतिक स्वरूप देने से पांडे को दोनों दीन से जाना पड़ता है; और इस प्रकार विषय का स्थानान्तर न करने से दोनों सुधरते हैं। बहुत बार के अनुभव से मैंने यह सब देख लिया था। चम्पारन की लड़ाई यह सिद्ध कर रही थी कि शुद्ध लोकसेवा में प्रत्यक्ष नहीं तो परोक्ष रीति से राजनीति मौजूद ही रहती है।

१६. कार्य-पद्धति

चंपारन की जाँच का विवरण देने का अर्थ है, चंपारन के किसानों का इतिहास देना। ऐसा विवरण इन प्रकरणों में नहीं दिया जा सकता। फिर, चंपारन की जाँच का अर्थ है, अहिंसा और सत्य का एक बड़ा प्रयोग। इसके सम्बन्ध की जितनी बातें मुझे प्रति सप्ताह सूझती हैं उतनी देता रहता हूँ। उसका विशेष विवरण तो पाठकों को बाबू राजेन्द्रप्रसाद द्वारा लिखित इस सत्याग्रह के इतिहास में और 'युगधर्म' प्रेस द्वारा प्रकाशित उसके (गुजराती) अनुवाद में ही मिल सकता है।

अब मैं इस प्रकरण के विषय पर आता हूँ। यदि गोरखबाबू के घर रहकर यह जाँच चलायी जाती, तो उन्हें अपना घर खाली करना पड़ता। मोतीहारी में अभी लोक इतने निर्भय नहीं हुए थे कि माँगने पर कोई तुरन्त अपना मकान किराये पर दे दे। किन्तु चतुर ब्रजकिशोरबाबू ने एक लम्बे-चौड़े अहातेवाला

मकान किराये पर लिया और हम उसमें रहने गये।

स्थिति ऐसी नहीं थी कि हम बिलकुल बिना पैसे के अपना काम चला सकें। आज तक की प्रथा सार्वजनिक काम के लिए जनता से धन प्राप्त करने की नहीं थी। ब्रजकिशोरबाबू का मण्डल मुख्यतः वकीलों का मण्डल था। अतएव वे ज़रूरत पड़ने पर अपनी जेब से खर्च कर लेते थे और कुछ मित्रों से भी माँग लेते थे। उनकी भावना यह थी कि जो लोग स्वयं पैसे-टके से सुखी हों, वे लोगों से द्रव्य की भिक्षा क्यों माँगें? मेरा यह दृढ़ निश्चय था कि चंपारन की रैयत से एक कौड़ी भी न ली जाय। यदि ली जाती तो उसके गलत अर्थ लगाये जाते। यह भी निश्चय था कि इस जाँच के लिए हिन्दुस्तान में सार्वजनिक चन्दा न किया जाय। वैसा करने पर यह जाँच राष्ट्रीय और राजनीतिक रूप धारण कर लेती। बम्बई से मित्रोंने १५ हजार रूपये की मदद का तार भेजा। उनकी यह मदद सधन्यवाद अस्वीकार की गयी। निश्चय यह हुआ कि ब्रजकिशोरबाबू का मण्डल चंपारन के बाहर से, लेकिन बिहार के ही खुशहाल लोगों से जितनी मदद ले सके ले और कम पड़नेवाली रकम मैं डॉ. प्राणजीवनदास मेहता से प्राप्त कर लूँ। डॉ. मेहताने लिखा कि जितने रूपयों की ज़रूरत हो, मँगा लीजिए। अतएव द्रव्य के विषय में हम निश्चिन्त हो गये। गरीबी-से, कम-से-कम खर्च करते हुए, लड़ाई चलानी थी, अतएव अधिक द्रव्य की आवश्यकता पड़ने की संभावना न थी। असल में पड़ी भी नहीं। मेरा खयाल है कि कुल मिलाकर दो या तीन हजार से अधिक खर्च नहीं हुआ था। जो द्रव्य इकट्ठा किया गया था उसमें पाँच सौ या एक हजार रूपये बच गये थे, ऐसा मुझे याद है।

शुरू-शुरू के दिनों में हमारी रहन-सहन विचित्र थी और मेरे लिए वह रोज के विनोद का विषय बन गयी थी। वकील-मण्डल में हरएक का अपना रसोइया था और हरएक के लिए अलग अलग रसोई बनती थी। वे रात बारह बजे तक भी भोजन करते थे। ये सब महाशय रहते तो अपने खर्च से ही थे। परन्तु मेरे लिए उनकी यह रहन-सहन उपाधिरूप थी। मेरे और मेरे साथियों के बीच इतनी मजबूत प्रेमगाँठ बँध गयी थी कि हममें कभी गलतफहमी हो ही नहीं सकती थी। वे मेरे शब्दबाणों को प्रेम-पूर्वक सहते थे। आखिर यह तय हुआ कि नौकरों को छुट्टी दे दी जाय। सब एकसाथ भोजन करें और भोजन के नियमों का पालन करें। सब निरामिषाहारी नहीं थे और दो रसोइघर चलाने से खर्च बढ़ता था।

अतएव निश्चय हुआ कि निरामिष भोजन ही बनाया जाए और एक ही रसोईघर रखा जाए। भोजन भी सादा रखने का आग्रह था। इससे खर्च में बहुत बचत हुई, काम करने की शक्ति बढ़ी और समय भी बचा।

अधिक शक्ति की बहुत आवश्यकता थी, क्योंकि किसानों के दल-के-दल अपनी कहानी लिखाने के लिए आने लगे थे। कहानी लिखानेवालों के साथ भी तो रहती ही थी। इससे मकान का अहाता और बगीचा सहज ही भर जाता था। मुझे दर्शनार्थियों से सुरक्षित रखने के लिए साथी भारी प्रयत्न करते और विफल हो जाते। एक निश्चित समय पर मुझे दर्शन देने के लिए बाहर निकलने के सिवा कोई चारा न रह जाता था। कहानी लिखनेवाले भी पाँच-सात बराबर बने ही रहते थे, तो भी दिन के अन्त में सबके बयान पूरे न हो पाते थे। इतने सारे बयानों की आवश्यकता नहीं थी, फिर भी बयान लेने से लोगों को संतोष होता था और मुझे उनकी भावना का पता चलता था।

कहानी लिखनेवालों को कुछ नियमों का पालन करना पड़ता था। जैसे, हरएक किसान से जिरह की जाय। जिरह में जो उखड़ जाय, उसका बयान न लिया जाय। जिसकी बात मूल में ही बेबुनियाद मालूम हो, उसके बयान न लिखे जाएँ। इस तरह नियमों के पालन से यद्यपि थोड़ा अधिक समय खर्च होता था, फिर भी बयान बहुत सच्चे और साबित हो सकनेवाले मिलते थे।

इन बयानों के लेते समय खुफिया पुलिस का कोई-न-कोई अधिकारी हाजिर रहता ही था। इन अधिकारियों को आने से रोका जा सकता था। पर हमने शुरू से ही निश्चय कर लिया था कि उन्हें सिर्फ हम आने से नहीं रोकेंगे, बल्कि उनके प्रति विनय का बरताव करेंगे और दे सकने योग्य खबरें भी उन्हें देते रहेंगे। उनके सुनते और देखते ही सारे बयान लिये जाते थे। इसका एक लाभ यह हुआ कि लोगों में अधिक निर्भयता आयी। खुफिया पुलिस से लोग बहुत डरते थे। ऐसा करने से वह डर चला गया और उनकी आँखों के सामने दिये जानेवाले बयानों में अतिशयोक्ति का डर कम रहता था। इस डर से कि झूठ बोलने पर अधिकारी कहीं उन्हें फाँद न लें, उन्हें सावधानी से बोलना पड़ता था।

मैं निलहों को खिझाना नहीं चाहता था, बल्कि मुझे तो उन्हें विनय द्वारा जीतने का प्रयत्न करना था। इसलिए जिसके विरूद्ध विशेष शिकायतें आतीं, उसे मैं पत्र लिखता और उससे मिलने का प्रयत्न भी करता था। निलहों के मण्डल से

भी मैं मिला था और रैयत की शिकायतें उनके सामने रखकर मैंने उनकी बातें भी सुन ली थीं। उनमें से कुछ मेरा तिरस्कार करते थे, कुछ उदासीन रहते थे और कोई-कोई मेरे साथ सभ्यता ओर नम्रता का व्यवहार करते थे।

१७. साथी

ब्रजकिशोरबाबू और राजेन्द्रबाबू की तो एक अद्वितीय जोड़ी थी। उन्होंने अपने प्रेम से मुझे इतना पंगु बना दिया था कि उनके बिना मैं एक कदम भी आगे नहीं जा सकता था। उनके शिष्य कहिये अथवा साथी; शंभूबाबू, अनुग्रहबाबू, धरणीबाबू और रामनवमीबाबू—ये वकील लगभग निरंतर मेरे साथ रहते थे। विन्ध्याबाबू और जनकधारीबाबू भी समय-समय पर साथ रहते थे। यह तो बिहारियों का संघ हुआ! उनका मुख्य काम था लोगों के बयान लेना।

अध्यापक कृपालानी इसमें सम्मिलित हुए बिना कैसे रह सकते थे? स्वयं सिन्धी होते हुए भी वे बिहारी से भी बढ़कर बिहारी थे। मैंने ऐसे सेवक कम देखे हैं, जिन में वे जिस प्रान्त में जाएँ उसमें पूरी तरह घुलमिल जाने की शक्ति हो और जो किसीको यह मालूम न होने दें कि वे दूसरे प्रान्त के हैं। इनमें कृपालानी एक हैं। उनका मुख्य काम द्वारपाल का था। दर्शन करनेवालों से मुझे बचा लेने में उन्होंने इस समय अपने जीवन की सार्थकता समझ ली थी। किसीको वे विनोद करके मेरे पास आने से रोकते थे, तो किसीको अहिंसक धमकी से। रात होने पर अध्यापक का धन्धा शुरू करते और सब साथियों को हँसाते थे, और कोई डरपोक पहुँच जाय, तो उसे हिम्मत बँधाते थे।

मौलाना मजहरूल हकने मेरे सहायक के रूप में हक दर्ज करा रखा था और वे महीने में एक-दो बार दर्शन दे जाते थे। उस समय के उनके ठाटबाट और दबदबे में और आज की उनकी सादगी में जमीन-आसमान का अन्तर है। हमारे बीच आकर वे हमसे हृदय की एकता साध जाते थे, पर अपनी साहबी के कारण बाहर के आदमी को वे हमसे अलग-जैसे जान पड़ते थे।

जैसे-जैसे मुझे अनुभव प्राप्त होता गया वैसे-वैसे देखा कि चंपारन में ठीक से काम करना हो, तो गाँवों में शिक्षा का प्रवेश होना चाहिए। लोगों का अज्ञान दयनीय था। गाँवों के बच्चे मारे-मारे फिरते थे अथवा मातापिता दो या तीन पैसे की आमदनी के लिए उनसे सारे दिन नील के खेतों में मजदूरी करवाते थे।

उन दिनों वहाँ पुरूषों की मजदूरी दस पैसे से अधिक नहीं थी। स्त्रियों की छह पैसे और बालकों की तीन पैसे थी। चार आने की मजदूरी पानेवाला किसान भाग्यशाली समझा जाता था।

साथियों से सलाह करके पहले तो छह गाँवों में बालकों के लिए पाठशालाएँ खोलने का निश्चय किया। शर्त यह थी कि उन गाँवों के मुखिया मकान और शिक्षक का भोजन-व्यय दें; उसके दूसरे खर्च की व्यवस्था हम करें। यहाँ के गाँवों में पैसे की विपुलता नहीं थी, पर अनाज वगैरा देने की शक्ति लोगों में थी। इसलिए लोग कच्चा अनाज देने को तैयार हो गये थे।

महान प्रश्न यह था कि शिक्षक कहाँ से लाये जाएँ? बिहार में थोड़ा वेतन लेनेवाले अथवा कुछ न लेनेवाले अच्छे शिक्षकों का मिलना कठिन था। मेरी कल्पना यह थी कि साधारण शिक्षक के हाथ में बच्चों को कभी न छोड़ना चाहिए। शिक्षक को अक्षर-ज्ञान चाहे थोड़ा हो, पर उसमें चरित्रबल तो होना ही चाहिए।

इस काम के लिए मैंने सार्वजनिक रूप से स्वयंसेवकों की माँग की। उसके उत्तर में गंगाधरराव देशपांडे ने बाबासाहब सोमण और पुंडलीक को भेजा। बम्बई से अवन्तिकाबाई गोखले आयीं। दक्षिण से आनन्दीबाई आयीं। मैंने छोटेलाल, सुरेन्द्रनाथ तथा अपने लड़के देवदास को बुला लिया। इसी बीच महादेव देसाई और नरहरि परीख मुझे मिल गये थे। महादेव देसाई की पत्नी दुर्गाबहन और नरहरि परीख की पत्नी मणिबहन भी आयीं। मैंने कस्तूरबाई को भी बुला लिया था। शिक्षकों और शिक्षिकाओं का इतना संघ काफी था। श्रीमती अवन्तिकाबाई और आनन्दीबाई की गिनती तो शिक्षितों में हो सकती थी, पर मणिबहन परीख और दुर्गाबहन देसाई को सिर्फ थोड़ी-सी गुजराती आती थी। कस्तूरबाई की पढ़ाई तो नहीं के बराबर ही थी। ये बहनें हिन्दी-भाषी बच्चों को किस प्रकार पढ़ातीं?

चर्चा करके मैंने बहनों को समझाया कि उन्हें बच्चों को व्याकरण नहीं, बल्कि रहन-सहन का तोर-तरीका सिखाना है। पढ़ना-लिखना सिखाने की अपेक्षा उन्हें स्वच्छता के नियम सिखाने हैं। उन्हें यह भी बताया कि हिन्दी, गुजराती, मराठी के बीच कोई बड़ा भेद नहीं है, और पहले दर्जे में तो मुश्किल से अंक लिखना सिखाना है। अतएव उन्हें कोई कठिनाई होगी ही नहीं। परिणाम यह निकला कि बहनों की कक्षाएँ बहुत अच्छी तरह चलीं। बहनों में आत्मविश्वास उत्पन्न हो गया और उन्हें अपने काम में रस भी आने लगा। अवन्तिकाबाई की

पाठशाला आदर्श पाठशाला बन गयी। उन्होंने अपनी पाठशाला में प्राण फूँक दिये। उनकी योग्यता भी काफी थी। इन बहनों के द्वारा गाँवों के स्त्री-समाज में भी हमारा प्रवेश हो सका था।

पर मुझे पढ़ाई की व्यवस्था करके ही रूकना नहीं था। गाँवों में गंदगी की कोई सीमा न थी। गलियों में कचरा, कुओं के आसपासकीचड़ और बदबू, आँगन इतने गंदे कि देखे न जा सकें। बड़ों को स्वच्छता की शिक्षा की ज़रूरत थी। चंपारन के लोग रोगों से पीड़ित देखे जाते थे। जितना हो सके उतना सफाई का काम करके लोगों के जीवन के प्रत्येक विभाग में प्रवेश करने की हमारी वृत्ति थी

इस काम में डॉक्टरों की सहायता की ज़रूरत थी। अतएव मैंने गोखले की सोसायटी से डॉ॰ देव की माँग की। उनके साथ मेरी स्नेहगाँठ तो बँध ही चुकी थी। छह महीनों के लिए उनकी सेवा का लाभ मिला। उनकी देखरेख में शिक्षकों और शिक्षिकाओं को काम करना था।

सबको यह समझा दिया गया था कि कोई भी निलहों के विरूद्ध की जानेवाली शिकायतों में न पड़ें। राजनीति को न छुएँ। शिकायत करनेवालों को मेरे पास भेज दें। कोई अपने क्षेत्र से बाहर एक कदम भी न रखें। चंपारन के इन साथियों का नियम-पालन अद्‌भुत था। मुझे ऐसा कोई अवसर याद नहीं आता, जब किसीने दी हुई सूचनाओं का उल्लंघन किया हो।

१८. ग्राम-प्रवेश

प्रायः प्रत्येक पाठशाला में एक पुरूष और एक स्त्री की व्यवस्था की गयी थी। उन्हींके द्वारा दवा और सफाई के काम करने थे। स्त्रियों की मारफत स्त्री-समाज में प्रवेश करना था। दवा का काम बहुत सरल बना लिया था। अंडी का तेल, कुनैन और एक मरहम—इतनी ही चीजें प्रत्येक पाठशाला में रखी जाती थीं। जाँचने पर चीज मैली दिखाई दे और कब्ज की शिकायत हो, तो अंडीका तेल पिला देना। बुखार की शिकायत हो, तो अंडीका तेल देने के बाद आनेवाले को कुनैन पिला देना। और अगर फोड़े हों तो उन्हें धोकर उन पर मरहम लगा देना। खाने की दवा अथवा मरहम साथ ले जाने के लिए शायद ही दिया जाता था। कहीं कोई खतरनाक या समझ में न आनेवाली बीमारी होती, तो वह डॉ॰ देव को दिखाने के लिए छोड़ दी जाती। डॉ॰ देव अलग-अलग जगहों में नियत समय

पर हो आते थे। ऐसी सादी सुविधा का लाभ लोग ठीक मात्रा में उठाने लगे थे। आम तौर से होनेवाली बीमारियाँ थोड़ी ही है और उनके लिए बड़े-बड़े विशारदों की आवश्यकता नहीं होती। इसे ध्यान में रखा जाय, तो उपर्युक्त रीति से की गयी व्यवस्था किसीको हास्यजनक प्रतीत नहीं होगी। लोगों को तो नहीं ही हुई।

सफाई का काम कठिन था। लोग गंदगी दूर करने को तैयार नहीं थे। जो लोग रोज खेतों की मजदूरी करते थे, वे भी अपने हाथ से मैला साफ करने के लिए तैयार न थे। डॉ॰ देव झट हार मान लेनेवाले आदमी न थे। उन्होंने और स्वयंसेवकों ने अपने हाथ से एक गाँव के रास्तों की सफाई की, लोगों के आँगनों से कचरा साफ किया, कुओं के आसपास के गड्ढ़े भरे, कीचड़ निकाला और गाँववालों को स्वयंसेवक देने की बात प्रेमपूर्वक समझाते रहे। कुछ स्थानों में लोगोंने शरम में पड़कर काम करना शुरू किया और कहीं-कहीं तो लोगोंने मेरी मोटर के आने-जाने के लिए अपनी मेहनत से सड़कें भी तैयार कर दीं। ऐसे मीठे अनुभवों के साथ ही लोगों की लापरवाही के कड़वे अनुभव भी होते रहते थे। मुझे याद है कि सफाई की बात सुनकर कुछ जगहों में लोगों ने अपनी नाराजी भी प्रकट की थी।

इन अनुभवों में से एक जिसका वर्णन मैंने स्त्रियों की कई सभाओं में किया है, यहाँ देना अनुचित न होगा। भीतिहरवा एक छोटा-सा गाँव था। उसके पास उससे भी छोटा एक गाँव था। वहाँ कुछ बहनों के कपड़े बहुत मैले दिखायी दिये। इन बहनों को कपड़े बदलने के बारेमें समझाने के लिए मैंने कस्तूरबाई से कहा। उसने उन बहनों से बात की। उनमें से एक बहन कस्तूरबाई को अपनी झोंपड़ी में ले गयी और बोली, "आप देखिये, यहाँ कोई पेटी या अलमारी नहीं है कि जिसमें कपड़े बन्द हों। मेरे पास यही एक साड़ी है, जो मैंने पहन रखी है। इसे मैं कैसे धो सकती हूँ? महात्माजी से कहिये कि वे कपड़े दिलवायें। उस दशा में मैं रोज नहाने और कपड़े बदलने को तैयार रहूँगी।" हिन्दुस्तान में ऐसे झोंपड़े अपवादरूप नहीं हैं। असंख्य झोंपड़ों में साज-सामान, संदूक-पेटी, कपड़े-लत्ते, कुछ नहीं होते और असंख्य लोग केवल पहने हुए कपड़ों पर ही अपना निर्वाह करते हैं।

एक दूसरा अनुभव भी बताने-जैसा है। चंपारन में बाँस या घास की कमी नहीं रहती। लोगों ने भीतिहरवा में पाठशाला का जो छप्पर बनाया था, वह बाँस और घास का था। किसीने उसे रात को जला दिया। सन्देह तो आसपास के निलहों

के आदमियों पर हुआ था। फिर से बांस और घास का मकान बनाना मुनासिब मालूम नहीं हुआ। यह पाठशाला श्री सोमण और कस्तूरबाई के जिम्मे थी। श्री सोमणने ईंटों का पक्का मकान बनाने का निश्चय किया और उनके स्वपरिश्रम की छूत दूसरों को लगी, जिससे देखते-देखते ईंटों का मकान बनाकर तैयार हो गया और फिर से मकान के जल जाने का डर न रहा।

इस प्रकार पाठशाला, सफाई और औषधोपचार के कामों से लोगों में स्वयंसेवकों के प्रति विश्वास और आदर की वृद्धि हुई और उन पर अच्छा प्रभाव पड़ा।

पर मुझे खेद के साथ कहना पड़ता है कि इस काम को स्थायी रूप देने का मेरा मनोरथ सफल न हो सका। जो स्वयंसेवक मिले थे, वे एक निश्चित अवधि के लिए ही मिले थे। दूसरे नये स्वयंसेवकों के मिलन में कठिनाई हुई और बिहार से इस काम के लिए योग्य स्थायी सेवक न मिल सके। मुझे भी चंपारन का काम पूरा होते-होते एक दूसरा काम, जो तैयार हो रहा था, घसीट ले गया। इतने पर भी छह महीनों तक हुए इस कामने इतनी जड़ पकड़ ली कि एक नहीं तो दूसरे स्वरूप में उसका प्रभाव आज तक बना हुआ है।

१९. उजला पहलू

एक ओर समाज-सेवा का वह काम हो रहा था, जिसका वर्णन मैंने पिछले प्रकरणों में किया है, और दूसरी ओर लोगों के दुःखों की कहानियाँ लिखने का काम उत्तरोत्तर बढ़ते पैमाने पर हो रहा था। हजारों लोगों की कहानियाँ लिखी गयीं। उनका कोई असर न हो, यह कैसे संभव था? जैसे-जैसे मेरे पड़ाव पर लोगों की आमद-रफ्त बढ़ती गयी वैसे-वैसे निलहों का क्रोध बढ़ता गया, उनकी ओर से मेरी जाँच को बन्द कराने के प्रयत्न बढ़ते गये।

एक दिन मुझे बिहार-सरकार का पत्र मिला। उसका आशय इस प्रकार था: "आपकी जाँच काफी लंबे समय तक चल चुकी है और अब आपको उसे बन्द करके बिहार छोड़ देना चाहिए।" पत्र विनय-पूर्वक लिखा गया था, पर उसका अर्थ स्पष्ट था। मैंने लिखा कि जाँच का काम तो अभी देर तक चलेगा और समाप्त होने पर भी जब तक लोगों के दुःख दूर न होंगे, मेरा इरादा बिहार छोड़कर जाने का नहीं है।

मेरी जाँच बन्द कराने के लिए सरकार के पास एक समुचित उपाय यही था कि वह लोगों की शिकायत को सच मानकर उन्हें दूर करे, अथवा शिकायतों को ध्यान में लेकर अपनी जाँच-समिति नियुक्त करे। गवर्नर सर एडवर्ड गेटने मुझे बुलाया और कहा कि वे स्वयं एक जाँच-समिति नियुक्त करना चाहते हैं। उन्होंने मुझे उसका सदस्य बनने के लिए आमंत्रित किया। समिति के दूसरे नाम देखने के बाद मैंने साथियों से सलाह की और इस शर्त के साथ सदस्य बनना कबूल किया कि मुझे अपने साथियों से सलाह-मशविरा करने की स्वतंत्रता रहनी चाहिए और सरकार को यह समझ लेना चाहिए कि सदस्य बन जाने से मैं किसानों की हिमायत करना छोड़ न दूँगा, तथा जाँच पूरी-पूरी हो जाने पर यदि मुझे संतोष न हुआ, तो किसानों का मार्गदर्शन करने की अपनी स्वतंत्रता को मैं हाथ से जाने न दूँगा।

सर एडवर्ड गेट ने इन शर्तों को उचित मानकर उन्हें मंजूर किया। स्व० सर फ्रेंक स्लाई समिति के अध्यक्ष नियुक्त किये गये थे। जाँच-समिति ने किसानों की सारी शिकायतों को सही ठहराया और निलहे गोरों ने उनसे जो रकम अनुचित रीति से वसूल की थी, उसका कुछ अंश लौटाने और 'तीन कठिया' के कानून को रद करने की सिफ़ारिश की।

इस रिपोर्ट के सांगोपांग तैयार होने और अन्त में कानून के पास होने में सर एडवर्ड गेट का बहुत बड़ा हाथ था। यदि वे दृढ़ न रहे होते अथवा उन्होंने अपनी कुशलता का पूरा उपयोग न किया होता, तो जो सर्वसम्मत रिपोर्ट तैयार हो सकी वह न हो पाती और आखिर में जो कानून पास हुआ वह भी न हो पाता। निलहों की सत्ता बहुत प्रबल थी। रिपोर्ट के पेश हो जाने पर भी उनमें से कुछने बिल का कड़ा विरोध किया था। पर सर एडवर्ड गेट अन्त तक दृढ़ रहे और उन्होंने समिति की सिफ़ारिशों पर पूरा-पूरा अमल किया।

इस प्रकार सौ साल से चले आनेवाले 'तीन कठिया' के कानून के रद होते ही निलहे गोरों के राज्य का अस्त हुआ, जनता का जो समुदाय बराबर दबा ही रहता था उसे अपनी शक्ति का कुछ भान हुआ और लोगों का यह वहम दूर हुआ कि नील का दाग धोये धुल ही नहीं सकता।

मैं तो चाहता था कि चम्पारन में शुरू किये गये रचनात्मक काम को जारी रखकर लोगों में कुछ वर्षों तक काम करूँ, अधिक पाठशालाएँ खोलूँ और

अधिक गाँवों में प्रवेश करूँ। क्षेत्र तैयार था। पर ईश्वर ने मेरे मनोरथ प्रायः पूरे होने ही नहीं दिये। मैंने सोचा कुछ था और दैव मुझे घसीट कर ले गया एक दूसरे ही काम में।

२०. मजदूरों के सम्पर्क में

चम्पारन में अभी मैं समिति के काम को समेट ही रहा था कि इतने में खेड़ा से मोहनलाल पंड्या और शंकरलाल परीख का पत्र आया कि खेड़ा जिले में फसल नष्ट हो गई है और लगान माफ कराने की ज़रूरत है। उन्होंने आग्रहपूर्वक लिखा कि मैं वहाँ पहुँचूं और लोगों की रहनुमाई करूँ। मौके पर जाँच किये बिना कोई सलाह देने की मेरी इच्छा नहीं थी, न मुझमें वैसी शक्ति या हिम्मत ही थी।

दूसरी ओर से श्री अनसूयाबाई का पत्र उनके मजदूर-संघ के बारेमें आया था। मजदूरों की तनख्वाहें कम थीं। तनख्वाह बढ़ाने की उनकी माँग बहुत पुरानी थी। इस मामले में उनकी रहनुमाई करने का उत्साह मुझमें था। लेकिन मुझमें यह क्षमता न थी कि इस अपेक्षाकृत छोटे प्रतीत होनेवाले काम को भी मैं दूर बैठकर कर सकूँ। इसलिए मौका मिलते ही मैं पहले अहमदावाद पहुँचा। मैंने यह सोचा था कि दोनों मामलों की जाँच करके थोड़े समय में मैं वापस चम्पारन पहुँचूँगा और वहाँ के रचनात्मक काम की देखरेख करूँगा।

पर अहमदाबाद पहुँचने के बाद वहाँ ऐसे काम निकल आये कि मैं कुछ समय तक चम्पारन नहीं जा सका और जो पाठशालाएँ वहाँ चल रही थीं वे एक-एक करके बन्द हो गयीं। साथियों ने और मैंने कितने हवाई किले रचे थे, पर कुछ समय के लिए तो वे सब ढह गये।

चम्पारन में ग्राम-पाठशालाओं और ग्राम-सुधार के अलावा गोरक्षा का काम भी मैंने हाथ में लिया था। गोरक्षा और हिन्दीप्रचार के काम का इजारा मारवाड़ी भाइयोंने ले रखा है, इसे मैं अपने भ्रमण में देख चुका था। बेतिया में एक मारवाड़ी सज्जन ने अपनी धर्मशाला में मुझे आश्रय दिया था। बेतिया के मारवाड़ी सज्जनों ने मुझे अपनी गोशाला के काम में फाँद लिया था। गोरक्षा के विषय में मेरी जो कल्पना आज है, वही उस समय बन चुकी थी। गोरक्षा का अर्थ है, गोवंश की वृद्धि, गोजाति का सुधार, बैल से मर्यादित काम लेना, गोशाला को आदर्श दुग्धालय बनाना, आदि-आदि। इस काम में मारवाड़ी भाइयों ने पूरी मदद देने का

आश्वासन दिया था। पर मैं चम्पारन में स्थिर होकर रह न सका, इसलिए वह काम अधूरा ही रह गया। बेतिया में गोशाला तो आज भी चलती है, पर वह आदर्श दुग्धालय नहीं बन सकी है। चम्पारन के बैलों से आज भी उनकी शक्ति से अधिक काम लिया जाता है। नामधारी हिन्दू आज भी बैलों को निर्दयता-पूर्वक पीटते हैं और धर्म को बदनाम करते हैं। यह कसर मेरे मन में सदा के लिए रह गयी। और, जब-जब मैं चम्पारन जाता हूँ तब-तब इन अधूरे रहे हुए महत्त्वपूर्ण कामों का स्मरण करके लंबी साँस लेता हूँ और उन्हें अधूरा छोड़ देने के लिए मारवाड़ी भाइयों और बिहारियों का मीठा उलाहना सुनता हूँ।

पाठशालाओं का काम तो एक या दूसरी रीति से अन्य स्थानों में चल रहा है, पर गोसेवा के कार्यक्रम ने जड़ ही नहीं पकड़ी थी, इसलिए उसे सही दिशा में गति न मिल सकी।

अहमदाबाद में खेड़ा जिले के काम के बारेमें सलाह-मशविरा हो ही रहा था कि इस बीच मैंने मजदूरों का काम हाथ में ले लिया।

मेरी स्थिति बहुत ही नाजुक थी। मजदूरों का मामला मुझे मजबूत मालूम हुआ। श्री अनसूयाबाई को अपने सगे भाई के साथ लड़ना था। मजदूरों और मालिकों के बीच के इस दारूण युद्ध में श्री अंबालाल साराभाई ने मुख्य रूप से हिस्सा लिया था। मिल-मालिकों के साथ मेरा मीठा संबंध था। उनके विरूद्ध लड़ने का काम विकट था। उनसे चर्चायें करके मैंने प्रार्थना की कि वे मजदूरों की माँग के संबंध में पंच नियुक्त करें। किन्तु मालिकों ने अपने और मजदूरों के बीच पंच के हस्तक्षेप की आवश्यकता को स्वीकार न किया।

मैंने मजदूरों को हड़ताल करने की सलाह दी। यह सलाह देने से पहले मैं मजदूरों के और मजदूर-नेताओं के सम्पर्क में अच्छी तरह आया। उन्हें हड़ताल की शर्तें समझायीं:

१. किसी भी दशा में शांति भंग न होने दी जाय।
२. जो मजदूर काम पर जाना चाहे उसके साथ जोर-जबरदस्ती न की जाय।
३. मजदूर भिक्षा का अन्न न खायें।
४. हड़ताल कितनी ही लम्बी क्यों न चले, वे दृढ़ रहें और अपने पास पैसा न रहे तो दूसरी मजदूरी करके खाने योग्य कमा लें।

मजदूर-नेताओं ने ये शर्तें समझ लीं और स्वीकार कर लीं। मजदूरों की आम

सभा हुई और उसमें उन्होंने निश्चय किया कि जब तक उनकी माँग मंजूर न की जाए अथवा उसकी योग्यता-अयोग्यता की जाँच के लिए पंच की नियुक्ति न हो, तब तक वे काम पर नहीं जाएँगे।

कहना होगा कि इस हड़ताल के दौरान में मैं श्री वल्लभभाई पटेल और श्री शंकरलाल बैंकर को यथार्थ रूप में पहचानने लगा। श्री अनसूयाबाई का परिचय तो मुझे इसके पहले ही अच्छी तरह हो चुका था। हड़तालियों की सभा रोज साबरमती नदी के किनारे एक पेड़ की छायातले होने लगी। उसमें वे लोग सैकड़ों की तादाद में जमा होते थे। मैं उन्हें रोज प्रतिज्ञा का स्मरण कराता तथा शान्ति बनाये रखने और स्वाभिमान की रक्षा करने की आवश्यकता समझाता था। वे अपना 'एक टेक' का झण्डा लेकर रोज शहर में घूमते थे और जुलूस के रूप में सभा में हाजिर होते थे।

यह हड़ताल इक्कीस दिन तक चली। इस बीच समय-समय पर मैं मालिकों से बातचीत किया करता था और उन्हें इन्साफ करने के लिए मनाता था। मुझे यह जवाब मिलताः "हमारी भी तो टेक है न? हममें और हमारे मजदूरों में बाप-बेटे का सम्बन्ध है। उसके बीच में कोई दखल दे, तो हम कैसे सहन करें? हमारे बीच पंच कैसे?"

२१. आश्रम की झाँकी

मजदूरों की बात को आगे बढ़ाने से पहले यहाँ आश्रम की झाँकी कर लेना आवश्यक है। चम्पारन में रहते हुए भी मैं आश्रम को भूल नहीं सकता था। कभी-कभी वहाँ हो भी आता था।

कोचरब अहमदाबाद के पास एक छोटा-सा गाँव है। आश्रम का स्थान इस गाँव में था। कोचरब में प्लेग शुरू हुआ। आश्रम के बालकों को मैं उस बस्ती के बीच सुरक्षित नहीं रख सकता था। स्वच्छता के नियमों का अधिक-से-अधिक सावधानी से पालन करने पर भी आसपास की अस्वच्छता से आश्रम को अछूता रखना असंभव था। कोचरब के लोगों से स्वच्छता के नियमों का पालन कराने की अथवा ऐसे समय में उनकी सेवा करने की हममें शक्ति नहीं थी। हमारा आदर्श तो यह था कि आश्रम को शहर अथवा गाँव से अलग रखें, फिर भी वह इतना दूर न हो कि वहाँ पहुँचने में बहुत कठिनाई हो। किसी-न-किसी दिन

तो आश्रम को आश्रम के रूप में सुशोभित होने से पहले अपनी जमीन पर खुली जगह में स्थिर होना ही था।

प्लेग को मैंने कोचरब छोड़ने की नोटिस माना। श्री पूंजाभाई हीराचन्द आश्रम के साथ बहुत निकट का सम्बन्ध रखते थे और आश्रम की छोटी-बड़ी सेवा शुद्ध और निरभिमान भाव से करते थे। उन्हें अहमदाबाद के कारबारी जीवन का व्यापक अनुभव था। उन्होंने आश्रम के लिए जमीन की खोज तुरन्त ही कर लेने का बीड़ा उठाया। कोचरब के उत्तर-दक्षिण के भाग में मैं उनके साथ घूमा। फिर उत्तर की ओर तीन-चार मील दूर कोई टुकड़ा मिल जाय, तो उसका पता लगाने की बात मैंने उनसे कही। उन्होंने आज की आश्रमवाली जमीन का पता लगा लिया। वह जेल के पास है, यह मेरे लिए खास प्रलोभन था। सत्याग्रह-आश्रम में रहनेवाले के भाग्य में जेल तो लिखा ही होता है। अपनी इस मान्यता के कारण जेल का पड़ोस मुझे पसन्द आया। मैं यह तो जानता ही था कि जेल के लिए हमेशा वही जगह पसन्द की जाती है जहाँ आस-पास स्वच्छ स्थान हो।

कोई आठ दिन के अन्दर ही जमीन का सौदा तय कर लिया। जमीन पर न तो कोई मकान था, न कोई पेड़। जमीन के हक में नदी का किनारा और एकान्त ये दो बड़ी सिफारि में थीं। हमने तम्बुओं में रहने का निश्चय किया और सोचा कि रसोईघर के लिए टीन का एक कामचलाऊ छप्पर बाँध लेंगे और धीरे-धीरे स्थायी मकान बनाना शुरू कर देंगे।

इस समय आश्रम की बस्ती बढ़ गयी थी। लगभग चालीस छोटे-बड़े स्त्री-पुरूष थे। सुविधा यह थी कि सब एक ही रसोईघर में खाते थे। योजना की कल्पना मेरी थी। उसे अमली रूप देने का बोझ उठानेवाले तो नियमानुसार स्व० मगनलाल गांधी ही थे।

स्थायी मकान बनने से पहले की कठिनाइयों का पार न था। बारिश का मौसम सामने था। सामान सब चार मील दूर शहर से लाना होता था। इस निर्जन भूमि में साँप आदि हिंसक जीव तो थे ही। ऐसी स्थिति में बालकों की सार-संभाल का खतरा मामूली नहीं था। रिवाज यह था कि सर्पादि को मारा न जाय। लेकिन उनके भय से मुक्त तो हममें से कोई न था, आज भी नहीं है।

फीनिक्स, टॉल्स्टॉय फार्म और साबरमती-आश्रम तीनों जगहों में हिंसक जीवों को न मारने के नियम का यथाशक्ति पालन किया गया है। तीनों जगहों

में निर्जन जमीनें बसानी पड़ी थीं। कहना होगा कि तीनों स्थानों में सर्पादि का उपद्रव काफी था। तिस पर भी आज तक एक भी जान खोनी नहीं पड़ी। इसमें मेरे समान श्रद्धालु को तो ईश्वर के हाथ का, उसकी कृपा का ही दर्शन होता है। कोई यह निरर्थक शंका न उठावे कि ईश्वर कभी पक्षपात नहीं करता, मनुष्य के दैनिक कामों में दखल देने के लिए वह बेकार नहीं बैठा है। मैं इस चीज को, इस अनुभव को, दूसरी भाषा में रखना नहीं जानता। ईश्वर की कृति को लौकिक भाषा में प्रकट करते हुए भी मैं जानता हूँ कि उसका 'कार्य' अवर्णनीय है। किन्तु यदि पामर मनुष्य वर्णन करने बैठे, तो उसके पास तो उसकी अपनी तोतली बोली ही हो सकती है। साधारणतः सर्पादि को न मारने पर भी आश्रम-समाज के पच्चीस वर्ष तक बचे रहने को संयोग मानने के बदले ईश्वर की कृपा मानना यदि वहम हो, तो वह वहम भी बनाये रखने जैसा है।

जब मजदूरों की हड़ताल हुई, तब आश्रम की नींव पड़ रही थी। आश्रम की प्रधान प्रवृत्ति बुनाई-काम की थी। कातने की तो अभी हम खोज ही नहीं कर पाये थे। अतएव पहले बुनाई-घर बनाने का निश्चय किया था। इससे उसकी नींव चुनी जा रही थी।

२२. उपवास

मजदूरों ने शुरू के दो हफ्तों में खूब हिम्मत दिखायी; शांति भी खूब रखी; प्रतिदिन की सभाओं में वे बड़ी संख्या में हाजिर भी रहे। प्रतिज्ञा का स्मरण मैं रोज उन्हें कराता ही था। वे रोज पुकार-पुकार कर कहते थे, "हम मर मिटेंगे, पर अपनी टेक कभी न छोड़ेंगे।"

लेकिन आखिर वे कमजोर पड़ते जान पड़े। और जिस प्रकार कमजोर आदमी हिंसक होता है, उसी प्रकार उनमें जो कमजोर पड़े वे मिल में जानेवालों का द्वेष करने लगे और मुझे डर मालूम हुआ कि कहीं वे किसीके साथ जबरदस्ती न कर बैठें। रोज की सभा में लोगों की उपस्थिति कम पड़ने लगी। आनेवालों के चेहरों पर उदासीनता छायी रहती थी। मुझे खबर मिली कि मजदूर डगमगाने लगे हैं। मैं परेशान हुआ। यह सोचने लगा कि ऐसे समय में मेरा धर्म क्या हो सकता है। मुझे दक्षिण अफ्रीका के मजदूरों की हड़ताल का अनुभव था। पर यह अनुभव नया था। जिस प्रतिज्ञा के करने में मेरी प्रेरणा थी, जिसका मैं प्रतिदिन साक्षी बनता

था, वह प्रतिज्ञा कैसे टूट सकती है? इस विचार को आप चाहे मेरा अभिमान कह लीजिए अथवा मजदूरों के और सत्य के प्रति मेरा प्रेम कह लीजिए।

सबेरे का समय था। मैं सभा में बैठा था। मेरी समझ में नहीं आ रहा था कि मुझे क्या करना चाहिए। किन्तु सभा में ही मेरे मुँह से निकल गया, "यदि मजदूर फिर से दृढ़ न बनें और फैसला होने तक हड़ताल को चला न सकें, तो मैं तब तक के लिए उपवास करूँगा।"

जो मजदूर हाजिर थे, वे सब हक्के-बक्के रह गये। अनसूयाबहन की आँखों से आँसू की धारा बह चली। मजदूर बोल उठे, "आप नहीं, हम उपवास करेंगे। आपको उपवास नहीं करना चाहिए। हमें माफ कीजिए। हम अपनी प्रतिज्ञा का पालन करेंगे।"

मैंने कहा "आपको उपवास करने की ज़रूरत नहीं है। आपके लिए तो यही बस है कि आप अपनी प्रतिज्ञा का पालन करें। हमारे पास पैसा नहीं है। हम मजदूरों को भीख का अन्न खिलाकर हड़ताल चलाना नहीं चाहते। आप कुछ मजदूरी कीजिए और उससे अपनी रोज की रोटी के लायक पैसा कमा लीजिए। ऐसा करेंगे तो फिर हड़ताल कितने ही दिन क्यों न चले, आप निश्चिन्त रह सकेंगे। मेरा उपवास तो अब फैसले से पहले न छूटेगा।"

वल्लभभाई पटेल मजदूरों के लिए म्युनिसिपैलिटी में काम खोज रहे थे, पर वहाँ कुछ काम मिलने की संभावना न थी। आश्रम की बुनाई-शाला में रेत का भराव करने की ज़रूरत थी। मगनलाल गांधीने सुझाया कि इस काम में बहुत से मजदूर लगाये जा सकते हैं। मजदूर इसे करने को तैयार हो गये। अनसूयाबहन ने पहली टोकरी उठायी और नदी में से रेत की टोकरियाँ ढोनेवाले मजदूरों की एक कतार खड़ी हो गयी। वह दृश्य देखने योग्य था। मजदूरों में नया बल आ गया। उन्हें पैसे चुकानेवाले चुकाते-चुकाते थक गये।

इस उपवास में एक दोष था। मैं ऊपर लिख चुका हूँ कि मालिकों के साथ मेरा मीठा सम्बन्ध था। इसलिए उन पर उपवास का प्रभाव पड़े बिना रह ही नहीं सकता था। मैं तो जानता था कि सत्याग्रही के नाते मैं उनके विरूद्ध उपवास कर ही नहीं सकता; उन पर कोई प्रभाव पड़े तो वह मजदूरों की हड़ताल का ही पड़ना चाहिए। मेरा प्रायश्चित्त उनके दोषों के लिए नहीं था; मजदूरों के दोष के निमित्त से था। मैं मजदूरों का प्रतिनिधि था। इसलिए उनके दोष से मैं दोषित

होता था। मालिकों से तो मैं केवल बिनती ही कर सकता था। उनके विरूद्ध उपवास करना उन पर ज्यादती करने के समान था। फिर भी मैं जानता था कि मेरे उपवास का प्रभाव उन पर पड़े बिना रहेगा ही नहीं। प्रभाव पड़ा भी। किन्तु मैं अपने उपवास को रोक नहीं सकता था। मैंने स्पष्ट देखा कि ऐसा दोषमय उपवास करना मेरा धर्म है।

मैंने मालिकों को समझायाः "मेरे उपवास के कारण आपको अपना मार्ग छोड़ने की तनिक भी ज़रूरत नहीं।" उन्होंने मुझे कड़वे-मीठे ताने भी दिये। उन्हें वैसा करने का अधिकार था।

सेठ अंबालाल इस हड़ताल के विरूद्ध दृढ़ रहनेवालों में अग्रगण्य थे। उनकी दृढ़ता आश्चर्यजनक थी। उनकी निष्कपटता भी मुझे उतनी ही पसन्द आयी। उनसे लड़ना मुझे प्रिय लगा। उनके जैसे अगुवा जिस विरोधी दल में थे, उस पर उपवास का पड़नेवाला अप्रत्यक्ष प्रभाव मुझे अखरा। फिर, उनकी धर्मपत्नी श्री सरलादेवी का मेरे प्रति सगी बहन जैसा प्रेम था। मेरे उपवास से उन्हें जो घबराहट होती थी, वह मुझसे देखी नहीं जाती थी।

मेरे पहले उपवास में अनसूयाबहन, दूसरे कई मित्र और मजदूर साथी बने। उन्हें अधिक उपवास न करने के लिए मैं मुश्किल से समझा सका। इस प्रकार चारों ओर प्रेममय वातावरण बन गया। मालिक केवल दयावश होकर समझौते का रास्ता खोजने लगे। अनसूयाबहन के यहाँ उनकी चर्चायें चलने लगीं। श्री आनन्दशंकर ध्रुव भी बीच में पड़े। आखिर वे पंच नियुक्त हुए और हड़ताल टूटी। मुझे केवल तीन उपवास करने पड़े। मालिकों ने मजदूरों को मिठाई बाँटी। इक्कीसवें दिन समझौता हुआ। समझौते की सभा में मिल-मालिक और उत्तरी विभाग के कमिश्नर मौजूद थे। कमिश्नर ने मजदूरों को सलाह दी थीः "आपको हमेशा मि० गांधी जैसा कहें वैसा करना चाहिए।" इस घटना के बाद तुरन्त ही मुझे इन्हीं कमिश्नर से लड़ना पड़ा था। समय बदला इसलिए वे भी बदल गये और खेड़ा के पाटीदारों को मेरी सलाह न मानने की बात कहने लगे।

यहाँ एक दिलचस्प और करूणाजनक घटना का उल्लेख करना उचित जान पड़ता है। मालिकों की बनवाई हुई मिठाई बहुत ज्यादा थी और सवाल यह खड़ा हो गया था कि वह हजारों मजदूरों में कैसे बाँटी जाय? जिस पेड़ की छायातले मजदूरों ने प्रतिज्ञा की थी वहीं उसे बाँटना उचित है, यह सोचकर और दूसरी

जगह हजारों मजदूरों को इक्ट्ठा करना कष्टप्रद होगा, यह समझकर पेड़ के आस-पास के खुले मैदान में बाँटने का निश्चय हुआ था। अपने भोलेपन के कारण मैंने यह मान लिया था कि इक्कीस दिन तक नियमन में रहे हुए मजदूर बिना प्रयत्न के कतार में खड़े होकर मिठाई ले लेंगे और अधीर बनकर उस पर टूट न पड़ेंगे। पर मैदान में बाँटने की दो-तीन रीतियाँ आजमायी गयीं और वे विफल हुईं। दो-तीन मिनट काम ढंग से चलता और फिर तुरन्त बँधी कतार टूट जाती। मजदूरों के नेताओंने खूब कोशिश की, पर वह व्यर्थ सिद्ध हुई। अन्त में भीड़, कोलाहल और छीनाझपटी यहाँ तक बढ़ गयी कि कुछ मिठाई कुचलकर बरबाद हो गयी। मैदान में बाँटना बन्द करना पड़ा और बची हुई मिठाई को मुश्किल से बचाकर सेठ अंबालाल के मिर्जापुरवाले बँगले पर पहुँचाया जा सका। दूसरे दिन यह मिठाई बँगले के मैदान में ही बाँटनी पड़ी।

इस घटना में निहित हास्यरस तो स्पष्ट ही है। परन्तु उसके करूण रस का उल्लेख करना ज़रूरी है। 'एक टेक' वाले पेड़ के पास मिठाई न बँट सकने के कारण का पता लगाने पर मालूम हुआ कि मिठाई बँटने की खबर पाकर अहमदाबाद के भिखारी वहाँ आ पहुँचे थे और उन्होंने कतार तोड़कर मिठाई झपट लेने की कोशिश की थी।

यह देश भुखमरी से इतना पीड़ित है कि भिखारियों की संख्या दिनोंदिन बढ़ती जाती है और वे भोजन पाने के लिए साधारण मर्यादा का उल्लंघन करते हैं। धनवान लोग ऐसे भिखारियों के लिए काम की व्यवस्था करने के बदले बिना विचारे भिक्षा देकर उन्हें पोसते हैं।

२३. खेड़ा-सत्याग्रह

मजदूरों की हड़ताल समाप्त होने के बाद दम लेने को भी समय न मिला और मुझे खेड़ा जिले के सत्याग्रह का काम हाथ में लेना पड़ा। खेड़ा जिले में अकाल की-सी स्थिति होने के कारण खेड़ा के पाटीदार लोग लगान माफ कराने की कोशिश कर रहे थे। इस विषय में श्री अमृतलाल ठक्कर ने जाँच करके रिपोर्ट तैयार की थी। इस बारेमें कोई निश्चित सलाह देने से पहले मैं कमिश्नर से मिला। श्री मोहनलाल पंड्या और श्री शंकरलाल परीख अथक परिश्रम कर रहे थे। वे स्व॰ गोकलदास कहानदास पारेख और विट्ठलभाई पटेल के द्वारा धारासभा में

आन्दोलन कर रहे थे। सरकार के पास डेप्युटेशन भी गये थे।

इस समय मैं गुजरात-सभा का सभापति था। सभाने कमिश्नर और गवर्नर को प्रार्थना-पत्र भेजे, तार किये, अपमान सहे। सभा उनकी धमकियों को पचा गयी। अधिकारियों का उस समय का ढंग आज तो हास्यजनक प्रतीत होता है। उन दिनों का उनका अत्यन्त हलका बरताव आज असंभव-सा मालूम होता है।

लोगों की माँग इतनी साफ और इतनी साधारण थी कि उसके लिए लड़ाई लड़ने की ज़रूरत ही न होनी चाहिए थी। कानून यह था कि अगर फसल चार ही आना या उससे कम आवे, तो उस साल का लगान माफ किया जाना चाहिए। पर सरकारी अधिकारियों का अंदाज चार आने से अधिक था। लोगों द्वारा यह सिद्ध किया जा रहा था कि उपज चार आने से कम कूती जानी चाहिए, पर सरकार क्यों मानने लगी? लोगों की ओर से पंच बैठाने की माँग की गयी। सरकार को वह असह्य मालूम हुई। जितना अनुनय-विनय हो सकता था, सो सब कर चुकने के बाद और साथियों से परामर्श करने के पश्चात् मैंने सत्याग्रह करने की सलाह दी।

साथियों में खेड़ा जिले के सेवकों के अतिरिक्त मुख्यतः श्री वल्लभभाई पटेल, श्री शंकरलाल बैंकर, श्री अनसूयाबहन, श्री इन्दुलाल कन्हैयालाल याज्ञिक, श्री महादेव देसाई आदि थे। श्री वल्लभभाई अपनी बड़ी और बढ़ती हुई वकालत की बलि देकर आये थे। ऐसा कहा जा सकता है कि इसके बाद वे निश्चिन्त होकर वकालत कर ही न सके।

हम नड़ियाद के अनाथाश्रम में ठहरे थे। अनाथाश्रम में ठहरने को कोई विशेषता न समझे। नड़ियाद में उसके जैसा कोई स्वतंत्र मकान नहीं था, जिसमें इतने सारे लोग समा सकें। अन्त में नीचे लिखी प्रतिज्ञा पर हस्ताक्षर लिये गये:

"हम जानते हैं कि हमारे गाँवों की फसल चार आने से कम हुई है। इस कारण हमने सरकार से प्रार्थना की कि वह लगान-वसूली का काम अगले वर्ष तक मुलतवी रखे। फिर भी वह मुलतवी नहीं किया गया। अतएव हम नीचे सही करनेवाले लोग यह प्रतिज्ञा करते हैं कि हम इस साल का पूरा या बाकी रहा सरकारी लगान नहीं देंगे। पर उसे वसूल करने के लिए सरकार जो भी कानूनी कार्रवाई करना चाहेगी, हम करने देंगे और उससे होनेवाले दुःख सहन करेंगे। यदि हमारी जमीन खालसा की गयी, तो हम उसे खालसा भी होने देंगे। पर अपने

हाथों पैसे जमा करके हम झूठे नहीं ठहरेंगे और स्वाभिमान नहीं खोयेंगे। अगर सरकार बाकी बची हुई सब जगहों में दूसरी किस्त की वसूली मुलतवी रखे, तो हममें से जो लोग जमा करा सकते हैं वे पूरा अथवा बाकी रहा हुआ लगान जमा कराने को तैयार हैं। हममें से जो जमा करा सकते हैं, उनके लगान जमा न कराने का कारण यह है कि अगर समर्थ लोग जमा करा दें, तो असमर्थ लोग घबराहट में पड़कर अपनी कोई भी चीज बेचकर या कर्ज करके लगान जमा करा देंगे और दुःख उठाएँगे। हमारी यह मान्यता है कि ऐसी स्थिति में गरीबों की रक्षा करना समर्थ लोगों का कर्तव्य है।"

इस लड़ाई के लिए मैं अधिक प्रकरण नहीं दे सकता। अतएव अनेक मीठे स्मरण छोड़ देने पड़ेंगे। जो इस महत्त्वपूर्ण लड़ाई का गहरा अध्ययन करना चाहें, उन्हें श्री शंकरलाल परीख द्वारा लिखित खेड़ा की लड़ाई का विस्तृत प्रामाणिक इतिहास पढ़ जाने की मैं सिफ़ारिश करता हूँ।

२४. 'प्याजचोर'

चम्पारन हिन्दुस्तान के ऐसे कोने में स्थित था और वहाँ की लड़ाई को इस तरह अखबारों से अलग रखा जा सका था कि वहाँ बाहर से देखनेवाले कोई आते नहीं थे। पर खेड़ा की लड़ाई अखबारों की चर्चा का विषय बन चुकी थी। गुजरातियों को इस नई वस्तु में विशेष रस आने लगा था। वे पैसा लुटाने को तैयार थे। सत्याग्रह की लड़ाई पैसे से नहीं चल सकती, उसे पैसे की कम-से-कम आवश्यकता रहती है, यह बात जल्दी उनकी समझ में नहीं आ रही थी। मना करने पर भी बम्बई के सेठों ने आवश्यकता से अधिक पैसे दिये थे और लड़ाई के अन्त में उसमें से कुछ रकम बच गयी थी।

दूसरी तरफ सत्याग्रही सेना को भी सादगी का नया पाठ सीखना था। मैं यह तो नहीं कह सकता कि वे पूरा पाठ सीख सके थे, पर उन्होंने अपनी रहन-सहन में बहुत कुछ सुधार कर लिया था।

पाटीदारों के लिए भी यह लड़ाई नई थी। गाँव-गाँव घूमकर लोगों को इसका रहस्य समझाना पड़ता था। सरकारी अधिकारी जनता के मालिक नहीं, बल्कि नौकर हैं; जनता के पैसे से उन्हें तनख्वाह मिलती है-यह सब समझाकर उनका भय दूर करने का काम मुख्य था। और निर्भय होने पर भी विनय के पालन

का उपाय बताना और उसे गले उतारना लगभग असंभव-सा प्रतीत होता था। अधिकारियों का डर छोड़ने के बाद उनके द्वारा किये गये अपमानों का बदला चुकाने की इच्छा किसे नहीं होती! फिर भी यदि सत्याग्रही अविनयी बनता है, तो वह दूध में जहर मिलने के समान है। पाटीदार विनय का पाठ पूरी तरह पढ़ नहीं पाये, इसे मैं बाद में अधिक समझ सका। अनुभव से मैं इस परिणाम पर पहुँचा हूँ कि विनय सत्याग्रह का कठिन-से-कठिन अंश है। यहाँ विनय का अर्थ केवल सम्मान-पूर्वक वचन कहना ही नहीं है। विनय से तात्पर्य है, विरोधी के प्रति भी मन में आदर, सरल भाव, उसके हित की इच्छा और तदनुसार व्यवहार।

शुरू के दिनों में लोगों में खूब हिम्मत दिखायी देती थी। शुरू-शुरू में सरकारी कार्रवाई भी कुछ ढीली ही थी। लेकिन जैसे-जैसे लोगों की दृढ़ता बढ़ती मालूम हुई, वैसे-वैसे सरकार को भी अधिक उग्र कार्रवाई करने की इच्छा हुई। कुर्की करनेवालों ने लोगों के पशु बेच डाले, घर में से जो चाहा सो माल उठाकर ले गये। चौथाई जुर्माने की नोटिसें निकलीं। किसी-किसी गाँव की सारी फसल जब्त कर ली गयी। लोगों में घबराहट फैली। कुछने लगान जमा करा दिया। दूसरे मन-ही-मन यह चाहने लगे कि सरकारी अधिकारी उनका सामान जब्त करके लगान वसूल कर लें तो भर पाये। कुछ लोग मर-मिटनेवाले भी निकले।

इसी बीच शंकरलाल परीख की जमीन का लगान उनकी जमीन पर रहनेवाले आदमीने जमा करा दिया। इससे हाहाकार मच गया। शंकरलाल परीख ने वह जमीन जनता को देकर अपने आदमी से हुई भूल का प्रायश्चित्त किया। इससे उनकी प्रतिष्ठा की रक्षा हुई और दूसरों के लिए एक उदाहरण प्रस्तुत हो गया।

भयभीत लोगों को प्रोत्साहित करने के लिए मोहनलाल पंड्या के नेतृत्व में मैंने एक ऐसे खेत में खड़ी प्याज की तैयार फसल को उतार लेने की सलाह दी, जो अनुचित रीति से जब्त किया गया था। मेरी दृष्टि में इससे कानून का भंग नहीं होता था। लेकिन अगर कानून टूटता हो, तो भी मैंने यह सुझाया कि मामूली- से लगान के लिए समूची तैयार फसल को जब्त करना कानूनन् ठीक होते हुए भी नीति के विरूद्ध है और स्पष्ट लूट है, अतएव इस प्रकार की जब्ती का अनादर करना हमारा धर्म है। लोगों का स्पष्ट रूप से समझा दिया था कि ऐसा करने में जेल जाने और जुर्माना होने का खतरा है। मोहनलाल पंड्या तो यही चाहते थे। सत्याग्रह के अनुरूप किसी रीति से किसी सत्याग्रही

के जेल गये बिना खेड़ा की लड़ाई समाप्त हो जाय, यह चीज उन्हें अच्छी नहीं लग रही थी। उन्होंने इस खेत का प्याज खुदवाने का बीड़ा उठाया। सात-आठ आदमियों ने उनका साथ दिया।

सरकार उन्हें पकड़े बिना भला कैसे रहती? मोहनलाल और उनके साथी पकड़े गये। इससे लोगों का उत्साह बढ़ गया। जहाँ लोग जेल इत्यादि के विषय में निर्भय बन जाते हैं, वहाँ राजदण्ड लोगों को दबाने के बदले उनमें शूरवीरता उत्पन्न करता है। अदालत में लोगों के दल-के-दल मुकदमा देखने को उमड़ पड़े। मोहनलाल पंड्या को और उनके साथियों को थोड़े-थोड़े दिनों की कैद की सजा दी गयी। मैं मानता हूँ कि अदालत का फैसला गलत था। प्याज उखाड़ने का काम चोरी की कानूनी व्याख्या की सीमा में नहीं आता था। पर अपील करने की किसीकी वृत्ति ही न थी।

जेल जानेवालों को पहुँचाने के लिए एक जुलूस उनके साथ हो गया, और उस दिन से मोहनलाल पंड्या को लोगों की ओर से 'प्याजचोर' की सम्मानित पदवी प्राप्त हुई, जिसका उपभोग वे आज तक कर रहे हैं।

इस लड़ाई का कैसा और किस प्रकार अन्त हुआ, इसका वर्णन करके हम खेड़ा-प्रकरण समाप्त करेंगे।

२५. खेड़ा की लड़ाई का अन्त

इस लड़ाई का अन्त विचित्र रीति से हुआ। यह तो साफ था कि लोग थक चुके थे। जो दृढ़ रहे थे उन्हें पूरी तरह बरबाद होने देने में संकोच हो रहा था। मेरा झुकाव इस ओर था कि सत्याग्रही के अनुरूप इसकी समाप्ति का कोई शोभास्पद मार्ग निकल आये, तो उसे अपनाना ठीक होगा। ऐसा एक अनसोचा उपाय सामने आ गया। नड़ियाद तालुका के तहसीलदार ने संदेशा भेजा कि अगर अच्छी स्थितिवाले पाटीदार लगान अदा कर दें, तो गरीबों का लगान मुलतवी रहेगा। इस विषय में मैंने लिखित स्वीकृति माँगी और वह मिल गयी। तहसीलदार अपनी तहसील की ही जिम्मेदारी ले सकता था। सारे जिले की जिम्मेदारी तो कलेक्टर ही ले सकता था। इसलिए मैंने कलेक्टर से पूछा। उनका जवाब मिला कि तहसीलदार ने जो कहा है उसके अनुसार तो हुक्म निकल ही चुका है। मुझे इसका पता नहीं था। लेकिन यदि ऐसा हुक्म निकल चुका हो, तो

माना जा सकता है कि लोगों की प्रतिज्ञा का पालन हुआ। प्रतिज्ञा में यही वस्तु थी, अतएव इस हुक्म से हमने संतोष माना।

फिर भी इस प्रकार की समाप्ति से हम प्रसन्न न हो सके। सत्याग्रह की लड़ाई के पीछे जो एक मिठास होती है, वह इसमें नहीं थी। कलेक्टर मानता था कि उसने कुछ किया ही नहीं। गरीब लोगों को छोड़ने की बात कही जाती थी, किन्तु वे शायद ही छूट पाये। जनता यह कहने का अधिकार आजमा न सकी कि गरीब में किसकी गिनती की जाय। मुझे इस बात का दुःख था कि जनता में इस प्रकार की शक्ति रह नहीं गयी थी। अतएव लड़ाई की समाप्ति का उत्सव तो मनाया गया, पर इस दृष्टि से मुझे वह निस्तेज लगा। सत्याग्रह का शुद्ध अन्त तभी माना जाता है, जब जनता में आरम्भ की अपेक्षा अन्त में अधिक तेज और शक्ति पायी जाय। मैं इसका दर्शन न कर सका। इतने पर भी इस लड़ाई के जो अदृश्य परिणाम निकले, उनका लाभ तो आज भी देखा जा सकता है और उठाया जा रहा है। खेड़ा की लड़ाई से गुजरात के किसान-समाज की जागृति का और उसकी राजनीतिक शिक्षा का श्रीगणेश हुआ।

विदुषी डॉ॰ बेसेण्ट के 'होम रूल' के तेजस्वी आन्दोलन ने उसका स्पर्श अवश्य किया था, लेकिन कहना होगा कि किसानों के जीवन में शिक्षित समाज का और स्वयंसेवकों का सच्चा प्रवेश तो इस लड़ाई से ही हुआ। सेवक पाटीदारों के जीवन में ओतप्रोत हो गये थे। स्वयंसेवकों को इस लड़ाई में अपने क्षेत्र की मर्यादाओं का पता चला। इससे उनकी त्यागशक्ति बढ़ी। इस लड़ाई में वल्लभभाई ने अपने-आपको पहचाना। यह एक ही कोई ऐसा-वैसा परिणाम नहीं है। इसे हम पिछले साल संकट-निवारण के समय और इस साल बारडोली में देख चुके हैं। इससे गुजरात के लोक-जीवन में नया तेज आया, नया उत्साह उत्पन्न हुआ। पाटीदारों को अपनी शक्ति का जो ज्ञान हुआ, उसे वे कभी न भूले। सब कोई समझ गये कि जनता की मुक्ति का आधार स्वयं जनता पर, उसकी त्यागशक्ति पर है। सत्याग्रह ने खेड़ा के द्वारा गुजरात में अपनी जड़ जमा ली। अतएव यद्यपि लड़ाई के अन्त से मैं प्रसन्न न हो सका, तो भी खेड़ा की जनता में उत्साह था। क्योंकि उसने देख लिया था कि उसकी शक्ति के अनुपात में उसे सब कुछ मिल गया है और भविष्य में राज्य की ओर से होनेवाले कष्टों के निवारण का मार्ग उसके हाथ लग गया है। उसके उत्साह के लिए इतना ज्ञान पर्याप्त था।

किन्तु खेड़ा की जनता सत्याग्रह का स्वरूप पूरी तरह समझ नहीं सकी थी। इस कारण उसे कैसे कड़वे अनुभव हुए, सो हम आगे देखेंगे।

२६. एकता की रट

जिन दिनों खेड़ा का आन्दोलन चल रहा था, उन दिनों यूरोप का महायुद्ध भी जारी ही था। वाइसरॉय ने उसके सिलसिले में नेताओं को दिल्ली बुलाया था। मुझसे आग्रह किया गया था कि मैं भी उसमें हाजिर होऊँ। मैं बता चुका हूँ कि लॉर्ड चेम्सफर्ड के साथ मेरी मित्रता थी।

मैंने निमंत्रण स्वीकार किया और मैं दिल्ली गया। किन्तु इस सभा में सम्मिलित होते समय मेरे मन में एक संकोच था। मुख्य कारण तो यह था कि इस सभा में अलीभाइयों को, लोकमान्य को और दूसरे नेताओं को निमंत्रित नहीं किया गया था। उस समय अलीभाई जेल में थे। उनसे मैं एक-दो बार ही मिला था। उनके बारेमें सुना बहुत था। उनकी सेवावृत्ति और बहादुरी की सराहना सब कोई करते थे। हकीम साहब के सम्पर्क में मैं नहीं आया था। स्व० आचार्य रूद्र और दीनबन्धु एण्ड्रूज के मुँह से उनकी बहुत प्रशंसा सुनी थी। कलकत्ते में हुई मुस्लिम लीग की बैठक के समय श्वेब कुरेशी और बारिस्टर ख्वाजा से मेरी जान-पहचान हुई थी। डॉ० अन्सारी और डॉ० अब्दुर रहमान के साथ भी जान-पहचान हो चुकी थी। मैं सज्जन मुसलमानों की संगति के अवसर ढूँढ़ता रहता था और जो पवित्र तथा देशभक्त माने जाते थे, उनसे जान-पहचान करके उनकी भावना को जानने की तीव्र इच्छा मुझमें रहती थी। इसलिए वे अपने समाज में मुझे जहाँ कहीं ले जाते वहाँ बिना किसी आनाकानी के मैं चला जाता था।

इस बात को तो मैं दक्षिण अफ्रीका में ही समझ चुका था कि हिन्दू-मुसलमानों के बीच सच्चा मित्रभाव नहीं है। मैं वहाँ ऐसे एक भी उपाय को हाथ से जाने न देता था, जिससे दोनों के बीच की अनबन दूर हो। झूठी खुशामद करके अथवा स्वाभिमान खोकर उनको अथवा किसी और को रिझाना मेरे स्वभाव में न था। लेकिन वहीं से मेरे दिल में यह बात जमी हुई थी कि मेरी अहिंसा की कसौटी और उसका विशाल प्रयोग इस एकता के सिलसिले में ही होगा। आज भी मेरी वह राय कायम है। ईश्वर प्रतिक्षण मुझे कसौटी पर कस रहा है। मेरा प्रयोग चालू ही है।

इस प्रकार के विचार लेकर मैं बम्बई बन्दर पर उतरा था। इसलिए मुझे इन

दोनों भाइयों से मिलकर प्रसन्नता हुई। हमारा स्नेह बढ़ता गया। हमारी जान-पहचान होने के बाद तुरन्त ही अलीभाइयों को सरकार ने जीते-जी दफना दिया। मौलाना मुहम्मदअली को जब इजाजत मिलती, तब वे बैतूल या छिंदवाड़ा जेल से मुझे लम्बे-लम्बे पत्र लिखा करते थे। मैंने उनसे मिलने की इजाजत सरकार से माँगी थी, पर वह मिल न सकी।

अलीभाइयों की नजरबन्दी के बाद मुसलमान भाई मुझे कलकत्ता मुस्लिम लीग की बैठक में लिवा ले गये थे। वहाँ मुझसे बोलने को कहा गया। मैं बोला। मैंने मुसलमानों को समझाया कि अलीभाइयों को छुड़ाना उनका धर्म है।

इसके बाद वे मुझे अलीगढ़ कॉलेज में भी ले गये थे। वहाँ मैंने मुलसमानों को देश के लिए फकीरी अख्तियार करने की दावत दी।

अलीभाइयों को छुड़ाने के लिए मैंने सरकार से पत्र-व्यवहार शुरू किया। उसके निमित्त से इन भाइयों की खिलाफत-सम्बन्धी हलचल का अध्ययन किया। मुसलमानों के साथ चर्चायें कीं। मुझे लगा कि अगर मैं मुसलमानों का सच्चा मित्र बनना चाहता हूँ, तो मुझे अलीभाइयों को छुड़ाने में और खिलाफत के प्रश्न को न्याय-पूर्वक सुलझाने में पूरी मदद करनी चाहिए। खिलाफत का सवाल मेरे लिए सरल था। मुझे उसके स्वतंत्र गुण-दोष देखने की ज़रूरत नहीं थी। मुझे लगा कि अगर उसके सम्बन्ध में मुसलमानों की माँग नीति-विरूद्ध न हो, तो मुझे उनकी मदद करनी चाहिए। धर्म के प्रश्न में श्रद्धा सर्वोपरि होती है। यदि एक ही वस्तु के प्रति सबकी एकसी श्रद्धा हो, तो संसार में एक ही धर्म रह जाय। मुझे मुसलमानों की खिलाफत-सम्बन्धी माँग नीति-विरूद्ध प्रतीत नहीं हुई; यही नहीं, बल्कि ब्रिटेन के प्रधानमंत्री लायड जॉर्ज ने इस माँग को स्वीकार किया था, इसलिए मुझे तो उनसे वचन का पालन करवाने का भी प्रयत्न करना था। वचन ऐसे स्पष्ट शब्दों में था कि मर्यादित माँग के गुण-दोष जाँचने का काम केवल अपनी अन्तरात्मा को प्रसन्न करने के लिए ही करना था।

चूँकि मैंने खिलाफत के मामले में मुसलमानों का साथ दिया था, इसलिए इस सम्बन्ध में मित्रों और आलोचकों ने मेरी काफी आलोचना की है। उन सब पर विचार करने के बाद जो राय मैंने बनायी और जो मदद दी या दिलायी, उसके बारेमें मुझे कोई पश्चात्ताप नहीं है, न उसमें मुझे कोई सुधार ही करना है। मुझे लगता है कि आज भी ऐसा सवाल उठे, तो मेरा व्यवहार पहले की तरह ही होगा।

इस प्रकार के विचार लेकर मैं दिल्ली गया। मुसलमानों के दुःख की चर्चा मुझे वाइसरॉय से करनी थी। खिलाफत के प्रश्न ने अभी पूर्ण स्वरूप धारण नहीं किया था।

दिल्ली पहुँचते ही दीनबन्धु एण्ड्रूज ने एक नैतिक प्रश्न खड़ा कर दिया। उन्हीं दिनों इटली और इंग्लैण्ड के बीच गुप्त संधि होने की जो चर्चा अंग्रेजी अखबारों में छिड़ी थी, उसकी बात कहकर दीनबन्धुने मुझसे कहा: "यदि इंग्लैण्ड ने इस प्रकार की गुप्त संधि किसी राष्ट्र के साथ की हो, तो आप इस सभा में सहायक की तरह कैसे भाग ले सकते हैं?" मैं इस संधियों के विषय में कुछ जानता नहीं था। दीनबन्धु का शब्द मेरे लिए पर्याप्त था। इस कारण को निमित्त बनाकर मैंने लार्ड चेम्सफर्ड को पत्र लिखा कि सभा में सम्मिलित होते हुए मुझे संकोच हो रहा है। उन्होंने मुझे चर्चा के लिए बुलाया। उनके साथ और बाद में मि० मेफी के साथ मेरी लम्बी चर्चा हुई। उसका परिणाम यह हुआ कि मैंने सभा में सम्मिलित होना स्वीकार किया। थोड़े में वाइसरॉय की दलील यह थी: "आप यह तो नहीं मानते कि ब्रिटिश मंत्री-मंडल जो कुछ करे, उसकी जानकारी वाइसरॉय को होनी ही चाहिए? मैं यह दावा नहीं करता कि ब्रिटिश सरकार कभी भूल करती ही नहीं। कोई भी ऐसा दावा नहीं करता। किन्तु यदि आप यह स्वीकार करते हैं कि उसका अस्तित्व संसार के लिए कल्याणकारी है, यदि आप यह मानते हैं कि उसके कार्यों से इस देश को कुल मिलाकर कुछ लाभ हुआ है, तो क्या आप यह स्वीकार नहीं करेंगे कि उसकी विपत्ति के समय उसे मदद पहुँचाना प्रत्येक नागरिक का धर्म है? गुप्त संधि के विषय में आपने समाचारपत्रों में जो देखा है, वही मैंने भी देखा है। इससे अधिक मैं कुछ नहीं जानता यह मैं आपसे विश्वास-पूर्वक कह सकता हूँ। अखबारों में कैसी-कैसी गप्पें आती हैं, यह तो आप जानते ही हैं। क्या अखबारों में आयी हुई एक निन्दासूचक बात पर आप ऐसे समय राज्य का त्याग कर सकते हैं? लड़ाई समाप्त होने पर आपको जितने नैतिक प्रश्न उठाने हों उतने उठा सकते हैं और जितनी तकरार करनी हो उतनी कर सकते हैं।"

यह दलील नई नहीं थी। लेकिन जिस अवसर पर और जिस रीति से यह पेश की गयी, उससे मुझे नई-जैसी लगी और मैंने सभा में जाना स्वीकार कर लिया। खिलाफत के बारेमें यह निश्चय हुआ कि मैं वाइसरॉय को पत्र लिखकर भेजूँ।

२७. रंगरूटों की भरती

मैं सभा में हाजिर हुआ। वाइसरॉय की तीव्र इच्छा थी कि मैं सिपाहियों की मददवाले प्रस्ताव का समर्थन करूँ। मैंने हिन्दी-हिन्दुस्तानी में बोलने की इजाजत चाही। वाइसरॉय ने इजाजत तो दी, किन्तु साथ ही अंग्रेजी में भी बोलने को कहा। मुझे भाषण तो करना ही नहीं था। मैंने वहाँ जो कहा सो इतना ही था: "मुझे अपनी जिम्मेदारी का पूरा खयाल है और उस जिम्मेदारी को समझते हुए मैं इस प्रस्ताव का समर्थन करता हूँ।"

हिन्दुस्तानी में बोलने के लिए मुझे बहुतों ने धन्यवाद दिया। वे कहते थे कि इधर के जमाने में वाइसरॉय की सभा में हिन्दुस्तानी में बोलने का यह पहला उदाहरण था। धन्यवाद की और पहले उदाहरण की बात सुनकर मुझे दुःख हुआ। मैं शरमाया। अपने ही देशमें, देश से सम्बन्ध रखनेवाले काम की सभा में, देश की भाषा का बहिष्कार अथवा उसकी अवगणना कितने दुःख की बात थी! और, मेरे-जैसा कोई हिन्दुस्तानी में एक या दो वाक्य बोले, तो उसमें धन्यवाद किस बात का? ऐसे प्रसंग हमारी गिरी हुई दशा का खयाल करानेवाले हैं। सभा में कहे गये वाक्य में मेरे लिए तो बहुत वजन था। मैं उस सभा को अथवा उस समर्थन को भूल नहीं सकता था। अपनी एक जिम्मेदारी तो मुझे दिल्ली में ही पूरी कर लेनी थी। वाइसरॉय को पत्र लिखने का काम मुझे सरल न जान पड़ा। सभा में जाने की अपनी अनिच्छा, उसके कारण, भविष्य की आशायें आदि की सफाई देना मुझे अपने लिए, सरकार के लिए और जनता के लिए आवश्यक मालूम हुआ।

मैंने वाइसरॉय को जो पत्र लिखा, उसमें लोकमान्य तिलक, अलीभाई आदि नेताओं की अनुपस्थिति के विषय में अपना खेद प्रकट किया तथा लोगों की राजनीतिक माँग का और लड़ाई के कारण उत्पन्न हुई मुसलमानों की माँगों का उल्लेख किया। मैंने इस पत्र को छपाने की अनुमति चाही और वाइसरॉय ने वह खुशी से दी।

यह पत्र शिमला भेजना था, क्योंकि सभा के समाप्त होते ही वाइसरॉय शिमला पहुँच गये थे। वहाँ डाक द्वारा पत्र भेजने में देर होती थी। मेरी दृष्टि से पत्र महत्त्व का था। समय बचाने की आवश्यकता थी। हर किसीके साथ पत्र भेजने की इच्छा न थी। मुझे लगा कि पत्र किसी पवित्र मनुष्य के द्वारा जाए तो

अच्छा हो। दीनबन्धु और सुशील रूद्रने रेवरेण्ड आयरलैण्ड नामक एक सज्जन का नाम सुझाया। उन्होंने पत्र ले जाना स्वीकार किया, बशर्ते कि पढ़ने पर वह उन्हें शुद्ध प्रतीत हो। पत्र व्यक्तिगत नहीं था। उन्होंने पढ़ा। उनको अच्छा लगा और वे ले जाने को राजी हुए। मैंने दूसरे दर्जे का रेल-किराया देने की व्यवस्था की, किन्तु उन्होंने उसे लेने से इनकार किया और रात की यात्रा होते हुए भी ड्योढ़े दर्जे का ही टिकट लिया। उनकी सादगी, सरलता और स्पष्टता पर मैं मुग्ध हो गया। इस प्रकार पवित्र हाथों द्वारा दिये गये पत्र का परिणाम मेरी दृष्टि से अच्छा ही हुआ। उससे मेरा मार्ग साफ हो गया।

मेरी दूसरी जिम्मेदारी रंगरूट भरती करने की थी। इसकी याचना मैं खेड़ा में न करता तो और कहाँ करता? पहले अपने साथियों को न न्योतता तो किसे न्योतता? खेड़ा पहुँचते ही वल्लभभाई इत्यादि के साथ मैंने सलाह की। उनमें से कुछ के गले बात तुरन्त उतरी नहीं। जिन के गले उतरी उन्होंने कार्य की सफलता के विषय में शंका प्रकट की। जिन लोगों में से रंगरूटों की भरती करनी थी, उन लोगों में सरकार के प्रति किसी प्रकार का अनुराग न था। सरकारी अफसरों का उन्हें जो कड़वा अनुभव हुआ था, वह भी ताजा ही था।

फिर भी सब इस पक्ष में हो गये कि काम शुरू कर दिया जाए। शुरू करते ही मेरी आँख खुली। मेरा आशावाद भी कुछ शिथिल पड़ा। खेड़ा की लड़ाई में लोग अपनी बैलगाड़ी मुफ्त में देते थे। जहाँ एक स्वयंसेवक की हाजिरी की ज़रूरत थी, वहाँ तीन-चार मिल जाते थे। अब पैसे देने पर भी गाड़ी दुर्लभ हो गयी। लेकिन हम यों निराश होनेवाले नहीं थे। गाड़ी के बदले हमने पैदल यात्रा करने का निश्चय किया। रोज बीस मील की मंजिल तय करनी थी। जहाँ गाड़ी न मिलती, वहाँ खाना तो मिलता ही कैसे? माँगना भी उचित नहीं जान पड़ा। अतएव यह निश्चय किया कि प्रत्येक स्वयंसेवक अपने खाने के लिए पर्याप्त सामग्री अपनी थैली में लेकर निकले। गर्मी के दिन थे, इसलिए साथ में ओढ़ने के लिए तो कुछ रखने की आवश्यकता न थी।

हम जिस गाँव में जाते, उस गाँव में सभा करते। लोग आते, लेकिन भरती के लिए नाम तो मुश्किल से एक या दो ही मिलते। 'आप अहिंसावादी होकर हमें हथियार उठाने के लिए क्यों कहते हैं?' 'सरकार ने हिन्दुस्तान का क्या भला किया है कि आप हमें उसकी मदद करने को कहते हैं?' ऐसे अनेक प्रकार के

प्रश्न मेरे सामने रखे जाते थे।

यह सब होते हुए भी धीरे-धीरे हमारे सतत कार्य का प्रभाव लोगों पर पड़ने लगा था। नाम भी काफी संख्या में दर्ज होने लगे थे और हम यह मानने लगे थे कि अगर पहली टुकड़ी निकल पड़े, तो दूसरों के लिए रास्ता खुल जाएगा। यदि रंगरूट निकलें तो उन्हें कहाँ रखा जाए इत्यादि प्रश्नों की चर्चा मैं कमिश्नर से करने लगा था। कमिश्नर दिल्ली के ढंग पर जगह-जगह सभाएँ करने लगे थे। गुजरात में भी वैसी सभा हुई। उसमें मुझे और साथियों को निमंत्रित किया गया था। मैं उसमें भी सम्मिलित हुआ था। पर यदि दिल्ली की सभा में मेरे लिए कम स्थान था, तो यहाँ की सभा में तो उससे भी कम स्थान मुझे अपने लिए मालूम हुआ। 'जी-हुजूरी' के वातावरण में मुझे चैन न पड़ता था। यहाँ मैं कुछ अधिक बोला था। मेरी बात में खुशामद-जैसी तो कोई चीज थी ही नहीं, बल्कि दो कड़वे शब्द भी थे।

रंगरूटों की भरती के सिलसिले में मैंने जो पत्रिका प्रकाशित की थी, उसमें भरती के लिए लोगों को निमंत्रित करते हुए जो एक दलील दी गयी थी वह कमिश्नर को बुरी लगी थी। उसका आशय यह था: "ब्रिटिश राज्य के अनेकानेक दुष्कृत्यों में समूची प्रजा को निःशस्त्र बनानेवाले कानून को इतिहास उसका काले से काला काम मानेगा। इस कानून को रद कराना हो और शस्त्रों का उपयोग सीखना हो, तो उसके लिए यह एक सुवर्ण अवसर है। संकट के समय में मध्यम श्रेणी के लोग स्वेच्छा से शासन की सहायता करेंगे, तो अविश्वास दूर होगा और जो व्यक्ति शस्त्र धारण करना चाहेगा वह आसानी से वैसा कर सकेगा।" इसको लक्ष्य में रखकर कमिश्नर को कहना पड़ा था कि उनके और मेरे बीच मतभेद के रहते हुए भी सभा में मेरी उपस्थिति उन्हें प्रिय थी। मुझे भी अपने मत का समर्थन यथासंभव मीठे शब्दों में करना पड़ा था।

ऊपर वाइसरॉय को लिखे जिस पत्र का उल्लेख किया गया है, उसका सार नीचे दिया जाता है:

"युद्ध-परिषद् में उपस्थित रहने के विषय में मेरी अनिच्छा थी पर आपसे मिलने के बाद वह दूर हो गयी और उसका एक कारण यह अवश्य था कि आपके प्रति मुझे बड़ा आदर है। न आने के कारणों में मजबूत कारण यह था कि उसमें लोकमान्य तिलक, मिसेज बेसेण्ट और अलीभाई निमंत्रित नहीं किये गये थे। इन्हें मैं जनता के बहुत शक्तिशाली नेता मानता हूँ। मुझे

तो लगता है कि इन्हें निमंत्रित न करने में सरकार ने गंभीर भूल की है मैं अभी भी सुझाता हूँ कि प्रान्तीय परिषदें की जाएँ, तो उनमें इन्हें निमंत्रित किया जाए। मेरा यह नम्र मत है कि कोई सरकार ऐसे प्रौढ़ नेताओं की उपेक्षा नहीं कर सकती, फिर भले उनके साथ उसका कैसा भी मतभेद क्यों न हो। इस स्थिति में मैं सभा की समितियों में उपस्थित नहीं रह सका और सभा में प्रस्ताव का समर्थन करके संतुष्ट रहा। सरकार के सम्मुख मैंने जो सुझाव रखे हैं, उनके स्वीकृत होते ही मैं अपने समर्थन को अमली रूप देने की आशा रखता हूँ।

"जिस साम्राज्य में आगे चलकर हम सम्पूर्ण रूप से साझेदार बनने की आशा रखते हैं, संकट के समय में उसकी पूरी मदद करना हमारा धर्म है। किन्तु मुझे यह तो कहना ही चाहिए कि इसके साथ यह आशा बँधी हुई है कि इस मदद के कारण हम अपने ध्येय तक शीघ्र पहुँच सकेंगे। अतएव लोगों को यह मानने का अधिकार है कि आपके भाषण में जिन सुधारों के तुरन्त अमल में आने की आशा प्रकट की गयी है, उन सुधारों में काँग्रेस और मुस्लिम लीग की मुख्य माँगों का समावेश किया जाएगा। यदि मेरे लिए यह संभव होता, तो मैं ऐसे समय होमरूल आदि का उच्चारण तक न करता। बल्कि मैं समस्त शक्तिशाली भारतीयों को प्रेरित करता कि साम्राज्य के संकट के समय वे उसकी रक्षा के लिए चुपचाप खप जाएँ। इतना करने से ही हम साम्राज्य के बड़े-से-बड़े और आदरणीय साझेदार बन जाते और रंगभेद तथा देशभेद का नाम-निशान भी न रहता।

"पर शिक्षित समाज ने इससे कम प्रभावकारी मार्ग अपनाया है। आम लोगों पर उसका बड़ा प्रभाव है। मैं जब से हिन्दुस्तान आया हूँ तभी से आम लोगों के गाढ़ सम्पर्क में आता रहा हूँ और मैं आपको यह बतलाना चाहता हूँ कि होमरूल की लगन उनमें पैठ गयी है। होमरूल के बिना लोगों को कभी संतोष न होगा। वे समझते हैं कि होमरूल प्राप्त करने के लिए जितना बलिदान दिया जाए उतना कम है। अतएव यद्यपि साम्राज्य के लिए जितने स्वयंसेवक दिये जा सकें उतने देने चाहिए, तथापि आर्थिक सहायता के विषय में मैं ऐसा नहीं कह सकता। लोगों की हालत को जानने के बाद मैं यह कह सकता हूँ कि हिन्दुस्तान जो सहायता दे चुका है वह उसके सामर्थ्य

से अधिक है। लेकिन मैं यह समझता हूँ कि सभा में जिन्होंने समर्थन किया है, उन्होंने मरते दम तक सहायता करने का निश्चय किया है। फिर भी हमारी स्थिति विषम है। हम एक पेढ़ी के हिस्सेदार नहीं हैं। हमारी मदद की नींव भविष्य की आशा पर खड़ी की गयी है और यह आशा क्या है सो जरा खोल कर कहने की ज़रूरत है। मैं सौदा करना नहीं चाहता। पर मुझे इतना तो कहना ही चाहिए कि उसके बारेमें हमारे मन में निराशा पैदा हो जाए, तो साम्राज्य के विषय में आज तक की हमारी धारणा भ्रम मानी जाएगी।

"आपने घर के झगड़े भूल जाने की सलाह दी है। यदि उसका अर्थ यह हो कि अत्याचार और अधिकारियों के अपकृत्य सहन कर लिये जाएँ तो यह असंभव है। संगठित अत्याचार का सामना अपनी समूची शक्ति लगाकर करना मैं अपना धर्म मानता हूँ। अतएव आपको अधिकारियों को यह सुझाना चाहिए कि वे एक भी मनुष्य की अवगणना न करें और लोकमत का उतना आदर करें, जितना पहले कभी नहीं किया है। चम्पारन में सौ साल पुराने अत्याचार का विरोध करके मैंने ब्रिटिश न्याय की सर्वश्रेष्ठता सिद्ध कर दिखायी है। खेड़ा की जनताने देख लिया है कि जब उसमें सत्य के लिए दुःख सहने की शक्ति होती है, तब वास्तविक सत्ता राज़सत्ता नहीं, बल्कि लोकसत्ता होती है; और फलतः जनता जिस शासन को शाप देती है, उसके प्रति उसकी कटुता कम हुई है और जिस हकूमत ने सविनय कानून-भंग को सहन कर लिया वह लोकमत की पूरी उपेक्षा करनेवाली नहीं हो सकती, इसका उसे विश्वास हो गया है। अतएव मैं यह मानता हूँ कि चम्पारन और खेड़ा में मैंने जो काम किया है, वह इस लड़ाई में मेरी सेवा है। यदि आप मुझसे इस प्रकार का अपना काम बंद कर देने को कहेंगे, तो मैं यह मानूँगा कि आपने मुझे मेरी साँस बंद करने के लिए कहा है। यदि आत्मबल को अर्थात् प्रेमबल को शस्त्रबल के बदले लोकप्रिय बनाने में मैं सफल हो जाऊँ, तो मैं मानता हूँ कि हिन्दुस्तान सारे संसार की टेढ़ी नजर का भी सामना कर सकता है। अतएव हर बार मैं दुःख सहन करने की इस सनातन नीति को अपने जीवन में बुन लेने के लिए अपनी आत्मा को कसता रहूँगा और इस नीति को स्वीकार करने के लिए दूसरों को निमंत्रण देता रहूँगा; और यदि मैं किसी अन्य कार्य में योग देता हूँ, तो उसका हेतु

भी केवल इसी नीति की अद्वितीय उत्तमता सिद्ध करना है।

"अन्त में मैं आपसे बिनती करता हूँ कि आप मुसलमानी राज्यों के बारेमें स्पष्ट आश्वासन देने के लिए ब्रिटिश मंत्री-मण्डल को लिखिये। आप जानते हैं कि इसके बारेमें हरएक मुसलमान को चिन्ता बनी रहती है। स्वयं हिन्दू होने के कारण उनकी भावना के प्रति मैं उपेक्षा का भाव नहीं रख सकता। उनका दुःख हमारा ही दुःख है। इन मुलसमानी राज्यों के अधिकारों की रक्षा में, उनके धर्मस्थानों के बारेमें उनकी भावना का आदर करने में और हिन्दुस्तान की होमरूल-विषयक माँग को स्वीकार करने में साम्राज्य की सुरक्षा समायी हुई है। चूँकि मैं अंग्रेजों से प्रेम करता हूँ, इसलिए मैंने यह पत्र लिखा है और मैं चाहता हूँ कि जो वफादारी एक अंग्रेज में है वही वफादारी हरएक हिन्दुस्तानी में जागे।"

२८. मृत्यु-शय्या पर

रंगरूटों की भरती के काम में मेरा शरीर काफी क्षीण हो गया। उन दिनों मेरे आहार में मुख्यतः सिकी हुई और कुटी हुई मूँगफली, उसके साथ थोडा गुड़, केले वगैरा फल और दो-तीन नीबू का पानी, इतनी चीजें रहा करती थीं। मैं जानता था कि अधिक मात्रा में खाने से मूँगफली नुकसान करती है। फिर भी वह अधिक खा ली गयी। उसके कारण पेट में कुछ पेचिश रहने लगी। मैं समय-समय पर आश्रम में तो आता ही था। मुझे यह पेचिश बहुत ध्यान देने योग्य प्रतीत न हुई। रात आश्रम पहुँचा। उन दिनों मैं दवा क्वचित् ही लेता था। विश्वास यह था कि एक बार का खाना छोड़ देने से दर्द मिट जाएगा। दूसरे दिन सबेरे कुछ भी न खाया था। इससे दर्द लगभग बंद हो चुका था। पर मैं जानता था कि मुझे उपवास चालू रखना चाहिए अथवा खाना ही हो तो फल के रस जैसी कोई चीज लेनी चाहिए।

उस दिन कोई त्यौहार था। मुझे याद पड़ता है कि मैंने कस्तूरबाई से कह दिया था कि मैं दोपहर को भी नहीं खाऊँगा। लेकिन उसने मुझे ललचाया और मैं लालच में फँस गया। उन दिनों मैं किसी पशु का दूध नहीं लेता था। इससे घी-छाछ का भी मैंने त्याग कर दिया था। इसलिए उसने मुझसे कहा कि आपके लिए दले हुए गेहूँ को तेल में भूनकर लपसी बनायी गयी है और खास तौर

पर आपके लिए ही पूरे मूँग भी बनाये गये हैं। मैं स्वाद के वश होकर पिघला। पिघलते हुए भी इच्छा तो यह रखी थी कि कस्तूरबाई को खुश रखने के लिए थोड़ा खा लूँगा, स्वाद भी ले लूँगा और शरीर की रक्षा भी कर लूँगा। पर शैतान अपना निशाना ताक कर ही बैठा था। खाने बैठा तो थोड़ा खाने के बदले पेट भर कर खा गया। इस प्रकार स्वाद तो मैंने पूरा लिया, पर साथ ही यमराज को न्योता भी भेज दिया। खाने के बाद एक घंटा भी न बीता था कि जोर की पेचिश शुरू हो गयी।

रात नड़ियाद तो वापिस जाना ही था। साबरमती स्टेशन तक पैदल गया। पर सवा मील का वह रास्ता तय करना मुश्किल हो गया। अहमदाबाद स्टेशन पर वल्लभभाई पटेल मिलनेवाले थे। वे मिले और उन्होंने मेरी पीड़ा ताड़ ली। फिर भी मैंने उन्हें अथवा दूसरे साथियों को यह मालूम न होने दिया कि पीड़ा असह्य थी।

नड़ियाद पहुँचे। वहाँ से अनाथाश्रम जाना था, जो आधे मील से कुछ कम ही दूर था। लेकिन उस दिन यह दूरी दस मील के बराबर मालूम हुई। बड़ी मुश्किल से घर पहुँचा। लेकिन पेट का दर्द बढ़ता ही जाता था। १५-१५ मिनट से पाखाने की हाजत मालूम होती थी। आखिर मैं हारा। मैंने अपनी असह्य वेदना प्रकट की और बिछौना पकड़ा। आश्रम के आम पाखाने में जाता था, उसके बदले दो मंजिले पर कमोड़ मँगवाया। शरम तो बहुत आयी, पर मैं लाचार हो गया था। फूलचंद बापूजी बिजली की गति से कमोड़ ले आये। चिन्तातुर होकर साथियोंने मुझे चारों ओर से घेर लिया। उन्होंने मुझे अपने प्रेम से नहला दिया। पर वे बेचारे मेरे दुःख में किस प्रकार हाथ बँटा सकते थे। मेरे हठ का पार न था। मैंने डॉक्टर को बुलाने से इनकार कर दिया। दवा तो लेनी ही न थी; सोचा, किये हुए पाप की सजा भोगूँगा। साथियों ने यह सब मुँह लटका कर सहन किया। चौबीस घंटों में तीस-चालीस बार पाखाने की हाजत हुइ होगी। खाना मैं बन्द कर ही चुका था, और शुरू के दिनों में तो मैंने फल का रस भी नहीं लिया था। लेने की बिलकुल रूचि न थी।

आज तक जिस शरीर को मैं पत्थर के समान मानता था, वह अब गीली मिट्टी-जैसा बन गया। शक्ति क्षीण हो गयी। साथियोंने दवा लेने के लिए समझाया। मैंने इनकार किया। उन्होंने पिचकारी लगवाने की सलाह दी। मैंने उसके लिए भी

इनकार कर दिया। उस समय का पिचकारी-विषयक मेरा अज्ञान हास्यास्पद था। मैं यह मानता था कि पिचकारी में किसी-न-किसी प्रकार की लसी होगी। बाद में मुझे मालूम हुआ कि वह तो निर्दोष वनस्पति से बनी औषधि की पिचकारी थी। पर जब समझ आयी तब अवसर बीत चुका था। हाजतें तो जारी ही थीं। अतिशय परिश्रम के कारण बुखार आ गया और बेहोशी भी आ गयी। मित्र अधिक घबराये। दूसरे डॉक्टर भी आये। पर जो रोगी उनकी बात माने नहीं, उसके लिए वे क्या कर सकते थे?

सेठ अम्बालाल और उनकी धर्मपत्नी दोनों नड़ियाद आये। साथियों से चर्चा करने के बाद वे अत्यन्त सावधानी के साथ मुझे मिर्जापुरवाले अपने बंगले पर ले गये। इतनी बात तो मैं अवश्य कह सकता हूँ कि अपनी इस बीमारी में मुझे जो निर्मल और निष्काम सेवा प्राप्त हुई, उससे अधिक सेवा कोई पा नहीं सकता। मुझे हलका बुखार रहने लगा। मेरा शरीर क्षीण होता गया। बीमारी काफी लम्बे समय तक चलेगी, शायद मैं बिछौने से उठ नहीं सकूँगा, ऐसा भी एक विचार मन में पैदा हुआ। अंबालाल सेठ के बंगले में प्रेम से घिरा होने पर भी मैं अशान्त हो उठा और मैंने उनसे प्रार्थना की कि वे मुझे आश्रम ले जाएँ। मेरा अतिशय आग्रह देखकर वे मुझे आश्रम ले गये।

मैं अभी आश्रम में पीड़ा भोग ही रहा था कि इतने में वल्लभभाई समाचार लाए कि जर्मनी पूरी तरह हार चुका है और कमिशनर ने कहलवाया है कि रंगरूट भरती करने की कोई आवश्यकता नहीं है। यह सुनकर भरती की चिन्ता से मैं मुक्त हुआ और मुझे शांति मिली।

उन दिनों मैं जल का उपचार करता था और उससे शरीर टिका हुआ था। पीड़ा शांत हो गयी थी, किन्तु शरीर किसी भी उपाय से पुष्ट नहीं हो रहा था। वैद्य मित्र और डॉक्टर मित्र अनेक प्रकार की सलाह देते थे, पर मैं किसी तरह दवा पीने को तैयार नहीं हुआ। दो-तीन मित्रों ने सलाह दी कि दूध लेने में आपत्ति हो, तो माँस का शोरवा लेना चाहिए और औषधि के रूप में माँसादि चाहे जो वस्तु ली जा सकती है। इसके समर्थन में उन्होंने आयुर्वेद के प्रमाण दिये। एकने अण्डे लेने की सिफ़ारिश की। लेकिन मैं इनमें से किसी भी सलाह को स्वीकार न कर सका। मेरा उत्तर एक ही था—नहीं।

खाद्याखाद्य का निर्णय मेरे लिए केवल शास्त्रों के श्लोकों पर अवलंबित नहीं

था, बल्कि मेरे जीवन के साथ वह स्वतंत्र रीति से जुड़ा हुआ था। चाहे जो चीज खाकर और चाहे जैसा उपचार करके जीनेका मुझे तनिक भी लोभ न था। जिस धर्म का आचरण मैंने अपने पुत्रों के लिए किया, स्त्री के लिए किया, स्नेहियों के लिए किया, उस धर्म का त्याग मैं अपने लिए कैसे करता?

इस प्रकार मुझे अपनी इस बहुत लम्बी और जीवन की सबसे पहली इतनी बड़ी बीमारी में धर्म का निरीक्षण करने और उसे कसौटी पर चढ़ाने का अलभ्य लाभ मिला। एक रात तो मैंने बिलकुल ही आशा छोड़ दी थी। मुझे ऐसा भास हुआ कि अब मृत्यु समीप ही है। श्री अनसूयाबहन को खबर भिजवायी। वे आयीं। वल्लभभाई आये। डॉक्टर कानूगा आये। डॉ. कानूगा ने मेरी नाड़ी देखी और कहाः "मैं खुद तो मरने के कोई चिह्न देख नहीं रहा हूँ। नाड़ी साफ है। केवल कमजोरी के कारण आपके मन में घबराहट है।" लेकिन मेरा मन न माना। रात तो बीती। किन्तु उस रात मैं शायद ही सो सका होऊँगा।

सबेरा हुआ। मौत न आयी। फिर भी उस समय जीने की आशा न बाँध सका और यह समझकर कि मृत्यु समीप है, जितनी देर बन सका उतनी देर तक साथियों से गीतापाठ सुनने में लगा रहा। कामकाज करने की कोई शक्ति रही ही नहीं थी। पढ़ने जितनी भी शक्ति नहीं रह गयी थी। किसीके साथ बात करने की भी इच्छा न होती थी। थोड़ी बात करने से दिमाग थक जाता था। इस कारण जीने में कोई रस न रह गया था। जीने के लिए जीना मुझे कभी पसंद पड़ा ही नहीं। बिना कुछ कामकाज किये साथियों की सेवा लेकर क्षीण हो रहे शरीर को टिकाये रखने में मुझे भारी उकताहट मालूम होती थी।

यों मैं मौत की राह देखता बैठा था। इतने में डॉ॰ तलवलकर एक विचित्र प्राणी को लेकर आये। वे महाराष्ट्री हैं। हिन्दुस्तान उन्हें पहचानता नहीं। मैं उन्हें देखकर समझ सका था कि वे मेरी ही तरह 'चक्रम' हैं। वे अपने उपचार का प्रयोग मुझ पर करने के लिए आये थे। उन्हें डॉ॰ तलवलकर अपनी सिफ़ारिश के साथ मेरे पास लाये थे। उन्होंने ग्रांट मेडिकल कॉलेज में डॉक्टरी का अध्ययन किया था, पर वे डिग्री नहीं पा सके थे। बाद में मालूम हुआ कि वे ब्रह्मसमाजी हैं। नाम उनका केलकर है। बड़े स्वतंत्र स्वभाव के हैं। वे बरफ के उपचार के बड़े हिमायती हैं। मेरी बीमारी की बात सुनकर जिस दिन वे मुझ पर बरफ का अपना उपचार आजमाने के लिए आये, उसी दिन से हम उन्हें 'आइस डॉक्टर' के

उपनाम से पहचानते हैं। अपने विचारों के विषय में वे अत्यन्त आग्रही हैं। उनका विश्वास है कि उन्होंने डिग्रीधारी डॉक्टरों से भी कुछ अधिक अच्छी खोजें की हैं। अपना यह विश्वास वे मुझमें पैदा नहीं कर सके, यह उनके और मेरे दोनों के लिए दुःख की बात रही है। मैं एक हद तक उनके उपचारों में विश्वास करता हूँ। पर मेरा खयाल है कि कुछ अनुमानों तक पहुँचने में उन्होंने जल्दी की है।

पर उनकी खोजें योग्य हों अथवा अयोग्य, मैंने उन्हें अपने शरीर पर प्रयोग करने दिये। मुझे बाह्य उपचारों से स्वस्थ होना अच्छा लगता था, सो भी बरफ के अर्थात् पानीके। अतएव उन्होंने मेरे सारे शरीर पर बरफ घिसनी शुरू की। इस इलाज से जितने परिणाम की आशा वे लगाये हुए थे, उतना परिणाम तो मेरे सम्बन्ध में नहीं निकला। फिर भी मैं, जो रोज मौत की राह देखा करता था, अब मरने के बदले कुछ जीने की आशा रखने लगा। मुझमें कुछ उत्साह पैदा हुआ। मन के उत्साह के साथ मैंने शरीर में भी उत्साह का अनुभव किया। मैं कुछ अधिक खाने लगा। रोज पाँच-दस मिनट घूमने लगा। अब उन्होंने सुझाया, "अगर आप अण्डे का रस पीयें, तो आप में जितनी शक्ति आयी है उससे अधिक शक्ति आने की गारण्टी मैं दे सकता हूँ। अण्डे दूध के समान ही निर्दोष हैं। वे माँस तो हरगिज नहीं हैं। हरएक अण्डे में से बच्चा पैदा होता ही है, ऐसा कोई नियम नहीं है। जिनसे बच्चे पैदा होते ही नहीं ऐसे निर्जीव अण्डे भी काम में लाये जाते हैं, इसे मैं आपके सामने सिद्ध कर सकता हूँ।" पर मैं ऐसे निर्जीव अण्डे लेने को भी तैयार न हुआ। फिर भी मेरी गाड़ी कुछ आगे बढ़ी और मैं आस-पास के कामों में थोड़ा-थोड़ा रस लेने लगा।

२९. रौलट एक्ट और मेरा धर्म-संकट

मित्रों ने सलाह दी कि माथेरान जाने से मेरा शरीर शीघ्र पुष्ट होगा। अतएव मैं माथेरान गया। किन्तु वहाँ का पानी भारी था, इसलिए मेरे सरीखे रोगी के लिए वहाँ रहना कठिन हो गया। पेचिश के कारण गुदाद्वार इतना नाजुक हो गया था कि साधारण स्पर्श भी मुझसे सहा न जाता था और उसमें दरारें पड़ गयी थीं, जिससे मलत्याग के समय बहुत कष्ट होता था। इससे कुछ भी खाते हुए डर लगता था। एक हफ्ते में माथेरान से वापस लौटा। मेरी तबीयत की हिफाजत का जिम्मा शंकरलाल बैंकर ने अपने हाथ में लिया था। उन्होंने डॉ. दलाल से

सलाह लेने का आग्रह किया। डॉ. दलाल आये। उनकी तत्काल निर्णय करने की शक्ति ने मुझे मुग्ध कर लिया। वे बोले:

"जब तक आप दूध न लेंगे, मैं आपके शरीर को फिर से हृष्ट-पुष्ट न बना सकूँगा। उसे पुष्ट बनाने के लिए आपको दूध लेना चाहिए और लोहे तथा आर्सेनिक की पिचकारियाँ लेनी चाहिए। यदि आप इतना करें, तो आपके शरीर को पुनः पुष्ट करने की गारण्टी मैं देता हूँ।"

मैंने जवाब दिया: "पिचकारी लगाइये, लेकिन दूध मैं न लूँगा।"

डॉक्टर ने पूछा: "दूध के सम्बन्ध में आपकी प्रतिज्ञा क्या है?"

"यह जानकर कि गाय-भैंस पर फूँके की क्रिया की जाती है, मुझे दूध से नफरत हो गयी है। और, यह तो मैं सदा से मानता रहा हूँ कि दूध मनुष्य का आहार नहीं है। इसलिए मैंने दूध छोड़ दिया है।"

यह सुनकर कस्तूरबाई, जो मेरी खटिया के पास ही खड़ी थी, बोल उठी: "तब तो बकरी का दूध आप ले सकते हैं।"

डॉक्टर बीच में बोले: "आप बकरी का दूध लें, तो मेरा काम बन जाए।"

मैं गिरा। सत्याग्रह की लड़ाई के मोहने मेरे अन्दर जीने का लोभ पैदा कर दिया और मैंने प्रतिज्ञा के अक्षरार्थ के पालन से संतोष मानकर उसकी आत्मा का हनन किया। यद्यपि दूध की प्रतिज्ञा लेते समय मेरे सामने गाय-भैंस ही थीं, फिर भी मेरी प्रतिज्ञा दूधमात्र की मानी जानी चाहिए। और, जब तक मैं पशु के दूधमात्र को मनुष्य के आहार के रूप में निषिद्ध मानता हूँ, तब तक मुझे उसे लेने का अधिकार नहीं, इस बात को जानते हुए भी मैं बकरी का दूध लेने को तैयार हो गया। सत्य के पुजारीने सत्याग्रह की लड़ाई के लिए जीने की इच्छा रखकर अपने सत्य को लांछित किया।

मेरे इस कार्य का डंक अभी तक मिटा नहीं है और बकरी का दूध छोड़ने के विषय में मेरा चिन्तन तो चल ही रहा है। बकरी का दूध पीते समय मैं रोज दुःख का अनुभव करता हूँ। किन्तु सेवा करने का महासूक्ष्म मोह, जो मेरे पीछे पड़ा है, मुझे छोड़ता नहीं। अहिंसा की दृष्टि से आहार के अपने प्रयोग मुझे प्रिय हैं। उनसे मुझे आनन्द प्राप्त होता है। वह मेरा विनोद है। परन्तु बकरी का दूध मुझे आज इस दृष्टि से नहीं अखरता। वह अखरता है सत्य की दृष्टि से। मुझे ऐसा भास होता है कि मैं अहिंसा को जितना पहचान सका हूँ, सत्य को

उससे अधिक पहचानता हूँ। मेरा अनुभव यह है कि अगर मैं सत्य को छोड़ दूँ, तो अहिंसा की भारी गुत्थियाँ मैं कभी सुलझा नहीं सकूँगा। सत्य के पालन का अर्थ है, लिये हुए व्रत के शरीर और आत्मा की रक्षा, शब्दार्थ और भावार्थ का पालन। मुझे हर दिन यह बात खटकती रहती है कि मैंने दूध के बारेमें व्रत की आत्मा का—भावार्थ का—हनन किया है। यह जानते हुए भी मैं यह नहीं जान सका कि अपने व्रत के प्रति मेरा धर्म क्या है, अथवा कहिये कि मुझमें उसे पालने की हिम्मत नहीं है। दोनों बातें एक ही हैं; क्योंकि शंका के मूल में श्रद्धा का अभाव रहता है। हे ईश्वर, तू मुझे श्रद्धा दे!

बकरी का दूध शुरू करने के कुछ दिन बाद डॉ. दलाल ने गुदाद्वार की दरारों का आपरेशन किया और वह बहुत सफल हुआ।

बिछौना छोड़कर उठने की कुछ आशा बँध रही थी और अखबार वगैरा पढ़ने लगा ही था कि इतने में रौलट कमेटी की रिपोर्ट मेरे हाथ में आयी। उसकी सिफ़ारिश पढ़कर मैं चौंका। भाई उमर सोबानी और शंकरलाल बैंकर ने चाहा कि कोई निश्चित कदम उठाना चाहिए। एकाध महीने में मैं अहमदाबाद गया। वल्लभभाई प्रायः प्रतिदिन मुझे देखने आते थे। मैंने उनसे बात की और सुझाया कि इस विषय में हमें कुछ करना चाहिए। “क्या किया जा सकता है?” इसके उत्तर में मैंने कहाः “यदि थोड़े लोग भी इस सम्बन्ध में प्रतिज्ञा करनेवाले मिल जाएँ तो, और कमेटी की सिफ़ारिश के अनुसार कानून बने तो, हमें सत्याग्रह शुरू करना चाहिए। यदि मैं बिछौने पर पड़ा न होता, तो अकेला भी इसमें जूझता और यह आशा रखता कि दूसरे लोग बाद में आ मिलेंगे। किन्तु अपनी लाचार स्थिति में अकेले जूझने की मुझमें बिलकुल शक्ति नहीं है।”

इस बातचीत के परिणाम-स्वरूप ऐसे कुछ लोगों की एक छोटी सभा बुलाने का निश्चय हुआ, जो मेरे सम्पर्क में ठीक-ठीक आ चुके थे। मुझे तो यह स्पष्ट प्रतीत हुआ कि प्राप्त प्रमाणों के आधार पर रौलट कमेटी ने जो कानून बनाने की सिफ़ारिश की है उसकी कोई आवश्यकता नहीं है। मुझे यह भी इतना ही स्पष्ट प्रतीत हुआ कि स्वाभिमान की रक्षा करनेवाली कोई भी जनता ऐसे कानून को स्वीकार नहीं कर सकती।

वह सभा हुई। उसमें मुश्किल से कोई बीस लोगों को न्योता गया था। जहाँ तक मुझे याद है, वल्लभभाई के अतिरिक्त उसमें श्रीमती सरोजिनी नायडू,

मि० हार्निमैन, स्व० उमर सोबानी, श्री शंकरलाल बैंकर, श्री अनसूयाबहन आदि सम्मिलित हुए थे।

प्रतिज्ञा-पत्र तैयार हुआ और मुझे याद है कि जितने लोग हाजिर थे उन सबने उस पर हस्ताक्षर किये। उस समय मैं कोई अखबार नहीं निकालता था। पर समय-समय पर अखबारों में लिखा करता था, उसी तरह लिखना शुरू किया और शंकरलाल बैंकरने जोर का आन्दोलन चलाया। इस अवसर पर उनकी काम करने की और संगठन करने की शक्ति का मुझे खूब अनुभव हुआ।

कोई भी चलती हुई संस्था सत्याग्रह-जैसे नये शस्त्र को स्वयं उठा ले, इसे मैंने असम्भव माना। इस कारण सत्याग्रह-सभा की स्थापना हुई। उसके मुख्य सदस्यों के नाम बम्बई में ही लिखे गये। केन्द्र बम्बई में रखा गया। प्रतिज्ञा-पत्रों पर खूब हस्ताक्षर होने लगे। खेड़ा की लड़ाई की तरह पत्रिकायें निकलीं और जगह-जगह सभाएँ हुईं।

मैं इस सभा का सभापति बना था। मैंने देखा कि शिक्षित समाज के और मेरे बीच बहुत मेल नहीं बैठ सकता। सभा में गुजराती भाषा के उपयोग के मेरे आग्रहने और मेरे कुछ दूसरे तरीकों ने उन्हें परेशानी में डाल दिया। फिर भी बहुतों ने मेरी पद्धति को निबाहने की उदारता दिखायी, यह मुझे स्वीकार करना चाहिए। लेकिन मैंने शुरू में ही देख लिया कि यह सभा लम्बे समय तक टिक नहीं सकेगी। इसके अलावा, सत्य और अहिंसा पर जो जोर मैं देता था, वह कुछ लोगों को अप्रिय मालूम हुआ। फिर भी शुरू के दिनों में यह नया काम धड़ल्ले के साथ आगे बढ़ा।

३०. वह अद्‌भुत दृश्य!

एक ओर से रौलट कमेटी की रिपोर्ट के विरूद्ध आन्दोलन बढ़ता गया, दूसरी ओर से सरकार कमेटी की सिफ़ारिशों पर अमल करने के लिए दृढ़ होती गयी। रौलट बिल प्रकाशित हुआ। मैं एक ही बार धारासभा की बैठक में गया था। रौलट बिल की चर्चा सुनने गया था। शास्त्रीजी ने अपना जोशीला भाषण किया, सरकार को चेतावनी दी। जिस समय शास्त्रीजी की वाग्धारा बह रही थी, वाइसरॉय उनके सामने टकटकी लगाकर देख रहे थे। मुझे तो जान पड़ा कि इस भाषण का असर उन पर हुआ होगा। शास्त्रीजी की भावना उमड़ी पड़ती थी।

पर सोये हुए आदमी को जगाया जा सकता है; जागनेवाला सोने का बहाना करे तो उसके कान में ढोल बजाने पर भी वह क्यों सुनने लगा? धारासभा में बिलों की चर्चा का 'फार्स' तो करना ही चाहिए। सरकार ने वह किया। किन्तु उसे जो काम करना था उसका निश्चय तो हो ही चुका था। इसलिए शास्त्रीजी की चेतावनी व्यर्थ सिद्ध हुई।

मेरी तूती की आवाज को तो भला कौन सुनता? मैंने वाइसरॉय से मिलकर उन्हें बहुत समझाया। व्यक्तिगत पत्र लिखे। सार्वजनिक पत्र लिखे। मैंने उनमें स्पष्ट बता दिया कि सत्याग्रह को छोड़कर मेरे पास दूसरा कोई मार्ग नहीं है। लेकिन सब व्यर्थ हुआ।

अभी बिल गजट में नहीं छपा था। मेरा शरीर कमजोर था, फिर भी मैंने लम्बी यात्रा का खतरा उठाया। मुझमें ऊँची आवाज से बोलने की शक्ति नहीं आयी थी। खड़े रहकर बोलने की शक्ति जो गयी, सो अभी तक लौटी नहीं है। थोड़ी देर खड़े रहकर बोलने पर सारा शरीर काँपने लगता था और छाती तथा पेट में दर्द मालूम होने लगता था। पर मुझे लगा कि मद्रास से आया हुआ निमंत्रण स्वीकार करना ही चाहिए। दक्षिण के प्रान्त उस समय भी मुझे घर सरीखे मालूम होते थे। दक्षिण अफ्रीका के सम्बन्ध के कारण तामिल-तेलुगु आदि दक्षिण प्रदेश के लोगों पर मेरा कुछ अधिकार है, ऐसा मैं मानता आया हूँ। और, अपनी इस मान्यता में मैंने थोड़ी भी भूल की है, ऐसा मुझे आज तक प्रतीत नहीं हुआ। निमंत्रण स्व० कस्तूरी रंगा आयंगार की ओर से मिला था। मद्रास जाने पर पता चला कि इस निमंत्रण के मूल में राजगोपालाचार्य थे। राजगोपालाचार्य के साथ यह मेरा पहला परिचय कहा जा सकता है। मैं इसी समय उन्हें प्रत्यक्ष पहचान ने लगा था।

सार्वजनिक काम में अधिक हिस्सा लेने के विचार से और श्री कस्तूरी रंगा आयंगार इत्यादि मित्रों की माँग पर वे सेलम छोड़कर मद्रास में वकालत करनेवाले थे। मुझे उनके घर पर ठहराया गया था। कोई दो दिन बाद ही मुझे पता चला कि मैं उनके घर ठहरा हूँ; क्योंकि बंगला कस्तूरी रंगा आयंगार का था, इसलिए मैंने अपने को उन्हींका मेहमान मान लिया था। महादेव देसाई ने मेरी भूल सुधारी। राजगोपालाचार्य दूर-दूर ही रहते थे। पर महादेव ने उन्हें भलीभाँति पहचान लिया था। महादेव ने मुझे सावधान करते हुए कहा, "आपको राजगोपालाचार्य

से जान-पहचान बढ़ा लेनी चाहिए।"

मैंने परिचय बढ़ाया। मैं प्रतिदिन उनके साथ लड़ाई की रचना के विषय में चर्चा करता था। सभाओं के सिवा मुझे और कुछ सूझता ही न था। यदि रौलट बिल कानून बन जाय, तो उसकी सविनय अवज्ञा किस प्रकार की जाए? उसकी सविनय अवज्ञा करने का अवसर तो सरकार दे तभी मिल सकता है। दूसरे कानूनों की सविनय अवज्ञा की जा सकती है? उसकी मर्यादा क्या हो? आदि प्रश्नों की चर्चा होती थी।

श्री कस्तूरी रंगा आयंगार ने नेताओं की एक छोटी सभा भी बुलायी। उसमें भी खूब चर्चा हुई। श्री विजयराघवाचार्य ने उसमें पूरा हिस्सा लिया। उन्होंने सुझाव दिया कि सूक्ष्म-से-सूक्ष्म सूचनायें लिख कर मैं सत्याग्रह का शास्त्र तैयार कर लूँ। मैंने बताया कि यह काम मेरी शक्ति से बाहर है।

इस प्रकार मन्थन-चिन्तन चल रहा था कि इतने में समाचार मिला कि बिल कानून के रूप में गजट में छप गया है। इस खबर के बाद की रात को मैं विचार करते-करते सो गया। सवेरे जल्दी जाग उठा। अर्धनिद्रा की दशा रही होगी, ऐसे में मुझे सपने में एक विचार सूझा। मैंने सवेरे ही सवेरे राजगोपालाचार्य को बुलाया और कहा:

"मुझे रात स्वप्नावस्था में यह विचार सूझा कि इस कानून के जवाब में हम सारे देश को हड़ताल करने की सूचना दें। सत्याग्रह आत्मशुद्धि की लड़ाई है। वह धार्मिक युद्ध है। धर्मकार्य का आरंभ शुद्धि से करना ठीक मालूम होता है। उस दिन सब उपवास करें और काम-धंधा बन्द रखें। मुसलमान भाई रोजे से अधिक उपवास न करेंगे, इसलिए चौबीस घंटों का उपवास करने की सिफ़ारिश की जाए। इसमें सब प्रान्त सम्मिलित होंगे या नहीं, यह तो कहा नहीं जा सकता। पर बम्बई, मद्रास, बिहार और सिन्ध की आशा तो मुझे है ही। यदि इतने स्थानों पर भी ठीक से हड़ताल रहे, तो हमें संतोष मानना चाहिए।"

राजगोपालाचार्य को यह सूचना बहुत अच्छी लगी। बाद में दूसरे मित्रों को तुरन्त इसकी जानकारी दी गयी। सबने इसका स्वागत किया। मैंने एक छोटी-सी विज्ञप्ति तैयार कर ली। पहले १९१९ के मार्च की ३० वीं तारीख रखी गयी थी। बाद में ६ अप्रैल रखी गयी। लोगों को बहुत ही थोड़े दिन की मुद्दत दी गयी थी। चूँकी काम तुरन्त करना ज़रूरी समझा गया था, अतएव तैयारी के

लिए लंबी मुद्दत देनेका समय ही न था।

लेकिन न जाने कैसे सारी व्यवस्था हो गयी। समूचे हिन्दुस्तान में—शहरों में और गाँवों में—हड़ताल हुई! वह दृश्य भव्य था!

३१. वह सप्ताह!

१

दक्षिण में थोड़ी यात्रा करके संभवतः ४ अप्रैल को मैं बम्बई पहुँचा। शंकरलाल बैंकर का तार था कि छठी तारीख मनाने के लिए मुझे बम्बई में मौजूद रहना चाहिए।

पर इससे पहले दिल्ली में तो हड़ताल ३० मार्च के दिन ही मनायी जा चुकी थी। दिल्ली में स्व० श्रद्धानन्दजी और मरहूम हकीम साहब अजमलखाँ की दुहाई फिरती थी। ६ अप्रैल तक हड़ताल की अवधि बढ़ाने की सूचना दिल्ली देर से पहुँची थी। दिल्ली में उस दिन जैसी हड़ताल हुई वैसी पहले कभी न हुई थी। ऐसा जान पड़ा मानो हिन्दू और मुसलमान दोनों एकदिल हो गये हैं। श्रद्धानन्दजी को जामा मस्जिद में निमंत्रित किया गया और वहाँ उन्हें भाषण करने दिया गया। अधिकारी यह सब सहन नहीं कर पाये। रेलवे स्टेशन की तरफ जाते हुए जुलूस को पुलिस ने रोका और गोलियाँ चलायीं। कितने ही लोग घायल हुए। कुछ जान से मारे गये। दिल्ली में दमन का दौरदौरा शुरू हुआ। श्रद्धानन्दजी ने मुझे दिल्ली बुलाया। मैंने तार दिया कि बम्बई में छठी तारीख मनाकर तुरन्त दिल्ली पहुँचूँगा।

जो हाल दिल्ली का था, वही लाहौर-अमृतसर का भी रहा। अमृतसर से डॉ० सत्यपाल और किचलू के तार आये थे कि मुझे वहाँ तुरन्त पहुँचना चाहिए। इन दो भाइयों को मैं उस समय बिलकुल जानता नहीं था। पर वहाँ भी इस निश्चय की सूचना भेजी थी कि दिल्ली होकर अमृतसर पहुँचूँगा।

६ अप्रैल के दिन बम्बई में सवेरे-सवेरे हजारों लोग चौपाटी पर स्नान करने गये और वहाँ से ठाकुरद्वार[१] जाने के लिए जुलूस रवाना हुआ। उसमें स्त्रियाँ

१. यहाँ 'ठाकुरद्वार' के स्थान पर 'माधवबाग' पढ़िये। अब तक के अंग्रेजी और गुजराती संस्करण में यह गलती रहती आयी है। उस समय गांधीजी के साथ रहनेवाले श्री मथुरादास त्रिकमजी ने इसे सुधरवाया था।

और बच्चे भी थे। जुलूस में मुसलमान भी अच्छी संख्या में सम्मिलित हुए थे। इस जुलूस में से मुसलमान भाई हमें एक मस्जिद में ले गये। वहाँ श्रीमती सरोजिनीदेवी से और मुझसे भाषण कराये। वहाँ श्री विट्ठलदास जेराजाणी ने स्वदेशी और हिन्दू-मुस्लिम-एकता की प्रतिज्ञा लिवाने का सुझाव रखा। मैंने ऐसी उतावली में प्रतिज्ञा कराने से इनकार किया और जितना हो रहा था उतने से संतोष करने की सलाह दी। की हुई प्रतिज्ञा फिर तोड़ी नहीं जा सकती। स्वदेशी का अर्थ हमें समझना चाहिए। हिन्दू-मुस्लिम-एकता की प्रतिज्ञा की जिम्मेदारी का खयाल हमें रहना चाहिए—आदि बातें कहीं और यह सूचना की कि प्रतिज्ञा लेने का जिसका विचार हो, वह चाहे तो अगले दिन सवेरे चौपाटी के मैदान पर पहुँच जाय।

बम्बई की हड़ताल संपूर्ण थी।

यहाँ कानून की सविनय अवज्ञा की तैयारी कर रखी थी। जिनकी अवज्ञा की जा सके ऐसी दो-तीन चीजें थीं। जो कानून रद किये जाने लायक थे और जिनकी अवज्ञा सब सरलता से कर सकते थे, उनमें से एक का ही उपयोग करने का निश्चय था। नमक-कर का कानून सबको अप्रिय था। उस कर को रद कराने के लिए बहुत कोशिशें में हो रही थीं। अतएव मैंने एक सुझाव यह रखा था कि सब लोग बिना परवाने के अपने घर में नमक बनायें। दूसरा सुझाव सरकार द्वारा जब्त की हुई पुस्तकें छपाने और बेचने का था। ऐसी दो पुस्तकें मेरी ही थीं: 'हिन्द स्वराज्य' और 'सर्वोदय'। इन पुस्तकों का छपाना और बेचना सबसे सरल सविनय अवज्ञा मालूम हुई। इसलिए ये पुस्तकें छपायी गयीं और शाम को उपवास छूटने के बाद और चौपाटी की विराट् सभा के विसर्जित होने के बाद इन्हें बेचने का प्रबंध किया गया।

शाम को कई स्वयंसेवक ये पुस्तकें बेचने निकल पड़े। एक मोटर में मैं निकला और एक में श्रीमती सरोजिनी नायडू निकलीं। जितनी प्रतियाँ छपायी गयी थीं उतनी सब बिक गयीं। इनकी जो कीमत वसूल होती, वह लड़ाई के काम में ही खर्च की जानेवाली थी। एक प्रतिका मूल्य चार आना रखा गया था। पर मेरे हाथ पर अथवा सरोजिनीदेवी के हाथ पर शायद ही किसीने चार आने रखे होंगे। अपनी जेब में जो था सो सब देकर किताबें खरीदनेवाले बहुतेरे निकल आये। कोई-कोई दस और पाँच के नोट भी देते थे। मुझे स्मरण है कि एक प्रति के लिए ५० रूपये के नोट भी मिले थे। लोगों को समझा दिया गया

था कि खरीदनेवाले के लिए भी जेल का खतरा है। लेकिन क्षणभर के लिए लोगों ने जेल का भय छोड़ दिया था।

७ तारीख को पता चला कि जिन किताबों के बेचने पर सरकार ने रोक लगायी थी, सरकार की दृष्टि से वे बेची नहीं गयी हैं। जो पुस्तकें बिकी हैं वे तो उनकी दूसरी आवृत्ति मानी जाएँगी। जब्त की हुई पुस्तकों में उनकी गिनती नहीं हो सकती। सरकार की ओर से यह कहा गया था कि नई आवृत्ति छपाने, बेचने और खरीदने में कोई गुनाह नहीं है। यह खबर सुनकर लोग निराश हुए।

उस दिन सवेरे लोगों को चौपाटी पर स्वदेशी-व्रत और हिन्दू-मुस्लिम एकता का व्रत लेने के लिए इकट्ठा होना था। विट्ठलदास जेराजाणी को यह पहला अनुभव हुआ कि हर सफेद चीज दूध नहीं होती। बहुत थोड़े लोग इकट्ठा हुए थे। इनमें से दो-चार बहनों के नाम मेरे ध्यान में आ रहे हैं। पुरूष भी थोड़े ही थे। मैंने व्रतों का मसविदा बना रखा था। उपस्थित लोगों को उनका अर्थ अच्छी तरह समझा दिया गया और उन्हें व्रत लेने दिये गये। थोड़ी उपस्थिति से मुझे आश्चर्य नहीं हुआ; दुःख भी नहीं हुआ। परन्तु मैं उसी समय से धूम-धड़क्के के काम और धीमे तथा शान्त रचनात्मक काम के बीच का भेद तथा लोगों में पहले काम के लिए पक्षपात और दूसरे के लिए अरूचि का अनुभव करता आया हूँ। पर इस विषय के लिए एक अलग प्रकरण देना पड़ेगा।

७ अप्रैल की रात को मैं दिल्ली-अमृतसर जाने के लिए रवाना हुआ। ८ को मथुरा पहुँचने पर कुछ ऐसी भनक कान तक आयी कि शायद मुझे गिरफ्तार करेंगे। मथुरा के बाद एक स्टेशन पर गाड़ी रूकती थी। वहाँ आचार्य गिडवानी मिले। उन्होंने मेरे पकड़े जाने के बारेमें पक्की खबर दी और ज़रूरत हो तो अपनी सेवा अर्पण करने के लिए कहा। मैंने धन्यवाद दिया और कहा कि ज़रूरत पड़ने पर आपकी सेवा लेना नहीं भूलूँगा।

पलवल स्टेशन आने के पहले ही पुलिस अधिकारी ने मेरे हाथ पर आदेश-पत्र रखा। आदेश इस प्रकार का था: "आपके पंजाब में प्रवेश करने से अशांति बढ़ने का डर है, अतएव आप पंजाब की सीमा में प्रवेश न करें।" आदेश-पत्र देकर पुलिसने मुझे उतर जाने को कहा। मैंने उतरने से इनकार किया और कहा: "मैं अशांति बढ़ाने नहीं, बल्कि निमंत्रण पाकर अशांति घटाने के लिए जाना चाहता हूँ। इसलिए खेद है कि मुझसे इस आदेश का पालन नहीं हो सकेगा।"

पलवल आया। महादेव मेरे साथ थे। उनसे मैंने दिल्ली जाकर श्रद्धानन्दजी को खबर देने और लोगों को शांत रखने के लिए कहा। मैंने महादेव से यह भी कहा कि वे लोगों को बता दें कि सरकारी आदेश का अनादर करने के कारण जो सजा होगी उसे भोगने का मैंने निश्चय कर लिया है, साथ ही लोगों को यह समझाने के लिए कहा कि मुझे सजा होने पर भी उनके शान्त रहने में ही हमारी जीत है।

मुझे पलवल स्टेशन पर उतार लिया गया और पुलिस के हवाले किया गया। फिर दिल्ली से आनेवाली किसी ट्रेन के तीसरे दर्जे के डिब्बे में मुझे बैठाया गया और साथ में पुलिस का दल भी बैठा। मथुरा पहुँचने पर मुझे पुलिस की बारक में ले गये। मेरा क्या होगा और मुझे कहाँ ले जाना है, सो कोई पुलिस अधिकारी मुझे बता न सका। सुबह ४ बजे मुझे जगाया गया और बम्बई की ओर जानेवाली मालगाड़ी में बैठा दिया गया। दोपहर को मुझे सवाई माधोपुर स्टेशन पर उतारा गया। वहाँ बम्बई की डाकगाड़ी में लाहौर से इन्स्पेक्टर बोरिंग आये। उन्होंने मेरा चार्ज लिया।

अब मुझे पहले दर्जे में बैठाया गया। साथ में साहब भी बैठे। अभी तक मैं एक साधारण कैदी था, अब 'जेण्टलमैन कैदी' माना जाने लगा। साहब ने सर माइकल ओडवायर का बखान शुरू किया। उन्हें मेरे विरूद्ध तो कोई शिकायत है ही नहीं, किन्तु मेरे पंजाब जाने से उन्हें अशांति का पूरा भय है, आदि बातें कहकर मुझे स्वेच्छा से लौट जाने और फिर से पंजाब की सीमा पार न करने का अनुरोध किया। मैंने उनसे कह दिया कि मुझसे इस आज्ञा का पालन नहीं हो सकेगा और मैं स्वेच्छा से वापस जाने को तैयार नहीं। अतएव साहब ने लाचार होकर कानूनी कारवाई करने की बात कही। मैंने पूछा, "लेकिन यह तो कहिये कि आप मेरा क्या करना चाहते हैं?" वे बोले, "मुझे पता नहीं है। मैं दूसरे आदेश की राह देख रहा हूँ। अभी तो मैं आपको बम्बई ले जा रहा हूँ।"

सूरत पहुँचने पर किसी दूसरे अधिकारी ने मुझे अपने कब्जे में लिया। उसने मुझे रास्ते में कहाः "आप रिहा कर दिये गये हैं। लेकिन आपके लिए मैं ट्रेन को मरीन लाइन्स स्टेशन के पास रूकवाऊँगा। आप वहाँ उतर जाएँगे, तो ज्यादा अच्छा होगा। कोलाबा स्टेशन पर बड़ी भीड़ होने की संभावना है।" मैंने उससे कहा कि आपका कहा करने में मुझे प्रसन्नता होगी। वह खुश हुआ

और उसने मुझे धन्यवाद दिया। मैं मरीन लाइन्स पर उतरा। वहाँ किसी परिचित की घोड़ागाड़ी दिखायी दी। वे मुझे रेवाशंकर झवेरी के घर छोड़ गये। उन्होंने मुझे खबर दी: "आपके पकड़े जाने की खबर पाकर लोग क्रुद्ध हो गये हैं और पागल- से बन गये हैं। पायधूनी के पास दंगे का खतरा है। मजिस्ट्रेट और पुलिस वहाँ पहुँच गयी है।

मैं घर पहुँचा ही था कि इतने में उमर सोबानी और अनसूयाबहन मोटर में आये और उन्होंने मुझे पायधूनी चलने को कहा । उन्होंने बताया, "लोग अधीर हो गये हैं और बड़े उत्तेजित हैं। हममें से किसीके किये शांत नहीं हो सकते। आपको देखेंगे तभी शांत होंगे।"

मैं मोटर में बैठ गया। पायधूनी पहुँचते ही रास्ते में भारी भीड़ दिखायी दी। लोग मुझे देखकर हर्षोन्मत्त हो उठे। अब जुलूस बना। 'वन्दे मातरम्' और 'अल्लाहो अकबर' के नारों से आकाश गूँज उठा। पायधूनी पर घुड़सवार दिखायी दिये। ऊपर से ईंटों की वर्षा हो रही थी। मैं हाथ जोड़कर लोगों से प्रार्थना कर रहा था कि वे शांत रहें। पर जान पड़ा कि हम भी ईंटों की इस बौछार से बच नहीं पायेंगे।

अब्दुर्रहमान गली में से क्राफर्ड मारकेट की ओर जाते हुए जुलूस को रोकने के लिए घुड़सवारों की एक टुकड़ी सामने से आ पहुँची। वे जुलूस को किले की ओर जाने से रोकने की कोशिश कर रहे थे। लोग वहाँ समा नहीं रहे थे। लोगों ने पुलिस की पाँत को चीरकर आगे बढ़ने के लिए जोर लगाया। वहाँ हालत ऐसी नहीं थी कि मेरी आवाज सुनायी पड़ सके। यह देखकर घुड़सवारों की टुकड़ी के अफसरने भीड़ को तितर-बितर करने का हुक्म दिया और अपने भालों को घुमाते हुए इस टुकड़ी ने एकदम घोड़े दौड़ाने के शुरू कर दिये। मुझे डर लगा कि उनके भाले हमारा काम तमाम कर दें तो आश्चर्य नहीं। पर मेरा वह डर निराधार था। बगल से होकर सारे भाले रेलगाड़ी की गति से सनसनाते हुए दूर निकल जाते थे। लोगों की भीड़ में दरार पड़ी। भगदड़ मच गई। कोई कुचले गये। कोई घायल हुए। घुड़सवारों को निकलने के लिए रास्ता नहीं था। लोगों के लिए आस-पास बिखरने का रास्ता नहीं था। वे पीछे लौटें तो उधर भी हजारों लोग ठसाठस भरे हुए थे। सारा दृश्य भयंकर प्रतीत हुआ। घुड़सवार और जनता दोनों पागल-जैसे मालूम हुए। घुड़सवार कुछ देखते ही नहीं थे अथवा देख नहीं सकते थे। वे तो टेढ़े होकर घोड़ों को दौड़ाने में लगे थे। मैंने देखा कि

जितना समय इन हजारों के दल को चीरने में लगा, उतने समय तक वे कुछ देख ही नहीं सकते थे।

इस तरह लोगों को तितर-बितर किया गया और आगे बढ़ने से रोका गया। हमारी मोटर को आगे जाने दिया गया। मैंने कमिश्नर के कार्यालय के सामने मोटर रूकवाई और मैं उससे पुलिस के व्यवहार की शिकायत करने के लिए उतरा।

३२. वह सप्ताह!

२

मैं कमिश्नर ग्रिफिथ साहब के कार्यालय में गया। उनकी सीढ़ी के पास जहाँ देखा वहीं हथियारबन्द सैनिकों को बैठा पाया, मानो लड़ाई के लिए तैयार हो रहे हों। बरामदे में भी हलचल मची हुई थी। मैं खबर देकर ऑफिस में पैठा, तो देखा कि कमिश्नर के पास मि॰ बोरिंग बैठे हुए हैं।

मैंने कमिश्नर से उस दृश्य का वर्णन किया, जिसे मैं अभी-अभी देखकर आया था। उन्होंने संक्षेप में जवाब दियाः "मैं नहीं चाहता था कि जुलूस फोर्ट की ओर जाए। वहाँ जाने पर उपद्रव हुए बिना न रहता। और मैंने देखा कि लोग लौटाये लौटनेवाले न थे। इसलिए सिवा घोड़े दौड़ाने के मेरे पास दूसरा कोई उपाय न था"

मैंने कहा, "किन्तु उसका परिणाम तो आप जानते थे। लोग घोड़ों के पैरों तले दबने से बच नहीं सकते थे। मेरा तो खयाल है कि घुड़सवारों की टुकड़ी भेजने की आवश्यकता ही नहीं थी।"

साहब बोले, "आप इसे समझ नहीं सकते। आपकी शिक्षा का लोगों पर क्या असर हुआ है, इसका पता आपकी अपेक्षा हम पुलिसवालों को अधिक रहता है। हम पहले से कड़ी कार्रवाई न करें, तो अधिक नुकसान हो सकता है। मैं आपसे कहता हूँ कि लोग आपके काबू में भी रहनेवाले नहीं हैं। वे कानून को तोड़ने की बात तो झट समझ जाएँगे, लेकिन शांति की बात समझना उनकी शक्ति से परे है। आपके हेतु अच्छे हैं, लेकिन लोग उन्हें समझेंगे नहीं। वे तो अपने स्वभाव का ही अनुसरण करेंगे।"

मैंने जवाब दिया, "किन्तु आपके और मेरे बीच जो भेद है, सो इसी बात में है। मैं कहता हूँ कि लोग स्वभाव से लड़ाकू नहीं, बल्कि शांतिप्रिय हैं।

हममें बहस होने लगी।

आखिर साहब ने कहा, "अच्छी बात है, यदि आपको विश्वास हो जाए कि लोग आपकी शिक्षा को समझे नहीं हैं, तो आप क्या करेंगे?"

मैंने उत्तर दिया, "यदि मुझे इसका विश्वास हो जाय, तो मैं इस लड़ाई को मुलतवी कर दूँगा।"

"मुलतवी करने का मतलब क्या? आपने तो मि० बोरिंग से कहा है कि मुक्त होने पर आप तुरन्त वापस पंजाब जाना चाहते हैं!"

"हाँ, मेरा इरादा तो लौटती ट्रेन से ही वापस जाने का था, पर अब आज तो जाना हो ही नहीं सकता।"

"आप धैर्य से काम लेंगे तो आपको और अधिक बातें मालूम होंगी। आप जानते हैं, अहमदाबाद में क्या हो रहा है? अमृतसर में क्या हुआ है? लोग सब कहीं पागल- से हो गये हैं। मुझे भी पूरा पता नहीं है। कई स्थानों में तार भी टूटे हैं। मैं तो आपसे कहता हूँ कि इस सारे उपद्रव की जवाबदेही आपके सिर पर है।"

मैंने कहा: "मुझे जहाँ अपनी जिम्मेदारी महसूस होगी वहाँ मैं उसे अपने ऊपर लिये बिना नहीं रहूँगा। अहमदाबाद में लोग थोड़ा भी उपद्रव करें, तो मुझे आश्चर्य और दुःख होगा। अमृतसर के बारेमें मैं कुछ भी नहीं जानता। वहाँ तो मैं कभी गया ही नहीं। वहाँ मुझे कोई जानता भी नहीं है। पर मैं इतना जानता हूँ कि पंजाब की सरकार ने मुझे वहाँ जाने से रोका न होता, तो मैं शांति-रक्षा में बहुत मदद कर सकता था। मुझे रोक कर तो सरकार ने लोगों को चिढ़ाया ही है।"

इस तरह हमारी बातचीत होती रही। हमारे मन का मेल मिलनेवाला न था। मैं यह कहकर बिदा हुआ कि चौपाटी पर सभा करने और लोगों को शांति रखने के लिए समझाने का मेरा इरादा है।

चौपाटी पर सभा हुई। मैंने लोगों को शांति और सत्याग्रह की मर्यादा के विषय में समझाया और बतलाया, "सत्याग्रह सच्चे का हथियार है। यदि लोग शांति न रखेंगे, तो मैं सत्याग्रह की लड़ाई कभी लड़ न सकूँगा।"

अहमदाबाद से श्री अनसूयाबहन को भी खबर मिल चुकी थी कि वहाँ उपद्रव हुआ है। किसीने अफवाह फैला दी थी कि वे भी पकड़ी गयी हैं। इससे मजदूर पागल हो उठे थे। उन्होंने हड़ताल कर दी थी, उपद्रव भी मचाया था; और एक सिपाही का खून भी हो गया था।

मैं अहमदाबाद गया। मुझे पता चला कि नड़ियाद के पास रेल की पटरी उखाड़ने की कोशिश भी हुई थी। वीरमगाम में एक सरकारी कर्मचारी का खून हो गया था। अहमदाबाद पहुँचा तब वहाँ मार्शल लॉ जारी था। लोगों में आतंक फैला हुआ था। लोगोंने जैसा किया वैसा पाया और उसका ब्याज भी पाया।

मुझे कमिश्नर मि० प्रेट के पास ले जाने के लिए एक आदमी स्टेशन पर हाजिर था। मैं उनके पास गया। वे बहुत गुस्से में थे। मैंने उन्हें शान्ति से उत्तर दिया। जो हत्या हुई थी उसके लिए मैंने खेद प्रकट किया। यह भी सुझाया कि मार्शल लॉ की आवश्यकता नहीं है, और पुनः शान्ति स्थापित करने के लिए जो उपाय करने ज़रूरी हों, सो करने की अपनी तैयारी बतायी। मैंने आम सभा बुलाने की माँग की। यह सभा आश्रम की भूमि पर करने की अपनी इच्छा प्रकट की। उन्हें यह बात अच्छी लगी। जहाँ तक मुझे याद है, मैंने रविवार ता. १३ अप्रैल को सभा की थी। मार्शल लॉ भी उसी दिन अथवा दूसरे दिन रद्द हुआ था। इस सभा में मैंने लोगों को उनके अपने दोष दिखाने का प्रयत्न किया। मैंने प्रायश्चित्त के रूप में तीन दिन के उपवास किये और लोगों को एक दिन का उपवास करने की सलाह दी। जिन्होंने हत्या वगैरा में हिस्सा लिया हो उन्हें मैंने सुझाया कि वे अपना अपराध स्वीकार कर लें।

मैंने अपना धर्म स्पष्ट देखा। जिन मजदूरों आदि के बीच मैंने इतना समय बिताया था, जिनकी मैंने सेवा की थी और जिन के विषय में मैं अच्छे व्यवहार की आशा रखता था, उन्होंने उपद्रव में हिस्सा लिया, यह मुझे असह्य मालूम हुआ और मैंने अपने को उनके दोष में हिस्सेदार माना।

जिस तरह मैंने लोगों को समझाया कि वे अपना अपराध स्वीकार कर लें, उसी तरह सरकार को भी गुनाह माफ करने की सलाह दी। दोनों में से किसी एकने भी मेरी बात नहीं सुनी। न लोगोंने अपने दोष स्वीकार किये, न सरकार ने किसीको माफ किया।

स्व० रमणभाई आदि नागरिक मेरे पास आये और मुझे सत्याग्रह मुलतवी करने के लिए मनाने लगे। पर मुझे मनाने की आवश्यकता ही नहीं रही थी। मैंने स्वयं निश्चय कर लिया था कि जब तक लोग शांति का पाठ न सीख ले, तब तक सत्याग्रह मुलतवी रखा जाए। इससे वे प्रसन्न हुए।

कुछ मित्र नाराज भी हुए। उनका खयाल यह था कि अगर मैं सब कहीं शांति

की आशा रखूँ और सत्याग्रह की यही शर्त रहे, तो बड़े पैमाने पर सत्याग्रह कभी चल ही नहीं सकता। मैंने अपना मतभेद प्रकट किया। जिन लोगों में काम किया गया है, जिन के द्वारा सत्याग्रह करने की आशा रखी जाती है, वे यदि शान्ति का पालन न करें, तो अवश्य ही सत्याग्रह कभी चल नहीं सकता। मेरी दलील यह थी कि सत्याग्रही नेताओं को इस प्रकार की मर्यादित शान्ति बनाये रखने की शक्ति प्राप्त करनी चाहिए। अपने इन विचारों को मैं आज भी बदल नहीं सका हूँ।

३३. 'पहाड़-जैसी भूल'

अहमदाबाद की सभा के बाद मैं तुरन्त ही नड़ियाद गया। 'पहाड़-जैसी भूल' नामक जो शब्द-प्रयोग प्रसिद्ध हुआ है,उसका उपयोग मैंने पहली बार नड़ियाद में किया। अहमदाबाद में ही मुझे अपनी भूल मालूम पड़ने लगी थी। पर नड़ियाद में वहाँ की स्थिति का विचार करके और यह सुनकर कि खेड़ा जिले के बहुत से लोग पकड़े गये हैं, जिस सभा में मैं घटित घटनाओं पर भाषण कर रहा था, उसमें मुझे अचानक यह खयाल आया कि खेड़ा जिले के और ऐसे दूसरे लोगों को कानून का सविनय भंग करने के लिए निमंत्रित करने में मैंने जल्दबाजी की भूल की और वह भूल मुझे पहाड़-जैसी मालूम हुई।

इस प्रकार अपनी भूल कबूल करने के लिए मेरी खूब हँसी उड़ाई गयी। फिर भी अपनी इस स्वीकृति के लिए मुझे कभी पश्चात्ताप नहीं हुआ। मैंने हमेशा यह माना है कि जब हम दूसरों के गज-जैसे दोषों को रजवत् मानकर देखते हैं, और अपने रजवत् प्रतीत होनेवाले दोषों को पहाड़-जैसा देखना सीखते हैं, तभी हमें अपने और पराये दोषों का ठीक-ठीक अंदाज हो पाता है। मैंने यह भी माना है कि सत्याग्रही बनने की इच्छा रखनेवाले को तो इस साधारण नियम का पालन बहुत अधिक सूक्ष्मता के साथ करना चाहिए।

अब हम यह देखें के पहाड़-जैसी प्रतीत होनेवाली वह भूल क्या थी। कानून का सविनय भंग उन्हीं लोगों द्वारा किया जा सकता है, जिन्होंने विनयपूर्वक और स्वेच्छा से कानून का सम्मान किया हो। अधिकतर तो हम कानून का पालन इसलिए करते हैं कि उसे तोड़ने पर जो सजा होती है उससे हम डरते हैं। और, यह बात उस कानून पर विशेष रूप से घटित होती है, जिसमें नीति-अनीति का

प्रश्न नहीं होता। कानून हो चाहे न हो, जो लोग भले माने जाते हैं वे एकाएक कभी चोरी नहीं करते। फिर भी रात में साइकल पर बत्ती जलाने के नियम से बच निकलने में भले आदमियों को भी क्षोभ नहीं होता; और ऐसे नियम का पालन करने की कोई सलाह-भर देता है, तो भले आदमी भी उसका पालन करने के लिए तुरन्त तैयार नहीं होते। किन्तु जब उसे कानून में स्थान मिलता है और उसका भंग करने पर दण्डित होने का डर लगता है, तब दण्ड की असुविधा से बचने के लिए वे भी रात में साइकल पर बत्ती जलाते हैं। इस प्रकार का नियम-पालन स्वेच्छा से किया हुआ पालन नहीं कहा जा सकता।

लेकिन सत्याग्रही समाज के जिन कानूनों का सन्मान करेगा, वह सम्मान सोच-समझकर, स्वेच्छासे, सम्मान करना धर्म है ऐसा मानकर करेगा। जिसने इस प्रकार समाज के नियमों का विचार-पूर्वक पालन किया है, उसीको समाज के नियमों में नीति-अनीति का भेद करने की शक्ति प्राप्त होती है और उसीको मर्यादित परिस्थितियों में अमुक नियमों को तोड़ने का अधिकार प्राप्त होता है। लोगों के इस तरह का अधिकार प्राप्त करने से पहले मैंने उन्हें सविनय कानूनभंग के लिए निमंत्रित किया, अपनी यह भूल मुझे पहाड़-जैसी लगी। और, खेड़ा जिले में प्रवेश करने पर मुझे खेड़ा की लड़ाई का स्मरण हुआ और लगा कि मैं बिलकुल गलत रास्ते पर चल पड़ा हूँ। मुझे लगा कि लोग सविनय कानून-भंग करने योग्य बनें, इससे पहले उन्हें उसके गंभीर रहस्य का ज्ञान होना चाहिए। जिन्होंने कानूनों को रोज जान-बूझकर तोड़ा हो, जो गुप्त रीति से अनेक बार कानूनों का भंग करते हों, वे अचानक सविनय कानून—भंग को कैसे समझ सकते हैं? उसकी मर्यादा का पालन कैसे कर सकते हैं?

यह तो सहज ही समझ में आ सकता है कि इस प्रकार की आदर्श स्थिति तक हजारों या लाखों लोग नहीं पहुँच सकते। किन्तु यदि बात ऐसी है तो सविनय कानून-भंग कराने से पहले शुद्ध स्वयंसेवकों का एक ऐसा दल खड़ा होना चाहिए, जो लोगों को ये सारी बातें समझाये और प्रतिक्षण उनका मार्गदर्शन करे। और ऐसे दल को सविनय कानून-भंग का तथा उसकी मर्यादा का पूरा-पूरा ज्ञान होना चाहिए।

इन विचारों से भरा हुआ मैं बम्बई पहुँचा और सत्याग्रह-सभा के द्वारा सत्याग्रही स्वयंसेवको का एक दल खड़ा किया। लोगों को सविनय कानून-भंग

का मर्म समझाने के लिए जिस तालीम की ज़रूरत थी, वह इस दल के जरिये देनी शुरू की और इस चीज को समझानेवाली पत्रिकायें निकालीं।

यह काम चला तो सही, लेकिन मैंने देखा कि मैं इसमें ज्यादा दिलचस्पी पैदा नहीं कर सका। स्वयंसेवकों की बाढ़ नहीं आयी। यह नहीं कहा जा सकता कि जो लोग भरती हुए उन सबने नियमित तालीम ली। भरती में नाम लिखानेवाले भी जैसे-जैसे दिन बीतते गये, वैसे-वैसे दृढ़ बनने के बदले खिसकने लगे। मैं समझ गया कि सविनय कानून-भंग की गाड़ी मैंने सोचा था उससे धीमी चलेगी।

३४. 'नवजीवन' और 'यंग इन्डिया'

एक तरफ तो चाहे जैसा धीमा होने पर भी शांति-रक्षा का यह आन्दोलन चल रहा था और दूसरी तरफ सरकार की दमन-नीति पूरे जोर से चल रही थी। पंजाब में उसके प्रभाव का साक्षात्कार हुआ। वहाँ फौजी कानून यानी नादिरशाही शुरू हुई। नेतागण पकड़े गये। खास अदालतें अदालतें नहीं थी, बल्कि केवल गवर्नर का हुक्म बजाने का साधन बनी हुई थीं। उन्होंने बिना सबूत और बिना शहादत के लोगों को सजाएँ दीं। फौजी सिपाहियों ने निर्दोष लोगों को कीड़ों की तरह पेट के बल चलाया। इसके सामने जलियाँवाला बाग का घोर हत्याकांड तो मेरी दृष्टि में किसी गिनती में नहीं था, यद्यपि आम लोगों का और दुनिया का ध्यान इस हत्याकाण्ड ने ही खींचा था।

मुझ पर दबाव पड़ने लगा कि मैं जैसे भी बने पंजाब पहुँचूँ। मैंने वाइसरॉय को पत्र लिखे, तार किये, परन्तु जाने की इजाजत न मिली। बिना इजाजत के जाने पर अन्दर तो जा ही नहीं सकता था; केवल सविनय कानून-भंग करने का संतोष मिल सकता था। मेरे सामने यह विकट प्रश्न खड़ा था कि इस धर्मसंकट में मुझे क्या करना चाहिए। मुझे लगा कि निषेधाज्ञा का अनादर करके प्रवेश करूँगा, तो वह विनयपूर्ण अनादर न माना जाएगा। शांति की जो प्रतीति मैं चाहता था, वह मुझे अब तक नहीं हुई थी। पंजाब की नादिरशाही ने लोगों की अशांति को अधिक भड़का दिया था। मुझे लगा कि ऐसे समय मेरे द्वारा की गयी कानून की अवज्ञा जलती आग में घी होमने का काम करेगी। अतएव पंजाब में प्रवेश करने की सलाह को मैंने तुरन्त माना नहीं। मेरे लिए यह निर्णय एक कड़वा घूँट था। पंजाब से रोज अन्याय के समाचार आते थे और मुझे उन्हें

रोज सुनना तथा दाँत पीस कर रह जाना पड़ता था!

इतने में मि० हार्निमैनको, जिन्होंने 'क्रॉनिकल' को एक प्रचण्ड शक्ति बना दिया था, सरकार चुरा ले गयी और जनता को इसका पता तक न चलने दिया गया। इस चोरी में जो गन्दगी थी, उसकी बदबू मुझे अभी तक आया करती है। मैं जानता हूँ कि मि. हार्निमैन अराजकता नहीं चाहते थे। मैंने सत्याग्रह-समिति की सलाह के बिना पंजाब-सरकार का हुक्म तोड़ा, यह उन्हें अच्छा नहीं लगा था। सविनय कानून-भंग को मुलतवी रखने में वे पूरी तरह सहमत थे। उसे मुलतवी रखने का अपना निर्णय मैंने प्रकट किया, इसके पहले ही मुलतवी रखने की सलाह देनेवाला उनका पत्र मेरे नाम रवाना हो चुका था और वह मेरा निर्णय प्रकट होने के बाद मुझे मिला। इसका कारण अहमदाबाद और बम्बई के बीच का फासला था। अतएव उनके देशनिकाले से मुझे जितना आश्चर्य हुआ उतना ही दुःख भी हुआ।

इस घटना के कारण 'क्रॉनिकल' के व्यवस्थापकों ने उसे चलाने का बोझ मुझ पर डाला। मि० ब्रेलवी तो थे ही। इसलिए मुझे अधिक कुछ करना नहीं पड़ता था। फिर भी मेरे स्वभाव के अनुसार मेरे लिए यह जिम्मेदारी बहुत बड़ी हो गयी थी।

किन्तु मुझे यह जिम्मेदारी अधिक दिन तक उठानी नहीं पड़ी। सरकार की मेहरबानी से 'क्रॉनिकल' बन्द हो गया।

जो लोग 'क्रॉनिकल' की व्यवस्था के कर्ताधर्ता थे, वे ही लोग 'यंग इन्डिया' की व्यवस्था पर भी निगरानी रखते थे। वे थे उमर सोबानी और शंकरलाल बैंकर। इन दोनों भाइयोंने मुझे सुझाया कि मैं 'यंग इन्डिया' की जिम्मेदारी अपने सिर लूँ। और 'क्रॉनिकल' के अभाव की थोड़ी पूर्ति करने के विचार से 'यंग इन्डिया' को हफ्ते में एक बार के बदले दो बार निकालना उन्हें और मुझे ठीक लगा। मुझे लोगों को सत्याग्रह का रहस्य समझाने का उत्साह था। पंजाब के बारेमें मैं और कुछ नहीं तो कम से कम उचित आलोचना तो कर ही सकता था, और उसके पीछे सत्याग्रह-रूपी शक्ति है इसका पता सरकार को था ही। अतएव इन मित्रों की सलाह मैंने स्वीकार कर ली।

किन्तु अंग्रेजी के द्वारा जनता को सत्याग्रह की शिक्षा कैसे दी जा सकती थी? गुजरात मेरे कार्य का मुख्य क्षेत्र था। इस समय भाई इन्दुलाल याज्ञिक उमर सोबानी और शंकरलाल बैंकर की मंडली में थे। वे 'नवजीवन' नामक गुजराती

मासिक चला रहे थे। उसका खर्च भी उक्त मित्र पूरा करते थे। भाई इन्दुलाल ने और उन मित्रोंने यह पत्र मुझे सौंप दिया और भाई इन्दुलाल ने इसमें काम करना भी स्वीकार किया। इस मासिक को साप्ताहिक बनाया गया।

इस बीच 'क्रॉनिकल' फिर जी उठा, इसलिए 'यंग इन्डिया' पुनः साप्ताहिक हो गया और मेरी सलाह के कारण उसे अहमदाबाद ले जाया गया। दो पत्रों के अलग-अलग स्थानों से निकलने में खर्च अधिक होता था और मुझे अधिक कठिनाई होती थी। 'नवजीवन' तो अहमदाबाद से ही निकलता था। ऐसे पत्रों के लिए स्वतंत्र छापखाना होना चाहिए, इसका अनुभव मुझे 'इण्डियन ओपीनियन' के सम्बन्ध में हो ही चुका था। इसके अतिरिक्त यहाँ के उस समय के अखबारों के कानून भी ऐसे थे कि मैं जो विचार प्रकट करना चाहता था, उन्हें व्यापारिक दृष्टि से चलनेवाले छापखानों के मालिक छापने में हिचकिचाते थे। अपना स्वतंत्र छापखाना खड़ा करने का यह भी एक प्रबल कारण था और यह काम अहमदाबाद में ही सरलता से हो सकता था। अतएव 'यंग इन्डिया' को अहमदाबाद ले गये।

इन पत्रों के द्वारा मैंने जनता को यथाशक्ति सत्याग्रह की शिक्षा देना शुरू किया। पहले दोनों पत्रों की थोड़ी ही प्रतियाँ खपती थीं। लेकिन बढ़ते-बढ़ते वे चालीस हजार के आस-पास पहुँच गयीं। 'नवजीवन' के ग्राहक एकदम बढ़े, जब कि 'यंग इन्डिया' के धीरे-धीरे बढ़े। मेरे जेल जाने के बाद इसमें कमी हुई और आज दोनों की ग्राहक-संक्या ८,००० से नीचे चली गयी है।

इन पत्रों में विज्ञापन न लेने का मेरा आग्रह शुरू से ही था। मैं मानता हूँ कि इससे कोई हानि नहीं हुई और इस प्रथा के कारण पत्रों के विचार-स्वातंत्र्य की रक्षा करने में बहुत मदद मिली।

इन पत्रों द्वारा मैं अपनी शान्ति प्राप्त कर सका। क्योंकि यद्यपि मैं सविनय कानून-भंग तुरन्त ही शुरू नहीं कर सका, फिर भी मैं अपने विचार स्वतंत्रता-पूर्वक प्रकट कर सका; जो लोग सलाह और सुझाव के लिए मेरी ओर देख रहे थे, उन्हें मैं आश्वासन दे सका। और, मेरा खयाल है कि दोनों पत्रोंने उस कठिन समय में जनता की अच्छी सेवा की और फौजी कानून के जुल्म को हलका करने में हाथ बँटाया।

३५. पंजाब में

पंजाब में जो कुछ हुआ उसके लिए अगर सर माइकल ओडवायर ने मुझे गुनहगार ठहराया था, तो वहाँ के कोई-कोई नवयुवक फौजी कानून के लिए भी मुझे गुनहगार ठहराने में हिचकिचाते न थे। क्रोधावेश में भरे इन नवयुवकों की दलील यह थी कि यदि मैंने सविनय कानून-भंग को मुलतवी न किया होता, तो जलियाँवाला बाग का कत्लेआम कभी न होता और न फौजी कानून ही जारी हुआ होता। किसी-किसी ने तो यह धमकी भी दी थी कि मेरे पंजाब जाने पर लोग मुझे जान से मारे बिना न रहेंगे।

किन्तु मुझे अपना कदम इतना उपयुक्त मालूम होता था कि उसके कारण समझदार आदमियों में गलतफहमी होने की संभावना ही न थी। मैं पंजाब जाने के लिए अधीर हो रहा था। मैंने पंजाब कभी देखा न था। अपनी आँखों से जो कुछ देखने को मिले, उसे देखने की मेरी तीव्र इच्छा थी; और मुझे बुलानेवाले डॉ० सत्यपाल, डॉ० किचलू तथा पं० रामभजदत्त चौधरी को मैं देखना चाहता था। वे जेल में थे। पर मुझे पूरा विश्वास था कि सरकार उन्हें लम्बे समय तक जेल में रख ही नहीं सकेगी। मैं जब-जब बम्बई जाता तब-तब बहुत से पंजाबी मुझसे आकर मिला करते थे। मैं उन्हें प्रोत्साहन देता था, जिसे पाकर वे प्रसन्न होते थे। इस समय मुझमें विपुल आत्म-विश्वास था।

लेकिन मेरा जाना टलता जाता था। वाइसरॉय लिखाते रहते थे कि 'अभी जरा देर है।'

इस बीच हंटर-कमेटी आयी। उसे फौजी कानून के दिनों में पंजाब के अधिकारियों द्वारा किये गये कारनामों की जाँच करनी थी। दीनबन्धु एण्ड्रूझ वहाँ पहुँच गये थे। उनके पत्रों में हृदयद्रावक वर्णन होते थे। उनके पत्रों की ध्वनि यह थी कि अखबारों में जो कुछ छपता था, फौजी कानून का जुल्म उससे कहीं अधिक था। पत्रों में मुझसे पंजाब पहुँचने का आग्रह किया गया। दूसरी तरफ मालवीयजी के भी तार आ रहे थे कि मुझे पंजाब पहुँचना चाहिए। इस पर मैंने वाइसरॉय को फिर तार दिया। उत्तर मिलाः "आप फलाँ तारीख को जा सकते हैं।" मुझे तारीख ठीक याद नहीं है, पर बहुत करके वह १७ अक्तूबर थी।

लाहौर पहुँचने पर जो दृश्य मैंने देखा, वह कभी भुलाया नहीं जा सकता।

स्टेशन पर लोगों का समुदाय इस कदर इकट्ठा हुआ था, मानो बरसों के बिछोह के बाद कोई प्रियजन आ रहा हो और सगे-संबंधी उससे मिलने आये हों। लोग हर्षोन्मत्त हो गये थे।

मुझे पं॰ रामभजदत्त चौधरी के घर ठहराया गया था। श्री सरलादेवी चौधरानी पर, जिन्हें मैं पहले से जानता था, मेरी आवभगत का बोझ आ पड़ा था। 'आवभगत का बोझ' शब्द मैं जान-बूझकर लिख रहा हूँ, क्योंकि आजकल की तरह उस समय भी जहाँ मैं ठहरता था, वहाँ मकान-मालिक का मकान धर्मशाला-सा हो जाता था।

पंजाब में मैंने देखा कि बहुत से पंजाबी नेताओं के जेल में होने के कारण मुख्य नेताओं का स्थान पं॰ मालवीयजी, पं॰ मोतीलालजी और स्व॰ स्वामी श्रद्धानन्दजी ने ले रखा था। मालवीयजी और श्रद्धानन्दजी के सम्पर्क में तो मैं भलीभाँति आ चुका था, पर पं॰ मोतीलालजी के निकट सम्पर्क में मैं लाहौर में ही आया। इन नेताओं ने और स्थानीय नेताओं ने, जिन्हें जेल जाने का सम्मान नहीं मिला था, मुझे तुरन्त अपना बना लिया। मैं कहीं भी अपरिचित-सा नहीं जान पड़ा।

हंटर-कमेटी के सामने गवाही न देने का निश्चय हम सबने सर्व-सम्मति से किया। इसके सब कारण उस समय प्रकाशित कर दिये गये थे। इसलिए यहाँ मैं उनकी चर्चा नहीं करता। आज भी मेरा यह खयाल है कि वे कारण सबल थे और कमेटी का बहिष्कार उचित था।

पर यह निश्चय हुआ कि यदि हंटर-कमेटी का बहिष्कार किया जाए, तो जनता की ओर से अर्थात् काँग्रेस की ओर से एक कमेटी होनी चाहिए। पं॰ मालवीयजी, पं॰ मोतीलाल नेहरू, स्व॰ चित्तरंजन दास, श्री अब्बास तैयबजी और श्री जयकर को तथा मुझे इस कमेटी में रखा गया। हम जाँच के लिए अलग-अलग स्थानों में बँट गये। इस कमेटी की व्यवस्था का भार सहज ही मुझ पर आ पड़ा था, और चूँकि अधिक-से-अधिक गाँवों की जाँच का काम मेरे हिस्से में आया था, इसलिए मुझे पंजाब और पंजाब के गाँव देखने का अलभ्य लाभ मिला।

इस जाँच के दौरान में पंजाब की स्त्रियों से तो मैं इस तरह से मिला, मानो मैं उन्हें युगों से पहचानता होऊँ। जहाँ जाता वहाँ उनके दल-के-दल मुझसे मिलते और वे मेरे सामने अपने काते हुए सूत का ढेर लगा देती थीं। इस जाँच के सिलसिले में अनायास ही मैं यह देख सका कि पंजाब खादी का महान क्षेत्र हो सकता है।

लोगों पर ढाये गये जुल्मों की जाँच करते हुए जैसे-जैसे मैं गहराई में जाने लगा, वैसे-वैसे सरकारी अराजकता की, अधिकारियों की नादिरशाही और निरंकुशता की अपनी कल्पना से परे की बातें सुनकर मुझे आश्चर्य हुआ और मैंने दुःख का अनुभव किया। जिस पंजाब से सरकार को अधिक-से-अधिक सिपाही मिलते हैं, उस पंजाब में लोग इतना ज्यादा जुल्म कैसे सहन कर सके, यह बात मुझे उस समय भी आश्चर्यजनक मालूम हुई थी और आज भी मालूम होती है।

इस कमेटी की रिपोर्ट तैयार करने का काम भी मुझे ही सौंपा गया था। जो यह जानना चाहते हैं कि पंजाब में किस तरह के जुल्म हुए थे, उन्हें यह रिपोर्ट अवश्य पढ़नी चाहिए। इस रिपोर्ट के बारेमें इतना मैं कह सकता हूँ कि उसमें जान-बूझकर एक भी जगह अतिशयोक्ति नहीं हुई है। जितनी हकीकतें दी गयी हैं, उनके लिए उसी में प्रमाण भी प्रस्तुत किये गये हैं। इस रिपोर्ट में जितने प्रमाण दिये गये हैं, उनसे अधिक प्रमाण कमेटी के पास मौजूद थे। जिस के विषय में तनिक भी शंका थी, ऐसी एक भी बात रिपोर्ट में नहीं दी गयी। इस तरह केवल सत्य को ही ध्यान में रखकर लिखी हुई रिपोर्ट से पाठक देख सकेंगे कि ब्रिटिश राज्य अपनी सत्ता को दृढ़ बनाये रखने के लिए किस हद तक जा सकता है, कैसे अमानुषिक काम कर सकता है। जहाँ तक मैं जानता हूँ, इस रिपोर्ट की एक भी बात आज तक झूठ साबित नहीं हुई।

३६. खिलाफत के बदले गोरक्षा?

अब थोड़ी देर के लिए पंजाब के हत्याकाण्ड को छोड़ दें।

कॉंग्रेस की तरफ से पंजाब की डायरशाही की जाँच चल रही थी। इतने में एक सार्वजनिक निमंत्रण मेरे हाथ में आया। उसमें स्व० हकीम साहब और भाई आसफअली के नाम थे। उसमें यह भी लिखा था कि सभा में श्रद्धानन्दजी उपस्थित रहनेवाले हैं। मुझे कुछ ऐसा खयाल है कि वे उप-सभापति थे। यह निमंत्रण दिल्ली में खिलाफत के सम्बन्ध में उत्पन्न परिस्थिति का विचार करनेवाली और सन्धि के उत्सव में सम्मिलित होने या न होने का निर्णय करनेवाली हिन्दू-मुसलमानों की एक संयुक्त सभा में उपस्थित होने का था। मुझे कुछ ऐसा याद है कि यह सभा नवम्बर महीने में हुई थी।

इस निमंत्रण में यह लिखा था कि सभा में केवल खिलाफत के प्रश्न की ही

चर्चा नहीं होगी, बल्कि गोरक्षा के प्रश्न पर भी विचार होगा और यह कि गोरक्षा साधने का यह एक सुन्दर अवसर बनेगा। मुझे यह वाक्य चुभा। इस निमंत्रण-पत्र का उत्तर देते हुए मैंने लिखा कि मैं उपस्थित होने की कोशिश करूँगा और यह भी लिखा कि खिलाफत और गोरक्षा को एकसाथ मिलाकर उन्हें परस्पर सौदे का सवाल नहीं बनाना चाहिए। हर प्रश्न का विचार उसके गुण-दोष की दृष्टि से किया जाना चाहिए।

मैं सभा में हाजिर रहा। सभा में उपस्थिति अच्छी थी। पर बाद में जिस तरह हजारों लोग उमड़ते थे, वैसा दृश्य वहाँ नहीं था। इस सभा में श्रद्धानन्दजी उपस्थित थे। मैंने उनके साथ उक्त विषय पर चर्चा कर ली। उन्हें मेरी दलील जँची और उसे पेश करने का भार उन्होंने मुझ पर डाला। हकीम साहब के साथ भी मैंने बात कर ली थी। मेरी दलील यह थी कि दोनों प्रश्नों पर उनके अपने गुण-दोष की दृष्टि से विचार करना चाहिए। यदि खिलाफत के प्रश्न में सार हो, उसमें सरकार की ओर से अन्याय हो रहा हो, तो हिन्दुओं को मुसलमानों का साथ देना चाहिए और इस प्रश्न के साथ गोरक्षा के प्रश्न को नहीं जोड़ना चाहिए। अगर हिन्दू ऐसी कोई शर्त करते हैं, तो वह उन्हें शोभा नहीं देगा। मुसलमान खिलाफत के लिए मिलनेवाली मदद के बदले में गोवध वंद करें, तो वह उनके लिए भी शोभास्पद न होगा। पड़ोसी और एक ही भूमि के निवासी होने के नाते तथा हिन्दुओं की भावना का आदर करने की दृष्टि से यदि मुसलमान स्वतंत्र रूप से गोवध बन्द करें, तो यह उनके लिए शोभा की बात होगी। यह उनका फर्ज है; और एक स्वतंत्र प्रश्न है। अगर यह फर्ज है और मुसलमान इसे फर्ज समझें, तो हिन्दू खिलाफत के काम में मदद दें या न दें, तो भी मुसलमानों को गोवध बंद करना चाहिए। मैंने अपनी तरफ से यह दलील पेश की कि इस तरह दोनों प्रश्नों का विचार स्वतंत्र रीति से किया जाना चाहिए और इसलिए इस सभा में तो सिर्फ खिलाफत के प्रश्न की ही चर्चा मुनासिब है। सभा को मेरी दलील पसन्द पड़ी। गोरक्षा के प्रश्न पर सभा में चर्चा नहीं हुई। लेकिन मौलाना अब्दुलबारी साहब ने कहा: "हिन्दू खिलाफत के मामले में मदद दें चाहे न दें, लेकिन चूँकि हम एक ही मुल्क के रहनेवाले हैं इसलिए मुसलमानों को हिन्दुओं के जज्बात की खातिर गोकुशी बन्द करनी चाहिए।" एक समय तो ऐसा मालूम हुआ कि मुसलमान सचमुच गोवध बन्द कर देंगे।

कुछ लोगों की यह सलाह थी कि पंजाब के सवाल को भी खिलाफत के साथ जोड़ दिया जाए। मैंने इस विषय में अपना विरोध प्रकट किया। मेरी दलील यह थी कि पंजाब का प्रश्न स्थानीय है; पंजाब के दुःख की वजह से हम हुकूमत से सम्बन्ध रखनेवाले सन्धि-विषयक उत्सव से अलग नहीं रह सकते। इस सिलसिले में खिलाफत के सवाल के साथ पंजाब को जोड़ देने से हम अपने सिर अविवेक का आरोप ले लेंगे। मेरी दलील सबको पसन्द आयी।

इस सभा में मौलाना हसरत मोहानी भी थे। उनसे मेरी जान-पहचान तो हो ही चुकी थी। पर वे कैसे लड़वैया हैं, इसका अनुभव मुझे यहीं हुआ। यहीं से हमारे बीच मतभेद शुरू हुआ और कई मामलों में वह आखिर तक बना रहा।

कई प्रस्तावों में एक प्रस्ताव यह भी था कि हिन्दू-मुसलमान सबको स्वदेशी-व्रत का पालन करना चाहिए और इसके लिए विदेशी कपड़े का बहिष्कार करना चाहिए। खादी का पुनर्जन्म अभी हुआ नहीं था। मौलाना हसरत मोहानी को यह प्रस्ताव जँच नहीं रहा था। यदि अंग्रेजी हुकूमत खिलाफत के मामले में इन्साफ न करे, तो उन्हें उससे बदला लेना था। इसलिए उन्होंने सुझाया कि यथासंभव हर तरह के ब्रिटिश माल का बहिष्कार करना चाहिए। मैंने हर तरह के ब्रिटिश माल के बहिष्कार की आवश्यकता और अयोग्यता के बारेमें अपनी वे दलीलें पेश कीं, जो अब सुपरिचित हो चुकी हैं। मैंने अपनी अहिंसा-वृत्ति का भी प्रतिपादन किया। मैंने देखा कि सभा पर मेरी दलीलों का गहरा असर पड़ा है। हसरत मोहानी की दलीलें सुनकर लोग ऐसा हर्षनाद करते थे कि मुझे लगा, यहाँ मेरी तूती की आवाज कोई नहीं सुनेगा। पर मुझे अपना धर्म चूकना और छिपाना नहीं चाहिए, यह सोचकर मैं बोलने के लिए उठा। लोगोंने मेरा भाषण बहुत ध्यान से सुना। मंच पर तो मुझे संपूर्ण समर्थन मिला और मेरे समर्थन में एक के बाद एक भाषण होने लगे। नेतागण यह देख सके कि ब्रिटिश माल के बहिष्कार का प्रस्ताव पास करने से एक भी हेतु सिद्ध नहीं होगा। हाँ, हँसी काफी होगी। सारी सभा में शायद ही कोई ऐसा आदमी देखने में आता था, जिसके शरीर पर कोई-न-कोई ब्रिटिश वस्तु न हो। इतना तो अधिकांश लोग समझ गये कि जो बात सभा में उपस्थित लोग भी नहीं कर सकते, उसे करने का प्रस्ताव पास करने से लाभ के बदले हानि ही होगी।

मौलाना हसरत मोहानी ने अपने भाषण में कहा, "हमें आपके विदेशी वस्त्र-

बहिष्कार से संतोष हो ही नहीं सकता। कब हम अपनी ज़रूरत का सब कपड़ा पैदा कर सकेंगे और कब विदेशी वस्त्रों का बहिष्कार होगा? हमें तो ऐसी कोई चीज चाहिए, जिसका प्रभाव ब्रिटिश जनता पर तत्काल पड़े। आपका बहिष्कार चाहे रहे, पर इससे ज्यादा तेज कोई चीज आप हमें बताइये।" मैं यह भाषण सुन रहा था। मुझे लगा कि विदेशी वस्त्र के बहिष्कार के अलावा कोई दूसरी नई चीज सुझानी चाहिए। उस समय मैं यह तो स्पष्ट रूप से जानता था कि विदेशी वस्त्र का बहिष्कार तुरन्त नहीं हो सकता। यदि हम चाहें तो संपूर्ण रूप से खादी उत्पन्न करने की शक्ति हममें है, इस बात को जिस तरह मैं बाद में देख सका, वैसे उस समय नहीं देख सका था। अकेली मिल तो दगा दे जाएगी, यह मैं उस समय भी जानता था। जब मौलाना साहब ने अपना भाषण पूरा किया, तब मैं जवाब देने के लिए तैयार हो रहा था।

मुझे कोई उर्दू या हिन्दी शब्द तो नहीं सूझा। ऐसी खास मुसलमानों की सभा में तर्कयुक्त भाषण करने का मेरा यह पहला अनुभव था। कलकत्ते में मुस्लिम लीग की सभा में मैं बोला था, किन्तु वह तो कुछ मिनटों का और दिल को छूनेवाला भाषण था। पर यहाँ तो मुझे विरूद्ध मतवाले समाज को समझाना था। लेकिन मैंने शरम छोड़ दी थी। मुझे दिल्ली के मुसलमानों के सामने शुद्ध उर्दू में लच्छेदार भाषण नहीं करना था, बल्कि अपनी मंशा टूटीफूटी हिन्दी में समझा देनी थी। यह काम मैं भलीभाँति कर सका। यह सभा इस बात का प्रत्यक्ष प्रमाण थी कि हिन्दी-उर्दू ही राष्ट्रभाषा बन सकती है। अगर मैंने अंग्रेजी में भाषण किया होता, तो मेरी गाड़ी आगे न बढ़ती; और मौलाना साहब ने जो चुनौती मुझे दी उसे देने को मौका न आया होता और आया भी होता तो मुझे उस का जवाब न सूझता।

उर्दू या हिन्दी शब्द ध्यान में न आने से मैं शरमाया, पर मैंने जवाब तो दिया ही। मुझे 'नॉन-कोऑपरेशन' शब्द सूझा। जब मौलाना भाषण कर रहे थे तब मैं यह सोच रहा था कि मौलाना खुद कई मामलों में जिस सरकार का साथ दे रहे हैं, उस सरकार के विरोध की बात करना उनके लिए बेकार है। मुझे लगा कि जब तलवार से सरकार का विरोध नहीं करना है, तो उसका साथ न देने में ही सच्चा विरोध है। और फलतः मैंने 'नॉन-कोऑपरेशन' शब्द का प्रयोग पहली बार इस सभा में किया। अपने भाषण में मैंने इसके समर्थन में अपनी दलीलें दीं। उस समय मुझे इस बात का कोई खयाल न था कि इस शब्द में किन-किन

बातों का समावेश हो सकता है। इसलिए मैं तफसील में न जा सका। मुझे तो इतना ही कहने की याद है:

"मुसलमान भाइयों ने एक और भी महत्त्वपूर्ण निश्चय किया है। ईश्वर न करे, पर यदि कहीं सुलह की शर्तें उनके खिलाफ जाएँ, तो वे सरकार की सहायता करना बंद कर देंगे। मेरे विचार में यह जनता का अधिकार है। सरकारी उपाधियाँ धारण करने अथवा सरकारी नौकरियाँ करने के लिए हम बँधे हुए नहीं हैं। जब सरकार के हाथों खिलाफत-जैसे अत्यन्त महत्त्वपूर्ण धार्मिक प्रश्न के संबंध में हमें नुकसान पहुँचता है, तब हम उसकी सहायता कैसे कर सकते हैं? इसलिए अगर खिलाफत का फैंसला हमारे खिलाफ हुआ, तो सरकार की सहायता न करने का हमें हक होगा।"

पर इसके बाद इस वस्तु का प्रचार होने में कई महीने बीत गये। यह शब्द कुछ महीनों तक तो इस सभा में ही दबा पड़ा रहा। एक महीने बाद जब अमृतसर में काँग्रेस का अधिवेशन हुआ, तो वहाँ मैंने असहयोग के प्रस्ताव का समर्थन किया। उस समय तो मैंने यही आशा रखी थी कि हिन्दू-मुसलमानों के लिए सरकार के खिलाफ असहयोग करने का अवसर नहीं आयेगा।

३७. अमृतसर की काँग्रेस

फौजी कानून के चलते जिन सैकड़ों निर्दोष पंजाबियों को नाम की अदालतों ने नाम के सबूत लेकर छोटी-बड़ी मुद्दतों के लिए जेल में ठूँस दिया था, पंजाब की सरकार उन्हें जेल में रख न सकी। इस घोर अन्याय के विरूद्ध चारों ओर से ऐसी जबरदस्त आवाज उठी कि सरकार के लिए इन कैदियों को अधिक समय तक जेल में रखना संभव न रहा। अतएव काँग्रेस-अधिवेशन के पहले बहुत से कैदी छूट गये। लाला हरकिसनलाल आदि सब नेता रिहा हो गये और काँग्रेस अधिवेशन के दिनों में अलीभाई भी छूट कर आ गये। इससे लोगों के हर्ष की सीमा न रही। पं० मोतीलाल नेहरू, जिन्होंने अपनी वकालत को एक तरफ रखकर पंजाब में ही डेरा डाल दिया था, काँग्रेस के सभापति थे। स्वामी श्रद्धानन्दजी स्वागत-समिति के अध्यक्ष थे।

अब तक काँग्रेस में मेरा काम इतना ही रहता था कि हिन्दी में अपना छोटा-सा भाषण करूँ, हिन्दी भाषा की वकालत करूँ और उपनिवेशों में रहनेवाले

हिन्दुस्तानियों का मामला पेश करूँ? यह खयाल नहीं था कि अमृतसर में मुझे इससे अधिक कुछ करना पड़ेगा। लेकिन जैसा कि मेरे संबंध में पहले भी हो चुका है, जिम्मेदारी अचानक मुझ पर आ पड़ी।

नये सुधारों के सम्बन्ध में सम्राट की घोषणा प्रकट हो चुकी थी। वह मुझे पूर्ण संतोष देनेवाली नहीं थी। और किसीको तो वह बिलकुल पसन्द ही नहीं थी। लेकिन उस समय मैंने यह माना था कि उक्त घोषणा में सूचित सुधार त्रुटिपूर्ण होते हुए भी स्वीकार किये जा सकते हैं। सम्राट् की घोषणा में मुझे लार्ड सिंह का हाथ दिखायी पड़ा था। उस समय की मेरी आँखों ने घोषणा की भाषा में आशा की किरणें देखी थीं। किन्तु लोकमान्य, चित्तरंजन दास आदि अनुभवी योद्धा विरोध में सिर हिला रहे थे। भारत-भूषण मालवीयजी तटस्थ थे।

मेरा डेरा मालवीयजी ने अपने ही कमरे में रखा था। उनकी सादगी की झाँकी काशी-विश्वविद्यालय के शिलान्यास के समय मैं कर चुका था। लेकिन इस बार तो उन्होंने मुझे अपने कमरे में ही स्थान दिया था। इससे मैं उनकी सारी दिनचर्या देख सका और मुझे सानन्द आश्चर्य हुआ। उनका कमरा क्या था, गरीबों की धर्मशाला थी। उसमें कहीं रास्ता नहीं रहने दिया गया था। जहाँ-तहाँ लोग पड़े ही मिलते थे। वहाँ न कोई खाली जगह थी, न एकान्त था। चाहे जो आदमी, चाहे जिस समय आता था और उनका चाहे जितना समय ले लेता था। इस कमरे के एक कोने में मेरा दरबार अर्थात् खटिया थी।

किन्तु मुझे इस प्रकरण में मालवीयजी की रहन-सहन का वर्णन नहीं करना है। अतएव मैं अपने विषय पर आता हूँ।

इस स्थिति में मालवीयजी के साथ रोज मेरी बातचीत होती थी। वे मुझे सबका पक्ष, बड़ा भाई जैसे छोटे को समझाता है वैसे प्रेम से समझाते थे। सुधार-संबंधी प्रस्ताव में भाग लेना मुझे धर्मरूप प्रतीत हुआ। पंजाबविषयक काँग्रेस की रिपोर्ट की जिम्मेदारी में मेरा हिस्सा था। पंजाब के विषय में सरकार से काम लेना था। खिलाफत का प्रश्न तो था ही। मैंने यह भी माना था कि मांटेग्यू हिन्दुस्तान के साथ विश्वासघात नहीं करने देंगे। कैदियों की और उनमें भी अलीभाइयों की रिहाई को मैंने शुभ चिन्ह माना था। अतएव मुझे लगा कि सुधारों को स्वीकार करने का प्रस्ताव पास होना चाहिए। चित्तरंजन दास का दृढ़ मत था कि सुधारों को बिलकुल असंतोषजनक और अधूरे मानकर उनकी उपेक्षा करनी चाहिए।

लोकमान्य कुछ तटस्थ थे। किन्तु देशबंधु जिस प्रस्ताव को पसन्द करें, उसके पक्ष में अपना वजन डालने का उन्होंने निश्चय कर लिया था।

ऐसे पुराने अनुभवी और कसे हुए सर्वमान्य लोकनायकों के साथ अपना मतभेद मुझे स्वयं असह्य मालूम हुआ। दूसरी ओर मेरा अन्तर्नाद स्पष्ट था। मैंने कॉंग्रेस की बैठक में से भागने का प्रयत्न किया। पं. मोतीलाल नेहरू और मालवीयजी को मैंने यह सुझाया कि मुझे अनुपस्थित रहने देने से सब काम बन जाएगा और मैं महान नेताओं के साथ मतभेद प्रकट करने के संकट से बच जाऊँगा।

यह सुझाव इन दोनों बुजुर्गों के गले न उतरा। जब बात लाला हरकिसनलाल के कान तक पहुँची, तो उन्होंने कहाः "यह हरगिज न होगा। इससे पंजाबियों को भारी आघात पहुँचेगा।" मैंने लोकमान्य और देशबंधु के साथ विचार-विमर्श किया। मि० जिन्ना से मिला। किसी तरह कोई रास्ता निकलता न था। मैंने अपनी वेदना मालवीयजी के सामने रखी: "समझौते के कोई लक्षण मुझे दिखाई नहीं देते। यदि मुझे अपना प्रस्ताव रखना ही पड़ा, तो अन्त में मत तो लिये ही जाएँगे। पर यहाँ मत ले सकने की कोई व्यवस्था मैं नहीं देख रहा हूँ। आज तक हमने भरी सभा में हाथ उठवाये हैं। हाथ उठाते समय दर्शकों और प्रतिनिधियों के बीच कोई भेद नहीं रहता। ऐसी विशाल सभा में मत गिनने की कोई व्यवस्था हमारे पास नहीं होती। अतएव मुझे अपने प्रस्ताव पर मत लिवाने हों, तो भी इसकी सुविधा नहीं है।"

लाला हरकिसनलाल ने यह सुविधा संतोषजनक रीति से कर देने का जिम्मा लिया। उन्होंने कहा, "मत लेने के दिन दर्शकों को नहीं आने देंगे। केवल प्रतिनिधि ही आएँगे और वहाँ मतों की गिनती करा देना मेरा काम होगा। पर आप कॉंग्रेस की बैठक में अनुपस्थित तो रह ही नहीं सकते।"

आखिर मैं हारा। मैंने अपना प्रस्ताव तैयार किया। बड़े संकोच से मैंने उसे पेश करना कबूल किया। मि० जिन्ना और मालवीयजी उसका समर्थन करनेवाले थे। भाषण हुए। मैं देख रहा था कि यद्यपि हमारे मतभेद में कहीं कटुता नहीं थी, भाषणों में भी दलीलों के सिवा और कुछ नहीं था, फिर भी सभा जरा-सा भी मतभेद सहन नहीं कर सकती थी और नेताओं के मतभेद से उसे दुःख हो रहा था। सभा को तो एकमत चाहिए था।

जब भाषण हो रहे थे उस समय भी मंच पर मतभेद मिटाने की कोशिश में चल

रही थीं। एक-दूसरे के बीच चिठियाँ आ-जा रही थीं। मालवीयजी, जैसे भी बने, समझौता कराने का प्रयत्न कर रहे थे। इतने में जयरामदासने मेरे हाथ पर अपना सुझाव रखा और सदस्यों को मत देने के संकट से उबार लेने के लिए बहुत मीठे शब्दों में मुझसे प्रार्थना की। मुझे उनका सुझाव पसन्द आया। मालवीयजी की दृष्टि तो चारों ओर आशा की खोज में घूम ही रही थीं। मैंने कहाः "यह सुझाव दोनों पक्षों को पसन्द आने लायक मालूम होता है।" मैंने उसे लोकमान्य को दिखाया। उन्होंने कहा, "दास को पसन्द आ जाए, तो मुझे कोई आपत्ति नहीं।" देशबंधु पिघले। उन्होंने विपिनचंद्र पाल की तरफ देखा। मालवीयजी को पूरी आशा बंध गयी। उन्होंने परची हाथ से छीन ली। अभी देशबंधु के मुँह से 'हाँ' का शब्द पूरा निकल भी नहीं पाया था कि वे बोल उठेः "सज्जनो, आपको यह जानकर खुशी होगी कि समझौता हो गया है।" फिर क्या था ? तालियों की गड़गड़ाहट से मंडप गूँज उठा और लोगों के चेहरों पर जो गंभीरता थी, उसके बदले खुशी चमक उठी।

यह प्रस्ताव क्या था, इसकी चर्चा की यहाँ आवश्यकता नहीं। यह प्रस्ताव किस तरह स्वीकृत हुआ, इतना ही इस सम्बन्ध में बतलाना मेरे इन प्रयोगोंका विषय है। समझौते ने मेरी जिम्मेदारी बढ़ा दी।

३८. काँग्रेस में प्रवेश

मुझे काँग्रेस के कामकाज में हिस्सा लेना पड़ा, इसे मैं काँग्रेस में अपना प्रवेश नहीं मानता। इससे पहले की काँग्रेस की बैठकों में मैं गया सो सिर्फ अपनी वफादारी की निशानी के रूपमें। छोटे-से-छोटे सिपाही के काम के सिवा मेरा वहाँ दूसरा कोई कार्य हो सकता है, ऐसा पहले की बैठकों के समय मुझे कभी आभास नहीं हुआ था, न इससे अधिक कुछ करने की मुझे इच्छा हुई थी।

अमृतसर के अनुभवने बतलाया कि मेरी एक-दो शक्तियाँ काँग्रेस के लिए उपयोगी हैं। मैं यह देख सका था कि पंजाब की जाँच-कमेटी के मेरे काम से लोकमान्य, मालवीयजी, मोतीलालजी, देशबंधु आदि खुश हुए थे। इसलिए उन्होंने मुझे अपनी बैठकों और चर्चाओं में बुलाया। इतना तो मैंने देख लिया था कि विषय-विचारिणी समिति का सच्चा काम इन्हीं बैठकों में होता था और ऐसी चर्चाओं में वे लोग सम्मिलित होते थे, जिन पर नेता विशेष विश्वास या आधार रखते थे और दूसरे वे लोग होते थे, जो किसी-न-किसी बहाने से घुस जाते थे।

अगले साल करने योग्य कामों में से दो कामों में मुझे दिलचस्पी थी, क्योंकि उनमें मैं कुछ दखल रखता था।

एक था जलियाँवाला बाग के हत्याकांड का स्मारक। इसके बारेमें काँग्रेस ने बड़ी शान के साथ प्रस्ताव पास किया था। स्मारक के लिए करीब पाँच लाख रूपये की रकम इकट्ठी करनी थी। उसके रक्षकों (ट्रस्टियों) में मेरा नाम था। देश में जनता के काम के लिए भिक्षा माँगने की जबरदस्त शक्ति रखनेवालों में पहला पद मालवीयजी का था और है। मैं जानता था कि मेरा दर्जा उनसे बहुत दूर नहीं रहेगा। अपनी यह शक्ति मैंने दक्षिण अफ्रीका में देख ली थी। राजा-महाराजाओं पर अपना जादू चलाकर उनसे लाखों रूपये प्राप्त करने की शक्ति मुझमें नहीं थी, आज भी नहीं है। इस विषय में मालवीयजी के साथ प्रतिस्पर्धा करनेवाला मुझे कोई मिला ही नहीं। मैं जानता था कि जलियाँवाला बाग के काम के लिए उन लोगों से पैसा नहीं माँगा जा सकता। अतएव रक्षक का पद स्वीकार करते समय ही मैं यह समझ गया था कि इस स्मारक के लिए धन-संग्रह करने का बोझ मुझ पर पड़ेगा, और यही हुआ भी। बम्बई के उदार नागरिकों ने इस स्मारक के लिए दिल खोलकर धन दिया और आज जनता के पास उसके लिए जितना चाहिए उतना पैसा है। किन्तु हिन्दुओं, मुसलमानों और सिखों के मिश्रित रक्त से पावन बनी हुई इस भूमि पर किस तरह का स्मारक बनाया जाए, अर्थात् पड़े हुए पैसों का क्या उपयोग किया जाए, यह एक विकट सवाल हो गया है; क्योंकि तीनों के बीच अथवा कहिये कि दोनों के बीच आज दोस्ती के बदले दुश्मनी का भास हो रहा है।

मेरी दूसरी शक्ति लेखक और मुंशी का काम करने की थी, जिसका उपयोग काँग्रेस कर सकती थी। नेतागण यह समझ चुके थे कि लम्बे समय के अभ्यास के कारण कहाँ, क्या और कितने कम शब्दों में व अविनय-रहित भाषा में लिखना चाहिए सो मैं जानता हूँ। उस समय काँग्रेस का जो विधान था, वह गोखले की छोड़ी हुई पूँजी थी। उन्होंने कुछ नियम बना दिये थे। उनके सहारे काँग्रेस का काम चलता था। वे नियम कैसे बनाये गये, इसका मधुर इतिहास मैंने उन्हींके मुँह से सुना था। पर अब सब कोई यह अनुभव कर रहे थे कि काँग्रेस का काम उतने ही नियमों से नहीं चल सकता। उसका विधान बनाने की चर्चायें हर साल उठती थीं। पर काँग्रेस के पास ऐसी कोई व्यवस्था ही नहीं थी जिससे पूरे वर्षभर

उसका काम चलता रहे, अथवा भविष्य की बात कोई सोचे। उसके तीन मंत्री होते थे, पर वास्तव में कार्यवाहक मंत्री तो एक ही रहता था। वह भी चौबीसों घंटे दे सकनेवाला नहीं होता था। एक मंत्री कार्यालय चलाये या भविष्य का विचार करे अथवा भूतकाल में उठायी हुई काँग्रेस की जिम्मेदारियों को वर्तमान वर्ष में पूरा करे? इसलिए इस वर्ष यह प्रश्न सबकी दृष्टि में अधिक महत्त्वपूर्ण बन गया। काँग्रेस में हजारों की भीड़ होती थी। उसमें राष्ट्र का काम कैसे हो सकता था? प्रतिनिधियों की संख्या की कोई सीमा न थी। किसी भी प्रान्त से चाहे जितने प्रतिनिधि आ सकते थे। कोई भी प्रतिनिधि हो सकता था। अतएव कुछ व्यवस्था करने की आवश्यकता सबको प्रतीत हुई। विधान तैयार करने का भार उठाने की जिम्मेदारी मैंने अपने सिर ली। मेरी एक शर्त थी। जनता पर दो नेताओं का प्रभुत्व मैं देख रहा था। इससे मैंने चाहा कि उनके प्रतिनिधि मेरे साथ रहें। मैं समझता था कि वे स्वयं शांति से बैठकर विधान बनाने का काम नहीं कर सकते। इसलिए लोकमान्य और देशबंधु से उनके विश्वास के दो नाम मैंने माँगे। मैंने यह सुझाव रखा कि इनके सिवा विधान-समिति में और कोई न होना चाहिए। वह सुझाव मान लिया गया। लोकमान्यने श्री केलकर का और देशबंधुने श्री आई॰ बी॰ सेन का नाम दिया। यह विधान-समिति एक दिन भी कहीं मिलकर नहीं बैठी। फिर भी हमने अपना काम एकमत से पूरा किया। पत्र-व्यवहार द्वारा अपना काम चला लिया। इस विधान के लिए मुझे थोड़ा अभिमान है। मैं मानता हूँ कि इसका अनुसरण करके काम किया जाए, तो हमारा बेड़ा पार हो सकता है। यह तो जब होगा तब होगा, परन्तु मेरी यह मान्यता है कि इस जिम्मेदारी को लेकर मैंने काँग्रेस में सच्चा प्रवेश किया।

३९. खादी का जन्म

मुझे याद नहीं पड़ता कि सन् १९०८ तक मैंने चरखा या करघा कहीं देखा हो। फिर भी मैंने 'हिन्द स्वराज्य' में यह माना था कि चरखे के जरिये हिन्दुस्तान की कंगालियत मिट सकती है। और यह तो सबके समझ सकने जैसी बात है कि जिस रास्ते भुखमरी मिटेगी उसी रास्ते स्वराज्य मिलेगा। सन् १९१५ में मैं दक्षिण अफ्रीका से हिन्दुस्तान वापस आया, तब भी मैंने चरखे के दर्शन नहीं किये थे। आश्रम के खुलते ही उसमें करघा शुरू किया था। करघा शुरू करने

में भी मुझे बड़ी मुश्किल का सामना करना पड़ा। हम सब अनजान थे, अतएव करघे के मिल जाने भर से तो करघा चल नहीं सकता था। आश्रम में हम सब कलम चलानेवाले या व्यापार करना जाननेवाले लोग इकट्ठा हुए थे; हममें कोई कारीगर नहीं था। इसलिए करघा प्राप्त करने के बाद बुनना सिखानेवाले की आवश्यकता पड़ी। काठियावाड़ और पालनपुर से करघा मिला और एक सिखानेवाला आया। उसने अपना पूरा हुनर नहीं बताया। परन्तु मगनलाल गांधी शुरू किये हुए काम को जल्दी छोड़नेवाले न थे। उनके हाथ में कारीगरी तो थी ही। इसलिए उन्होंने बुनने की कला पूरी तरह समझ ली और फिर आश्रम में एक के बाद एक नये-नये बुननेवाले तैयार हुए।

हमें तो अब अपने कपड़े तैयार करके पहनने थे। इसलिए आश्रमवासियों ने मिल के कपड़े पहनना बंद किया और यह निश्चय किया कि वे हाथ-करघे पर देशी मिल के सूत का बुना हुआ कपड़ा पहनेंगे। ऐसा करने से हमें बहुत कुछ सीखने को मिला। हिन्दुस्तान के बुनकरों के जीवन की, उनकी आमदनी की, सूत प्राप्त करने में होनेवाली उनकी कठिनाई की, इसमें वे किस प्रकार ठगे जाते थे और आखिर किस प्रकार दिन-दिन कर्जदार होते जाते थे, इस सबकी जानकारी हमें मिली। हम स्वयं अपना सब कपड़ा तुरन्त बुन सकें, ऐसी स्थिति तो थी ही नहीं। इस कारण से बाहर के बुनकरों से हमें अपनी आवश्यकता का कपड़ा बुनवा लेना पड़ता था। देशी मिल के सूत का हाथ से बुना कपड़ा झट मिलता नहीं था। बुनकर सारा अच्छा कपड़ा विलायती सूत का ही बुनते थे, क्योंकि हमारी मिलें सूत कातती नहीं थीं। आज भी वे महीन सूत अपेक्षाकृत कम ही कातती हैं; बहुत महीन तो कात ही नहीं सकतीं। बड़े प्रयत्न के बाद कुछ बुनकर हाथ लगे, जिन्होंने देशी सूत का कपड़ा बुन देने की मेहरबानी की। इन बुनकरों को आश्रम की तरफ से यह गारण्टी देनी पड़ी थी कि देशी सूत का बुना हुआ कपड़ा खरीद लिया जाएगा। इस प्रकार विशेष रूप से तैयार कराया हुआ कपड़ा बुनवाकर हमने पहना और मित्रों में उसका प्रचार किया। यों हम कातनेवाली मिलों के अवैतनिक एजेण्ट बने। मिलों के सम्पर्क में आने पर उनकी व्यवस्था की और उनकी लाचारी की जानकारी हमें मिली। हमने देखा कि मिलों का ध्येय खुद कातकर खुद ही बुनना था। वे हाथ-करघों की सहायता स्वेच्छा से नहीं, बल्कि अनिच्छा से करती थीं।

यह सब देखकर हम हाथ से कातने के लिए अधीर हो उठे। हमने देखा कि

जब तक हाथ से कातेंगे नहीं, तब तक हमारी पराधीनता बनी रहेगी। मिलों के एजेण्ट बनकर हम देशसेवा करते हैं, ऐसा हमें प्रतीत नहीं हुआ।

लेकिन न तो कहीं चरखा मिलता था और न कोई चरखे का चलानेवाला मिलता था। कुकड़ियाँ आदि भरने के चरखे तो हमारे पास थे, पर उन पर काता जा सकता है इसका तो हमें खयाल ही नहीं था। एक बार कालीदास वकील एक बहन को खोजकर लाये। उन्होंने कहा कि यह बहन सूत कातकर दिखायेगी। उसके पास एक आश्रमवासी को भेजा जो नये काम सीख लेने में बड़े होशियार थे। पर हुनर उनके हाथ न लगा।

दिन तो बीते जा रहे थे। मैं अधीर हो उठा था। आश्रम में आनेवाले हर ऐसे आदमी से, जो इस विषय में कुछ बता सकता था, मैं पूछताछ किया करता था। पर कातने का इजारा तो स्त्री का ही था। अतएव ओने-कोने में पड़ी हुई कातना जाननेवाली स्त्री तो किसी स्त्री को ही मिल सकती थी।

सन् १९१७ में मेरे गुजराती मित्र मुझे भड़ौंच शिक्षा-परिषद् में घसीट ले गये थे। वहाँ महासाहसी विधवा बहन गंगाबाई मुझे मिलीं। वे पढ़ी-लिखी अधिक नहीं थीं, पर उनमें हिम्मत और समझदारी साधारणतया जितनी शिक्षित बहनों में होती है उससे अधिक थी। उन्होंने अपने जीवन में अस्पृश्यता की जड़ काट डाली थी; वे बेधड़क अंत्यजों में मिलती और उनकी सेवा करती थीं। उनके पास पैसा था, पर उनकी अपनी आवश्यकतायें बहुत कम थीं। उनका शरीर कसा हुआ था और चाहे जहाँ अकेले जाने में उन्हें जरा भी झिझक नहीं होती थी। वे घोड़े की सवारी के लिए भी तैयार रहती थीं। इन बहन का विशेष परिचय गोधरा की परिषद् में प्राप्त हुआ। अपना दुःख मैंने उनके सामने रखा और दमयंती जिस प्रकार नल की खोज में भटकी थी, उसी प्रकार चरखे की खोज में भटकने की प्रतिज्ञा करके उन्होंने मेरा बोझ हलका कर दिया।

४०. चरखा मिला!

गुजरात में अच्छी तरह भटक चुकने के बाद गायकवाड़ के वीजापुर गाँव में गंगाबहन को चरखा मिला। वहाँ बहुत से कुटुम्बों के पास चरखा था, जिसे उठाकर उन्होंने छत पर चढ़ा दिया था। पर यदि कोई उनका सूत खरीद ले और उन्हें पूनी मुहैया कर दे, तो वे कातने को तैयार थे। गंगाबहनने मुझे खबर

भेजी। मेरे हर्ष का कोई पार न रहा। पूनी मुहैया करने का काम मुश्किल मालूम हुआ। स्व० भाई उमर सोबानी से चर्चा करने पर उन्होंने अपनी मिल से पूनी की गुछलियाँ भेजने का जिम्मा लिया। मैंने वे गुछलियाँ गंगाबहन के पास भेजीं और सूत इतनी तेजी से कतने लगा कि मैं हार गया।

भाई उमर सोबानी की उदारता विशाल थी, फिर भी उसकी हद थी। दाम देकर पूनियाँ लेने का निश्चय करने में मुझे संकोच हुआ। इसके सिवा, मिल की पूनियों से सूत कतवाना मुझे बहुत दोषपूर्ण मालूम हुआ। अगर मिल की पूनियाँ हम लेते हैं, तो फिर मिल का सूत लेने में क्या दोष है? हमारे पूर्वजों के पास मिल की पूनियाँ कहाँ थीं? वे किस तरह पूनियाँ तैयार करते होंगे? मैंने गंगाबहन को लिखा और एक पिंजारे को खोज निकाला। उसे ३५ रूपये या इससे अधिक वेतन पर रखा गया। बालकों को पूनी बनाना सिखाया गया। मैंने रूई की भिक्षा माँगी। भाई यशवंतप्रसाद देसाई ने रूई की गाँठें देने का जिम्मा लिया। गंगाबहन ने काम एकदम बढ़ा दिया। बुनकरों को लाकर बसाया और कता हुआ सूत बुनवाना शुरू किया। वीजापुर की खादी मशहूर हो गयी।

दूसरी तरफ आश्रम में अब चरखे का प्रवेश होने में देर न लगी। मगनलाल गांधी की शोधक शक्ति ने चरखे में सुधार किये और चरखे तथा तकुए आश्रम में बने। आश्रम की खादी के पहले थान की लागत फी गज सतरह आने आयी। मैंने मित्रों से मोटी और कच्चे सूत की खादी के दाम सतरह आना फी गज के हिसाब से लिये, जो उन्होंने खुशी-खुशी दिये।

मैं बम्बई में रोगशय्या पर पड़ा हुआ था, पर सबसे पूछता रहता था। मैं खादीशास्त्र में अभी निपट अनाड़ी था। मुझे हाथकते सूत की ज़रूरत थी। कत्तिनों की ज़रूरत थी। गंगाबहन जो भाव देती थीं, उससे तुलना करने पर मालूम हुआ कि मैं ठगा रहा हूँ। लेकिन वे बहनें कम लेने को तैयार न थीं। अतएव उन्हें छोड़ देना पड़ा। पर उन्होंने अपना काम किया। उन्होंने श्री अवन्तिकाबाई, श्री रमीबाई कामदार, श्री शंकरलाल बैंकर की माताजी और श्री वसुमतीबहन को कातना सिखा दिया और मेरे कमरे में चरखा गूँजने लगा। यह कहने में अतिशयोक्ति न होगी कि इस यंत्रने मुझ बीमार को चंगा करने में मदद की। बेशक, यह एक मानसिक असर था। पर मनुष्य को स्वस्थ या अस्वस्थ करने में मन का हिस्सा कौन कम होता है? चरखे पर मैंने भी हाथ आजमाया। किन्तु इससे आगे मैं इस समय जा नहीं सका।

बम्बई में हाथ की पूनियाँ कैसे प्राप्त की जाएँ? श्री रेवाशंकर झवेरी के बंगले के पास से रोज एक धुनिया ताँत बजाता हुआ निकला करता था। मैंने उसे बुलाया। वह गद्दों के लिए रूई धुना करता था। उसने पूनियाँ तैयार करके देना स्वीकार किया। भाव ऊँचा माँगा, जो मैंने दिया। इस तरह तैयार हुआ सूत मैंने वैष्णवों के हाथ ठाकुरजी की माला के लिए दाम लेकर बेचा। भाई शिवजीने बम्बई में चरखा सिखाने का वर्ग शुरू किया। इन प्रयोगों में पैसा काफी खर्च हुआ। श्रद्धाळु देशभक्तों ने पैसे दिये और मैंने खर्च किये। मेरे नम्र विचार में यह खर्च व्यर्थ नहीं गया। उससे बहुत-कुछ सीखने को मिला। चरखे की मर्यादा का माप मिल गया।

अब मैं केवल खादीमय बनने के लिए अधीर हो उठा। मेरी धोती देशी मिल के कपड़े की थी। वीजापुर में और आश्रम में जो खादी बनती थी, वह बहुत मोटी और ३० इंच अर्ज की होती थी। मैंने गंगाबहन को चेतावनी दी कि अगर वे एक महीने के अन्दर ४५ इंच अर्जवाली खादी की धोती तैयार करके न देंगी, तो मुझे मोटी खादी की घुटनों तक की धोती पहनकर अपना काम चलाना पड़ेगा। गंगाबहन अकुलायीं। मुद्दत कम मालूम हुई, पर वे हारी नहीं। उन्होंने एक महीने के अन्दर मेरे लिए ५० इंच अर्ज का धोतीजोड़ा मुहैया कर दिया और मेरा दारिद्र्य मिटाया।

इसी बीच भाई लक्ष्मीदास लाठी गाँव से एक अन्त्यज भाई रामजी और उनकी पत्नी गंगाबहन को आश्रम में लाये और उनके द्वारा बड़े अर्ज की खादी बुनवाई। खादी-प्रचार में इस दम्पती का हिस्सा ऐसा-वैसा नहीं कहा जा सकता। उन्होंने गुजरात में और गुजरात के बाहर हाथ का सूत बुनने की कला दूसरों को सिखायी है। निरक्षर परन्तु संस्कारशील गंगाबहन जब करघा चलाती हैं, तब उसमें इतनी लीन हो जाती हैं कि इधर-उधर देखने या किसीके साथ बातचीत करने की फुरसत भी अपने लिए नहीं रखतीं।

४१. एक संवाद

जिस समय स्वदेशी के नाम से परिचित यह आन्दोलन चलने लगा, उस समय मिल-मालिकों की ओर से मेरे पास काफी टीकायें आने लगीं। भाई उमर सोबानी स्वयं एक होशियार मिल-मालिक थे। अतएव वे अपने ज्ञान का लाभ तो मुझे देते ही थे, पर दूसरों की राय की जानकारी भी मुझे देते रहते थे। उनमें से एक की दलील का असर उन पर भी हुआ और उन्होंने मुझे उन भाई के पास ले चलने की सूचना की। मैंने उसका स्वागत किया। हम उनके पास गये। उन्होंने आरम्भ इस प्रकार किया:

"आप यह तो जानते हैं न कि आपका स्वदेशी-आन्दोलन पहला ही नहीं है?"

मैंने जवाब दिया। "जी हाँ।"

"आप जानते हैं न कि बंग-भंग के समय स्वदेशी-आन्दोलन ने खूब जोर पकड़ा था, जिसका हम मिलवालों ने खूब फायदा उठाया था और कपड़े के दाम बढ़ा दिये थे? कुछ नहीं करने लायक बातें भी की थीं?"

"मैंने यह बात सुनी है और सुनकर मैं दुःखी हुआ हूँ।"

"मैं आपका दुःख समझता हूँ, पर उसके लिए कोई कारण नहीं है। हम परोपकार के लिए अपना व्यापार नहीं करते। हमें तो पैसा कमाना है। अपने हिस्सेदारों को जवाब देना है। वस्तु का मूल्य उसकी माँग पर निर्भर करता है, इस नियम के विरूद्ध कौन जा सकता है? बंगालियों को जानना चाहिए था कि उनके आन्दोलन से स्वदेशी वस्त्र के दाम अवश्य बढ़ेंगे।"

"वे बेचारे मेरी तरह विश्वासशील हैं। इसलिए उन्होंने मान लिया कि मिल-मालिक नितान्त स्वार्थी नहीं बन जाएँगे। विश्वासघात तो कदापि न करेंगे। स्वदेशी के नाम पर विदेशी कपड़ा हरगिज न बेचेंगे।"

"मैं जानता था कि आप ऐसा मानते हैं। इसीसे मैंने आपको सावधान करने का विचार किया और यहाँ आनेका कष्ट दिया, ताकि आप भोले बंगालियों की तरह धोखे में न रह जाएँ।"

यह कहकर सेठजी ने अपने गुमाश्ते को नमूने लानेका इशारा किया। ये रद्दी रूई में से बने हुए कम्बल के नमूने थे। उन्हें हाथ में लेकर वे भाई बोले, "देखिये, यह माल हमने नया बनाया है। इसकी अच्छी खपत है। रद्दी रूई से बनाया है,

इसलिए यह सस्ता तो पड़ता ही है। इस माल को हम ठेठ उत्तर तक पहुँचाते हैं। हमारे एजेण्ट चारों ओर फैले हुए हैं। अतएव आप देखते हैं कि हमें आपके समान एजेण्ट की ज़रूरत नहीं रहती। सच तो यह है कि जहाँ आप-जैसों की आवाज नहीं पहुँचती, वहाँ भी हमारे एजेण्ट और हमारा माल पहुँचता है। साथ ही, आपको यह भी जानना चाहिए कि हिन्दुस्तान की आवश्यकता का सब माल हम उत्पन्न नहीं करते हैं। अतएव स्वदेशी का प्रश्न मुख्यतः उत्पादन का प्रश्न है। जब हम आवश्यक मात्रा में कपड़ा पैदा कर सकेंगे और कपड़े की किस्म में सुधार कर सकेंगे, तब विदेशी कपड़े का आना अपने-आप बन्द हो जाएगा। इसलिए आपको मेरी सलाह तो यह है कि आप अपना स्वदेशी-आन्दोलन जिस तरह चला रहे हैं उस तरह न चलायें और नई मिलें खोलने की ओर ध्यान दें। हमारे देश में स्वदेशी माल खपाने का आन्दोलन चलाने की आवश्यकता नहीं है, बल्कि उसे उत्पन्न करने की आवश्यकता है।"

मैंने कहा, "यदि मैं यही काम कर रहा होऊँ, तब तो आप उसे आशीर्वाद देंगे न ?"

"सो किस तरह ? यदि आप मिल खोलने का प्रयत्न करते हों, तो आप धन्यवाद के पात्र हैं।"

"ऐसा तो मैं नहीं कर रहा हूँ, पर मैं चरखे के काम में लगा हुआ हूँ।"

"यह क्या चीज है ?"

मैंने चरखे की बात सुनाई और कहा, "मैं आपके विचारों से सहमत हूँ। मुझे मिलों की दलाली नहीं करनी चाहिए। इससे फायदे के बदले नुकसान ही है। मिलों का माल पड़ा नहीं रहता। मुझे तो उत्पादन बढ़ाने में और उत्पन्न हुए कपड़े को खपाने में लगना चाहिए। इस समय मैं उत्पादन के काम में ही लगा हुआ हूँ। इस प्रकार की स्वदेशी में मेरा विश्वास है, क्योंकि उसके द्वारा हिन्दुस्तान की भूखों मरनेवाली अर्ध-बेकार स्त्रियों को काम दिया जा सकता है। उनका काता हुआ सूत बुनवाना और उसकी खादी लोगों को पहनाना, यही मेरा विचार है और यही मेरा आन्दोलन है। मैं नहीं जानता कि चरखा-आन्दोलन कहाँ तक सफल होगा। अभी तो उसका आरम्भ-काल ही है; पर मुझे उसमें पूरा विश्वास है। कुछ भी हो, उसमें नुकसान तो है ही नहीं। हिन्दुस्तान में उत्पन्न होनेवाले कपड़े में जितनी वृद्धि इस आन्दोलन से होगी उतना फायदा ही है। अतएव इस प्रयत्न में आप बताते हैं वह दोष तो है ही नहीं।"

"यदि आप इस रीति से आन्दोलन चलाते हों, तो मुझे कुछ नहीं कहना है। हाँ, इस युग में चरखा चल सकता है या नहीं, यह एक अलग बात है। मैं तो आपकी सफलता ही चाहता हूँ।"

४२. असहयोग का प्रवाह

इसके आगे खादी की प्रगति किस प्रकार हुई, इसका वर्णन इन प्रकरणों में नहीं किया जा सकता। कौन-कौनसी वस्तुएँ जनता के सामने किस प्रकार आयीं, यह बता देने के बाद उनके इतिहास में उतरना इन प्रकरणों का क्षेत्र नहीं है। उतरने पर उन विषयों की अलग पुस्तक तैयार हो सकती है। यहाँ तो मैं इतना ही बताना चाहता हूँ कि सत्य की शोध करते हुए कुछ वस्तुएँ मेरे जीवन में एक के बाद एक किस प्रकार अनायास आती गयीं।

अतएव मैं मानता हूँ कि अब असहयोग के विषय में थोड़ा कहने का समय आ गया है। खिलाफत के बारेमें अलीभाइयों का जबरदस्त आन्दोलन तो चल ही रहा था। मरहूम मौलाना अब्दुलबारी वगैरा उलेमाओं के साथ इस विषय की खूब चर्चायें हुईं। इस बारेमें विवेचन हुआ कि मुसलमान शांति को, अहिंसा को, कहाँ तक पाल सकते हैं। आखिर यह तय हुआ कि अमुक हद तक युक्ति के रूप में उस का पालन करने में कोई एतराज नहीं हो सकता; और अगर किसीने एक बार अहिंसा की प्रतिज्ञा की है, तो वह उसे पालने के लिए बँधा हुआ है। आखिर खिलाफत-परिषद् में असहयोग का प्रस्ताव पेश हुआ और बड़ी चर्चा के बाद वह मंजूर हुआ। मुझे याद है कि एक बार इलाहाबाद में इसके लिए सारी रात सभा चलती रही थी। हकीम साहब को शांतिमय असहयोग की शक्यता के विषय में शंका थी। किन्तु उनकी शंका दूर होने पर वे उसमें सम्मिलित हुए और उनकी सहायता अमूल्य सिद्ध हुई।

इसके बाद गुजरात में परिषद् हुई। उसमें मैंने असहयोग का प्रस्ताव रखा। उसमें विरोध करनेवालों की पहली दलील यह थी कि जब तक काँग्रेस असहयोग का प्रस्ताव स्वीकार न करे, तब तक प्रान्तीय परिषदों को यह प्रस्ताव पास करने का अधिकार नहीं है। मैंने सुझाया कि प्रान्तीय परिषदें पीछे कदम नहीं हटा सकतीं; लेकिन आगे कदम बढ़ाने का अधिकार तो सब शाखा-संस्थाओं को है। यही नहीं, बल्कि उनमें हिम्मत हो, तो ऐसा करना उनका धर्म है। इससे

मुख्य संस्था का गौरव बढ़ता है। असहयोग के गुण-दोष पर अच्छी और मीठी चर्चा हुई। मत गिने गये और विशाल बहुमत से असहयोग का प्रस्ताव पास हुआ। इस प्रस्ताव को पास कराने में अब्बास तैयबजी और वल्लभभाई पटेल का बड़ा हाथ रहा। अब्बास साहब सभापति थे और उनका झुकाव असहयोग के प्रस्ताव की तरफ ही था।

काँग्रेस की महासमिति ने इस प्रश्न पर विचार करने के लिए काँग्रेस का एक विशेष अधिवेशन सन् १९२० के सितम्बर महीने में कलकत्ते में करने का निश्चय किया। तैयारियाँ बहुत बड़े पैमाने पर थीं। लाला लाजपतराय सभापति चुने गये थे। बम्बई से खिलाफत स्पेशल और काँग्रेस स्पेशल रवाना हुई। कलकत्ते में सदस्यों और दर्शकों का बहुत बड़ा समुदाय इकट्ठा हुआ।

मौलाना शौकतअली के कहने पर मैंने असहयोग के प्रस्ताव का मसविदा रेलगाड़ी में तैयार किया। आज तक मेरे मसविदों में 'शांतिमय' शब्द प्रायः नहीं आता था। मैं अपने भाषण में इस शब्द का उपयोग करता था। सिर्फ मुसलमान भाइयों की सभाओं में 'शान्तिमय' शब्द से मुझे जो समझाना था वह मैं समझा नहीं पाता था। इसलिए मैंने मौलाना अबुलकलाम आजाद से दूसरा शब्द माँगा। उन्होंने 'बाअमन' शब्द दिया और असहयोग के लिए 'तर्के मवालात' शब्द सुझाया।

इस तरह अभी गुजराती में, हिन्दी में, हिन्दुस्तानी में असहयोग की भाषा मेरे दिमाग में बन रही थी कि इतने में ऊपर लिखे अनुसार काँग्रेस के लिए प्रस्ताव का मसविदा तैयार करने का काम मेरे हाथ में आया। प्रस्ताव में 'शान्तिमय' शब्द लिखना रह गया। मैंने प्रस्ताव तैयार करके रेलगाड़ी में ही मौलाना शौकतअली को दे दिया। रात में मुझे खयाल आया कि मुख्य शब्द 'शान्तिमय' तो छूट गया है। मैंने महादेव को दौड़ाया और कहलवाया कि छापते समय प्रस्ताव में 'शान्तिमय' शब्द बढ़ा लें। मेरा कुछ ऐसा खयाल है कि शब्द बढ़ाने से पहले प्रस्ताव छप चुका था। विषय-विचारिणी समिति की बैठक उसी रात थी। अतएव उसमें उक्त शब्द मुझे बाद में बढ़वाना पड़ा था। मैंने देखा कि यदि मैं प्रस्ताव के साथ तैयार न होता, तो बड़ी मुश्किल का सामना करना पड़ता।

मेरी स्थिति दयनीय थी। मैं नहीं जानता था कि कौन प्रस्ताव का विरोध करेगा और कौन प्रस्ताव का समर्थन करेगा। लालाजी के रूख के विषय में मैं कुछ जानता न था। तपे-तपाये अनुभवी योद्धा कलकत्ते में उपस्थित हुए थे।

विदुषी एनी बेसेण्ट, पं॰ मालवीयजी, श्री विजयराघवाचार्य, पं॰ मोतीलालजी, देशबन्धु आदि उनमें थे।

मेरे प्रस्ताव में खिलाफत और पंजाब के अन्याय को ध्यान में रखकर ही असहयोग की बात कही गयी थी। पर श्री विजयराघवाचार्य को इसमें कोई दिलचस्पी मालूम न हुई। उन्होंने कहा: "यदि असहयोग ही करना है, तो वह अमुक अन्याय के लिए ही क्यों किया जाय? स्वराज्य का अभाव बड़े-से-बड़ा अन्याय है। अतएव उसके लिए असहयोग किया जा सकता है।" मोतीलालजी भी स्वराज्य की माँग को प्रस्ताव में दाखिल कराना चाहते थे। मैंने तुरन्त ही इस सूचना को स्वीकार कर लिया और प्रस्ताव में स्वराज्य की माँग भी सम्मिलित कर ली। विस्तृत, गंभीर और कुछ तीखी चर्चाओं के बाद असयोग का प्रस्ताव पास हुआ।

मोतीलालजी उसमें सबसे पहले सम्मिलित हुए। मेरे साथ हुई उनकी मीठी चर्चा मुझे अभी तक याद है। उन्होंने कुछ शाब्दिक परिवर्तन सुझाये थे, जिन्हें मैंने स्वीकार कर लिया था। देशबन्धु को मना लेने का बीड़ा उन्होंने उठाया था। देशबन्धु का हृदय असहयोग के साथ था, पर उनकी बुद्धि उनसे कह रही थी कि असहयोग को जनता ग्रहण नहीं करेगी। देशबन्धु और लालाजी ने असहयोग के प्रस्ताव को पूरी तरह तो नागपुर में स्वीकार किया। इस विशेष अधिवेशन के अवसर पर लोकमान्य की अनुपस्थिति मेरे लिए बहुत दुःखदायक सिद्ध हुई। आज भी मेरा मत है कि वे जीवित होते, तो कलकत्ते की घटना का स्वागत करते। पर वैसा न होता और वे विरोध करते, तो भी मुझे वह अच्छा ही लगता। मुझे उससे कुछ सीखने को मिलता। उनके साथ मेरे मतभेद सदा ही रहे, पर वे सब मीठे थे। उन्होंने मुझे हमेशा यह मानने का मौका दिया था कि हमारे बीच निकट का सम्बन्ध है। यह लिखते समय उनके स्वर्गवास का चित्र मेरे सामने खड़ा हो रहा है। मेरे साथी पटवर्धन ने आधी रात को मुझे टेलीफोन पर उनके अवसान का समाचार दिया था। उसी समय मैंने साथियों से कहा था: "मेरे पास एक बड़ा सहारा था, जो आज टूट गया।" उस समय असहयोग का आन्दोलन पूरे जोर से चल रहा था। मैं उनसे उत्साह और प्रेरणा पाने की आशा रखता था। अन्त में जब असहयोग पूरी तरह मूर्तिमंत हुआ, तब उसके प्रति उनका रूख क्या रहा होता सो तो भगवान जाने; पर इतना मैं जानता हूँ कि राष्ट्र के इतिहास की उस महत्त्वपूर्ण घड़ी में उनकी उपस्थिति का अभाव सबको खटक रहा था।

४३. नागपुर में

कॉँग्रेस के विशेष अधिवेशन में स्वीकृत असहयोग के प्रस्ताव को नागपुर में होनेवाले वार्षिक अधिवेशन में बहाल रखना था। कलकत्ते की तरह नागपुर में भी असंख्य लोग इकट्ठा हुए थे। अभी तक प्रतिनिधियों की संख्या निश्चित नहीं हुई थी। अतएव जहाँ तक मुझे याद है, इस अधिवेशन में चौदह हजार प्रतिनिधि हाजिर हुए थे। लालाजी के आग्रह से विद्यालयों-सम्बन्धी प्रस्ताव में मैंने एक छोटा-सा परिवर्तन स्वीकार कर लिया था। देशबन्धु ने भी कुछ परिवर्तन कराया था और अन्त में शांतिमय असहयोग का प्रस्ताव सर्व-सम्मति से पास हुआ था।

इसी बैठक में महासभा के विधान का प्रस्ताव भी पास करना था। यह विधान मैंने कलकत्ते की विशेष बैठक में पेश तो किया ही था। इसलिए वह प्रकाशित हो गया था और उस पर चर्चा भी हो चुकी थी। श्री विजयराघवाचार्य इस बैठक के सभापति थे। विधान में विषय-विचारिणी समितिने एक ही महत्त्व का परिवर्तन किया था। मैंने प्रतिनिधियों की संख्या पंद्रह सौ मानी थी। विषय-विचारणी समितिने इसे बदलकर छह हजार कर दिया। मैं मानता था कि यह कदम बिना सोचे-विचारे उठाया गया है। इतने वर्षों के अनुभव के बाद भी मेरा यही खयाल है। मैं इस कल्पना को बिलकुल गलत मानता हूँ कि बहुत से प्रतिनिधियों से काम अधिक अच्छा होता है अथवा जनतंत्र की अधिक रक्षा होती है। ये पन्द्रह सौ प्रतिनिधि उदार मनवाले, जनता के अधिकारों की रक्षा करनेवाले और प्रामाणिक हों, तो वे छह हजार निरंकुश प्रतिनिधियों की अपेक्षा जनतंत्र की अधिक अच्छी रक्षा करेंगे। जनतंत्र की रक्षा के लिए जनता में स्वतंत्रताकी, स्वाभिमान की और एकता की भावना होनी चाहिए और अच्छे तथा सच्चे प्रतिनिधियों को ही चुनने का आग्रह रहना चाहिए। किन्तु संख्या के मोह में पड़ी हुई विषय-विचारणी समिति छह हजार से भी अधिक प्रतिनिधि चाहती थी। इसलिए छह हजार पर मुश्किल से समझौता हुआ।

कॉँग्रेस में स्वराज्य के ध्येय पर चर्चा हुई थी। विधान की धारा में साम्राज्य के भीतर अथवा उसके बाहर, जैसा मिले वैसा, स्वराज्य प्राप्त करने की बात थी। कॉँग्रेस में भी एक पक्ष ऐसा था, जो साम्राज्य के अन्दर रहकर ही स्वराज्य प्राप्त करना चाहता था। उस पक्ष का समर्थन पं० मालवीयजी और मि० जिन्ना

ने किया था। पर उन्हें अधिक मत न मिल सके। विधान की एक धारा यह थी कि शांतिपूर्ण और सत्यरूप साधनों द्वारा ही हमें स्वराज्य प्राप्त करना चाहिए। इस शर्त का भी विरोध किया गया था। पर कॉंग्रेस ने उसे अस्वीकार किया और सारा विधान कॉंग्रेस में सुन्दर चर्चा होने के बाद स्वीकृत हुआ। मेरा मत है कि यदि लोगों ने इस विधान पर प्रामाणिकता-पूर्वक और उत्साह-पूर्वक अमल किया होता, तो उससे जनता को बड़ी शिक्षा मिलती। उसके अमल में स्वराज्य की सिद्धि समायी हुई थी। पर यह विषय यहाँ प्रस्तुत नहीं है।

इसी सभा में हिन्दू-मुस्लिम-एकता के बारे में, अस्पृश्यता-निवारण के बारेमें और खादी के बारेमें भी प्रस्ताव पास हुए। उस समय से कॉंग्रेस के हिन्दू सदस्यों ने अस्पृश्यता को मिटाने का भार अपने ऊपर लिया है और खादी के द्वारा कॉंग्रेस ने अपना संबंध हिन्दुस्तान के नर-कंकालों के साथ जोड़ा है। कॉंग्रेस ने खिलाफत के सवाल के सिलसिले में असहयोग का निश्चय करके हिन्दू-मुस्लिम-एकता सिद्ध करने का एक महान प्रयास किया था।

पूर्णाहुति

अब इन प्रकरणों को समाप्त करने का समय आ पहुँचा है।

इससे आगे का मेरा जीवन इतना अधिक सार्वजनिक हो गया है कि शायद ही कोई चीज ऐसी हो, जिसे जनता जानती न हो। फिर सन् १९२१ से मैं कॉंग्रेस के नेताओं के साथ इतना अधिक ओतप्रोत होकर रहा हूँ कि किसी प्रसंग का वर्णन नेताओं के संबंध की चर्चा किये बिना मैं यथार्थ रूप में कर ही नहीं सकता। ये संबंध अभी ताजे हैं। श्रद्धानन्दजी, देशबन्धु, लालाजी और हकीम साहब आज हमारे बीच नहीं है। पर सौभाग्य से दूसरे कई नेता अभी मौजूद हैं। कॉंग्रेस के महान परिवर्तन के बाद का इतिहास अभी तैयार हो रहा है। मेरे मुख्य प्रयोग कॉंग्रेस के माध्यम से हुए हैं। अतएव उन प्रयोगों के वर्णन में नेताओं के संबंधों की चर्चा अनिवार्य है। शिष्टता के विचार से भी फिलहाल तो मैं ऐसा कर ही नहीं सकता। अंतिम बात यह है कि इस समय चल रहे प्रयोगों के बारेमें मेरे निर्णय निश्चयात्मक नहीं माने जा सकते। अतएव इन प्रकरणों को तत्काल तो बन्द कर देना ही मुझे अपना कर्तव्य मालूम होता है। यह कहना गलत नहीं होगा कि इसके आगे मेरी कलम ही चलने से इनकार करती है।

पाठकों से बिदा लेते हुए मुझे दुःख होता है। मेरे निकट अपने इन प्रयोगों की बड़ी कीमत है। मैं नहीं जानता कि मैं उनका यथार्थ वर्णन कर सका हूँ या नहीं। यथार्थ वर्णन करने में मैंने कोई कसर नहीं रखी है। सत्य को मैंने जिस रूप में देखा है, जिस मार्ग से देखा है, उसे उसी तरह प्रकट करने का मैंने सतत प्रयत्न किया है और पाठकों के लिए उसका वर्णन करके चित्त में शांति का अनुभव किया है। क्योंकि मैंने आशा यह रखी है कि इससे पाठकों में सत्य और अहिंसा के प्रति अधिक आस्था उत्पन्न होगी।

सत्य से भिन्न कोई परमेश्वर है, ऐसा मैंने कभी अनुभव नहीं किया। यदि इन प्रकरणों के पन्ने-पन्ने से यह प्रतीति न हुई हो कि सत्यमय बनने का एकमात्र मार्ग अहिंसा ही है, तो मैं इस प्रयत्न को व्यर्थ समझता हूँ। प्रयत्न चाहे व्यर्थ हो, किन्तु वचन व्यर्थ नहीं है। मेरी अहिंसा सच्ची होने पर भी कच्ची है, अपूर्ण है। अतएव हजारों सूर्यों को इकट्ठा करने से भी जिस सत्यरूपी सूर्य के तेज का पूरा माप नहीं निकल सकता, सत्य की मेरी झाँकी ऐसे सूर्य की केवल एक किरण के दर्शन के समान ही है। आज तक के अपने प्रयोगों के अन्त में मैं इतना तो अवश्य कह सकता हूँ कि सत्य का संपूर्ण दर्शन संपूर्ण अहिंसा के बिना असंभव है।

ऐसे व्यापक सत्य-नारायण के प्रत्यक्ष दर्शन के लिए जीवमात्र के प्रति आत्मवत् प्रेम की परम आवश्यकता है। और, जो मनुष्य ऐसा करना चाहता है, वह जीवन के किसी भी क्षेत्र से बाहर नहीं रह सकता। यही कारण है कि सत्य की मेरी पूजा मुझे राजनीति में खींच लायी है। जो मनुष्य यह कहता है कि धर्म का राजनीति के साथ कोई संबंध नहीं है वह धर्म को नहीं जानता, ऐसा कहने में मुझे संकोच नहीं होता, और न ऐसा कहने में मैं अविनय करता हूँ।

बिना आत्मशुद्धि के जीवमात्र के साथ ऐक्य सध ही नहीं सकता। आत्मशुद्धि के बिना अहिंसा-धर्म का पालन सर्वथा असंभव है। अशुद्ध आत्मा परमात्मा के दर्शन करने में असमर्थ है। अतएव जीवन-मार्ग के सभी क्षेत्रों में शुद्धि की आवश्यकता है। यह शुद्धि साध्य है; क्योंकि व्यष्टि और समष्टि के बीच ऐसा निकट का संबंध है कि एक की शुद्धि अनेकों की शुद्धि के बराबर हो जाती है। और व्यक्तिगत प्रयत्न करने की शक्ति तो सत्य-नारायण ने सबको जन्म से ही दी है।

लेकिन मैं प्रतिक्षण यह अनुभव करता हूँ कि शुद्धि का यह मार्ग विकट है। शुद्ध बनने का अर्थ है मनसे, बचन से और काया से निर्विकार बनना, राग-द्वेषादि से रहित होना। इस निर्विकारता तक पहुँचने का प्रतिक्षण प्रयत्न करते हुए भी मैं पहुँच नहीं पाया हूँ, इसलिए लोगों की स्तुति मुझे भुलावे में नहीं डाल सकती। उलटे, यह स्तुति प्रायः तीव्र वेदना पहुँचाती है। मन के विकारों को जीतना संसार को शस्त्र-युद्ध से जीतने की अपेक्षा मुझे अधिक कठिन मालूम होता है। हिन्दुस्तान आने के बाद भी मैं अपने भीतर छिपे हुए विकारों को देख सका हूँ, शरमिन्दा हुआ हूँ, किन्तु हारा नहीं हूँ। सत्य के प्रयोग करते हुए मैंने आनन्द लूटा है और आज भी लूट रहा हूँ। लेकिन मैं जानता हूँ कि अभी मुझे विकट मार्ग तय करना है। इसके लिए मुझे शून्यवत् बनना है। मनुष्य जब तक स्वेच्छा से अपने को सबसे नीचे नहीं रखता, तब एक उसे मुक्ति नहीं मिलती। अहिंसा नम्रता की पराकाष्ठा है और यह अनुभव-सिद्ध बात है कि इस नम्रता के बिना मुक्ति कभी नहीं मिलती। ऐसी नम्रता के लिए प्रार्थना करते हुए और उसके लिए संसार की सहायता की याचना करते हुए इस समय तो मैं इन प्रकरणों को बन्द करता हूँ।

***